2024/25 최신판

KB185359

전체무료강의 제공하는 똑똑한은경쌤

# 손해평가사

## 2차 문제집

### 저자직강 무료강의 제공

학습효과 극대화

상세 해설 수록

이해력 상승

한은경 저자

# CONTENTS

# 손해평가사 2차 문제집

# PART 1

## 적과 전 종합위험방식 II
과수 4종 (사과, 배, 단감, 떫은감)

손해평가사 2차 문제집

# 농작물재해보험의 이론과 실무

**1.** ① 적과 및 ② 적과후착과수의 용어의 정의를 쓰시오.

 ① 적과 : 해거리 방지하고 안정적 수확을 위해 알맞은 양의 과실만 남겨두고 나무로부터 과실을 따버리는 것
② 적과후착과수 : (적과 작업을 종료 한 후에 나무에 달려있는 과실수로) 통상적인 적과 및 자연 낙과 종료 시점의 나무에 달린 과실수

**2.** 적과전 종합위험보장 II 의 차액보험료에 관한 내용이다. (      )를 알맞게 채우시오.

- 적과 종료 후 (   ①   )(약관상 '기준수확량')이 (   ②   )(약관상 '가입수확량')보다 적은 경우 보험가입금액을 감액하고 차액보험료를 환급한다.
- 차액보험료 = (   ③   ×   ④   ) - 미납입 보험료
- 차액보험료는 (   ⑤   ) 조사일이 속한 달의 다음달 말일 이내에 지급하며, (   ⑤   ) 조사 이후 착과수가 (   ⑤   )보다 큰 경우에는 차액보험료를 다시 정산한다.

 ① 적과후착과량, ② 평년착과량, ③ 감액분 계약자부담보험료, ④ 감액미경과비율, ⑤ 적과후착과수

**3.** 적과전 종합위험보장 II 의 보상하지 않는 손해를 적과 종료 전 · 후 비교하여 차이점을 쓰시오.

**보상하지 않는 손해는 적과 종료 이후에는 적과 종료 이전과 비교해 아래와 같이 달라진다.**
1. 제외 사항
 ① 하우스, 부대시설 등의 노후 및 하자로 생긴 손해
 ② 계약체결 시점 현재 기상청에서 발령하고 있는 기상특보 발령 지역의 기상특보 관련 재해로 인한 손해
2. 추가 사항
 ① 최대순간풍속 14m/sec 미만의 바람으로 발생한 손해
 ② 저장한 과실에서 나타나는 손해
 ③ 저장성 약화, 과실 경도 약화 등 육안으로 판별되지 않는 손해
 ④ 병으로 인해 낙엽이 발생하여 태양광에 과실이 노출됨으로써 발생한 손해
 ⑤ 농업인의 부적절한 잎 소지(잎 제거)로 인하여 발생한 손해

**4.** 농작물재해보험에서의 보험 대상 자연재해의 정의이다. (　　)를 알맞게 채우시오.

(1) 태풍피해 : 기상청 (　①　) 이상 발령할 때 발령지역의 바람과 비로 인하여 발생하는 피해
(2) 냉해 : 농작물의 (　②　) 중 작물의 생육에 지장을 초래할 정도의 찬기온으로 인하여 발생하는 피해
(3) 동상해 : (　③　)으로 인하여 농작물 등이 얼어서 발생하는 피해
(4) 한해(가뭄피해) : 장기간의 지속적인 강우 부족에 의한 (　④　) 부족으로 인하여 발생하는 피해
(5) 조해(潮害) : 태풍이나 비바람 등의 자연현상으로 인하여 (　⑤　)의 경지에 바닷물이 들어와서 발생하는 피해

정답 ① 태풍주의보, , ② 성장 기간, ③ 서리 또는 기온의 하강, ④ 토양수분, ⑤ 연안지대

**5.** 다음은 적과전 종합위험보장Ⅱ의 감액 미경과비율이다. (　　)에 알맞은 비율을 쓰시오.

| 특정 5종 한정 보장 특약 가입 시 | | | 특정 5종 한정 보장 특약 미가입 시 | | |
|---|---|---|---|---|---|
| 구분 | 보장 수준 50% | 보장 수준 70% | 구분 | 보장 수준 50% | 보장 수준 70% |
| 사과 · 배 | (　①　)% | 78% | 사과 · 배 | 70% | 63% |
| 단감 · 떫은감 | (　②　)% | 88% | 단감 · 떫은감 | 84% | (　③　)% |

정답 ① 83, ② 90, ③ 79

**6.** 적과전 종합위험보장Ⅱ의 ① 보장방식과 ② 보험금에 관해 서술하시오.

정답 1. 보장방식
　① 보험의 목적에 대해 보험 기간 개시일부터 통상적인 적과를 끝내는 시점까지는 자연재해 · 조수해 · 화재에 해당하는 종합적인 위험을 보장한다.
　② 적과 종료 후부터 보험 기간 종료일까지는 태풍(강풍) · 집중호우 · 우박 · 화재 · 지진 · 가을동상해 · 일소피해에 해당하는 특정한 위험에 대해 보장한다.
2. 보험금
　① 보장개시일부터 통상적인 적과를 끝내는 시점까지의 기간 동안 사고가 발생했을 경우에는 가입 당시 정한 평년착과량과 적과 종료 직후 조사된 적과후착과량의 차이를 보상한다.
　② 적과 종료 후부터 보험 기간 종료일까지는 태풍(강풍) 및 우박과 집중호우 · 화재 · 지진 · 가을동상해 · 일소피해에 해당하는 재해가 발생할 시에 약관에 따라 해당 재해로 감소된 양(누적감수량)을 조사하여 보험금을 지급한다.

**7.** 적과전 종합위험보장Ⅱ에서 적과 종료 전 가입 가능한 ① <u>특별약관의 이름</u>과 ② <u>대상 재해</u>를 쓰시오.

**8.** 농작물재해보험 적과전 종합위험보장Ⅱ의 보험기간이다. (     )에 들어갈 내용을 쓰시오.

| 구분 | | 대상재해 | | 대상 품목 | 보험기간 | |
|---|---|---|---|---|---|---|
| 보장 | 약관 | | | | 시기 | 종기 |
| 과실 손해 보장 | 보통 약관 | 적과 종료 이전 | 자연재해 조수해 화재 | 사과, 배 | 계약체결일 24시 | 적과 종료 시점 다만, 판매연도 6월 30일을 초과할 수 없음 |
| | | | | 단감, 떫은감 | 계약체결일 24시 | 적과 종료 시점 다만, 판매연도 7월 31일을 초과할 수 없음 |
| | | 적과 종료 이후 | 태풍(강풍), 우박, 집중호우, 화재, 지진 | 사과, 배, 단감, 떫은감 | ( ① ) | 수확기 종료 시점 다만, 판매연도 11월 30일을 초과할 수 없음 |
| | | | ( ② ) | 사과, 배 | 판매 연도 9월1일 | 수확기 종료 시점 다만, 판매연도 11월 10일을 초과할 수 없음 |
| | | | | 단감, 떫은감 | 판매 연도 9월1일 | 수확기 종료 시점 다만, 판매연도 ( ③ )을 초과할 수 없음 |
| | | 일소피해 | | 사과, 배, 단감, 떫은감 | 적과종료 이후 | 판매연도 ( ④ ) |

**9.** 적과전 종합위험보장Ⅱ의 ① <u>보통약관 보험료 산출식</u>을 쓰고, ② <u>보험료 산출 시 할인율이 적용되는 특별약관의</u>
<u>종류와 각각의 정의</u>를 쓰시오.

**10.** 적과전 종합위험보장Ⅱ의 ① 자기부담비율을 설명하고, ② 자기부담비율에 따른 국고지원률을 쓰시오.

**정답**

1. 자기부담비율
① 정의 : 보험사고로 인해 발생한 손해에 대해 계약자 또는 피보험자가 부담하는 일정 비율로 보험가입금액에 대한 비율을 말한다.
② 적용 목적 : 소액사고는 보상하지 않음으로써 보험료를 낮추고, 계약자·피보험자의 도덕적 해이를 방지함에 그 목적이 있다. 자기부담비율 미만의 손해는 보상하지 않는다.
③ 적과전 종합위험보장Ⅱ에서의 적용 기준 : 기준수확량에 자기부담비율을 반영한 자기부담감수량을 보장하는 재해로 인한 감수량에서 차감한다.
④ 적과전 종합위험보장Ⅱ에서의 유형 : 10%, 15%, 20%, 30%, 40% 유형이 있다.
  • 이중 10% 형은 최근 3년 연속 보험 가입과수원 및 3년간 수령 보험금이 순보험료의 100% 미만인 경우에, 15% 형은 최근 2년 연속 보험 가입과수원 및 2년간 수령 보험금이 순보험료의 100% 미만인 경우에 선택 가능하다. 20%, 30%, 40% 형은 선택에 제한이 없다.
2. 국고지원율 : 순보험료 대비 10% 형은 33%, 15% 형은 38%, 20% 형은 50%, 30%와 40% 형은 60%의 국고지원을 받는다.
✔ **자기부담비율10%, 15% 형 가입자격 및 자기부담비율에 따른 국고지원율은 2025「농업재해보험·손해평가의 이론과 실무」를 다시 확인한다.**

**11.** 적과전 종합위험보장Ⅱ에 가입한 품목에서 적과 종료 이후의 보상하는 손해에 해당하면 ○, 해당하지 않으면 ×를 쓰시오.

| |
|---|
| (1) 강풍 : 과수원에서 가장 가까운 3개 기상관측소에 나타난 측정자료 중 가장 작은 수치의 '최대 순간풍속 15m/sec' - - ( ) |
| (2) 집중호우 : 과수원에서 가장 가까운 3개소의 기상관측장비로 측정한 24시간 누적 강수량이 80mm 이상인 강우 상태 - - ( ) |
| (3) 동상해 : 서리 또는 기온의 하강으로 인하여 농작물 등이 동결된 상태 - - ( ) |
| (4) 지진 : 지구 내부의 급격한 운동으로 지진파가 지표면까지 도달하여 지반이 흔들리는 자연 지진. 대한민국 기상청에서 규모 5.0 이상의 지진 통보를 발표. 진앙이 과수원이 위치한 시·군에 위치- - ( ) |
| (5) 일소피해 : 대한민국 기상청에서 폭염특보 발령. 과수원에서 가장 가까운 3개소의 기상관측장비로 측정한 낮 최고기온이 연속 2일 이상 30℃로 관측. 폭염으로 인해 보험의 목적에 일소가 발생- - ( ) |

**정답**

(1) ○, (2) ×, (3) ×, (4) ○, (5) ×
✔ **적과 종료 이후의 보상하는 손해 담보조건**
1. 태풍(강풍) 담보조건
  • 최대순간풍속 14m/sec 이상의 바람(이하 "강풍")을 포함
  • 강풍은 과수원에서 가장 가까운 '3개 기상관측소에 나타난 측정자료 중' 가장 큰 수치의 자료로 판정 → 가장 작은 수치가 15m/sec이면 큰 수치는 당연히 14m/sec이다.
2. 집중호우 담보조건 중 : 과수원에서 가장 가까운 3개소의 기상관측장비로 측정한 12시간 누적 강수량이 80mm 이상인 강우 상태
3. 동상해: 적과 종료 이전 종합위험으로서의 정의이다.
4. 일소 피해 폭염 담보조건 중 : 낮 최고기온이 연속 2일 이상 33℃ 이상으로 관측

**12.** 다음 조건에서 착과감소보험금을 산출하시오.

---
○ 계약사항
- 가입 특별약관 없음
- 가입가격 3,000원/kg
- 가입수확량 10,000kg
- 착과감소보험금 보장 수준 50%
- 실제결과주수 100주
- 자기부담비율 20%

○ 조사 내용
- 적과 종료 전 조수해로 인한 일부 나무에 국한된 피해 발생 확인
- 최대인정감소량 2,000kg
- 적과후착과량 7,000kg
- 미보상감수량 1,000kg
---

1. 착과감소량
   ① 평년착과량-적과후착과량=10,000-7,000=3,000kg
   ② 최대인정감소량=2,000kg
   ③ 착과감소량=min(3,000, 2,000)=2,000kg
2. 기준수확량 : 7,000+2,000=9,000kg
3. 자기부담감수량 : 9,000×0.2=1,800kg
4. 착과감소보험금=(2,000-1,000-1,800)×3,000×0.5=0원

✔ **가입수확량=평년착과량 100%**
- 착과감소량=평년착과량-적과후착과량
- 가입 특별약관이 없음에도 최대인정감소량을 산정하여 착과감소량을 결정한 것은 조수해·화재 일부 피해로 인한 인한 것임을 유추할 수 있다.
- 미보상감수량이 존재함 → 적과 전 무사고 아님

---

**13.** 적과전 종합위험보장Ⅱ의 보험기간이다. (    )을 채우시오.

| 가을동상해 | 사과·배 | 판매연도 9/1 ~ 수확기 종료 시점 (   ①   ) |
| | 단감·떫은감 | 판매연도 9/1 ~ 수확기 종료 시점 (판매연도 11/15 초과 불가) |
| (  ③  ) | 사과·배, 단감·떫은감 | (   ②   ) ~ 판매연도 9/30 |

① 판매연도 11월 10일을 초과 할 수 없음, ② 적과 종료 이후, ③ 일소 피해

**14.** 적과전 종합위험보장Ⅱ의 ① 미경과비율과 ② 감액 미경과비율의 용도를 설명하시오.

 1. 미경과비율 : 계약이 효력상실, 해지 등의 사유에 따라 환급보험료를 산출할 때 적용되는 비율
2. 감액 미경과비율 : 적과 종료 후 적과후착과량(약관상 '기준수확량')이 평년착과량(약관상 '가입수확량')보다 적은 경우 가입수확량 조정을 통해 보험가입금액을 감액하고, 이에 따라 차액보험료를 환급하는데, 차액보험료 계산할 때 적용되는 비율이다.

**15.** 적과전 종합위험보장Ⅱ에서 보험가입금액을 감액하는 경우를 설명하시오.

 1. 과실손해보장 : 적과 종료 후 적과후착과량(약관상 '기준수확량')이 평년착과량(약관상 '가입수확량')보다 적은 경우 가입수확량 조정을 통해 보험가입금액을 감액
2. 나무손해보장 특별약관 : 보험에 가입한 결과주수가 실제결과주수를 초과하는 경우 보험가입금액을 감액
✔ **문제에서 특정한 대상에 관한 언급이 없으면 특별약관까지 설명 또는 계산의 대상이다.**

**16.** 적과전 종합위험보장Ⅱ의 착과감소보험금의 ① 지급 사유와 ② 산출식을 쓰시오.

 1. 지급 사유 : 적과전 사고로 인해 착과감소량이 자기부담감수량을 초과하는 경우
2. 산출식 : 보험금=(착과감소량-미보상감수량-자기부담감수량)×가입가격×보장 수준
  ① 착과감소량=평년착과량-적과후착과량
  ② 미보상감수량 : 보장하는 재해 이외의 원인으로 감소되었다고 평가되는 부분. 계약 당시 이미 발생한 피해, 제초상태 불량, 병해충으로 인한 피해 등으로 인한 수확감소량으로서 감수량에서 제외
  ③ 자기부담감수량=기준수확량×자기부담비율
  ④ 가입가격 : 보험에 가입할 때 결정한 과실의 kg당 평균 가격. 한 과수원에 다수의 품종이 혼식된 경우에도 품종과 관계없이 동일
  ⑤ 50% 또는 70%: 착과감소보험금 보장 수준
  ✔ **1과목 문제의 경우 착과감소량에 최대인정감소량에 관한 내용까지 쓰지 않아도 된다.**

**17.** 다음 내용을 참조하여 착과감소보험금을 구하시오.

○ 계약사항
- 평년착과수 : 100,000개
- 가입 과중 : 200g/개
- 착과감소보험금 보장 수준 50%

- 실제결과주수 : 1,000주
- 가입가격 : 3,000원/kg

- 가입 특별약관 : -
- 최저 자기부담비율 선택

<최근 4년간 순보험료 및 지급보험금>

| 연도 | 2021 | 2022 | 2023 | 2024 |
|---|---|---|---|---|
| 순보험료 | 1,000,000원 | 900,000원 | - | 1,100,000원 |
| 지급보험금 | - | 1,000,000원 | - | 500,000원 |

○ 조사내용
- 적과 종료 전 우박피해 발생
- 미보상비율 : 0%

- 적과후착과수 : 65,000개
- 미보상주수 없음

1. 착과감소량
   ① 착과감소과실수=100,000-65,000=35,000개
   ② 착과감소량=35,000×0.2=7,000kg
2. 미보상감수량=0kg
3. 기준수확량
   ① 기준착과수=65,000+35,000=100,000개
   ② 기준수확량=100,000×0.2=20,000kg
4. 자기부담감수량
   ① 자기부담비율 20%
   ② 자기부담감수량=20,000×0.2=4,000kg
5. 착과감소보험금=(7,000-0-4,000)×3,000×0.5=4,500,000원
   ✔ 자기부담비율 10%, 15% 형 가입조건을 충족하지 못하므로 자기부담비율은 20% 이다.
   • 10% 형 : 최근 3년간 연속 보험 가입 과수원
   • 15% 형 : 최근 2년간 연속 보험 가입 과수원

**18.** 적과전 종합위험보장 II 에서 평년착과량에 관한 다음 질문에 답하시오.

**(1) 정의 및 용도**

**(2) 전제 조건**

**(3) 산출 방법**

1. 정의 및 용도 : 가입수확량 산정 및 적과 종료 전 보험 사고 시 감수량 산정의 기준. 즉, 보험가입금액 결정 및 적과 종료 전 보험 사고 시 감수량 산정을 위한 기준
2. 전제 조건 : 평년 수준의 자연재해 · 기후 · 영농활동을 전제
   ✔ 내 과수원에서 평년 수준의 자연재해 등을 전제로 올해 예상되는 착과량

3. 산출 방법
  (1) 최근 5개년의 적과후착과량 및 표준수확량에 의해 산정
  (2) 신규 가입 과수원은 해당 연도 표준수확량의 100%를 평년착과량으로 함
  (3) 산출식={A+(B-A)×(1-Y/5)}×C/D
    ① A=Σ과거 5년간 적과후착과량÷Y
      • 21년노 이후의 적과후착과량은 평년착과량의 30·300%로 상·하한을 제한
      • 300% 상한은 가입년도 포함 과거 5개년 중 3년 이상 가입 이력이 있는 과수원에 한함
    ② B=Σ과거 5년간 표준수확량÷Y
    ③ Y=과거 5년간 가입 횟수
    ④ C=금년도 기준표준수확량
    ⑤ D=Σ과거 5년간 기준표준수확량÷Y
  ✔ **평년착과량 각 항목의 의미**
    • A : 과거 5년 중 보험에 가입한 연도에 적용
      적과후착과수 조사를 하므로 적과후착과량 존재한다. 적과후착과량 평균을 가입 횟수에 따라 가중평균 (Y/5)해 산출된 값이다.
    • B : 과거 5년 중 보험에 가입하지 않은 연도에 적용
      적과후착과량이 없으므로 표준수확량 평균을 적용한다. 미가입 연도는 표준수확량 평균을 미가입 횟수에 따라 가중평균 (1-Y/5)해 산출된 값을 적용한다.
    • C/D 보정 : 과거 기준표준수확량 평균과 가입 연도 기준표준수확량으로 보다 정확하게 보정한다.
    • D 기준표준수확량 : 평년착과량을 보정하는데 적용되는 기준이 되는 표준수확량이다.

**19.** 적과전 종합위험보장Ⅱ 사과 품목의 ① 실제결과주수와 ② 나무손해보장 특별약관에 의한 보험금을 구하시오. 단, 나무손해보장 특별약관 가입주수는 1,000주로 한다.(%는 소수점 셋째 자리에서 반올림) [기출 수정]

| | |
|---|---|
| 나무손해보장 특별약관 보험가입금액 | 8,000만원 |
| 가입 일자 기준 과수원에 식재된 모든 나무수 | 1,000주 |
| 인수조건에 따라 보험에 가입할 수 없는 나무수 | 50주 |
| 가입 이후 보상하는 손해로 고사된 나무수 | 85주 |
| 가입 이전 보상하는 손해 이외의 원인으로 고사한 나무수 | 100주 |

정답

1. 실제결과주수=1,000-50-100=850주
  ✔ **실제결과주수**
    • 가입 일자를 기준으로 농지(과수원)에 식재된 모든 나무 수.
    • 인수조건에 따라 보험에 가입할 수 없는 나무(유목 및 제한 품종 등) 수는 제외
    • 실제결과주수는 고사주수, 미보상주수, 수확불능주수, 기수확주수를 포함한다.
2. 나무손해보장 보험금
  ① 보험가입금액 감액=80,000,000×(850÷1,000)=68,000,000원
  ② 피해율=85÷850=10%
  ③ 보험금=68,000,000×(0.1-0.05)=3,400,000원
  ✔ **피해주수 : 보험기간 내+보상하는 손해로+고사한 나무수**
  ✔ **피해율=피해주수÷실제결과주수**
    • 가입한 결과주수가 과수원 내 실제결과주수를 초과하는 경우 보험가입금액을 감액

**20.** 다음 조사 내용으로 물음에 답하시오. (%는 소수점 셋째 자리 이하 반올림)

○ 계약사항
- 가입수확량 : 15,000kg
- 가입 과중 : 400g/개
- 가입 특별약관 : 나무손해보장
- 실제결과주수 : 120주
- 자기부담비율 : 15%
- 가입 가격 : 3,000원/kg, 100,000원/주
- 착과감소보험금 보장 수준 50%

○ 조사 내용
- 적과전 태풍 및 집중호우 : 피해 확인 및 고사주수 20주 확인(이 중 5주는 회생이 가능한 것으로 추후 확인됨)
- 기준수확량=15,000kg
- 적과전 미보상감수량 : 1,000kg
- 적과후착과량 : 10,000kg
- 적과 종료 후 누적감수량 : 4,000kg
- 수확기 종료 후 고두병으로 인한 고사주수 10주 추가 확인

(1) 착과감소보험금을 산정하시오.

(2) 과실손해보험금을 산정하시오.

(3) 나무손해보장보험금을 산정하시오.

---

**정답**

1 착과감소보험금
 ① 착과감소량=15,000-10,000=5,000kg
 ② 미보상감수량=1,000kg
 ③ 자기부담감수량=15,000×0.15=2,250kg
 ④ 착과감소보험금=(5,000-1,000-2,250)×3,000×0.5=2,625,000원
2. 과실손해보험금
 ① 누적감수량=4,000kg
 ② 자기부담감수량=2,250-(5,000-1,000)=-1,750kg=0kg
 ③ 과실손해보험금=(4,000-0)×3,000=12,000,000원
3. 나무손해보장보험금
 ① 보험가입금액=120×100,000=12,000,000원
 ② 피해율=15÷120=12.5%
 ③ 보험금=12,000,000×(0.125-0.05)=900,000원
 ✔ **나무손해보장 보상하지 않는 손해**
 - 병충해 등 간접손해에 의해 생긴 나무 손해
 - 피해를 입었으나 회생이 가능한 나무의 손해
 ✔ **과실손해보험금 자기부담감수량=자기부담감수량-(착과감소량-적과 종료 전 미보상감수량)**

**21.** 다음을 참조하여 물음에 답하시오. 단, 가입 가능한 나무는 인수한 것으로 한다.

- 품목 : 사과 (후지)
- 신규 가입 : 과수원(가입 특별약관 : 나무손해보장)
- 재배방식 · 수령 : 밀식(2년생) 100주, 반밀식(4년생) 150주, 일반(6년생) 200주
- 주당 표준수확량: 밀식 2년생 10kg, 반밀식 4년생 15kg, 일반 6년생 20kg
- 가입가격 : 3,000원/kg, 100,000원/주
- 지역별 보통약관 : 영업요율 5%, 순보험료율 4%
- 지자체 지원율 : 없음
- 방재시설: 개별지주 설치
- 수확기 종료 후 보상하는 재해로 인한 고사주수 20주 확인

(1) <심화> 표준수확량을 산출하시오.

(2) 보통약관의 ① 보험가입금액과 ② 보험료, ③ 최저 자기부담비율을 적용하여 계약자부담보험료를 산출하시오. (소수점 첫째 자리 이하 버림)

(3) 나무손해보장보험금을 산출하시오. (%는 소수점 셋째 자리 이하 버림)

 **정답**

1. 표준수확량=(15×150)+(20×200)=6,250kg
2. 보험가입금액, 보험료, 계약자부담보험료
   ① 보험가입금액=6,250×3,000=18,750,000원
   ② 보험료=18,750,000×0.05×(1-0.07)=871,875원
   ③ 계약자부담보험료=18,750,000×0.04×(1-0.07)×(1-0.5)=348,750원 또는, 871,875×[1]0.8×(1-0.5)=348,750원
3. 나무손해보장보험금
   ① 보험가입금액=350×100,000=35,000,000원
   ② 피해율=20÷350=5.71%
   ③ 보험금=35,000,000×(0.0571-0.05)=248,500원
   ✔ **사과 밀식재배 3년생 미만 인수 제한**
   - 표준수확량=Σ(수령별 표준수확량×해당 나무수)
   - 신규 가입과수원 : 가입수확량(평년착과량)=표준수확량 100%
   ✔ **신규 가입**
   - 손해율에 따른 할인 · 할증율 없음
   - 신규 가입 : 최저 자기부담비율 20% → 국고지원율 50% (자기부담비율 10%, 15% 형 가입자격 및 자기부담비율에 따른 국고지원율은 2025 「농업재해보험 · 손해평가의 이론과 실무」 에서 다시 확인한다)
   ✔ **사과 방재시설 할인율: 개별지주 7%**
   ✔ **계약자부담보험료=순보험료-지원보험료=순보험료×(1-총 지원율). 순보험료율 4%는 영업요율 5%의 [1]80%**

**22.** 적과전 종합위험보장Ⅱ에 관한 다음 물음에 답하시오.

(1) 적과전 종합위험보장Ⅱ에서 보험가입금액을 감액하는 경우를 모두 쓰시오.

(2) 다음 내용을 바탕으로 차액보험료를 구하시오.

---

○ 계약사항

• 품목 : 사과, 보험가입금액 2,000만원
• 평년착과량 : 1,000kg
• 순보험료율 : 5%

• 착과감소보험금 보장 수준 : 50% 형
• 자기부담비율 : 20%
• 지자체 지원율 : 30%

• 가입 특별약관 : 없음

○ 적과후착과량 : 750kg

○ 적과 전 보상하는 재해로 인한 사고 없음

---

정답

1. 감액하는 경우
   ① 과실손해보장(보통약관) : 적과 종료 후 적과후착과량(약관상 '기준수확량')이 평년착과량 (약관상 '가입수확량')보다 적은 경우 가입수확량 조정을 통해 보험가입금액을 감액
   ② 나무손해보장 특약 : 보험에 가입한 결과주수가 과수원 내 실제결과주수를 초과하는 경우 보험가입금액을 감액
2. 차액보험료
   (1) 계약자부담 보험료=20,000,000×0.05×(1-0.5-0.3)=200,000원
   (2) 가입수확량 조정
      ① 기준수확량=750kg
      ② 가입수확량 1,000kg → 750kg로 조정
   (3) 보험가입금액 감액
      ① 감액 후 보험가입금액=20,000,000×(750÷1,000)=15,000,000원
      ② 감액 비율=(2,000-1,500)÷2,000=25%
   (4) 감액 미경과비율=70%
   (5) 차액보험료={(200,000×0.25)×0.7}-0=35,000원
✔ **보험료에 적용하는 항목이 제시되지 않은 경우**
• 손해율 및 가입연수에 관한 할인·할증율, 방재시설에 관한 조건이 없으므로 해당 할인율은 적용하지 않는다.
• 차액보험료=(감액분 계약자부담보험료×감액 미경과비율)-미납입보험료
• 자기부담비율 20% → 국고지원율 50%

---

**23.** 다음 조건을 보고 물음에 답하시오.

| 적과전 사고 | 평년착과수 | 적과후착과수 | 가입 과중 | 가입가격 |
|---|---|---|---|---|
| 없음 | 10,000개 | 8,000개 | 300g | 2,000원 |

(1) 계약 시의 보험가입금액

(2) 보험가입금액의 ① 감액 여부와 ② 감액하는 경우 그 이유

## (3) 감액하는 경우 감액된 보험가입금액

 **정답**

(1) 10,000×0.3×2,000=6,000,000원

(2) 감액 :

① 감액

② 기준수확량이 가입수확량보다 적으므로. (기준수확량=8,000×0.3=2,400kg, 가입수확량=10,000×0.3=3,000kg)

(3) 8,000×0.3×2,000=4,800,000원

✔ 또는, '감액 비율'로 계산하는 습관을 갖는 것이 차액보험료 계산 문제를 위해 좋다.

• 감액 비율=(10,000-8,000)÷10,000=20%

• 보험가입금액 감액분=6,000,000×0.2=1,200,000원

**24.** 다음 조건에서 나무손해보장 보험금을 산정하시오. (단, 가입 주수와 실제결과주수는 동일하다. %는 소수점 셋째 자리에서 반올림) [기출 응용]

• 품목 배 (가입 일자 2022년 2월 01일)
• 조사 일자: 2022년 12월 10일
• 2022년 1월 15일 조수해 절단 고사 10주
• 2022년 8월 30일 태풍 고사 10주
• 가입가격 100,000원/주
• 조사 종류: 고사나무 조사
• 조사 일자 기준 살아있는 모든 나무수 100주
• 2022년 3월 20일 병충해 고사 5주
• 2022년 12월 08일 NPK 요소 결핍 고사 3주

 **정답**

1. 보험가입금액=118×100,000=11,800,000원
2. 피해율=10÷118=8.47%
3. 보험금=11,800,000×(0.0847-0.05)=409,460원

✔ **실제결과주수 : 가입 일자 기준 과수원에 식재된 모든 나무수. 다만, 인수조건에 따라 보험에 가입할 수 없는 나무 (유목 및 제한 품종 등)수는 제외**

• 가입 이전 고사한 1/15 10주 → 실제결과주수에서 제외

• 조사 일자 : 12/10 기준 살아있는 모든 나무수 100주→실제결과주수 포함

• 3/20 고사 5주, 8/30 고사 10주, 12/08 고사 3주: 가입 일자 2/01 기준 과수원에 식재된 나무수→실제결과주수에 포함

• 실제결과주수=100+5+10+3=118주

✔ **피해주수**

• 1/15 조수해 절단 고사 10주 : 가입 이전 고사주수이므로 실제결과주수에서 제외

• 3/20 병충해 고사 5주 : 보장 기간 내에 고사했지만 보상 하는 재해 이외의 원인에 의한 고사주수이므로 미보상주수

• 8/30 태풍 고사 10주 : 보장 기간 내에 보상하는 재해로 고사했으므로 고사주수

• 12/08 NPK 요소 결핍 고사 3주 : 보장 기간 내에 고사했지만 생리장애에 의한 고사주수이므로 미보상주수

• 피해주수=10주

**25.** 다음 과수원의 2024년 적과전 종합위험보장Ⅱ 가입을 위한 평년착과량 산출 자료이다. 물음에 답하시오.

(단위, kg)

| 품목 | 2024년도 수령 | 재배방식 |
|---|---|---|
| 사과 | 10년생 | 밀식재배 |

| 구분 | 적과후착과량 | 표준수확량 | 평년착과량 | 기준표준수확량 |
|---|---|---|---|---|
| 2019 | 900 | 900 | 1,100 | 1,000 |
| 2020 | 1,100 | 1,200 | 1,100 | 1,000 |
| 2021 | 미가입 | - | - | - |
| 2022 | 800 | 1,100 | 1,000 | 1,000 |
| 2023 | 1,000 | 1,200 | 1,200 | 1,000 |
| 2024 | | | | 1,200 |

**(1)** 2024년 보험 가입을 위한 평년착과량을 산출하시오.

**(2)** 2018년도 및 2017년도의 기준표준수확량을 쓰시오.

**정답**

1. 평년착과량

   (1) ① A=(900+1,100+800+1,000)÷4=950kg
   - 2022년도 적과후착과량 800kg : 평년착과량 1,000kg의 30~300% 범위 내
   - 2023년도 적과후착과량 1,000kg : 평년착과량 1,200kg의 30~300% 범위 내

   ② B=(900+1,200+1,100+1,200)÷4=1,100kg

   ③ C=1,200kg

   ④ D=(1,000+1,000+1,000+1,000)÷4=1,000kg

   ⑤ Y=4

   (2) 평년착과량={950+(1,100-950)×(1-4/5)}×(1,200÷1,000)=1,176kg

   ✔ **2021년도~ 적과후착과량의 상·하한 : 평년착과량의 30~300% 범위**

2. 기준표준수확량(D) : 2018년도(4년생) 750kg, 2017년도(3년생) 500kg

   ✔ **사과 품목의 기준표준수확량 D**
   - 일반재배방식의 표준수확량에 의해 산출된 값
   - 일반재배방식 : 나무수령 5년생 이상 가입 가능

   ✔ **사과 품목 과거 기준표준수확량 할인:**
   - 일반재배방식 5년생=100%, 4년생=5년생×75%, 3년생=5년생×50%
   - 2024년도 현재 10년생이므로 2019년도가 5년생이다.
     → 2018년도 나무수령 4년생 : 일반재배방식 5년생의 기준표준수확량=1,000×75%=750kg
     → 2017년도 나무수령 3년생 : 일반재배방식 5년생의 기준표준수확량=1,000×50%=500kg

**26.** 다음 내용을 참조하여 과실손해보험금을 구하시오.

| | | |
|---|---|---|
| • 기준수확량 2,000kg | • 가입 가격 2,000원/kg | • 자기부담비율 10% |
| • 착과감소량 600kg | • 적과 종료 전 미보상감수량 100kg | • 적과 종료 이후 누적감수량 500kg |

 1. 자기부담감수량=2,000×0.1=200kg
2. 적과 종료 이후 자기부담감수량=200-(600-100)=-300kg=0kg
3. 과실손해보험금=(500-0)×2,000=1,000,000원

**27.** 다음 조건을 보고 물음에 답하시오.

• 적과전 보상하는 재해에 의한 사고 없음

| 품목 | 평년착과수 | 적과후착과수 | 가입 과중 | 가입가격 |
|---|---|---|---|---|
| 단감 | 20,000개 | 15,000개 | 300g | 2,000원 |

(1) 가입수확량을 구하시오.

(2) 보험가입금액을 산출하시오.

(3) 감액 후 보험가입금액을 산출하시오.

 1. 가입수확량=20,000×0.3=6,000kg
2. 보험가입금액=6,000×2,000=12,000,000원
3. 감액 후 보험가입금액
  ① 기준착과수=15,000개, 기준수확량=15,000×0.3=4,500kg
  ② 가입수확량 변경=4,500kg
  ③ 4,500×2,000=9,000,000원
✔ 또는, 12,000,000×(4,500÷6,000)=9,000,000원→가입금액 감액 비율=(1,200-900)÷1,200=25%
✔ 기준수확량이 가입수확량보다 적으므로 가입수확량을 조정하고 보험가입금액을 감액한다.

**28.** 적과전 종합위험방식 상품에 가입한 A 과수원의 다음 계약사항 및 조사내용에 따라 보험금을 산출하시오.(%는 소수점 셋째 자리에서 반올림)

- 품목 : 단감
- 실제결과주수 : 100주
- 가입 특별약관 : 나무손해보장
- 적과후착과량 : 6,000kg
- 착과감소보험금 보장 수준 : 50%
- 보험기간 내 피해주수 : 고사주수 10주, 수확불능주수 10주
- 평년착과량 : 10,000kg
- 가입가격 : 과실 2,000원/kg, 나무 100,000원/주
- 적과 종료 이전 : 냉해 피해 확인, 적과 종료 이후: 일소 피해 확인
- 적과 종료 이전 미보상감수량 100kg
- 적과 종료 이후 총 누적감수량 2,000kg

| 구분 | 2021 | 2022 | 2023 | 2024 |
|---|---|---|---|---|
| 수령 보험금 | 90만원 | - | 0원 | 30만원 |
| 납입 보험료 | 20만원 | - | 20만원 | 18만원 |

**정답**

1. 착과감소보험금=(4,000-100-1,500)×2,000×0.5=2,400,000원
   ① 착과감소량=10,000-6,000=4,000kg (적과 종료 이전 종합위험. 냉해 피해)
   ② 기준수확량=6,000+4,000=10,000kg
   ③ 자기부담비율 : 2년 연속 가입 및 2년간 손해율 100% 미만. 15%
   - 손해율 : 300,000÷380,000=78.94%
   ④ 자기부담감수량=10,000×0.15=1,500kg
2. 과실손해보험금=(2,000-0)×2,000=4,000,000원
   ① 자기부담감수량=1,500-(4,000-100)=-2,400kg=0kg
3. 나무손해보험금=10,000,000×(0.1-0.05)=500,000원
   ① 보험가입금액=100×100,000원=10,000,000원
   ② 피해율=10÷100=10%

**29.** 다음은 조건을 보고 각 물음에 답하시오. (%는 소수점 셋째 자리에서 반올림. 예 12.345=12.35%. 주어진 조건 외 다른 조건은 고려하지 않음)

○ 계약사항 : 적과전 종합위험보장Ⅱ(사과)
- 평년착과량 : 5,000kg
- 순보험료율 : 8%
- 가입 특별약관 : 없음
- 착과감소보험금 보장수준 : 70%
- 가입가격 : 2,000원/kg
- 지방자치단체 지원율 : 30%
- 자기부담비율은 선택할 수 있는 최저 자기부담비율로 가입
- 가입수확량 : 5,000kg
- 방재시설 트랠리스(4선식) 설치

○ 기타 : 2022년도 최초 가입

○ 3년간 순보험료 및 지급보험료

| 구분 | 2022 | 2023 | 2024 |
|---|---|---|---|
| 순보험료 | 50만원 | 50만원 | 50만원 |
| 지급된 착과감소보험금 | 100만원 | - | 40만원 |
| 지급된 과실손해보험금 | - | - | - |

○ 적과후착과량 4,000kg (적과 전 보상하는 재해 확인되지 않음)

(1) 계약 당시의 계약자부담보험료를 구하시오. (자기부담비율은 선택할 수 있는 최저 자기부담비율로 가입)

(2) 차액보험료를 구하시오. (미납입 보험료 없음)

(3) 다음과 같은 경우 환급보험료를 구하시오.

- 환급보험료 발생 사유 : 계약자의 통지의무 해태로 인한 해지    • 해지 시점 : 판매연도 8월
- 해당 계약의 미경과비율 표

| 4월 | 5월 | 6월 | 7월 | 8월 |
| --- | --- | --- | --- | --- |
| 83% | 70% | 63% | 49% | 18% |

1. 계약자부담보험료
   ① 보험가입금액=5,000×2,000=10,000,000원
   ② 손해율=(100+40)÷(50+50+50)=93.33%
   ③ 자기부담비율 10% 형의 정부지원율 33% (아래 해설 참조)
   ④ 계약자부담보험료=10,000,000×0.08×(1-0.07)×(1-0.33-0.3)=275,280원

2. 차액보험료
   ① 기준수확량=4,000kg
   ② 보험가입금액=4,000×2,000=8,000,000원 (감액비율 20%)
   ③ 감액 미경과비율=63% (아래 해설 참조)
   ④ 차액보험료={(275,280×0.2)×0.63}-0=34,685.28원

3. 환급보험료
   ① 보험가입금액 감액 후 계약자부담보험료=8,000,000×0.08×(1-0.07)×(1-0.33-0.3)=220,224원
   ② 환급보험료=220,224×0.18=39,640.32원

✔ **1. 계약자부담보험료**
(1) 지역별 보통약관 영업요율과 순보험료율
   ① 순보험료율만 제시된 경우 : 순보험료 중 지원보험료를 제외한 것이 계약자부담보험료이므로 위와 같이 그대로 적용
   ② 보통약관 영업요율과 영업보험료 중 순보험료율이 제시된 경우
   **예** 영업요율 10%(순보험료율 80%)=×0.1×0.8=×0.08
(2) 손해율에 따른 할인·할증률 : 아래의 경우는 알아 놓는 것이 좋다.
   • 3년 연속 가입 및 2022 최초 가입이므로 평가기간 3년
   ① 평가기간 관계없이 80% 이상 120% 미만인 경우 할인·할증 없음
   ② 평가기간 5년 : 손해율 30% 미만=-30%(최대 할인), 손해율 500% 이상=+50%(최대 할증)
   ③ 평가기간 1년 : 손해율 30% 미만=-8%, 손해율 500% 이상=+17%
(3) 자기부담비율 10%
   ① 3년 연속 가입 및 3년간 수령한 보험금이 순보험료의 100% 미만(=손해율 100% 미만. 과실손해보험금 지급 없음)
   ② 2024 적종 자기부담비율에 따른 정부지원율 : 10% 형=33% 지원, 15% 형=38% 지원, 20% 형=50% 지원, 30%·40% 형=60% 지원
   • 자기부담비율 10%, 15% 형 가입자격 및 자기부담비율에 따른 정부지원율은 2025 「농업재해보험·손해평가의 이론과 실무」를 다시 확인한다.

2. 차액보험료
   ① 보상하는 재해가 확인되지 않았으므로 착과감소량 1,000kg은 인정될 수 없다.
   ② 기준수확량=적과후착과량=4,000kg → 보험가입금액 감액

③ 감액 미경과비율 63% : 사과+착과감소보험금 보장수준 70%+특정위험 5종 한정보장 특별약관 미가입

④ 감액 미경과비율 : 사과·배 6월, 단감·떫은 감 7월 미경과비율 표의 비율임을 참고한다.

3. 환급보험료

① 환급보험료 계산 시 계약자부담보험료 : '최종 보험가입금액'을 기준으로 산출한 보험료 중 계약자가 부담한 금액을 기준으로 함

② 고지·통지의무 해태로 인한 해지=계약자·피보험자의 책임 있는 사유에 의한 해지 → 환급보험료=계약자부담보험료× 해당 월 미경과비율

③ 2025 「농업재해보험·손해평가의 이론과 실무」에서는 과수 4종의 환급보험료에 다음 규정이 추가될 예정이다.

• 해지일과 관계없이 적과가 종료되어 적과후착과수가 확정된 이후에는 미경과비율이 '감액 미경과비율'을 초과하는 경우, 위의 미경과비율을 '감액 미경과비율'로 적용하여 환급보험료를 계산

**30.** 다음 조건을 보고 물음에 답하시오. (소수점 첫째 자리 반올림)

| 품목 | 보험가입금액 | 보통약관 영업요율 | 가입 특별약관 | 적과전 보장수준 |
|---|---|---|---|---|
| 사과 | 10,000,000원 | 10% | 적과전 특정위험 5종 한정 보장 특약 할인율 5% | 70% 형 |
| 방재시설 | 손해율에 따른 할인율 | 지자체 지원율 | 자기부담비율 | - |
| 방풍망(측면 전부) | 20% | 30% | 10% | - |

(1) 보험료를 산출하시오.

(2) 계약자부담보험료를 산출하시오. (순보험요율은 영업요율의 90%)

(3) 보험가입금액을 8,000,000원으로 감액한 경우 차액보험료를 산출하시오. (다른 조건은 고려하지 않는다)

 정답

1. 보험료=10,000,000×0.1×(1-0.2)×(1-0.1)×(1-0.05)=684,000원

✔ **사과 방재시설 할인율 : 방풍망 측면 전부 설치 10%**

2. 계약자부담보험료

=684,000×0.9×(1-0.33-0.3)=227,772원 또는, 10,000,000×0.1×0.9×(1-0.2)×(1-0.1)×(1-0.05)×(1-0.33-0.3)=227,772원

✔ **계약자부담보험료=순보험료-지원보험료**

3. 차액보험료

① 보험가입금액 감액 비율=(1,000-800)÷1,000=20%

② 차액보험료={(253,080×0.2)×0.78}-0=39,480.48원

**31.** 다음 조건에서 지급될 수 있는 최대 과실손해보험금을 구하시오. (다른 조건은 고려하지 않는다. 일원 단위 미만 버림)

| | | |
|---|---|---|
| • 보험가입금액 1,000만원 | • 자기부담비율 30% | • 착과감소보험금 3,000,000원 |

**정답**

1. 총 지급보험금 한도=10,000,000×(1-0.3)=7,000,000원
2. 지급될 수 있는 최대 과실손해보험금=7,000,000-3,000,000=4,000,000원
   - 보험금의 지급 한도에 따라 계산된 보험금이 '보험가입금액×(1-자기부담비율)'을 초과하는 경우에는 '보험가입금액×(1-자기부담비율)'을 보험금으로 한다. '착과감소보험금+과실손해보험금'의 지급한도이다.

**32.** 보험 가입을 위한 2024년도 평년착과량을 구하시오. (소수점 첫째 자리에서 반올림)

| 품목 | 2024년도 수령 | 재배방식 |
|---|---|---|
| 사과 | 8년생 | 밀식재배 |

(단위. kg)

| 연도 | 적과후착과량 | 평년착과량 | 표준수확량 | 기준표준수확량 |
|---|---|---|---|---|
| 2019 | 800 | 1,000 | 1,100 | |
| 2020 | 900 | 1,000 | 1,200 | |
| 2021 | 1,000 | 1,000 | 1,100 | 1,200 |
| 2022 | - | - | - | |
| 2023 | 300 | 1,600 | 1,600 | 1,000 |
| 2024 | | | | 1,100 |

**정답**

1. {A+(B-A)×(1-Y/5)}×C/D
   ① A=(800+900+1,000+480)÷4=795kg→ 2023년도 적과후착과량 300kg :평년착과량 1,600kg×30%=480kg 하한선 적용
   ② B=(1,100+1,200+1,100+1,600)÷4=1,250kg
   ③ C=1,100kg
   ④ D=(600+900+1,200+1,000)÷4=925kg
   ⑤ Y=4
2. 평년착과량={795+(1,250-795)×(1-4/5)}×(1,100÷925)=1,054kg
✔ **2021년도~ 적과후착과량의 상·하한 : 평년착과량의 30~300% 범위**
✔ **사과 기준표준수확량 : 일반재배방식 표준수확량**
   - 3년생 50%, 4년생 75% 적용 : 일반재배방식 5년생 표준수확량의 ×0.5, ×0.75 적용

**33.** 다음 내용을 참조하여 ① 보험가입금액 감액으로 인한 차액보험료 및 ② 감액하지 않은 경우의 환급보험료를 산출하시오.

| | | |
|---|---|---|
| • 품목 : 사과 | • 보험가입금액 : 2,000만원 | • 가입 특별약관 : - |
| • 착과감소보험금 보장 수준 : 70% | • 감액 후 보험가입금액 : 1,600만원 | • 가입 당시 계약자부담보험료 : 30만원 |
| • 미납입 보험료 : 0원 | • 6월 임의해지 | |

<한정보장 특약 미가입건(착과감소보험금 보장수준 70% 형)의 미경과비율>

| 월 | 5 | 6 | 7 | 8 |
|---|---|---|---|---|
| 미경과비율 | 70% | 63% | 49% | 18% |

1. 차액보험료
    ① 보험가입금액 감액 비율=(2,000-1,600)÷2,000=20%
    ② 감액분 계약자부담보험료=300,000×0.2=60,000원
    ③ 차액보험료=(60,000×0.63)-0=37,800원
2. 환급보험료=300,000×0.63=189,000원
✔ 과수 4종의 '감액 미경과비율'=사과·배 6월, 단감·떫은감 7월의 '미경과비율'=품목, 한정특약 가입 여부, 보장수준에 따른 6월, 7월의 '미경과비율'
✔ 6월, 7월=적과후착과수 조사 월=감액 여부 결정 시점
✔ 2025 「농업재해보험·손해평가의 이론과 실무」에서는 과수 4종의 환급보험료에 다음 규정이 추가될 예정이다.
    • 해지일과 관계없이 적과 종료되어 적과후착과수가 확정된 이후에는 미경과비율이 '감액 미경과비율'을 초과하는 경우, 위의 미경과비율을 '감액 미경과비율'로 적용하여 환급보험료를 계산


**34.** 다음 조건을 보고 물음에 답하시오.

| | | |
|---|---|---|
| • 품목 사과 | • 재배방식 반밀식재배 | • 가입주수 300주 |
| • 가입가격 100,000원/주 | • 「적과후착과수 조사」 시 식재 3년 차 10주, 유목 10주 발견 | |

(1) 나무손해보장 특별약관의 보험가입금액을 산출하시오.

(2) 보험가입금액의 ① 감액 여부와 감액에 해당하는 경우 ② 그 이유를 쓰고, ③ 감액 후 보험가입금액을 산출하시오.

1. 보험가입금액=100,000×300=30,000,000원
2. 감액
    ① 감액 대상 여부 : 대상
    ② 사유 : 인수 제한(3년 차 10주) 및 유목을 반영한 실제결과주수는 280주→보험에 가입한 결과주수가 실제결과주수를 초과하므로.
    ③ 감액 후 보험가입금액=280×100,000=28,000,000원
✔ 보험가입금액 감액 비율=(3,000-2,800)÷3,000=6.67%

**35.** 다음 조건을 보고 2024년도의 ① 보험료 및 ② 계약자부담보험료를 구하시오.

○ 계약사항. 품목 배

| 보험가입금액 | 보험료율 | | 손해율에 따른 할인율 |
|---|---|---|---|
| 15,000,000원 | 보통약관 영업요율 10%, 순보험료율 8%, 부가보험료율 2% | | 8% |
| 가입 특별약관 및 할인율 | 지자체 지원율 | | 빙재시설 |
| 일소 부보장. 5% | 40% | | 방상팬 설치 |

○ 직전 3년간 순보험료 및 지급보험금

| 연도 | 2020 | 2021 | 2022 | 2023 |
|---|---|---|---|---|
| 순보험료 | 700,000원 | - | 800,000원 | 800,000원 |
| 지급보험금 | 1,000,000원 | - | 500,000원 | - |

**정답**

1. 보험료=15,000,000×0.1×(1-0.08)×(1-0.05)×(1-0.2)=1,048,800원

✔ 배 방재시설 할인율 : 방상팬 20%

2. 계약자부담보험료

① 2년간 순보험료 대비 손해율=500,000÷1,600,000=31.25% → 자기부담비율 15%

② 자기부담비율 15% → 정부 지원율 38%

③ 계약자부담보험료=15,000,000×0.08×(1-0.08)×(1-0.05)×(1-0.2)×(1-0.38-0.4)=184,588.8원

또는, 1,048,800×0.8×(1-0.38-0.4)=184,588.8원

✔ 자기부담비율 10%, 15%의 조건은 최근 3년(2년) '연속' 가입이다.

✔ 계약자부담보험료 : 순보험료 중 지원보험료를 제외한 보험료

✔ 영업보험료 1,048,800원 중 80%가 순보험료(×0.1×0.8=0.08)

  • 영업요율 10%=순보험료율 8%+부가보험료율 2%

✔ 자기부담비율 10%, 15% 형의 가입 자격 및 정부지원율은 2025 「농업재해보험 · 손해평가의 이론과 실무」를 확인한다.

**36.** 다음과 같이 4개의 과수원을 경작하는 A 씨가 적과전 종합위험보장Ⅱ 보험상품에 가입하고자 할 경우, 계약 인수 단위 규정에 따라 보험 가입이 가능한 ① 과수원 구성과 그 ② 구성 이유를 쓰시오. [기출 응용]

○ 재배방식 : 밀식재배

| 과수원 | 가입조건 | 소재지 |
|---|---|---|
| 1번 | 후지 품종. 4년생. 보험가입금액 130만원 | 종로구 부암동 |
| 2번 | 홍로 품종. 3년생. 보험가입금액 60만원 | 종로구 부암동 |
| 3번 | 미얀마 품종. 5년생. 보험가입금액 100만원 | 종로구 부암동 |
| 4번 | 쓰가루 품종. 6년생. 보험가입금액 250만원 | 종로구 신영동 |

1. 가능한 과수원 구성 : 1번+3번, 4번
2. 이유 : 계약 인수 단위-과수원 단위
   - 최저 보험가입금액 200만원 이상 가입 가능. 하나의 리, 동에 있는 '각각' 보험가입금액 200만원 미만의 두 개의 과수원은 하나의 과수원으로 취급하여 계약 가능
   ✔ **하나의 리(동)에 200만원 미만의 두 개의 과수원은 하나의 과수원으로 계약 가능하지만, 200만원 이상인 과수원에 다른 과수원을 더하여는 인수 불가**

**37.** 다음 조건을 보고 ① 보험가입금액 및 ② 보험료, ③ 계약자부담보험료, ④ 차액보험료를 구하시오. (소수점 첫째 자리에서 버림)

○ 적과전 사고 없음, 착과감소보험금 보장 수준 70% 형

| 품목 | 가입 특약 | 평년착과수 | 적과후착과수 | 가입 과중 | 가입 가격 |
|------|-----------|------------|--------------|-----------|-----------|
| 단감 | 없음 | 100,000개 | 80,000개 | 200g | 1,000원 |

○ 순보험료는 영업보험료의 90%

| 보통약관 영업요율 | 손해율에 따른 할인율 | 방재시설 | 한정보장 특약 할인율 | 지자체 지원율 |
|-------------------|----------------------|----------|----------------------|---------------|
| 10% | 20% | 방풍망(측면 일부) | 5% | 40% |

○ 미납입 보험료 20,000원 확인

| 연도 | 2019 | 2020 | 2021 | 2022 | 2023 |
|------|------|------|------|------|------|
| 순보험료 | 500,000원 | - | 400,000원 | 500,000원 | 500,000원 |
| 지급보험금 | 600,000원 | - | - | - | 600,000원 |

1. 보험가입금액=(100,000×0.2)×1,000=20,000,000원
2. 보험료=20,000,000×0.1×(1-0.2)×(1-0.03)=1,552,000원
   ✔ **보험료 적용 항목**
   - 단감ㆍ떫은 감 방재시설 할인율 : 방풍망 측면 전부설치 5%, 측면 일부설치 3%
   - 계약사항 가입 특약 : 없음. 한정보장 특약 할인율 적용하지 않음 → 해당하는 조건만 적용해야 함에 주의한다.
3. 계약자부담보험료
   ① 자기부담비율=10%
   ② 계약자부담보험료=1,552,000×0.9×(1-0.33-0.4)=377,136원
   ✔ **자기부담비율 10%**
   - 최근 3년 연속 가입+3년간 손해율 100% 미만
   - 국고지원율 33%
   ✔ **자기부담비율 10%, 15% 형의 가입 자격 및 정부지원율은 2025 「농업재해보험ㆍ손해평가의 이론과 실무」를 확인한다.**
4. 차액보험료
   ① 보험가입금액 감액=(80,000×0.2)×1,000=16,000,000원
   ② 감액 비율=(2,000-1,600)÷2,000=20%
   ③ 차액보험료={(377,136×0.2)×0.79}-20,000=39,587원
   ✔ **단감ㆍ떫은 감 한정보장특약 미가입, 보장수준 70% 형 : 감액 미경과비율 79%**

**38.** 다음 적과전 종합위험보장 II 과수 품목별 보험 가입이 가능한 주수의 합을 구하시오. [기출 응용]

| 품목 | 재배방식 | 가입 연도 나무 수령 | 주수 |
|---|---|---|---|
| 사과 | 밀식 | 2년 | 200주 |
| 배 | - | 3년 | 250주 |
| 단감 | - | 4년 | 180주 |
| 떫은 감 | - | 5년 | 260주 |
| 포도 | - | 3년 | 200주 |

250+260=510주

---

**39.** 적과전 종합위험보장 II 단감 품목의 2024년 보험 가입을 위한 평년착과량을 산출하시오. (소수점 첫째 자리 이하 버림)

| 구분 | 2018 | 2019 | 2020 | 2021 | 2022 | 2023 | 2024 |
|---|---|---|---|---|---|---|---|
| 표준수확량 | 1,000 | 미가입 | 미가입 | 1,100 | 1,200 | 900 | 1,300 |
| 평년착과량 | 1,000 | 미가입 | 미가입 | 1,200 | 1,200 | 1,000 | |
| 적과후착과량 | 1,100 | 미가입 | 미가입 | 1,000 | 1,100 | 1,200 | |

1. $\{A+(B-A)\times(1-Y/5)\}\times C/D$
   ① A=(1,000+1100+1,200)÷3=1,100kg
   ② B=(1,100+1,200+900)÷3=1,066kg
   ③ C=1,300kg
   ④ D=(1,100+1,200+900)÷3=1,066kg
   ⑤ Y=3
2. 평년착과량=$\{1,100+(1,066-1,100)\times(1-3/5)\}\times(1,300\div1,066)$=1,324kg
   ✔ 단감 · 떫은 감 품목의 기준표준수확량 : 표준수확량 표의 표준수확량. 즉, B=D 이다.

**40.** 적과전 종합위험보장Ⅱ에 가입한 농지의 다음 내용을 바탕으로 물음에 답하시오. (평년착과량 및 보험금 산출 시 필요한 항목은 kg 단위로 소수점 첫째 자리에서 올려 정수 단위로 함. 예 12.3=13kg)

○ 계약사항(2024년도)

| 품목 | 실제결과주수 | 가입가격 | 자기부담비율 |
|---|---|---|---|
| 사과 (8년생. 밀식) | 300주 | 5,000원/kg | 20% |

○ 가입 이력 (단위. kg)

| | 2019 | 2020 | 2021 | 2022 | 2023 |
|---|---|---|---|---|---|
| 적과후착과량 | 900 | - | - | 2,800 | 1,100 |
| 평년착과량 | 1,000 | - | - | 3,200 | 4,600 |

○ 표준수확량 (단위. kg)

| | 3년생 | 4년생 | 5년생 | 6년생 | 7년생 | 8년생 |
|---|---|---|---|---|---|---|
| 일반 | - | - | 5,000 | 6,000 | 7,000 | 8,000 |
| 반밀식 | - | 3,000 | 4,000 | 5,000 | 6,000 | 7,000 |
| 밀식 | 1,000 | 2,000 | 3,000 | 4,000 | 5,000 | 6,000 |

○ 2024년도 조사내용
- 보상하는 재해로 인한 피해 사실 확인(자연재해)
- 미보상감수량 없음
- 적과후착과량 1,000kg

**(1)** 2024년도 가입을 위한 평년착과량을 산출하시오.

**(2)** 2024년 착과감소보험금을 구하시오.

 1. 평년착과량={A+(B-A)×(1-Y/5)}×C/D
① A=(900+2,800+[1]1,380)÷3=1,694kg
② B=(1,000+4,000+5,000)÷3=3,334kg
③ C=8,000kg
④ Y=3
⑤ D=([2]2,500+[3]6,000+[4]7,000)÷3=5,167kg
⑥ 평년착과량={1,694+(3,334-1,694)×(1-3/5)}×(8,000/5,167)=3,639kg
✔ **2022년도 적과후착과량: 평년수확량 4,600kg의 30~300% 상·하한 적용 → [1]1,380kg**
- 밀식, 반밀식 재배의 경우 아래와 같이 연도와 수령을 매칭한 후 풀이한다.

○가입, ×미가입

| 수령 | 3년생(○) | 4년생(×) | 5년생(×) | 6년생(○) | 7년생(○) | 8년생(○) |
|---|---|---|---|---|---|---|
| 연도 | 2018 | 2019 | 2020 | 2021 | 2022 | 2023 |
| 일반 | - | - | 5,000 | 6,000 | 7,000 | 8,000 |
| 반밀식 | - | 3,000 | 4,000 | 5,000 | 6,000 | 7,000 |
| 밀식 | 1,000 | 2,000 | 3,000 | 4,000 | 5,000 | 6,000 |

✔ 사과 기준표준수확량 D=일반재배 표준수확량 → 5년생부터 존재

① 밀식재배 3, 4년생 및 반밀식재배 4년생 : 일반재배 3, 4년생은 인수 불가이므로 표준수확량이 없음 → 3, 4년생은 기준표준수확량(일반재배 표준수확량)이 없음 → 일반재배 5년생 표준수확량의 ×50%, ×75%를 기준표준수확량 d로 함

② 본 문제의 d

- 2019년(3년생) d=일반 5년생 표준수확량 5,000×50%=[2]2,500kg
- 2020년(4년생) d=일반 5년생 표순수확량 5,000×75%=3,750kg ← 미가입년도
- 2021년(5년생) d=일반 5년생 표준수확량 5,000kg ← 미가입년도
- 2022년(6년생) d=일반 6년생 표준수확량 [3]6,000kg
- 2023년(7년생) d=일반 7년생 표준수확량 [4]7,000kg

2. 착과감소보험금

① 착과감소량=3,639-1,000=2,639kg

✔ 가입특약 없음, 조수해·화재로 인한 일부나무피해 아님. 미보상감수량 없음

② 기준수확량=1,000+2,639=3,639kg

✔ 보상하는 재해로 인한 착과감소. 기준수확량=적과후착과량+착과감소량

③ 자기부담감수량=3,639×0.2=728kg

④ 착과감소보험금=(2,639-0-728)×5,000×0.5=4,777,500원

✔ 최근 3년 연속 가입과수원으로 누적 적과전 손해율 100% 미만→착과감소보험금 보장수준 70% 가능. 이 과수원은 3년 연속 가입이 아니므로 보장수준은 50%이다.

✔ 착과감소보험금 보장수준 70% 형의 조건은 2025 「농업재해보험·손해평가의 이론과 실무」를 확인한다.

✔ 표준수확량 표

① 적종의 표준수확량 산출식=Σ(수령별 표준수확량×해당 나무수)

- 기관에서 산출한 각 품종, 재배방식이 반영된 수령별 표준수확량에 가입과수원의 나무수를 곱한다.

② 2024 가입 당시 밀식재배 8년생→2019년도=3년생→밀식재배 3년생 이상 인수 가능=신규 가입→밀식재배 3년생 표준수확량=2019년도 평년착과량

**41.** 적과전 종합위험방식 상품에서 ① 차액보험료에 관해 설명하고 다음 조건에서 ② 차액보험료를 산출하시오.

| | | |
|---|---|---|
| • 품목 : 사과 | • 평년착과량 : 10,000kg | • 가입 가격 : 1,000원/kg |
| • 기준수확량 : 8,000kg | • 자기부담비율 : 20% | • 가입 특별약관: 없음 |
| • 착과감소보험금 보장 수준 50% | • 지역별 보통약관 순보험료율 10% | • 방충망 설치 확인 |
| • 손해율:평가 기간 3년, 손해율 100% | • 지자체 지원율 30% | • 미납입 보험료 : 10,000원 |

1. 차액보험료란.

① 적과 종료 후 적과후착과량(약관상 '기준수확량')이 평년착과량 (약관상 '가입수확량')보다 적은 경우 가입수확량 조정을 통해 보험가입금액을 감액하고, 가입 당시의 계약자부담보험료 중 보험료 차액을 환급하는 것이다.

② 차액보험료는 적과후착과수 조사일이 속한 달의 다음 달 말일 이내에 지급한다.

③ 적과후착과수 조사 이후 착과수가 적과후착과수보다 큰 경우에는 지급한 차액보험료를 다시 정산한다.

2. 차액보험료 산출

(1) 보험가입금액=10,000×1,000=10,000,000원

① 가입수확량=평년착과량 100%

(2) 계약자부담보험료=10,000,000×0.1×(1-0)×(1-0)×(1-0.2)×(1-0.5-0.3)=160,000원

① 손해율에 따른 할인·할증율=0%

② 부보장 및 한정보장 특별약관 할인율 : 가입 특별약관 없음

③ 방재시설 할인율 : 방충망 20%

④ 정부지원율 : 자기부담비율 20%일 경우 50%

(3) 보험가입금액 감액=10,000,000×(8,000÷10,000)=8,000,000원

① 가입수확량 10,000kg > 기준수확량 8,000kg

② 감액 비율=(10,000,000-8,000,000)÷10,000,000=20%

(4) 차액보험료=(32,000×0.7)-10,000=12,400원

① 감액분 계약자부담보험료=160,000×0.2=32,000원

② 감액 미경과비율=70%

**42.** 적과전 종합위험보장 Ⅱ에서 다음 조건을 보고 적과 종료 후의 자기부담감수량을 산출하고 설명하시오.

○ 적과 종료 전 : 가입 특약 없음, 집중호우로 인한 피해 발생

| 품목 | 평년착과량 | 자기부담비율 |
|---|---|---|
| 사과 | 10,000kg | 10% |
| 적과후착과량 | 적과전 미보상감수량 | 적과후 누적감수량 |
| 8,000kg | 300kg | 2,000kg |

정답

1. 적과 종료 전 착과감소량=10,000-8,000=2,000kg

2. 자기부담감수량

① 기준수확량=8,000+2,000=10,000kg

② 자기부담감수량=10,000×0.1=1,000kg (이 계약의 총 자기부담감수량)

3. 적과 종료 후 자기부담감수량

① 적과 종료 후 자기부담감수량=1,000-(2,000-300)=-700kg (0kg 보다 커야 함)

② 적과 종료 후 과실손해보험금 지급 시 자기부담감수량=0kg

4. 하나의 계약에서 계약자·피보험자가 부담하는 자기부담감수량은 중복해 적용되지 않는다. 자기부담감수량은 착과감소보험금에서 적용된 양을 제외하고 과실손해보험금에 적용한다. 즉, 착과감소량이 존재하는 경우에는 착과감소량에서 적과 종료 이전에 산정된 미보상감수량을 뺀 값을 자기부담감수량에서 제외하며, 이때 자기부담감수량은 0보다 작을 수 없다.

**43.** 적과전 종합위험보장 Ⅱ에 가입한 배 품목의 다음 조건을 보고 물음에 답하시오. (소수점 첫째 자리 이하 버림)

○ 계약사항

| 품목 | 실제결과주수 | 평년착과수 |
|---|---|---|
| 배 (신고 10년생) | 200주 | 50,000개 |
| 가입 가격 | 자기부담비율 | 가입 과중 |
| 1,000원 | 15% | 300g |

○ 조건

• 적과후착과수 65,000개    • 적과전 보상하는 재해로 인한 피해 없음    • 적과 종료 후 누적감수량 10,000kg

(1) 착과감소보험금을 산출하시오.

(2) 과실손해보험금을 산출하시오.

정답
1. 적과 종료 전 보장하는 재해로 인한 착과감소과실수 없음
   ① 착과감소보험금=없음
   ② 기준수확량=적과후착과량=65,000×0.3=19,500kg
2. 과실손해보험금
   ① 누적감수량 10,000kg
   ② 자기부담감수량=19,500×0.15=2,925kg
   ③ 과실손해보험금=(10,000-2,925)×1,000=7,075,000원
   ✔ **보험금 지급 한도**
      • 보험가입금액=50,000×0.3×1,000=15,000,000원
      • 지급한도=15,000,000×(1-0.15)=12,750,000원
   ✔ **기준수확량이 가입수확량보다 큰 경우**
      • 증액은 하지 않는다.
      • 전손(기준수확량 모두 손해)의 경우에도 가입수확량으로 계산된 보험금 지급한도가 적용된다. (지급한도 제한)

**44.** 적과전 종합위험보장 II 에서 다음 조건을 보고 물음에 답하시오. (주어진 조건 외 다른 조건은 고려하지 않으며, 소수점 첫째 자리 이하 버림)

○ 계약사항

| 품목 | 평년착과량 | 가입가격 | 가입 특약 |
|---|---|---|---|
| 단감(단일 품종·수령) | 20,000kg | 1,000원 | 특정위험 5종 한정 보장 |
| **순보험료율** | **지자체 지원율** | **자기부담비율** | - |
| 10% | 40% | 20% | |

○ 조사 내용
• 적과후착과량 : 17,000kg
• 적과 종료 후 보상하는 재해로 인한 누적감수량 : 3,000kg
• 방재시설 확인 : 방조망
• 손해율에 따른 할인율 10%
• 적과 종료 전 냉해로 인한 피해 발생
• 한정 보장 특약 : 할인율 5%
• 이전년도 보험금 지급 없음

(1) 보험가입금액의 ① 감액 여부를 판단하여 ② 감액해야 하는 경우 감액하고, ③ 감액 후 계약자부담보험료를 산출하시오.

(2) 기준수확량을 산출하고 이유를 쓰시오.

(3) 착과감소보험금을 산출하시오.

(4) 과실손해보험금을 산출하시오.

1. 보험가입금액 감액 및 감액 후 계약자부담보험료
  ① 감액. 적과 종료 전 보상하는 재해 없으므로 착과감소량 인정되지 않음
    • 기준수확량=17,000kg (가입 > 기준 → 가입수확량 조정 → 보험가입금액 감액)
  ② 보험가입금액 감액 : 17,000×1,000=17,000,000원
  ③ 감액 후 계약자부담보험료=17,000,000×0.1×(1-0.1)×(1-0.05)×(1-0.05)×(1-0.9)=138,082원

**해설**
  • 단감 · 떫은감 방재시설 할인율 : 방조망 5%
  • 특정 5종 한정보장 특약 : 냉해는 5종 해당 재해가 아니므로, 보상하는 재해로 인한 착과감소량을 인정받을 수 없다. (무사고 농지)
  • '감액된 보험가입금액으로 계약자부담보험료 산출' 조건이 없으면 가입 시 보험가입금액으로 산출하고 차액보험료 환급으로 이해한다.

2. 기준수확량
  ① 기준수확량=17,000kg
  ② 적과전 보상하는 재해로 인한 인정되는 착과감소량 없음. 기준수확량=적과후착과량
3. 착과감소보험금=없음. 착과감소량=0kg
4. 과실손해보험금
  ① 자기부담감수량=17,000×0.2=3,400kg
  ② 과실손해보험금=(3,000-3,400)×1,000=0원

✔ 기준수확량이 가입수확량보다 적은 경우 : 가입수확량을 조정하고 보험가입금액을 감액한다. 이는 '한정보장 특별약관 가입' 또는 '적과 종료 이전 조수해 · 화재 일부 피해'의 경우에도 '가입수확량 > 기준수확량'이면 적용된다.

---

**45.** 다음의 조건에서 조건을 보고 물음에 답하시오.

| • 평년착과수 10,000개 | • 적과후 착과수 7,000개 | • 적과전 보상하는 재해 발생 |
|---|---|---|

(1) 기준착과수를 산출하시오.

(2) 착과감소보험금 지급 대상 여부를 쓰시오.

(3) 지급 대상이라면 (지급 대상이 아니라면) 그 이유를 쓰시오.

1. 기준착과수=7,000+3,000=10,000개
2. 착과감소보험금 지급대상 여부 : 지급 대상
3. 이유 : 적과 종료 이전 보상하는 재해로 인해 착과가 감소되었으므로.

---

**46.** 적과전 종합위험보장 II 에서 적과 종료 이후 기간에 가입할 수 있는 ① 특별약관의 종류를 쓰고 ② 각 특별약관을 설명하시오.

1. 종류 : 적과 종료 이후 일소 부보장 특별약관, 적과 종료 이후 가을동상해 부보장 특별약관
2. 설명
① 적과 종료 이후 일소 부보장 특별약관: 보상하는 재해에도 불구하고 적과 종료 이후 일소피해로 인해 입은 손해는 보상하지 않는 특별약관
② 적과 종료 이후 가을동상해 부보장 특별약관: 보상하는 재해에도 불구하고 적과 종료 이후 가을동상해로 인해 입은 손해는 보상하지 않는 특별약관

**47.** 농작물재해보험에서 적과전 종합위험보장Ⅱ 방식에 관해 설명하시오.

 1. 가입 대상 품목은 과수 4종으로 사과, 배, 단감, 떫은감 4개 품목이다.
2. 보장방식은 적과 전 종합위험보장방식이다.
  • 보험의 목적에 대해 보험기간 개시일 부터 통상적인 적과를 끝내는 시점(사과·배 6월 30일, 단감·떫은감 7월 31일 초과 불가)까지는 자연재해, 조수해, 화재에 해당하는 종합적인 위험을 보장하고, 적과 후부터 보험기간 종료일까지는 태풍(강풍), 집중호우, 우박, 화재, 지진, 가을동상해, 일소피해에 해당하는 특정한 위험에 대해서만 보장하는 방식을 말한다.
3. 보장개시일부터 통상적인 적과를 끝내는 시점까지의 기간 동안 사고가 발생했을 경우에는 가입 당시 정한 평년착과량과 적과 종료 직후 조사된 적과 후 착과량의 차이를 보상하고, 적과 후부터 보험기간 종료일까지는 태풍(강풍) 및 우박과 집중호우, 화재, 지진, 가을동상해, 일소피해에 해당하는 재해가 발생할 시에 약관에 따라 해당 재해로 인한 감수과실수를 조사하여 보상한다.
  ✔ **[농업재해보험·손해평가의 이론과 실무]에는 '해당 재해로 감소된 양을 조사하여 보상한다'라고 되어 있으나 적과 종료 이후에는 누적 감수과실수를 산출하여 보상함이 맞는 표현이다.**

**48.** 적과전 종합위험보장Ⅱ에서의 보상하는 재해에 관해 설명하시오.

 • 적과 종료 이전에는 종합위험 보장으로 자연재해·조수해·화재를 보장하며, 적과 종료 이후에는 특정위험 보장으로 태풍(강풍)·화재·지진·집중호우·우박·일소·가을동상해의 7종의 위험을 보장한다.
• 특별약관 가입 여부에 따라 달라질 수도 있으며, 적과 종료 이전 '특정위험 5종 한정 보장' 특약 가입 시에는 태풍(강풍)·화재·지진·집중호우·우박의 5종만 보장하고, 조수해 및 냉해 등의 다른 자연재해는 보장하지 않는다.
• 적과 종료 이후에는 '일소·가을동상해 부보장 특약'에 가입할 수 있으며, 이 경우 해당 재해는 보장되지 않는다.
• 특정위험의 재해는 해당 담보조건을 충족해야 인정된다.

**49.** 적과전 종합위험보장Ⅱ에서 적과 종료 후의 보상하는 재해 중 '가을동상해'의 ① 정의와 ② 담보조건을 쓰시오.

 ① 정의 : 서리 또는 기온의 하강으로 과실 또는 잎이 얼어서 생기는 피해
② 담보조건 : 육안으로 판별 가능한 결빙증상이 지속적으로 남아 있는 경우.
  • 잎 피해는 단감떫은 감 품목에 한해 10월 31일까지 발생한 가을동상해로, 전체 잎 중 50% 이상이 고사한 경우에 피해를 인정

**50.** 적과전 종합위험보장Ⅱ의 나무손해보장 특약 가입 시 보상하지 않는 손해를 4개 이상 쓰시오.

1. 보장하지 않는 재해로 제방, 댐 등이 붕괴되어 발생한 손해
2. 병충해 등 간접손해에 의해 생긴 나무 손해
3. 피해를 입었으나 회생 가능한 나무 손해
4. 토양관리 및 재배기술의 잘못된 적용으로 인해 생기는 나무 손해
5. 계약자, 피보험자 또는 이들의 법정대리인의 고의 또는 중대한 과실
6. 하우스, 부대시설 등의 노후 및 하자로 생긴 손해
7. 계약체결 시점 현재 기상청에서 발령하고 있는 기상특보 발령 지역의 기상특보 관련 재해로 인한 손해
8. 보상하는 손해에 해당하지 않은 재해로 발생한 손해
9. 전쟁, 혁명, 내란, 사변, 폭동, 소요, 노동쟁의, 기타 이들과 유사한 사태로 생긴 손해
10. 제초작업, 시비관리 등 통상적인 영농활동을 하지 않아 발생한 손해

✔ 암기 팁! 해시계 계통 전 보병피토

**51.** 적과전 종합위험보장Ⅱ의 적과 종료 후 일소피해에 대한 설명 중 폭염의 정의에 관한 내용이다. (      )에 알맞은 단어를 쓰시오.

> 폭염특보( ① )를 발령한 때 낮 최고기온이 ( ② ) 이상 ( ③ ) 이상 관측된 경우를 말하며, 폭염특보가 발령한 때부터 ( ④ )한 날까지 ( ⑤ )가 발생한 보험의 목적에 한하여 보상

① 폭염주의보 또는 폭염경보, ② 연속 2일, ③ 33℃, ④ 해제, ⑤ 일소

**52.** 적과전 종합위험보장Ⅱ의 '적과 종료 전 특정위험 5종 한정 보장 특별약관'에서 보상하는 재해의 종류와 각각의 담보조건을 간략히 쓰시오.

1. 태풍(강풍) : 기상청에서 태풍 특보(주의보 또는 경보) 발령 시 발령지역의 바람과 비, 최대순간풍속 14m/sec 이상의 강풍을 포함. 과수원에서 가장 가까운 3개 기상관측소 측정 자료 중 가장 큰 수치 자료로 판정
2. 우박 : 적란운과 봉우리적운 속에서 성장한 얼음덩어리 또는 알갱이가 떨어져 내리는 현상
3. 화재 : 화재로 인해 발생한 피해
4. 지진 : 지구 내부의 급격한 운동으로 지진파가 지표면까지 도달하여 지반이 흔들리는 자연 지진. 기상청에서 규모 5.0 이상의 지진 통보 발표 시 및 진앙이 과수원이 위치한 시군 또는 인접한 시군에 위치하는 경우 피해 인정
5. 집중호우 : 기상청에서 호우 특보(주의보 또는 경보) 발령 시 발령지역의 비 또는 과수원에서 가장 가까운 3개소의 기상관측장비로 측정한 12시간 누적강수량이 80mm 이상인 때 피해를 인정.

**53.** 다음 조건에서 착과감소보험금을 산출하시오.

○ 계약사항
- 가입 특별약관: -
- 가입 과중 200g/개
- 자기부담비율 10%

- 평년착과수 10,000개
- 가입가격 3,000원/kg

- 실제결과주수 100주
- 착과감소보험금 보장 수준 70%

○ 조사내용
- 적과 종료 전 우박피해 발생
- 미보상주수 5주 확인

- 적과후착과수 7,000개
- 미보상비율 10%

1. 착과감소량 : 10,000-7,000=3,000개 3,000×0.2=600kg
2. 미보상감수량 : (3,000×0.1)+(5×100)=800개, 800×0.2=160kg
3. 기준수확량 : 7,000+3,000=10,000개, 10,000×0.2=2,000kg
4. 자기부담감수량=2,000×0.1=200kg
5. 착과감소보험금=(600-160-200)×3,000×0.7=504,000원

**54.** 적과전 종합위험보장Ⅱ의 기준수확량의 ① 정의와 ② 산출 방법을 설명하시오.

1. 정의
   ① 기준착과수는 보험금을 산정하기 위해 과수원별로 정한 기준 과실수이다.
   ② 기준수확량은 기준착과수에 가입 과중을 곱하여 산출한다.
2. 산출
   ① 기준수확량=기준착과수×가입 과중
   ② 적과 종료 이전에 인정된 착과감소과실수가 없는 과수원의 경우에는 적과후착과수를, 적과 종료 이전에 인정된 착과
      감소과실수가 있는 과수원의 경우에는 적과후착과수+착과감소과실수를 기준착과수로 산출한다.

**55.** 적과전 종합위험보장Ⅱ에서 기준착과수의 용도를 3개 이상 쓰시오.

1. (누적) 감수과실수의 한도
   ① 기준착과수를 초과할 수 없음
   ② 착과감소과실수 ≤ 기준착과수
   ③ 적과 종료 후 누적감수과실수 ≤ 기준착과수

④ 착과감소과실수+누적감수과실수 ≤ 기준착과수

2. 자기부담감수량의 기준 : 기준착과수×가입 과중으로 산출한 기준수확량에 자기부담비율 적용

3. 부보비율에 따른 보험금 재계산의 기준: 가입수확량이 기준수확량의 80% 미만 및 기타 조건 충족 시 보험금 재계산해 지급

4. 보험가입금액 감액 및 차액보험료 발생 여부 결정

✔ **부보비율에 따른 보험금 재계산 : 학습 범위에서 제외된 내용으로 참고용으로만 한다.**

**56.** 다음 조건을 보고 물음에 답하시오.

| • 가입 특별약관 : − | • 평년착과수 10,000개 | • 적과 종료 전 태풍 피해 발생 |

(1) 적과후착과수가 5,000개일 때 적과 종료 후 착과손해감수과실수를 구하시오.

(2) 적과후착과수가 7,000개일 때 적과 종료 후 착과손해감수과실수를 구하시오.

정답

(1) 적과후착과수 5,000개
  ① 착과율=5,000÷10,000=50%
  ② 착과손해감수과실수=5,000×0.05=250개
(2) 적과후착과수 7,000개
  ① 착과율=7,000÷10,000=70%
  ② 착과손해감수과실수=7,000×0.05×{(1-0.7)÷0.4}=262.5개
✔ **착과손해감수과실수**
  • 착과율=적과후착과수÷평년착과수
  • 착과율 60% 미만 → 적과후착과수×5%
  • 착과율 60% 이상 100% 미만 → 적과후착과수×5%×{(100%-착과율)÷40%}

**57.** 적과전 종합위험보장 II의 착과감소보험금에서 착과감소과실수 산출에 관해 설명하시오.

정답

보험사고 발생 시 피해조사를 실시하여 피해 사실이 확인되면 평년착과수에서 적과후 착과수를 차감하여 착과감소과실수를 산출한다. 단, 우박으로 인한 착과 피해는 수확 전에 착과를 분류하고, 이에 '과실 분류에 따른 피해인정계수'를 적용하여 감수과실수를 별도로 산출해 적과 종료 이후 누적 감수과실수에 더한다.
✔ **위는 [농업재해보험·손해평가의 이론과 실무]의 착과감소과실수 산출에 관한 기술이다. 최대인정감소과실수에 관한 설명은 기술되어 있지 않다.**

**58.** 적과전 종합위험보장 II에서 '적과 종료 전 자연재해로 인한 적과 종료 후의 착과손해감수과실수' 산출을 설명하시오.

정답

1. 적과 종료 전 보상하는 자연재해로 인한 적과 종료 후 착과손해감수과실수 : 적과 종료 전 자연재해로 인해 발생한 피해는 적과 종료 후의 착과수에도 영향을 미칠수 있으므로, 이를 인정해주는 개념이다.

2. 산출 방법

① 착과율 계산 : 착과율=적과후착과수÷평년착과수

② 착과율이 60% 미만인 경우(적과후착과수가 평년착과수의 60% 미만인 경우) : 감수과실수=적과후착과수×5%

③ 착과율이 60% 이상 100% 미만인 경우(적과후착과수가 평년착과수의 60% 이상 100% 미만인 경우) : 감수과실수=적과후착과수×5%×{(100%-착과율)÷40%}

3. 적과 종료 이후의 누적 감수과실수에 더해준다.

**59.** 다음 조사내용을 보고 물음에 답하시오. (%는 소수점 셋째 자리 이하 반올림)

- 평년착과수 : 15,000개
- 가입 과중 : 400g/개
- 착과감소보험금 보장 수준 : 50%
- 가입 특별약관 : 나무손해보장
- 적과후착과수 : 10,000개
- 적과 종료 후 누적감수과실수 : 4,000개
- 실제결과주수 : 120주
- 자기부담비율 : 15%
- 가입 가격 : 3,000원/kg, 100,000원/주
- 적과전 태풍 및 집중호우 : 피해 확인 및 고사주수 20주 확인
- 적과전 미보상감수과실수 : 1,000개
- 수확기 종료 후 병해충으로 인한 고사주수 10주 추가 확인

(1) 착과감소보험금을 산정하시오.

(2) 과실손해보험금을 산정하시오.

(3) 나무손해보장보험금을 산정하시오.

**정답**

1. 착과감소보험금
   ① 착과감소량=(15,000-10,000)×0.4=2,000kg
   ② 미보상감수량=1,000×0.4=400kg
   ③ 기준수확량=(10,000+5,000)×0.4=6,000kg
   ④ 자기부담감수량=6,000×0.15=900kg
   ⑤ 착과감소보험금=(2,000-400-900)×3,000×0.5=1,050,000원

2. 과실손해보험금
   ① 누적감수량=4,000×0.4=1,600kg
   ② 자기부담감수량=900-(2,000-400)=-700kg=0kg
   ③ 과실손해보험금=(1,600-0)×3,000=4,800,000원

3. 나무손해보장보험금
   ① 보험가입금액=120×100,000=12,000,000원
   ② 피해율=20÷120=16.67%
   ③ 보험금=12,000,000×(0.1667-0.05)=1,400,400원

✔ **적과 종료 이후 누적감수량 : 착과손해감수량을 포함한다.**
- [약관] 적과 종료 이후 누적감수량은 적과 종료 이전 자연재해로 인한 '적과 종료 이후 착과손해감수량 및 적과 종료 이후 감수량을 누적한 값'으로 한다.
- [농업재해보험 · 손해평가의 이론과 실무] 적과 종료 이후 누적감수량은 보장종료 시점까지 산출된 감수량을 누적한 값으로 한다.(다소 미흡하게 기재되어 있다.)

✔ **나무손해보장 보상하는 재해 : 자연재해, 조수해, 화재 (병해충은 보상하는 재해 아님에 주의)**

**60.** 다음 조건을 보고 물음에 답하시오. (%는 소수점 셋째 자리 이하 반올림, 나머지는 소수점 이하 버림)

○ 계약사항

| 품목 | 평년착과수 | 가입 과중 | 가입가격 | 가입 특약 |
|------|-----------|-----------|----------|-----------|
| 배 | 80,000개 | 300g | 3,000원 | 없음 |

○ 조사내용
- 자기부담비율 10%
- 적과 종료 전 우박으로 인한 피해 발생
- 적과 종료 전 우박피해 이후 수확기 종료 시점까지 피해 없음
- 적과후착과수 60,000개
- 적과 종료 전 우박으로 인한 수확 전 착과피해구성률 30%
- 우박 사고 당시 착과수는 적과후 착과수와 동일

(1) 보험가입금액을 산출하시오.

(2) 착과감소량을 산출하시오.

(3) 기준수확량을 산출하시오.

(4) 적과 종료 이후 누적감수량을 산출하시오.

1. 보험가입금액=80,000×0.3×3,000=72,000,000원
2. 착과감소량=(80,000-60,000)×0.3=6,000kg
3. 기준수확량=(60,000+20,000)×0.3=24,000kg
4. 누적감수량
   ① 착과율=60,000÷80,000=75%
   ② 적과 종료 전 자연재해로 인한 적과 종료 후 착과손해감수과실수 : 60,000×0.05×{(1-0.75)÷0.4}=1,875개
   ③ 적과 종료 전 우박피해로 인한 적과 종료 후 착과감수과실수 : 60,000×(0.3-0.0313)=16,122개
      → maxA=0.05×{(1-0.75)÷0.4}=3.13%
   ④ 적과 종료 후 누적 감수량=(1,875+16,122)×0.3=5,399kg
   ✔ **착과손해감수과실수를 산정하는 전제 조건은 적과 종료 이전 종합위험+자연재해의 발생이다.**
   - 착과손해율이 maxA로 쓰이므로 적과후착과수를 곱하기 전에 미리 계산해 놓는다. 0.05 또는 0.05×{(1-착과율)÷0.4}

**61.** 적과전 종합위험보장Ⅱ에서 「적과 종료 이전 특정위험 5종 한정 보장 특별약관(이하 "5종 한정 특약")」가입 건에 관한 내용이다. (    )을 채우시오.

- 적과 종료 이전 특정위험 5종 한정 보장 특별약관 경우에는 적과 종료 이전 사고가 5종 (  ①  )시에만 해당 조사를 실시
- 적과 전의 우박피해는 (  ②  )를 진행하며, 이 경우 사과 · 배는 선택된 과(화)총당 (  ③  )의 유과(꽃눈)에 대하여 우박피해 여부를 조사한다.
- 단감, 떫은 감 품목은 (  ④  )부터 해당 재해 발생 시 낙엽율 조사를 실시

Chapter 2.

 ① 태풍(강풍), 우박, 집중호우, 화재, 지진, ② 유과타박율, ③ 동일한 위치, ④ 수확 연도 6월 1일

**62.** 적과전 종합위험보장Ⅱ에서의 각 조사별 조사대상주수 산정 방법을 쓰시오.

| (1) 직과후착과수 조사 (2) 적과 종료 후 착과피해조사 (3) 적과 종료 후 낙과피해조사 |
| --- |

1. 적과후착과수 조사 : 품종·재배방식·수령별 실제결과주수에서 미보상주수, 고사주수, 수확불능주수 빼고 조사대상주수를 계산한다.
2. 착과피해조사 : 품종·재배방식·수령별 실제결과주수에서 고사주수, 수확불능주수, 미보상주수 및 수확완료주수를 빼고 계산한다.
3. 낙과피해조사 : 품종·재배방식·수령별 실제결과주수에서 고사주수, 수확불능주수, 미보상주수 및 수확완료주수를 빼고 조사대상주수(일부침수주수 포함)를 계산한다.

✔ **적과종료 후의 일부침수주수**
- 낙과피해조사 : 일부침수주수를 분류하고 조사대상주수에는 일부침수주수를 포함한다.
- 착과피해조사 : 일부침수주수를 분류하지 않는다. 착과피해조사 대상 재해: 우박, 일소, 가을동상해 → 침수피해를 일으키는 재해가 아니다.

**63.** 적과전 종합위험보장Ⅱ의「피해사실확인조사」시에 조수해·화재 등으로 일부 나무에만 국한되어 피해가 발생된 경우 확인해야 하는 사항은?

① 피해규모 확인
② 피해대상주수(고사주수, 수확불능주수, 일부피해주수)를 확인한다.
③ 일부피해주수는 대상 재해로 피해를 잎은 나무 중 고사 및 수확불능주수를 제외한 나무를 의미한다.
✔ **일부피해주수 : 대상 재해로 피해를 잎은 나무 중 고사 및 수확불능주수를 제외한 나무**
✔ **피해대상주수를 조사하는 이유 : 조수해·화재로 인한 일부 피해가 발생하면 나무피해율을 산출을 통해 최대인정감소과실수를 산출해야 한다.**

**64.** 적과전 종합위험보장Ⅱ의「피해사실확인조사」의 추가 확인 사항 중 '적과전 5종 한정 보장 특별약관' 가입 시에만 확인해야 하는 사항을 쓰시오.

1. 유과타박률 확인
2. 낙엽률 확인 (단감 또는 떫은 감, 수확 연도 6월 1일 이후 낙엽피해 시)
3. 유실·매몰·도복·절단(1/2)·소실(1/2)·침수로 인한 피해나무를 확인

**65.** 적과전 종합위험보장 II 에서의 '미보상주수'로 분류될 수 있는 나무의 종류를 쓰시오.

1. 실제결과주수 중 보상하는 재해 이외의 원인으로 고사되거나 수확량(착과량)이 현저히 감소한 나무
2. 실제결과주수 중 보상하는 재해 이외의 원인으로 수확 불능 상태 또는 고사한 나무

**66.** 적과전 종합위험보장 II 「피해사실확인조사」 시 '침수주수' 산정 방법에 관한 내용이다.

- 표본주는 품종·재배방식·수령별 침수피해를 입은 나무 중 가장 평균적인 나무로 ( ① ) 이상 선정한다.
- 표본주의 침수된 착과(화)수와 전체 착과(화)수를 조사한다.
- ( ② ) = 침수된 착과(화)수 ÷ 전체 착과(화)수
- 전체 착과(화)수 = 침수된 착과(화)수 + 침수 되지 않은 착과(화)수
- 침수주수 = 침수피해를 입은 나무 수 × ( ② )

(1) ( )을 알맞게 채우시오.

(2) 다음과 같이 조사되었을 때 침수주수를 산정하시오. (%는 소수점 셋째 자리에서, 나무수는 소수점 첫째 자리에서 반올림)

- 침수피해주수 : 조사대상주수 320주일 경우의 적정 표본주수 전체를 침수피해주수로 한다.
- 표본주 조사 : 침수 착과수 50개, 미침수 착과수 110개

(1) ① 1주, ② 과실침수율
(2) ① 침수피해주수, 10주, ② 과실침수율 = 50 ÷ 160 = 31.25%, ③ 침수주수 = 10 × 0.3125 = 3.125 = 3주

**67.** 적과전 종합위험보장 II 에서 적과 종료 후 '태풍(강풍)·집중호우·화재·지진' 재해 시 나무 조사 중 '무피해나무 착과수 조사'에 대한 내용이다. ( )을 알맞게 채우시오.

- 금번 재해로 인한 ( ① )가 있는 경우에만 실시한다.
- 무피해나무는 고사나무, 수확불능나무, 미보상나무, 수확완료나무 및 ( ② )를 제외한 나무를 의미한다.

① 고사주수, 수확불능주수, ② 일부침수주수

**68.** 적과전 종합위험보장 II 에서 우박피해로 인한 유과타박률을 산출하기 위한 조사내용이다. (%는 소수점 셋째 자리 이하 버림)

○ 조사내용(조사대상주수는 실제결과주수와 동일)

| 품목 사과 | 실제결과주수 | 표본주수 | 가지 수 | 최소 유과수 | 피해 유과 | 정상 유과 |
|---|---|---|---|---|---|---|
| A 품종 | 300주 | ①주 | ③ | ⑤ | 35개 | 110개 |
| B 품종 | 250주 | ②주 | ④ | ⑥ | 40개 | 80개 |

(1) 위 ① ~ ⑥을 채우시오.

(2) 유과타박률을 산출하시오.

 정답

1. ① 7주, ② 6주, ③ 28개, ④ 24개, ⑤ 140개, ⑥ 120개
   ✔ **유과타박률**
   • 전체 조사대상주수 550주 → 전체 표본주수 12주, 표본주마다 동서남북 4곳의 가지에, 가지당 '5개 이상의' 유과(꽃눈) 조사
   • A 품종 표본주수 : 12×(300÷550)=7주, 7주×4가지=28개, 28×5=140개
   • B 품종 표본주수 : 12×(250÷550)=6주, 6주×4가지=24개, 24×5=120개
2. 유과타박률=(35+40)÷265=28.30%
   ✔ **조사대상주수 및 그에 따른 표본주는 품종·재배방식·수령별로 조사한다.**
   • 유과타박율·낙엽율은 각 표본주 피해 유과·낙엽수 및 정상 유과·착엽수 합계로 산출한다.
   • 유과타박율=표본주 피해유과수 합계÷(표본주 피해유과수 합계+표본주 정상유과수 합계)

**69.** 적과전 종합위험보장Ⅱ에 가입한 과수원에 대한 다음 내용을 보고 물음에 답하시오.

○ 과수원의 현황

|  | 실제결과주수 | 미보상주수 | 고사주수 | 수확불능주수 |
|---|---|---|---|---|
| A 품종 | 500 | 10 | 20 | 0 |
| B 품종 | 300 | 5 | 10 | 5 |

○ 적과후착과수 조사

|  | 적정 표본주수 | 표본주 착과수 합계 |
|---|---|---|
| A 품종 | ① | 1,350개 |
| B 품종 | ② | 720개 |

(1) 「품목별 표본주수표」의 표본주수를 기준으로 ①과 ②를 구하시오.

(2) 과수원의 총 적과후착과수를 구하시오. (최소 표본주수로 표본주 착과수 조사)

(3) 적과후착과수의 용어의 정의를 쓰시오.

 정답

1. ① 9주, ② 6주
2. (470×150)+(280×120)=104,100개
3. 적과후착과수 : 통상적인 적과 및 자연 낙과 종료 시점의 착과수
   ✔ **품종별 표본주수**
   (1) 총 조사대상주수=470+280=750주
      ① A 품종=500-10-20=470주
      ② B 품종=300-5-10-5=280주
   (2) 품종별 표본주수
      ① 전체 적정 표본주수 14주
      ② A 품종=14×(470÷750)=9주
      ③ B 품종=14×(280÷750)=6주

**70.** 다음의 조건에서 착과감소과실수를 산출하시오.

○ 조사내용 (가입 특약 없음)
- 품목 사과
- 평년착과수 10,000개
- 적과후착과수 7,000개
- 적과 종료 전 조수해로 인한 일부 나무에 국한된 피해
- 나무 조사: 실제결과주수 100주, 고사주수 10주, 수확불능주수 5주, 일부피해주수 5주

1. 착과감소과실수=10,000-7,000=3,000개
2. 최대인정감소과실수
   ① 나무피해율=(10+5+5)÷100=20%
   ② 최대인정감소과실수=10,000×0.2=2,000개
3. 착과감소과실수=min(3,000, 2,000)=2,000개
✔ 적과 종료 [1]이전과 [2]이후의 기준을 이해한다.
   - 적과 종료 이전 최대인정감소과실수 : [1]평년착과수×최대인정피해율
   - 적과 종료 후 착과손해감수과실수 : [2]적과후착과수×5%×{(100%-착과율)÷40} (착과율 60%이상인 경우)

**71.** 적과전종합위험 II에 가입한 과수원에 관한 조사내용이다. 다음 조사내용을 참고하여 착과감소량을 구하시오. (단, 주어진 조건 이외의 것은 고려하지 않는다. %는 소수점 셋째 자리에서 반올림해서 소수점 둘째 자리까지. 과실수 및 감소량은 소수점 첫째 자리에서 반올림해 정수 단위로.)

○ 계약사항

| 품목 | 평년착과수 | 가입특약 | 가입과중 |
|------|-----------|----------|----------|
| 단감 | 3,000개 | 특정위험 5종 한정보장 | 250g |

○ 조사내용

[계약체결 24시 ~ 적과 종료 이전]
- 재해 종류 : 우박
- 유과타박율 조사 : 피해유과 50개, 정상유과 200개
- 재해 종류 : 강풍
- 낙엽율 조사 : 낙엽수 60개, 착엽수 140개, 경과일수 20일

[적과 종료 시점]
- 적과후착과수 조사 : 적과후착과수 2,200개

1. 착과감소과실수=3,000-2,200=800개
2. 최대인정감소과실수
   (1) 최대인정피해율
      ① 유과타박율=50÷250=20%
      ② 낙엽인정피해율=(1.0115×0.3)-(0.0014×20)=27.55%
         • 낙엽율=60÷200=30%
   (2) 최대인정감소과실수=3,000×0.2755=827개

3. (최종) 착과감소과실수=min(800, 827)=800개
4. 착과감소량=800×0.25=200kg

**72.** 다음의 조건에서 ① 단감, ② 떫은감 각 경우의 착과감소과실수를 산출하시오. (%는 소수점 셋째 자리 이하 버림, 과실수는 소수점 이하 버림)

○ 조사내용 (특정위험 5종 한정 보장 특별약관 가입)
- 실제결과주수 : 100주
- 평년착과수 : 15,000개
- 적과후착과수 : 11,000개
- 우박 유과타박율 : 15%
- 낙엽율 20%, 경과일수 20일
- 절단(1/2) 4주, 도복 5주, 침수피해주수 12주
- 침수 착과수 30개, 전체 착과수 120개

정답

1. 단감
   (1) 착과감소과실수=15,000-11,000=4,000개
   (2) 최대인정감소과실수
   ① 유과타박율 15%
   ② 낙엽인정피해율=(1.0115×0.2)-(0.0014×20)=17.43%
   ③ 나무피해율=(4+5+3)÷100=12%
   - 침수주수=12×(30÷120)=3주
   ④ 최대인정감소과실수=15,000×0.1743=2,614개
   (3) 착과감소과실수=min(4,000, 2,614)=2,614개

2. 떫은 감
   (1) 착과감소과실수=15,000-11,000=4,000개
   (2) 최대인정감소과실수
   ① 유과타박율 15%
   ② 낙엽인정피해율=(0.9662×0.2)-0.0703=12.29%
   ③ 나무피해율=(4+5+3)÷100=12%
   - 침수주수=12×(30÷120)=3주
   ④ 최대인정감소과실수=15,000×0.15=2,250개
   (3) 착과감소과실수=min(4,000, 2,250)=2,250개

✔ 낙엽율은 낙엽인정피해율을 산출하기 위해 조사한다. 단감과 떫은 감의 낙엽인정피해율 산출식이 9회 시험~분리되었음에 주의한다.
✔ 한정보장 특약 가입 시 나무피해율 : 고사, 수확불능 여부에 상관없이 나무 상태로 조사한다.

**73.** 다음 각각의 나무피해율을 산출하시오.

| (1) 적과 종료 전 종합위험<br>조수해 · 화재로 인한<br>일부 나무에 국한된 피해 | ① 실제결과주수 200주<br>② 화재로 인한 수확불능주수 10주<br>③ 조수해로 인한 수확불능주수 3주, 고사주수 5주 및 일부 피해 2주 |
|---|---|
| (2) 적과 종료 전<br>특정위험 5종 한정 보장 특별약관 | ① 실제결과주수 100주<br>② 태풍으로 인한 도복고사 4주 및 절단고사 4주<br>③ 집중호우로 인한 침수피해주수 20주, 유실고사 2주<br>④ 조수해로 인한 도복고사 5주<br>⑤ 과실침수율 50%(침수피해주수는 고사하지 않음) |
| (3) 나무손해보장 특별약관에 가입한 경우 위 (1), (2) 각각의 나무피해율 | |

 1. (10+3+5+2)÷200=10%
✔ **조수해, 화재 일부 나무에 국한된 피해의 나무피해율=(고사+수확불능+일부피해주수)÷실제결과주수**
2. (4+4+10+2)÷100=20%
✔ **침수피해주수×과실침수율=침수주수**
　• 조수해 : 한정 보장 특약의 보상하는 재해가 아니다. (피해주수 아님)
3. (1) 5÷200=2.5%
　(2) (4+4+2+5)÷100=15%
✔ **나무 피해의 분류**
　• 나무손해보장 특별약관의 경우 고사주수만 피해로 인정
　• 나무 상태에 별다른 조건이 붙지 않으면 고사주수로 파악 **예** 도복(고사), 절단(고사), 유실(고사)
　• 침수주수 예외. 고사 표기가 없다면 고사주수로 분류하지 않음
✔ **그러나, 위와 같은 피해주수 분류는 [농업재해보험 · 손해평가의 이론과 실무] 용어의 정의에 친숙해지기 위한 것이며, (3)의 나무손해보장 특약의 피해주수(고사) 또는 과실손해보장의 조사대상주수(실-미고수기) 산정을 위해서는 고사 · 수확불능 · 미보상주수 등이 명확하게 제시되어야 할 것이다.**

**74.** 다음 조건을 보고 물음에 답하시오.

| 품종 | 조사대상주수 | 표본주수 | 표본주 착과수 합계 |
|---|---|---|---|
| A | 150 | ① | 480개 |
| B | 100 | ② | 400개 |
| – | 250 | 표본주수 표 ③ 주, 최종 표본주수 ④ | |

(1) A 품종, B 품종의 표본주수는?

(2) 품목별 표본주수 표에서의 표본주수와 최종 표본주수는?

(3) 위 (2)에 해당하는 [농업재해보험 · 손해평가의 이론과 실무]에 규정된 적정표본주수 산정에 관한 내용을 쓰시오

(4) 적과후착과수를 산출하시오.

1. 품종별 표본주수
   ① A 품종 : 9×(150÷250)=5.4주=6주
   ② B 품종 : 9×(100÷250)=3.6주=4주
2. ③ 9주, ④ 6+4=10주
3. 적정 표본주수는 품종 · 재배방식 · 수령별 조사대상주수에 비례하여 배정하며, 품종 · 재배방식 · 수령별 적정 표본주수
   의 합은 전체 표본주수보다 크거나 같아야 한다.
4. 적과후착과수={150×(480÷6)}+{100×(400÷4)}=22,000개

**75.** 적과전 종합위험보장 상품에 가입한 과수원의 다음 계약사항 및 조사내용을 보고 물음에 답하시오.

| | | |
|---|---|---|
| • 품목 : 단감 | • 실제결과주수 : 200주 | • 평년착과수 : 30,000개 |
| • 가입 과중 : 200g/개 | • 가입 특별약관 : 적과 종료 이전 특정위험 5종 한정보장 | |

[조사내용: 적과 종료 이전 태풍 피해로 인한 낙엽률 조사]
• 낙엽피해 발생일 : 6월 30일    • 나무 조사 : 실제결과주수 200주, 조사대상주수 180주
• 낙엽률 조사 : 표본조사. 최소 표본주 조사. 결과지별 착엽수 30개, 낙엽수 20개 동일

[적과후착과수 조사]
• 적과후착과수 : 19,000개

(1) 낙엽률 조사를 위한 표본주의 최소 낙엽수 합계와 최소 착엽수 합계를 구하시오.

(2) 낙엽인정피해율을 구하시오. (날짜 계산은 양편 넣기로 한다)

(3) 착과감소량을 구하시오. (적과 종료 전 태풍피해 이외 다른 피해는 없다. 감소량은 kg 단위로 소수점 이하 버림)

1. 표본주 최소 낙엽수 합계와 착엽수 합계
   ① 최소 착엽수 합계=8×4×30=960개
   ② 최소 낙엽수 합계=8×4×20=640개
   ✔ 조사대상주수 180주 → 표본주 8주, 표본주별 동서남북 4곳의 결과지 조사
2. 낙엽인정피해율
   ① 낙엽률=640÷(960+640)=40%
   ② 낙엽인정피해율=(1.0115×0.4)-(0.0014×30)=36.26%
   ✔ 경과일수 : 30일. 6월 1일 이후~낙엽 피해 발생일(양편 넣기)
     • 날짜 계산에서 양편 넣기, 한편 넣기는 규정되어 있지 않으므로, 제시된 문제 조건에 따른다.
3. 착과감소량
   ① 착과감소과실수=30,000-19,000=11,000개
   ② 최대인정피해율 : 36.26%
   ③ 최대인정감소과실수=30,000×0.3626=10,878개
   ④ 착과감소량=min(11,000, 10,878)×0.2=2,175kg

**76.** 다음 A 과수원의 적과 종료 전후의 조사내용을 보고 물음에 답하시오. (다른 조건은 고려하지 않는다. %는 소수점 셋째 자리 이하, 과실수는 소수점 이하 버림)

[품목 단감]

| 적과 종료 전<br>(특정 5종 한정보장<br>특별약관 가입) | » 평년착과수 10,000개<br>» 보상하는 재해로 인한 낙엽피해 발생<br>» 낙엽수 80개, 착엽수 120개, 경과일수 30일<br>» 적과후착과수 6,500개<br>» 미보상비율 10% |
|---|---|
| 적과 종료 후 | » 이전 사고 없음<br>» 보상하는 재해로 인한 낙엽피해 발생<br>» 낙엽수 40개, 착엽수 100개, 경과일수 80일<br>» 기수확과실수 2,000개 |
| | » 가을동상해 잎피해 60%<br>» 사고당시착과수 2,000개, 잔여일수 20일<br>» 정상 30개, 50% 형 피해과실 30개, 80% 형 피해과실 20개, 100% 형 피해과실 30개 |

(1) 적과 종료 전의 착과감소과실수를 구하시오.

(2) 적과 종료 후의 낙엽피해감수과실수를 산출하시오.

(3) 적과 종료 후 가을동상해로 인한 착과피해감수과실수를 구하시오.

**정답**

1. 착과감소과실수
   (1) 착과감소과실수=10,000-6,500=3,500개
   (2) 최대인정감소과실수
      ① 낙엽율=80÷(80+120)=40%
      ② 낙엽인정피해율=(1.0115×0.4)-(0.0014×30)=36.26%
      ③ 최대인정감소과실수=10,000×0.3626=3,626개
   (3) 착과감소과실수=min(3,500, 3,626)=3,500개
2. 낙엽피해감수과실수
      ① 낙엽율=40÷(40+100)=28.57%
      ② 낙엽인정피해율=(1.0115×0.2857)-(0.0014×80)=17.69%
      ③ 낙엽피해감수과실수=(6,500-2,000)×(0.1769-0)=796개
   ✔ 사고당시착과수=적과후착과수-적과 종료 후 '나무피해과실수-낙과수-기수확과실수'보다 클 수 없다.
      • 이전 사고 없음 : maxA=0
      • 적과 종료 후 낙엽피해감수과실수: 'x(1-미보상비율)' → 10회~ 미적용으로 변경
      • 적과 종료 전의 낙엽인정피해율 : 적과 종료 후의 maxA로 쓰이지 않는다.
3. 착과피해감수과실수
      ① 착과피해구성율={(30×0.5)+(20×0.8)+(30×1.0)+(30×0.0031×20)}÷110=57.14%
      ② 착과피해감수과실수=2,000×(0.5714-0.1769)=789개

**77.** 적과전 종합위험보장Ⅱ 방식에서의 손해평가 현지 조사 방법을 설명하시오.

과수 4종(사과, 배, 단감, 떫은감) 현지 조사에는 생육시기별 피해사실확인조사, 적과후착과수 조사, 낙과피해조사, 착과피해조사, 낙엽률조사, 고사나무조사가 있으며 낙엽률 조사는 감(단감, 떫은감)품목에 한하여 보상하는 재해로 잎에 피해가 있을 경우 조사하며, 적과전 5종 한정보장 특약 가입 시 적과전의 우박피해는 유과타박률 조사를 진행한다.
- ✔ **위 답은 [농업재해보험 · 손해평가의 이론과 실무]에 기재된 내용이다.**
  - 현지 조사 종류 : 피해사실확인조사 · 적과후착과수조사 · 낙과피해조사 · 착과피해조사 · 낙엽율조사 · 고사나무조사
  - 적과전 한정특약 가입 시 우박피해: 유과타박율 조사
  - 낙엽율조사: 적과전 한정특약 가입 및 적과 종료 후 대상 재해로 낙엽피해
  - 적과 전 조수해 · 화재로 인한 일부 나무에 국한된 피해 시 피해규모 조사 등을 덧붙이는 것도 좋다.

**78.** 적과후착과수 조사 시기에 관해 설명하시오.

- 통상적인 적과 및 자연 낙과(떫은감은 1차 생리적 낙과) 종료 시점에 조사한다.
- 통상적인 적과 및 자연낙과 종료라 함은 과수원이 위치한 지역(시군 등)의 기상 여건 등을 감안하여 통상적으로 해당 지역에서 해당 과실의 적과가 종료되거나 자연 낙과가 종료되는 시점을 말한다.

**79.** 적과전 종합위험보장Ⅱ에서 적과후착과수 조사, 착과피해조사, 낙과피해조사에서 ① 적과후착과수, ② 착과수, ③ 낙과수의 확인 방법을 쓰시오.

1. 적과후착과수 확인 : 품종 · 재배방식 · 수령별로 착과수 조사
2. 착과피해조사 시 착과수 확인 : 품종 · 재배방식 · 수령별로 착과수 조사
3. 낙과피해조사 시 낙과수 확인
   ① 전수조사(원칙) : 과수원 내 전체 낙과 조사
   ② 표본조사: 품종 · 재배방식 · 수령별로 낙과수 조사
- ✔ **적과전 종합위험보장 방식의 적정 표본주수는 품종 · 재배방식 · 수령별로 산정한다.**
- ✔ **착과피해조사 : 착과수 확인은 적과후착과수 조사와 같다.**
  - 착과수 확인 후의 착과피해조사는 대표 품종(적과후착과수 기준 60% 이상) 또는 품종별로 실시한다.
- ✔ **낙과피해조사 : 낙과수 확인은 전수조사 원칙이다.**
  - 표본조사의 경우 품종 · 재배방식 · 수령별로 표본주수를 산정하고 각 표본주 수관면적 내의 낙과수를 조사한다.
  - 낙과수 확인 후의 낙과피해조사는 낙과 중 100개 이상을 무작위로 추출해 실시한다. (품종별 아님)

**80.** 적과 종료 이후 낙과피해조사의 대상 재해를 모두 쓰시오.

태풍(강풍), 화재, 지진, 집중호우, 우박, 일소

**81.** 적과전 종합위험보장Ⅱ에서 다음 나무의 정의를 쓰시오.

① 적과 종료 이후 무피해나무
② 적과 종료 이후 일부침수나무
③ 적과 종료 전 일부피해나무

정답
① 적과 종료 이후 무피해나무 : 고사나무, 수확불능나무, 미보상나무, 수확완료나무 및 일부침수나무를 제외한 나무를 의미한다.
② 적과 종료 이후 일부침수나무 : 금번 침수로 인한 피해주수 중 침수로 인한 고사주수 및 수확불능주수는 제외한 주수이다.
③ 적과 종료 전 일부피해나무 : 대상 재해로 피해를 입은 나무수 중에서 고사주수 및 수확불능주수를 제외한 나무수를 의미한다.

**82.** 낙엽율 조사에서 낙엽수 확인 방법을 쓰시오.

정답
낙엽수는 표본가지의 잎이 떨어진 자리를 세는 것이며, 낙엽수가 보상하지 않는 손해(병해충 등)에 해당하는 경우 착엽수로 구분한다.

**83.** 적과전 종합위험보장Ⅱ의 피해사실확인조사에 관한 다음 물음에 답하시오.

① 추가 확인사항 조사 기준
② 적과후착과수 조사 이전 조사 시 확인해야 하는 사항
③ 우박피해 발생 시 확인해야 하는 사항

정답
① 추가 확인사항 조사 기준 : 재해 종류 및 특별약관 가입 여부
② 적과후착과수 조사 이전 조사 시 확인해야 하는 사항: 적과 종료 여부 확인
③ 우박피해 발생 시 확인해야 하는 사항 : 착과피해조사 필요 여부 확인

**84.** 적과전 종합위험보장Ⅱ에 가입한 단감·떫은 감 품목에 관한 다음 물음에 답하시오.

< 가지별 낙엽수 착엽수 산출 방법 >

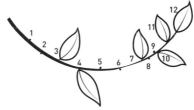

(1) 조사대상주수가 90주이며, 각 가지별 낙엽수와 착엽수는 위 그림과 동일하다.

> ① 낙엽률 조사 대상이 되는 잎의 수는?
> ② 낙엽율은?(총 낙엽수와 착엽수 기준으로 풀이)
> ③ 낙엽수 확인 방법을 쓰시오.

(2) 낙엽인정피해율을 산출하시오. (%는 소수점 셋째 자리 이하 반올림)

(3) 단, 사고발생일 6월 25일. 경과일수 계산 시 사고발생일 전날까지만 계산한다.

(4) 다음 조건에서 착과감소과실수를 산출하시오. (과실수는 소수점 이하에서 반올림)

> • 품목 단감        • 평년착과수 2,000개        • 적과 종료 전 특정위험 5종 한정보장 특별약관 가입
> • 적과후착과수 1,500개        • 적과 전 우박피해 발생 (유과타박율 50%), 적과 전 태풍피해 발생 (위 (1)과 (2)의 낙엽 피해)

---

**정답**

(1) ① 표본주수 6주×동서남북 4가지×가지별 잎 수 12개=288개
　　② 낙엽율=144÷288=50%, 총 낙엽수=표본주수 6주×동서남북 4가지×가지별 낙엽수 6개=144개
　　③ 낙엽수는 표본가지의 잎이 떨어진 자리를 세는 것이며, 낙엽수가 보상하지 않는 손해 (병해충 등)에 해당하는 경우 착엽수로 구분한다.

(2) 낙엽인정피해율
　① 단감=(1.0115×0.5)-(0.0014×24)=47.22%
　② 떫은 감=(0.9662×0.5)-0.0703=41.28%
✔ **낙엽율 : 수확연도 6월 1일 이후 낙엽피해 시 조사. 단감, 떫은 감 낙엽인정피해율 다름에 주의**

(3) 착과감소과실수=min(500, 1,000)=500개
　① 평년착과수-적과후착과수=2,000-1,500=500개
　② 최대인정감소과실수=2,000×max(0.5, 0.4722)=1,000개

**85.** 적과후착과수 조사에 관한 내용이다. 물음에 답하시오.

> [조사내용]
> - 스가루 (반밀식. 수령 10년) 적과후착과수 900개
> - 홍로 (밀식. 수령 10년) 적과후착과수 1,000개
> - 스가루 (반밀식. 수령 20년) 적과후착과수 1,100개
> - 부사 (일반. 수령 10년) 적과후착과수 4,500개

**(1) 착과피해조사 횟수는? (최소 횟수)**

**(2) 위 조사내용과 (1) 에서 알 수 있는 적과수'착과수' 조사와 착과'피해'조사의 차이점을 쓰시오.**

(1) 착과피해조사 최소 횟수 : 1회. 부사 (일반. 수령 10년)
(2) 차이점
① 적과후착과수조사 : 품종·재배방식·수령별로 조사
② 착과피해조사 : 품종별로 피해조사
✔ 착과피해조사 : 대표 품종 (적과후착과수 기준 60% 이상 품종) 또는 품종별로 실시

**86** 다음 A와 B의 적과후착과수 조사 결과를 기준으로 각각의 ① 적과 종료 전 자연재해로 인한 적과 종료 후 착과손해감수과실수 및 ② maxA를 산출하시오. (% 및 과실수는 소수점 둘째 자리까지)

> - 평년착과수 : 15,000개
> - 적과후착과수 : A 11,000개, B 8,500개
> - 적과 종료 이후 : 무사고

1. A 적과후착과수 11,000개
   ① 착과손해감수과실수=11,000×0.05×{(1-0.7333)÷0.4}=366개
      - 착과율=11,000÷15,000=73.33%
   ② 3.33% → maxA
2. B 적과후착과수 8,500개
   ① 착과손해감수과실수=8,500×0.05=425개
      - 착과율=8,500÷15,000=56.66%
   ② 5% → maxA

**87.** 적과전 종합위험보장 상품의 나무손해보장 특별약관에 가입한 다음 과수원의 조사내용을 보고 물음에 답하시오. (%는 소수점 둘째 자리까지)

- 품목 사과(일반재배)
- 가입가격 100,000원/주
- 적과 종료 이전 특정위험 5종 한정보장 특별약관 가입
- 가입 일자 기준 과수원에 식재된 모든 나무수 500주
- 적과후착과수 조사 시 조수해 피해로 고사한 것으로 확인된 주수 20주
- 착과피해조사 시 집중호우로 고사한 것으로 확인된 주수 20주
- 고사나무 조사 시 부란병으로 고사한 주수 20주
- 적과후착과수 조사 시 확인된 수령 4년생 40주

(1) 실제결과주수를 구하시오.

(2) 수확 완료 전 고사주수를 구하시오.

(3) 나무손해보장 보험금을 구하시오.

1. 실제결과주수 : 460주
   - 가입일자 기준 과수원에 식재된 모든 나무수 500주-인수조건에 따라 가입할 수 없는 나무수 (수령 4년생) 40주=460주
2. 수확 완료 전 고사주수 : 고사나무조사 이전 조사(적과후착과수 조사, 착과피해조사, 낙과피해조사)에서 보상하는 재해로 고사된 나무수. 20주+20주=40주 (나무손해보장: 종합위험. 자연재해, 조수해, 화재 보상)
3. 보험금
   (1) 계약 당시 보험가입금액=500×100,000=50,000,000원
   (2) 보험가입금액 감액
      ① 사과 일반재배방식 수령 5년생 미만 인수 제한
      ② 실제결과주수 460주
      ③ 감액 후 보험가입금액=46,000,000원
   (3) 피해율=40÷460=8.69%
      ① 적과후착과수 조사 시 조수해 피해로 고사한 것으로 확인된 주수 20주 : 고사주수
      ② 착과피해조사 시 집중호우로 고사한 것으로 확인된 주수 20주 : 고사주수
      ③ 고사나무 조사 시 부란병으로 고사한 주수 20주 : 미보상 고사주수
      - 나무손해보장 : 종합위험. 자연재해, 조수해, 화재 보상
   (4) 보험금=46,000,000×(0.0869-0.05)=1,697,400원

**88.** 적과전 종합위험보장 상품에 가입한 과수원에서 적과후착과수 조사를 실시하려 한다. 과수원의 현황(품종 · 재배방식 · 수령)이 다음과 같이 확인되었을 때 다음 ①~⑤를 채우시오. (단, 적정표본주수 산출 시 소수점 첫째 자리에서 올림. 예 11.1주 → 12주)

○ 과수원 현황

| 품종 | 재배방식 | 수령 | 실제결과주수 | 고사주수 | 수확불능주수 | 미보상주수 |
|------|---------|------|------------|---------|-----------|----------|
| 홍로 | 일반 | 8 | 200 | 10 | - | 10 |
| 부사 | 반밀식 | 10 | 100 | 5 | 5 | - |

○ 적과후착과수 적정 표본주수

| 품종 | 재배방식 | 수령 | 조사대상주수 | 적정 표본주수 | 적정 표본주수 산정식 |
|------|---------|------|------------|------------|-----------------|
| 홍로 | 일반 | 8 | ① | ③ | ⑤ |
| 부사 | 반밀식 | 10 | ② | ④ | - |

 정답

① 200-10-10=180주

② 100-5-5=90주

③ 9×(180÷270)=6주

④ 9×(90÷270)=3주

⑤ 적정 표본주수=전체 표본주수×([1]품종별 조사대상주수÷조사대상주수 합)
- 조사대상주수 합 270주일 때 전체 표본주수는 9주

✔ [1]품종별 조사대상주수가 아닌 '품종 · 재배방식 · 수령별 조사대상주수'가 맞지만, [농업재해보험 · 손해평가의 이론과 실무]에는 품종별 조사대상주수로 기재되어 있다.

아래 각 '문제별 유형' 및 주의할 점에 유의하며 풀이한다.

<u>심화</u> 문제보다 기본 유형 문제에 충실하며 학습하는 것을 권장한다.

※ 적과전 종합위험보장 Ⅱ 에서 주의해야 하는 계산 문제 유형

1. 착과감소보험금
   ① 종합위험 또는 한정 보장 특약 가입
   ② 조수해·화재 일부 피해인 경우
   ③ 조수해·화재 일부 피해와 자연재해 병발한 경우
2. 적과 종료 전 종합위험+자연재해인 경우 : 적과 종료 전 자연재해로 인한 적과 종료 후 착과손해
3. 적과 종료 전 우박 피해 발생한 경우
   ① 종합위험인 경우 : 적과 종료 전 자연재해로 인한 적과 종료 후 착과손해 및 수확 전 착과피해 산출
   ② 한정 보장 특약 가입한 경우 : 수확 전 착과피해 산출
4. 계약사항 변경을 해야 하는 경우(보험가입금액 감액)
5. 적과전 종합위험보장 Ⅱ 에서의 미보상주수의 구분 : 나무피해감수과실수 산출에 주의
6. 적과 종료 후 재해별 인정되는 피해 및 각 담보조건 충족 여부
7. 적과 종료 후 일소피해 소손해면책
8. 일소·가을동상해 부보장 특별약관에 가입한 경우
9. 산출된 보험금이 지급 한도를 초과하는 경우
10. 2품종 이상 가입한 경우
11. 사고당시착과수의 계산
12. 기타
   ① 낙엽인정피해율 : 단감, 떫은 감 구분
   ② 가을동상해 잎 피해 발생 시 정상 과실 추가 반영
   ③ 일부침수주수의 나무피해감수과실수 등
   ④ 사과·배 ×1.07

Chapter 2.

**89.** 다음 조건을 참조하여 착과감소보험금을 구하시오. (과실수, 과중, 감소(수)량, 가격 등은 모두 소수점 이하 버림)

○ 계약사항(해당 과수원의 모든 나무는 단일 품종, 단일 재배방식, 단일 수령으로 함)

| 품목 | 가입금액 | 평년착과수 | 자기부담비율 |
|---|---|---|---|
| 사과 | 16,800,000원 | 28,000개 | 15% |
| 가입과중 | 가입가격 | 가입 특별약관 | 적과전 보장수준 |
| 0.3kg | 2,000원/kg | - | 50% |

○ 조사내용

| 구분 | 재해종류 | 사고일자 | 조사일자 | 조사내용 |
|---|---|---|---|---|
| 계약일<br>~적과 종료 이전 | 봄 동상해 | 3/10 | 3/12 | » 봄동상해 피해 확인<br>» 미보상비율 : 10% |
| | 화재 | 4/20 | 4/21 | » 피해규모 : 일부<br>» 금차 화재로 고사한 나무 : 10주<br>» 금차 화재로 수확불능인 나무 : 15주<br>» 미보상비율 : 15% |
| 적과후<br>착과수 조사 | - | | 6/25 | » 실제결과주수 : 150주<br>» 적과후착과수 : 18,000개 |

 **정답**

1. 착과감소량
   ① 착과감소과실수=28,000-18,000=10,000개
   ② 10,000×0.3=3,000kg
2. 미보상감수량
   ① 미보상감수과실수=(10,000×0.15)+(0주×186)=1,500개
   ② 1,500×0.3=450kg
3. 기준수확량
   ① 기준착과수=18,000+10,000=28,000개
   ② 28,000×0.3=8,400kg
4. 자기부담감수량=8,400×0.15=1,260kg
5. 착과감소보험금=(3,000-450-1,260)×2,000×0.5=1,290,000원
   • 적과 종료 전 조수해·화재 일부 피해 : 적과 종료 전 자연재해가 발생한 경우는 최대인정감소량을 산출하지 않는다.
   • 미보상비율과 미보상주수 중 하나만 있어도 미보상감수량이 산출된다.
   • 미보상비율은 적과 종료 이전 조사된 값의 최대값을 적용한다.

**90.** 다음 계약사항 및 조사내용을 보고 착과감소보험금을 산출하시오.

○ 계약사항

| 보장방식 | 품목 | 가입 특약 | 실제결과주수 | 평년착과수 |
|---|---|---|---|---|
| 적과전 종합위험 II | 사과(일반재배) | - | 400주 | 40,000개 |
| **가입 과중** | **가입가격** | **자기부남비율** | **보장 수준** | **가입금액** |
| 300g | 3,000원 | 20% | 50% | 36,000,000원 |

○ 조사내용

| 구분 | 재해 | 사고 | 조사 | 조사내용 |
|---|---|---|---|---|
| 계약 24시<br>~적과 종료 | 냉해 | 2/20 | 2/21 | » 냉해 피해 확인<br><br>» 나무조사<br>　- 실제결과주수 400주<br>　- 나무피해 없음<br>　- 미보상주수 없음<br>» 미보상비율 10% |
| | 우박 | 5/20 | 5/21 | » 우박 피해 확인<br>　- 유과타박율 20%<br>» 나무조사<br>　- 실제결과주수 400주<br>　- 나무피해 없음<br>　- 미보상주수 없음<br>» 미보상비율 20% |
| 적과 종료 시점 | - | - | 6/20 | 적과후착과수 25,000개 |

• 이후 수확기 종료 시점까지 추가 피해 없음

1. 착과감소량 : 40,000-25,000=15,000개, 15,000×0.3=4,500kg
2. 미보상감수량 : (15,000×0.2)+(0×100)=3,000개, 3,000×0.3=900kg
3. 기준착과수 : 25,000+15,000=40,000개
✔ 기준착과수 계산 → 보험가입금액 감액, 자기부담감수량, 부보비율, 누적 감수과실수 한도 확인 등
4. 자기부담감수량 : 40,000×0.3×0.2=2,400kg
5. 착과감소보험금=(4,500-900-2,400)×3,000×0.5=1,800,000원
✔ 자기부담감수량이 착과감소보험금에서 모두 소진되었다.

**91.** 다음 계약사항 및 조사내용을 보고 착과감소보험금을 산출하시오. (수확량, 감수(소)량 등은 소수점 이하 버림)

○ 계약사항

| 품목 | 보험가입금액 | 평년착과수 | 실제결과주수 | 자기부담비율 |
|---|---|---|---|---|
| 사과 | 750만원 | 10,000개 | 100주 | 20% |
| 가입 가격 | 가입 과중 | 보장 수준 | 가입 특약 | |
| 3,000원/kg | 250g/개 | 50% | 특정위험 5종 한정보장 | |

○ 조사내용

| 구분 | 재해 | 사고 | 조사 | 조사내용 |
|---|---|---|---|---|
| 계약 24<br>~적과 종료 | 우박 | 5/01 | 5/02 | » 피해사실확인조사<br>- 우박 피해 확인<br>- 피해 유과 50개, 정상 유과 110개<br>- 미보상비율 5% |
| | 집중 호우 | 6/05 | 6/06 | » 피해사실확인조사<br>- 집중호우로 인한 피해 확인<br>- 유실고사 4주, 도복고사 6주<br>- 미보상비율 5% |
| 적과<br>종료 시점 | - | - | 6/25 | » 적과후착과수 조사<br>- 표본주당 착과수 78개<br>- 미보상비율 10% |

1. 적과후착과수
   ① 조사대상주수 : 100-0-10-0=90주
   ② 적과후착과수=90×78=7,020개
2. 착과감소량
   (1) 착과감소과실수=10,000-7,020=2,980개
   (2) 최대인정감소과실수
      ① 유과타박율=50÷(50+110)=31.25%
      ② 나무피해율=(4+6)÷100=10%
      ③ 최대인정감소과실수=10,000×0.3125=3,125개
   (3) 착과감소과실수=min(2,980 3,125)=2,980개
   (4) 착과감소량=2,980×0.25=745kg
3. 미보상감수량 : (2,980×0.1)+(0×100)=298개, 298×0.25=74kg
4. 기준수확량: 7,020+2,980=10,000개, 10,000×0.25=2,500kg
5. 자기부담감수량=2,500×0.2=500kg
6. 착과감소보험금=(745-74-500)×3,000×0.5=256,500원

**92.** 다음 조건을 보고 착과감소보험금을 산출하시오. (과실수 및 kg은 소수점 첫째 자리에서 반올림해 정수 단위로, %는 소수점 셋째 자리에서 반올림)

○ 계약사항

| 품목 | 보험가입금액 | 평년착과수 | 실제결과주수 | 자기부담비율 |
|---|---|---|---|---|
| 단감 | 11,400,000원 | 28,500개 | 200주 | 15% |
| 가입 가격 | 가입 과중 | 보장 수준 | 가입 특약 | |
| 2,000원 | 200g | 70% | 특정위험 5종 한정보장 | |

○ 조사내용

| 구분 | 재해 | 사고 | 조사 | 조사내용 |
|---|---|---|---|---|
| 계약24시<br>~ 적과종료 | 우박 | 5/1 | 5/2 | » 우박피해 확인<br>- 피해 유과 40개, 정상 유과 160개<br>» 나무피해 없음<br>» 미보상비율 10% |
| | 집중호우 | 6/5 | 6/6 | » 집중호우 피해 확인<br>- 12시간 누적강수량 100mm<br>» 나무조사<br>- 유실고사 5주<br>- 절단고사 13주<br>- 조수해 피해로 수확불능인 나무 3주<br>» 낙엽 피해 확인<br>- 낙엽수 50개, 착엽수 250개 (경과일수 5일)<br>» 미보상비율<br>- 사유 : 제초상태 10%, 기타 10% |
| 적과<br>종료 시점 | - | - | 7/20 | » 적과후 착과수 조사<br><br>실제결과주수 200주     표본주 착과수 합계 960개<br><br>- 미보상주수 5주 |

• 이후 수확기 종료 시점까지 추가 피해 없음

정답

1. 적과후착과수
   ① 조사대상주수=200-5-13-3-5=174주 → 표본주수 8주
   ② 표본주당 착과수=960÷8=120개
   ③ 적과후착과수=174×120=20,880개
2. 착과감소량
   (1) 착과감소과실수=28,500-20,880=7,620개
   (2) 최대인정감소과실수
      ① 유과타박율=40÷200=20%
      ② 나무피해율=(5+13)÷200=9%
      ③ 낙엽률=50÷300=16.67%
      • 낙엽인정피해율=(1.0115×0.1667)-(0.0014×5)=16.16%
      ④ 최대인정감소과실수=28,500×0.2=5,700개
   (3) 착과감소과실수=min(7,620, 5,700)=5,700개

(4) 착과감소량=5,700×0.2=1,140kg

3. 미보상감수량 : (5,700×0.2)+(8×143)=2,284개, 2,284×0.2=457kg

✔ **조수해 피해로 수확불능인 나무 3주는 미보상주수이다.**

4. 기준착과수=20,880+5,700=26,580개

5. 보험가입금액 감액

  ① 가입수확량 조정 : 26,580×0.2=5,316kg

  ② 보험가입금액=5,316×2,000=10,632,000원=10,630,000원 또는 11,400,000×(26,580÷28,500)=10,632,000원=10,630,000원

✔ **가입수확량(평년착과량 100%)이 기준수확량을 초과하는 경우 그 초과분은 제외되도록 가입수확량을 조정한다. 평년착과수와 기준착과수로 해도 같은 비율이므로 결국 같은 값이 산출된다.**

✔ **한정 보장 특약 가입 또는 조수해·화재 일부 나무피해 : 최대인정감소과실수로 기준착과수가 제한된 경우에도 감액한다. (농금원 답변)**

✔ **1과목 문제가 아닌 경우, 보험가입금액 감액은 하지 않아도 될 것으로 보인다.**

6. 자기부담감수량 : 26,580×0.2×0.15=797kg

7. 착과감소보험금=(1,140-457-797)×2,000×0.7=0원

**93.** 적과전 종합위험보장 상품에 가입한 과수원의 다음 조사내용을 참조하여 물음에 답하시오.

[계약사항]

- 품목 배
- 실제결과주수 200주
- 적과전 보장수준 50%

- 보험가입금액 36,000,000원
- 가입 특별약관 : 나무손해보장
- 가입가격 3,000원/kg

- 평년착과수 30,000개
- 자기부담비율 15%
- 가입 과중 400g/개

[조사내용]

- 적과 종료 이전 : 적과후착과수 26,000개, 적과 종료 이전 보상하는 손해 확인. 화재로 인한 일부피해주수 14주 (적과 종료 전 다른 피해 없음), 미보상비율 5%
- 적과 종료 이후 : 태풍으로 인한 낙과수 6,000개, 낙과피해구성율 50% (이후 수확기 종료 시점까지 다른 피해 없음)

(1) 착과감소보험금을 구하시오.

(2) 과실손해보험금을 구하시오.

**정답**

1. 착과감소보험금

  (1) 착과감소량

    ① 평년착과수-적과후착과수=30,000-26,000=4,000개

    ② 최대인정감소과실수=30,000×0.07=2,100개

      • 최대인정피해율=14÷200=7%

    ③ 착과감소과실수=min(4,000, 2,100)=2,100개

    ④ 착과감소량=2,100×0.4=840kg

  ✔ **조수해·화재로 인한 일부나무 피해 : 최대인정감소과실수를 산출하여 착과감소량을 제한한다.**

  (2) 미보상감수량

    ① 미보상감수과실수=(2,100×0.05)+(0×150)=105개

    ② 105×0.4=42kg

(3) 기준착과수=26,000+2,100=28,100개

(4) 보험가입금액 감액: 28,100×0.4×3,000=33,720,000원

(5) 자기부담감수량=28,100×0.4×0.15=1,686kg

(6) 착과감소보험금=(840-42-1,686)×3,000×0.5=-1,332,000원=0원

✔ **보험가입금액 감액의 과정 : 2과목에서는 1과목의 내용이므로 별도의 요구가 없는 한 풀이과정에서 생략해도 될 것으로 보인다.**

2. 과실손해보험금

(1) 누적감수량

① 낙과감수과실수=6,000×(0.5-0)×1.07=3,210개

② 3,210×0.4=1,284kg

(2) 자기부담감수량=1,686-(840-42)=888kg

(3) 과실손해보험금=(1,284-888)×3,000=1,188,000원

✔ **착과손해감수과실수**

• 보통약관 : 적과 종료 이전 자연재해가 없었다면 적과 종료 이후 착과손해감수과실수를 산출하지 않는다.

• 한정특약 : 어떤 경우에도 착과손해감수과실수를 산출하지 않는다.

✔ **적과 종료 이후 사과·배 품목의 태풍(강풍)·화재·지진·집중호우로 인한 낙과피해 : ×1.07**

**94.** 다음 조건을 보고 과실손해보험금을 산정하시오. (과실수 및 감수량은 소수점 이하, %는 소수점 셋째 자리 이하 반올림)

○ 계약사항

| 품목 | 보험가입금액 | 평년착과수 | 실제결과주수 | 자기부담비율 |
|---|---|---|---|---|
| 사과 | 750만원 | 10,000개 | 100주 | 20% |
| 가입 가격 | 가입 과중 | 보장 수준 | 가입 특약 | |
| 3,000원/kg | 250g/개 | 50% | 나무손해보장 (100,000원/주) | |

○ 조사내용

| 구분 | 재해 | 사고 | 조사 | 내용 |
|---|---|---|---|---|
| 계약 24. ~적과 종료 | 화재<br>집중 호우 | 5/01<br>6/05 | 5/02<br>6/06 | » 5/01 화재 일부 나무피해 확인<br>» 6/05 집중호우 피해확인 : 유실고사 4주, 도복고사 6주 |
| 적과 종료시점 | – | – | 6/15 | » 적과후착과수조사 : 적과후착과수 7,020개<br>» 적과 종료 전 미보상감수량 74kg |
| 적과 종료 ~ 수확기 종료 | 일소 | 7/20 | 7/21 | » 피해사실확인조사 : 일소 피해 확인<br>» 착과피해조사 및 낙과피해조사<br>  - 착과피해구성율 40%, 낙과피해구성율 20%<br>  - 낙과수 1,000개(전수조사) |
| | 태풍 | 9/14 | 9/15 | » 피해사실확인조사 : 태풍 피해 확인<br>  - 도복고사 10주, 절단(1/2)수확불능 10주<br>  - 무피해나무 주당 평균착과수 60개<br>  - 낙과피해 확인<br>  - 낙과수 1,000개, 낙과피해구성율 50% |

• 수확기 종료 후 고사나무 없음    • 자연 낙과 등은 감안하지 않음

**[과실손해보험금]**

1. 기준수확량 : 7,020+2,980=10,000개, 10,000×0.25=2,500kg

2. 적과 종료 전 자연재해로 인한 적과 종료 후 착과손해감수과실수

  ① 착과율=7,020÷10,000=70.2%

  ② 착과손해감수과실수=7,020×0.05×{(1-0.702)÷0.4}=261개

  • 0.05×{(1-0.702)÷0.4}=3.73% → maxA

  ✔ **적과 종료 전 종합위험+자연재해 발생 : 착과손해감수과실수를 산출한다.**

3. 7/20 일소

  (1) 착과감수과실수

    ① 사고당시착과수=7,020-1,000=6,020개

    ② 착과감수과실수=6,020×(0.4-0.0373)=2,183개 → 40%=maxA

  (2) 낙과감수과실수=1,000×(0.2-0.0373)=163개

  (3) 감수과실수 합계=2,346개 > 적과후착과수×6%=421개 → 누적 감수과실수에 추가

  ✔ **일소피해 : 착과 · 낙과피해 인정 재해**

  • 사고당시착과수 : 적과후착과수-적과 종료 후 낙과수, 나무피해과실수, 기수확과실수 "이번 사고까지의" 낙과수, 나무피해과실수, 기수확과실수를 반영한다.

4. 9/14 태풍

  (1) 나무감수과실수=(10+10)×60×(1-0.4)=720개

  (2) 낙과감수과실수=1,000×(0.5-0.4)×1.07=107개

  ✔ **태풍 : 낙과 · 낙엽 · 나무피해 인정 재해**

  • 사과 · 배 태풍(강풍), 화재, 지진, 집중호우로 인한 낙과피해 : ×1.07

5. 누적감수량 : 261+2,346+720+107=3,434개, 3,434×0.25=859kg

6. 자기부담감수량 : 500-(745-74)=-171kg=0kg

  ✔ **종합위험+자연재해 발생: 착과감소과실수=평년착과수-적과후착과수**

  • 착과감소량 : (10,000-7,020)×0.25=745kg

  • 적과 종료 전 미보상감수량 : 74kg 제시됨

  • 자기부담감수량=2,500×0.2=500kg

7. 과실손해보험금=(859-0)×3,000=2,577,000원

**[나무손해보장보험금]**

1. 보험가입금액=100×100,000=10,000,000원

2. 피해율=(4+6+10)÷100=20%

3. 보험금=10,000,000×(0.2-0.05)=1,500,000원

---

**95.** 다음 조건을 보고 보험금을 산출하시오. (kg 및 과실수는 소수점 첫째 자리에서 반올림해 정수 단위로, %는 소수점 셋째 자리에서 반올림)

○ 계약사항

| 품목 | 가입 특약 | 실제결과주수 | 평년착과수 | 보장 수준 |
|---|---|---|---|---|
| 사과 | 나무손해보장 | 300주 | 36,000개 | 70% |
| **가입 과중** | **가입 가격** | **자기부담비율** | **가입금액** | |
| 350g | 과실 3,000원/kg<br>나무 100,000원/주 | 10% | 보통약관<br>37,800,000원 | 나무손해보장 특별약관<br>30,000,000원 |

○ 조사내용

| 구분 | 재해 | 사고 | 조사 | 조사내용 |
|---|---|---|---|---|
| 계약 24시 ~ 적과 종료 | 조수해 | 4/20 | 4/21 | » 조수해 피해 확인<br>» 나무조사<br>  - 실제결과주수 300주<br>  - 고사주수 6주, 수확불능주수 4주<br>  - 일부피해주수 10주<br>» 미보상비율 10% |
| | 집중 호우 | 6/01 | 6/02 | » 집중호우 피해 확인<br>» 미보상비율 20% |
| 적과 종료 시점 | - | - | 6/25 | » 적과후착과수 조사<br>  - 표본주당 착과수 100개<br>  - 미보상주수 10주 |

• 수확기 종료 시점까지 추가 피해 없음

**[착과감소보험금]**

1. ① 주당 평년착과수 36,000÷300=120개

   ② 조사대상주수=300-6-4-10=280주

   ③ 적과후착과수=280×100=28,000개

   • 조수해 일부피해주수 10주 : 한정보장 특약 미가입 건이므로 보상하는 재해에 의한 피해주수이다.

   • 적과후착과수 조사대상주수=실제결과주수-미보상주수-고사주수-수확불능주수

   • 일부피해주수의 정의: 조수해 · 화재로 피해를 입은 나무수 중 고사 및 수확불능주수를 제외한 나무수. 따라서 적과후 착과수 조사대상주수 계산 시 차감하지 않는다.

   • 적과후착과수 조사대상주수에서 차감한 10주는 적과후착과수 조사에서 확인된 미보상주수이다.

2. 착과감소량 : 36,000-28,000=8,000개, 8,000×0.35=2,800kg

✔ 조수해로 인한 일부 나무피해 이후에 자연재해로 인한 피해가 발생했으므로 최대인정감소과실수는 산정하지 않는다.

3. 미보상감수량 : (8,000×0.2)+(10×120)=2,800개, 2,800×0.35=980kg

4. 기준착과수: 28,000+8,000=36,000개

5. 자기부담감수량 : 36,000×0.35×0.1=1,260kg

6. 착과감소보험금: (2,800-980-1,260)×3,000×0.7=1,176,000원

**[과실손해보험금]**

1. 적과 종료 이전 자연재해로 인한 적과 종료 이후 착과손해감수과실수

   ① 착과율=28,000÷36,000=77.78%

   ② 착과손해감수과실수=28,000×0.05×{(1-0.7778)÷0.4}=778개

2. 누적감수량

   ① 누적감수과실수 778개 < 기준착과수 36,000개

   ② 누적감수량 : 778×0.35=272kg

3. 자기부담감수량 : 1,260-(2,800-980)=0kg

4. 과실손해보험금=(272-0)×3,000=816,000원

✔ 적과 종료 이후의 사고는 없지만 적과 종료 이전 종합위험+자연재해 발생이므로 착과손해감수과실수를 산출해야 한다.

**[나무손해보장 보험금]**

1. 피해율=6÷300=2%

2. 보험금=0원. 자기부담비율 (5%) 미만의 피해

**96.** 다음 조건을 보고 착과감소보험금 및 과실손해보험금을 산출하시오. (kg 및 과실수는 소수점 첫째 자리에서 반올림해 정수 단위로, %는 소수점 셋째 자리에서 반올림)

○ 계약사항

| 품목 | 평년착과수 | 실제결과주수 | 가입 과중 |
|---|---|---|---|
| 떫은 감 | 40,000개 | 200주 | 200g |
| 가입 특약 | 가입 가격 | 자기부담비율 | 보장 수준 |
| - | 3,000원 | 10% | 70% |

○조사내용

| 시기 | 재해 | 사고 | 조사 | 내용 |
|---|---|---|---|---|
| 계약 24~<br>적과전 | 우박 | 4/25 | 4/26 | » 피해사실확인조사 : 우박피해 확인<br>  - 피해 유과 100개, 정상 유과 300개<br>» 나무조사 : 실제결과주수 200주<br>  - 수확불능주수 10주 확인<br>» 미보상비율 15% |
| 적과 종료 | - | - | 7/15 | » 적과후착과수 32,000개<br>» 미보상주수 10주 확인 |
| 적과 종료 후~<br>수확기 종료 | 강풍 | 8/01 | 8/02 | » 15m/s 강풍으로 인한 낙과 및 낙엽 피해 발생 확인<br>» 낙과피해조사<br>  - 총 낙과수 3,000개<br><br>    \| 50% 형 \| 80% 형 \| 100% 형 \| 정상 \|<br>    \| 20개 \| 20개 \| 0개 \| 60개 \|<br><br>» 낙엽피해 조사<br>  - 낙엽율 20%, 경과일수 62일 |
|  | 우박 | 4/25 | 11/01 | » 착과피해조사<br><br>    \| 50% 형 \| 80% 형 \| 100% 형 \| 정상 \|<br>    \| 0개 \| 100개 \| 50개 \| 150개 \|<br><br>» 기수확과실수 1,000개 |

강풍 낙과피해조사 표:

| 50% 형 | 80% 형 | 100% 형 | 정상 |
|---|---|---|---|
| 20개 | 20개 | 0개 | 60개 |

우박 착과피해조사 표:

| 50% 형 | 80% 형 | 100% 형 | 정상 |
|---|---|---|---|
| 0개 | 100개 | 50개 | 150개 |

 단축할 수 있는 풀이 과정이 있으면 단축한다.

 **[착과감소보험금]**

1. 착과감소량=40,000-32,000=8,000개, 8,000×0.2=1,600kg

2. 미보상감수량=(8,000×0.15)+(10×200)=3,200개, 3,200×0.2=640kg

3. 기준착과수=32,000+8,000=40,000개

4. 자기부담감수량=40,000×0.2×0.1=800kg

5. 착과감소보험금=(1,600-640-800)×3,000×0.7=336,000원

✔ 적과후착과수가 제시되어 있으므로 풀이 과정에서 <적과후착과수 산출> 단계를 생략한다.

✔ 유과타박율 등 불필요한 조건에 주의한다.

**[과실손해보험금]**

1. 적과 종료 전 자연재해로 인한 적과 종료 후 착과손해감수과실수

 ① 착과율=32,000÷40,000=80%

 ② 착과손해감수과실수=32,000×0.05×{(1-0.8)÷0.4}=800개

 ③ 착과손해율=0.05×{(1-0.8333)÷0.4}=2.5% → 다음 사고의 maxA

2. 8/01 강풍

 (1) ① 낙과피해구성률=(10+16+0)÷100=26%,

  ② 낙과감수과실수=3,000×(0.26-0.025)=705개

 (2) ① 낙엽인정피해율=(0.9662×0.2)-0.0703=12.29% → 다음 사고의 maxA

  ② 낙엽감수과실수=(32,000-3,000)×(0.1229-0.025)=2,839개

 ✔ **사고당시착과수=적과후착과수-적과 종료 후 총 나무피해·낙과·기수확 과실수 (피해구성율 반영한 감수과실수 아**
  **님에 주의)**

3. 적과 종료 전 우박피해로 인한 수확 전 착과피해

 ① 착과피해구성률=(0+80+50)÷300=43.33%

 ② 착과감수과실수=(32,000-3,000-1,000)×(0.4333-0.1229)=8,691개

4. 누적감수량

 ① 누적감수과실수=800+705+2,839+8,691=13,035개

 ② 누적감수량=13,035×0.2=2,607kg

5. 자기부담감수량=800-(1,600-640)=0kg

6. 과실손해보험금=(2,607-0)×3,000=7,821,000원

---

**97.** 다음 조건을 보고 지급보험금을 산출하시오. (kg은 소수점 첫째 자리에서 반올림해 정수 단위로)

○ 계약사항

| 품목 | 평년착과수 | 가입 과중 | 자기부담비율 |
|---|---|---|---|
| 배 | 30,000개 | 400g | 20% |
| 가입 특약 | 실제결과주수 | 가입 가격 | 보장 수준 |
| 특정 5종 한정 보장, 나무손해보장 | 200주 | 과실 3,000원, 나무 100,000원 | 50% |

○ 조사내용

| 시기 | 재해 | 사고 | 조사 | 내용 |
|---|---|---|---|---|
| 계약 24 ~적과 종료 | 집중 호우 | 5/10 | 5/11 | » 집중호우로 피해 확인(12시간 누적강수량 100mm)<br>» 나무조사 : 실제결과주수 200주<br>  - 매몰고사 6주, 절단(1/2) 수확불능 10주 확인<br>» 미보상비율 10% |
| | 우박 | 6/1 | 6/2 | » 우박피해 확인<br>  - 피해 유과 100개, 정상 유과 150개 |
| 적과 종료 시점 | - | - | 6/20 | » 적과후착과수 조사: 표본주 착과수 합계 960개<br>» 나무조사<br>  - 조수해 절단고사 5주 확인 |

| 적과 종료 ~수확 전 | 태풍 | 8/20 | 8/21 | » 태풍으로 인한 피해 확인 (태풍 경보)<br>» 나무조사<br>　- 고사 10주<br>　- 무피해나무 평균 착과수 120개<br>» 낙과피해조사(표본조사)<br>　- 표본주 8주, 표본주 낙과수 합계 320개<br>　- 낙과피해구성률 40% |
|---|---|---|---|---|
| | 우박 | 6/1 | 10/15 | » 착과피해조사<br>　- 착과피해구성률 30% |
| 수확 개시 후 | 가을 동상해 | 11/1 | 11/2 | » 착과피해조사<br>　- 잎 피해 60%<br> |

| 50% | 80% | 100% | 정상 |
|---|---|---|---|
| 30개 | 40개 | 20개 | 110개 |

» 사고당시착과수 10,000개

• 수확기 종료 후 : 고사나무 없음 (계약자 유선 확인)

TIP 단축할 수 있는 풀이 과정이 있으면 단축한다.

정답

**[착과감소보험금]**

1. 적과후착과수
 ① 평년착과수 150개/주
 ② 조사대상주수 200-6-10-5=179주
 ③ 표본주당 착과수 960÷8=120개
 ④ 적과후착과수=179×120=21,480개

2. 착과감소과실수=30,000-21,480=8,520개

3. 최대인정감소과실수
 ① 나무피해율=(10+6)÷200=8%
 ② 유과타박율=100÷250=40%
 ③ 최대인정감소과실수=30,000×0.4=12,000개
 ✔ 조수해 절단고사 : 보상하는 재해 이외의 원인으로 고사 또는 수확불능인 나무로 미보상주수이다.

4. 착과감소량= min(8,520, 12,000)=8,520개, 8,520×0.4=3,408kg

5. 미보상감수량=(8,520×0.1)+(5×150)=1,602개, 1,602×0.4=641kg

6. 기준착과수=21,480+8,520=30,000개

7. 자기부담감수량=30,000×0.4×0.2=2,400kg

8. 착과감소보험금=(3,408-641-2,400)×3,000×0.5=550,500원

**[과실손해보험금]**

1. 8/20 태풍
 (1) 나무감수과실수=(10+0)×120×(1-0)=1,200개
 (2) 낙과피해조사
　　① 낙과수=(179-10)×40=6,760개
　　② 낙과감수과실수=6,760×(0.4-0)×1.07=2,893개

✔ 태풍(강풍) · 화재 · 지진 · 집중호우로 인한 사과 · 배 낙과감수과실수 계산 : ×1.07에 주의한다.

2. 적과 종료 전 우박피해로 인한 수확 전 착과피해조사
   ① 사고당시착과수=21,480-1,200-6,760=13,520개
   ② 착과감수과실수=13,520×(0.3-0)=4,056개

✔ 사고당시착과수=적과후착과수-적과종료 후 총 나무피해 · 낙과 · 기수확과실수. 보다 클 수 없음(피해구성율 반영한 감수과실수 차감이 아님에 주의)

3. 11/01 가을동상해
   ① 착과피해구성율=(15+32+20)÷200=33.5%
   ② 착과감수과실수=10,000×(0.335-0.3)=350개

✔ 잎 피해 50% 이상 시 정상 과실 추가 피해 반영 : 단감 · 떫은 감 10/31까지

4. 누적감수량
   ① 누적감수과실수=1,200+2,893+4,056+350=8,499개
   ② 누적감수량=8,499×0.4=3,400kg

5. 자기부담감수량=2,400-(3,408-641)=0kg

✔ 착과감소보험금이 1원이라도 산정되면 자기부담감수량은 착과감소보험금에서 모두 소진된 것으로 과실손해보험금에는 0kg으로 적용하면 된다.

6. 과실손해보험금=(3,400-0)×3,000=10,200,000원

[나무손해보험금]

1. 보험가입금액=200×100,000=20,000,000원

2. 피해율=21÷200=10.5%

3. 지급보험금=20,000,000×(0.105-0.05)=1,100,000원

✔ 나무손해보장의 보상하는 재해는 종합위험이므로 조수해 절단고사도 피해율에 반영된다. 절단(1/2)은 통상 수확불능주수로 보지만 명확하게 제시되어야 할 것이다.

**98.** 다음 조건을 보고 착과감소보험금 및 과실손해보험금을 산출하시오. (kg 및 과실수는 소수점 첫째 자리에서 반올림해 정수 단위로. %는 소수점 둘째 자리 이하 버림)

○ 계약사항

| 품목 | 평년착과수 | 가입 과중 | 자기부담비율 |
|---|---|---|---|
| 단감 | 10,000개 | 300g | 20% |
| 가입 특약 | 실제결과주수 | 가입 가격 | 보장 수준 |
| - | 100주 | 4,000원/kg | 50% |

○ 조사내용

| 시기 | 재해 | 사고 | 조사 | 내용 |
|---|---|---|---|---|
| 계약 24 ~적과 종료 | 화재 | 6/1 | 6/2 | » 피해사실확인조사 : 화재로 인한 일부 나무피해 발생<br>- 일부피해주수 10주<br>» 나무조사 : 실제결과주수 100주<br>- 고사 10주, 미보상주수 5주 확인<br>» 미보상비율 10% |
| 적과 종료 시점 | - | - | 7/20 | » 적과후착과수 조사<br>- 표본주당 착과수 80개 |
| 적과 종료 ~수확 전 | 집중 호우 | 8/20 | 8/21 | » 집중호우로 인한 피해 확인 : 호우경보<br>» 나무조사<br>- 일부침수주수 10주<br>- 일부침수주수 침수착과수 80개/주<br>» 낙과피해조사 (전수조사)<br>- 총 낙과수 1,600개<br>- 낙과피해구성율 50% |
| 수확 개시 후 | 가을 동상해 | 10/25 | 10/26 | » 착과피해조사<br>- 잎 피해 60%<br>- 피해구성조사<br><br>| 50% | 80% | 100% | 정상 |<br>\|---\|---\|---\|---\|<br>\| 30개 \| 40개 \| 30개 \| 100개 \|<br><br>- 잔여일수 20일 |

**[착과감소보험금]**

1. 적과후착과수
   ① 조사대상주수=100-5-10=85주
   ② 주당 평년착과수=10,000÷100=100개
   ③ 적과후착과수=85×80=6,800개

2. 착과감소량
   (1) 착과감소과실수=10,000-6,800=3,200개
   (2) 최대인정감소과실수=10,000×0.2=2,000개
      ① 최대인정피해율(=나무피해율)=(10+10)÷100=20%

손해평가사 2차 문제집

✔ 조수해 · 화재 일부 나무피해 시 나무피해율=(고사+수확불능+일부피해주수)÷실제결과주수

(3) 착과감소량=min(3,200, 2,000)=2,000개, 2,000×0.3=600kg

3. 미보상감수량=(2,000×0.1)+(5×100)=700개, 700×0.3=210kg

4. 기준착과수=6,800+2,000=8,800개

✔ 가입수확량 > 기준수확량 : 최대인정감소과실수에 의한 경우 (한정 보장 특약 또는 조수해 · 화재 일부피해) 모두 보험가입금액을 감액한다.

5. 보험가입금액 감액

① 가입 시 보험가입금액=10,000×0.3×4,000=12,000,000원

② 감액 후 보험가입금액=12,000,000×(8,800÷10,000)=10,560,000원

✔ 차액보험료 계산할 때 필요한 감액비율=(1,200-1,056)÷1,200=12% → 감액분 계약자부담보험료 계산에 활용

✔ 보험가입금액 감액의 과정 : 2과목에서는 별도의 요구가 없다면 1과목의 내용이므로 불필요하다.

6. 자기부담감수량=8,800×0.3×0.2=528kg

7. 착과감소보험금=(600-210-528)×4,000×0.5=0원

✔ 과실손해보험금에서의 자기부담감수량

• 528-(600-210)=138kg > 0 → 착과감소보험금에서 528kg의 자기부담감수량 중 390kg 이 소진되고 138kg이 과실손해보험금에서 쓰인다. (600-210-528=-138kg와 같은 방법으로도 확인 가능하다)

[과실손해보험금]

1. 8/20 집중호우

① 나무감수과실수=10×80×(1-0)=800개

② 낙과감수과실수=1,600×(0.5-0)=800개

2. 10/25 가을동상해

① 착과피해구성율=(30×0.5+40×0.8+30×1+100×0.0031×20)÷200=41.6%

② 사고당시착과수=6,800-800-1,600=4,400개

③ 착과감수과실수=4,400×(0.416-0)=1,830개

3. 누적감수량

① 누적감수과실수=800+800+1,830=3,430개

② 누적감수량=3,430×0.3=1,029kg

4. 자기부담감수량=528-(600-210)=138kg

5. 과실손해보험금=(1,029-138)×4,000=3,564,000원

**99.** 다음 조건을 보고 착과감소보험금 및 과실손해보험금을 산출하시오. (kg 및 과실수는 소수점 이하 버림. %은 소수점 셋째 자리 이하 버림)

○ 계약사항

| 품목 | 평년착과수 | 가입 과중 | 자기부담비율 |
|---|---|---|---|
| 단감 | 15,000개 | 200g | 20% |
| 가입 특약 | 실제결과주수 | 가입가격 | 보장 수준 |
| - | 150주 | 2,000원/kg | 50% |

## ○ 조사내용

| 시기 | 재해 | 사고 | 조사 | 내용 |
|------|------|------|------|------|
| 적과 종료 | - | - | 7/20 | » 적과 종료 전 피해 없음<br>» 적과후착과수 조사<br> - 실제결과주수 150주<br> - 적과후착과수 17,000개 |
| 적과 종료<br>~수확 전 | 강풍 | 8/20 | 8/21 | » 강풍 피해 확인 : 18m/sec<br>» 나무조사<br> - 절단고사(1/2) 50주, 도복고사 50주<br> - 무피해나무 1주당 착과수 110개<br>» 낙엽피해조사<br> - 낙엽율 70%, 경과일수 81일 |
| 수확 개시 후 | 가을 동상해 | 10/1 | 10/2 | » 착과피해조사<br> - 착과피해구성율 80%<br>» 8/20 강풍 이후 10/1 가을동상해 이전 피해 없음<br> - 자연 낙과 등 감안하지 않음 |

**정답**

**[착과감소보험금]**

1. 착과감소과실수=0개

2. 기준착과수=17,000개

3. 착과감소보험금=없음. 착과감소과실수 없음.

✔ 적과 종료 전 사고 유무에 상관없이 적과후착과수가 평년착과수를 초과하는 경우 착과의 감소가 없으므로 착과감소보험금은 없다.

- 기준착과수를 산출해야 자기부담감수량을 산출할 수 있다.

**[과실손해보험금]**

1. 8/20 강풍

  (1) 나무감수과실수=(50+50)×110×(1-0)=11,000개

  (2) 낙엽감수과실수

    ① 낙엽인정피해율=(1.0115×0.7)-(0.0014×81)=59.46% → maxA

    ② 사고당시착과수=17,000-11,000=6,000개

    ③ 낙엽감수과실수=6,000×(0.5946-0)=3,567개

2. 10/1 가을동상해 : 착과감수과실수=6,000×(0.8-0.5946)=1,232개

3. 누적감수량

  ① 누적감수과실수=11,000+3,567+1,232=15,799개 < 기준착과수=17,000개

  ② 누적감수량=15,799×0.2=3,159kg

4. 자기부담감수량=17,000×0.2×0.2=680kg

5. 과실손해보험금=(3,159-680)×2,000=4,958,000원

6. 한도 확인=(15,000×0.2×2,000)×(1-0.2)=4,800,000원

7. 지급보험금=4,800,000원

✔ 문제 풀이 전 계약사항에서 보험가입금액을 먼저 확인한 후 (제시되어 있지 않으면 계산한 후), 한도를 계산한다. 지급보험금의 금액을 보고 계산한 한도에 가까운 경우 반드시 한도 이내의 금액인지 확인해야 한다.

**100.** 다음 조건을 보고 착과감소보험금 및 과실손해보험금을 산출하시오. (kg 및 과실수는 소수점 이하에서 반올림. %는 소수점 셋째 자리에서 반올림)

○ 계약사항

| 품목 | 평년착과수 | 표준수확량 | 자기부담비율 |
|---|---|---|---|
| 사과 | 20,000개 | A 품종 4,000kg B 품송 3,000kg | 10% |
| 가입 과중 | 가입 가격 | 실제결과주수 | 보장 수준 |
| 300g | 4,000원/kg | A 품종 120주 B 품종 80주 | 50% |

○ 조사내용

| 시기 | 재해 | 사고 | 조사 | 내용 |
|---|---|---|---|---|
| 계약 24<br>~적과 종료 | 냉해 | 3/1 | 3/2 | » 냉해 피해 확인<br>» 나무조사<br>- 실제결과주수 A 품종 120주, B 품종 80주<br>- A 품종 고사주수 5주, 미보상주수 10주<br>- B 품종 수확불능주수 10주<br>» 미보상비율 10% |
| 적과<br>종료 시점 | - | - | 6/20 | » 적과후착과수 조사<br>- 표본주당 착과수 A 품종 80개, B 품종 100개 |
| 적과 종료<br>~ 수확전 | 태풍 | 9/5 | 9/6 | » 태풍피해 확인(경보발령)<br>» 나무피해<br>- A 품종 고사주수 5주<br>- B 품종 수확불능주수 5주<br>- 무피해나무 1주당 착과수 : A 품종 70개, B 품종 80개<br>» 낙과피해조사 확인 (전수조사)<br>- 총 낙과수 2,000개<br>- 낙과피해구성율 60% |

• 수확 개시 후~수확기 종료 전 추가 피해 없음

**[정답]**

**[적과후착과수]**
1. 품종별 평년착과수
  ① A 품종=20,000×(4,000÷7,000)=11,429개 (95개/주)
  ② B 품종=20,000×(3,000÷7,000)=8,571개 (107개/주)
✔ **2품종 이상인 경우 품종별 표준수확량에 비례하여 품종별 평년착과수(평년착과량)을 배분한다.**
2. 조사대상주수
  ① A 품종=120-5-10=105주
  ② B 품종=80-10=70주
3. 적과후착과수=(105×80)+(70×100)=15,400개
✔ **품종 · 재배방식 · 수령별 착과수의 합계=과수원별 적과후착과수**
**[착과감소보험금]**
1. 착과감소량=20,000-15,400=4,600개, 4,600×0.3=1,380kg
2. 미보상감수량=(4,600×0.1)+(10×95)=1,410개 1,410×0.3=423kg

✔ 나무에 적용하는 과실수(주당 평년착과수, 표본주당 착과수, 무피해나무 주당 착과수, 일부침수주수 주당 침수착과수 등)는 해당 품종의 과실수를 적용한다.

3. 기준착과수=15,400+4,600=20,000개
4. 자기부담감수량=20,000×0.3×0.1=600kg
5. 착과감소보험금=(1,380-423-600)×4,000×0.5=714,000원

**[과실손해보험금]**

1. 적과 종료 전 자연재해로 인한 적과 종료 후 착과손해감수과실수
   ① 착과율=15,400÷20,000=77%
   ② 착과손해감수과실수=15,400×0.05×{(1-0.77)÷0.4}=443개
   ③ 2.88% → maxA
2. 9/5 태풍
   (1) 나무감수과실수={(5×70)+(5×80)}×(1-0.0288)=728개
   (2) 낙과감수과실수=2,000×(0.6-0.0288)×1.07=1,222개
3. 누적감수량
   ① 누적감수과실수=443+728+1,222=2,393개
   ② 누적감수량=2,393×0.3=718kg
4. 자기부담감수량=600-(1,380-423)=0kg
5. 과실손해보험금=(718-0)×4,000=2,872,000원

**101.** 다음 조건을 보고 보험금을 산출하시오. (kg, 과실수 및 금액은 소수점 첫째 자리 이하 버림. %는 소수점 셋째 자리 이하 버림)

○계약사항

| 품목<br>단감 | 평년착과수<br>16,000개 | 가입 과중<br>300g | 자기부담비율<br>20% |
|---|---|---|---|
| 가입 특약<br>한정 보장 특약<br>나무손해보장 | 실제결과주수<br>150주 | 가입가격<br>3,000원/kg<br>100,000원/주 | 보장 수준<br>50% |

○조사내용

| 시기 | 재해 | 사고 | 조사 | 내용 |
|---|---|---|---|---|
| 계약 24<br>~적과종료 | 강풍 | 3/10 | 3/11 | » 피해사실확인조사: 강풍 피해 확인<br>» 나무조사: 실제결과주수 150주, 도복고사 5주, 절단고사 5주<br>» 미보상비율 10% |
| | 우박 | 6/10 | 6/11 | » 피해사실확인조사: 우박피해 확인<br>» 유과타박율<br> - 피해 유과 40개, 정상 유과 60개<br>» 미보상비율 20% |
| 적과종료 시점 | - | - | 7/05 | » 적과후착과수 조사<br> - 적과후착과수 22,000개 |

| | | | | |
|---|---|---|---|---|
| 적과종료<br>~수확전 | 집중<br>호우 | 8/10 | 8/11 | » 집중호우 피해 확인<br>» 나무조사<br>  - 유실고사 4주, 절단(1/2) 수확불능 6주, 일부침수주수 10주<br>  - 무피해나무 주당 착과수 110개<br>  - 일부침수주수 주당 침수착과수 50개<br>» 낙과피해조사(전수조사)<br>  - 총 낙과수 300개<br>  - 낙과피해구성율 40%<br>» 낙엽피해조사 확인<br>  - 낙엽율 30%, 경과일수 71일 |
| | 우박 | 6/10 | 10/1 | » 적과 종료 전 우박피해로 인한 수확 전 착과피해조사<br>  - 착과피해구성율 35%<br>» 기수확과실수 4,000개 |

• 수확기 종료 시점까지 추가 피해 없음

 **[착과감소보험금]**

1. 착과감소과실수=0개
2. 착과감소보험금=0원
3. 기준착과수=22,000개

✔ **적과후착과수가 평년착과수 보다 크므로 착과의 감소가 없다.**
- 평년착과수-적과후착과수=0개. 따라서 최대인정감소과실수를 산출할 필요도 없다.
- 착과감소과실수=min(0개, 최대인정감소과실수)=0개

**[과실손해보험금]**

1. 8/10 집중호우
  (1) 나무감수과실수
    ① 고사주수+수확불능주수 : (4+6)×110×(1-0)=1,100개
    ② 일부침수주수 : 10×50×(1-0)=500개
  (2) 낙과감수과실수=300×(0.4-0)=120개
  (3) 낙엽감수과실수
    ① 낙엽인정피해율=(1.0115×0.3)-(0.0014×71)=20.40% → maxA
    ② 사고당시착과수=22,000-1,100-500-300=20,100개
    ③ 낙엽감수과실수=20,100×(0.2040-0)=4,100개
2. 적과 종료 전 우박피해로 인한 수확 전 착과감수과실수
    ① 사고당시착과수=20,100-4,000=16,100개
    ② 16,100×(0.35-0.2040)=2,350개
3. 누적감수량
  ① 누적감수과실수=1,100+500+120+4,100+2,350=8,170개
  ② 누적감수량=8,170×0.3=2,451kg
4. 자기부담감수량=22,000×0.3×0.2=1,320kg
5. 과실손해보험금=(2,451-1,320)×3,000=3,393,000원
6. 한도 확인: (16,000×0.3×3,000)×(1-0.2)=11,520,000원

✔ **본 문제와 같이 '기준수확량 80% > 가입수확량'인 경우 (조건부) 일부보험으로 '보험금 재계산'이 필요하다. 그러나 [<br>농업재해보험·손해평가의 이론과 실무]에는 삭제되어 있어 적용하지 않는다.**

**[나무손해보장 보험금]**

1. 보험가입금액=150×100,000=15,000,000원
2. 피해율=14÷150=9.33%
   - 고사 : 도복 5+절단 5+유실 4=14주
3. 보험금=15,000,000×(0.0933-0.05)=649,500원

**102.** 다음 내용을 바탕으로 보험금을 산정하시오. (%는 소수점 셋째 자리 이하 버림, 중량 및 과실수는 소수점 이하 반올림)

○ 계약사항

| 보장 | 품목 | 평년착과수 | 실제결과주수 | 보험가입금액 |
|---|---|---|---|---|
| 적과전 종합위험 II | 사과 | 50,000개 | 250주 | 6,000만원 |
| 가입 특별약관 | 가입가격 | 가입과중 | 보장수준 | 자기부담비율 |
| 나무손해보장 | 4,000원/kg, 100,000원/주 | 300g/개 | 50% | 20% |

○ 조사내용

| 구분 | 재해 | 사고 | 조사 | 내용 |
|---|---|---|---|---|
| 계약 24시<br>~적과<br>종료 이전 | 냉해 | 3/1 | 3/2 | » 피해사실확인조사 : 냉해 피해 발생 확인<br>- 실제결과주수 250주, 고사주수 5주<br>- 미보상비율 10% |
| 적과<br>종료<br>시점 | - | - | 6/25 | » 적과후착과수조사<br>- 미보상주수 5주<br>- 표본주 착과수 합계 1,350개 |

**정답**

1. 착과감소보험금
   (1) 적과후착과수
      ① 조사대상주수=250-5-5=240주
      ② 표본주당 착과수=1,350÷9주=150개
      ③ 적과후착과수=240×150=36,000개
   (2) 착과감소량
      ① 착과감소과실수=(50,000-36,000)=14,000개
      ② 착과감소량=14,000×0.3=4,200kg
   (3) 미보상감수량
      ① 미보상감수과실수=(14,000×0.1)+(5×200)=2,400개
      ② 미보상감수량=2,400×0.3=720kg
   4) 기준수확량
      ① 기준착과수=36,000+14,000=50,000개
      ② 기준수확량=50,000×0.3=15,000kg
   (5) 자기부담감수량=15,000×0.2=3,000kg
   (6) 착과감소보험금=(4,200-720-3,000)×4,000×0.5=960,000원
2. 과실손해보험금
   (1) 착과손해감수과실수
      ① 착과율=36,000÷50,000=72%

② 착과손해감수과실수=36,000×0.05×{(1-0.72)÷0.4}=1,260개

(2) 누적감수량=1,260×0.3=378kg

(3) 과실손해보험금=(378-0)×4,000=1,512,000원

3. 나무손해보험금

① 보험가입금엑=250×100,000=25,000,000원

② 피해율=5÷250=2%

③ 보험금=0원 (자기부담비율 미만의 손해)

**103.** 다음 내용을 바탕으로 보험금을 산정하시오. (%는 소수점 셋째 자리 이하 버림, 중량 및 과실수는 소수점 이하 반올림)

○ 계약사항

| 보장 | 품목 | 평년착과수 | 실제결과주수 | 보험가입금액 |
|---|---|---|---|---|
| 적과전 종합위험 II | 떫은 감 | 75,000개 | 300주 | 9,375만원 |
| 가입 특별약관 | 가입가격 | 가입과중 | 보장수준 | 자기부담비율 |
| 특정위험 5종 한정보장 | 5,000원/kg | 250g/개 | 70% | 15% |

○ 조사내용

| 구분 | 재해 | 사고 | 조사 | 내용 |
|---|---|---|---|---|
| 계약 24시~<br>적과<br>종료 이전 | 우박 | 4/1 | 4/2 | » 피해사실확인조사 : 우박 피해 발생 확인<br>- 실제결과주수 300주, 수확불능주수 5주<br>- 피해유과 40개, 정상유과 140개<br>- 미보상비율 5% |
| 적과<br>종료<br>시점 | - | - | 6/25 | » 적과후착과수조사<br>- 미보상주수 3주<br>- 표본주당 착과수 200개 |
| 적과<br>종료 이후~<br>수확기<br>종료 시점 | 태풍 | 9/5 | 9/6 | » 태풍 피해 확인<br>- 낙엽피해조사 : 낙엽율 35%<br>- 적과후착과수 조사 이후 본 태풍 발생 전까지 피해 없음 |
| | 우박 | 4/1 | 10/20 | » 착과피해조사<br>- 나무피해 없음<br>- 착과피해구성율 35%<br>- 기수확과실수 3,000개 |

**정답**

1. 착과감소보험금

(1) 적과후착과수

① 조사대상주수=300-5-3=292주

② 적과후착과수=292×200=58,400개

(2) 착과감소량

① 평년착과수-적과후착과수=(75,000-58,400)=16,600개

② 최대인정감소과실수 : 유과타박율=40÷(40+140)=22.22%. 최대인정감소과실수 75,000×0.2222=16,665개

③ 착과감소량 : min(16,600, 16,665)=16,600개. 16,600×0.25=4,150kg

(3) 미보상감수량 : (16,600×0.05)+(3×250)=1,580개. 1,580×0.25=395kg

(4) 기준수확량=(58,400+16,600)×0.25=18,750kg

(5) 자기부담감수량=18,750×0.15=2,813kg

(6) 착과감소보험금=(4,150-395-2,813)×5,000×0.7=3,297,000원

2. 과실손해보험금

(1) 9/5 태풍

① 낙엽인정피해율=(0.9662×0.35)-0.0703=26.78%

② 사고당시착과수=적과후착과수 58,400개

③ 낙엽감수과실수=58,400×0.2678=15,640개

(2) 4/1 우박

① 사고당시착과수=58,400-3,000=55,400개

② 착과감수과실수=55,400×(0.35-0.2678)=4,554개

(3) 누적감수량=(15,640+4,554)×0.25=5,049kg

(4) 과실손해보험금=(5,049-0)×5,000=25,245,000원

**104.** 다음 계약사항과 조사내용을 참조하여 ① 착과감소보험금, ② 과실손해보험금, ③ 나무손해보장 보험금을 구하시오. (단, kg 및 모든 계산된 과실수는 소수점 이하 버림. 피해율은 소수점 셋째 자리에서 반올림하여 소수점 둘째 자리까지.)

○ 계약사항

| 품목 사과 | 보험가입금액 | 평년착과수 | 가입주수 | 자기부담비율 |
|---|---|---|---|---|
| 적과전 종합위험Ⅱ | 20,000,000원 | 25,000개 | 100주 | 10% |
| 가입과중 | 가입가격 | | 적과전 보장수준 | 가입 특약 |
| 400g | 과실 2,000원/kg, 나무 100,000원/주 | | 70% | 나무손해보장 |

○ 조사내용

| 구분 | 재해 | 사고 | 조사 | 내용 |
|---|---|---|---|---|
| 계약 24 ~적과 종료 이전 | 화재 | 5/1 | 5/2 | » 피해규모 : 일부<br>» 나무조사: 실제결과주수 100주, 화재로 고사한 주수 10주, 일부피해주수 4주<br>» 미보상비율 10% |
| 적과 종료 시점 | - | - | 6/20 | » 적과후착과수 조사 : 적과후착과수 18,000개 |
| 적과 종료 ~ 수확전 | 일소 | 8/15 | 8/16 | » 폭염으로 인한 일소피해로 인한 피해조사<br>» 나무조사: 미보상주수 10주(추가)<br>» 착과피해조사 (표본조사) : 표본주당 착과수 200개, 착과피해구성율 25%<br>» 낙과피해조사 (전수조사) : 총낙과수 1,000개, 낙과피해구성율 20% |
| | 태풍 | 9/15 | 9/16 | » 태풍으로 인한 피해조사<br>» 낙과피해조사 (전수조사) : 총 낙과수 2,000개, 낙과피해구성율 50%<br>» 기수확과실수 1,000개 |
| 수확 개시 후 | 가을 동상해 | 10/30 | 10/31 | » 가을동상해로 인한 피해조사<br>» 착과피해조사 (표본조사) : 착과피해구성율 50%<br>» 사고당시착과수 10,000개 |

• 수확기 종료 이후 나무 피해 없음

**[착과감소보험금]**

1. 착과감소과실수=25,000-18,000=7,000개

2. 최대인정피해율 : 화재 일부피해로 인한 나무피해율=(10+4)÷100=14%
   - 최대인정감소과실수=25,000×0.14=3,500개

3. 착과감소량 : min(7,000, 3,500)=3,500개, 3,500×0.4=1,400kg

4. 미보상감수량 : (3,500×0.1)+(250×0)=350개, 350×0.4=140kg

5. 기준착과수 : 18,000+3,500=21,500개 < 평년착과수 25,000개

6. 보험가입금액 감액 : 21,500×0.4×2,000=17,200,000원 (또는 20,000,000×(21,500÷25,000)=17,200,000원)

7. 자기부담감수량=21,500×0.1×0.4=860kg

8. 착과감소보험금=(1,400-140-860)×2,000×0.7=560,000원

✔ **보험가입금액 감액 과정은 생략해도 된다.**
   - 적과전 종합위험보장에서의 보험가입금액=지급보험금 한도
   - 보험금=보험가입금액×(피해율-자기부담비율) 로 계산하지 않으므로, 보험금 산정만을 위해서는 불필요하다.

**[과실손해보험금]**

1. 8/15 일소
   (1) 낙과감수과실수: 1,000×(0.2-0)=200개
   (2) 착과감수과실수
      ① 조사대상주수=100-10-10=80주
      ② 착과감수과실수: (80×200)×(0.25-0)=4,000개
   (3) 일소피해 감수과실수 합계=4,000+200=4,200개 > 적과후착과수 6%=1,080개

2. 9/01 태풍: 낙과감수과실수=2,000×(0.5-0.25)×1.07=535개

3. 10/30 가을동상해: 착과감수과실수=10,000×(0.5-0.25)=2,500개

4. 누적감수량
   (1) 누적감수과실수: 4,200+535+2,500=7,235개 < 기준착과수 21,500개
   (2) 누적감수량: 7,235×0.4=2,894kg

5. 자기부담감수량=860-(1,400-140)=-400=0kg

6. 과실손해보험금=(2,894-0)×2,000=5,788,800원

**[나무손해보험금]**

1. 보험가입금액=100×100,000=10,000,000원

2. 피해율=10÷100=10%

3. 보험금=10,000,000×(0.1-0.05)=500,000원

**105.** 적과전 종합위험보장II 상품에 가입한 다음 농가의 계약사항 및 조사내용을 바탕으로 보험금을 구하시오. (자연 낙과 등은 감안하지 않으며, 나무수 · 감수과실수 및 감수량은 소수점 첫째 자리에서, 피해율은 소수점 셋째 자리에서 반올림)

○ 계약사항

| 품목 | 보험가입금액 | 평년착과수 | 가입주수 | 가입과중 |
|---|---|---|---|---|
| 사과 | 21,000,000원 | 20,000개 | 200주 | 350g/개 |
| 가입가격 | 자기부담비율 | 보장 수준 | 가입 특별약관 | |
| 3,000원/kg | 10% | 70% | 적과 종료 전<br>특정위험 5종 한정보장 | |

○조사내용

| 구분 | 재해 | 사고 | 조사 | 내용 |
|---|---|---|---|---|
| 계약일~<br>적과 종료 이전 | 우박 | 5.01 | 5.02 | [피해사실확인조사]<br>» 표본주 조사 : 피해유과 80개, 정상유과 220개<br>» 미보상비율 : 10% |
| | 집중<br>호우 | 6.20 | 6.21 | [피해사실확인조사]<br>» 나무피해 : 유실고사 5주, 도복고사 5주, 침수피해주수 10주<br>» 과실침수율 조사 : 침수 착과수 200개, 전체착과수 350개<br>» 미보상비율 : 15% |
| 적과종료 시점 | - | 6.25 | 6.26 | [적과후착과수조사]<br>» 적과후착과수 16,000개 |
| 적과종료<br>이후 | 태풍 | 9.20 | 9.21 | [나무조사]<br>» 태풍으로 인한 고사주수 5주, 수확불능주수 3주<br>» 무피해나무 착과수조사 : 82개/주<br>[낙과피해조사]<br>» 전수조사 : 낙과수 920개<br>» 낙과피해구성율 : 35% |
| | 우박 | 5.01 | 10.10 | [착과피해조사]<br>» 착과피해구성율 48% |

정답

1. 착과감소보험금
   (1) 착과감소량
   ① 착과감소과실수(평년착과수-적과후착과수)=20,000-16,000=4,000개
   ② 최대인정피해율=max(26.67%, 8%)=26.67%
   • 유과타박율=80÷(80+220)=26.67%
   • 나무피해율=(5+5+6)÷200=8%
   - 과실침수율=200÷350=57.14%
   - 침수주수=10×0.5714=5.714=6주
   ③ 최대인정감소과실수=20,000×0.2667=5,334개
   ④ 착과감소과실수=min(4,000, 5,334)=4,000개, 착과감소량=4,000×0.35=1,400kg
   (2) 미보상감수량 : (4,000×0.15)+(0×100)=600개, 600×0.35=210kg
   (3) 기준착과수=16,000+4,000=20,000개
   (4) 자기부담감수량=20,000×0.35×0.1=700kg
   (5) 착과감소보험금=(1,400-210-700)×3,000×0.7=1,029,000원

2. 과실손해보험금
   (1) 태풍
      ① 나무감수과실수=(5+3)×82×(1-0)=656개
      ② 낙과감수과실수=920×(0.35-0)×1.07=345개
   (2) 우박
      ① 사고당시착과수=16,000-656-920=14,424개
      ② 착과감수과실수=14,424×(0.48-0)=6,924개
   (3) 누적감수량 : 656+345+6,924=7,925개. 7,925×0.35=2,774kg
   (4) 자기부담감수량=700-(1,400-210)=-490kg=0kg
   (5) 과실손해보험금=(2,774-0)×3,000=8,322,000원
3. 보험금 합계=1,029,000+8,322,000=9,351,000원

**106.** 적과전 종합위험보장Ⅱ 상품에 가입한 다음 농가의 계약사항과 조사내용을 바탕으로 착과감소보험금을 구하시오. (모든 과실수 및 감수량(감소량)은 소수점 이하 반올림)

○ 계약사항

| 품목 | 가입금액 | 평년착과수 | | 가입 주수 | 자기 부담비율 |
|---|---|---|---|---|---|
| 사과 A품종 | 40,000,000원 | 40,000개 | 10년생 18,000개, 16년생 22,000개 | 10년생 100주, 16년생 100주 | 15% |
| 가입 과중 | | 가입가격 | | 가입 특별약관 | 보장 수준 |
| 0.4kg | | 2,500원/kg | | - | 50% |

○ 조사내용

| 구분 | 재해 종류 | 사고 일자 | 조사 일자 | 조사 내용 |
|---|---|---|---|---|
| 계약 일~ 적과 종료 이전 | 조수해 | 5/5 | 5/7 | » 피해규모 : 일부<br>» 금차 조수해로 죽은 나무수 : 10년생 10주<br>» 미보상비율 : 5% |
| | 냉해 | 6/7 | 6/8 | » 피해규모 : 전체<br>» 냉해 피해 확인<br>» 미보상비율 : 10% |
| 적과 후 착과수 조사 | - | | 6/23 | » 나무조사 (단위. 주)<br><br>» 착과수조사 |

» 나무조사 (단위. 주)

| 구분 | 실제결과 | 미보상 | 수확불능 | 고사 |
|---|---|---|---|---|
| 10년생 | 100 | 5 | 3 | 10 |
| 16년생 | 100 | 4 | 5 | 2 |

» 착과수조사

| 10년생 160개/주 | 16년생 190개/주 |
|---|---|

**[적과후착과수]**

1. 품종 · 재배방식 · 수령별 주당 평년착과수
   ① 10년생=18,000÷100=180개/주
   ② 16년생=22,000÷100=220개/주

2. 조사대상주수
　① 10년생=100-5-10-3=82주
　② 16년생=100-4-2-5=89주
3. 적과후착과수=(82×160)+(89×190)=30,030개
　✔ 적과후착과수=품종 · 재배방식 · 수령별 착과수 합계

**[착과감소보험금]**
1. 착과감소량=40,000-30,030=9,970개, 9,970×0.4=3,988kg
2. 미보상감수량=(9,970×0.1)+(5×180)+(4×220)=2,777개, 2,777×0.4=1,111kg
3. 기준착과수=30,030+9,970=40,000개
4. 자기부담감수량=40,000×0.15×0.4=2,400kg
5. 착과감소보험금=(3,988-1,111-2,400)×2,500×0.5=596,250원
　✔ 여러 품종 · 재배방식 · 수령별의 경우
　　1. 나무 분류 및 이에 따른 착과수가 품종 · 재배방식 · 수령별로 각각 조사된다.
　　2. 이 경우의 미보상감수과실수 : (착과감소과실수×max미보상비율)+(품종 · 재배방식 · 수령별 미보상주수×품종 · 재배방식 · 수령별 주당 평년착과수)

**107.** 다음 계약사항과 조사내용을 참조하여 ① 착과감소보험금, ② 과실손해보험금을 구하시오. (단, kg 및 모든 계산된 과실수는 소수점 이하 버림. 피해율은 %로 소수점 셋째 자리 이하 버림)

○ 계약사항

| 품목 | 평년착과수 | 가입주수 | 자기부담비율 |
|---|---|---|---|
| 배 | 50,000개 | 400주 | 20% |
| 가입과중 | 가입가격 | 가입 특별약관 | 보장수준 |
| 350g | 4,000원/kg | - | 50% |

○ 조사내용

| 구분 | 재해 | 사고 | 조사 | 내용 |
|---|---|---|---|---|
| 계약 24 ~적과 종료 이전 | 봄동상해 | 3/1 | 3/2 | [피해사실확인조사] 보상하는 재해 확인<br>» 미보상비율 : 없음 |
| | 화재 | 5/1 | 5/2 | [피해사실확인조사] 보상하는 재해 확인<br>» 피해규모 : 일부<br>» 나무조사 : 고사한 주수 10주, 일부피해주수 4주<br>» 미보상비율 10% |
| 적과 종료 시점 | - | - | 6/20 | [적과후착과수 조사]<br>» 나무조사 : 실제결과주수 400주, 미보상주수 10주 추가 확인<br>» 표본주당 착과수 90개<br>» 미보상비율 10% |
| 적과종료 ~수확기 종료시점 | 일소 | 8/15 | 8/16 | [피해사실확인조사] 일소피해 확인<br>[착과피해조사] (표본조사)<br>» 표본주당 착과수 85개, 착과피해구성율 30%<br>[낙과피해조사] (전수조사)<br>» 총낙과수 1,000개, 낙과피해구성율 45% |

| | | | |
|---|---|---|---|
| 태풍 | 9/15 | 9/16 | [피해사실확인조사] 태풍 피해 확인<br>[낙과피해조사] (전수조사)<br>» 총 낙과수 2,000개, 낙과피해구성율 50%<br>[나무조사]<br>» 고사주수 5주, 수확불능주수 10주<br>» 무피해나무 1주당 착과수 75개 |

**[착과감소보험금]**

1. 적과후착과수

① 조사대상주수=400-10-10=380주, 주당 평년착과수=125개

② 적과후착과수=380×90=34,200개

2. 착과감소량=50,000-34,200=15,800개, 15,800×0.35=5,530kg

3. 미보상감수량=(15,800×0.1)+(10×125)=2,830개, 2,830×0.35=990kg

4. 기준착과수=34,200+15,800=50,000개

5. 자기부담감수량=50,000×0.35×0.2=3,500kg

6. 착과감소보험금=(5,530-990-3,500)×4,000×0.5=2,080,000원

**[과실손해보험금]**

1. 적과전 자연재해로 인한 적과종료 후 착과손해감수과실수

① 착과율=34,200÷50,000=68.4%

② 착과손해감수과실수=34,200×0.05×{(1-0.684)÷0.4}=1,350개. 3.95% → 다음 사고 maxA

2. 8/15 일소

(1) 착과감수과실수

① 조사대상주수=400-10-10=380주, 착과수=380×85=32,300개

② 착과감수과실수=32,300×(0.3-0.0395)=8,414개. 30% → 다음 사고 maxA

(2) 낙과감수과실수 : 1,000×(0.45-0.0395)=410개

(3) 면부책 여부 : 8,414+410=8,824 > 34,200×0.06=2,052. 감수과실수에 합산

3. 9/15 태풍

(1) 낙과감수과실수=2,000×(0.5-0.3)×1.07=428개

(2) 나무감수과실수=(5+10)×75×(1.0-0.3)=787개

4. 누적 감수량: 1,350+8,824+428+787=11,389개, 11,389×0.35=3,986kg

5. 자기부담감수량=3,500-(5,530-990)=-1,040=0kg

6. 과실손해보험금=(3,986-0)×4,000=15,944,000원

✔ **조수해, 화재로 인한 일부피해 + 자연재해**

① 착과감소과실수=평년착과수-적과후착과수

② 일부피해주수 : 대상 재해로 피해를 입은 나무수 중에서 고사 및 수확불능주수를 제외한 나무수

③ 적과후착과수 조사대상주수=실-미-고-수

✔ **사과 · 배+태풍+낙과 → ×1.07**

• 보험가입금액이 제시되지 않은 경우, 계산 후 보험가입금액×(1-자기부담비율)로 보험금 지급 한도를 미리 계산해 보는 것이 좋다.

Part 1. 적과 전 종합위험방식 II **79**

**108** 농작물재해보험 적과전 종합위험보장Ⅱ에 가입한 과수원의 계약사항과 조사내용을 참조하여 보험금을 구하시오. (단, 피해율 등 모든 비율은 %로 소수점 셋째 자리에서 반올림. 예 12.345%=12.35%, 나무수, 과실수 및 감소(수)량은 소수점 첫째 자리 이하 버림. 주어진 조건 외 다른 것은 고려하지 않음)

○ 계약사항

| 품목 | 평년착과수 | 실제결과주수 | 자기부담비율 | 보험가입금액 |
|---|---|---|---|---|
| 떫은 감 | 36,000개 | 300주 | 20% | 1,440만원 |
| 가입 과중 | 가입 가격 | 보장 수준 | | 가입 특별약관 |
| 200g | 2,000원 | 50% | | 특정위험 5종 한정 보장 |

○ 조사내용(실제결과주수 변동 없음)

| 구분 | 재해 | 사고 | 조사 | 조사내용 |
|---|---|---|---|---|
| 계약 24시 ~적과 종료 | 화재 | 4월 5일 | 4월 6일 | [피해사실확인조사]<br>» 화재로 인해 과수원 일부 나무 피해 확인<br>» 소실 20주 |
| | 집중 호우 | 6월 20일 | 6월 21일 | [피해사실확인조사]<br>» 집중호우 피해 확인<br><table><tr><td>나무피해 (주)</td><td>유실 3, 매몰 5, 침수피해 20</td></tr><tr><td>침수착과 (개)</td><td>침수 40, 미침수 70</td></tr></table>» 낙엽 피해 확인<br><table><tr><td>표본주 낙엽수 합계</td><td>표본주 착엽수 합계</td></tr><tr><td>72개</td><td>108개</td></tr></table>» 미보상비율 0% |
| 적과 종료 시점 | - | - | 7월 15일 | [적과후착과수 조사(단위. 주)]<br><table><tr><td>미보상</td><td>고사</td><td>수확불능</td></tr><tr><td>5</td><td>46</td><td>2</td></tr></table>» 적과후착과수 24,700개 |
| 적과 종료 ~수확 종료 | 태풍 | 10월 1일 | 10월 2일 | [나무피해] 적과후착과수 조사 이후 피해 없음<br>[낙과피해조사(전수조사)]<br><table><tr><td>총낙과수 800개</td><td>낙과피해구성율 55%</td></tr></table>[낙엽피해조사]<br><table><tr><td>낙엽률 50%</td><td>경과일수 123일</td></tr></table> |

| 가을<br>동상해 | 10월 28일 | 10월 29일 | [나무피해] 10월 1일 사고 이후 피해 없음 |||||
|---|---|---|---|---|---|---|

[나무피해] 10월 1일 사고 이후 피해 없음

| 미보상 | 고사 | 수확불능 | 기수확 |
|---|---|---|---|
| 5 | 46 | 2 | 40 |

[착과피해조사(표본조사)]

| 정상 | 50% 형 | 80% 형 | 100% 형 |
|---|---|---|---|
| 100 | 100 | 0 | 75 |

» 표본주당 착과수 92개
» 잎피해 70%, 잔여일수 18일
» 기수확과실수 4,000개

 **[착과감소보험금]**

1. 착과감소량
   (1) 평년착과수-적과수착과수=36,000-24,700=11,300개
   (2) 최대인정감소과실수=36,000×0.3162=11,383개
       ① 나무피해율=(20+3+5+7)÷300=11.67%
       · 과실침수율=40÷(40+70)=36.36%
       · 침수주수=20×0.3636=7주
       ② 낙엽인정피해율=0.9662×0.4-0.0703=31.62%
       · 낙엽률=72÷(72+108)=40%
   (3) 착과감소량=min(11,300, 11,383)=11,300개. 11,300×0.2=2,260kg
2. 미보상감수량
   ① 주당 평년착과수=3,600÷300=120개
   ② (11,300×0)+(5×120)=600개. 600×0.2=120kg
3. 기준수확량 : 24,700+11,300=36,000개. 36,000×0.2=7,200kg
4. 자기부담감수량=7,200×0.2=1,440kg
5. 착과감소보험금=(2,260-120-1,440)×2,000×0.5=700,000원

**[과실손해보험금]**

1. 10/1 태풍
   (1) 낙과감수과실수=800×0.55=440개
   (2) 낙엽감수과실수
       ① 사고당시착과수=24,700-800=23,900개
       ② 낙엽인정피해율=0.9662×0.5-0.0703=41.28%
       ③ 낙엽감수과실수=23,900×0.4128=9,865개
2. 10/28 가을동상해
   ① 착과수=207×92=19,044개
   ② 착과피해구성율= $\dfrac{(0.5 \times 100 + 1.0 \times 75 + 0.0031 \times 18 \times 100)}{275} = 47.48\%$
   ③ 착과감수과실수=19,044×(0.4748-0.4128)=1,180개
3. 누적감수량 : 440+9,865+1,180=11,485개. 11,485×0.2=2,297kg
4. 자기부담감수량=1,440-(2,260-120)=-700kg=0kg
5. 과실손해보험금=(2,297-0)×2,000=4,594,000원

✔ **낙엽인정피해율**
   ① 떫은 감 : 0.9662×낙엽률-0.0703. 경과일수 미적용
   ② 단감 : (1.0115×낙엽률)-(0.0014×경과일수)

**109.** 적과전 종합위험보장 II에 가입한 농지에 관한 다음 내용을 바탕으로 보험금을 구하시오. (각 감소량(감수량) 및 감수과실수는 소수점 첫째 자리에서 반올림하여 정수 단위로, 모든 비율은 %로 소수점 셋째 자리에서 반올림)

<table>
<tr><td rowspan="2">계약사항</td><td>품목</td><td>가입주수</td><td>평년착과수</td><td>가입가격</td><td>가입과중</td><td>자기부담비율</td></tr>
<tr><td>배</td><td>300주</td><td>45,000개</td><td>5,000원/kg, 100,000원/주</td><td>330g</td><td>15%</td></tr>
<tr><td colspan="6">» 착과감소보험금 보장수준 : 50%. 나무손해보장 특별약관 가입</td></tr>
</table>

| 계약체결일 24시~ 적과 종료 시점 | » 피해사실확인조사 : 한해 및 호우피해 확인<br>» 나무조사 :<br> - 실제결과주수 300주<br> - 고사주수 10주(보상하지 않는 손해로 고사한 나무 3주 포함)<br> - 수확불능주수 8주(보상하지 않는 손해로 수확불능인 나무 1주 포함)<br>» 미보상비율 조사 : 잡초가 농지 면적의 30% 분포(피해율에 영향을 줄 수 있는 잡초) |
|---|---|
| 적과후 착과수 조사 | » 나무조사(누적)<br> - 실제결과주수 300주<br> - 고사주수 15주(보상하지 않는 손해로 고사한 나무 3주 포함)<br> - 수확불능주수 8주(보상하지 않는 손해로 수확불능인 나무 2주 포함)<br> - 적과후착과수 : 32,000개<br>» 미보상비율 조사 :<br> - 잡초가 농지 면적의 30% 분포(피해율에 영향을 줄 수 있는 잡초)<br> - 병해충이 농지 면적의 20% 분포 |
| 적과 종료 이후~수확기 종료 시점 : 보상하는 재해 발생 없음 | |

(1) 보통약관(과실손해보장)의 보험금을 구하시오. (미보상비율은 농작물재해보험 미보상비율 적용표에서 정한 각 구간에서 정수 단위로 최대값 적용)

(2) 나무손해보장 특별약관의 보험금을 구하시오.

 **1. 과실손해보장 보험금**
    (1) 착과감소보험금
        ① 착과감소량 : 45,000-32,000=13,000개. 13,000×0.33=4,290kg
        ② 미보상감수량 : (13,000×0.18)+(5×150)=3,090개. 3,090×0.33=1,020kg
        • 주당 평년착과수=45,000÷300=150개
        ③ 기준수확량 : 32,000+13,000=45,000개. 45,000×0.33=14,850kg
        ④ 자기부담감수량 : 14,850×0.15=2,228kg
        ⑤ 착과감소보험금=(4,290-1,020-2,228)×5,000×0.5=2,605,000원
    (2) 과실손해보험금
        ① 착과율= $\dfrac{32,000}{45,000}$ = 71.11%
        ② 적과종료 전 자연재해로 인한 적과종료 후 착과손해감수과실수 : $32,000 \times 0.05 \times \dfrac{(1-0.7111)}{0.4}$ = 1,156개
        ③ 누적감수량 : 1,156×0.33=381kg
        ④ 자기부담감수량 : 2,228-(4,290-1,020)=-1,042kg=0kg
        ⑤ 과실손해보험금=(381-0)×5,000=1,905,000원
  **2. 나무손해보장보험금**
    ① 보험가입금액=300×100,000=30,000,000원
    ② 피해율=12÷300=4%

③ 보험금=0원. 자기부담비율 미만의 손해

✔ **착과손해감수과실수**

① 적과 종료 전 종합위험+자연재해 발생한 경우 적과 종료 이후의 감수과실수로 산정

② [농금원 이론서]에는 다음과 같이 한 줄 풀이로 계산하도록 되어있지만, 이는 문제에 제시된 조건에 따른다.

- 착과율 60% 미만 : 감수과실수=적과후착과수×5%
- 착과율 60% 이상 100% 미만 : 감수과실수 $= 적과후착과수 \times 5\% \times \dfrac{(100\% - 착과율)}{40\%}$

**110.** 적과전 종합위험보장Ⅱ에 가입한 다음 과수원의 ① 착과감소보험금과 ② 과실손해보험금을 각각 구하시오. (과실수, 주당 평년수확량은 소수점 첫째 자리에서 반올림, 피해율은 %로 소수점 셋째 자리에서 반올림)

○ 계약사항

| 품목 | 보험가입금액 | 평년착과수 | 표준수확량 |
|---|---|---|---|
| 사과 | 6,000만원 | 100,000개 | A 품종 18,000kg , B 품종 16,000kg |

| 가입가격 | 가입과중 | 자기부담비율 | 보장수준 | 가입주수 |
|---|---|---|---|---|
| 3,000원 | 300g | 10% | 50% | 800주, A 품종 500주 B 품종 300주 |

○ 조사내용

| 구분 | 재해 | 사고 | 조사 | 내용 |
|---|---|---|---|---|
| 계약 24시~ 적과 종료 이전 | 화재 | 06.01 | 06.02 | [피해사실확인조사]<br> - 화재로 인한 일부 나무에 국한된 피해 확인<br>[나무조사]<br> - 일부피해주수 A 품종 32주<br><br>| 품종 | 실제결과주수 | 미보상주수 | 고사주수 | 수확불능주수 |<br>\| A \| 500 \| 3 \| 20 \| 44 \|<br>\| B \| 300 \| 4 \| 10 \| 28 \|<br><br>[미보상비율 조사] 10% |
| 적과 종료이전 | - | - | 06.28 | [적과후착과수 조사] 85,000개<br> - 화재 사고 시 실시한 나무조사 결과와 동일함<br>[미보상비율 조사] 10% |
| 적과 종료 이후~ 수확기 종료 시점 | 태풍 | 08.10 | 08.11 | [낙과피해조사(전수조사)]<br> - 총 낙과수 4,000개. 낙과피해구성율 50%<br>[나무피해조사]<br><br>\| A \| 고사주수 10주, 무피해나무 1주당 착과수 100개 \|<br>\| B \| 일부침수주수 20주, 일부침수나무 1주당 침수착과수 50개 \| |

 **정답**

1. 착과감소보험금
   (1) 품종별 주당 평년착과량
      ① 평년착과량=100,000×0.3=30,000kg
      ② $A = \left(30{,}000 \times \dfrac{18{,}000}{34{,}000}\right) \div 500 = 32kg$

③ $B = (30,000 \times \dfrac{16,000}{34,000}) \div 300 = 47kg$

(2) 착과감소량

① 평년착과수-적과후착과수=100,000-85,000=15,000개

② 최대인정피해율=(20+44+10+28+32)÷800=16.75%

③ 최대인정감소과실수=100,000×0.1675=16,750개

④ 착과감소량=min(15,000, 16,750)=15,000개. 15,000×0.3=4,500kg

(3) 미보상감수량=(4,500×0.1)+(3×32)+(4×47)=734kg

(4) 기준수확량 : 85,000+15,000=100,000개. 100,000×0.3=30,000kg

(5) 자기부담감수량=30,000×0.1=3,000kg

(6) 착과감소보험금=(4,500-734-3,000)×3,000×0.5=1,149,000원

2. 과실손해보험금

① 8/10 낙과감수과실수=4,000×0.5×1.07=2,140개

② 8/10 나무피해감수과실수={(10×100)×1.0}+{(20×50)×1.0}=2,000개

③ 누적감수량 : 2,140+2,000=4,140개. 4,140×0.3=1,242kg

④ 자기부담감수량=3,000-(4,500-734)=-766kg=0kg

⑤ 과실손해보험금=(1,242-0)×3,000=3,726,000원

**111.** 적과전 종합위험보장Ⅱ에 가입한 단감 품목의 ①착과감소보험금, ②과실손해보험금을 구하시오.(나무수, 과실수, 감수량은 소수점 첫째 자리 이하 절사해서 정수 단위로, 모든 비율은 %로 소수점 셋째 자리 이하 버림)

○ 계약사항

| 품목 | 보험가입금액 | 평년착과량 | 가입주수 | 가입 과중 | 가입가격 |
|---|---|---|---|---|---|
| 단감(부유) | 900만원 | 3,000kg | 100주 | 200g | 3,000원 |
| 자기부담비율 | 착과감소보험금 보장수준 | | 가입 특별약관 | | |
| 15% | 50% | | 적과 종료 전 특정위험 5종 한정보장 | | |

○ 조사내용

| 구분 | 재해 | 사고 | 조사 | 내용 |
|---|---|---|---|---|
| 계약 체결일 24시~ 적과 종료 이전 | 집중호우 | 06.30 | 07.01 | <피해사실 확인조사><br>» 집중호우 피해 확인<br>» 낙엽률조사 : 낙엽수 400개, 착엽수 320개, 경과일수 30일<br>» 나무 피해 : 침수피해주수 20주, 침수 착과수 40개, 전체 착과수 120개<br>» 미보상비율 10% |
| 적과 종료 시점 | - | - | 07.20 | [적과후착과수 조사]<br>» 나무조사<br><br>| 실제결과 주수 | 미보상 주수 | 고사 주수 | 수확불능 주수 |<br>\|---\|---\|---\|---\|<br>\| 100 \| 0 \| 5 \| 0 \|<br><br>» 적과후 착과수 10,000개<br>» 미보상비율 10% |

| | | | | [나무조사(누적 조사)] | | | |
|---|---|---|---|---|---|---|---|
| 적과 종료 이후 ~수확기 종료 시점 | 태풍 | 08.20 | 08.21 | 실제결과 주수 | 미보상 주수 | 고사 주수 | 수확불능 주수 |
| | | | | 100 | 0 | 5 | 4 |

» 무피해나무 착과수 조사 : 주당 평년착과수와 동일

[낙과피해조사(전수조사)]
» 총 낙과수 1,000개. 낙과피해구성율 35%

[낙엽률조사]
» 낙엽률 50%, 경과일수 81일

| | | | | [착과피해조사] | | | |
|---|---|---|---|---|---|---|---|
| | 가을 동상해 | 10.25 | 10.26 | 정상 | 50%피해과 | 80%피해과 | 100%피해과 |
| | | | | 80 | 100 | 0 | 70 |

» 사고당시착과수 3,000개
» 잔여일수 21일
» 전체 잎의 50% 이상 고사

• 자연 낙과 등 주어진 조건 이외의 상황은 고려하지 않는다.

정답

1. 착과감소보험금
   (1) 착과감소량
      ① 적과후착과량=10,000×0.2=2,000kg
      ② 평년착과량-적과후착과량=3,000-2,000=1,000kg
      ③ 낙엽인정피해율=(1.0115×0.5555)-(0.0014×30)=51.98%
      • 낙엽률=400÷720=55.55%
      ④ 나무피해율=6÷100=6%
      • 과실침수율=40÷120=33.33%
      • 침수주수=20×0.3333=6주
      ⑤ 최대인정감소량=3,000×0.5198=1,559kg
      ⑥ 착과감소량=min(1,000, 1,559)=1,000kg
   (2) 미보상감수량=(1,000×0.1)+(0×30)=100kg
   (3) 기준수확량=2,000+1,000=3,000kg
   (4) 자기부담감수량=3,000×0.15=450kg
   (5) 착과감소보험금=(1,000-100-450)×3,000×0.5=675,000원
2. 과실손해보험금
   (1) 8/20 태풍
      ① 나무피해감수과실수=(0+4)×150×(1-0)=600개
      • 고사주수=0(나무 조사 누적값), maxA=0
      • 주당 평년착과수=3,000÷0.2÷100=150개
      ② 낙과감수과실수=1,000×(0.35-0)=350개
      ③ 낙엽피해감수과실수=8,400×(0.3923-0)=3,295개
      • 낙엽인정피해율=(0.0115×0.5)-(0.0014×81)=39.23%
      • 사고당시착과수=10,000-600-1,000=8,400개

(2) 10/25 가을동상해

① 착과피해구성율= $\dfrac{(100 \times 0.5 + 70 \times 1.0 + 80 \times 0.0031 \times 21)}{250}$ = 50.08%

② 착과감수과실수=3,000×(0.5008-0.3923)=325개

(3) 누적감수량=(600+350+3,295+325)×0.2=914kg

(4) 과실손해보험금=(914-0)×3,000=2,742,000원

**112.** 다음 계약사항과 조사내용을 참조하여 물음에 답하시오. (단, kg 및 과실수는 소수점 이하 버림. %은 소수점 첫째 자리 이하 버림)

○ 계약사항

| 품목 | 평년착과수 | 가입 과중 | 자기부담비율 |
|---|---|---|---|
| 사과 | 20,000개 | 250g | 10% |
| 가입 특약 | 실제결과주수 | 가입가격 | 적과전 보장수준 |
| 나무손해보장 | 200주 | 3,000원/kg, 100,000원/주 | 70% |

○ 조사내용

| 시기 | 재해 | 사고 | 조사 | 내용 |
|---|---|---|---|---|
| 계약일 24시~<br>적과<br>종료 전 | 우박 | 5/2 | 5/4 | [적과 종료 전 우박피해 확인]<br>» 미보상비율 10% |
| 적과<br>종료 | - | | 7/20 | [적과후착과수 조사]<br>» 실제결과주수 200주, 미보상주수 5주<br>» 적과후착과수 15,000개 |
| 적과<br>종료 이후 | 강풍 | 8/20 | 8/21 | [강풍 피해 확인]<br>» 나무조사<br>  - 고사주수 20주, 수확불능주수 10주<br>  - 무피해나무 1주당 착과수 70개<br>» 낙과피해조사(전수조사)<br>  - 낙과수 1,000개, 낙과피해구성율 40% |
| | 우박 | 5/2 | 10/2 | [착과피해조사]<br>» 착과피해구성율 50% |

• 수확기 종료 이후 추가 피해 없음

• 자연 낙과 등 감안하지 않으며 다른 조건은 고려하지 않는다.

(1) 착과감소보험금을 구하시오.

(2) 과실손해보험금을 구하시오.

(3) 나무손해보험금을 구하시오.

**[착과감소보험금]**

1. 착과감소량

　① 착과감소과실수=20,000-15,000=5,000개

　② 5,000×0.25=1,250kg

2. 미보상감수량

　① 미보상감수과실수=(5,000×0.1)+(5×100)=1,000개

　② 1,000×0.25=250kg

3. 기준착과수=15,000+5,000=20,000개

4. 자기부담감수량=20,000×0.25×0.1=500kg

5. 착과감소보험금=(1,250-250-500)×3,000×0.7=1,050,000원

**[과실손해보험금]**

1. 적과 종료 이전 자연재해로 인한 적과 종료 이후 착과손해감수과실수

　① 착과율=15,000÷20,000=75%

　② 착과손해감수과실수=15,000×0.05×{(1-0.75)÷0.4}=468개

2. 8/20 강풍

　(1) 나무피해감수과실수=(20+10)×70×(1-0.0312)=2,034개

　(2) 낙과감수과실수=1,000×(0.4-0.0312)×1.07=394개

3. 5/2 우박

　① 사고당시착과수=15,000-2,100-1,000=11,900개

　② 착과감수과실수=11,900×(0.5-0.0312)=5,578개

4. 누적감수량

　① 누적감수과실수=468+2,034+394+5,578=8,474개

　② 8,474×0.25=2,118kg

5. 자기부담감수량=500-(1,250-250)=-500=0kg

6. 과실손해보험금=(2,118-0)×3,000=6,354,000원

**[나무손해보험금]**

1. 보험가입금액=200×100,000=20,000,000원

2. 피해율=20÷200=10%

3. 보험금=20,000,000×(0.1-0.05)=1,000,000원

# PART 2

## 종합위험 수확감소보장 과수

# 농작물재해보험의 이론과 실무

**1 chapter**

**1.** 비가림과수 손해보장 포도 품목의 보통약관과 특별약관에서 지급 가능한 보험금의 종류를 모두 쓰시오.

① 비가림과수 수확감소보험금, ② 수확량감소 추가보장 보험금(특약), ③ 비가림시설 손해보장보험금
④ 비가림시설 화재위험보장보험금(특약), ⑤ 나무손해보장보험금(특약)

**2.** 종합위험보장 비가림과수 포도 · 참다래 · 대추 품목의 비가림시설 보험가입금액 산출방법을 설명하시오.

1. 포도 · 대추 비가림시설 보험가입금액
   ① 비가림시설의 ㎡당 시설비×비가림시설 면적
   ② 산정된 금액의 80~130% 범위 내에서 계약자가 보험가입금액 결정
2. 참다래 : 계약자 고지를 기초로 보험가입금액 결정
   ✔ ㎡당 시설비 : 포도 18,000원, 대추 19,000원. 과거 업무방법서에는 규정되어 있었지만, 현재는 삭제되었다.

**3.** 종합위험보장 과수(수확감소보장)의 보험금 지급 사유 및 산출식을 쓰고 설명하시오.

1. 지급 사유: 보상하는 재해로 피해율이 자기부담비율을 초과한 경우
(보상하는 재해로 평년수확량 대비 자기부담비율을 초과한 수확량감소가 발생한 경우)
2. 산출식:
   ① 보험가입금액×(피해율-자기부담비율)
   ② 피해율=(평년수확량-수확량-미보상감수량)÷평년수확량
   ③ 복숭아피해율={(평년수확량-수확량-미보상감수량)+병충해감수량}÷평년수확량
3. 최근 5년간 해당 과수원의 과거수확량과 표준수확량을 기초로 산출한 평년수확량 대비 보상하는 재해에 의해 당해 실제수확량이 감소한 부분을 보상한다. 미보상감수량은 계약자의 수확량으로 간주하여 수확감소량에서 제외한다. 복숭아 품목의 경우 보상하는 재해에 병충해가 포함되므로, 병충해로 인한 감수량은 수확감소량으로 인정한다.

**4.** 종합위험 수확감소보장 포도 품목에 관한 내용이다. 물음에 답하시오. (%는 소수점 둘째 자리까지)

○ 계약사항

| 비가림과수 손해보장 | 평년수확량 | 과실 가입가격 | 가입비율 | 자기부담비율 |
|---|---|---|---|---|
| 포도 | 1,000kg | 6,000원/kg | 100% | 15% |
| 가입 특별약관 | | | 가입주수 | 나무 가입가격 |
| 나무손해보장, 수확량감소 추가보장 | | | 100주 | 40,000원/주 |

○ 조사내용 : 수확량조사
- 가입주수 중 수령 2년생 10주 포함 확인
- 조사수확량 700kg
- 보상하는 재해로 인한 고사주수 10주
- 미보상비율 10%

(1) 보험가입금액을 산정하시오.

(2) 나무손해보장 보험가입금액의 ① 감액 여부와 ② 감액하는 경우 그 이유 및 ③ 감액된 보험가입금액을 산정하시오.

(3) 보험금을 산정하시오. (실제결과주수 변경에 따른 평년수확량 및 보험가입금액의 변경은 없는 것으로 한다)

---

**정답**

1. 보험가입금액
   (1) 과실손해보장 1,000×6,000=6,000,000원
   (2) 나무손해보장 100×40,000=4,000,000원
2. 나무손해보장 보험가입금액 감액
   ① 감액 여부 : 감액
   ② 이유 : 보험에 가입한 결과주수가 실제결과주수를 초과하므로.
   ✔ **포도 : 가입년도 기준 3년생 미만 인수 제한**
   ③ 감액 : 4,000,000×(90÷100)=3,600,000원
3. 보험금
   (1) 수확감소보험금
      ① 미보상감수량=(1,000-700)×0.1=30kg
      ② 피해율=(1,000-700-30)÷1,000=27%
      ③ 보험금=6,000,000×(0.27-0.15)=720,000원
   (2) 나무손해보장
      ① 피해율=10÷90=11.11%
      ② 보험금=3,600,000×(0.1111-0.05)=219,960원
   (3) 수확량감소 추가보장
      ① 피해율=주계약 피해율과 동일
      ② 보험금=6,000,000×0.27×0.1=162,000원
   ✔ **실제결과주수가 변경된 경우 평년수확량 및 보험가입금액의 변경 여부: 변경되는 것이 맞지만, 변경에는 품종ㆍ수령 등이 관계하므로 단일 품종ㆍ단일 수령 등의 확실한 조건이 제시되지 않은 출제는 어려워 보인다. 다만, 문제 조건이 확실하게 제시되며 문맥에서 변경을 원하는 문제라고 판단되면 변경해야 하므로 이에 대비해 알아 놓는 정도로 한다.**

**5.** 다음은 비가림시설보장 자기부담금에 관한 내용이다. (　　)안을 채우시오.

- 30만원 ≤ (　①　) ≤ 100만원의 범위에서 자기부담금 차감
- (　②　) 단독사고는 10만원 ≤ (　①　) ≤ 30만원의 범위
- [농업재해보험 · 손해평가의 이론과 실무]에서 정하는 (　②　)의 용어의 정의 : 비닐하우스의 (　③　) 관리를 위하여 시공된 투광성이 있는 자재

**6.** [농업재해보험 · 손해평가의 이론과 실무]에서 정하는 용어의 정의이다. (　　)를 알맞게 채우시오.

(1) 미경과비율 : 계약자 또는 피보험자의 책임있는 사유에 의해 (　①　)의 경우 (　②　)를 산출하는데 적용되는 비율
(2) (　③　) : 종합위험보장 과수의 계약 인수 단위
(3) (　③　) : 한 덩어리의 토지 개념으로 (　④　)와는 관계없이 실제 경작하는 단위
(4) 꽃눈분화 : (　⑤　)등 필요조건이 다 차서 꽃눈이 형성되는 현상
(5) 신초 발아기 : 과수원에서 전체 신초가 (　⑥　) 정도 발아한 시점

**7.** 종합위험보장 호두 품목에서 계약자가 선택할 수 있는 ① 자기부담비율을 쓰고, 종합위험 수확감소보장 및 비가림과수 손해보장 과수 품목에서 ② 동일한 자기부담비율이 적용되는 품목을 모두 쓰시오.

**8.** 종합위험보장 오미자 품목에 관한 내용이다. (　　)의 알맞은 단어를 쓰시오.

- (　①　)(　②　) 이상 과수원 또는 (　①　)하지 않는 과수원 중 식묘 (　③　) 이상인 과수원
- 가지가 과도하게 번무하여 수관폭이 두꺼워져 (　④　)이 일어날 것으로 예상되는 과수원
- 주간거리가 (　⑤　) 이상으로 과도하게 넓은 과수원
- (　⑥　)의 상태가 적절치 못하여 (　⑦　)이 현저히 낮을 것으로 예상되는 과수원

① 삭벌, ② 3년차, ③ 4년차, ④ 광부족 현상, ⑤ 50cm, ⑥ 유인틀, ⑦ 수확량
　✔ 참고 : 울타리형, V자형, 아치형(하우스형) 유인틀에서 재배하는 오미자만 인수가능

**9.** 종합위험보장 과수에서 다음 내용에 적용되는 경우 가입이 제한되는 품목은?

> 보험 가입 식전년도(이전)에 역병 및 궤양병 등의 병해가 발생하여 보험 가입 시 전체 나무의 20% 이상이 고사하였거나 정상적인 결실을 하지 못할 것으로 판단되는 과수원

포도, 복숭아, 참다래
　✔ 역병·궤양병 : 포도, 복숭아, 참다래 / 균핵병 : 오디

**10.** 종합위험 수확감소보장 과수에서 나무손해보장 특별약관에 가입할 수 있는 품목을 모두 쓰시오.

포도, 복숭아, 자두, 참다래, 매실, 유자, 살구, 만감류
　✔ 참! 포복 자매만 살유

**11.** 종합위험보장 참다래 품목의 보험기간이다. (　　)을 채우고, ①에 해당하는 용어는 용어의 정의를 쓰시오.

| 구분 | 목적물 | 보장개시 | 보장 종료 |
|---|---|---|---|
| 보통<br>약관 | 이듬해 맺은 참다래 과실 | (　①　)<br>단, (　①　)이 지난 경우에는 계약체결일 24시 | (　②　) 종료 시점<br>(단, 이듬해 11/30 초과 불가) |
| | 비가림시설 | 계약체결일 24시 | 이듬해 (　④　) |
| 특별<br>약관 | 나무손해보장 | 판매연도 (　③　)<br>단, (　③　)이 지난 경우에는 계약체결일 24시 | 이듬해 (　④　) |
| | 비가림시설 화재위험보장 | 계약체결일 24시 | 이듬해 (　④　) |

① 꽃눈분화기, ② 해당 꽃눈이 성장하여 맺은 과실의 수확기, ③ 7월 1일, ④ 6월 30일
　✔ 과수원에서 꽃눈분화가 50% 정도 진행된 때

**12.** 종합위험보장 과수에 관한 내용이다. 맞으면 ○, 틀리면 ×로 표기하시오.

| | |
|---|---|
| (1) 방재시설 할인율이 일치하는 품목은 자두, 살구, 매실이다. | ( ) |
| (방재시설 종류 및 개수, 시설별 할인율이 일치) | |
| (2) 매실의 방재시설 할인율은 방상팬 10%, 미세살수장치 10%가 적용된다. | ( ) |
| (3) 대추의 보험기간 보장개시는 신초발아기이다. | ( ) |
| (4) 자두 품목에 있어서 기온이 0℃ 이상의 저온에 의한 손해는 보상하는 재해이다. | ( ) |
| (5) 원인의 직접, 간접을 묻지 않고 병해충으로 인한 모든 손해를 보상하는 품목은 복숭아이다. | ( ) |
| (6) 재배면적 114㎡에서 120주의 자두나무를 재배하는 과수원은 인수 가능하다. | ( ) |

**정답**

(1) ×, (2) ×, (3) ○, (4) ○, (5) ×, (6) ×

✔ (5) 특정위험으로서의 냉해의 담보조건은 '최저기온 0.5℃ 이하의 찬 기온'이나 종합위험으로서의 냉해 담보조건은 '성장 기간 중 작물의 생육에 지장을 초래할 정도의 찬 기온'이다.

✔ (6) 자두, 매실의 인수 제한 목적물: 1주당 재배면적이 1㎡ 미만인 과수원 114㎡÷120주=0.95㎡/주. 120㎡ 이상의 면적이 인수 가능

**13.** 다음 과수원의 ① 인수 가능 여부를 판단하고 ② 이유를 쓰시오.

A 씨는 제주도에서 과수원을 임차하여 참다래 500주를 재배하고 있다. 이 중 450주는 구입 시 4년생 나무로 식재 5년 차이며 식재 2년 차 되었을 때 3년생 나무 50주를 추가 구입 후 식재하여 같이 재배하는 중이다. 설치된 비가림시설 중 일부 면적이 파손되어 보수 공사 중이다. 농작물재해보험에 가입하려 하는데 아들이 귀농 예정으로 아들 명의로 가입하려 한다.

**정답**

1. 인수 제한
2. 이유
   ① 제주도 : 인수 가능 지역
   ② 임차 : 임차 여부 관계없음. 인수 가능
   ③ 식재 5년 차 450주 : 수령 5년. 참다래 - 나무수령 3년 이상 인수 가능 (식재년도 기준이므로 구입 시 나무 연차는 관계없음)
   ④ 추가 구입 50주 : 수령 4년으로 인수 가능 (450주의 식재 2년 차에 구입 및 식재. 450주가 현재 식재 5년 차이므로 추가 구입한 50주는 식재 4년 차. 식재된 해를 1년으로 함)
   ⑤ 수령 혼식 : 인수 제한(식재년도가 다르므로 수령이 다름)이나, 동일 수령군이 90% 이상 시(450주) 인수 가능
   ⑥ 비가림시설 : 건축, 공사 중인 비가림시설은 인수 제한
   ⑦ 명의 : 실제 경작하는 주된 계약자로 가입해야 하므로 인수 제한

**14.** 종합위험보장 매실 품목에 가입한 과수원에 관한 내용이다. 물음에 답하시오. (피해율은 %로 소수점 둘째 자리 이하 버림) [기출 응용]

매실 200주를 재배하는 A씨는 농작물재해보험에 가입하며 나무손해보장 특약에도 가입했다. 조사 시 실제결과주수는 180주로 확인되었다. 이 중 보험기간 내에 집중호우로 60주, 병충해로 40주가 고사하는 피해를 입었다.

• 매실 1주당 가입가격 50,000원

(1) 계약 당시 나무손해보장 보험가입금액을 산출하시오.

(2) 보험가입금액의 ① 감액 여부와 그 ② 이유를 쓰고, ③ 감액 후 보험가입금액을 산출하시오.

(3) A씨가 수령할 수 있는 보험금을 산출하시오.

1. 가입 시 보험가입금액 : 200×50,000=10,000,000원
2. 보험가입금액
   ① 감액
   ② 가입 시 실제결과주수가 과수원내 실제결과주수를 초과하므로.
   ③ 감액 후 보험가입금액=10,000,000×(180÷200)=9,000,000원
   ✔ 180×50,000=9,000,000원. 같은 결과값이나, 위와 같은 계산 방법으로 이해하는 것이 좋다. (1,000-900)÷1,000=10%
      → 보험가입금액 감액 비율
3. 피해율=60÷180=33.33%
   ✔ 과수원 내 실제결과주수를 기준으로 피해율을 산출한다. 병충해는 나무손해보장 특별약관에서 보상하는 재해가 아니다.
4. 보험금=9,000,000×(0.3333-0.05)=2,549,700원

**15.** 다음 조건을 보고 종합위험보장 포도 품목의 계약자부담보험료를 산출하시오.

| 표준수확량 | 가입가격 | 자기부담비율 | 실제결과주수 |
|---|---|---|---|
| 10,000kg | 1,000원 | 20% | 300주 |
| 신규과수원 할인율 | 순보험료율 | 지역별 영업요율 | 지자체 지원율 |
| 5% | 영업요율의 80% | 10% | 40% |

• 신규 가입, 가입비율 100%
• 방재시설 : 서리방지용 미세살수장치, 방충망, 방상팬 확인됨

1. 보험가입금액=10,000×1,000=10,000,000원
✔ 신규 가입 : 표준수확량 100%=평년수확량
2. 계약자부담 보험료=10,000,000×[1]**0.1×0.8**×[3](1-0.3)×[4](1-0.05)×[2](1-0.9)=53,200원
✔ 보험료 적용 항목
   • 계약자부담 보험료=[1]순보험료-[2]지원보험료
   • [1]순보험료=영업보험료의 80%=10%×80%=8%(순보험료율)
   • 손해율 및 가입연수에 따른 할인·할증율: 신규 가입이므로 할인·할증 없음
   • [3]방재시설 할인율 : 방충망 15%, 미세살수장치 10%, 방상팬 10%. 최대 합산 할인폭은 30%
   • [4]포도 : 신규 과수원 할인율. 10회 시험~ 추가

**16.** 다음 조건을 보고 종합위험보장 복숭아 품목의 보험금을 산출하시오.

| 가입수확량 | 가입가격 | 평년수확량 | 실제결과주수 |
|---|---|---|---|
| 5,000kg | 1,000원 | 5,000kg | 500주 |
| 수확량 | 미보상감수량 | 병충해 피해 과실 | 자기부담비율 |
| 3,000kg | 300kg | 500kg | 15% |

- 복숭아 세균구멍병 확인　　• 가입 비율 100%　　• 수확량감소 추가보장 가입

1. 보험가입금액=5,000×1,000=5,000,000원
2. 수확감소보험금
   ① 병충해 감수량=500×0.5=250kg (아래 해설 참조)
   ② 피해율=$\dfrac{5,000-3,000-300+250}{5,000}=39\%$
   ③보험금=5,000,000×(0.39-0.15)=1,200,000원
   ✔ **복숭아 병충해 감수량 : 이론서 [본문과 별표 9]의 산정 방법이 다르다.**
   - 이론서 본문 : 병충해 감수량=병충해(세균구멍병) 피해 과실의 무게×0.5
   - 별표 9 : 병충해 착과·낙과 피해구성율 적용
   - 본 문제와 같이 병충해 착과·낙과 피해구성율 산출을 위한 조건이 없는 경우 본문의 방법대로 계산한다.
   - 병충해 감수량은 보상하는 재해에 의한 감수량이므로, 수확감소량(피해율의 분자 부분)에 추가해야 한다.
3. 수확량감소 추가보장 보험금
   ① 피해율=주계약 피해율과 동일함
   ② 보험금=5,000,000×0.39×0.1=195,000원
   ✔ **복숭아 수확량감소 추가보장 피해율 : 2022~: +병충해 감수량 적용으로 변경. 주계약 피해율과 동일**

**17.** 종합위험보장 포도 품목의 계약 및 조사내용이다. 물음에 답하시오.

○ 계약 사항

| 실제결과주수 | 평년수확량 | 가입가격 | |
|---|---|---|---|
| 500주 | 2,000kg | 4,000원 | |
| 자기부담비율 | 비가림시설 면적 | 가입 특별약관 | |
| 20% | 1,000㎡ | 나무손해보장, 수확량감소 추가보장, 비가림 화재위험보장 | |

- 평년수확량 100% 가입 • 수확량감소 추가보장 특약 가입 조건 충족

○ 조사내용

| 비가림과실(포도) | 수확량 1,500kg, 미보상비율 10% |
|---|---|
| 비가림시설 | 피복재 손해액 5,000,000원 |
| 나무 | 고사 100주 |

- 화재에 의한 손해 발생

(1) 수확감소보험금을 산출하시오.

(2) 비가림시설 보험금을 산출하시오. (가입 비율: 최대, 시설비 18,000원/㎡)

(3) 나무손해보장 보험금을 산출하시오. (가입가격 40,000원/주)

(4) 수확량감소 추가보장 보험금을 산출하시오.

 **정답**

1. 수확감소보험금
   ① 보험가입금액=2,000×4,000=8,000,000원
   ② 피해율=(2,000-1,500-50)÷2,000=22.5%
   ③ 보험금=8,000,000×(0.225-0.2)=200,000원
2. 비가림시설 보험금
   ① 보험가입금액=(1,000×18,000)×1.3=23,400,000원
   ② 보험금=min{(5,000,000-0), 23,400,000}=5,000,000원
   ✔ **화재손해는 자기부담금을 적용하지 않음에 주의한다.**
3. 나무손해보장 보험금
   ① 보험가입금액=500×40,000=20,000,000원
   ② 피해율=100÷500=20%
   ③ 보험금=20,000,000×(0.2-0.05)=3,000,000원
4. 수확량감소 추가보장 보험금=8,000,000×0.225×0.1=180,000원
✔ **수확량감소 추가보장 보험금 지급 사유 : 피해율이 자기부담비율을 초과하는 경우. 보통약관의 보험금 지급이 없으면 (수확량감소가 없으면) 추가보장 특약의 보험금 지급도 당연히 없다.**

**18.** 종합위험보장 포도 품목 비가림시설에 관한 내용이다. 조건을 보고 물음에 답하시오.                    [기출 응용]

- 비가림시설 가입면적 2,000㎡
- 시설비 18,000원/㎡
- 신규과수원 할인율 5%
- 순보험료율 10%
- 순보험료 대비 지원율: 지자체 30%, 정부 50%

(1) 비가림시설 보험가입금액의 최소값과 최대값을 구하시오.

(2) 계약자부담 보험료의 최소값을 구하시오.

**정답**

1. 보험가입금액
   (1) 최소값=(2,000×18,000)×0.8=28,800,000원
   (2) 최대값=(2,000×18,000)×1.3=46,800,000원
2. 계약자부담 보험료 최소값=28,800,000×0.1×(1-0.5-0.3)=576,000원
✔ **시설의 보험료**
   • 비가림시설 : 지역별 영업요율만 적용
     - 포도 신규과수원 할인율 : 비가림과수, 수확량감소 추가보장, 나무손해보장 특약에만 적용
   • 해가림시설 : 인삼 6년근 해가림시설 할인율 적용(10회 시험 ~ 신설)
   • 원예시설(버섯재배사) : 종별 요율, 단기요율, 수재위험 부보장 특약 할인율 적용
   • 축사 : 설해손해부보장 할인율 적용(돈사, 가금사. 해당 특약 가입 및 할인율 제시될 경우)

**19.** 종합위험보장 오미자 품목에 대한 계약 및 조사내용이다. 수확감소보험금을 산출하시오. (소수점 첫째 자리에서 반올림)

| 평년수확량 | 가입가격 | 자기부담비율 |
|---|---|---|
| 3kg/m | 5,000원 | 20% |
| 유인틀 총길이 | 수확량 | 미보상비율 |
| 800m | 1,200kg | 20% |

• 평년수확량의 80% 가입

1. 보험가입금액
   ① 가입수확량=(3×800)×0.8=1,920kg
   ② 보험가입금액=1,920×5,000=9,600,000원
2. 피해율=(2,400-1,200-240)÷2,400=40%
3. 보험금=9,600,000×(0.4-0.2)=1,920,000원

✔ **평년수확량, 가입수확량**
   • 피해율에는 가입수확량이 아닌 평년수확량 100%를 적용한다.
   • 가입수확량 : 평년수확량의 50~100% 범위 내 결정. 보험가입금액(지급 한도 결정)에만 작용

**20.** 홍길동 씨는 A 리에서 유자 과수원 두 곳을 경작하고 있다. B 과수원에서 500주, C 과수원에서 100주를 재배하고 있다. 농작물재해보험에 가입하며 나무손해보장 특약도 함께 가입하였다. 집중호우 피해로 과실과 함께 나무피해도 발생했다. 「수확량조사」 시에 식재 3년 차 나무를 B 과수원에서 50주 발견하였다. 다음 조건을 보고 물음에 답하시오.

• 주당 평년수확량 5kg (B 과수원, C 과수원 동일)
• 가입가격 3,000원/kg, 나무 50,000원/1주 (B 과수원, C 과수원 동일)
• 평년수확량 100% 가입
• 최저 자기부담비율 선택
• 수확량조사 : 수확량 1,500kg, 미보상비율 10%
• 나무피해조사 : 고사 90주, 수확불능주수 30주
• 지역별 영업요율 10%, 순보험료율 9%, 지자체 지원율 40%, 미경과비율 70%
• 손해율에 따른 할인율 30%
• 방재시설 : 방풍림 및 방풍망 측면 전부 설치 확인
• 최근 7년간 과거수확량의 올림픽 평균값 2,400kg

(1) 홍길동 씨의 보험가입금액을 산출하시오.

(2) 홍길동 씨가 부담하는 보통약관 계약자부담보험료를 산출하시오.

(3) <심화> 보통약관의 차액보험료가 발생한다면 산출하시오. (실제결과주수의 변경에 따라 평년수확량 및 보험가입금액을 변경하는 것으로 하며, 보통약관만 계산한다. 차액보험료 발생 시 미경과비율과 감액 미경과비율 동일하게 적용하고, 보험료는 소수점에서 반올림하여 원 단위로. 다른 조건은 고려하지 않는다)

(4) 집중호우 피해로 홍길동 씨가 수령하는 보험금을 산출하시오. (실제결과주수의 변경에 따라 평년수확량 및 보험가입금액을 변경하는 것으로 한다)

 1. 보험가입금액
  (1) 보통약관 보험가입금액 : 7,500,000원
    ① B 보험가입금액=(500×5)×3,000=7,500,000원
    ② C 보험가입금액=(100×5)×3,000=1,500,000원
    ③ 동일 리에 위치하고 있는 과수원이나 C 과수원은 가입할 수 없다.
      • 하나의 리(동)에 있는 '각각' 보험가입금액 200만원 미만의 두 과수원은 하나의 과수원으로 취급하여 계약 가능하다.
    ✔ **200만원 이상인 과수원에 200만원 미만의 다른 과수원을 더하여 가입할 수 없다.**
  (2) 나무손해보장 특별약관 보험가입금액: 500×50,000=25,000,000원
  ✔ **주계약을 가입해야 특별약관 가입도 가능하므로 C 과수원은 나무 특약도 가입 불가**
2. 보통약관 계약자부담 보험료=7,500,000×0.09×(1-0.3)×(1-0.1)×(1-0.9)=42,525원
✔ **유자의 방재시설 할인율 : 방풍림 5%, 방풍망 측면 전부 설치 5%, 방풍망 측면 일부 설치 3%**
3. 차액보험료
  ① 보험가입금액 변경=7,500,000×(2,250÷2,500)=6,750,000원
  • 가입 시 평년수확량 500×5=2,500kg, 변경 후 평년수확량 450×5=2,250kg
  • 감액 비율={(7,500,000-6,750,000)÷7,500,000}=10%
  ② 차액보험료=42,525×0.1×0.7=2,977원
  ✔ **식재 4년 차 미만은 인수 제한 목적물이다. 실제결과주수 500주 → 450주로 변경에 따라 평년수확량이 변경되었다.**
4. 보험금
  (1) 수확감소보험금
    ① 평년수확량 변경=450×5=2,250kg
    ② 피해율=$\dfrac{2,400-1,500-90}{2,400}=33.75\%$
      • 피해율 평년수확량=max(2,250, 2,400)=2,400kg
      • 미보상감수량=(2,400-1,500)×0.1=90kg
    ③ 보험금=6,750,000×(0.3375-0.2)=928,125원
  ✔ **유자의 평년수확량 값 적용 : 10회 시험~.**
    • max(평년수확량, 최근 7년간 과거수확량의 올림픽 평균값)을 적용해 피해율 산출
  (2) 나무손해보장 특약 보험금
    ① 보험가입금액=450×50,000=22,500,000원
    ② 피해율=90÷450=20%
    ③ 보험금=22,500,000×(0.2-0.05)=3,375,000원

**21.** 다음은 종합위험보장 과수 품목의 보험기간이다. (     )에 알맞은 용어와 해당 용어의 정의를 쓰시오.

| 수확감소보장 (보통약관) | |
|---|---|
| 포도 | 계약체결일 24시 ~ 수확기 종료 시점 (단, 이듬해 10/10 초과 불가) |
| 복숭아 | 계약체결일 24시 ~ 수확기 종료 시점 (단, 이듬해 10/10 초과 불가) |
| 자두 | 계약체결일 24시 ~ 수확기 종료 시점 (단, 이듬해 9/30 초과 불가) |
| 밤 | (  ①  ) ~ 수확기 종료 시점 (단, 판매개시연도 10/31 초과 불가) |
| 참다래 | (  ②  ) ~ 해당 꽃눈이 성장하여 맺은 과실의 수확기 종료 시점 (단, 이듬해 11/30 초과 불가) |
| 대추 | (  ③  ) ~ 수확기 종료 시점 (단, 판매개시연도 10/31 초과 불가) |
| 매실 | 계약체결일 24시 ~ 수확기 종료 시점 (단, 이듬해 7/31 초과 불가) |
| 오미자 | 계약체결일 24시 ~ 수확기 종료 시점 (단, 이듬해 10/10 초과 불가) |
| 유자 | 계약체결일 24시 ~ 수확 개시 시점 (단, 이듬해 10/31 초과 불가) |
| 호두 | (  ①  ) ~ 수확기 종료 시점 (단, 판매개시연도 9/30 초과 불가) |
| 살구 | 계약체결일 24시 ~ 수확기 종료 시점 (단, 이듬해 7/20 초과 불가) |
| 감귤(만감류) | 계약체결일 24시 ~ (  ④  ) 종료 시점(이듬해 2월 말일) |

• 답안 예시) ① 수확기 : 과수원이 위치한 지역의 기상 여건을 감안하여 통상적으로 해당 농작물을 수확하는 기간

> **정답**
> 1. 발아기 : 과수원에서 전체 눈이 50% 정도 발아한 시점
> 2. 꽃눈분화기 : 과수원에서 꽃눈분화가 50% 정도 진행된 때
> 3. 신초발아기 : 과수원에서 전체 신초(당년에 자라난 새가지)가 50% 정도 발아한 시점
> 4. 수확기 : 농지(과수원)가 위치한 지역의 기상여건을 감안하여 해당 목적물을 통상적으로 수확하는 시기

**22.** 농작물재해보험 종합위험보장방식에 가입한 다음 품목의 보장 수준을 쓰시오.

| ① 유자 | ② 대추 | ③ 호두 |
|---|---|---|

> **정답**
> ① 유자 : 보험가입금액의 60%, 70%, 80%
> ② 대추 : 보험가입금액의 60%, 70%, 80%, 85%, 90%
> ③ 호두 : 보험가입금액의 60%, 70%, 80%
> ✔ 농작물재해보험의 품목별 보장 수준=(100%-자기부담비율 유형)
> • 살구의 보장수준과 자기부담비율은 2025 「농업재해보험 · 손해평가의 이론과 실무」에서 다시 확인한다.

**23.** 다음은 농작물재해보험 종합위험보장 과수 품목의 방재시설과 각 할인율에 관한 설명이다.

(1) 매실과 방재시설 종류와 할인율이 동일한 품목은 유자이다. (○, ×)

(2) 참다래의 비가림 바람막이 설치 시 적용되는 할인율을 쓰시오.

(3) 포도 · 복숭아의 서리피해 방지를 위한 ① 방재시설의 종류와 ② 시설별 할인율 모두 쓰시오.

(4) 종합위험 수확감소보장 과수 품목 중 지주 시설을 설치한 경우 할인율이 적용되는 ① 품목과 ② 해당 지주 시설 및 ③ 시설별 할인율을 모두 쓰시오.

> **정답**
> (1) ×. 살구, (2) 30%
> (3) ① 방상팬, 서리방지용 미세살수장치 , ② 각각 10%
> (4) ① 복숭아, 자두, ② 복숭아 : 지주 및 Y자형 지주, 자두: Y자형 지주, ③ 복숭아 : 지주 10%, Y자형 15%, 자두: 5%

**24.** 방재시설인 방조망과 방충망 설치 시 보험료 할인을 위한 설치 조건을 쓰시오.

> **정답**
> 과수원의 위와 측면 전체를 덮도록 설치

**25.** 농작물재해보험 '종합위험보장 과수' 품목 중 부보장 특별약관에 ① 가입할 수 있는 품목과 ② 품목별 각 부보장 특별약관의 명칭을 쓰시오.

> **정답**
> 1. 품목 : 포도, 대추, 참다래, 호두, 감귤(만감류), 복분자
> 2. 품목별 부보장 특별약관
>    ① 포도, 대추, 참다래 : 비가림시설 부보장, 농작물 부보장
>    ② 호두 : 조수해 부보장
>    ③ 감귤(만감류) : 수확 개시 이후 동상해 부보장
>    ④ 복분자 : 수확기 부보장
> ✔ **종합위험보장 과수 : [농업재해보험 · 손해평가의 이론과 실무]에는 종합위험보장 과수에 다음 보장방식이 통합되어 있다.**
>    • 종합위험 수확감소보장, 비가림과수 손해보장, 수확 전 종합위험 과실손해보장, 종합위험 과실손해보장

**26.** 다음 종합위험 수확감소보장 및 과실손해보장 품목의 인수 제한 목적물에 관한 내용이다. (      )를 알맞게 채우시오.

---

• 자두: 품종이 (   ①   )인 자두 및 (   ②   ), (   ③   )를 재배하는 과수원
• 대추: (   ④   )를 재배하는 과수원. 단, 가능 사업지역에서 재배하는 경우에 한해 가입 가능
• 복숭아: (   ⑤   )으로서 일반재배와 (   ⑥   ) 차이가 현저히 있다고 판단되는 과수원
• 호두: 통상의 영농방법에 의해 노지에서 (   ⑦   ) 호두를 경작하는 농지가 아닐 경우

---

> **정답**
> ① 귀양, ② 서양자두(푸룬, 스탠리 등), ③ 풀럼코트, ④ 사과대추(왕대추)류, ⑤ 친환경재배 과수원, ⑥ 결실, ⑦ 청피

**27.** 농작물재해보험 과수 상품에 공통으로 적용되는 '보험가입기준'에 관해 서술하시오.

1. 계약 인수
   ① 과수원(농지) 단위로 가입하고 개별 과수원(농지)당 최저 보험 가입금액은 200만원 이상
   ② 단, 하나의 리, 동에 있는 각각 보험가입금액 200만원 미만의 두 개의 과수원(농지)은 하나의 과수원(농지)으로 취급하여 계약 가능(단, 2개 과수원 초과 구성은 가입 불가)
   ③ 2개의 과수원(농지)을 합하여 인수한 경우 1개의 과수원(농지)으로 보고 손해평가 실시
2. 과수원 구성 방법
   ① 과수원이라 함은 한 덩어리의 토지의 개념으로 필지(지번)와는 관계없이 실제 경작하는 단위이므로 한 덩어리 과수원이 여러 필지로 나누어져 있더라도 하나의 농지로 취급
   ② 계약자 1인이 서로 다른 2개 이상 품목을 가입하고자 할 경우에는 별개의 계약으로 각각 가입 · 처리
   ③ 개별 과수원을 가입하고자 하는 경우 동일 증권 내 각각의 목적물로 가입 · 처리
3. 농협은 농협 관할구역에 속한 과수원에 한하여 인수할 수 있으며, 계약자가 동일한 관할구역 내에 여러 개의 과수원을 경작하고 있는 경우에는 하나의 농협에 가입하는 것이 원칙
4. 과수원 전체를 벌목하여 새로운 유목을 심은 경우에는 신규 과수원으로 가입 · 처리

**28.** 다음은 농작물재해보험 과수 상품의 인수 제한 목적물에 관한 내용이다. 맞으면 ○, 틀리면 ×를 쓰고 틀린 부분을 바르게 수정하시오.

| | |
|---|---|
| (1) 보험가입금액이 200만원 미만인 과수원 | ( ) |
| (2) 품종이 혼식된 과수원 (다만, 주력 품종의 결과주수가 90% 이상인 과수원은 주력 품종에 한해 가입 가능) | ( ) |
| (3) 제초작업, 시비관리 등 통상적인 영농활동을 하지 않은 과수원 | ( ) |
| (4) 보험 가입 직전 연도에 역병 및 궤양병의 병해가 발생해 보험 가입 시 전체 나무의20% 이상이 고사한 과수원. 단, 20% 이상이 고사했더라도 정상적인 결실을 할 것으로 판단되면 인수 가능 (포도, 복숭아, 참다래) | ( ) |
| (5) 가입 면적이 300㎡ 미만인 참다래 비가림시설 | ( ) |
| (6) 1년 이내에 철거 예정인 이동식 비가림시설 | ( ) |
| (7) 주간거리가 50cm 미만으로 과도하게 좁은 과수원 (오미자) | ( ) |
| (8) 관수시설이 없는 과수원 (무화과, 살구) | ( ) |

(1) ○, (2) ×. 품종 → 품목, (3) ○

(4) ×. 20% 이상 고사했거나, 정상적인 결실을 하지 못할 것으로 판단되면 인수 제한

(5) ×. 300㎡ → 200㎡

(6) ×. 이동식 → 고정식

(7) ×. 50cm 미만으로 과도하게 좁은 → 50cm 이상으로 과도하게 넓은

(8) ○

**29.** 다음 조건을 기준으로 보험료를 산출하시오.

○ 품목 참다래
○ 보험가입금액 1,000만원
○ 지역별 보통약관 영업요율 5%
○ 평가기간 및 손해율: 평가기간 5년. 손해율 20%
○ 방재시설 : 다음과 같이 설치됨 확인
• 높이 5m의 침엽수가 6m의 간격으로 과수원 전체에 식재되어 있음
• 급수용 스프링클러 설치로 서리피해 방지
• 비가림시설 측면 전체에 비닐을 설치해 바람 피해 방지(윗면 전체를 비닐로 덮어 과수가 빗물에 노출되지 않도록 비가림 시설 설치 확인)

 **정답**

1. 손해율에 따른 할인·할증률: -30%
2. 방재시설 할인율 : 비가림시설 바람막이 30%
3. 보험료=10,000,000×0.05×(1-0.3)×(1-0.3)=245,000원

✔ **손해율에 따른 할인·할증률**

① 평가기간 5년 : 손해율 30% 미만 → -30%, 손해율 500% 이상 → +50%

② 평가기간 1년 : 손해율 30% 미만 → -8%, 손해율 500% 이상 → +17%

③ 평가기간 관계 없이 손해율 80% 이상 120% 미만 → 할인·할증률 없음

✔ **방재시설 : 합산 최대 할인 30%**

① 방풍림 : 높이 6m 이상, 5m 이하 간격, 과수원 둘레 전체에 식재. -5%(방풍림 할인율은 전 품목 공통)

② 서리방지용 미세살수장치 : 살수량 500~800ℓ/10a의 미세살수장치. 점적과수 등 급수용 스프링클러는 포함되지 않음. -10%(조건 충족 시 참다래 품목 적용 할인율)

③ 비가림 바람막이 : 위 문제에 제시된 조건 충족하는 경우 -30%

✔ **참다래 할인율 적용 방재시설 : 방풍림, 방풍망(측면 전부·일부), 방조망, 방상팬, 미세살수장치, 비가림 바람막이**

**30.** 농작물재해보험에 가입하려 하는 A씨의 과수원 소유 현황에 관한 내용이다. 물음에 답하시오.

○ A씨 소유 과수원

| 소재지 | 품목(품종) | 보험가입금액 | 재배방식 | 나무수령 |
|--------|-----------|-------------|---------|---------|
| 평안리 1번지 | 사과(홍로) | 150만원 | 밀식 | 4년생 |
| 행복리 1번지 | 복숭아(백도) | 190만원 | 반밀식 | 5년생 |
| 행복리 3번지 | 사과(부사) | 150만원 | 일반 | 5년생 |
| 평안리 4번지 | 사과(홍로) | 130만원 | 반밀식 | 5년생 |
| 행복리 2번지 | 사과(알프스오토메) | 180만원 | 반밀식 | 4년생 |
| 행복리 4번지 | 무화과(승정도우핀) | 500만원 | 일반 | 5년 이상 |

(1) A씨 소유 과수원 중 ① 인수 가능한 계약의 수 및 ② 과수원 구성을 쓰시오.

(2) 행복리 4번지 무화과 재배 과수원의 보통약관 인수 가능을 전제로, 나무손해보장 특별약관에 가입한 경우 다음 내용을 바탕으로 나무손해보장 특별약관의 보험금을 구하시오.

---

○ 과수원 식재 주수 : 총 100주. 1주당 가입가격 30,000원.

○ 가입 시점 : 나무수령

| 수령 | 5년 | 7년 | 8년 | 10년 |
|------|-----|-----|-----|------|
| 주수 | 30주 | 30주 | 30주 | 10주 |

○ 고사나무조사
- 뿌리역병으로 인한 고사 6주
- 고라니 피해로 인한 고사 5주
- 동해와 겨울 건조로 인한 고사 4주
- 석회비료 부족으로 인한 고사 2주

---

1. 과수원 구성
① 2건
② 평안리 1번지+평안리 4번지, 행복리 4번지
- 평안리 1번지+평안리 4번지 : 동일 리(동), 동일 품목, '각각' 보험가입금액 200만원 미만 '두 개'의 농지, 밀식 3년 이상·반밀식 4년 이상 인수 가능
- 행복리 4번지 : 최저 보험가입금액 이상, 나무수령 4년 이상 인수 가능(품종·재배방식 제한 없음)

2. 나무특약
① 보험가입금액=90×30,000=2,700,000원
② 피해주수=4+5=9주
③ 피해율=9÷90=10%
④ 보험금=2,700,000×(0.1-0.05)=135,000원

✔ 계약 인수
① 과수원 단위. 개별 과수원당 최저 보험가입금액 200만원
- 과수원 : 한 덩어리의 토지 개념. 필지(지번)과는 관계없이 실제 경작하는 단위. 한 덩어리의 과수원이 여러 필지로 나누어져 있어도 하나의 과수원으로 취급
② '하나의 리(동)'에 있는 '각각' 보험가입금액 200만원 미만의 '두 개'의 과수원은 하나의 과수원으로 취급하여 계약 가능
③ 계약자 1인이 서로 다른 2개 이상 품목을 가입하고자 할 경우에는 별개의 계약으로 각각 가입·처리한다.
④ 알프스오토메, 루비에스 등 미니사과 품종 : 별도 과수원으로 가입·처리 → 동일 리(동) 내 200만원 미만 사과 과수원과 통합할 수 없음 - 2023. 추가
✔ 인수 가능 나무수령 : 미만 시 인수 제한
① 사과 : 밀식 3년 - 반밀식 4년 - 일반 5년
② 복숭아 : 3년(재배방식 관계없음)
③ 무화과 : 주계약-4년(재배방식 관계없음), 나무 특약-4년~9년 이내

**31.** 다음은 농작물재해보험 종합위험보장 과수 상품에 가입한 어떤 품목에 관한 내용이다. 물음에 답하시오.

> 12월 21일~이듬해 2월 말일 : 제주도의 경우 서리 또는 기온의 하강(영하 3℃ 이하로 6시간 이상 지속)으로 인하여 농작물 등이 얼어서 발생하는 피해를 ① 보통약관으로 보상, ② 특별약관으로 보상

(1) ①에 해당 품목, ②에 해당 품목, ③위 재해의 종류를 쓰시오.

(2) 12월 21일~이듬해 2월 말일의 기간에 제주도 이외의 지역에서의 동일 재해의 담보조건을 쓰시오.

**정답**
(1) ① 감귤(만감류), ② 감귤(온주밀감류), ③ 동상해
(2) 0℃ 이하로 48시간 이상 지속
✔ 만감류와 온주밀감의 동상해 : 보장 기간, 기간별 담보조건, 수확개시 이후 부보장 특약(만감류)·수확개시 이후 보장 특약(온주밀감류)를 구분한다.

**32.** 종합위험 수확감소보장 과수에서 정하는 표준수확량의 정의를 쓰시오.

**정답**
과거의 통계를 바탕으로 (지역, 수령, 재식밀도, 과수원 조건 등)을 고려하여 산출한 예상 수확량
✔ (　　)의 내용은 품목에 따라 다를 수 있다.

**33.** 농작물재해보험 종합위험보장 과수 품목의 보험기간에 대한 기준이다. (　　)에 들어갈 내용을 쓰시오.
[기출응용]

| 구분 | | 보장개시 | 보장종료 |
|---|---|---|---|
| 해당 보장 및 약관 | 목적물 | 보장개시 | 보장종료 |
| 수확감소보장 보통약관 | 밤 | ( ① )<br>단, ( ① )가 경과한 경우에는 계약체결일 24시 | 수확기 종료 시점<br>단, ( ② )을 초과할 수 없음 |
| 수확감소보장 보통약관 | 이듬해 맺은 참다래 과실 | ( ③ )<br>단, ( ③ )가 경과한 경우에는 계약체결일 24시 | 해당 꽃눈이 성장하여 맺은<br>과실의 수확기 종료 시점<br>단, 이듬해 ( ④ )을 초과할 수 없음 |
| 비가림과수 손해보장 | 대추 | ( ⑤ )<br>단, ( ⑤ )가 경과한 경우에는 계약체결일 24시 | 수확기 종료 시점<br>단, ( ② )을 초과할 수 없음 |
| 나무손해보장 특별약관 | 감귤<br>(만감류) | 계약체결일 24시 | ( ⑥ ) |

**정답**
① 발아기, ② 판매개시연도 10월 31일, ③ 꽃눈분화기, ④ 11월 30일, ⑤ 신초발아기, ⑥ 이듬해 4월 30일

**34.** 종합위험 수확감소보장 및 비가림과수 손해보장 가입대상 품목의 자기부담비율에 관한 내용이다. 물음에 답하시오.

---

○ 자기부담비율 선택 기준

- 10% 형 : 최근 3년간 연속 보험가입 과수원으로서 3년간 수령한 보험금이 순보험료의 (　①　) 미만인 경우에 한하여 선택 가능하다.
- 15% 형 : 최근 2년간 연속 보험가입 과수원으로서 2년간 수령한 보험금이 순보험료의 (　②　) 미만인 경우에 한하여 선택 가능하다.
- 20% 형, 30% 형, 40% 형 제한 없음

○ 비가림시설 자기부담금

- 30만원 ≤ 손해액의 10% ≤ 100만원의 범위에서 자기부담금을 차감한다.
- 다만, 피복재 단독사고는 10만원 ≤ 손해액의 10% ≤ 30만원의 범위에서 자기부담금을 차감한다.

---

(1) ①과 ②를 알맞게 채우시오.

(2) 다음 내용을 참조하여 호두 품목의 보험금을 구하시오. 선택할 수 있는 최저 자기부담비율을 적용한다. (보험가입금액 1,000만원. 평년수확량 1,000kg. 수확량 600kg. 미보상감수량 없음)

(3) 위 내용을 참조하여 비가림시설 보험금을 구하시오. (보험가입금액 1,500만원, 사고 내용 : 태풍. 구조체와 피복재 모두 피해. 손해액 1,630만원)

---

**정답**

1. ① 120%, ② 120%
   ✔ **10회 시험~ : 100% 이하 → 120% 미만 (예외 : 적종. 100% 이하 → 100% 미만)**
   - 적종의 자기부담비율 10%, 15% 형 가입자격: 2025 「농업재해보험 · 손해평가의 이론과 실무」에서 변경 여부를 확인한다.

2. 호두 보험금
   ①피해율=(1,000-600-0)÷1,000=40%
   ②보험금=10,000,000×(0.4-0.2)=2,000,000원
   ✔ **유자, 살구, 호두 : 20%, 30%, 40% 형 선택 가능**
   - 살구 품목의 자기부담비율 : 10%, 15% 형이 추가될 예정이므로, 2025 「농업재해보험 · 손해평가의 이론과 실무」에서 변경 여부를 확인한다.

3. 비가림시설 보험금
   ① 자기부담금 : 30만원 ≤ 1,630만원×0.1 ≤ 100만원 → 100만원
   ② min(1,630만원-100만원, 1,500만원)=1,500만원
   ✔ **비가림시설 보험금=min(손해액-자기부담금, 보험가입금액)**

**35.** 다음 조건을 보고 종합위험보장 자두 품목의 2024년도 가입을 위한 평년수확량을 산출하시오. (소수점 이하 버림)

(단위 kg)

|  | 2019 | 2020 | 2021 | 2022 | 2023 | 2024 |
|---|---|---|---|---|---|---|
| 표준수확량 | 9,000 | - | 11,000 | 10,000 | 11,000 | 10,000 |
| 평년수확량 | 10,000 | - | 10,000 | 12,000 | 10,000 | |
| 조사수확량 | 무사고 | - | 10,000 | 5,000 | 11,000 | |

1. {A+(B-A)×(1-Y/5)}×C/B
   ① A 과거수확량평균=(11,000+10,000+6,000+11,000)÷4=9,500kg
   ② B 과거표준수확량평균=(9,000+11,000+10,000+11,000)÷4=10,250kg
   ③ C 가입년도 표준수확량=10,000kg
   ④ Y=4
2. 평년수확량
   ① {9,500+(10,250-9,500)×(1-4/5)}×(10,000÷10,250)=9,414kg
   ② 9,414 < 13,000 (평년수확량 ≤ 가입년도 표준수확량 130%)
   ✔ **10회 시험~ : 평년수확량 ≤ 가입년도 표준수확량 130%. 포도, 복숭아, 밤, 무화과 제외**

**36.** 다음 조건에서 종합위험보장 포도 품목의 2024년도 가입을 위한 평년수확량을 산출하시오. (소수점 이하 버림)

|  | 2019 | 2020 | 2021 | 2022 | 2023 | 2024 |
|---|---|---|---|---|---|---|
| 표준수확량 | 9,000 | - | 9,500 | 10,000 | 10,000 | 9,000 |
| 평년수확량 | 8,000 | - | 10,000 | 9,000 | 9,000 | |
| 조사수확량 | 7,000 | - | 4,000 | - | 4,500 | |

• 2022년도 수확 전 착과수조사 : 착과수 28,000개, 평균 과중 350g/개

1. {A+(B-A)×(1-Y/5)}×C/B
   ① A : (7,000+5,000+9,800+4,500)÷4=6,575kg
   ② B : (9,000+9,500+10,000+10,000)÷4=9,625kg
   ③ C : 9,000kg
   ④ Y : 4년
2. 평년수확량={6,575+(9,625-6,575)×(1-4/5)}×(9,000/9,625)=6,718kg
   ✔ **품목을 자두로 하는 경우 : 2022년도 조사수확량=max(10,000, 9,000)×1.1=11,000kg**
   • 10회 시험~: 평년수확량 ≤ 가입년도 표준수확량 130%. 포도, 복숭아, 밤, 무화과 제외

**37.** A씨는 수령 6년생 밤나무 500주를 재배하고 있다. 올해 처음 농작물재해보험에 가입하려 한다. 다음 조건을 보고 물음에 답하시오.

| | | |
|---|---|---|
| • 실제결과주수 500주 | • 과수원 표준수확량 20kg/주 | • 가입가격 3,000원/kg |
| • 보통약관 영업요율 10% (순보험료 비율 90%) | • 지방자치단체 지원율 30% | • 방재시설 : 방풍망 |
| • 가입 비율 100% | | |

(1) 평년수확량을 산출하시오.

(2) 보험가입금액을 산출하시오.

(3) 계약자부담보험료를 산출하시오.

 정답

1. 평년수확량=10,000kg
   ✔ **신규 가입 과수원**
   • 평년수확량=표준수확량 100%
   • 가입 이력이 없으므로 손해율에 따른 할인·할증율이 없다.
2. 보험가입금액=10,000×3,000=30,000,000원
3. 계약자부담보험료=30,000,000×0.1×0.9×(1-0.8)=540,000원
   ✔ **밤 보험료: 방재시설 할인율을 적용하지 않는다.**
   ✔ **계약자부담 보험료=순보험료-지원보험료**
   • 순보험료: 순보험료율이 제시되는 경우 → 바로 적용
   • 영업보험료(율) 중 순보험료(율)의 비율이 제시되는 경우 → ×영업요율×순보험료율
   • 본 문제의 경우 : 0.1×0.9=0.09=9% → 영업요율 10%=순보험료율 9%+부가보험료율 1%임을 알 수 있다.

**38.** 종합위험보장 복숭아 품목의 2024년도 보험 가입을 위한 평년수확량을 산출하시오. (소수점 이하 버림)

(단위 kg)

| | 2019 | 2020 | 2021 | 2022 | 2023 | 2024 |
|---|---|---|---|---|---|---|
| 표준수확량 | 10,000 | 10,000 | 9,000 | 9,000 | 10,000 | 11,000 |
| 평년수확량 | 9,000 | 11,000 | - | 11,000 | 10,000 | |
| 조사수확량 | 8,000 | 무사고 | - | 5,000 | 11,000 | |

• 2020년도 조사 착과수 30,000개, 평균 과중 300g

 정답

1. {A+(B-A)×(1-Y/5)}×(C/B)
   ① A 과거평균수확량=(8,000+9,000+5,500+11,000)÷4=8,375kg
   ② B 과거평균표준수확량=(10,000+10,000+9,000+10,000)÷4=9,750kg
   ③ C 가입년도 표준수확량=11,000kg
   ④ Y=4

2. 평년수확량={8,375+(9,750-8,375)×(1-4/5)}×(11,000÷9,750)=9,758kg

✔ 포도 · 복숭아 품목 무사고 시 과거수확량 산출은 다른 품목과 다름에 주의한다.

✔ 10회 시험~ : 평년수확량 ≤ 가입년도 표준수확량 130% : 포도, 복숭아, 밤, 무화과 제외

**39.** 종합위험 과수 자두 상품에서 수확감소보장의 자기부담비율과 그 적용 기준을 각 비율별로 서술하시오. [기출문제]

정답

1. 10% 형 : 최근 3년간 연속 보험가입 과수원으로서 3년간 수령한 보험금이 순보험료의 120% 미만인 경우에 한하여 선택 가능
2. 15% 형 : 최근 2년간 연속 보험가입 과수원으로서 2년간 수령한 보험금이 순보험료의 120% 미만인 경우에 한하여 선택 가능
3. 20% 형, 30% 형, 40% 형 : 제한 없음

**40.** 인수심사의 인수 제한 목적물에 관한 내용이다. (　　　)에 들어갈 내용을 쓰시오. [기출문제]

• 오미자 - 주간거리가 (　①　)cm 이상으로 과도하게 넓은 과수원
• 포도 - 가입하는 해의 나무 수령이 (　②　)년 미만인 과수원
• 복분자 - 가입연도 기준, 수령이 1년 이하 또는 (　③　)년 이상인 포기로만 구성된 과수원
• 보리 - 파종을 10월 1일 이전과 (　④　) 이후에 실시한 농지
• 양파 - 재식밀도가 (　⑤　)주/10a 미만, 40,000주/10a 초과한 농지

정답

① 50cm, ② 3, ③ 11, ④ 11월 20일, ⑤ 23,000

**41.** 다음 조건을 보고 물음에 답하시오. (다른 조건은 고려하지 않는다)

• 품목: 밤. 가입 비율 80%

| 실제 결과주수 | 가입 가격 | 영업요율 (대비 순보험료) | 지자체 지원율 | 주당 평년수확량 | 주당 표준수확량 |
|---|---|---|---|---|---|
| 500주 | 5,000원/kg | 10% (90%) | 30% | 30kg | 35kg |

• 미경과비율

| 월 | 4 | 5 | 6 | 7 | 8 |
|---|---|---|---|---|---|
| 미경과비율(%) | 95 | 95 | 90 | 45 | 0 |

(1) 보험가입금액을 산출하시오.

(2) 계약자부담보험료를 산출하시오.

(3) 환급보험료를 산출하시오. 보험료 미납으로 인한 계약의 효력상실(7월)

1. 보험가입금액

   ① 평년수확량=500×30=15,000kg

   ② 보험가입금액=(15,000×0.8)×5,000=60,000,000원

2. 계약자부담보험료=60,000,000×0.1×0.9×(1-0.5-0.3)=1,080,000원

✔ **밤 : 방재시설 할인율 미적용 품목**

- 손해율에 따른 할인·할증률이 제시되어 있거나, 관련 자료가 있는 경우 적용

3. 환급보험료=1,080,000×0.45=486,000원

✔ **보험료 미납으로 인한 효력상실: 계약자, 피보험자의 책임있는 사유**

- 환급보험료=계약자부담 보험료×해당 월 미경과비율

---

**42.** 농작물재해보험 자두 품목의 아래 손해 중 보상하는 재해는 ○로, 보상하지 않는 손해는 ×로 표기하시오. [기출문제]

| | |
|---|---|
| (1) 원인의 직간접을 묻지 아니하고 병해충으로 발생한 손해 | (   ) |
| (2) 제초작업, 시비관리 등 통상적인 영농활동을 하지 않아 발생한 손해 | (   ) |
| (3) 기온이 0℃ 이상에서 발생한 이상 저온에 의한 손해 | (   ) |
| (4) 계약체결 시점 현재 기상청에서 발령하고 있는 기상특보 발령지역의 기상특보 관련 재해로 인한 손해 | (   ) |
| (5) 최대순간풍속 14m/sec 미만의 바람으로 발생한 손해 | (   ) |

(1) ×, (2) ×, (3) ○, (4) ×, (5) ○

✔ **종합위험 정의**

- 냉해 : 농작물의 성장 기간 중 작물의 생육에 지장을 초래할 정도의 찬기온으로 인하여 발생하는 피해
- 강풍 : 강한 바람 또는 돌풍으로 인하여 발생하는 피해

---

**43.** 종합위험보장 포도(수확감소보장) 품목의 보상하는 재해를 보험의 목적별로 쓰시오.

1. 보험의 목적 비가림과수 (포도) : 자연재해·조수해·화재 보장

2. 보험의 목적 비가림시설 : 자연재해·조수해 (화재는 특별약관으로 보장)

3. 보험의 목적 포도나무 : 나무손해보장 특별약관 가입 시 자연재해·조수해·화재 보장

---

**44.** 종합위험보장 대추 품목의 보통약관 보상하지 않는 손해 중 일부이다. (   ) 에 알맞은 단어를 쓰시오.

- (  ①  ,  ②  )가 발생했을 때 생긴 도난 또는 분실로 생긴 손해
- 피보험자가 파손된 보험의 목적의 (  ③  )를 지연함으로써 가중된 손해

① 자연재해, ② 조수해, ③ 수리 또는 복구

✔ **화재위험보장 특별약관 가입한 경우 : 화재가 발생했을 때 생긴 도난 또는 분실로 생긴 손해**

**45.** 다음 내용을 기준으로 각 물음에 답하시오. (단, 평년수확량 및 보험금 계산 시 각 양(量)의 최종값은 kg 단위로 소수점 첫째 자리에서 반올림하여 정수 단위로 함. ⓔ 10.6=11kg. 피해율은 %로 소수점 셋째 자리에서 반올림. ⓔ 12.345%=12.35%)

○ 품목: 자두 (단위. kg)

| | 2018 | 2019 | 2020 | 2021 | 2022 | 2023 |
|---|---|---|---|---|---|---|
| 평년수확량 | 1,000 | 1,000 | - | 900 | 800 | 700 |
| 표준수확량 | 1,100 | 1,100 | - | 1,000 | 1,000 | 1,000 |
| 조사수확량 | 900 | - | - | 500 | 350 | 500 |

• 2024년도 표준수확량 900kg    • 2019년도 조사착과수 8,000개, 평균과중 100g

○ 계약사항 및 조사내용
• 가입가격: 4,000원/kg
• 가입수확량: 평년수확량의 100% 가입
• 자기부담비율 20%
• 2024년도 보상하는 재해 발생으로 수확량조사 실시: 조사수확량 450kg, 미보상감수량 10kg

**(1) 2024년도 보험가입을 위한 평년수확량을 산출하시오.**

**(2) 보험금을 산출하시오.**

 정답

1. 평년수확량={A+(B-A)×(1-Y/5)}×(C/B)
    ① A=(1,210+500+400+500)÷4=653kg
    ✔ **2019년도 과거수확량=max(1,000, 1,100)×110%=1,210kg**
    ② B=(1,100+1,000+1,000+1,000)÷4=1,025kg
    ③ Y=4
    ④ C=900kg
    ⑤ 평년수확량={653+(1,025-653)×(1-4/5)}×(900/1,025)=639kg
    ⑥ 639kg < 900×1.3=1,170kg
2. 보험금
    ① 보험가입금액=639×4,000=2,550,000원
    ② 피해율=(639-450-10)÷639=28.01%
    ③ 보험금=2,550,000×(0.2801-0.2)=204,255원
    ✔ **평년수확량 무사고 시 과거수확량**
        ① **포도, 복숭아, 만감류: 조사착과수×평균과중**
        ② **그 외 : max(표준수확량, 평년수확량)×110%**

**46.** 다음은 종합위험 수확감소보장 및 비가림과수 손해보장 상품에 가입한 각 과수원의 경작 상황이다. 참조하여 다음 물음에 답하시오. (단, 나무손해보장 특별약관 가입이 가능한 품목은 가입한 것으로 한다)

- 과수원 A : 가입년도 기준 수령 5년인 밤나무 100주
- 과수원 B : 가입년도 기준 수령 7년인 자두 100주 (후무사 40주, 대석 40주, 귀양 20주)
- 과수원 C : 가입년도 기준 수령 4년인 참다래 100주, 3년인 참다래 100주
- 과수원 D : 가입년도 기준 수령 5년인 대추 100주 (사과대추류 재배. 과수원 소재지 충남 부여)
- 과수원 E : 삭벌 4년차인 오미자 100주

**(1)** 농작물재해보험에 가입할 수 있는 총 나무수의 합계를 쓰시오. (모든 과수원 가입 가능한 나무수의 총합)

**(2)** 나무손해보장 특별약관 가입금액의 총합계액을 쓰시오. (모든 과수원 가입금액의 총합)
- 주당 나무가격은 품목에 관계없이 50,000원으로 한다.

1. A 100+B 80+C 0+D 100+E 0=280주
✔ **인수 제한 수령**
- 밤 : 5년 미만
- 자두 : 6년 미만(귀양 품종 인수 제한. 품목이 혼식된 과수원은 인수 제한이지만, 품종이 혼식된 과수원은 인수 제한이 아니다)
- 참다래 : 3년 미만(수령 혼식된 과수원은 인수 제한. 단, 수령 구분 가능하며 동일 수령군이 90% 이상인 경우에 한해 가입 가능. C 과수원은 90% 이상의 수령군이 없다)
- 대추 4년 미만(사과대추류 재배 인수 제한. 단 충남 부여·청양, 전남 영광에 한해 가입 가능)
- 오미자 : 삭벌 3년차 '이상', 또는 삭벌하지 않은 과수원 중 식묘 4년차 '이상'
2. 80×50,000=4,000,000원
✔ **나무특약 가입할 수 있는 품목 : 참! 포복자만매살유**

**47.** 2024년도 종합위험 수확감소보장 상품에 가입하기 위한 대추(사과 대추) 품목의 평년수확량을 구하시오. (kg 단위로 소수점 첫째 자리에서 반올림)

|  | 2019 | 2020 | 2021 | 2022 | 2023 | 2024 |
|---|---|---|---|---|---|---|
| 평년수확량 | - | - | 2,100 | 2,400 | - |  |
| 표준수확량 | 2,900 | 2,900 | 3,000 | 3,000 | 2,800 | 2,800 |
| 조사수확량 | - | - | 2,000 | - | - |  |

- 2021년도 신규가입

1. 가입이력 2회 : 가입년도 표준수확량 2,800×0.9=2,520kg 한도
2. 평년수확량
   ① A=(2,000+3,300)÷2=2,650kg
   ② B=(3,000+3,000)÷2=3,000kg
   ③ C=2,800kg

④ Y=2

⑤ 평년수확량={2,650+(3,000-2,650)×(1-2/5)}×(2,800÷3,000)=2,669kg

3. min(2,800×0.9, 2,669)=2,520kg

✔ **사과대추 평년수확량 : 가입이력 0/1/2회=가입년도 표준수확량 70/80/90% 한도**

**48.** 종합위험 수확감소보장에 가입한 호두 품목에 관한 다음 내용을 보고 물음에 답하시오. (모든 비율은 %로 소수점 첫째 자리에서 반올림)

○ 계약사항

| 보험가입금액 | 평년수확량 | 보통약관 영업요율 |
|---|---|---|
| 72,000,000원 | 2,400kg | 10% |

○ 조사내용

- 수확량조사 : 조사수확량 1,800kg, 미보상비율 10%
- 방재시설 : 과수원의 가입 나무에 조수해(鳥獸害) 방재를 위한 시설이 80% 설치 확인
- 최근 5년간 가입 이력(3년 연속 가입, 지급보험금 및 순보험료)

| | 1 | 2 | 3 | 4 | 5 |
|---|---|---|---|---|---|
| 지급보험금 | - | - | 800,000원 | 600,000원 | - |
| 순보험료 | - | - | 400,000원 | 400,000원 | 400,000원 |

(1) 보통약관 보험료를 구하시오. 단, 조수해 부보장 특약에 해당하는 경우 0.15% 할인율을 적용한다.

(2) 위 계약사항과 조사내용을 참조하여 수확감소보험금을 구하시오. 단, 선택할 수 있는 최저 자기부담비율을 적용한다.

1. 보험료=72,000,000×0.1×(1-0)×(1-0)=7,200,000원

- 손해율=$\dfrac{1,400,000}{1,200,000}=117\%$

- 손해율 80% 이상 120% 미만=할인 · 할증률 없음

- 호두 : 조수해 방재시설 80% '미만' 설치 시 조수해 부보장 특약 자동담보, 방재시설 할인율 미적용 품목

2. 보험금

① 미보상감수량=(2,400-1,800)×0.1=60kg

② 피해율=$\dfrac{2,400-1,800-60}{2,400}=22.5\%$

③ 보험금=72,000,000×(0.225-0.2)=1,800,000원

✔ **호두, 살구, 유자 : 자기부담비율 20%, 30%, 40% 형 · 손해율 자료 제시된 경우 10%, 15% 형 가입자격이 없는 품목임에 주의한다.**

- 살구 품목의 자기부담비율은 10%, 15% 형이 추가될 예정이므로 2025 「농업재해보험 · 손해평가의 이론과 실무」를 확인한다.

**49.** 종합위험 수확감소보장에 가입한 감귤(만감류)에 관한 다음 내용을 보고 물음에 답하시오. (손해율은 %로 소수점 첫째 자리에서 반올림)

○ 계약사항

| 보험가입금액 | 평년수확량 | 가입주수 | 영업요율 |
|---|---|---|---|
| 과실 10,000,000원<br>나무 10,000,000원 | 3,000kg | 100주 | 보통약관 10%, 나무손해보장 특별약관 5% |

| 타이벡멀칭 | 방상팬 | 서리방지용 미세살수장치 | 방충망 |
|---|---|---|---|
| 설치☑ 미설치□<br>전부☑ 일부□ | 설치☑ 미설치□ | 설치□ 미설치☑ | 설치☑ 미설치□ |

| 가입 특별약관 | 나무손해보장, 수확량감소 추가보장, 수확개시 이후 동상해 부보장(10% 할인율) |
|---|---|

○ 최근 5년간 가입이력(3년 연속 가입, 지급보험금 및 순보험료)

| | 1 | 2 | 3 | 4 | 5 |
|---|---|---|---|---|---|
| 지급보험금 | - | - | 800,000원 | 600,000원 | - |
| 순보험료 | - | - | 400,000원 | 400,000원 | 400,000원 |

(1) 보통약관 보험료를 구하시오.

(2) 나무손해보장 특별약관의 보험료를 구하시오. 손해율에 따른 할인 · 할증률은 보통약관과 동일하게 적용한다.

(3) 수확량감소 추가보장 특별약관의 보험료를 구하시오. 단, 보험료율 및 손해율에 따른 할인 · 할증률은 보통약관과 동일하게 적용한다.

(4) 다음 내용을 참조하여 수확감소보험금을 구하시오. 단, 선택할 수 있는 최저 자기부담비율을 적용한다.

  • 조사수확량 2,100kg, 미보상비율 5%

**정답**

1. 보통약관 보험료=10,000,000×0.1×(1-0)×(1-0.3)×(1-0.1)=630,000원

  • 손해율= $\dfrac{1,400,000}{1,200,000}$ = 117%

2. 나무손해보장 특별약관 보험료=10,000,000×0.05×(1-0)=500,000원

3. 수확량감소 추가보장 특별약관 보험료=10,000,000×0.1×(1-0)×(1-0.3)=700,000원

4. 보험금

  ① 미보상감수량=(3,000-2,100)×0.05=45kg

  ② 피해율= $\dfrac{3,000-2,100-45}{3,000}$ = 28.5%

  ③ 보험금=10,000,000×(0.285-0.1)=1,850,000원

✔ **만감류 보험료**

  1. 방재시설

  • 「농업재해보험 · 손해평가의 이론과 실무」의 타이벡멀칭 일부설치 3% · 전부설치 5%, 방충망 15%, 방상팬 20%, 살수장치 20%. 방재시설 최대 합산 할인 : 30%

  • 방재시설 할인율 : 만감류는 보통약관에서 수확개시 이후 동상해를 보장한다. 수확개시 이후 동상해 부보장(특약)

에 가입한 경우에도 방상팬과 살수장치의 할인율을 적용해야 하는지에 관한 규정이 없어 논란이 있을 수 있지만, (적용하지 않는 것이 합리적으로 판단되지만) [농업재해보험 · 손해평가의 이론과 실무]에 규정된 바 없으므로 적용하는 것으로 한다. 2025 [농업재해보험 · 손해평가의 이론과 실무]를 다시 확인한다.

- 온주밀감류의 경우 '방상팬, 살수장치는 '수확개시 이후 동상해보장(특약)' 보험료에 적용한다.'가 기재되어 있다.

2. 부보장 특약 할인율

- 종합과수 중 호두(조수해 부보장)와 만감류(수확개시 이후 동상해 부보장)의 보험료에 부보장 특약 할인율이 적용된다.
- 포도의 신규과수원 할인율과 비교할 때 수확량감소 추가보장 특약에도 적용함이 합리적으로 보이지만, [농업재해보험 · 손해평가의 이론과 실무] 해당 보험료에 기재되어 있지 않으므로 적용하지 않는 것으로 한다. 2025 [농업재해보험 · 손해평가의 이론과 실무]를 다시 확인한다.

✔ 자기부담비율 10%, 15% 형 가입자격: 10회 시험~. 최근 3년(2년) 연속 가입+3년(2년)간 손해율 120% 미만

**50.** 종합위험 수확감소보장 및 비가림과수 손해보장 과수 품목 중 1주당 재배면적이 1㎡ 미만인 과수원인 경우 인수가 제한되는 품목을 모두 쓰시오.

정답  자두, 매실

**51.** 종합위험 수확감소보장 및 비가림과수 손해보장 과수, 종합위험 및 수확 전 종합위험 과실손해보장 품목 중 관수시설이 없는 경우 인수가 제한되는 품목을 모두 쓰시오.

정답  살구, 무화과
✔ **품목별 보장방식을 구분한다.**

**52.** 2024년에 종합위험보장에 가입한 유자 품목에 관한 다음 내용을 참조하여 물음에 답하시오. (중량은 kg 단위로 소수점 첫째 자리에서, 피해율은 %로 소수점 셋째 자리에서 반올림)

○ 계약사항(가입비율 100%)

| 가입가격 | 가입주수 | 자기부담비율 |
|---|---|---|
| 3,000원/kg | 100주 | 20% |

○ 가입이력(2019년 신규 가입)

| | 2017 | 2018 | 2019 | 2020 | 2021 | 2022 | 2023 | 2024 |
|---|---|---|---|---|---|---|---|---|
| 표준수확량 | 1,000 | 1,000 | 1,000 | 1,000 | 1,000 | 1,000 | 1,000 | 1,000 |
| 평년수확량 | 미가입 | 미가입 | ① | 1,020 | 980 | 880 | 768 | |
| 조사수확량 | 미가입 | 미가입 | 무사고 | 800 | 500 | 400 | 600 | |

○ 조사내용 - 2024년도 수확량조사
- 조사수확량 500kg, 미보상비율 0%

(1) ⑦을 알맞게 채우시오.

(2) 2024년도 가입을 위한 평년수확량을 구하시오.

(3) 위 내용을 참조하여 보험금을 구하시오. 단, 계산된 평년수확량을 기준으로 가입수확량을 정하는 것으로 한다.

 **정답**

1. 700kg
  ✔ **신규 가입 농지 평년수확량 : 표준수확량 100%. 단, 살구, 사과대추류, 유자 표준수확량 70%**
2. 평년수확량
  ① A=(1,100+800+500+440+600)÷5=688kg
  ② B=1,000kg
  ③ C=1,000kg
  ④ Y=5
  ⑤ {688+(1,000-688)×(1-5/5)}×(2,000/2,000)=688kg
  ✔ **과거 5년간 가입횟수가 5회인 경우의 평년수확량=A×(C/B)**
  • 가입년도 표준수확량을 초과하는 경우 130% 한도 내인지 확인한다.
3. 보험금
  ① 최근 7년간 과거수확량의 올림픽 평균값=(~~1,100~~+800+500+~~440~~+600)÷3=633kg
  ② max(633, 688)=688kg
  ③ 피해율= $\dfrac{688-500-0}{688}=27.33\%$
  ④ 보험금=2,060,000×(0.2733-0.2)=150,998원
  • 보험가입금액=688×3,000=2,060,000원
  ✔ **유자 : 10회 시험~**
  1. 평년수확량보다 최근 7년간 과거수확량의 올림픽 평균값이 더 클 경우 올림픽 평균값 적용한다.
   • max(산출된 평년수확량, 7년 과거수확량 올림픽 평균값)
  2. 위 1.의 규정
   • [약관]에는 '용어의 정의-평년수확량'에서 위의 내용을 기재하고 있어, 산출된 평년수확량과 7년 과거수확량 올림픽 평균값을 비교해 가입수확량 등의 기준을 결정하는 것으로 해석된다. 그러나, [농업재해보험·손해평가의 이론과 실무 - 평년수확량 및 가입수확량, 보험가입금액] 해당 부분에는 위의 내용이 없고, [1, 2과목의 보험금 산정] 부분에만 내용이 있다.
   • 적용 범위가 명확해야 보험금 계산 시 '주당 평년수확량', 보험가입금액 계산 등에의 적용 여부가 확실해진다.
  3. 이에 본 교재도 '유자 품목의 피해율과 보험금 산정'에만 적용하는 것으로 한다. 2025 [농업재해보험·손해평가의 이론과 실무]를 다시 확인한다.

**53.** 종합위험 수확감소보장에 가입한 유자 품목의 ① 평년수확량 및 ② 보험금을 구하시오. (단, 모든 중량은 kg 단위로 소수점 첫째 자리에서 반올림해 정수 단위로, 피해율은 %로 소수점 셋째 자리에서 반올림해 소수점 둘째 자리까지)

○ 계약사항(가입년도. 2024) 및 조사내용

| 보험가입금액 | 가입주수 | 자기부담비율 | 조사수확량 | 미보상비율 조사 |
|---|---|---|---|---|
| 60,000,000원 | 150주 | 20% | 14,000kg | 사유 : 병충해 상태 (매우 불량) |

• 미보상비율은 정수 단위로 최저 비율 적용

○ 과거 가입이력(단위. kg)

|  | 2017 | 2018 | 2019 | 2020 | 2021 | 2022 | 2023 |
|---|---|---|---|---|---|---|---|
| 표준수확량 | 24,000 | 24,000 | 24,000 | 24,000 | 24,000 | 24,000 | 24,000 |
| 평년수확량 | 16,800 | 미가입 | 21,000 | 21,480 | 미가입 | 19,880 | 미가입 |
| 조사수확량 | 9,000 | 미가입 | 무사고 | 16,000 | 미가입 | 10,000 | 미가입 |

• 2024년도 표준수확량 24,000kg

1. 평년수확량
   ① A=(26,400+16,000+10,000)÷3=17,467kg
   ② B=24,000kg
   ③ C=24,000kg
   ④ Y=3
   ⑤ {17,467+(24,000-17,467)×(1-3/5)}×(24,000/24,000)=20,080kg

2. 보험금
   (1) 적용 평년수확량
   ① 최근 7년간 과거수확량의 올림픽 평균값=(~~9,000~~+26,400+16,000+10,000)÷2=13,000kg
   ② max(13,000, 20,080)=20,080kg을 피해율에 적용
   (2) 미보상감수량=(20,080-14,000)×0.2=1,216kg
   (3) 피해율=$\dfrac{20,880-14,000-1,216}{20,080}=24.22\%$
   (4) 보험금=60,000,000×(0.2422-0.2)=2,532,000원

✔ **올림픽 평균값**
   • 평균을 구할 때 극단값(이상값)을 제외하고 계산하는 절사 평균이다.
   • 평균을 낼 때 최고점/최저점 또는 양극단의 일정 %를 잘라낸 후 평균값을 계산한다. 일반적으로 제시된 'data 값 중 양극단 값의 몇 %를 잘라내고 계산'하는 방법이다. 예 제시된 **개의 값 중 20% 절사
   • [농업재해보험손해평가의 이론과 실무]에서는 '연도별 평균가격 중 최대값과 최소값을 제외하고 남은 값들의 산술평균'으로만 기재하고 있어 이를 따르도록 한다.

**54.** 종합위험 수확감소보장방식 과수 품목의 「피해사실확인조사」에 관한 내용이다. (     )을 알맞게 채우시오.

> 1. 보상하는 재해로 인한 피해 여부 확인 : 필요시에는 이에 대한 근거로 다음의 자료를 확보할 수 있다.
> - ( ① ), ( ② ) 및 ( ③ ) 등 ( ④ )
> - ( ⑤ ) : 농지의 전반적인 피해 상황 및 세부 피해 내용이 확인 가능하도록.
>
> 2. ( ⑥ ) 필요 여부 판단

 ① 기상청 자료, ② 농업기술센터 등 농업 전문기관 의견서, ③ 손해평가인 소견서, ④ 재해 입증 자료
⑤ 피해 농지 사진, ⑥ 수확량조사

**55.** 포도 · 복숭아 · 자두 품목의 ① 착과수조사와 ② 과중조사의 조사 시기를 쓰시오.

 ① 최초 품종 수확기 직전, ② 품종별 수확시기

**56.** 감귤(만감류) 품목의 ① 착과수조사와 ② 과중조사의 조사 시기를 쓰시오.

 ① 적과 종료 후, ② 품종별 수확시기

**57.** 종합위험보장 과수 품목의 「수확량조사」 시 표본과실 추출에 관한 내용이다. 다음의 경우일 때 각 최소 조사 횟수 및 추출하는 표본 과실의 수를 쓰시오. 단, 모든 품종의 수확시기는 다르다. (답안 예시. 조사 5회, 표본주 5주 이상, 표본 과실 과수원당 50개 이상)

> (1) 포도 3품종일 경우 「과중 조사」 시 조사 횟수 및 표본 과실
> (2) 복숭아 2품종일 경우 「착과피해조사」 시 표본 과실
> (3) 자두 4품종일 경우 「낙과피해조사」 시 표본 과실(동일한 사고로 인한 조사)
> (4) 감귤(만감류) 1품종일 경우 「과중 조사」 시 조사 횟수 및 표본 과실

1. 조사 3회(품종별 수확시기), 표본주 9주 이상, 표본과실 과수원당 60개 이상
- ✔ **과중조사**
  - 품종별로 수확시기에 각각 실시
  - 품종별로 착과가 평균적인 3주 이상의 표본주
  - 크기가 평균적인 과실 품종별 20개 이상(포도 · 만감류 농지당 30개 이상, 복숭아 · 자두 농지당 60개 이상) 표본과실 추출
2. 조사 2회, 표본주 6주 이상, 표본과실 과수원당 60개 이상
- ✔ **착과피해조사**
  - 품종별 수확시기에 각각 실시
  - 품종별 3주 이상의 표본주에서 품종별 20개 이상(포도 · 만감류 농지당 30개 이상, 복숭아 · 자두 농지당 60개 이상) 표본과실 추출
3. 조사 1회, 표본과실 과수원당 80개 이상
- ✔ **낙과피해조사**
  - 표본 또는 전수조사로 착과수조사 이후 낙과 피해 발생한 농지에 사고당 '사고접수 직후 실시' (품종별로 수확기에 실시 아님)
  - 품종별 20개 이상(포도 · 만감류 농지당 30개 이상, 복숭아 · 자두 농지당 60개 이상) 표본과실 추출 (표본주 X)
4. 조사 1회, 표본주 3주 이상, 표본과실 과수원당 30개 이상
- ✔ **감귤(만감류) 표본과실 수 : 포도와 동일**

---

**58.** 포도 · 복숭아 · 자두 · 감귤(만감류) 품목의 「착과피해조사」에 대한 내용이다. 마지막에 해당하는 순서를 쓰시오.

| | |
|---|---|
| (1) 착과 피해 유발하는 재해 여부 판단 | (2) 착과 피해 확인 가능한 시기 여부 판단 |
| (3) 착과수 조사 | (4) 조사대상주수 계산 |
| (5) 적정 표본주수 산정 | (6) 품종별로 표본 과실 선정 |
| (7) (          ) | |

 표본 과실을 '과실 분류에 따른 피해인정계수'에 따라 품종별로 구분하고 개수 조사
- ✔ **피해구성율 산출을 위한 과정**

---

**59.** 종합위험보장에 가입한 복숭아 품목의 수확량조사 시 피해구성조사를 생략할 수 있는 경우를 쓰시오.

 1. 착과피해조사 : 조사 당시 수확이 완료된 품종이 있거나 피해가 경미하여 피해구성조사가 의미가 없을 때에는 품종별로 피해구성조사를 생략할 수 있다.
2. 낙과피해조사 : 조사 당시 수확기에 해당하지 않는 품종이 있거나 낙과의 피해 정도가 심해 피해 구성 조사 의미가 없는 경우 등에는 품종별 피해 구성 조사를 생략할 수 있다.
- ✔ **피해구성조사의 생략**
  - 포도 · 복숭아 · 자두 · 감귤(만감류) : 위의 내용에 해당
  - 기타과수 : 조사 당시 착과에 이상이 없는 경우나 낙과의 피해 정도가 심해 피해구성 조사가 의미가 없을 경우 등에는 품종별로 피해 구성 조사를 생략할 수 있다.

**60.** 포도 · 복숭아 · 자두 · 감귤(만감류) 품목의 「착과피해조사」시 착과피해구성조사를 위한 표본과실 추출에 관해 설명하시오.

1. 품종별 3주 이상의 표본주에서 품종별 20개 이상(과수원당 포도 · 감귤(만감류) 30개, 복숭아 · 자두 60개 이상) 추출하고 추출한 표본과실을 과실 분류에 따른 피해인정계수에 따라 품종별로 구분하여 해당 과실 개수를 조사한다.
2. 착과피해조사 시 따거나 수확한 과실은 계약자의 비용 부담으로 한다.
   - 10회 시험~ : '적종-이하 모든 조사 시 사용한 과실은 계약자부담으로 한다' 로 갈음

**61.** 포도 · 복숭아 · 자두 · 감귤(만감류) 품목의 「낙과피해조사」를 전수조사 방법으로 하는 경우, ① 낙과를 품종별로 구분하는 방법을 쓰고, ② 다음의 낙과수를 품종별로 구분하시오.

---

- 총 2품종. 전체 낙과수 1,000개
- 표본과실 100개(A 품종 60개, B 품종 40개)

---

1. 품종별 구분 방법
   ① 전체 낙과에 대한 품종 구분이 가능할 경우 전체 낙과수를 품종별로 센다
   ② 전체 낙과에 대하여 품종별 구분이 어려운 경우에는 전체 낙과수를 세고, 낙과 중 임의로 100개 이상을 추출하여 품종별로 해당 개수를 센다.
2. 품종별 낙과수 구분
   ① A 품종 $= 1,000 \times \dfrac{60}{100} = 600$개
   ② B 품종 $= 1,000 \times \dfrac{40}{100} = 400$개

**62.** 다음 자두 재배 농지의 ① 품종별 낙과수을 구분하고, ② 낙과피해구성조사를 위한 농지의 최소 표본과실수와 ③ 품종별로 낙과감수량을 구하시오. (단, 이전 사고는 없으며, 피해구성율(%)은 소수점 셋째 자리에서 반올림, 낙과감수량은 소수점 첫째 자리에서 반올림)

| 전체 낙과수 1,200개 | | 과중 100g/개 | |
|---|---|---|---|
| 전체 낙과수 중 100개 추출: A 품종 35개, B 품종 30개, C 품종 35개 | | | |

| 피해구성 | 정상 | 50% 피해형 | 80% 피해형 | 100% 피해형 |
|---|---|---|---|---|
| 개수 | 10 | 15 | 15 | 20 |

• 피해구성조사 및 과중: 각 품종 공통으로 적용

1. 품종별 낙과수
   ① A 품종 $= 1,200 \times \dfrac{35}{100} = 420$개
   ② B 품종 $= 1,200 \times \dfrac{30}{100} = 360$개

③ C 품종$=1,200 \times \dfrac{35}{100} = 420$개

2. 농지의 최소 표본과실수 : 60개

3. 품종별 낙과감수량

  (1) 낙과피해구성율$= \dfrac{15 \times 0.5 + 15 \times 0.8 + 20 \times 1.0}{60} = 65.83\%$

  (2) 낙과감수량

    ① A 품종=420×0.1×0.6583=28kg

    ② B 품종=360×0.1×0.6583=24kg

    ③ C 품종=420×0.1×0.6583=28kg

✔ **피해구성율**

- 착과피해구성율 : 품종별로 수확시기에 조사 → 품종별 착과피해구성율

- 낙과피해구성율 : 사고접수 후 조사 → 품종별 낙과피해구성율

  - 낙과피해구성조사 : 품종별로 표본과실 추출 → 피해구성 조사 → 품종별 낙과피해구성율

✔ **낙과피해구성율은 아래 [별표 9 계산식]으로 보아 품종별 구분없이 산출해도 될 것으로 보인다.**

- 금차 품종 · 수령별 착과 감수량=금차 품종·수령별 착과수×품종별 과중×금차 품종별 착과피해구성률

- 금차 낙과 감수량=금차 품종 · 수령별 낙과수×품종별 과중×금차 낙과피해구성률

**63.** 종합위험보장 과수에 있어서 지급보험금의 계산에 필요한 보험가입금액, 평년수확량, 수확량, 미보상감수량, 자기부담비율 등의 산정 단위를 쓰시오.

정답

과수원별로 산정

✔ **과수원별로 산정하며 품종별로 산정하지 않는다.**

**64.** 다음은 종합위험보장 밤 품목의 과중 산출에 관한 내용이다. 물음에 답하시오.

○ 과중 조사

| 소과 표본과실 무게 합 | 1,500g | 정상 표본과실 무게 합 | 4,000g |
|---|---|---|---|

(1) 표본과실 추출 방법을 설명하시오.

(2) 소과와 정상 표본과실의 구분 기준을 쓰시오.

(3) 개당 과중 및 개당 과실 단위를 쓰시오. (단, 표본과실수는 최소 과실수로 하며, kg 단위로 소수점 셋째 자리까지로 한다)

정답

1. 품종별로 평균적인 착과량을 가진 3주 이상의 표본주에서 크기가 평균적인 과실을 품종별 20개 이상(농지당 최소 60개 이상)을 추출한다.

2. 과실(송이)내 과립을 분리하여 지름 길이를 기준으로 정상(30mm 초과)와 소과(30mm 이하)를 구분한다.

3. 개당 과중

  ① 개당 과중={4,000+(1,500×0.8)}÷60=0.086kg

  ② 개당 과실 단위 : 송이

**65.** 다음은 종합위험보장 밤 품목의 「과중조사」 시 소과를 구분하는 요령에 관한 설명이다. ( )를 채우시오.

- ( ① ) 지름의 원형 모양 구멍이 뚫린 규격대를 준비한다.
- ( ② )를 위로 향하게 하고 밤의 ( ③ )이 정면을 향하게 하여 밤이 규격대를 통과하는지 확인한다.
- 밤의 가장 ( ④ )이 보이도록 밤을 넣어야 하며, 구멍에 통과하기 위해 밤의 ( ⑤ )을 변경하지 않는다.

 **정답**
① 30mm, ② 과정부, ③ 볼록한 부분, ④ 긴 부분, ⑤ 방향

**66.** 다음의 계약사항과 조사내용을 참조하여 아래 「착과수조사」 결과에 들어갈 값(①~③)을 각각 구하시오. (단, 해당 과수원에 있는 모든 나무의 품종 및 수령은 계약사항과 동일한 것으로 함)                [기출문제]

○계약사항

| 품목 | 품종 / 수령 | 가입일자(계약일자) |
|---|---|---|
| 자두 | A / 9년생 | 2019년 11월 14일 |

○ 조사내용

- 조사종류 : 착과수조사
- 조사일자 : 2020년 8월 18일
- 조사사항
  - 상기 조사일자 기준 과수원에 살아있는 모든 나무 수(고사된 나무 수 제외) : 270주
  - 2019년 7월 발생한 보상하는 재해로 2019년 7월에 고사된 나무 수 : 30주
  - 2019년 12월 발생한 보상하는 재해로 2020년 3월에 고사된 나무 수 : 25주
  - 2020년 6월 발생한 보상하는 손해 이외의 원인으로 2020년 7월에 고사된 나무 수 : 15주
  - 2020년 6월 발생한 보상하는 손해 이외의 원인으로 착과량이 현저하게 감소한 나무 수 : 10주

○ 착과수조사 결과

| 구분 | 실제결과주수(실제결과나무수) | 미보상주수(미보상나무수) | 고사주수(고사나무수) |
|---|---|---|---|
| 주수 | ( ① )주 | ( ② )주 | ( ③ )주 |

**정답**
① 실제결과주수=270+25+15=310주
② 미보상주수=15+10=25주
③ 고사주수=25주
  ✔ **실제결과주수 : 가입일자를 기준으로 과수원에 식재된 모든 나무수.**
  • 인수 조건에 따라 보험에 가입할 수 없는 나무(유목 및 제한 품종 등)은 제외
    → 가입일 이전 고사한 30주 제외, 2020. 06의 10주는 270주에 포함
  ✔ **고사주수 : 실제결과주수 중 보상하는 재해로 고사된 나무 수**
  ✔ **미보상주수 : 실제결과주수 중 보상하는 재해 이외의 원인으로 고사되거나 수확량(착과량)이 현저히 감소된 나무 수**

**67.** 종합위험보장 과수 품목에 가입한 과수원에서 실시한 「과중조사」에 관한 내용이다. 물음에 답하시오.

○ 과중조사

| 품목 | 품종 | 내용 | | | |
|---|---|---|---|---|---|
| 포도 | 1 | 현장 상황상 과중 조사 실시 못함 | 평균과중 400g | 농협 출하자료 450g (계약자 구두로 확인) | 적용 과중 ( ① ) |
| 밤 | 1 | 최소 표본주수 ( ② ) | 최소 표본과실수 ( ③ ) | ( ④ ) 30mm 기준 초과 과실 2,000g 이하 과실 1,000g | 개당 과중 ( ⑤ ) |
| 호두 | 2 | 조사 횟수 ( ⑥ ) | 최소 표본주수 ( ⑦ ) | 최소 표본과실수 ( ⑧ ) | 과실 기준 ( ⑨ ) |
| 참다래 | 1 | 최소 표본주수 ( ⑩ ) | 최소 표본과실수 ( ⑪ ) | ( ⑫ ) 기준 초과 과실 3,600g 이하 과실 2,000g | 개당 과중 ( ⑬ ) |
| 매실 | 1 | 표본주수 5주 절반 조사 | 표본주 조사착과량 30,000g | 비대추정지수 2.871 | 주당착과량 ( ⑭ ) |

- 개당 과중 산출 시에는 최소 표본과실수 적용 (kg 단위로 소수점 셋째 자리까지)
- 주당 착과량 산출 시에는 kg 단위로 소수점 이하 버림
- 최소 표본과실수는 과수원당 표본과실수
- 품종별 수확시기는 다름

 ① 0.4kg/개, ② 3주, ③ 60개, ④ 과립지름, ⑤ {2,000+(1,000×0.8)}÷60=0.046kg/개,
⑥ 2회, ⑦ 6주, ⑧ 60개, ⑨ 청피, ⑩ 3주, ⑪ 60개, ⑫ 50g,
⑬ {3,600+(2,000×0.7)}÷60=0.083kg/개
⑭ (30,000×2×2.871)÷5=34,452g/주=34kg
✔ 포도, 복숭아, 감귤(만감류) : 현장에서 과중 조사를 실시하기가 어려운 경우 '증빙자료가 있는 경우에 한하여' 농협의 품종별 출하 자료로 과중 조사를 대체할 수 있음

**68.** 다음 조건을 바탕으로 각 품목의 개당 과중을 산출하시오. (g 단위로 소수점 이하 버림)

| 품목 | 과중 조사 송이 개수 | 30mm 초과 과립 무게 | 30mm 이하 과립 무게 |
|---|---|---|---|
| 밤 | 농지 최소 개수 | 2,000g | 1,000g |

| 품목 | 과중 조사 과실수 | 50g 초과 과실 무게 | 50g 이하 과실 무게 |
|---|---|---|---|
| 참다래 | 농지 최소 과실수 | 3,400g | 2,200g |

 1. 밤 과중={2,000+(1,000×0.8)}÷60=46g/개
2. 참다래 과중={3,400+(2,200×0.7)}÷60=82g/개
✔ 과중
- 밤 품종별 개당 과중=품종별 {정상 표본과실 무게 합+(소과 표본과실 무게 합×0.8)}÷표본과실수
- 참다래 품종별 개당 과중=품종별 {50g 초과 표본과실 무게 합+(50g 이하 표본과실 무게 합×0.7)}÷표본과실수

**69.** 종합위험 수확감소보장 포도의 「수확량조사」에 관한 내용이다. 관계된 항목을 짝지으시오. (답안 예시. A+B+...)

A. (수확 전) 착과수조사

B. 착과피해조사

C. 최초 수확 품종 수확기 직전

D. 낙과피해조사

E. 품종별 수확시기에 각각 실시(착과피해유발 재해가 발생한 경우)

F. 사고 접수된 과수원에 품종별 수확시기에 실시

G. 표본주 수관면적 내의 과실수 조사

H. 과중조사

I. 피해 정도가 심해 피해 구성 조사가 의미 없는 경우 등에는 품종별로 조사 생략 가능

J. 사고 여부와 관계없이 가입한 농지에 실시

K. 재해 종류와 과실 상태 등을 고려해 조사자가 판단해 실시

L. 품종별로 착과가 평균적인 3주 이상의 나무에서 크기가 평균적인 과실을 20개 이상 추출

 정답  A+C+J, B+E+K, D+G+I, F+H+L

**70.** 종합위험 수확감소보장 참다래 품목의 「수확개시 전 수확량조사」에 관한 내용이다. 각 번호별로 틀린 내용이 있으면 바르게 수정하시오. (답안 예시. 1. A → B (수정 내용 기재). 2. 수정 내용 없음)

1. 재배 방법 및 품종을 감안하여 보상하는 재해로 인한 피해 여부 심사 완료

2. 품종별로 실제결과주수, 미보상주수, 고사주수 파악 완료

3. 실제결과주수에서 미보상주수 및 고사주수를 빼서 조사대상주수 계산

4. 농지별 전체 조사대상주수를 기준으로 품목별 표본주수표에 따라 농지별 전체 표본주수 산정

5. 품종별 표본주수는 품종별 조사대상주수에 비례하여 산정

6. 재식 간격 조사 및 표본구간 면적 조사. 표본구간 면적 = 주간길이 × 이랑폭

7. 표본 면적의 착과된 과실수와 낙과된 과실수 조사

8. 과중 조사 : 품종별로 착과가 평균적인 3주 이상의 표본주에서 크기가 평균적인 임의의 과실 100개를 추출해 과중조사

9. 개별 과실 과중이 50g을 초과하는 과실과 이하인 과실을 구분해 무게 조사하며, 50g 이하인 과실은 실제 무게의 80% 적용

10. 착과피해구성 조사 : 품종별 3주 이상의 표본주에서 임의의 과실 100개 이상 추출해 과실 분류에 따른 피해인정계수에 따라 구분하여 개수 조사

11. 낙과피해구성 조사 : 품종별로 낙과 중 임의의 과실 100개 이상을 추출해 과실 분류에 따른 피해인정계수에 따라 구분하여 개수 조사

 정답  1. 재배 방법 및 품종 → 농지 및 작물 상태

2. 품종별 → 품종별 · 수령별

3. 수정 내용 없음

4. 수정 내용 없음

5. 품종별 → 품종별 · 수령별

6. 표본구간 면적=주간길이×이랑폭 → {(표본구간 윗변 길이+표본구간 아랫변 길이)×표본구간 높이(윗변과 아랫변의 거리)}÷2
7. 착과된 과실수와 낙과된 과실수 조사 → 착과된 과실수 조사
8. 임의의 과실 100개 → 품종별 20개 이상(농지당 최소 60개 이상)
9. 실제 무게의 80% 적용 → 실제 무게의 70% 적용
10. 수정 내용 없음
11. 낙과피해구성 조사 → 수확 개시 전에 실시하지 않음

**71.** 종합위험 수확감소보장 과수 품목의 「과중조사」에 대한 내용이다. (        )을 알맞게 채우시오.

- 밤 : 품종별로 평균적인 착과량을 가진 3주 이상의 표본주에서 크기가 평균적인 과실을 (  ①  ) 이상 추출한다.
- 호두 과실의 기준은 (  ②  )로 하며, 밤 과실의 기준은 (  ③  )로 한다.
- 밤 : 품종별 과실(  ③  ) 개수를 파악하고, 과실(  ③  ) 내 과립을 분리하여 지름 길이를 기준으로 정상(  ④  초과)
   · 소과(  ④  이하)를 구분하여 무게를 조사한다.
- 참다래 : 개별 과실 과중이 (  ⑤  ) 초과하는 과실과 (  ⑤  ) 이하인 과실을 구분하여 무게를 조사한다. 이때, 개별 과
   실 중량이 (  ⑤  ) 이하인 과실은 해당 과실의 무게를 실제 무게의 (  ⑥  )로 적용한다.

**정답** ① 품종별 20개 이상 농지당 60개, ② 청피, ③ 송이, ④ 30mm, ⑤ 50g, ⑥ 70%

**72.** 다음은 종합위험 수확감소보장 과수 품목의 「수확량조사」에 관한 내용이다. 맞으면 ○, 틀리면 ×를 쓰시오.

(1) 매실의 수확량조사는 품종 · 수령별로 조사한다.                                                                    (        )
(2) 오미자는 품종별로 실제재배길이, 고사길이, 미보상길이, 수확완료길이를 조사한다.        (        )
(3) 유자는 수확 개시 후에는 수확량조사를 하지 않는다.                                                          (        )
(4) 참다래는 재식간격 조사를 위해 주간길이 및 이랑폭을 조사한다.                                       (        )
(5) 종합위험 수확감소보장 과수 품목 중 착과량 조사 시 현장 상황에 따라 표본주 착과된 과실 중 절반만을 수확하여 조사
   할 수 있는 품목은 대추, 매실, 살구이다.                                                                           (        )

**정답** (1) ○, (2) ×, (3) ○, (4) ○, (5) ×
✔ **과수 수확량조사**
   • 오미자 : 유인틀 형태별 · 오미자 수령별
   • 참다래 표본면적: 표본면적의 윗변, 아랫변, 높이
   • 절반조사 : 대추, 매실, 살구, 오미자

**73.** 종합위험보장 과수 품목의「고사나무 조사」에서 참다래와 포도 품목의 차이점을 쓰시오.

1. 차이점 : 조사 시기 및 그에 따른 조사 방법
2. 포도 :
  ① 수확 완료 시점 이후에 실시하되, '나무손해보장 특약' 종료 시점을 고려하여 결정
  ② 고사주수 조사 시 품종·수령별로 실제결과주수, 미보상 고사주수, 수확 완료 전·후 고사주수 조사
3. 참다래 :
  ① '나무손해보장 특약' 종료 시점을 고려하여 결정
  ② 품종·수령별로 실제결과주수, 미보상 고사주수, 고사주수 조사
✔ **과수 고사나무조사**
  ○ 참다래
    • 나무손해보장 특별약관 보험기간: 판매연도 7/1~이듬해 6/30
    • 과실손해보장 (보통약관) 보험기간: 꽃눈분화기~해당 꽃눈이 성장하여 맺은 과실의 수확기 종료 시점. (11/30 초과 불가)
    • 참다래 고사나무조사는 수확 완료 시점 전·후를 구분하지 않는다.
  ○ 포도, 복숭아, 자두, 매실, 만감류, 살구, 유자
    • 수확개시 전·후 고사주수 조사

**74.** 다음에서 종합위험보장 포도 품목의「고사나무 조사」시 피해율에 포함되는 고사나무는 총 몇 주인지 쓰시오.

(1)「수확 전 착과수 조사」에서 시비 관리 잘못으로 수확량이 현저히 감소한 것이 확인된 나무 10주
(2) 수확 개시 후「낙과피해조사」에서 집중호우로 유실된 것이 확인된 나무 5주
(3) 수확 개시 후「착과피해조사」에서 병충해로 인해 고사된 것이 확인된 나무 8주
(4) 수확 완료 후 강풍으로 절단 고사된 것이 확인된 나무 6주

2번과 4번. 총 11주

**75.** 종합위험보장 과수 품목의 수확량조사에 관한 내용이다.

| 품목 | 표본주 | 착과피해조사 표본과실수 |
| --- | --- | --- |
| 대추 (1품종) | 5주 | (  ①  )개 이상 또는 (  ②  )g 이상 |
| 품목 | 형태·수령별 표본구간 수 | 낙과피해조사 총 낙과과실 무게 2,800g |
| 오미자 | 5구간. 표본구간 총길이 (  ③  )m | 낙과피해구성조사 대상 과실 무게 (  ④  ) |

① 500개, ② 5,000g, ③ 5, ④ 2,800g
✔ **오미자 낙과피해조사 : 낙과량 중 임의의 과실 3,000g 이상(조사한 총 낙과과실 무게가 3,000g 미만인 경우에는 해당 과실 전체)을 추출하여 피해구성구분 기준에 따른 무게를 조사**

**76.** 종합위험보장 과수 상품에 가입한 매실 품목의 「수확량조사」시 비대추정지수 ① <u>조사방법</u>과 ② <u>적용</u>을 설명하시오.

정답

1. 조사 방법 : 품종별 적정 수확 일자, 조사 일자 및 국립 원예특작과학원의 '매실 품종별 과실 비대추정지수 표'를 참조하여 품종별로 비대추정지수를 조사한다. '품종별 과실 비대추정지수 표'에 없는 품종은 '남고' 품종을 기준으로 한다.
2. 적용 : 표본주의 착과량 조사 시 조사 착과량에 품종별 비대추정지수를 곱한다.

**77.** 종합위험보장 과수 품목의 「수확량조사」시 착과피해구성조사와 낙과피해구성조사를 생략할 수 있는 경우를 쓰시오.

정답

조사 당시 착과에 이상이 없는 경우 또는 낙과의 피해 정도가 심해 피해구성조사가 의미가 없을 경우 등에는 피해구성조사를 생략할 수 있다.

**78.** 종합위험 수확감소보장에 가입한 포도 과수원의 다음 조건을 보고 (수확 전) 착과량을 산출하시오. (kg 단위로 소수점 이하 반올림)

○ 계약사항

| 품종 | 실제결과주수 | 평년수확량 | 표준수확량 |
|---|---|---|---|
| 거봉<br>캠벨얼리 | 거봉 100주<br>캠벨얼리 200주 | 15,000kg | 거봉 6,000kg<br>캠벨얼리 8,000kg |

○ 수확 전 착과수조사

| 나무조사 | 표본주당 착과수 |
|---|---|
| 거봉 고사주수 50주<br>캠벨얼리 미보상주수 20주 | 거봉 30개<br>캠벨얼리 50개 |

○ 과중 조사

| 거봉 400g | 캠벨얼리 300g |
|---|---|

정답

1. 품종 · 수령별 평년수확량
   ① 거봉 15,000×(6,000÷14,000)=6,429kg
   ② 캠벨 15,000×(8,000÷14,000)=8,571kg
2. 품종별 주당 평년수확량
   ① 거봉 6,429÷100=64kg
   ② 캠벨 8,571÷200=43kg
3. 품종 · 수령별 착과량
   ① 거봉={(100-50)×30×0.4}=600kg
   ② 캠벨={(200-20)×50×0.3)}+(20×43)=3,560kg
4. 착과량 합계=4,160kg
✔ 이 경우 품종 · 수령별 평년수확량은 캠벨얼리 착과량의 (미보상주수×주당 평년수확량)에 캠벨얼리의 주당 평년수확량 적용을 위해 필요하다.

**79.** 종합위험 수확감소보장에 가입한 복숭아 과수원의 다음 조건을 보고 (수확 전) 착과량을 산출하시오. (kg 단위로 소수점 이하 반올림)

○ 계약사항

| 품종 | 실제결과주수 | 평년수확량 | 표준수확량 |
|---|---|---|---|
| 기도백도<br>대구보 | 기도백도 300주<br>대구보 200주 | 12,000kg | 기도백도 5,000kg<br>대구보 6,000kg |

○ 수확 전 착과수조사

| 나무조사 | 표본주당 착과수 |
|---|---|
| 기도백도 미보상주수 30주<br>대구보 미보상주수 20주 | 기도백도 100개<br>대구보 120개 |

○ 과중 조사

| 기도백도 300g | 대구보 – (수확 완료) |
|---|---|

1. 품종 · 수령별 평년수확량
   ① 기도백도 12,000×(5,000÷11,000)=5,455kg (18kg/주)
   ② 대구보 12,000×(6,000÷11,000)=6,545kg (33kg/주)
2. 품종 · 수령별 착과량
   ① 기도백도={(300-30)×100×0.3}+{30×18}=8,640kg
   ② 대구보=6,545kg
   ✔ 이 경우의 품종 · 수령별 평년수확량은 과중 조사를 하지 않은 대구보 품종의 착과량을 위해 필요하다.
   • 품종별 과중이 없는 경우(과중 조사 전 기수확 품종): 품종 · 수령별 평년수확량=품종 · 수령별 착과량
3. 착과량 합계=15,185kg

**80.** 종합위험 수확감소보장 포도 품목의 「수확량조사」 내용이다. 감수량을 산출하시오.

○ 수확 전 착과수 조사 이후의 조사내용

| 재해 | 평년수확량 | 조사 과중 | 표본주당 착과수 |
|---|---|---|---|
| 우박피해 | 5,000kg | 500g | 30개 |
| 실제결과주수 200주, 미보상주수 5주, 고사주수 10주, 기수확주수 20주 | | | |

• 고사주수는 착과수 조사 이전의 고사주수

• 착과피해구성

| 50% 피해형 | 80% 피해형 | 100% 피해형 | 정상 |
|---|---|---|---|
| 10개 | 5개 | 15개 | 10개 |

1. 조사대상주수=200-5-10-20=165주
2. 착과피해구성율=(10×0.5+5×0.8+1×15)÷40=60%
3. 착과감수량={(165×30)×0.5×0.6}=1,485kg
   ✔ 감수량=착과+낙과+고사주수 감수량 → 착과 피해만 조사됨 → 착과감수량 산정

**81.** 종합위험 수확감소보장 자두 품목의 「수확량조사」 내용이다. 다음의 태풍피해로 인한 감수량을 산출하시오. (%는 소수점 셋째 자리에서, 감수량은 소수점 첫째 자리에서 반올림)

○ 수확 전 착과수 조사 이후의 조사내용
• 수확 전 착과수 조사 이후 본 태풍피해 이전 수확량조사 시 착과피해구성율 20%

| 재해 | 과중 조사 | 실제결과주수 | 고사주수 | 미보상주수 |
|---|---|---|---|---|
| 태풍 | 150g | 300주 | 10주 | 5주 |

• 착과 · 낙과피해조사

| 표본주당 착과수 100개 | 착과피해구성율 30% | | | |
|---|---|---|---|---|
| 표본주 낙과수 합계 900개 | 정상 20개 | 50% 피해형 10개 | 80% 피해형 0개 | 100% 피해형 30개 |

• 고사 10주는 이번 태풍으로 인한 고사주수
• 고사분 과실수는 주당 착과수와 낙과수의 합계로 함
• 미보상비율 20%

1. 조사대상주수=300-10-5=285주
2. 착과감수량=285×100×0.15×(0.3-0.2)=428kg
3. 낙과감수량={285×(900÷¹9)}×0.15×(0.5833-0.2)=1,639kg
   ① ¹조사대상주수 285주 : 표본주수 9주
   ② 낙과피해구성율=(5+0+30)÷60=58.33%
4. 고사주수 감수량=10×(100+100)×0.15=300kg
5. 태풍피해 감수량 합계=428+1,639+300=2,367kg

✔ **포도, 복숭아, 자두, 만감류의 감수량**
○ 착과, 낙과, 고사주수 피해 조사됨 → 감수량=착과+낙과+고사주수 감수량 → 모든 감수량 산출(이번 사고로 인한 고사주수이므로 감수량 산출)
○ 2024. 10회 시험~ : [별표 9]에 고사주수 감수량의 산식이 다음과 같이 변경되었다.
• 금차 고사주수 감수량=(품종 · 수령별 금차 고사분과실수)×품종별 과중
• 품종 · 수령별 금차 고사주수=품종 · 수령별 고사주수 - 품종 · 수령별 기조사 고사주수
• ×(1-maxA) 적용이 삭제되었다. 적용함이 합리적으로 보이지만, [별표 9]를 기준으로 풀이한다.
  - 포도, 복숭아, 자두, 만감류의 고사주수 감수량은 2025 「농업재해보험 · 손해평가의 이론과 실무」에서 다시 확인한다.

**82.** 종합위험 수확감소보장 복숭아 품목의 병충해 감수량을 산출하시오. (kg 단위로 소수점 첫째 자리에서 반올림)

○ 집중호우 피해. 이전 과실 및 나무피해 없음. 조사 과중 500g

○ 수확 전 착과수 조사 이후의 조사내용

| 실제결과주수 100주, 미보상주수 10주, 고사주수 5주 (이번 사고로 인한 고사주수) |
|---|

• 착과피해조사. 표본주당 착과수 100개

| 정상 10개 | 50%형 10개 | 80%형 10개 | 100%형 15개 | 병충해 15개 |
|---|---|---|---|---|

• 낙과피해조사. 표본주당 낙과수 40개

| 정상 0개 | 50%형 10개 | 80%형 10개 | 100%형 10개 | 병충해 30개 |
|---|---|---|---|---|

1. 병충해 착과감수량

   ① 병충해 착과피해구성율= $\dfrac{15 \times 0.5}{60}$ = 12.5%

   ② 병충해 착과감수량=(85×100)×0.125×0.5=531kg

2. 병충해 낙과감수량

   ① 병충해 낙과피해구성율= $\dfrac{30 \times 0.5}{60}$ = 25%

   ② 병충해 낙과감수량=(85×40)×0.25×0.5=425kg

3. 병충해 감수량 합계=956kg

✔ **10회 시험~[별표 9] 복숭아 병충해 감수량 산출식:**

○ 병충해 피해구성율 : maxA 미적용으로 변경되었다.

○ 병충해 감수량=병충해 착과감수량+사고당 병충해 낙과감수량

• 병충해 낙과감수량과 다르게 '금차 또는 사고당'의 용어가 삭제되었다. 따라서 병충해 착과감수량의 '사고당 산정 여부'에 관한 논란이 있을 수 있지만, [농업재해보험·손해평가의 이론과 실무]에 이에 관한 다른 내용이 없으므로, 기존과 같이 사고당으로 산정하는 것으로 한다.

**83.** 종합위험 수확감소보장 복숭아 품목의 피해율을 산출하시오. (%는 소수점 둘째 자리까지. 중량은 소수점 이하 버림)

○ 계약사항

| 품종 | 실제결과주수 | 평년수확량 |
|---|---|---|
| 천홍 | 500주 | 25,000kg |

○ 수확 전 착과량 23,000kg (착과수조사 이전 사고의 피해사실이 인정된 농지)

○ 조사내용 – 착과수 조사 이후 낙과피해, 착과피해조사

| 재해 | 사고일 | 조사일 | 내용 |
|---|---|---|---|
| 태풍 | 8/19 | 8/20 | » 나무조사 ... |

» 나무조사

| 실제결과주수 | 미보상주수 | 고사주수 | 수확완료주수 |
|---|---|---|---|
| 500주 | 30주 | 30주 | 40주 |

- 고사주수는 수확 전 착과수 조사 이전의 고사주수

[과중 조사] 400g/개

[착과피해조사 – 표본조사]
- 표본주당 착과수 100개
- 착과피해구성

| 정상<br>20개 | 50% 형<br>0개 | 80% 형<br>20개 | 100% 형<br>10개 | 병충해<br>10개 |
|---|---|---|---|---|

[낙과피해조사 – 표본조사]
- 표본주당 낙과수 50개
- 낙과피해구성

| 정상<br>10개 | 50% 형<br>10개 | 80% 형<br>0개 | 100% 형<br>20개 | 병충해<br>20개 |
|---|---|---|---|---|

- 세균구멍병 확인
- 미보상비율 5%

 정답

1. 조사대상주수=500-30-30-40=400주

✔ **고사주수가 착과수 조사 이전의 고사주수 이므로, 착과감수량과 낙과감수량만 산출하면 된다.**

2. 착과감수량=400×100×0.4×0.4333=6,932kg
   • 착과피해구성율=(16+10)÷60=43.33%

3. 낙과감수량=400×50×0.4×0.4166=3,332kg
   • 낙과피해구성율=(5+20)÷60=41.66%

✔ **착과 · 낙과피해구성율 산출 시 병충해 과실: 정상 과실로 분류**

4. 감수량 합계=10,264kg

5. 병충해 감수량=2,664kg
   ① 병충해 착과감수량=(400×100)×0.0833×0.4=1,332kg

   • 병충해 착과피해구성율=$\dfrac{10 \times 0.5}{60} = 8.33\%$

   ② 병충해 낙과감수량=(400×50)×0.1666×0.4=1,332kg

   • 병충해 낙과피해구성율=$\dfrac{20 \times 0.5}{60} = 16.66\%$

6. 수확량=23,000-10,264=12,736kg

7. 미보상감수량=(25,000-12,736)×0.05=613kg

8. 피해율=$\dfrac{25,000 - 12,736 - 613 + 2664}{25,000} = 57.26\%$

✔ **수확감소량=(평년수확량-수확량-미보상감수량)+병충해 감수량**

   ={평년수확량-(착과량-감수량)-미보상감수량+병충해감수량}

   =(**평-착**+감-미+병)

   =(**감**+감+병-미)

   =모든 감수량-미보상감수량

**84.** 종합위험 수확감소보장 복숭아 품목의 피해율을 산출하시오. (%는 소수점 둘째 자리까지. 과실수 및 중량은 소수점 이하 버림)

○ 계약사항

| 품목 | 실제결과주수 | 평년수확량 | 자기부담비율 |
|---|---|---|---|
| 복숭아. 수확감소보장 | 200주 | 20,000kg | 20% |

○ 수확 전 착과수조사(수확 전 착과수조사 전 피해사실 인정되지 않은 농지)
• 실제결과주수 200주, 미보상주수 0주, 고사주수 0주
• 수확 전 착과수 합계 46,000개

○ 수확 전 착과수조사 이후 과중조사, 착과피해조사, 낙과피해조사 실시
• 다음은 하나의 보상하는 손해에 의한 피해조사 내용이다.

> » 과중조사 : 400g/개
> » 착과피해조사
>   - 나무조사 : 실제결과주수 200주, 미보상주수 0주, 고사주수 5주
>   - 주당 착과수 200개
>   - 착과피해구성 (세균구멍병 확인)
>
> | 정상 | 50%형 | 80%형 | 100%형 | 병충해 |
> |---|---|---|---|---|
> | 30개 | 10개 | 4개 | 4개 | 12개 |
>
> » 낙과피해조사(전수조사)
>   - 낙과수 5,000개
>   - 낙과피해구성 (세균구멍병 확인)
>
> | 정상 | 50%형 | 80%형 | 100%형 | 병충해 |
> |---|---|---|---|---|
> | 20개 | 10개 | 10개 | 10개 | 10개 |
>
>   - 고사분 과실수는 주당 착과수와 낙과수의 합계로 함
> » 미보상비율 조사 : 5%

1. 수확 전 착과량=(46,000×0.4)+(0×100)=18,400kg
2. 감수량
   (1) 착과감수량
      ① 착과피해구성율=(10×0.5+4×0.8+4×1.0)÷60=20.33%
      ② 착과감수량=195×200×0.4×0.2033=3,171kg
      • 조사대상주수=200-5=195주
   (2) 낙과감수량
      ① 낙과피해구성율=(10×0.5+10×0.8+10×1.0)÷60=38.33%
      ② 낙과감수량=5,000×0.4×0.3833=766kg
   (3) 고사주수 감수량=5×(200+25)×0.4=450kg
      ① 고사분 과실수=200+25=225개
      ② 주당 착과수 200개, 주당 낙과수 5,000÷195=25개
   (4) 감수량 합계 4,387kg
3. 병충해 감수량
   (1) 병충해 착과감수량

① 병충해 착과피해구성율=$\frac{12 \times 0.5}{60}$=10%

② 병충해 착과감수량=39,000×0.1×0.4=1,560kg

(2) 병충해 낙과감수량

① 병충해 낙과피해구성율 = $\frac{10 \times 0.5}{60}$ = 8.33%

② 병충해 낙과감수량=5,000×0.0833×0.4=166kg

(3) 병충해 감수량 합계 1,726kg

4. 수확량=max(20,000, 18,400)-4,387=15,613kg

5. 미보상감수량=(20,000-15,613)×0.05=219kg

6. 피해율=$\frac{20,000 - 15,613 - 219 + 1,726}{20,000}$ = 29.47%

✔ **10회 시험~ 포도, 복숭아, 자두, 만감류의 수확량**

• 수확 전 착과수조사 이전 유사고(피해사실 인정) : 수확량=착과량-Σ사고당 감수량
• 수확 전 착과수조사 이전 무사고(피해사실 불인정) : 수확량=max(평년수확량, 착과량)-Σ사고당 감수량

**85.** 종합위험 수확감소보장 포도 품목의 보험금을 산출하시오. (모든 중량(kg)은 소수점 첫째 자리에서 반올림해 정수 단위로, 피해율(%)은 소수점 셋째 자리에서 반올림)

○ 계약사항(보통약관과 특별약관의 보험가입금액은 동일)

| 보험가입금액 | 자기부담비율 | 가입 특별약관 |
|---|---|---|
| 50,000,000원 | 10% | 수확량감소 추가보장 |

| 품종 | 델라웨어, 세단, 샤인머스캣 |
|---|---|
| 평년수확량 | 11,000kg |
| 표준수확량 | » 델라웨어 3,000kg  세단 4,000kg  샤인머스캣 3,000kg<br>» 합계 10,000kg |
| 실제결과주수 | » 델라웨어 400주 세단 250주 샤인머스캣 350주<br>» 합계 1,000주 |

○ 조사내용 - 수확 전 착과수 조사 및 품종별 수확기의 과중조사

| 델라웨어 | 미보상주수 30주<br>고사주수 10주 | 조사과중 250g |
|---|---|---|
| | 표본주당 착과수 20개 | |
| 세단 | 미보상주수 20주<br>고사주수 10주 | 조사과중 -<br>(조사 전 수확 완료) |
| | 표본주당 착과수 18개 | |
| 샤인머스캣 | 미보상주수 10주<br>고사주수 없음 | 조사과중 300g |
| | 표본주당 착과수 15개 | |

• 수확 전 착과수조사 전 사고접수 과수원이지만 피해가 인정되지 않음
• 이후 추가 사고접수로 과중조사 및 피해조사 실시

○ 조사내용 – 착과수 조사 이후의 피해조사

| 재해 | 사고일 | 조사일 | 내용 |
|---|---|---|---|
| 우박 | 8/30 | 9/1 | [착과피해조사]<br>- 착과감수량 합계 1,200kg<br>- 델라웨어 착과피해구성율 35%<br>- 샤인머스캣 : 착과 피해 없음 |
| 태풍 | 9/5 | 9/6 | » 수확 전 착과수 조사 이후 금차 사고까지 나무피해 없음, 고사주수는 금차 고사주수임<br>[나무조사]<br>- 델라웨어 : 고사주수 10주 (고사분 과실수 10개/주)<br>- 샤인머스캣 : 나무 피해 없음<br>[낙과피해조사]<br>- 낙과감수량 합계 800kg<br>- 미보상비율 10% |

 **정답**

1. 수확 전 착과량
   (1) 품종별 평년수확량
   ① 델라웨어=11,000×(3,000÷10,000)=3,300kg (8kg/주)
   ② 세단=11,000×(4,000÷10,000)=4,400kg (18kg/주)
   ③ 샤인머스캣=11,000×(3,000÷10,000)=3,300kg (9kg/주)
   (2) 품종별 착과량
   ① 델라웨어={(400-30-10)×20×0.25}+(30×8)=2,040kg
   ② 세단=4,400kg
   ③ 샤인머스캣={(350-10)×15×0.3}+(10×9)=1,620kg
   (3) 착과량 합계=8,060kg
2. 수확 개시 후 감수량
   (1) 8/30 착과감수량 1,200kg
   (2) 9/5 델라웨어 나무감수량: 10×10×0.25=25kg
   (3) 9/5 낙과감수량 800kg
   (4) 합계=2,025kg
3. 수확량=max(11,000, 8,060)-2,025=8,975kg
4. 피해율= $\dfrac{11,000 - 8,975 - 203}{11,000} = 16.56\%$
5. 수확감소보험금=50,000,000×0.1656×0.1=828,000원
6. 추가보장 특약 보험금=50,000,000×0.1656×0.1=828,000원

✔ 10회 시험~ : 포도, 복숭아, 자두, 만감류의 고사주수 감수량과 수확량

○ [별표 9]에 고사주수 감수량의 산식이 다음과 같이 변경되었다.
• 금차 고사주수 감수량=(품종ㆍ수령별 금차 고사분과실수)×품종별 과중
• 품종ㆍ수령별 금차 고사주수=품종ㆍ수령별 고사주수 - 품종ㆍ수령별 기조사 고사주수
• ×(1-maxA) 적용이 삭제되었다. 적용함이 합리적으로 보이지만, [별표 9]를 기준으로 풀이한다.
• 포도, 복숭아, 자두, 만감류의 고사주수 감수량은 2025 「농업재해보험ㆍ손해평가의 이론과 실무」에서 다시 확인한다.

○ 수확량
• 수확 전 착과수조사 이전 유사고(피해사실 인정) : 수확량=착과량-Σ사고당 감수량
• 수확 전 착과수조사 이전 무사고(피해사실 불인정) : 수확량=max(평년수확량, 착과량)-Σ사고당 감수량

**86.** 종합위험 수확감소보장 포도 품목의 수확감소보험금을 산출하시오. (%는 소수점 셋째 자리에서, 중량은 소수점 첫째 자리에서 반올림)

○ 계약사항 : 평년수확량 100% 가입

| 품종 | 평년수확량 | 실제결과주수 | 가입가격 | 자기부담비율 |
|---|---|---|---|---|
| 기봉(수령 5년) | 5,000kg | 250주 | 2,000원 | 15% |

○ 수확 전 착과수 조사(착과수조사 이전 사고의 피해사실이 인정된 농지)

| 실제결과주수 | 미보상주수 | 고사주수 | 표본주 착과수 |
|---|---|---|---|
| 250주 | 10주 | 20주 | 합계 270개 |

○ 착과수 조사 이후의 피해조사

| 사고 | 조사 | 재해 | 내용 |
|---|---|---|---|
| 8/1 | 8/2 | 호우 | » 수확 전 착과수 조사 이후 금차 사고까지 피해 없음<br><br>[과중 조사] 400g/개<br><br>[착과피해조사]<br> - 표본주당 착과수 25개　　 - 착과피해구성율 30%<br><br>[낙과피해조사 - 전수조사]<br> - 낙과수 합계 1,100개<br> - 낙과피해구성<br><br>{ 50% 형 10개 \| 80% 형 5개 \| 100%형 0개 \| 정상 15개 }<br><br> - 미보상비율 : 10% (미보상사유 - 제초상태 ) |
| 9/1 | 9/2 | 태풍 | » 8/1 호우 피해 이후 조사<br><br>[나무조사]<br>{ 실제결과주수 250주 \| 미보상주수 10주 \| 고사주수 30주 \| 기수확주수 10주 }<br><br>» 고사분 과실수 : 25개/주<br><br>[착과 · 낙과 피해조사] (표본조사)<br>{ 표본주당 착과수 20개 \| 표본주당 낙과수 5개 }<br><br> - 낙과피해구성율 50%<br> - 미보상비율 : 20%(미보상사유 - 제초상태) |

1. 수확 전 착과량
 ① 착과수=(250-10-20)×(270÷9)=6,600개
 ② 착과량=(6,600×0.4)+(10×20)=2,840kg

2. 수확 개시 후 감수량
 ✔ 착과, 낙과, 나무피해감수량 중 산출해야 하는 감수량을 먼저 확인한다.
 (1) 8/1 호우 착과감수량=(220×25)×0.4×0.3=660kg
 (2) 8/1 호우 낙과감수량
  ① 낙과피해구성율=(5+4+0)÷30=30%
  ② 낙과감수량=1,100×0.4×0.3=132kg
 (3) 9/1 태풍 나무피해 감수량

Part 2. 종합위험 수확감소보장 과수　135

① 고사주수 10주

② 나무피해 감수량=10×25×0.4=100kg

(4) 9/1 낙과감수량=(200×5)×0.4×(0.5-0.3)=80kg

(5) 감수량 합계=972kg

✔ **피해조사를 해도 피해구성율이 산출되지 않았다면 피해 없음이다.**

• 고사주수감수량 : 위 문제 해설 참조

3. 수확량=2,840-972=1,868kg

4. 피해율= $\dfrac{5,000 - 1,868 - 626}{5,000}$ = 50.12%

5. 보험금=10,000,000×(0.5012-0.15)=3,512,000원

① 보험가입금액=5,000×2,000=10,000,000원

② 한도 확인=10,000,000×(1-0.15)=8,500,000원

**87.** 종합위험 수확감소보장 자두 품목의 보험금을 산출하시오. (%는 소수점 둘째 자리까지. 중량은 소수점 이하 버림. 고사분 과실수는 해당 사고의 주당 착과수와 낙과수 합계로 적용)

○ 계약사항

| 품목 | 보험가입금액 | 실제결과주수 | 평년수확량 | 자기부담비율 |
|---|---|---|---|---|
| 자두 | 1,000만원 | 100주 | 4,000kg | 20% |

○조사내용 - 수확 개시일 7/20(수확 전 사고접수 없음)

| 재해 | 사고일 | 조사일 | 내용 |
|---|---|---|---|
| - | - | 7/15 | » 수확 전 착과수조사<br>- 나무조사 : 실제결과주수 100주, 미보상주수 4주<br>- 주당 착과수 340개 |
| 호우 | 7/20 | 7/22 | » 과중조사 : 100g/개<br>» 나무조사 : 실제결과주수 100주, 미보상주수 4주, 고사주수 4주, 기수확주수 20주<br>» 착과피해조사<br>- 주당 착과수 300개, 착과피해구성율 25%<br>» 낙과피해조사<br>- 주당 낙과수 30개, 낙과피해구성율 45%<br>» 미보상비율 조사 10% |
| 태풍 | 7/30 | 7/31 | » 나무조사 : 실제결과주수 100주, 미보상주수 4주, 고사주수 10주, 기수확주수 40주<br>» 착과피해조사<br>- 주당 착과수 250개, 착과피해구성율 40%<br>» 낙과피해조사 (전수조사)<br>- 낙과수 합계 1,840개, 낙과피해구성율 60%<br>» 미보상비율 조사 10% |

**1. 수확 전 착과량**

① 조사대상주수 100-4=96주, 주당 평년수확량=4,000÷100=40kg

② 착과량=(96×340×0.1)+(4×40)=3,424kg

**2. 감수량**

(1) 7/20 호우 감수량

    ① 착과감수량=(72×300)×0.1×0.25=540kg

    • 조사대상주수 100-4-4-20=72주

    ② 낙과감수량=(72×30)×0.1×0.45=97kg

    ③ 고사주수 감수량=4×(300+30)×0.1=132kg

    ④ 합계=769kg

(2) 7/30 태풍 감수량

    ① 착과감수량=(46×250)×0.1×(0.4-0.25)=172kg

    • 조사대상주수 100-4-10-40=46주

    ② 낙과감수량=1,840×0.1×(0.6-0.25)=64kg

    ③ 고사주수 감수량=6×(250+40)×0.1=174kg

    • 주당 낙과수=1,840÷46=40개

    ④ 감수량 합계=410kg

(3) 감수량 총합=1,179kg

**3.** 수확량=max(4,000, 3,424)-1,179=2,821kg

**4.** 미보상감수량=(4,000-2,821)×0.1=117kg

**5.** 피해율=$\dfrac{4,000-2,821-117}{4,000}=26.55\%$

**6.** 보험금=10,000,000×(0.2655-0.2)=655,000원

---

**88.** 종합위험 수확감소보장 복숭아 품목의 보험금을 산출하시오. (중량은 소수점 첫째 자리, %는 소수점 셋째 자리에서 반올림. 고사분 과실수는 해당 사고의 주당 착과수와 낙과수 합계로 적용)

○ 계약사항 : 평년수확량 100% 가입

| 품종, 수령 | 평년수확량 | 실제결과주수 | 가입가격 | 자기부담비율 |
|---|---|---|---|---|
| 선광, 6년 | 4,000kg | 100주 | 5,000원 | 20% |

• 수확량감소 추가보장 특약 가입(보험가입금액은 보통약관과 동일함)

○ 조사내용 - 8/1 수확 개시(수확 전 착과수조사 이전 무사고 농지)

| 사고 | 조사 | 재해 | 내용 | | |
|---|---|---|---|---|---|
| - | 7/30 | - | [수확 전 착과수 조사] | | |
| | | | 실제결과주수 100주 | 미보상주수 15주 | 고사주수 0주 |
| | | | 표본주 착과수 합계 720개 | | |
| | | | - 미보상비율 0% | | |

Chapter 2.

| 실제결과주수 | 미보상주수 | 고사주수 | 수확완료주수 |
|---|---|---|---|
| 100주 | 15주 | 10주 | 10주 |

8/3 | 8/4 | 호우

[과중 조사] 300g/개

[착과피해조사]
 - 표본주당 착과수 80개
 - 착과피해구성, 세균구멍병 확인

| 50% 형 | 80% 형 | 100% 형 | 정상 | 병충해 |
|---|---|---|---|---|
| 10개 | 5개 | 20개 | 15개 | 10개 |

[낙과피해조사 – 표본조사]
 - 표본주당 낙과수 40개
 - 낙과피해구성, 세균구멍병 확인

| 50% 형 | 80% 형 | 100% 형 | 정상 | 병충해 |
|---|---|---|---|---|
| 0개 | 0개 | 40개 | 5개 | 15개 |

 - 미보상비율 10%

8/15 | 8/16 | 태풍

| 실제결과주수 | 미보상주수 | 고사주수 | 수확완료주수 |
|---|---|---|---|
| 100주 | 15주 | 15주 | 20주 |

[착과 · 낙과 피해조사 – 표본조사]

| 표본주당 착과수 25개 | 표본주당 낙과수 5개 |
|---|---|

 - 낙과피해구성, 세균구멍병 확인

| 50% 형 | 80% 형 | 100% 형 | 정상 | 병충해 |
|---|---|---|---|---|
| 0개 | 0개 | 20개 | 5개 | 35개 |

 - 미보상비율 15%

정답

1. 수확 전 착과량
① 조사대상주수=100-15-0=85주, 주당 평년수확량=4,000÷100=40kg
② 착과량=(85×120×0.3)+(15×40)=3,660kg

2. 수확 개시 후 감수량
✔ 착과, 낙과, 나무피해감수량 중 산출해야 하는 감수량을 먼저 확인한다.
 (1) 8/3 호우
    ① 조사대상주수=100-15-10-10=65주
    ② 8/3 착과감수량=(65×80)×0.3×(0.4833-0)=754kg
    • 착과피해구성율=48.33%
    ③ 8/3 낙과감수량=(65×40)×0.3×(0.6667-0)=520kg
    • 낙과피해구성율=66.67%
    ④ 8/3 나무피해감수량=10×(80+40)×0.3=360kg
 (2) 8/15 태풍
    ① 조사대상주수=100-15-15-20=50주
    ② 8/15 낙과감수량=(50×5)×0.3×(0.3333-0.4833)=0kg
    • 낙과피해구성율=33.33%
    ③ 8/15 나무피해감수량=5×(25+5)×0.3=45kg
 (3) 감수량 합계=1,679kg

3. 병충해 감수량

① 8/3 병충해 착과감수량=(65×80)×0.0833×0.3=130kg

- 병충해 착과피해구성율 $= \dfrac{10 \times 0.5}{60} = 8.33\%$

② 8/3 병충해 낙과감수량=(65×40)×0.125×0.3=98kg

- 병충해 낙과피해구성율 $= \dfrac{15 \times 0.5}{60} = 12.5\%$

③ 8/15 병충해 낙과감수량=(50×5)×0.2917×0.3=22kg

- 병충해 낙과피해구성율 $= \dfrac{35 \times 0.5}{60} = 29.17\%$

④ 병충해 감수량 합계=250kg

4. 수확량=max(4,000, 3,660)-1,679=2,321kg

5. 피해율 $= \dfrac{4,000 - 2,321 - 252 + 250}{4,000} = 41.93\%$

6. 보험금=20,000,000×(0.4193-0.2)=4,386,000원

- 보험가입금액=4,000×5,000=20,000,000원

7. 수확량감소 추가보장 보험금=20,000,000×(0.4193×0.1)=838,600원

**89.** 종합위험 수확감소보장 포도 품목의 보험금을 산출하시오. (%는 소수점 둘째 자리까지. 중량은 소수점 이하 버림. 고사분 과실수는 해당 사고의 주당 착과수와 낙과수 합계로 적용)

○ 계약사항

| 품목 | 보험가입금액 | 평년수확량 |
|---|---|---|
| 포도 (세단, 샤인머스캣) | 30,000,000원 | 5,000kg |

| 표준수확량 | 실제결과주수 |
|---|---|
| 4,000kg(세단 2,200kg, 샤인머스캣 1,800kg) | 300주(세단 200주, 샤인머스캣 100주) |

• 자기부담비율 10%

○ 조사내용(세단 수확 완료 후 과중조사 실시)

| 구분 | 세단 | 샤인머스캣 |
|---|---|---|
| 수확 전 착과수조사 | 미보상주수 10주, 고사주수 10주<br>표본주당 착과수 30개 | 미보상주수 5주, 고사주수 5주<br>표본주당 착과수 40개 |
| 과중조사 | - | 과중 500g |

• 착과수조사 이전 사고의 피해사실이 인정된 농지

○ 조사내용 - 샤인머스캣. 착과수 조사 이후의 피해조사

| 재해 | 사고일 | 조사일 | 내용 |
|---|---|---|---|
| 태풍 | 8/30 | 9/1 | [나무조사] 미보상주수 5주, 고사주수 5주, 기수확주수 20주<br>[착과피해조사] 주당 착과수 38개, 착과피해구성율 35% |
| 태풍 | 9/10 | 9/11 | [나무조사] 미보상주수 5주, 고사주수 10주, 기수확주수 40주<br>[낙과피해조사 (전수조사)]<br> - 낙과수 합계 315개, 낙과피해구성율 50%<br> - 주당 착과수 28개<br> - 미보상비율 10% |

정답

1. 품종별 평년수확량
① 세단=5,000×(2,200÷4,000)=2,750kg. 주당 13kg
② 샤인머스캣=5,000×(1,800÷4,000)=2,250kg. 주당 22kg

2. 착과량
① 세단=2,750kg
② 샤인머스캣=(90×40×0.5)+(5×22)=1,910kg
• 조사대상주수=100-5-5=90주
③ 착과량 합계=4,660kg

3. 감수량
(1) 8/30 태풍 감수량
① 착과감수량=(70×38)×0.5×0.35=465kg
• 조사대상주수=100-5-5-20=70주
(2) 9/5 태풍 감수량
① 낙과감수량=315×0.5×(0.5-0.35)=23kg
• 조사대상주수=100-5-10-40=45주, 주당 낙과수=315÷45=7개
② 고사주수 감수량=5×(28+7)×0.5=87kg
(3) 감수량 총합계=575kg

4. 수확량=4,660-575=4,085kg
5. 미보상감수량=(5,000-4,085)×0.1=91kg
6. 피해율=(5,000-4,085-91)÷5,000=16.48%
7. 보험금=30,000,000×(0.1648-0.1)=1,944,000원

**90.** 종합위험 수확감소보장 상품에 가입한 복숭아 품목의 계약사항과 조사내용을 바탕으로 보험금을 구하시오. (주당 평년수확량, 착과량, 감수량 등은 모두 kg 단위로 소수점 첫째 자리에서 반올림해서 정수 단위로 함. 피해율은 %로 소수점 셋째 자리에서 반올림)

○ 계약사항

| 품목 | 보험가입금액 | 평년수확량 | 자기부담비율 | 가입 특별약관 |
|---|---|---|---|---|
| 복숭아 | 5,000만원 | 14,800kg | 15% | 수확량감소 추가보장 |

| 품종 | 실제결과주수 | 표준수확량 | 평균 과중 |
|---|---|---|---|
| A품종 | 200주 | 11,000kg | 320g |
| B품종 | 120주 | 5,000kg | 300g |

○ 조사내용

| 재해 | 사고 | 조사 | 내용 |
|---|---|---|---|
| - | - | 7.25 | [수확 전 착과수조사] |

| 품종 | 실제결과주수 | 미보상주수 | 고사주수 |
|---|---|---|---|
| A | 200 | 4 | 6 |
| B | 120 | 4 | 2 |

| 품종 | 착과수 합계 | 미보상비율 |
|---|---|---|
| A | 22,800개 | 5% |
| B | 11,400개 | 10% |

| [과중조사] | | |
|---|---|---|
| 조사 과중 | | |
| A 품종 350g | | B 품종 - |

[나무조사]

| 품종 | 실제결과주수 | 미보상주수 | 고사주수 | 기수확주수 |
|---|---|---|---|---|
| A | 200 | 4 | 10 | 40 |

- 고사분 과실수 114개/주

[낙과피해조사]

| 품종 | 낙과수 합계 | 낙과피해구성율 |
|---|---|---|
| A | 584개 | 50% |

[착과피해조사]

| 품종 | 착과수 합계 | 착과피해구성율 |
|---|---|---|
| A | 16,060개 | 30% |

[병충해 과실수(세균구멍병)]

| 품종 | 착과과실수 | 낙과과실수 |
|---|---|---|
| A | 3,200개 | 100개 |

- 미보상비율: 10%

• 착과수조사 이전 사고의 피해사실이 인정된 농지

---

1. (수확 전) 착과량
   (1) 품종별 평년수확량
   
   ① A 품종= $14,800 \times \dfrac{11,000}{16,000} = 10,175kg$, 주당 51kg
   
   ② B 품종 = $14,800 \times \dfrac{5,000}{16,000} = 4,625kg$, 주당 39kg
   
   (2) 수확 전 착과량={(22,800×0.35)+(4×51)}+4,625=12,809kg

3. 8/20 태풍 감수량
   (1) 감수량
   
   ① 낙과감수량=584×0.35×0.5=102kg
   
   ② 착과감수량=16,060×0.35×0.3=1,686kg
   
   ③ 고사주수 감수량=4×114×0.35=160kg
   
   ④ 감수량 합계=1,948kg
   
   (2) 병충해 감수량=(3,200×0.35×0.5)+(100×0.35×0.5)=578kg

✔ **아래 해설 참조**

4. 수확량=12,809-1,948=10,861kg

5. 미보상감수량=(14,800-10,861)×0.1=394kg

6. 피해율= $\dfrac{(14,800 - 10,861 - 394 + 578)}{14,800} = 27.86\%$

7. 수확감소보험금=50,000,000×(0.2786-0.15)=6,430,000원

8. 수확량감소추가보장 보험금=50,000,000×0.1×0.2786=1,393,000원

- [이론서 본문] 병충해 감수량=병충해 입은 과실의 무게×0.5
- [별표 9]
  - 병충해 피해구성율 : maxA 미적용으로 변경되었다.
  - 병충해 감수량=병충해 착과감수량+사고당 병충해 낙과감수량
  - 병충해 낙과감수량과 다르게 '금차 또는 사고당'의 용어가 삭제되었다. 따라서 병충해 착과감수량의 '사고당 산정 여부'에 관한 논란이 있을 수 있지만, [농업재해보험·손해평가의 이론과 실무]에 이에 관한 다른 내용이 없으므로, 기존과 같이 사고당으로 산정하는 것으로 한다.
- [별표 9] 기준이 아닌, [이론서 본문]을 기준으로 출제될지도 모르기에 이를 위한 대비 문제이다. (착피, 낙피 산출을 위한 표본과실 분류가 아닌, 본 문제의 조건과 같이 병충해 피해입은 과실수 또는 무게만 제시되는 경우)

**91.** 다음 내용을 바탕으로 나무손해보장 특별약관에 관한 ①~⑤의 빈칸을 채우시오. (피해율은 %로 소수점 셋째 자리에서 반올림)

○ 계약사항

| 품목 | 가입주수 | 보통약관 가입 일자 |
|---|---|---|
| 복숭아(중생종) | 300주 | 2022년 11월 15일 |

○ 조사내용 : 고사나무 조사(2023년 11월 20일)
- 조사일자 기준 과수원에 식재된 모든 나무수 300주
- 2022년 11월 15일 기준 수령 2년 나무수 20주
- 2022년 11월 02일 발생한 화재로 2022년 11월 05일 고사로 확인된 나무수 5주
- 2023년 06월 20일 수확 전 착과수조사에서 토양병해로 인한 고사로 확인된 나무수 10주
- 2022년 12월 발생한 동해로 2023년 02월 01일에 고사로 확인된 나무수 10주
- 2023년 5월 발생한 세균구멍병으로 착과량이 현저히 감소한 나무수 10주
- 2023년 8월 수확 완료 후 계약자의 중과실로 고사한 나무수 3주
- 2023년 11월 발생한 건조해로 2023년 11월 16일 고사로 확인된 나무수 10주

○ 참고자료

| 품종별 수확시기 | | | 주당 가격 |
|---|---|---|---|
| 조생종 6월 | 중생종 8월 초 | 만생종 8월 중순 | 50,000원 |

| 수확 완료 전 고사주수 | 수확 완료 후 고사주수 | 미보상 고사주수 | 피해율 | 보험금 |
|---|---|---|---|---|
| ① | ② | ③ | ④ | ⑤ |

정답

1. 수확 완료 전 고사주수 : 10주
2. 수확 완료 후 고사주수 : 10주
3. 미보상 고사주수 : 13주
4. 피해율=20÷275=7.27% (실제결과주수 275주)
5. 보험금
   ① 보험가입금액=275×50,000=13,750,000원
   ② 보험금=13,750,000×(0.0727-0.05)=312,125원

✔ **나무 분류**

① 2022년 11월 15일 수령 2년 20주 : 복숭아 수령 3년 미만 인수 제한. 실제결과주수에서 제외 → 실제결과주수 280주

② 2022년 11월 02일 발생한 화재로 2022년 11월 05일 고사한 5주 : 가입 이전 고사. 실제결과주수에서 제외 → 실제결과주수 275주

③ 2023년 06월 20일 토양병해 고사한 10주 : 가입 이후+보장 기간 내+보상하는 손해 이외의 원인+고사 → 미보상 고사주수

④ 2022년 12월 발생한 동해. 2023년 02월 01일에 고사한 10주: 가입 이후+보장 기간 내+보상하는 손해+고사 → 수확 완료 전 고사주수

⑤ 2023년 5월 세균구멍병으로 착과량이 현저히 감소한 10주 : 가입 이후+보장 기간 내+보상하는 손해 이외의 원인+고사하지 않음(나무 특약은 자조화+고사주수만 보상)

⑥ 2023년 8월 계약자의 중과실로 고사한 3주 : 가입 이후+보장 기간 내+보상하는 손해 이외의 원인+고사 → 미보상 고사주수

⑦ 2023년 11월 건조해로 고사한 10주 : 가입 이후+보장 기간 내+보상하는 손해+고사 → 수확 완료 후 고사주수

✔ **나무 특약 피해주수 구분 : 가입 이후+보장 기간 내+보상하는 손해+고사**

---

**92.** 다음 수확감소보장 밤 품목 수확량조사에서의 수확량과 감수량을 구하시오. (중량(kg 단위) 및 과실수는 소수점 첫째 자리에서 반올림)

---

○ 품목 밤, 평년수확량 2,000kg 실제결과주수 100주

○ 수확량조사

· 실제결과주수 100주, 미보상주수 5주, 고사주수 5주

· 착과수 15,000개, 착과피해구성율 30%

· 낙과수 5,000개, 낙과피해구성율 40%

○ 과중 조사 80g/송이

---

**정답**

1. 조사대상주수=100-5-5=90주, 주당 평년수확량=2,000÷100=20kg

2. 최초사고 수확량={15,000×0.08×(1-0.3)}+{5,000×0.08×(1-0.4)}+(5×20)=1,180kg

✔ **수확개시 전=수확전 수확량조사 수확량, 수확개시 후=금차 수확량**

3. 감수량={15,000×0.08×(0.3-0)}+{(5,000×0.08×(0.4-0))+{5×(167+56)×0.08×(1.0-0)}=609kg

 ① 주당 착과수=15,000÷90=167개

 ② 주당 낙과수=5,000÷90=56개

✔ **본 문제는 하나의 사고에서 '(작은) 수확량과 감수량'은 동시에 산정(1-%)될 수 있지만, 기타과수 수확량 산정 방법은 각 사고에서 산출된 '(작은) 수확량과 감수량' 중 필요한 것만 (최종) 수확량 계산에 활용하는 것을 이해하기 위함이다.**

**93.** 종합위험 수확감소보장 밤 품목의 피해율을 산출하시오. (중량은 kg 단위로 소수점 이하 버림. 풀이 과정에서 오류 여부를 확인하고, 오류가 아닌 경우에만 피해율 산출)

| 계약사항 | 평년수확량 2,000kg, 실제결과주수 100주 |
|---|---|
| 과중 조사 | 70g/송이 (수확 개시 전·후 동일) |
| 수확 전<br>수확량조사 | » 미보상주수 3주, 고사주수 7주<br>» 표본주당 착과수 200개, 착과피해구성율 20%<br>» 표본주당 낙과수 30개, 낙과피해구성율 30%<br>» 미보상비율 5% |
| 수확 개시 후<br>수확량조사 | » 고사주수 3주(추가), 기수확주수 10주<br>» 표본주당 착과수 160개, 착과피해구성율 30%<br>» 표본주당 낙과수 40개, 낙과피해구성율 50%<br>» 미보상비율 10%<br>» 기수확량 100kg |

**정답**

1. 수확 전 수확량조사
   ① 조사대상주수=100-3-7=90주, 주당 평년수확량=20kg
   ② 최초사고 수확량={(90×200)×0.07×(1-0.2)}+{(90×30)×0.07×(1-0.3)}+(3×20)=1,200kg (수확 개시 전 수확량)

2. 수확 개시 후 수확량조사
   ① 조사대상주수=100-3-7-3-10=77주
   ② 금차 피해구성율 : $^1$착과피해구성율=30-20=10%, $^2$낙과피해구성율=50-20=30%
   ③ 2차 사고 수확량={(77×160)×0.07×(1-$^1$0.1)}+{(77×40)×0.07×(1-$^2$0.3)}+(3×20)=987kg (금차 수확량)
   ④ 2차 사고 감수량={(77×160)×0.07×$^1$(0.3-0.2)}+{(77×40)×0.07×$^2$(0.5-0.2)}+{3×(160+40)×0.07×(1-0.2)}=184kg (금차 감수량)

3. 오류 확인
   ① 금차 수확량+금차 감수량+기수확량 987+184+100=1,271kg > 수확 전 수확량조사 수확량 1,200kg
   ② 오류

✔ **기타 과수 수확량 산정 [별표 9]**
   • 2차 이후 사고의 수확량(금차 수확량)에도 금차 피해구성율[1-(피해구성율-maxA)]을 적용하도록 되어 있지만, 이럴 경우 2차 사고의 수확량이 1차 사고 시의 수확량보다 증가할 수 있다. (추가 피해가 발생했음에도 수확량이 증가)
   • 또한 금차 피해구성율을 적용 시에 미보상주수 역시 누적값을 적용해야 하는가도 의문이다.
   • (1-피해구성율)을 적용하던 공식이 몇 해 전에 변경되면서 논란이 있지만, 수정되지 않고 있어 [별표 9]를 기준으로 풀이한다.
   • 그러나, 2차 이후 사고의 수확량(금차 수확량)은 실질적으로 피해율 계산 시에는 쓰이지 않고, 오류 확인을 위해서만 쓰인다.

✔ **기타 과수 오류 확인 [별표 9]**
   • 오류인 경우 수정하는 방법은 기재되어 있지 않다. 이럴 경우 피해율을 구하는 것은 합리적이지 않으므로, 본 문제에서는 오류 확인 과정에서 풀이 과정을 끝내는 것으로 한다. (출제된다면 제시되는 조건에 따름)
   • 실제 시험에서 기타 과수 다중 사고 문제는 이와 같은 이유로 출제될 가능성이 높지 않지만, 만일 출제된다면 반드시 풀이 과정에 오류 여부를 확인해야 하는지 의문이다. 본 문제와 같이 확인하는 조건이 있다면 확인하고 그렇지 않다면, 확인 없이 피해율과 보험금을 산정해도 될 것으로 판단한다.

**94.** 종합위험 수확감소보장 호두 품목의 보험금을 산출하시오. (%는 소수점 둘째 자리까지, 중량은 소수점 이하 버림)

○ 계약사항

| 품목 | 보험가입금액 | 평년수확량 | 실제결과주수 | 자기부담비율 |
|------|------------|-----------|-----------|-----------|
| 호두 | 1,000만원 | 1,500kg | 100주 | 20% |

○ 조사내용 – 수확 개시 후 수확량조사

| 과중 조사 | 100g/개 (기준 : 청피) | |
|----------|--------------------|---|
| 수확량조사 | » 미보상주수 4주, 고사주수 없음, 기수확주수 20주<br>» 착과 · 낙과피해조사 | |
| | 표본주당 착과수 130개 | 착과피해구성율 10% |
| | 표본주당 낙과수 30개 | 낙과피해구성율 20% |
| | » 기수확량 320kg<br>» 미보상비율 5% | |

○ 이후 추가 감수량 300kg 발생

1. 조사대상주수=100-4-0-20=76주, 주당 평년수확량=15kg
2. 최초사고 수확량={76×130×0.1×(1-0.1)}+{76×30×0.1×(1-0.2)}+(4×15)=1,131kg (금차 수확량)
3. 최초사고 감수량=(76×130×0.1×0.1)+(76×30×0.1×0.2)+0=144kg (금차 감수량)
4. 수확량 산정방식 결정 : 금차 수확량+기수확량+금차 감수량=1,595kg ≥ 평년수확량 1,500kg
5. 수확량=1,131+320-300=1,151kg
✔ **기타 과수**
- 기본 수확량 산정식 : 수확량=최초사고 수확량+기수확량-2차 이후 사고 감수량
- 본 문제 : 수확개시 후 최초사고 발생 → 최초사고 시점 과수원의 총 과실량과 평년수확량의 비교 → 총 과실량이 더 큰 경우 기본 산정식대로 수확량 산정
- 수확개시 후 최초사고 발생 → 기수확량 인정됨, 이후 추가감수량 있음 → 2차 이후 사고 감수량 있음
6. 미보상감수량=(1,500-1,151)×0.05=17kg
7. 피해율=(1,500-1,151-17)÷1,500=22.13%
8. 보험금=10,000,000×(0.2213-0.2)=213,000원

**95.** 다음 수확감소보장 밤 품목의 수확량조사 내용을 참조하여 피해율을 산출하시오.

○ 품목 밤. 평년수확량 1,000kg, 실제결과주수 100주

○ 9/15 태풍피해 발생 (수확 예정일 10/01). 이후 추가 재해 없음
- 품종 · 수령별로 나무조사 실시 : 실제결과주수 100주, 미보상주수 10주, 고사주수 5주
- 표본주 : 주당 착과수 80개, 주당 낙과수 40개
- 과중조사 : 80g/개
- 착과피해조사 : 착과피해구성율 30%
- 낙과피해조사 : 낙과피해구성율 40%
- 미보상비율 5%

1. 수확량
① 조사대상주수=100-10-5=85주
② 주당 평년수확량=1,000÷100=10kg/주
③ 최초사고 수확량={85×80×0.08×(1-0.3)}+{85×40×0.08×(1-0.4)}+(10×10)=644kg (수확 전 수확량조사 수확량)
④ 수확량=644kg

**✔ 기타 과수**
• 기본 수확량 산정식 : 수확량=최초사고 수확량+기수확량-2차 이후 사고 감수량
• 본 문제 : 수확개시 전 최초사고 발생 → 인정되는 기수확량 없음, 이후 추가사고 없음 → 2차 이후 사고 감수량 없음

2. 미보상감수량=(1,000-644)×0.05=17.8kg
3. 피해율=(1,000-644-17.8)÷1,000=33.82%

**96.** 종합위험 수확감소보장 대추 품목의 보험금을 산출하시오. (%는 소수점 둘째 자리까지, 중량은 소수점 이하 버림)

○ 계약사항

| 품목 | 보험가입금액 | 평년수확량 | 실제결과주수 | 자기부담비율 |
|---|---|---|---|---|
| 대추 | 1,500만원 | 2,000kg | 200주 | 15% |

○ 조사내용-수확 개시 후 수확량조사

| 수확량 조사 | » 미보상주수 5주, 고사주수 5주, 기수확주수 10주 » 착과·낙과피해조사 | |
|---|---|---|
| | 표본주당 착과량 6kg, | 착과피해구성율 30% |
| | 표본주당 낙과량 2kg | 낙과피해구성율 40% |
| | » 기수확량 80kg » 미보상비율 10% | |

1. 조사대상주수=200-5-5-10=180주, 주당 평년수확량=10kg
2. 최초사고 수확량={180×6×(1-0.3)}+{(180×2×(1-0.4))+(5×10)=1,022kg (금차 수확량)
3. 최초사고 감수량=(180×6×0.3)+(180×2×0.4)+{5×(6+2)×1}=508kg (금차 감수량)
4. 수확량 산정방식 결정 : 금차 수확량+기수확량+금차 감수량 1,022+508+80=1,610kg < 평년수확량 2,000kg
5. 수확량=2,000-508=1,492kg

**✔ 기타 과수**
• 기본 수확량 산정식 : 수확량=최초사고 수확량+기수확량-2차 이후 사고 감수량
• 본 문제 : 수확개시 후 최초사고 발생 → 최초사고 시점 과수원의 총 과실량과 평년수확량의 비교 → 평년수확량이 더 큰 경우 : 수확량=평년수확량-모든 사고 감수량(사고당 감수량의 합)

6. 미보상감수량=508×0.1=50kg
7. 피해율=(2,000-1,492-50)÷2,000=22.9%
8. 보험금=15,000,000×(0.229-0.15)=1,185,000

**97.** 다음 수확감소보장 참다래 품목의 수확량조사 내용을 참조하여 피해율을 산출하시오. (과실수, 중량은 모두 소수점 첫째 자리에서 반올림. 풀이 과정에서 오류 여부를 확인하고, 오류가 아닌 경우에만 피해율 산출)

○ 계약사항

| 품목 참다래 | 평년수확량 3,000kg | 실제결과주수 200주 |
|---|---|---|

○ 수확량조사-10월 10일 태풍피해(수확 개시일 11월 01일)
- 품종·수령별로 나무조사 실시: 실제결과주수 200주, 미보상주수 10주, 고사주수 5주
- 재식간격: 5㎡, 표본주 : 7주, 표본면적 : 3㎡
- 표본면적 착과수 합계 : 630개
- 과중조사 : 100g/개
- 착과피해조사 : 착과피해구성율 20%
- 미보상비율 : 5%

○ 수확량조사-11월 05일 호우피해
- 품종·수령별로 나무조사 실시(누적 조사값): 실제결과주수 200주, 미보상주수 10주, 고사주수 5주, 기수확주수 40주
- 재식간격 : 5㎡, 표본주 7주, 표본면적: 3㎡
- 표본면적 착과수 합계 420개, 낙과수 합계 100개
- 과중조사 : 100g/개
- 기수확량 조사 : 400kg
- 착과피해조사 : 착과피해구성율 30%
- 낙과피해조사 : 낙과피해구성율 40%
- 미보상비율 10%

 **정답**

1. 실제결과주수 면적 등
   ① 실제결과주수 200×5=1,000㎡
   ② ㎡당 평년수확량=3,000÷1,000=3kg
2. 10/10 태풍피해
   ① 미보상주수 면적 10×5=50㎡, 고사주수 면적 5×5=25㎡, 조사대상주수=200-10-5=185주. 조사대상주수면적=185×5=925㎡
   ② 표본면적당 착과수=630÷(7×3)=30개/㎡
   ③ 최초사고 수확량={925×30×0.1×(1-0.2)}+(50×3)=2,370kg (수확 전 수확량조사 수확량)
3. 11/05 호우피해
   ① 미보상주수 면적 10×5=50㎡, 고사주수 면적 5×5=25㎡, 기수확주수 면적 40×5=200㎡
   ② 조사대상주수=200-10-5-40=145주. 조사대상주수면적=145×5=725㎡
   ③ 표본면적당 착과수=420÷(7×3)=20개/㎡, 낙과수 100÷(7×3)=5개/㎡
   ④ 금차 피해구성율 : [1]착과피해구성율=30-20=10%, [2]낙과피해구성율=40-20=20%
   ⑤ 금차 수확량={725×20×0.1×(1-[1]0.1)}+{725×5×0.1×(1-[2]0.2)}+(50×3)=1,745kg
   ⑥ 금차 감수량={725×20×0.1×[1](0.3-0.2)}+{725×5×0.1×[2](0.4-0.2)}=218kg
4. 오류 확인
   ① 금차 수확량+금차 감수량+기수확량 1,745+218+400=2,363kg ≤ 수확 전 수확량조사 수확량 2,370kg
   ② 오류 아님
5. 수확량=2,370-218=2,152kg
✔ **기타 과수**
- 기본 수확량 산정식 : 수확량=최초사고 수확량+기수확량-2차 이후 사고 감수량

- 본 문제 : 수확 개시 전 최초사고 발생 → 인정되는 기수확량 없음, 이후 추가사고 발생 → 2차 이후 사고 감수량 있음
6. 미보상감수량=(3,000-2,152)×0.1=85kg
7. 피해율=(3,000-2,152-85)÷3000=25.43%

**98.** 다음 수확감소보장 호두 품목의 수확량조사 내용을 참조하여 피해율을 산출하시오. (중량은 소수점 첫째 자리에서, 피해율은 %로 소수점 셋째 자리에서 반올림)

○ 계약사항

| 품목 호두 | 평년수확량 3,000kg | 실제결과주수 200주 |
|---|---|---|

○ 수확량조사 - 수확 개시 후 수확량조사 (이전 수확량조사 없음)
- 나무조사 : 품종 · 수령별 미보상주수 3주, 고사주수 5주, 기수확주수 50주
- 표본주당 착과수 240개, 낙과수 80개
- 과중조사 : 50g/개
- 기수확량 : 800kg
- 착과피해조사 : 착과피해구성율 25%, 낙과피해조사 : 낙과피해구성율 35%
- 미보상비율 없음

1. 조사대상주수=200-3-5-50=142주, 주당 평년수확량=15kg/주
2. 최초사고 수확량={142×240×0.05×(1-0.25)}+{142×80×0.05×(1-0.35)}+(3×15)=1,692kg (금차 수확량)
3. 최초사고 감수량=(142×240×0.05×0.25)+(142×80×0.05×0.35)+{5×(240+80)×0.05×1.0}=705kg (금차 감수량)
4. 수확량 산정방식 결정 : 금차 수확량+금차 감수량+기수확량 1,692+705+800=3,197kg ≥ 평년수확량 3,000kg
5. 수확량=1,692+800=2,492kg
✔ **기타 과수**
- 기본 수확량 산정식 : 수확량=최초사고 수확량+기수확량-2차 이후 사고 감수량
- 본 문제 : 수확개시 후 최초사고 발생 → 최초사고 시점 과수원의 총 과실량과 평년수확량의 비교 → 과수원의 총 과실량이 더 큰 경우 : 기본 산정식으로 수확량 산정
- 수확개시 후 최초사고 발생 → 기수확량 인정, 이후 추가사고 없음 → 2차 이후 사고 감수량 없음
6. 미보상감수량=0kg
7. 피해율=(3,000-2,492-0)÷2,000=16.93%

**99.** 다음 수확감소보장 대추 품목의 수확량조사 내용을 참조하여 피해율을 산출하시오. (중량은 소수점 첫째 자리에서 반올림)

○ 계약사항

| 품목 대추 | 평년수확량 4,000kg | 실제결과주수 200주 |
|---|---|---|

○ 수확량조사 - 수확 개시 후 수확량조사 (이전 수확량조사 없음)
- 나무조사 : 품종 · 수령별 미보상주수 3주, 고사주수 5주, 기수확주수 50주
- 과중조사 : 표본주당 착과량 15kg, 낙과량 3kg
- 기수확량 : 900kg
- 착과피해조사 : 착과피해구성율 25%, 낙과피해조사 : 낙과피해구성율 35%
- 미보상비율 없음

1. 조사대상주수=200-3-5-50=142주, 주당 평년수확량=20kg/주
2. 최초사고 수확량={142×15×(1-0.25)}+{142×3×(1-0.35)}+(3×20)=1,934kg (금차 수확량)
3. 최초사고 감수량=(142×15×0.25)+(142×3×0.35)+{5×(15+3)×1.0}=772kg (금차 감수량)
4. 수확량 산정방식 결정 : 금차 수확량+금차 감수량+기수확량 1,934+772+900=3,606kg < 평년수확량 4,000kg
5. 수확량=4,000-772=3,228kg

✔ **기타 과수**
- 기본 수확량 산정식 : 수확량=최초사고 수확량+기수확량-2차 이후 사고 감수량
- 본 문제 : 수확개시 후 최초사고 발생 → 최초사고 시점 과수원의 총 과실량과 평년수확량의 비교 → 평년수확량이 더 큰 경우 : 수확량=평년수확량-모든 사고 감수량(사고당 감수량의 합)

6. 미보상감수량=0kg
7. 피해율=(4,000-3,228-0)÷4,000=19.3%

**100.** 다음 수확감소보장 밤 품목의 수확량조사 내용을 참조하여 피해율을 산출하시오. (중량은 소수점 첫째 자리 이하, %는 소수점 셋째 자리 이하 반올림)

○ 계약사항

| 보험가입금액 1,500만원 | 평년수확량 1,500kg | 실제결과주수 100주 |
|---|---|---|

○ 조사내용 - 수확 개시 전 수확량조사
- 보상하는 재해로 인한 피해 확인
- 나무조사 : 실제결과주수 100주, 미보상주수 5주, 고사주수 3주
- 표본주 착과수 합계 900개, 낙과수 합계 120개 (최소 표본주수 조사)
- 과중조사 : 0.082kg/송이
- 착과피해구성율 25%, 낙과피해구성율 50%
- 미보상비율 10%

1. 조사대상주수=100-5-3=92주, 주당 평년수확량=15kg/주
2. 표본주당 착과수 900÷6=150개/주, 낙과수 120÷6=20개/주
   - 조사대상주수 92주 → 최소 표본주수 6주
3. 수확량
   ① 최초사고 수확량={92×150×0.082×(1-0.25)}+{92×20×0.082×(1-0.5)}+(5×15)=999kg (수확 전 수확량조사 수확량)
   ② 수확량=999kg

✔ **기타 과수**
- 기본 수확량 산정식 : 수확량=최초사고 수확량+기수확량-2차 이후 사고 감수량
- 본 문제 : 수확개시 전 최초사고 발생 → 인정되는 기수확량 없음, 이후 추가사고 없음 → 2차 이후 사고 감수량 없음

4. 미보상감수량=(1,500-999)×0.1=50kg
5. 피해율=(1,500-999-50)÷1,500=30.07%

**101.** 종합위험 수확감소보장 참다래 품목의 수확량조사 내용을 참조하여 피해율을 산출하시오. (과실수 및 중량은 소수점 첫째 자리에서, %는 소수점 셋째 자리에서 반올림. 개당 과중은 g 단위로 소수점 첫째 자리에서 반올림해 정수로)

○ 계약사항

| 보험가입금액 2,000만원 | 평년수확량 3,000kg | 실제결과주수 100주 |
|---|---|---|

○ 조사내용 - 수확 개시 후 수확량조사
- 보상하는 재해로 인한 피해 확인
- 나무조사 : 실제결과주수 100주, 미보상주수 10주, 고사주수 5주, 기수확주수 10주
- 재식면적 : 12㎡
- 표본주 6주. 표본면적 4㎡
- 표본면적 착과수 합계 900개, 낙과수 합계 100개
- 과중조사 : 50g 초과 2,800g, 50g 이하 1,000g (표본과실수 60개)
- 착과피해구성율 30%, 낙과피해구성율 50%
- 기수확량 260kg
- 미보상비율 10%

1. 면적, ㎡당 착과수 · 낙과수, 과중
   (1) ① 실제결과주수 면적=100×12=1,200㎡
      ② 미보상주수 면적=10×12=120㎡
      ③ 고사주수 면적=5×12=60㎡
      ④ 기수확주수 면적=10×12=120㎡
      ⑤ 조사대상주수 면적=(100-10-5-10)×12=900㎡
   (2) ㎡당 평년수확량=3,000÷1,200=3kg/㎡
   (3) 표본면적 ㎡당 착과수, 낙과수
      ① ㎡당 착과수=900÷(6×4)=38개/㎡
      ② ㎡당 낙과수=100÷(6×4)=4개/㎡
   (4) 과중={(1,000×0.7)+2,800}÷60=58g/개
2. 최초사고 수확량={900×38×0.058×(1-0.3)}+{900×4×0.058×(1-0.5)}+(120×3)=1,853kg (금차 수확량)
3. 최초사고 감수량={900×38×0.058×0.3}+{900×4×0.058×0.5}+(60×3)=879kg (금차 감수량)
4. 수확량 산정방식 결정 : 금차 수확량+금차 감수량+기수확량 1,853+879+260=2,992kg < 평년수확량 3,000kg
5. 수확량=3,000-879=2,121kg

✔ **기타 과수**
   - 기본 수확량 산정식 : 수확량=최초사고 수확량+기수확량-2차 이후 사고 감수량
   - 본 문제 : 수확개시 후 최초사고 발생 → 최초사고 시점 과수원의 총 과실량과 평년수확량의 비교 → 평년수확량이 더 큰 경우 : 수확량=평년수확량-모든 사고 감수량(사고당 감수량의 합)

6. 미보상감수량=879×0.1=88kg
7. 피해율=(3,000-2,121-88)÷3,000=26.37%

**102.** 종합위험 수확감소보장 참다래 품목의 보험금을 산출하시오 (소수점 이하 반올림, %는 소수점 셋째 자리 이하 반올림)

○ 계약사항

| 품목 | 실제결과주수 | 평년수확량 |
|---|---|---|
| 참다래(수령 5년생) | 350주 | 22,000kg |
| 가입가격 | 자기부담비율 | 보험가입금액 |
| 2,000원/kg | 15% | 44,000,000원 |

○ 조사내용 – 수확 전 수확량조사

| 재해 | 사고 | 조사 | 내용 |
|---|---|---|---|
| 호우/태풍 | 10/15 | 10/16 | [피해사실확인조사]<br>» 호우 및 태풍으로 인한 피해 사실 확인<br>» 나무조사 |

[피해사실확인조사] 나무조사

| 실제결과주수 | 미보상주수 | 고사주수 |
|---|---|---|
| 350주 | 10주 | 20주 |

- 재식 간격 : 주간거리 4m, 열간거리 4m

[착과피해조사]
» 표본면적 조사 : 아랫변 3m, 윗변 2m, 높이 2m
» 표본 조사

| 표본주 8주 | 표본주 착과수 합계 1,040개 |
|---|---|

» 착과피해구성

| 정상 | 50% | 80% | 100% |
|---|---|---|---|
| 50개 | 20개 | 20개 | 10개 |

[과중 조사] (60개)

| 50g 초과 5,000g | 50g 이하 1,400g |
|---|---|

» 미보상비율 10%

• 수확기 종료 시점까지 추가 피해 없음

1. 과중={5,000+(1,400×0.7)}÷60=0.1kg/개
2. 면적
   ① 재식 간격=4×4=16㎡
   ② ㎡당 평년수확량=22,000÷(350×16)=4kg/㎡
   ③ 조사대상주수면적=(350-10-20)×16=5,120㎡
   ④ 미보상주수면적=10×16=160㎡
   ⑤ 고사주수면적=20×16=320㎡
   ✔ **참다래는 모든 주수를 면적으로 계산해 놓는다.**
3. 표본면적
   ① 표본주당 면적={(3+2)×2}÷2=5㎡
   ② 표본구간 면적=8×5=40㎡
   ③ 표본구간 ㎡당 착과수=1,040÷40=26개/㎡
4. 착과피해구성율 : 36%
5. 수확량
   ① 최초사고 수확량={(5,120×26)×0.1×(1-0.36)}+(160×4)=9,160kg (수확 전 수확량조사 수확량)
   ② 수확량=9,160kg

✔ **기타 과수**

- 기본 수확량 산정식 : 수확량=최초사고 수확량+기수확량-2차 이후 사고 감수량
- 본 문제 : 수확개시 전 최초사고 발생 → 인정되는 기수확량 없음, 이후 추가사고 없음 → 2차 이후 사고 감수량 없음

6. 미보상감수량=(22,000-9,160)×0.1=1,284kg
7. 피해율=(22,000-9,160-1,284)÷22,000=52.53%
8. 보험금=44,000,000×(0.5253-0.15)=16,513,200원
9. 한도 확인=44,000,000×(1-0.15)=37,400,000원

**103.** 종합위험 수확감소보장 밤 품목의 보험금을 산출하시오. (개당 과중은 소수점 넷째 자리에서 반올림, 중량은 소수점 이하 반올림, %는 소수점 셋째 자리 이하 반올림)

○ 계약사항

| 품목 | 실제결과주수 | 평년수확량 |
|---|---|---|
| 밤(수령 7년생) | 500주 | 8,000kg |
| 가입가격 | 자기부담비율 | 보험가입금액 |
| 4,000원/kg | 20% | 32,000,000원 |

○ 조사내용 - 수확 전 수확량조사

| 재해 | 사고 | 조사 | 내용 |
|---|---|---|---|
| 태풍 | 9/20 | 9/21 | **[피해사실확인조사]**<br>- 태풍으로 인한 피해 사실 확인<br>- 나무조사<br><table><tr><td>실제결과주수</td><td>미보상주수</td><td>고사주수</td></tr><tr><td>500주</td><td>20주</td><td>10주</td></tr></table><br>**[착과·낙과피해조사]**<br>- 착과수조사 　　　　　　　- 착과피해구성율 30%<br><table><tr><td>표본주 11주</td><td>표본주당 착과수 200개</td></tr></table><br>- 낙과수 조사 (전수조사) 　　- 낙과수 합계 220개<br>- 낙과피해구성<br><table><tr><td>정상 20개</td><td>50% 20개</td><td>80% 10개</td><td>100% 10개</td></tr></table><br>**[과중 조사]** (60개)<br><table><tr><td>지름 30mm 초과 4,000g</td><td>지름 30mm 이하 1,200g</td></tr></table><br>- 미보상비율 : 10% 　　　　　- 과실 기준 : 송이 |

 1. 조사대상주수=500-20-10=470주, 주당 평년수확량=8,000÷500=16kg

2. 과중={4,000+(1,200×0.8)}÷60=0.083kg/송이

3. 착과수=470×200=94,000개, 낙과수=220개(전수조사)

4. 피해구성율

① 착과피해구성율=30%, ②낙과피해구성율=(10+8+10)÷60=46.67%

5. 수확량

① 최초사고 수확량={94,000×0.083×(1-0.3)}+{220×0.083×(1-0.4667)}+(20×16)=5,791kg (수확 전 수확량조사 수확량)

② 수확량=5,791kg

- **밤 · 호두 : 수확 개시 전 수확량조사에서도 낙과피해조사를 실시한다.**
  - 기본 수확량 산정식 : 수확량=최초사고 수확량+기수확량-2차 이후 사고 감수량
  - 본 문제 : 수확개시 전 최초사고 발생 → 인정되는 기수확량 없음, 이후 추가사고 없음 → 2차 이후 사고 감수량 없음
6. 미보상감수량=(8,000-5,791)×0.1=221kg
7. 피해율=(8,000-5,791-221)÷8,000=24.85%
8. 보험금=32,000,000×(0.2485-0.2)=1,552,000원
9. 한도 확인=32,000,000×(1-0.2)=25,600,000원

**104.** 종합위험 수확감소보장 매실 품목의 보험금을 산출하시오. (주당 수확량 및 수확량은 소수점 이하 반올림. %는 소수점 셋째 자리 반올림)

○ 계약사항 : 나무손해보장 특약 가입 (5만원/1주)

| 품종 | 보험가입금액 | 평년수확량 | 실제결과주수 | 자기부담비율 |
|---|---|---|---|---|
| 백가하(수령 8년) | 2,000만원 | 4,000kg | 300주 | 10% |

○ 조사내용 – 수확 개시 후 수확량조사. 수확 개시 전 사고 없음
- 집중호우로 인한 착과, 낙과, 나무피해 확인

| 실제결과주수 | 미보상주수 | 고사주수 | 수확완료주수 |
|---|---|---|---|
| 300주 | 20주 | 40주 | 50주 |

- 표본조사

| 표본주 7주 | 표본주 착과량 합계 42kg | 표본주 낙과량 합계 21kg | 비대추정지수 2.054 |
|---|---|---|---|
| 착과피해구성율 20% | | 낙과피해구성율 40% | |

- 미보상비율 10%
- 기수확량 700kg
- 이후 수확기 종료 시점까지 사고 없음
- 수확기 종료 ~ 나무손해보장 특약 종료 시점: 고사주수 20주 추가 확인

**정답**

**[수확감소보험금]**
1. ① 조사대상주수=300-20-40-50=190주
   ② 주당 평년수확량=4,000÷300=13kg
   ③ 표본주당 착과량=(42×2.054)÷7=12kg
   ④ 표본주당 낙과량=21÷7=3kg
   - **매실 : 표본주 착과량에 ×비대추정지수 적용, 착과량 절반조사 등에 주의한다.**
2. 최초사고 수확량={(190×12×(1-0.2))+{(190×3×(1-0.4))+(20×13)=2,426kg (금차 수확량)
3. 최초사고 감수량=(190×12×0.2)+(190×3×0.4)+{40×(12+3)×(1-0)}=1,284kg (금차 감수량)
4. 수확량 산출방식 결정 : 금차 수확량+금차 감수량+기수확량 2,426+1,284+700=4,410kg ≥ 평년수확량 4,000kg
5. 수확량=2,426+700=3,126kg
   - **기타 과수**
     - 기본 수확량 산정식 : 수확량=최초사고 수확량+기수확량-2차 이후 사고 감수량
     - 본 문제 : 수확개시 후 최초사고 발생 → 최초사고 시점 과수원의 총 과실량과 평년수확량의 비교 → 총 과실량이 더 큰 경우 기본 산정식대로 수확량 산정
     - 수확개시 후 최초사고 발생 → 기수확량 인정됨, 이후 추가사고 없음 → 2차 이후 사고 감수량 없음

6. 미보상감수량=(4,000-3,126)×0.1=87kg

7. 피해율=(4,000-3,126-87)÷4,000=19.68%

8. 보험금=20,000,000×(0.1968-0.1)=1,936,000원

**[나무손해보험금]**

1. 피해율=60÷300=20%

2. 보험금=15,000,000×(0.2-0.05)=2,250,000원

**105.** 종합위험 수확감소보장 오미자 품목의 보험금을 산출하시오. (m당 중량은 소수점 셋째 자리 이하 버림, 수확량은 소수점 이하 버림, %는 소수점 셋째 자리 이하 버림. 풀이 과정에서 오류 여부를 확인하고, 오류가 아닌 경우에만 보험금 산출)

○ 계약사항

| (하우스) 아치형 | 보험가입금액 | 평년수확량 | 유인틀 재배길이 | 자기부담비율 |
|---|---|---|---|---|
| 식묘 3년차 | 1,000만원 | 2,000kg | 800m | 10% |

○ 조사내용 – 수확 개시 후 수확량조사. 수확 개시 전 사고 없음
• 강풍 피해로 인한 착과 피해 확인

| 실제재배길이 800m | 미보상길이 50m | 고사길이 30m | 수확완료길이 200m |
|---|---|---|---|
| 표본구간 6구간 | 표본구간 착과량 합계 12kg | 표본구간 낙과량 합계 6kg | 착과피해구성율 30%<br>낙과피해구성율 40% |

• 미보상비율 10%
• 기수확량 600kg

○ 조사내용 – 수확 개시 후 수확량조사
• 태풍피해로 인한 착과, 낙과, 나무피해 확인
• 유인틀 길이 조사 : 누적 값

| 실제재배길이 800m | 미보상길이 50m | 고사길이 50m | 수확완료길이 300m |
|---|---|---|---|
| 표본구간 5구간 | 표본구간 착과량<br>합계 4kg (절반 조사) | 표본구간 낙과량 합계 2kg | 착과피해구성율 50%<br>낙과피해구성율 60% |

• 미보상비율 10%
• 기수확량 140kg (최초사고 이후 추가 기수확량)

1. 최초사고(강풍 피해)
   (1) ① 조사대상길이=800-50-30-200=520m
       ② m당 평년수확량=2.5kg
       ③ 표본구간 m당 착과량=12÷6=2kg, 표본구간 m당 낙과량=6÷6=1kg
   (2) 최초사고 수확량={(520×2)×(1-0.3)}+({(520×1)×(1-0.4))+(50×2.5)=1,165kg (최초조사 금차 수확량)
   (3) 최초사고 감수량={(520×2)×0.3}+{(520×1)×0.4}+{30×(2+1)×1}=610kg
   (4) 기수확량 600kg (최초조사 기수확량)
2. 2차 이후 사고(태풍피해)
   (1) ① 조사대상길이=800-50-50-300=400m (고사 20m, 기수확 100m 추가)
       ② 표본구간 당 착과량 1.6kg/m, 낙과량 0.4kg/m
   (2) 금차 피해구성율 : [1]착과피해구성율=50-30=20%, [2]낙과피해구성율=60-30=30%

(3) 2차 사고 수확량={(400×1.6)×(1-¹0.2)}+{(400×0.4)×(1-²0.3)}+(50×2.5)=749kg (금차 수확량)

(4) 2차 사고 감수량={(400×1.6)×¹0.2)}+{(400×0.4)×²0.3)}+{20×(1.6+0.4)×(1-0.3)}=204kg (금차 감수량)

**✔ 착과량 절반 조사 시에 계산에 주의한다.**

3. 오류 확인

① 금차 수확량+금차 감수량+기수확량 749+204+(140+600)=1,693kg ≤ 이전조사 금차 수확량+이전조사 기수확량 1,165+600=1,765kg

② 오류 아님

4. 수확량 산출방식 결정 : (최초조사) 금차 수확량+금차 감수량+기수확량 1,165+610+600=2,375kg ≥ 평년수확량 2,000kg

4. 수확량=1,165+600-204=1,561kg

**✔ 기타 과수**

- 기본 수확량 산정식 : 수확량=최초사고 수확량+기수확량-2차 이후 사고 감수량
- 본 문제 : 수확개시 후 최초사고 발생 → 최초사고 시점 과수원의 총 과실량과 평년수확량의 비교 → 총 과실량이 더 큰 경우 기본 산정식대로 수확량 산정
- 수확개시 후 최초사고 발생 → 기수확량 인정됨, 이후 추가사고 발생 → 2차 이후 사고 감수량 있음
- [별표 9 용어] 수확량=최초조사 금차 수확량+최초 조사 기수확량-2차 이후 사고당 감수량의 합)

5. 피해율=(2,000-1,561-43)÷2,000=19.8%

6. 보험금=10,000,000×(0.198-0.1)=980,000원

**✔ 2차 이후 사고의 (금차) 수확량 및 오류 수정 : 문93 해설 참조**

- 오류검증을 위해서만 필요하다.
- 피해율 및 보험금 계산을 위한 수확량에는 필요하지 않다.
- 오류수정의 경우 검증 후 오류일 경우 수정하는 방법은 규정되어 있지 않다. 추정하여 수정할 수는 있으나, 정해진 방법이 아니므로 검증의 의미와 방법만 이해하면 된다.

**106.** 종합위험 수확감소보장 호두 품목의 보험금을 산출하시오. (주당 수확량 및 수확량은 소수점 첫째 자리에서, %는 소수점 셋째 자리에서 반올림. 풀이 과정에서 오류 여부를 확인하고, 오류가 아닌 경우에만 보험금 산출)

○ 계약사항

| 보험가입금액 | 실제결과주수 | 평년수확량 | 자기부담비율 |
|---|---|---|---|
| 2,000만원 | 300주 | 5,000kg | 20% |

○ 조사내용 – 수확 개시 후 수확량조사. 이전 피해 발생 없음

| 재해 | 사고 | 조사 | 내용 |
|---|---|---|---|
| 태풍 | 9/1 | 9/2 | » 나무조사<br><br>| 실제결과주수 | 미보상주수 | 고사주수 | 수확완료주수 |<br>|---|---|---|---|<br>| 300주 | 10주 | 20주 | 20주 |<br><br>[착과, 낙과피해조사]<br>» 표본조사<br><br>| 표본주당 착과수 250개 | 표본주당 낙과수 50개 |<br>|---|---|<br><br>» 착과, 낙과피해구성조사<br><br>| 착과피해구성율 20% | 낙과피해구성율 30% |<br>|---|---|<br><br>[과중 조사] 50g/개<br>» 미보상비율 : 10%<br>» 기수확량 300kg |

| 호우 | 9/10 | 9/11 | [수확량조사 결과] | | |
|---|---|---|---|---|---|
| | | | 금차 수확량 | 금차 감수량 | 기수확량 |
| | | | 2,490kg | 450kg | 100kg |
| | | | » 미보상비율 : 20% | | |

1. 최초사고(태풍피해)
   (1) ① 주당 평년수확량=17kg, ②조사대상주수=300-10-20-20=250주
   (2) 최초사고 수확량={250×250×0.05×(1-0.2)}+{250×50×0.05×(1-0.3)}+(10×17)=3,108kg (최초조사 금차 수확량)
   (3) 최고사고 감수량={250×250×0.05×0.2}+(250×50×0.05×0.3)+{20×(250+50)×0.05×1}=1,113kg (최초조사 금차 감수량)
   (4) 기수확량 300kg (최초조사 기수확량)
2. 오류 확인
   ① 금차 수확량+금차 감수량+기수확량 2,490+450+(100+300)
      =3,340kg ≤ 이전조사 금차 수확량+이전조사 기수확량 3,108+300=3,408kg
   ② 오류 아님
3. 수확량 산정방식 결정 : (최초조사) 금차 수확량+금차 감수량+기수확량 3,108+1,113+300=4,521kg < 평년수확량 5,000kg
4. 수확량=5,000-(1,113+450)=3,437kg
   ✔ **기타 과수**
   • 기본 수확량 산정식 : 수확량=최초사고 수확량+기수확량-2차 이후 사고 감수량
   • 본 문제 : 수확개시 후 최초사고 발생 → 최초사고 시점 과수원의 총 과실량과 평년수확량의 비교
      → 평년수확량이 더 큰 경우 : 수확량=평년수확량-모든 사고 감수량(사고당 감수량의 합), 모든 사고 감수량=최초+2차 사고
5. 피해율=(5,000-3,437-313)÷5,000=25%
6. 보험금=20,000,000×(0.25-0.2)=1,000,000원
   ✔ **2차 이후 사고의 (금차)수확량 및 오류 수정 : 문93 해설 참조**

**107.** 종합위험 수확감소보장 밤 품목의 보험금을 산출하시오. (과중과 %는 소수점 셋째 자리에서 반올림, 수확량은 소수점 첫째 자리에서 반올림. 풀이 과정에서 오류 여부를 확인하고, 오류가 아닌 경우에만 보험금 산출)

○ 계약사항

| 품목 | 실제결과주수 | 평년수확량 |
|---|---|---|
| 밤 (수령 8년생) | 400주 | 6,000kg |
| **가입가격** | **자기부담비율** | **보험가입금액** |
| 4,000원/kg | 10% | 24,000,000원 |

○ 조사내용 – 수확 개시 전, 후 수확량조사. 수확 개시일 9/20

| 재해 | 사고 | 조사 | 내용 |
|---|---|---|---|
| 집중 호우 | 9/10 | 9/11 | » 나무조사 |

| 실제결과주수 | 미보상주수 | 고사주수 |
|---|---|---|
| 400주 | 20주 | 20주 |

[착과피해조사]
» 착과수조사

| 표본주 10주 | 표본주당 착과수 200개 |
|---|---|

» 착과피해구성율 20%

[낙과피해조사]
» 낙과수 조사 (전수조사) – 낙과수 합계 300개
» 낙과피해구성율 30%

[과중 조사] (60개)

| 지름 30mm 초과 3,000g | 지름 30mm 이하 1,200g |
|---|---|

– 미보상비율 : 10%

| 재해 | 사고 | 조사 | 내용 |
|---|---|---|---|
| 태풍 | 10/1 | 10/2 | [수확량조사 결과] |

| 금차 수확량 | 금차 감수량 | 기수확량 |
|---|---|---|
| 3,576kg | 724kg | 372kg |

» 미보상비율 10%

 **정답**

1. 수확 전 수확량조사

  (1) ① 주당 평년수확량=15kg, ②조사대상주수=400-20-20=360주

  (2) 과중=(3,000+1,200×0.8)÷60=0.07kg

  (2) 최초사고 수확량={360×200×0.07×(1-0.2)}+{300×0.07×(1-0.3)}+(20×15)=4,347kg (수확 전 수확량조사 수확량)

2. 오류 확인

  ① 금차 수확량+금차 감수량+기수확량 3,576+724+372=4,672kg > 수확 전 수확량조사 수확량 4,347kg

  ② 오류

✔ 오류 수정의 경우 검증 후 오류일 경우 수정하는 방법은 규정되어 있지 않다. 추정하여 수정할 수는 있으나, 정해진 방법이 아니므로 검증의 의미와 방법만 이해하면 된다.

**108.** 종합위험 수확감소보장 밤 품목의 보험금을 산출하시오. (주당 수확량 및 수확량은 소수점 첫째 자리, %는 소수점 셋째 자리에서 반올림)

○ 계약사항

| 보험가입금액 | 실제결과주수 | 표준수확량 | 평년수확량 | 자기부담비율 |
|---|---|---|---|---|
| 30,000,000원 | A 품종 400주<br>B 품종 200주 | A 품종 6,000kg<br>B 품종 5,000kg | 10,000kg | 10% |

○ 조사내용 – 수확 개시 후 수확량조사. 수확 개시일 9/15. 이전사고 없음

| 재해 | 사고 | 조사 | 내용 |
|---|---|---|---|
| 태풍 | 9/20 | 9/21 | » 나무조사<br><br>|  | 실제결과주수 | 미보상주수 | 고사주수 | 기수확주수 |<br>|---|---|---|---|---|<br>| A 품종 | 400주 | 30주 | - | 40주 |<br>| B 품종 | 200주 | 20주 | 10주 | - |<br><br>[착과피해조사]<br>» 착과수 조사<br>\| A 품종 180개/주 \| B 품종 200개/주 \|<br>» 착과피해구성율<br>\| A 품종 20% \| B 품종 30% \|<br><br>[낙과피해조사]<br>» 낙과수 조사(표본조사)<br>\| A 품종 40개/주 \| B 품종 30개/주 \|<br>» 낙과피해구성율<br>\| A 품종 40% \| B 품종 50% \|<br><br>[과중 조사] 80g/개 (A, B 품종 동일)<br>» 기수확량 (A 품종) 550kg<br>» 과실 기준 : 송이<br>» 미보상비율 : 10% |

**정답**

1. 품종별 평년수확량
   ① A 품종=10,000×(6,000÷11,000)=5,455kg (14kg/주)
   ② B 품종=10,000×(5,000÷11,000)=4,545kg (23kg/주)
2. 조사대상주수
   ① A 품종=400-30-40=330주
   ② B 품종=200-20-10=170주
3. 최초사고 수확량
   ① A 품종={330×180×0.08×(1-0.2)}+{330×40×0.08×(1-0.4)}+(30×14)=4,855kg
   ② B 품종={170×200×0.08×(1-0.3)}+{170×30×0.08×(1-0.5)}+(20×23)=2,568kg
   ③ 합계=7,423kg (금차 수확량)
4. 최초사고 감수량

① A 품종=(330×180×0.08×0.2)+(330×40×0.08×0.4)=1,373kg

② B 품종=(170×200×0.08×0.3)+(170×30×0.08×0.5)+{10×(200+30)×0.08×1}=1,204kg

③ 합계=2,577kg (금차 감수량)

5. 기수확량 A 품종 550kg

6. 수확량 산정방식 결정 : 금차 수확량+금차 감수량+기수확량 7,423+2,577+550=10,550kg ≥ 평년수확량 10,000kg

7. 수확량=7,423+550=7,973kg

✔ **기타 과수**

- 기본 수확량 산정식 : 수확량=최초사고 수확량+기수확량-2차 이후 사고 감수량

- 본 문제 : 수확개시 후 최초사고 발생 → 최초사고 시점 과수원의 총 과실량과 평년수확량의 비교 → 과수원의 총 과실량이 더 큰 경우 : 기본 산정식으로 수확량 산정

- 수확개시 후 최초사고 발생 → 기수확량 인정, 이후 추가사고 없음 → 2차 이후 사고 감수량 없음

8. 피해율=(10,000-7,973-203)÷10,000=18.24%

9. 보험금=30,000,000×(0.1824-0.1)=2,472,000원

**109.** 종합위험 수확감소보장 밤 품목의 「수확량조사」 결과이다. 오류가 있는지 검토하고 있으면 수정하시오.

| 1차 사고. 우박피해. 수확 개시 전 발생 | | |
|---|---|---|
| 수확량 : 700kg | | 착과피해구성율 : 40% |

| 2차 사고. 태풍 피해. 수확 개시 후 발생 | | |
|---|---|---|
| 수확량 : 400kg | 감수량 : 200kg | 기수확량 : 150kg |

- 기수확량 : 착과피해구성율 반영되지 않음

1. 금차 사고 수확량+금차 사고 감수량+기수확량 ≤ 수확 개시 전 수확량

2. 검토 : 400+200+150=750kg > 700kg → 오류

✔ **본 문제는 개념 이해를 위한 참고용으로만 한다.**

- 1차 사고 이후의 (기)수확량이므로, 1차 사고의 착과피해구성율이 반영되어야 한다. 착과피해구성율을 과실이 그대로 머금고 있는 상태로 이해한다.

✔ **오류 수정 : 검증 후 오류일 경우 수정하는 방법은 규정되어 있지 않다. 추정하여 수정할 수는 있으나, 정해진 방법이 아니므로 검증의 의미와 방법만 이해하면 된다.**

3. 수정 : 기수확량=150×(1-0.4)=90kg

4. 재검토 : 400+200+90=690kg ≤ 700kg

# PART 3

## 종합위험 및 수확 전 종합위험 과실손해보장

손해평가사 2차 문제집

# 농작물재해보험의 이론과 실무

**1.** 다음에서 수확 전 종합위험 과실손해보장 복분자 상품에서 지급될 수 있는 보험금의 종류에 해당하는 것을 쓰시오.

| ① 과실손해보장 보험금 | ② 나무손해보장 보험금 |
|---|---|
| ③ 수확량감소 추가보장 보험금 | ④ 수확개시 이후 동상해보장 보험금 |
| ⑤ 경작불능보장 보험금 | |

 ① 과실손해보장 보험금, ⑤ 경작불능보장 보험금

**2.** 종합위험 및 수확 전 종합위험 과실손해보장 품목 중 특별약관에 가입할 수 있는 품목과 해당 특별약관을 모두 쓰시오.

 1. 복분자 – 수확기 부보장 특별약관
2. 무화과 – 나무손해보장 특별약관
3. 감귤(온주밀감류) – 나무손해보장 특별약관, 수확개시 이후 동상해 보장 특별약관, 과실손해 추가보장 특별약관

**3.** 농작물재해보험에 가입한 복분자, 무화과 품목의 재해 발생 시기별 보상하는 재해에 관한 내용이다.(　　)를 알맞게 채우시오.

| 복분자 | ( ① ) | 자연재해, 조수해, 화재 |
|---|---|---|
| | ( ② ) | ( ⑤ ) |
| 무화과 | ( ③ ) | 자연재해, 조수해, 화재 |
| | ( ④ ) | ( ⑤ ) |

① 이듬해 5월 31일 이전, ② 이듬해 6월 1일 이후, ③ 이듬해 7월 31일 이전, ④ 이듬해 8월 1일 이후, ⑤ 태풍(강풍), 우박

**4.** 수확 전 종합위험 과실손해보장 복분자 상품의 보험가입금액을 산출하시오. (천원 단위 미만 절사)

| 수령 | 표준수확량 | 가입 포기 수 |
|---|---|---|
| 4년 | 0.557kg/포기 | 2,000포기 |
| 표준가격 | 평년결과모지수 | 가입 비율 |
| 7,684원/kg | 6개 | 100% |

보험가입금액={0.557×2,000×7,684×(6÷5)}×100%=10,271,971원=10,270,000원
✔ **복분자 수령 2~4년 : 표준결과모지수 5개/포기**

**5.** 수확 전 종합위험 과실손해보장 복분자 상품의 평년결과모지수를 설명하시오.

 1. 평년 수준의 기후, 영농활동, 자연재해를 전제로 해당 과수원에 기대되는 예상 결과모지수이다.
2. 보험가입금액의 결정 및 보험금 지급 시 피해율 산정의 기준이 된다.
3. 산출 방법
　(1) 산출식=(A×Y/5)+{B×(1-Y/5)}
　　① A=최근 5년간 결과모지수 평균
　　② B=표준결과모지수 (2년~4년=포기당 5개, 5년~11년=포기당 4개)
　　③ Y=최근 5년간 가입 횟수
　(2) 과거 결과모지수 산출 방법
　　① 무사고시 : max(평년결과모지수, 표준결과모지수)×110%
　　② 유사고시 :
　　　• 실제결과모지수 > 평년결과모지수 50% → 실제결과모지수
　　　• 평년결과모지수 50% ≥ 실제결과모지수 → 평년결과모지수 50%
　　　• 평년결과모지수의 범위 : 표준결과모지수 50~130%
　✔ 2024 [농업재해보험ㆍ손해평가의 이론과 실무] 복분자 B: 5~11년=4개
　　• 11년은 인수 제한 목적물이지만 위와 같이 되어 있다. 2025 [농업재해보험ㆍ손해평가의 이론과 실무]를 확인한다.

**6.** 수확 전 종합위험 과실손해보장 복분자 상품의 과실손해보장보험금 ① 지급 사유를 쓰고 다음 조건에서 ② 보험금을 산출하시오. (%는 소수점 셋째 자리에서 반올림)

| | | |
|---|---|---|
| • 보험가입금액 2,000만원 | • 평년결과모지수 7개 | • 자기부담비율 20% |
| • 고사결과모지수: 수확 개시 전 2개, 수확 개시 후 1개 | | |

 1. 지급 사유 : 보상하는 재해로 피해율이 자기부담비율을 초과하는 경우
2. 과실손해보험금=20,000,000×(0.4286-0.2)=4,572,000원
　• 피해율=3÷7=42.86%

**7.** 다음 조건에서 복분자 품목의 보험가입금액을 산출하시오.

| | | |
|---|---|---|
| • 수령 9년 | • 평년결과모지수 6개 | • 표준수확량 1kg/포기 |
| • 표준가격 6,000원/kg | • 실제경작면적 500㎡ | • 재식거리 : 포기당 이랑 폭 1m, 주간 길이 2m |

1. 가입 포기 수=500÷(1×2)=250포기
2. 보험가입금액=1×250×6,000×(6÷4)=2,250,000원

✔ **복분자 수령 5~11년 : 표준결과모지수 4개/포기. 위 문5 해설 참조**

**8.** 수확 전 종합위험 과실손해보장 복분자 품목에 관한 다음 내용을 참조하여 물음에 답하시오. (결과모지수 및 피해율(%)은 소수점 셋째 자리에서 반올림)

○ 평년결과모지수 산출 자료

| 연도 | 평년결과모지수 | 실제결과모지수 | 보험가입여부 |
|---|---|---|---|
| 2019년 | 미가입 | 미가입 | 미가입 |
| 2020년 | 7 | 4 | 가입 |
| 2021년 | 4 | 무사고 | 가입 |
| 2022년 | 미가입 | 미가입 | 미가입 |
| 2023년 | 6 | 3 | 가입 |

○ 표준결과모지수 : 수령 2~4년 5개/포기, 5~11년 4개/포기

○ 종합위험 과실손해조사

| | | |
|---|---|---|
| • 살아있는 결과모지수 3개 | • 수정불량환산 고사결과모지수 0.5개 | • 미보상비율 10% |

(1) 2024년도(수령 7년) 가입을 위한 평년결과모지수를 산출하시오.

(2) 피해율을 산출하시오. (이듬해 6월 1일 이후 보상하는 재해 발생하지 않음)

1. 평년결과모지수
   ① A=(4+5.5+3)÷3=4.17개
   ② B=4개
   ③ Y=3
   ④ 평년결과모지수=(4.17×3/5)+{4×(1-3/5)}=4.10개
   ⑤ 한도 : med(4×0.5, 4.10, 4×1.3)=4.10개
2. 피해율

   ① 미보상 고사결과모지수={4.10-(3-0.5)}×0.1=0.16개
   ② 종합위험 고사결과모지수=4.10-(3-0.5)-0.16=1.44개
   ③ 피해율=1.44÷4.10=35.12%

✔ **복분자 평년결과모지수**

○ 한도 : 산출된 평년결과모지수 가입연도 표준결과모지수의 50~130%(다른 품목과 다르게 하한이 있다.)
○ 표준결과모지수
• 2024년 수령 7년 → 2019년 2년, 2020년 3년, 2021년 4년, 2022년 5년, 2023년 6년
• 수령 4년 표준결과모지수=5개
○ 과거결과모지수
• 무사고 : max(표준결과모지수, 평년결과모지수)×110%
• 유사고 : max(실제결과모지수, 평년결과모지수×50%)

**9.** 수확 전 종합위험 과실손해보장 복분자 상품의 인수 제한 목적물에 관한 내용이다. 맞으면 ○, 틀리면 ×를 쓰시오.

(1) 가입하는 해의 나무 수령(나이)이 1년 이하 또는 11년 이상인 포기로만 구성된 과수원　　　　　( 　 )
(2) 수확 개시일까지 구결과모지(올해 복분자 과실이 열렸던 가지)의 전정 활동(통상적인 영농활동)을 하지 않은 과수원
　　　　　　　　　　　　　　　　　　　　　　　　　　　　　　　　　　　　　　　　( 　 )
(3) 보험가입 이전에 자연재해 피해 등의 피해로 전년도의 정상적인 결실에 영향이 있었던 과수원　( 　 )
(4) 보험 가입 이전에 균핵병 등의 병해가 발생하여 과거 보험 가입 시 전체 나무의 20% 이상이 고사하였거나 정상적인 결실을 하지 못할 것으로 예상되는 과수원　　　　　　　　　　　　　　　　　( 　 )
(5) 1주당 재식면적이 0.5㎡ 이하인 과수원　　　　　　　　　　　　　　　　　　　　　( 　 )

 (1) ○, (2) ×, (3) ×, (4) ×, (5) ×
✔ 1주당 재식면적이 0.3㎡ 이하인 과수원: 10회 시험~ 추가된 인수 제한 목적물

**10.** 수확 전 종합위험보장 복분자 상품의 수확 개시 후 보상하지 않는 손해 중 적과전 종합위험Ⅱ의 적과 종료 후 보상하지 않는 손해에도 해당하는 것을 쓰시오.

 1. 최대순간풍속 14m/sec 미만의 바람으로 발생한 손해
2. 저장한 과실에서 나타나는 손해
3. 저장성 약화, 과실 경도 약화 등 육안으로 판별되지 않는 손해

**11.** 다음과 같은 재배방식을 뜻하는 ① 용어를 쓰고, 농작물재해보험에서 해당 재배방식으로 재배하는 경우 인수 제한 목적물로 규정한 ② 품목을 쓰시오.

일정한 토지 면적에 대하여 자본과 노력을 적게 들이고 자연력의 작용을 주(主)로 하여 경작하는 방법

 ① 조방재배, ② 복분자, 오디

**12.** 농작물재해보험에서의 정하는 재해의 정의이다. (    )에 들어갈 내용을 쓰시오.

---

○ 적과전 종합위험보장 Ⅱ. 적과 종료 이후 일소피해
- 폭염으로 인해 보험의 목적에 일소가 발생하여 생긴 피해를 말하며, 일소는 과실이 태양광에 노출되어 (  ①  )이 괴사되어 검게 그을리거나 변색되는 현상
- 폭염은 대한민국 기상청에서 폭염특보(폭염주의보 또는 폭염경보)를 발령한 때 과수원에서 가장 가까운 3개소의 기상관측장비(기상청 설치 또는 기상청이 인증하고 실시간 관측 자료를 확인할 수 있는 관측소)로 측정한 낮 최고기온이 연속 2일 이상 (  ②  )이상으로 관측된 경우를 말하며, 폭염특보가 발령한 때부터 해제 한 날까지 일소가 발생한 보험의 목적에 한하여 보상. 이때 폭염특보는 과수원이 위치한 지역의 폭염특보를 적용

○ 수확 전 종합위험 과실손해보장 무화과. 수확 개시 이전 태풍피해
- 기상청 (  ③  )이상 발령할 때 발령지역의 바람과 비로 인하여 발생하는 피해

○ 특정위험보장 인삼 침수피해
- 태풍, 집중호우 등으로 인하여 인삼 농지에 다량의 물(고랑 바닥으로부터 침수 높이가 최소 (  ④  ) 이상)이 유입되어 상면에 물이 잠긴 상태

○ 종합위험 과실손해보장 감귤(온주밀감류) 동상해 과실손해보장 특별약관
- 동상해 : 서리 또는 과수원에서 가장 가까운 3개소의 기상관측장비(기상청설치 또는 기상청이 인증하고 실시간 관측자료를 확인 할 수 있는 관측소)로 측정한 기온이 해당 조건(제주도 지역 : (  ⑤  ) 이하로 6시간 이상 지속, 제주도 이외 지역 : (  ⑥  )로 48시간 이상 지속)으로 지속 됨 에 따라 농작물 등이 얼어서 생기는 피해

---

 ① 과피 또는 과육, ② 33℃, ③ 태풍주의보, ④ 15cm, ⑤ -3℃, ⑥ 0℃ 이하 .

**13.** 농작물재해보험에 가입하려 하는 A씨의 과수원 소유 현황에 관한 내용이다. ① 인수가능한 계약의 수 및 ② 과수원 구성을 쓰시오.

○ A씨 소유 과수원

| 소재지 | 품목(품종) | 보험가입금액 | 재배방식 | 나무수령 |
|---|---|---|---|---|
| 평안리 1번지 | 사과(홍로) | 150만원 | 밀식 | 4년생 |
| 행복리 1번지 | 복숭아(백도) | 190만원 | 반밀식 | 5년생 |
| 행복리 3번지 | 사과(부사) | 150만원 | 일반 | 5년생 |
| 평안리 4번지 | 사과(홍로) | 130만원 | 반밀식 | 5년생 |
| 행복리 2번지 | 사과(알프스오토메) | 180만원 | 반밀식 | 4년생 |
| 행복리 4번지 | 무화과(승정도우핀) | 500만원 | 일반 | 5년 이상 |

---

 1. 2건
2. 평안리 1번지+평안리 4번지, 행복리 4번지
   ① 평안리 1번지+평안리 4번지 : 동일 리(동), 동일 품목, '각각' 보험가입금액 200만원 미만 '두 개'의 농지, 밀식 3년 이상·반밀식 4년 이상 인수 가능
   ② 행복리 4번지 : 최저 보험가입금액 이상, 나무수령 4년 이상 인수
   ✔ 계약 인수

① 과수원 단위. 개별 과수원당 최저 보험가입금액 200만원
- 과수원 : 한 덩어리의 토지 개념. 필지(지번)과는 관계없이 실제 경작하는 단위. 한 덩어리의 과수원이 여러 필지로 나누어져 있어도 하나의 과수원으로 취급
② '하나의 리(동)'에 있는 '각각' 보험가입금액 200만원 미만의 '두 개'의 과수원은 하나의 과수원으로 취급하여 계약 가능
③ 계약자 1인이 서로 다른 2개 이상 품목을 가입하고자 할 경우에는 별개의 계약으로 각각 가입·처리하며, 개별 과수원을 가입하고자 하는 경우 동일 증권 내 각각의 목적물로 가입·처리한다.
④ 알프스오토메, 루비에스 등 미니사과 품종: 별도 과수원으로 가입·처리 · 동일 리(동) 내 200만원 미만 사과 과수원과 통합할 수 없음

**14.** 복분자 농사를 짓고 있는 △△마을의 A와 B 농가는 4월에 저온으로 인해 큰 피해를 입어 경작이 어려운 상황에서 농작물재해보험 가입 사실을 기억하고 경작불능보험금을 청구하였다. 두 농가의 피해를 조사한 결과에 따른 경작불능보험금을 구하시오. (단, 피해는 면적 기준으로 조사하였으며 미보상 사유는 없다)

| 구분 | 가입금액 | 가입면적 | 피해면적 | 자기부담비율 |
|---|---|---|---|---|
| A 농가 | 3,000,000원 | 1,200㎡ | 900㎡ | 20% |
| B 농가 | 4,000,000원 | 1,500㎡ | 850㎡ | 10% |

1. A 농가
   ① 식물체 피해율=900÷1,200=75%. 식물체 피해율 65% 이상으로 지급 대상 농가
   ② 경작불능보험금=3,000,000×0.4=1,200,000원
2. B 농가
   ① 식물체 피해율=850÷1,500=56.67%. 식물체 피해율 65% 미만으로 지급 대상 농가 아님
   ② 경작불능보험금 지급 대상 아님

**15.** 다음은 복분자의 인수 제한 목적물에 관한 사항이다. ( )를 채우시오

(1) 계약인수 시까지 ( ① )(올해 복분자 과실이 열렸던 가지)의 ( ② )(통상적인 영농활동)을 하지 않은 과수원
(2) 노지재배가 아닌 ( ③ )에서 복분자를 재배하는 과수원
(3) 가입년도 기준 수령이 ( ④ )인 포기로만 구성된 과수원
(4) 적정한 비배관리를 하지 않는 ( ⑤ ) 과수원
- ( ⑤ ) : 일정한 토지 면적에 대하여 자본과 노력을 적게 들이고 자연력의 작용을 주로하여 경작하는 방법.
(5) 보험가입 이전에 자연재해 피해 등의 피해로 당해년도의 ( ⑥ )에 영향이 있는 과수원
(6) 1주당 재식면적이 ( ⑦ )인 과수원

① 구결과모지, ② 전정활동, ③ 시설, ④ 1년 이하 또는 11년 이상, ⑤ 조방재배, ⑥ 정상적인 결실, ⑦ 0.3㎡ 이하

**16.** 수확 전 종합위험보장 복분자 품목의 다음 내용을 참조하여 과실손해보험금을 구하시오.

○ 계약사항

| 보험가입금액 | 가입 포기수 | 평년결과모지수 | 자기부담비율 |
|---|---|---|---|
| 15,000,000원 | 4,000포기 | 6 | 15% |

○ 조사내용
• 종합위험 보장 기간
  - 과실손해조사 실시 : 실시하지 않음
• 특정위험 보장 기간
  - 재해 : 태풍 (6월 5일)
  - 전체 결실수 200개, 전체 개화수 400개
  - 기준일자별 잔여수확량비율 93%
  - 미보상비율 10%

1. 수확감소환산 고사결과모지수
   ① 결실율=200÷400=50%
   ② 수확감소환산계수=최대값(93%-50%, 0)=43%
   ③ 수확감소환산 고사결과모지수=6×0.43=2.58개
2. 미보상 고사결과모지수=2.58×0.1=0.258개
3. 특정위험 기간 고사결과모지수=2.58-0.258=2.322개
4. 피해율=(0+2.322)÷6=38.7%
5. 보험금=15,000,000×(0.387-0.15)=3,555,000원

**17.** 수확 전 종합위험 과실손해보장 무화과의 보험기간이다. (    )을 채우시오.

| 과실손해보장 | 수확 개시 이전 | 계약. 24시 ~ 이듬해 7월 31일 |
|---|---|---|
| | 수확 개시 이후 | 이듬해 8월 1일 ~ (  ①  ) ( ② 초과할 수 없음) |
| 나무손해보장 (특별약관) | | (  ③  ) (경과 시 계약. 24시) ~ (  ④  ) |

① 이듬해 수확기 종료 시점, ② 이듬해 10월 31일, ③ 판매연도 12월 1일, ④ 이듬해 11월 30일

**18.** 수확 전 종합위험 과실손해보장 무화과의 보험금 지급 사유 및 보험금 산정식을 쓰시오.

1. 지급 사유 : 보상하는 재해로 피해율이 자기부담비율을 초과하는 경우
2. 보험금
   (1) 보험금=보험가입금액×(피해율-자기부담비율)
   (2) 피해율=수확 개시 전 피해율 + 수확 개시 후 피해율
       ① 이듬해 7/31 이전 사고 시 (종합위험 보장 기간)
         • 피해율=(평년수확량-수확량-미보상감수량)÷평년수확량
       ② 이듬해 8/1 이후 사고 시 (특정위험 보장 기간)

- 피해율=(1-수확전사고 피해율)×잔여수확량비율×결과지 피해율
- 결과지 피해율=(고사결과지수+미고사결과지수×착과피해율-미보상 고사결과지수)÷기준결과지수

**19.** 다음은 무화과 경작 과수원에 관한 내용이다. 농작물재해보험에의 인수 가능 여부를 판단하고 그 이유를 모두 쓰시오.

A씨의 무화과 과수원은 올해 평년수확량으로 2,000kg이 예상된다. 3년 차 묘목을 구입하여 과수원에 식재한지 올해 4년 차 되는 해로 본격적인 수확 연령에 접어들어 나무손해보장 특약에도 가입하려 한다. 얼마 전 강풍이 불어 결과모지에 약간의 피해가 있지만, 결실에는 영향이 없다고 진단받았다. 작년에 가뭄 피해가 있었고, 올해를 더 지켜본 후에 내년에는 관수시설 설치 여부를 결정할 계획이다. kg당 가입가격은 1,500원이고, 보험료 절약을 위해 평년수확량의 50%만 가입하려 한다.

1. 인수 제한
2. 사유
  ① 식재 4년 차 : 나무수령 4년 이상 인수 가능
  ② 나무손해보장 특약 : 수령 4~9년 무화과 나무 인수 가능
  ③ 가입 이전 자연재해 등으로 피해 있었으나, 정상적 결실에 영향 없음: 인수 가능
  ④ 관수시설 미설치 : 인수 제한
  ⑤ 보험가입금액 150만원 : 최저 200만원 미만인 경우 인수 제한

**20.** 수확 전 종합위험 과실손해보장 무화과 계약사항 및 조사내용이다. 물음에 답하시오. (%는 소수점 둘째 자리까지)

○ 계약사항

| 평년수확량 | 가입가격 | 실제결과주수 | 자기부담비율 |
|---|---|---|---|
| 1,500kg | 과실 3,000원/kg, 나무 30,000원/주 | 100주 | 10% |
| 보통약관 영업요율 | 가입 특약 | 방재시설 | 손해율에 따른 할인율 |
| 10% | 나무손해보장 | 관수시설 | 10% |

- 평년수확량 100% 가입
- 나무손해보장 특약 영업요율 10%
- 손해율에 따른 할인율은 보통약관, 특별약관 동일

○ 조사내용

| 수확 개시 전 | 집중호우 피해, 수확량조사, 나무피해조사 | 수확량 1,000kg, 미보상 감수량 100kg | 고사주수 20주 |
|---|---|---|---|
| 수확 개시 후 | 태풍피해, 결과지 피해조사 | 결과지피해율 42%, 착과피해율 20%, 잔여수확량비율 60% | |

(1) 과실손해보장 및 나무손해보장의 보험료를 산출하시오.

(2) 과실손해보장 및 나무손해보장의 보험금을 산출하시오.

1. 보험료
  (1) 보험가입금액
    ① 과실 : 1,500×3,000=4,500,000원
    ② 나무 : 100×30,000=3,000,000원

(2) 보험료

  ① 과실손해보장 보험료=4,500,000×0.1×(1-0.1)=405,000원

  ② 나무손해보장 보험료=3,000,000×0.1×(1-0.1)=270,000원

✔ **무화과 : 관수시설 미설치 시 인수 제한이며, 보험료에 방재시설 할인을 적용하지 않는다.**

2. 보험금

(1) 과실손해보장 보험금

  ① 수확 개시 전 피해율=(1,500-1,000-100)÷1,500=26.66%

  ② 수확 개시 후 피해율=(1-0.2666)×0.6×0.42=18.48%

  ③ 피해율=26.66%+18.48%=45.14%

  ④ 보험금=4,500,000×(0.4514-0.1)=1,581,300원

(2) 나무손해보장 보험금

  ① 피해율=20÷100=20%

  ② 보험금=3,000,000×(0.2-0.05)=450,000원

**21.** 다음의 계약사항 및 조사내용을 참조하여 피해율을 구하시오. (단, 피해율은 %로 소수점 셋째 자리에서 반올림)

○ 계약사항

| 상품명 | 보험가입금액(만원) | 평년수확량(kg) | 수확량(kg) | 미보상감수량(kg) |
|---|---|---|---|---|
| 무화과 | 1,000 | 200 | 150 | 15 |

○ 조사내용

| 보상고사 결과지수(개) | 미보상고사 결과지수(개) | 미고사 결과지수(개) | 사고일자 | 착과피해율(%) |
|---|---|---|---|---|
| 12 | 8 | 20 | 2019.09.07 | 30% |

 1. 종합위험 기간 피해율=(200-150-15)÷200=17.5%

2. 특정위험 기간 피해율

  ① 잔여수확량 비율=(100-33)-(1.13×7)=59.09%

  ② 결과지 피해율=(12+20×0.3)÷40=45%

  ③ 피해율=(1-0.175)×0.5909×0.45=21.94%

3. 최종 피해율=17.5+21.94=39.44%

**22.** 종합위험보장 오디 상품의 보험기간이다. (      )을 채우시오.

| 과실손해보장 : 계약 24시 ~ (      ) 단, 이듬해 5/31 초과할 수 없음 |
|---|

결실완료시점

**23.** 다음 조건에서 종합위험보장 오디 상품의 보험가입금액을 산출하시오.

| 품종 | 실제결과주수 | 평년결실수 | 표준가격 |
|---|---|---|---|
| 익수뽕 | 200주 | 120개 | 5,000원/kg |
| 표준수확량 | 표준결실수 | 가입 비율 | - |
| 4.5kg/주 | 128개 | 50% | - |

보험가입금액=200×4.5×5,000×(120÷128)×0.5=2,100,000원

✔ **오디 보험가입금액**

- [약관] 표준수확량×표준가격×(평년결실수÷표준결실수)
- 2024 [농업재해보험 · 손해평가의 이론과 실무] 평균수확량×평균가격×(평년결실수÷표준결실수) : 오류이므로 약관의 방법으로 이해하고, 2025 [농업재해보험 · 손해평가의 이론과 실무]에서 다시 확인한다.

**24.** 농작물재해보험 종합위험보장 오디 상품에 관한 내용이다. 다음을 참조하여 물음에 답하시오. (단, 평년결실수는 소수점 첫째 자리에서 반올림해 정수 단위로.)

○ 계약사항 및 조사내용
- 과상2호 (표준결실수 131개)
- 최근 5년간: 과거결실수 평균 120개, 가입횟수 4회
- 가입주수 200주
- 표준수확량 18kg/주
- 표준가격 5,000원/kg
- 가입비율 100%
- 표준결실수는 [농업재해보험 · 손해평가의 이론과 실무]의 평균표준결실수(B)와 동일한 것으로 한다.

**(1)** 평년결실수를 구하시오.

**(2)** 보험가입금액을 구하시오.

1. 평년결실수
① {A×(Y/5)}+{B×(1-Y/5)}
② {120×(4/5)}+{131×(1-4/5)}=122.2=122개/주

✔ **오디 B값**

- 품종별 표준결실수. 정해져 있는 값. '과거 평균 표준수확량' 아님에 주의
- 2024 [농업재해보험 · 손해평가의 이론과 실무]에는 '평균표준결실수'로 기재되어 있다. 2025 [농업재해보험 · 손해평가의 이론과 실무]를 확인한다.

2. 보험가입금액
① 표준수확량=200×18=3,600kg
② 보험가입금액=3,600×5,000×(122÷131)×1.0=16,763,358.78원=16,760,000원

✔ **오디 보험가입금액**

- [약관] 표준수확량×표준가격×(평년결실수÷표준결실수)
- 2024 [농업재해보험 · 손해평가의 이론과 실무] 평균수확량×평균가격×(평년결실수÷표준결실수) : 오류이므로 약관의 방법으로 이해하고, 2025 [농업재해보험 · 손해평가의 이론과 실무]에서 다시 확인한다.

**25.** 과실손해보장 품목 복분자 · 무화과 · 오디 · 감귤(온주밀감류) 중에서 나무손해보장 특약 가입이 가능한 품목을 쓰시오.

무화과 · 감귤(온주밀감류)

**26** 종합위험보장 오디 상품의 인수 제한 목적물에 관한 내용이다. (　　　)을 채우시오.

- 가입하는 해의 나무 수령(나이)이 (　①　) 미만인 과수원
- (　②　) 계통(터키 - D, 백옹왕 등)
- 적정한 비배관리를 하지 않는 (　③　) 과수원
- 보험 가입 이전에 (　④　) 등의 병해가 발생하여 과거 보험 가입 시 전체 나무의 20% 이상이 고사하였거나 정상적인 결실을 하지 못할 것으로 예상되는 과수원
- 도시계획 등에 편입되어 (　⑤　) 전에 소유권 변동 또는 과수원 형질변경 등이 예정 되어 있는 과수원

① 3년, ② 흰 오디, ③ 조방재배, ④ 균핵병, ⑤ 수확 종료

**27.** 종합위험보장 오디 품목에 대한 다음의 내용을 보고 물음에 답하시오. (결실수는 소수점 이하, %는 소수점 셋째 자리 이하 버림)

○ 계약사항 : 가입 비율 100%

| 품종 | 가입주수 | 표준가격 | 표준결실수 | 자기부담비율 |
|---|---|---|---|---|
| 과상 2호 | 200주 | 6,000원/kg | 131개 | 20% |
| 표준수확량 | | 영업요율 | 지자체 지원율 | 손해율에 따른 할인율 |
| 5kg/주 | | 10% | 40% | 20% |

○ 최근 5년간 조사결실수, 평년결실수

| 구분 | 2019 | 2020 | 2021 | 2022 | 2023 |
|---|---|---|---|---|---|
| 평년결실수 | 140 | 미가입 | 125 | 140 | 130 |
| 조사결실수 | 130 | 미가입 | 100 | 65 | 135 |

○ 조사내용 - 종합위험 과실손해조사

| 재해 | 사고 일자 | 조사결실수 | 미보상 감수결실수 |
|---|---|---|---|
| 우박피해 | 4/20 | 15,000개 | 1,000개 |

(1) 2024년도 보험 가입을 위한 평년결실수를 산출하시오.

(2) 보험가입금액을 산출하시오.

(3) 계약자부담 보험료를 산출하시오. (순보험료율은 영업요율의 90%)

(4) 보험금을 산출하시오.

1. 평년결실수=(A×Y/5)+{B×(1-Y/5)}
  ① A=(130+100+70+135)÷4=108
  ② B=131
  ③ 평년결실수=(108×4/5)+(131×1/5)=112개
✔ **오디 B값**
  • 품종별 표준결실수. 정해져 있는 값. '과거 평균 표준수확량' 아님에 주의
  • 2024 [농업재해보험·손해평가의 이론과 실무]에는 '평균표준결실수'로 기재되어 있다.
  • 품종에 따라 고정된 수치이므로, 가입횟수에 따라 평균을 내어도 결과값은 동일하다.
2. 보험가입금액=200×5×6,000×(112÷131)=5,120,000원
✔ **오디 보험가입금액**
  • [약관] 표준수확량×표준가격×(평년결실수÷표준결실수)
  • 2024 [농업재해보험·손해평가의 이론과 실무] 평균수확량×평균가격×(평년결실수÷표준결실수) : 오류이므로 약관의 방법으로 이해하고, 2025 [농업재해보험·손해평가의 이론과 실무]를 확인한다.
3. 계약자부담보험료=5,120,000×0.1×0.9×(1-0.2)×(1-0.5-0.4)=36,864원
4. 보험금
  ① 피해율=(112-75-5)÷112=28.57% 또는, (22,400-15,000-1,000)÷22,400=28.57%
  • 조사결실수=15,000÷200=75개/주(m), 미보상감수결실수=1,000÷200=5개/주(m)
  ② 보험금=5,120,000×(0.2857-0.2)=438,784원
✔ **오디의 피해율**
  • 평년결실수, 조사결실수, 미보상감수결실수를 실제결과주수로 나누어 주(m)당으로 산출한 값과 과수원당으로 산출한 값은 동일하다.
  • 그러나 오디의 특성을 반영한 [별표 9] 기준으로 주(m)당으로 풀이한다.

**28.** 종합위험보장 오디 품목의 품종별 표준결실수의 ① 정의와 ② 산출 방법을 쓰시오.

 1. 표준결실수 : 품종별 표본 결과모지에 적용되는 결실수
2. 산출 방법 :
  ① 표본주에서 가장 긴 결과모지 3개를 표본결과모지로 선정
  ② 각 가지별로 가지 끝 20㎝를 제외한 가지 길이 및 결실수를 조사
✔ **품종별 표준결실수**
  • 가지 끝 20㎝ 정도에는 결실이 되지 않아 제외하고 조사하지만, [농업재해보험·손해평가의 이론과 실무]에는 기재되어 있지 않다.

**29.** 종합위험 및 수확 전 종합위험 과실손해보장 상품에 가입한 품목의 보험기간이다. (       )를 알맞게 채우시오.

| 품목 | 보장 | 보상하는 재해 | 보험기간 | |
|---|---|---|---|---|
| | | | 보장개시 | 보장종료 |
| 복분자 | 경작불능보장 | 자연재해, 조수해, 화재 | 계약체결일 24시 | 수확 개시 시점<br>다만, 이듬해 ( ① )을 초과할 수 없음 |
| 무화과 | 과실손해보장 | ( ② ) | 이듬해 8월 1일 | 수확기 종료 시점.<br>다만, 이듬해 10월 31일을 초과할 수 없음 |
| 감귤<br>온주밀감류 | 나무손해보장 | 자연재해, 조수해, 화재 | 계약체결일 24시 | ( ③ ) |
| | 과실손해 추가보장 | 자연재해, 조수해, 화재 | ( ④ ) | 수확기 종료 시점<br>다만, 판매연도 ( ⑤ )을 초과할 수 없음 |
| 오디 | 과실손해보장 | 자연재해, 조수해, 화재 | 계약체결일 24시 | ( ⑥ )<br>다만, 이듬해 5월 31일을 초과할 수 없음 |

① 5월 31일, ② 태풍(강풍), 우박, ③ 이듬해 4월 30일, ④ 계약체결일 24시, ⑤ 12월 20일, ⑥ 결실완료시점

**30.** 종합위험 과실손해보장방식에 가입한 오디 품목의 ① <u>2024년 평년결실수</u>를 구하고, ② <u>과실손해보험금</u>을 구하시오. (결실수는 소수점 첫째 자리 이하 버림, 피해율은 %로 소수점 셋째 자리 이하 버림)

○ 계약사항

| 품종 | 보험가입금액 | 표준결실수 | 자기부담비율 |
|---|---|---|---|
| 과상 2호 | 500만원 | 131개 | 15% |

○ 과거 5년 결실수 자료

| 년도 | 2019 | 2020 | 2021 | 2022 | 2023 |
|---|---|---|---|---|---|
| 조사결실수 | 112 | 무사고 | 무사고 | 미가입 | 60 |
| 평년결실수 | 125 | 121 | 128 | 미가입 | 128 |

○ 과실손해조사
• 조사결실수 80개 　　　　　　　• 미보상감수결실수 없음

1. 평년결실수
   ① A=(112+144+144+64)÷4=116개
   ② B=131개
   ③ 평년결실수=$(116 \times \frac{4}{5}) + [131 \times (1 - \frac{4}{5})] = 119$개

2. 보험금
   ① 피해율=$\frac{119 - 80 - 0}{119} = 32.77\%$
   ② 보험금=5,000,000×(0.3277-0.15)=888,500원

**31.** 다음은 종합위험 및 수확 전 종합위험 과실손해보장 대상 품목에 관한 내용이다. 각 내용이 맞으면 ○, 틀리면 ×를 쓰고, 각각 그 이유를 쓰시오.

(1) 수확년도 기준 수령이 5년인 백옹왕 뽕나무를 재배하는 과수원은 인수 제한이다. (　　)
(2) 가입년도 기준 수령이 5년인 하우스에서 온주밀감류를 재배하는 과수원은 인수 제한이다. (　　)
(3) 관수시설을 설치한 무화과 재배 과수원은 5%의 보험료를 할인받을 수 있다. (　　)
(4) 무화과는 과수원 전체를 벌목하여 새로운 유목을 심은 경우 신규 과수원으로 가입처리 한다. (　　)
(5) A 계약자는 복분자와 무화과를 농작물재해보험에 가입하려 하고 수확 전 종합위험보장방식이므로 하나의 계약으로 가입할 수 있다. (　　)

**정답**

1. ○. 수확년도 기준 수령 5년(가입년도 기준 수령 4년) 인수 가능. 백옹왕 인수 제한 품종

2. ×. 감귤(온주밀감류) 가입년도 기준 수령 4년 이상 인수 가능. 하우스 재배 인수 가능

3. ×. 무화과 : 관수시설 미설치 시 인수 제한

4. ○. 농작물재해보험 과수 품목의 공통 기준.

5. ×. 계약자 1인이 서로 다른 2개 이상의 품목을 가입하고자 할 경우 별개의 계약으로 각각 가입 · 처리

**32.** A씨는 2,000㎡에 오디 익수뽕 200주를 재배하고 있다. 다음 조건을 바탕으로 ① 2024년 보험가입을 위한 평년결실수와 ② 보험금을 구하시오 (결실수는 소수점 이하 절사, 피해율(%)은 소수점 셋째 자리 이하 절사)

○ 평년결실수 산출 자료

| 연도 | 2019 | 2020 | 2021 | 2022 | 2023 |
|---|---|---|---|---|---|
| 평년결실수 | 128 | 미가입 | 미가입 | 130 | 130 |
| 조사결실수 | 70 | 미가입 | 미가입 | 무사고 | 50 |
| 보험가입여부 | 가입 | 미가입 | 미가입 | 가입 | 가입 |

○기타
- 익수뽕 품종별 표준결실수 : 128개/주(m)(표준결실수는 [농업재해보험 · 손해평가의 이론과 실무]의 평균표준결실수(B)와 동일한 것으로 함)
- 표준수확량 : 10kg/주
- 표준가격 : 5,500원/kg
- 조사결실수 : 60개/주(m)
- 미보상비율 : 10%
- 과거 5년 지급보험금 및 순보험료

| 연도 | 2019 | 2020 | 2021 | 2022 | 2023 |
|---|---|---|---|---|---|
| 지급보험금 | 100만원 | - | - | - | 70만원 |
| 순보험료 | 40만원 | - | - | 40만원 | 40만원 |

- 보험가입비율 : 100%
- 자기부담비율 : 선택 가능한 최저비율

1. 평년결실수
① A=(70+143+65)÷3=92개/주(m)
② B=128개
③ Y=3
④ 평년결실수=$(92 \times \frac{3}{5}) + [128 \times (1 - \frac{3}{5})] = 106$개

2. 보험금
① 보험가입금액=200×10×5,500×(106÷128)=9,100,000원
② 자기부담비율=15%
   • 2년 연속 가입, 2년간 손해율 120% 미만 (70만원÷80만원)
③ 미보상감수결실수=(106-60)×0.1=4개
④ 피해율=$\frac{106-60-4}{106} = 39.62\%$
⑤ 보험금=9,100,000×(0.3962-0.15)=2,240,420원

**33.** 농작물재해보험 가입 보험목적물인 다음 각 품목에 관한 내용이 맞으면 ○, 틀리면 ×를 쓰시오.

(1) 나무수령 10년인 무화과는 과실손해보장과 나무손해보장 특별약관에 모두 가입할 수 있다. (　　)
(2) 감귤(온주밀감류)은 수확기 이후 동상해를 특별약관으로 보장하며, 보장기간은 판매개시연도 12월 1일부터이다. (　　)
(3) 관수시설이 설치되지 않은 무화과 재배 과수원은 인수 제한이다. (　　)
(4) 하나의 과수원에 식재된 나무 중 일부 나무만 가입하는 과수원은 인수 제한이지만, 감귤(온주밀감류)은 해거리가 예상되는 나무의 경우 제외하고 가입할 수 있다. (　　)
(5) 삭벌 4년차인 오미자를 재배하는 과수원은 인수 제한이다. (　　)
(6) 수확연도 기준 나무수령이 3년 미만인 뽕나무에서 오디를 재배하는 과수원은 인수 제한이다. (　　)
(7) 보험가입 이전에 역병 등의 병해가 발생하여 과거 보험 가입 시 전체 나무의 20% 이상이 고사하였거나 정상적인 결실을 하지 못할 것으로 예상되는 오디 재배 과수원은 인수 제한이다. (　　)
(8) 1,200㎡의 면적에서 4,800포기의 복분자를 재배하는 과수원은 인수 가능하다. (　　)

1. ×. 무화과 나무 특약: 4년~9년 이내 가입 가능
2. ×. 감귤(온주밀감류) 수확 개시 이후 동상해 과실손해보장(특별약관) : 판매개시연도 12월 21일~이듬해 2월 말일
3. ○
4. ○
5. ○. 삭벌 3년차 '이상' 또는 삭벌하지 않은 과수원 중 식묘 4년차 '이상' 인수 제한
6. ○. 수확연도 3년생=가입년도 2년생. 가입년도 기준 나무수령 3년 미만 인수 제한
7. ×. 균핵병
8. ×. 1,200÷4,800=0.25㎡/포기. 1주당 재식면적이 0.3㎡ 이하인 과수원 인수 제한

**34.** 종합위험보장 감귤(온주밀감류) 상품에서 지급될 수 있는 보험금의 종류를 보통약관과 특별약관으로 구분하여 쓰시오.

1. 보통약관 : 과실손해보험금
2. 특별약관 : 과실손해추가보장보험금, 수확개시 이후 동상해 과실손해보장보험금, 나무손해보장보험금

**35.** 종합위험보장 감귤(온주밀감류) 품목의 보험기간이다. (    )를 알맞게 채우시오.

| 보통약관 | | |
| --- | --- | --- |
| 과실손해보장 | ( ① ) ~ 수확기 종료 시점 (판매개시연도 ( ② )을 초과할 수 없음) | |
| 특별약관 | | |
| 동상해 과실손해보장 | ( ③ ) ~ 이듬해 2월 말일 | |
| 나무손해보장 | 계약체결일 24시 ~ ( ④ ) | |
| 과실손해 추가보장 | ( ① ) ~ (판매개시연도 ( ② ) 초과할 수 없음) | |

① 계약체결일 24시, ② 12월 20일, ③ 판매개시연도 12월 21일, ④ 이듬해 4월 30일
✔ 감귤(온주밀감류)의 보장기간이 2024년부터 변경되었음에 주의한다.

**36.** A 씨는 2,000㎡의 과수원에 다음과 같이 감귤을 경작하고 있다. 나무손해보장 특약 가입을 위한 보험가입금액을 산출하시오.

○ 재배 현황
- 온주밀감 (수령 2년) 100주
- 만감류 (레드향. 수령 3년. 고접) 50주
- 만감류 (황금향. 수령 4년) 50주
- 1주당 가입가격 100,000원

인수 불가 : 온주밀감과 만감류 혼식

**37.** 다음 용어의 정의를 쓰시오.

(1) 종합위험보장 감귤(온주밀감류) 품목에서의 동상해
(2) 종합위험 자연재해 중 냉해
(3) 특정위험보장 인삼에서의 냉해

1. 감귤(온주밀감류) 동상해 : 서리 또는 과수원에서 가장 가까운 3개소의 기상관측장비(기상청 설치 또는 기상청이 인증하고 실시간 관측자료를 확인 할 수 있는 관측소)로 측정한 기온이 해당 조건(제주도 지역 : -3℃ 이하로 6시간 이상 지속, 제주도 이외 지역 : 0℃ 이하로 48시간 이상 지속)으로 지속됨에 따라 농작물 등이 얼어서 생기는 피해
2. 종합위험 자연재해 중 냉해 : 농작물의 성장 기간 중 작물의 생육에 지장을 초래할 정도의 찬 기온으로 인하여 발생하는 피해

3. 특정위험보장 인삼에서의 냉해 : 출아 및 전엽기(4~5월) 중에 해당 지역에서 가장 가까운 3개소의 기상관측장비(기상청 설치 또는 기상청이 인증하고 실시간 관측자료를 확인할 수 있는 관측소)에서 측정한 최저기온 0.5℃ 이하의 찬 기온으로 인하여 발생하는 피해를 말하며, 육안으로 판별 가능한 냉해 증상이 있는 경우에 피해를 인정

✔ **인삼 냉해 : 출아 및 전엽기(4~5월 '한정')으로의 변경 여부를 2025[농업재해보험 · 손해평가의 이론과 실무]에서 확인한다.**

**38.** 종합위험보장 감귤(온주밀감류) 품목의 동상해 과실손해보장 보험금의 ① **보험기간** 및 ② **지급 사유**를 쓰고 다음 조건에서 ③ **보험금**을 구하시오.

| 보험 가입금액 | 기사고 피해율 | 수확기 잔존비율 | 동상해 피해율 | 자기부담금 | 미보상비율 |
|---|---|---|---|---|---|
| 2,000만원 | 20% | 70% | 40% | 100만원 | 10% |

1. 보험기간 : 판매개시연도 12월 21일 ~ 이듬해 2월 말일
2. 지급 사유 : 동상해로 인해 자기부담금을 초과하는 손해액이 발생한 경우
3. 보험금
   ① 손해액={20,000,000-(20,000,000×0.2)}×0.7×0.4×(1-0.1)=4,032,000원
   ② 보험금=4,032,000-1,000,000=3,032,000원

**39.** 종합위험보장 감귤(온주밀감류) 품목의 인수 제한 목적물에 관한 내용이다. 맞으면 ○, 틀리면 ×를 쓰시오.

| | |
|---|---|
| (1) 주요 품종을 제외한 실험용 기타품종을 경작하는 과수원 | ( ) |
| (2) 가입하는 해의 나무 수령(나이)이 4년 미만인 경우 | ( ) |
| (3) 하나의 과수원에 식재된 나무 중 일부 나무만 가입하는 과수원 | ( ) |
| (4) 노지 온주밀감류를 재배하는 과수원 | ( ) |

(1) ○, (2) ○, (3) ×. 해거리가 예상되는 나무는 제외하고 인수 가능, (4) ×. 온주밀감류는 노지, 시설재배 모두 인수 가능

**40.** 다음은 종합위험 과실손해보장에 가입한 감귤(온주밀감류) 품목에 관한 내용이다. 물음에 답하시오.

○ 계약사항

| 보험가입금액 | 보통약관 순보험료율 | 손해율에 따른 할인 · 할증율 | 재배 |
|---|---|---|---|
| 1,000만원 | 10% | - 10% | 노지재배 |
| **방재시설** | | 지자체 지원율 | 가입 특별약관 |
| 타이벡 멀칭 (전부) 방조망, 방충망, 방상팬 설치 확인 | | 20% | - |

○ 임의해지
- 가입 일자 : 2024년 4월
- 해지 일자 : 2024년 8월
- 미경과비율

| 4월 | 5월 | 6월 | 7월 | 8월 |
|---|---|---|---|---|
| 95% | 95% | 95% | 45% | 15% |

(1) 보통약관 계약자부담보험료를 산출하시오.

(2) 계약자에 의한 임의해지 시 환급보험료를 산출하시오.

(3) 계약의 무효로 인해 해지된 경우 환급보험료를 산출하시오. (인수 시 회사 측의 과실로 인한 무효)

1. 계약자부담보험료=10,000,000×0.1×(1-0.1)×[1](1-0.25)×(1-0.5-0.2)=202,500원
   ✔ [1]온주밀감류 방재시설 할인율 : 타이벡 전부 5%+방조망 5%+방충망 15%=25%
   • 방상팬, 미세살수장치 : 수확개시 이후 동상해 보장 특약 보험료에 적용
2. 임의해지 시 환급보험료=202,500×0.15=30,375원
3. 무효로 인한 해지 시 환급보험료=202,500원

**41.** 다음 자료를 바탕으로 감귤(온주밀감류) 품목의 2024년 평년수확량을 구하시오. (kg은 소수점 미만 반올림하여 정수 단위로.)

○ 평년수확량 산출 자료(단위. kg)

| 구분 | 2019 | 2020 | 2021 | 2022 | 2023 | 2024 |
|---|---|---|---|---|---|---|
| 평년수확량 | - | - | 10,000 | 9,500 | 11,000 | |
| 표준수확량 | - | - | 9,000 | 11,000 | 9,000 | 10,000 |
| 보험가입 여부 | 미가입 | 미가입 | 가입 | 가입 | 가입 | |
| 사고 여부 | | | 유사고 | 유사고 | 무사고 | |

• 모든 연도에 수확개시 후 동상해 보장 특별약관 가입
• 2021년 보통약관 피해율 40%, 동상해 사고 없음
• 2022년 보통약관 피해율 20%, 동상해 피해율 30%(동상해 사고일자 1월 10일)

1. 평년수확량
   (1) 연도별 과거수확량
      ① 2021=med{10,000, 10,000×(1-0.4), 10,000×0.5}=6,000kg
      ② 2022=med{9,500, 9,500×(1-0.278), 9,500×0.5}=6,859kg
      • 1월 수확기 잔존비율=(100-66)-(0.8×사고 일자 10) → 26% (아래 해설 참조)
      • 동상해 피해율×수확기 잔존비율=0.3×0.26=7.8%
      • 피해율=min(20+7.8=27.8%, 100%)=27.8%
      ③ 2023=max(11,000, 9,000)=12,100kg
   (2) A=(6,000+6,859+12,100)÷3=8,320kg
   (3) B=(9,000+11,000+9,000)÷3=9,667kg
   (4) C=10,000kg
   (5) Y=3
   (6) 평년수확량={8,320+(9,667-8,320)×(1-3/5)}×(10,000÷9,667)=9,164kg
   ✔ 감귤(온주밀감류) 과거수확량(A) :
      ○ 유사고 : med{평년수확량, 평년수확량 50%, 평년수확량×(1-피해율)}
      • 피해율=min{보통약관 피해율+(동상해 피해율 x 수확기잔존비율), 100%}

○ 무사고: max(표준수확량, 평년수확량)×110%

✔ **감귤(온주밀감류) 수확기 잔존비율 : 2025~ 아래와 같이 변경될 예정이며, 아래의 계산식을 적용한 풀이이다.**

✔ **2025「농업재해보험·손해평가의 이론과 실무」를 확인한다.**

| 사고 발생 월 | 잔존비율 |
|---|---|
| 12월 | (100-37)-(0.9×사고일자) |
| 1월 | (100-66)-(0.8×사고일자) |
| 2월 | (100-92)-(0.3×사고일자) |

**42.** 다음 내용을 바탕으로 감귤(온주밀감류)의 과실손해보험금 지급을 위한 피해율을 구하시오. (피해율(%)은 반올림하여 소수점 둘째 자리까지)

○ 종합위험 과실손해조사

| 구분 | 정상 과실 | 30% 형 피해과실 | 50% 형 피해과실 | 80%형 피해과실 | 100% 형 피해과실 |
|---|---|---|---|---|---|
| 등급 내 | 10 | 20 | - | - | 30 |
| 등급 외 | - | - | 20 | - | 30 |

- 미보상비율 확인: 제초상태-미흡, 병해충 상태-불량
- 수확 전 과실손해조사 없음
- 미보상비율은 정수 단위로 최대값 적용

1. 미보상비율=9+19=28%

✔ **미보상비율**
- 제초상태 미흡=잡초가 농지 면적 20% 이상 40% 미만 분포 → 미보상비율 10% 미만
- 병해충상태 불량=병해충이 농지 면적 40% 이상 60% 미만 분포 → 미보상비율 20% 미만

2. 피해율 $= \dfrac{(20 \times 0.3 + 30 \times 1.0) + (20 \times 0.5 + 30 \times 1.0) \times 0.5}{110} \times (1 - 0.28) = 36.65\%$

**43.** 종합위험 과실손해보장 상품에 가입한 감귤(온주밀감류) 품목에 관한 다음 내용을 바탕으로 물음에 답하시오. (kg은 소수점 이하 절사, 피해율(%)은 소수점 셋째 자리 이하 절사)

○ 계약사항(가입 2024년도)
- 가입가격 3,000원/kg
- 보험가입비율 100%
- 자기부담비율 20%
- 수확개시 이후 동상해보장 특별약관 가입
- 보험료율 : 지역별 영업요율 10% (순보험료율 8%, 부가보험료율 2%)
- 손해율에 따른 할인·할증률 -8%
- 방재시설 설치 : 타이벡 멀칭(전부), 방풍망(측면 전부), 방상팬, 서리방지용 미세살수장치
  - 방풍망 : 과수원 둘레 전체에 설치 확인(망구멍 가로 및 세로 길이 15mm)

○ 평년수확량 산출 자료 (단위. kg)

| 연도 | 표준수확량 | 평년수확량 | 피해율 | 가입 여부 |
|---|---|---|---|---|
| 2019년 | 5,000 | 4,500 | 보통약관 보장기간 : 무사고<br>동상해 피해율 80%, 수확기 잔존비율 41% | 가입 |
| 2020년 | 5,000 | - | - | 미가입 |
| 2021년 | 5,000 | - | - | 미가입 |
| 2022년 | 5,000 | 4,200 | 보통약관 피해율 60%, 동상해 특약 미가입 | 가입 |
| 2023년 | 5,000 | 4,000 | 무사고 | 가입 |

• 2024년도 표준수확량 5,000kg

○조사내용
• 종합위험 과실손해조사 : 과실손해피해율 30%, 미보상비율 5%
• 동상해 과실손해조사 : 사고일자 1월 20일, 동상해 과실손해피해율 40%, 미보상비율 10%

(1) 2024년도 보험 가입을 위한 평년수확량을 산출하시오.

(2) 2024년도의 보통약관 총 보험료 지원액을 구하시오. (지방자치단체 지원율 30%)

(3) 보통약관 보험금을 구하시오.

(4) 수확개시 이후 동상해 과실손해보장 특별약관 보험료를 구하시오. (단, 보험가입금액과 보험료율은 보통약관과 동일한 것으로 한다)

(5) 수확개시 이후 동상해 과실손해보장 특별약관 보험금을 구하시오 (단, 보험가입금액은 보통약관과 동일한 것으로 한다)

 정답

1. 평년수확량
  (1) 연도별 과거수확량
    ① 2019년=med(4,500, 3,024, 2,250)=3,024kg
    • 피해율=min{(0+0.8×0.41=32.8%), 100%}=32.8%, 4,500×(1-0.328)=3,024kg
    ② 2022년=med(4,200, 2,100, 1,680)=2,100kg
    • 피해율=min{(0.6+0=60%), 100%}=60%, 4,500×(1-0.6)=1,680kg
    ③ 2023년=max(5,000, 4,000)×110%=5,500kg
  (2) A=(3,024+2,100+5,500)÷3=3,541kg
  (3) B=(5,000+5,000+5,000)÷3=5,000kg
  (4) C=5,000kg
  (5) Y=3
  (6) 평년수확량={3,541+(5,000-3,541)×(1-3/5)}×(5,000÷5,000)=4,124kg
2. 보통약관 보험료 총 지원액
  ① 보험가입금액=4,124×3,000=12,370,000원
  ② 영업보험료=12,370,000×0.1×(1-0.08)×[1](1-0.05)=1,081,138원
  ③ 순보험료 지원액=1,081,138×0.8×(0.5+0.3)=691,928.32원
  ④ 부가보험료 지원액=1,081,138×0.2×1.0=216,227.6원
  ⑤ 보통약관 보험료 총 지원액=691,928.32+216,227.6=908,155.92원

**✔ 온주밀감류 보통약관**

1. 방재시설 할인율
   - [1]온주밀감류 : 타이벡 멀칭 전부 설치 5%, 방풍망 측면 전부 설치 10%
   - 방풍망 : 망구멍 가로 및 세로 길이 6~10mm → 15mm이므로 할인율 적용하지 않음
   - 방상팬, 서리방지용 미세살수장치: 수확개시 이후 동상해보장(특) 보험료에 적용

2. 영업요율 10%(순보험료율 8%, 부가보험료율 2%)
   - 순보험료=영업보험료의 80%, 부가보험료=영업보험료의 20%
   - 지원보험료=순보험료의 50% 정부지원, 순보험료의 30% 지자체 지원, 부가보험료의 100% 정부지원
   - 본 문제의 계약자부담보험료=영업보험료-부가보험료-순보험료 지원액=1,081,138-216,227.6-691,928.32
     =172,982.08원 =순보험료 중 지원액 제외한 금액=1,081,138×0.8×(1-0.5-0.3)=172,982.08원
   - 총 보험료 지원액+계약자부담보험료=영업보험료

3. 보통약관 보험금
   ① 손해액=12,370,000×0.3=3,711,000원
   ② 자기부담금=12,370,000×0.2=2,474,000원
   ③ 보험금=3,711,000-2,474,000=1,237,000원

4. 동상해 과실손해보장 특별약관 보험료=12,370,000×0.1×(1-0.08)×[3](1-0.3)=796,628원

5. 동상해 과실손해보장 특별약관 보험금
   ① 기사고 피해율=0.3÷(1-0.05)=31.57%
   ② 수확기 잔존비율=(100-66)-(0.8×20)=18% (아래 해설 참조)
   ③ 손해액={12,370,000-(12,370,000×0.3157)}×0.18×0.4×(1-0.1)=548,518.4568원
   ④ 자기부담금=|12,370,000×min(0.3-0.2, 0)|=0원
   ⑤ 보험금=548,518.4568원

**✔ 온주밀감류 수확개시 후 동상해 보장 특별약관**

1. 보험료=특별약관 보험가입금액×특별약관 보험료율×(1±손해율에 따른 할인·할증률)×[3](1-방재시설 할인율)

2. 방재시설 할인율 : [3]방상팬, 서리방지용 미세살수장치 각 20%. 최대 합산 30%
   - [농업재해보험·손해평가의 이론과 실무]에는 '동상해 특약 가입 시에만 적용 가능'만 기재되어 있다.
   - 특약에 가입한 경우라면 보통약관의 보험료에도 방상팬 및 미세살수장치의 할인율을 적용해야 하는지 불명확하다.
   - 또한, 특약 보험료에 방상팬 및 미세살수장치 외의 방재시설의 할인율도 적용해야 하는지 역시 불명확하다.
   - 그러나, 보통약관 보험기간에 방상팬 및 미세살수장치는 역할이 없고, 특약은 동상해에서는 '동상해'로 인한 피해만 보상하므로, 특약에 가입한 경우라도 보통약관 보험료에는 방상팬 및 미세살수장치의 할인율을 적용하지 않고, 특약 보험료에는 다른 방재시설의 할인율을 적용하지 않음이 합리적이다.

3. 보험금
   - 기사고 피해율=(미보상비율 반영 전) 주계약 피해율+이전 사고 동상해 과실손해피해율
     =과실손해피해율÷(1-과실손해조사 미보상비율)+이전 사고 동상해 과실손해피해율
   - 자기부담금=보통약관에서 모두 차감

**✔ 감귤(온주밀감류) 수확기 잔존비율 : 2025~ 아래와 같이 변경될 예정이며, 아래의 계산식을 적용한 풀이이다. 2025 「농업재해보험·손해평가의 이론과 실무」를 확인한다.**

| 사고 발생 월 | 잔존비율 |
|---|---|
| 12월 | (100 - 37) - (0.9 × 사고일자) |
| 1월 | (100 - 66) - (0.8 × 사고일자) |
| 2월 | (100 - 92) - (0.3 × 사고일자) |

# 농작물재해보험 손해평가의 이론과 실무

**44.** 수확 전 종합위험 과실손해보장방식에 가입한 무화과의 보험금을 산출하시오. (단, 잔여수확량비율은 %로 소수점 첫째 자리 이하 절사, 피해율은 %로 소수점 셋째 자리에서 반올림)

○ 계약사항

| 평년수확량 | 가입가격 | 실제결과주수 | 자기부담비율 |
|---|---|---|---|
| 1,000kg | 2,000원/kg | 100주 | 10% |

• 평년수확량 100% 가입

○ 조사내용

| 재해 | 결과지 조사 | |
|---|---|---|
| 태풍 | 고사 결과지수 | 20개 (보상 12개, 미보상 8개) |
| | 미고사 결과지수 | 60개, 착과피해율 30% |

• 수확 개시 전 사고 없음, 태풍 경보 발령 확인, 사고일자 9월 15일

 정답

1. 수확 개시 전 피해율=0%
2. 수확 개시 후 피해율

① 결과지 피해율= $\dfrac{20+(60\times0.3)-8}{80}=37.5\%$ 또는, $\dfrac{12+60\times0.3}{80}=37.5\%$

② 잔여수확량비율=(100-33)-(1.13×15)=50%

③ 수확 개시 후 피해율=(1-0)×0.5×0.375=18.75%

3. 보험금

① 보험가입금액=1,000×2,000=2,000,000원

② 피해율=0+0.1875=18.75%

③ 2,000,000×(0.1875-0.1)=175,000원

**45.** 수확 전 종합위험 과실손해보장 복분자 상품의 다음 조건에서 경작불능보험금 지급 가능 여부와 가능한 경우 경작불능보험금을 산출하시오.

○ 계약사항(수령 5년)

| 표준수확량 | 평년결과모지수 | 실제경작면적 | 자기부담비율 | 표준가격 |
|---|---|---|---|---|
| 0.6kg/포기 | 5개 | 1,300㎡ | 15% | 8,000원/kg |

○ 조사내용

| 재해 | 고사포기 수 | 재식거리 |
|---|---|---|
| 호우 (5/10) | 450포기 | 포기당 이랑폭 2m, 주간길이 1m |

• 산지 폐기 및 시장 미유통 확인

Chapter 2.

1. 지급 가능 여부 : 가능
　　① 보험기간 내 사고 발생 (계약체결일 24시 ~ 수확 개시 시점)
　　② 가입 포기 수=1,300÷(2×1)=650포기
　　③ 식물체 피해율=450÷650=69.23% (65% 이상)
　2. 경작불능보험금
　　① 보험가입금액=0.6×650×8,000×(5÷4)=3,900,000원
　　② 경작불능보험금=3,900,000×0.42=1,638,000원
　　✔ **경작불능보험금: 식물체피해율 65% 이상 여부, 산지 폐기 여부를 반드시 확인해야 한다.**

**46.** 수확 전 종합위험 과실손해보장 복분자 품목에 관한 내용이다. (　　　)안에 알맞은 항목을 쓰시오.

○ 경작불능조사 방법
　( 　①　 ) → 보상하는 재해 여부 심사 → 실제 경작면적 확인 → ( 　②　 ) → 계약자의 경작불능보험금 신청 여부 확인
　→ 종합위험 과실손해조사 대상 확인 → ( 　③　 )

① 보험기간 확인, ② 식물체 피해율 조사, ③ 산지 폐기 여부 확인(경작불능 후조사)
　✔ **복분자 경작불능조사 보험기간 : 계약 24~수확 개시 시점(이듬해 5/31 초과 불가)**

**47.** 수확 전 종합위험 과실손해보장 복분자 품목의 「경작불능 후조사」가 필요한 경우를 쓰시오.

'이전 조사에서 보상하는 재해로 식물체 피해율이 65% 이상이고 계약자가 경작불능보험금을 신청한 농지'에 대하여, 산지 폐기 여부를 확인한다.

**48.** 복분자와 오디 품목의 「종합위험 과실손해조사」 조사 시기를 쓰시오.

1. 복분자 : 수정 완료 직후부터 최초 수확 전까지
　2. 오디 : 결실 완료 직후부터 최초 수확 전까지

**49.** 복분자 품목의 종합·특정위험 「과실손해조사」에서 ① <u>수정불량피해율(수정불량환산계수(%))</u>과 ② <u>결실율의</u>
　<u>산출식</u>을 쓰시오.

1. 수정불량피해율(환산계수) : (수정불량 결실수÷전체 결실수)-자연수정불량률 15%=최댓값{(표본포기 6송이 피해 열매수
　의 합÷표본포기 6송이 열매수의 합계)-15%, 0}
　2. 결실율 : 전체 결실수÷전체 개화수=Σ(표본송이의 수확 가능한 열매수)÷Σ(표본송이의 총열매수)

**50.** 수확 전 종합위험 과실손해보장방식에 가입한 복분자 품목의 다음 내용을 바탕으로 수정불량환산 고사결과모지수를 산출하시오. (결과모지수 및 %는 소수점 셋째 자리에서 반올림)

○ 계약사항
- 평년결과모지수 7개
- 가입포기수 2,000포기

○ 조사내용
- 보상하는 재해 발생 여부 : 4월 15일. 자연재해
- 표본조사 : 표본포기 12포기
  - 표본구간 살아있는 결과모지수 합계 270개
  - 수정불량피해율 조사 : 피해 열매수 합계 300개, 전체 열매수 720개
- 미보상비율 : 5%

1. 기준 살아있는 결과모지수=270÷(12×5)=4.5개
2. 수정불량환산계수=(300÷720)-0.15=26.67%
3. 수정불량환산 고사결과모지수=4.5×0.2667=1.2개 또는, (270×0.2667)÷(12×5)=1.2개
✔ **(270×0.2667)÷(12×5)=1.2개가 [별표 9]에 충실한 풀이이다.**

**51.** 복분자 품목의 「과실손해조사」에 대한 내용이다. 물음에 답하시오.

(1) 표본포기 6송이의 피해 열매수의 합 120개, 표본포기 6송이의 열매수의 합 420개인 경우 수정불량환산계수(%)를 산출하시오. (소수점 둘째 자리까지)

(2) 표본구간 8구간인 경우 살아있는 결과모지수 합계를 조사하기 위한 포기수는?

(3) 표본포기 8포기, 표본구간 살아있는 결과모지수 합계 240개인 경우 기준 살아있는 결과모지수는?

(4) 위 (1) ~ (3)에서 구할 수 있는 수정불량환산 고사결과모지수는? (소수점 둘째 자리까지)

1. 수정불량환산계수=(120÷420)-0.15=13.57%
✔ **자연수정불량율을 차감하는 것에 주의한다.**
2. 표본구간 포기수=40포기
3. 기준 살아있는 결과모지수=240÷(8×5)=6개
4. 수정불량환산 고사결과모지수=6×0.1357=0.81개
✔ **또는, 수정불량환산 고사결과모지수=(240×0.1357)÷(8×5)=0.81개**

**52.** 다음 조사내용을 참조하여 '수확감소환산 고사결과모지수'를 산출하시오. (고사결과모지수 및 결실율(%)은 소수점 둘째 자리까지)

| | 기준일자별 잔여수확량 비율 | 결실율 |
|---|---|---|
| ○ 수확 개시 후 조사내용 | | |
| 1차 사고 | 사고일자 6월 7일 | 전체 결실수 240개, 전체 개화수 480개 |
| 2차 사고 | 사고일자 6월 14일 | 전체 결실수 100개, 전체 개화수 450개 |

• 수확 개시 전 사고 없음    • 평년결과모지수 6개

1. 1차 수확감소환산계수 : 91-50=41%
   ① 잔여수확량 비율=98-7=91%
   ② 결실율=240÷480=50%
2. 2차 수확감소환산계수 : 27-22.22=4.78%
   ① 잔여수확량 비율 = $\dfrac{14^2 - 43 \times 14 + 460}{2} = 27\%$
   ② 결실율=100÷450=22.22%
3. 누적 수확감소환산계수=41+4.78=45.78%
4. 수확감소환산 고사결과모지수=6×0.4578=2.74개

**53.** 무화과 품목의 「과실손해조사」에 대한 내용이다. 물음에 답하시오.

(1) 수확 전 착과 피해 유발 재해로 「착과피해조사」 시 추출해야 하는 최소 표본과실수는?

(2) 결과지 피해율을 산출하시오. (%로 소수점 둘째 자리까지)

| 고사 결과지수 | | 미고사 결과지수 | 착과피해율 |
|---|---|---|---|
| 보상고사 결과지수 10개 | 미보상고사 결과지수 4개 | 20개 | 40% |

1. 품종별 3주 이상의 표본주에서 임의의 과실 100개 이상

2. 결과지 피해율= $\dfrac{14 + 20 \times 0.4 - 4}{34}$ = 52.94%

✔ 결과지 피해율=[(보상+미고사×착피)÷기준]으로 계산해도 된다. $\dfrac{10 + 20 \times 0.4}{34}$

**54.** 아래와 같은 조건에서 복분자 품목의 경작불능보험금의 지급 가능 여부 및 가능한 경우 보험금을 산정하시오.

○ 계약사항

| 보험가입금액 | 가입포기수 | 평년결과모지수 | 실제경작면적 | 자기부담비율 |
|---|---|---|---|---|
| 300만원 | 500포기 | 5개 | 1,500㎡ | 15% |

○ 조사내용 : 경작불능조사

| 재해 : 태풍 및 집중호우 (발생일 6/01) | 고사포기수 350포기 |
|---|---|

 식물체 피해율 70%이지만, 경작불능 보장 기간 초과로 지급 불가.

✔ **식물체 피해율=고사식물체 수(면적)÷보험가입 식물체 수(면적)**

**55.** 다음 내용을 바탕으로 복분자 품목의 보험금을 산출하시오. (고사결과모지수 및 %는 소수점 둘째 자리까지)

○ 계약사항

| 보험가입금액 | 가입포기수 | 평년결과모지수 | 자기부담비율 |
|---|---|---|---|
| 500만원 | 1,000포기 | 6개 | 10% |

○ 조사내용 : 종합위험 과실손해조사. 재해 : 우박 (4/20)

| 표본구간 조사 (표본포기 9포기) | | |
|---|---|---|
| 살아있는 결과모지수 합계 180개 | 표본포기 6송이 피해 열매수 합계 180개 | 표본포기 6송이 전체 열매수 합계 300개 |
| 미보상비율 10% | | |

• 이후 수확기 종료 시점까지 사고 없음

1. 기준 살아있는 결과모지수=180÷(9×5)=4개
2. 수정불량피해율=(180÷300)-0.15=45%
3. 수정불량고사결과모지수=4×0.45=1.8개
✔ 또는, (표본구간 살아있는 결과모지수 합계 180개×수정불량피해율 0.45)÷표본구간 총 포기수 45포기=1.8개
4. 미보상 고사결과모지수={6-(4-1.8)}×0.1=0.38개
5. 종합위험 고사결과모지수={6-(4-1.8)-0.38}=3.42개
6. 피해율= $\dfrac{3.42+0}{6}$ = 57%
7. 보험금=5,000,000×(0.57-0.1)=2,350,000원

Chapter 2.

**56.** 다음 내용을 바탕으로 복분자 품목의 보험금을 산출하시오. (결실율, 환산계수는 모두 '%로 소수점 둘째 자리까지, 고사결과모지수는 소수점 둘째 자리까지)

○ 계약조건

| 보험가입금액 | 가입포기수 | 평년결과모지수 | 자기부담비율 |
|---|---|---|---|
| 1,000만원 | 2,000포기 | 6개 | 20% |

○ 조사내용 : 특정위험 과실손해조사. 재해 – 우박

| 표본구간 조사 (표본포기 11포기) | | |
|---|---|---|
| 잔여수확량 비율 92% | 표본포기 6송이<br>수확가능 열매수 합계 100개 | 표본포기 6송이<br>전체 열매수 합계 280개 |
| 미보상비율 10% | | |

○ 조사내용 : 특정위험 과실손해조사. 재해 : 태풍

| 표본구간 조사 (표본포기 11포기) | | |
|---|---|---|
| 사고 일자 6월 13일 | 표본포기 6송이<br>수확가능 열매수 합계 60개 | 표본포기 6송이<br>전체 열매수 합계 240개 |
| 미보상비율 20% | | |

○ 종합위험 과실손해조사 결과

| 기준 살아있는 결과모지수 | 수정불량환산 고사결과모지수 | 미보상비율 |
|---|---|---|
| 5개 | 0.5개 | 10% |

 **정답**

1. 우박피해
   ① 결실율=100÷280=35.71%
   ② 수확감소환산계수=92-35.71=56.29%
2. 태풍피해
   ① 잔여수확량 비율= $\dfrac{13^2 - 43 \times 13 + 460}{2} = 35\%$
   ② 결실율=60÷240=25%
   ③ 수확감소환산계수=35-25=10%
3. 누적 수확감소환산계수=56.29+10=66.29%
4. 수확감소환산 고사결과모지수=(5-0.5)×0.6629=2.98개
5. 미보상 고사결과모지수=2.98×0.2=0.59개
6. 특정위험 고사결과모지수=2.98-0.59=2.39개
7. 종합위험 고사결과모지수={6-(5-0.5)-0.15}=1.35개
   • 미보상 고사결과모지수={6-(5-0.5)}×0.1=0.15개
8. 피해율= $\dfrac{1.35 + 2.39}{6} = 62.33\%$
9. 보험금=10,000,000×(0.6233-0.2)=4,233,000원

**57.** **<심화>** 다음 내용을 바탕으로 복분자 품목의 보험금을 산출하시오. (결실율, 환산계수는 모두 '%'로 소수점 둘째 자리까지. 고사결과모지수는 소수점 둘째 자리까지. 보험가입금액은 천원 단위 절사)

○ 계약조건

| 수령 | 실제경작면적 | 평년결과모지수 | 자기부담비율 |
|---|---|---|---|
| 5년생 | 2,940㎡ | 5개 | 10% |
| **가입 비율** | **재식면적** | **표준수확량** | **표준가격** |
| 100% | 주간 길이 2m, 이랑 폭 1.5m | 0.5kg/포기 | 7,000원 |

○ 조사내용

| 재해 | 사고 | 조사 | 내용 |
|---|---|---|---|
| 강풍 | 5/1 | 5/2 | [종합위험 과실손해조사]<br>» 표본조사 (표본포기 8포기)<br> - 표본구간 살아있는 결과모지수 합계 160개<br> - 표본포기 6송이 수정불량 열매수 120개<br> - 표본포기 6송이 총 열매수 300개<br>» 미보상비율 : 10% |
| 우박 | 6/10 | 6/11 | [특정위험 과실손해조사]<br>» 표본조사 (표본포기 8포기)<br> - 결실율 55%<br>» 미보상비율 10% |

1. 보험가입금액
   ① 가입포기수=2,940÷(2×1.5)=980포기
   ② 보험가입금액=980×0.5×7,000×(5÷4)=4,280,000원
   **✔ 수령 5년생 : 표준결과모지수 4개**
2. 종합위험 고사결과모지수
   ① 살아있는 결과모지수=160÷(8×5)=4개
   ② 수정불량환산계수=(120÷300)-0.15=25%
   ③ 수정불량환산 고사결과모지수=4×0.25=1개 (또는, (160×0.25)÷(8×5)=1개)
   ④ 미보상 고사결과모지수={5-(4-1)}×0.1=0.2개
   ⑤ 고사결과모지수={5-(4-1)-0.2}=1.8개
3. 특정위험 고사결과모지수
   ① 잔여수확량비율= $\dfrac{10^2 - 43 \times 10 + 460}{2} = 65\%$
   ② 수확감소환산계수=65-55=10%
   ③ 수확감소환산 고사결과모지수=(4-1)×0.1=0.3개
   ④ 미보상 고사결과모지수=0.3×0.1=0.03개
   ⑤ 고사결과모지수=0.3-0.03=0.27개
4. 피해율= $\dfrac{1.8 + 0.27}{5} = 41.4\%$
5. 보험금=4,280,000×(0.414-0.1)=1,343,920원

**58.** 다음은 종합위험 및 수확 전 종합위험 과실손해보장방식에 가입한 복분자에 관한 내용이다. 아래의 내용을 참조하여 지급보험금을 구하시오. (단, 수정불량환산계수(%), 수확감소환산계수(%) 및 각 고사결과모지수는 소수점 셋째 자리에서 반올림해 둘째 자리까지; 제시된 내용 외 다른 조건은 고려하지 않는다)

○ 계약사항

| 품목 | 보험가입금액 | 가입포기수 | 평년결과모지수 | 자기부담비율 |
|---|---|---|---|---|
| 복분자(수령 4년) | 15,000,000원 | 2,000포기 | 5개 | 15% |

○ 조사내용

| 재해 | 사고 | 조사 | 조사 내용 |
|---|---|---|---|
| 호우 | 5/05 | 5/06 | [종합위험 과실손해조사]<br>» 표본조사: 표본포기 수. 11포기<br> - 표본구간 살아있는 결과모지수 조사: 합계 165개<br> - 표본포기 임의의 6송이 조사: 수정불량 결실수 90개, 총 결실수 270개<br>» 미보상비율 10% |
| 우박 | 6/02 | 6/03 | [특정위험 과실손해조사]<br>» 표본조사: 표본포기 수. 11포기<br> - 표본포기 임의의 6송이 조사: 전체 개화수 300개, 전체 결실수 150개<br> - 잔여수확량 비율: |

| 기준일자 | 잔여수확량 비율 |
|---|---|
| 6.2 | 96% |
| 6.3 | 95% |

» 미보상비율: 10%

1. 종합위험 과실손해조사
   ① 표본구간 살아있는 결과모지수=165÷(11×5)=3개
   ② 표본구간 수정불량환산계수=(90÷270)-0.15=18.33%
   ③ 수정불량 고사결과모지수=(165×0.1833)÷(11×5)=0.55개
   ④ 미보상 고사결과모지수={5-(3-0.55)}×0.1=0.26개
   ⑤ 종합위험 고사결과모지수={5-(3-0.55)-0.26}=2.29개

2. 특정위험 과실손해조사
   ① 결실율 : 150÷300=50%
   ② 수확감소환산계수 : 96-50=46%
   • 잔여수확량 비율=98-2=96% (기준일자=사고일자)
   ③ 수확감소환산 고사결과모지수 : (3-0.55)×0.46=1.13개
   ④ 미보상 고사결과모지수 : 1.13×0.1=0.11개
   ⑤ 특정위험 고사결과모지수 : 1.13-0.11=1.02개

3. 피해율= $\dfrac{2.29+1.02}{5} = 66.2\%$

4. 보험금=15,000,000×(0.662-0.15)=7,680,000원

**59.** 수확 전 종합위험보장 상품에 가입한 복분자 품목의 다음 계약사항과 조사내용을 바탕으로 보험금을 구하시오.
(결실율, 환산계수는 모두 '%로 통일'하여 소수점 셋째 자리 이하, 결과모지수는 소수점 셋째 자리 이하 버림)

○ 계약사항

| 보험가입금액 | 가입 포기수 | 평년결과모지수 | 자기부담비율 |
|---|---|---|---|
| 8,000,000원 | 2,600포기 | 7개 | 15% |

○ 조사내용 – 특정위험 과실손해조사

- 종합위험 과실손해조사 : 실시□ 미실시☑
- 사고 일자 : 6월 10일
- 기준일자별 잔여 수확량 비율 : 65%
- 표본포기 조사(표본포기 수 : 12)

| 표본송이 전체 열매수 합계 600개 | 표본송이 수확 가능 열매수 합계 250개 |
|---|---|

- 미보상비율 5%

1. 결실율=250÷600=41.66%
2. 수확감소환산계수=0.65-0.4166=23.34%
3. 수확감소환산 고사결과모지수=7×0.2334=1.63개
4. 미보상 고사결과모지수=1.63×0.05=0.08개
5. 특정위험 고사결과모지수=1.63-0.08=1.55개
6. 피해율=(0+1.55)÷7=22.14%
7. 보험금=8,000,000×(0.2214-0.15)=571,200원
   ✔ **종합위험 과실손해조사를 실시하지 않은 경우 : 평년결과모지수×누적 수확감소환산계수**

**60.** 수확 전 종합위험 과실손해보장에 가입한 복분자 품목의 다음 계약사항과 조사내용을 바탕으로 보험금을 구하시오. (모든 비율은 %로 소수점 셋째 자리 이하 버림)

○ 계약사항

| 보험가입금액 | 가입포기수 | 평년결과모지수 | 자기부담비율 |
|---|---|---|---|
| 5,000,000원 | 2,000포기 | 6개/포기 | 15% |

○ 종합위험 과실손해조사

- 표본구간수 : 11구간
- 표본구간 살아있는 결과모지수 조사 : 합계 220개
- 수정불량(송이) 피해율 조사 : 전체 열매수 660개, 수정불량 열매수 400개
- 미보상비율 조사 : 10%
- 이후 수확 종료 시점까지 보상하는 재해 발생하지 않음

1. 포기당 살아있는 결과모지수=220÷(11×5)=4개
2. 수정불량환산계수=(400÷660)-0.15=45.60%
3. 수정불량환산 고사결과모지수=4×0.4560=1.824개 (또는, $\dfrac{220 \times 0.4560}{11 \times 5} = 1.824$개 )

4. 미보상 고사결과모지수={6-(4-1.824)}×0.1=0.3824개
5. 종합위험 고사결과모지수={6-(4-1.824)-0.3824}=3.4416개
6. 피해율=(3.4416+0)÷6=57.36%
7. 보험금=5,000,000×(0.5736-0.15)=2,118,000원

**61.** 수확 전 종합위험보장 복분자 품목의 다음 내용을 참조하여 과실손해보험금을 구하시오.

○ 계약사항

| 보험가입금액 | 가입 포기수 | 평년결과모지수 | 자기부담비율 |
|---|---|---|---|
| 15,000,000원 | 4,000포기 | 6 | 15% |

○ 조사내용
- 종합위험 보장 기간 과실손해조사 실시 : 실시하지 않음
- 특정위험 보장 기간
  - 재해 : 태풍 (6월 5일)
  - 기준일자별 잔여수확량비율 93%
  - 전체 결실수 200개, 전체 개화수 400개
  - 미보상비율 10%

Answer section 61.

1. 수확감소환산 고사결과모지수
   ① 결실율=200÷400=50%
   ② 수확감소환산계수=최대값(93%-50%, 0)=43%
   ③ 수확감소환산 고사결과모지수=6×0.43=2.58개
2. 미보상 고사결과모자수=2.58×0.1=0.258개
3. 특정위험 기간 고사결과모지수=2.58-0.258=2.322개
4. 피해율=(0+2.322)÷6=38.7%
5. 보험금=15,000,000×(0.387-0.15)=3,555,000원

**62.** 복분자 품목에 실시한 다음 과실손해조사내용을 바탕으로 피해율을 산출하시오. (피해율은 %로 소수점 셋째 자리에서 반올림)

○ 종합위험 과실손해조사
- 평년결과모지수 6개
- 기준 살아있는 결과모지수 4개
- 수정불량환산 고사결과모지수 1개
- 미보상고사결과모지수 0.3개

○ 특정위험 과실손해조사
- 1차 사고 : 수확감소환산계수 20%
- 2차 사고 : 수확감소환산계수 10%
- 3차 사고 : 사고일자 6월 14일, 전체 개화수 600개, 전체 결실수 150개
- 미보상비율 5%

1. 종합위험 고사결과모지수=6-(4-1)-0.3=2.7개
2. 특정위험 고사결과모지수
   ① 3차 사고 수확감소환산계수
   ② 잔여수확량 비율 = $\dfrac{14^2 - 43 \times 14 + 460}{2}$ = 27%
   ③ 결실률=150÷600=25%
   ④ 수확감소환산계수=27-25=2%
   ⑤ 누적 수확감소환산계수=20+10+2=32%
   ⑥ 수확감소환산 고사결과모지수=(4-1)×0.32=0.96개
   ⑦ 미보상 고사결과모지수=0.96×0.05=0.048개
   ⑧ 특정위험 고사결과모지수=0.96-0.048=0.912개
3. 피해율=(2.7+0.912)÷6=60.2%
   ✔ 복분자 : 누적 수확감소환산계수=특정위험기간의 수확감소환산계수의 합

**63.** 농작물재해보험에 가입한 각 과수원의 (　　　)를 알맞게 채우시오. (단, 각 표본주수 또는 표본과실수의 추출 단위는 과수원 단위로 함)

- 적과전 종합위험보장Ⅱ(사과. 1 품종) : 적과 종료 후 착과피해조사 - 최소 표본주수 (　①　)
- 종합위험 수확감소보장(자두. 2 품종) : 과중조사 - 최소 표본과실수 (　②　)
- 종합위험 수확감소보장(밤) : 수확량조사 - 조사대상주수 160주 - 표본주 선정 간격 (　③　)주
- 종합위험 수확감소보장(매실. 1 품종) : 과중조사(절반조사). 표본주수 8주. 표본주 착과량 합계 40kg. 품종별 비대추정 지수 2,000 - 표본주당 착과량 (　④　)
- 수확전 종합위험 과실손해보장방식(무화과) : 특정위험 과실손해조사 - 결과지조사 조사를 위한 최소 표본주수 (　⑤　)

① 3주 이상, ② 60개, ③ ¹20주, ④ (40×2,000×2)÷8=20kg, ⑤ 3주
✔ 조사 방법
1. 과수 4종
   ① 착과피해조사 : 품종별 1주(과수원당 3주) 이상의 과실 → 추출한 표본과실을 과실분류에 따른 피해인정계수에 따라 품종별로 구분
   ② 낙과피해조사 : 낙과수 중 무작위로 100개 이상(전체 낙과가 100개 미만인 경우 해당 기준 미만으로 조사) → 과실분류에 따른 피해인정계수에 따라 구분(품종별 구분 의무 X)
2. 포도 · 복숭아 · 자두
   ① 과중조사 : 품종별로 착과가 평균적인 3주 이상의 나무에서 크기가 평균적인 과실을 20개(과수원당 포도 30개, 복숭아 · 자두 60개) 이상
3. 포도 · 복숭아 · 자두 · 만감류, 밤 · 호두, 무화과 : 표본주 선정
   ① 조사대상주수를 농지별 표본주수로 나눈 표본주 간격에 따라 표본주 선정
   ② 조사대상주수 160주 → 품목별 표본주수 표의 전체 적정 표본주수 8주 → 160÷8=¹20주
4. 대추 · 매실 · 살구 과중조사
   ① 선정된 표본주별로 착과된 과실을 전부 수확 → 수확한 과실 무게를 조사(현장 상황에 따라 표본주의 착과된 과실 중 절반만을 수확하여 조사 가능)
   ② 품종 · 수령별 주당 착과 무게=품종 · 수령별(표본주의 착과 무게÷표본주수)
   ③ 표본주 착과 무게=조사 착과량×품종별 비대추정지수(매실)×2(절반조사 시)
5. 무화과 과실손해조사
   ① 종합위험 과실손해조사-착과피해조사 : 품종별로 3개 이상의 표본주에서 임의의 과실 100개 이상 표본과실 추출
   ② 특정위험 과실손해조사-결과지조사 : 3주 이상의 표본주에 달려있는 결과지수를 구분하여 고사결과지수, 미고사 결과지수, 미보상고사결과지수를 각각 조사

**64.** 종합위험 과실손해보장 오디 품목에 있어서 다음 용어의 정의를 쓰시오.

> (1) 품종 · 수령별 고사(결실불능)주수
> (2) 품종 · 수령별 미보상주수
> (3) 품종 · 수령별 조사대상주수

**65.** 종합위험 과실손해보장 오디 품목에 있어 다음 물음에 답하시오.

(1) '품종 · 수령별로 표본가지 결실수 합계를 표본가지 길이 합계로 나눈 값'을 뜻하는 용어는?

(2) '품종 · 수령별로 ((1)의 답)에 조사대상주수를 곱한 값에 주당 평년결실수에 미보상주수를 곱한 값을 더한 후 전체 실제 결과주수로 나누어 산출한 값'을 뜻하는 용어는?

**66.** 종합위험 과실손해보장 오디 품목에 관한 내용이다. 다음 조건을 보고 물음에 답하시오.

○ A 품종 (결실수는 소수점 첫째 자리에서, %는 소수점 셋째 자리에서 반올림)

| 보험가입금액 | 평년결실수 | 실제결과주수 | 자기부담비율 |
|---|---|---|---|
| 500만원 | 150개/주 | 100주 | 10% |

| 미보상주수 10주 | 결실불능주수 15주 | 미보상비율 5% |
|---|---|---|
| 표본주 7주 | 표본결과모지별 길이 2m | 표본가지별 결실수 80개 |

○ B 품종

| 보험가입금액 | 평년결실수 | 실제결과주수 | 자기부담비율 |
|---|---|---|---|
| 1,000만원 | 22,500개 | 150주 | 15% |

| 미보상주수 10주 | 결실불능주수 10주 | 미보상비율 10% |
|---|---|---|
| 표본주 8주 | 표본결과모지별 길이 2m | 표본가지별 결실수 120개 |

(1) A 품종의 보험금을 산정하시오.

(2) B 품종의 보험금을 산정하시오.

1. A 품종
   ① 환산결실수=1,680÷42=40개/주(m)
   • 표본가지 결실수 합계=7×3×80=1,680개
   • 표본가지 길이 합계=7×3×2=42m
   ② 조사결실수={(75×40)+(10×150)}÷100=45개/주(m)
   ③ 미보상감수결실수=(150-45)×0.05=5개/주(m)
   ④ 피해율=(150-45-5)÷150=66.67%
   ⑤ 보험금=5,000,000×(0.6667-0.1)=2,833,500원
2. B 품종
   ① 평년결실수=22,500÷150=150개/주(m)
   ② 환산결실수=(8×3×120)÷(8×3×2)=60개/주(m)
   ③ 조사결실수={(130×60)+(10×150)}÷150=62개
   ④ 미보상감수결실수=(150-62)×0.1=8.8개
   ⑤ 피해율=(150-62-8.8)÷150=52.8%
   ⑥ 보험금=10,000,000×(0.528-0.15)=3,780,000원
✔ 오디 보험금 : 평년결실수, 조사결실수, 미보상감수결실수를 '과수원 단위 또는 주(m) 단위' 중 어느 것을 기준으로 해도 동일한 계산원리임을 이해하고, [별표 9]의 공식대로 주(m) 단위 로 한다.

**67.** 종합위험 과실손해보장 오디 품목의 보험금을 산출하시오. (%는 소수점 둘째 자리까지)

○ 계약사항

| 품종 | 보험가입금액 | 실제결과주수 | 평년결실수 | 자기부담비율 |
|---|---|---|---|---|
| 청일뽕 | 1,000만원 | 200주 | 30,000개 | 10% |

○ 조사내용 : 수확 예정일 6/2

| 재해 | 사고 | 조사 | 내용 |
|---|---|---|---|
| 강풍 | 4/30 | 5/30 | [종합위험 과실손해조사]<br>» 5/1 피해사실확인조사 시 강풍 피해 확인<br>» 5/30 결실 완료~최초 수확 전 조사<br>» 나무조사<br><table><tr><td>실제결과주수</td><td>미보상주수</td><td>결실불능주수</td></tr><tr><td>200주</td><td>20주</td><td>10주</td></tr></table><br>» 표본조사<br><table><tr><td>표본주 8주</td><td>결실수 합계 3,000개</td><td>가지 길이 합계 50m</td></tr></table><br>» 미보상비율 : 10% |

1. ① 조사대상주수=200-20-10=170주
   ② 주당 평년결실수=30,000÷200=150개/주(m)
2. 환산결실수=3,000÷50=60개/주(m)
3. 조사결실수={(170×60)+(20×150)}÷200=66개/주(m)
4. 피해율=(150-66-8.4)÷150=50.4%
5. 보험금=10,000,000×(0.504-0.1)=4,040,000원

**68.** 종합위험 과실손해보장 오디 품목의 보험금을 산출하시오. (%는 소수점 둘째 자리까지. 나머지는 모두 소수점 첫째 자리 이하 버림. 과수원 단위 표준수확량 100%를 가입수확량으로 한다.)

○ 계약사항 : 가입 비율 100%

| 품종 | 실제결과주수 | 평년결실수 | 자기부담비율 |
|---|---|---|---|
| 과상 2호 | 300주 | 36,000개 | 20% |
| 가입면적 | 표준결실수 | 표준수확량 | 가입(표준)가격 |
| 1,800㎡ | 131개 | 15kg/주 | 7,000원 |

○ 조사내용 : 수확 예정일 6/2

| 재해 | 사고 | 조사 | 내용 |
|---|---|---|---|
| 우박 | 5/2 | 5/31 | [종합위험 과실손해조사]<br>» 5/2 피해사실확인조사 시 우박피해 확인<br>» 5/31 결실 완료~수확 전 조사<br>» 나무조사<br><br>| 실제결과주수 | 미보상주수 | 결실불능주수 |<br>|---|---|---|<br>| 300주 | 30주 | 10주 |<br><br>» 표본조사<br><br>| 표본주 9주 | 결실수 합계 3,060개 | 가지 길이 합계 68m |<br><br>» 미보상비율 : 15% |

1. 보험가입금액
   ① 표준수확량=15×300=4,500kg
   ② 평년결실수=36,000÷300=120개/주(m)
   ③ 보험가입금액=4,500×7,000×(120÷131)=28,850,000원
2. 환산결실수=3,060÷68=45개/주(m)
3. 조사결실수={(260×45)+(30×120)}÷300=51개/주(m)
4. 미보상감수결실수=(120-51)×0.15=10개/주(m)
5. 피해율=(120-51-10)÷120=49.16%
6. 보험금=28,850,000×(0.4916-0.2)=8,412,660원

**69.** 다음은 종합위험 과실손해보장 상품 오디 품목의 과실손해조사 방법과 해당 상품에 가입한 농가의 계약사항 및 조사내용이다. 물음에 답하시오.

○ 계약사항

| 품목 | 보험가입금액 | 가입주수 | 평년결실수 | 자기부담비율 |
|---|---|---|---|---|
| 오디(수원뽕) | 1,500만원 | 150주 | 130개 | 15% |

○ 조사내용

| 나무조사 | | | 표본조사 (표본주 8주) | 미보상비율 |
|---|---|---|---|---|
| 실제결과주수150주 | 결실불능주수 15주 | 미보상주수 10주 | 표본가지 길이 합계 36m | 10% |
| | | | 표본가지 결실수 합계 3,240개 | |

(1) 위 농가의 보험금을 구하시오. (조사결실수, 미보상감수결실수는 소수점 첫째 자리에서, 피해율은 소수점 셋째 자리에서 반올림)

(2) 오디 과실손해조사의 표본주 조사 방법을 쓰시오.

 1. 과실손해보험금
　　① 조사대상주수=150-15-10=125주
　　② 환산결실수=3,240÷36=90개/주(m)
　　③ 조사결실수={(125×90)+(10×130)}÷150=84개/주(m)
　　④ 미보상감수결실수=(130-84)×0.1=5개
　　⑤ 피해율=(130-84-5)÷130=31.54%
　　⑥ 보험금=15,000,000×(0.3154-0.15)=2,481,000원
　2. 표본주 조사 방법
　　① 표본주에서 가장 긴 결과모지 3개를 표본가지로 선정한다.
　　② 표본가지별로 가지의 길이 및 결실수를 조사한다.
　　✔ 오디 보험금 계산 문제의 풀이 순서 : 환산결실수 → 조사결실수 → 미보상감수결실수 → 피해율

**70.** 종합위험 과실손해보장에 가입한 다음 과수원의 보험금을 구하시오. (단, 모든 결실수는 소수점 첫째 자리에서 반올림)

○ 계약사항

| 품목 | 보험가입금액 | 실제결과주수 | 평년결실수 | 표준결실수 | 자기부담비율 |
|---|---|---|---|---|---|
| 오디 | 1,000만원 | A 품종 100주<br>B 품종 150주 | 120개/m | A 품종 125개/m<br>B 품종 128개/m | 10% |

○ 조사내용

| 품종 | 나무조사 | 표본가지 길이 합계 | 표본가지 결실수 합계 |
|---|---|---|---|
| A | 미보상주수 4주, 고사(결실불능)주수 6주 | 12m | 1,080개 |
| B | 미보상주수 5주, 고사(결실불능)주수 10주 | 20m | 1,600개 |

• 실제결과주수는 가입 당시와 동일함　　• 미보상비율 10%

 1. 조사대상주수
　　① A 품종=100-4-6=90주
　　② B 품종=150-5-10=135주
　2. 품종별 주당 평년결실수
　　① A 품종=$(120 \times 250) \times \dfrac{(125 \times 100)}{(125 \times 100 + 128 \times 150)} = 11,830$. 주당 11,830÷100=118개

　　② B 품종=$(120 \times 250) \times \dfrac{(128 \times 150)}{(125 \times 100 + 128 \times 150)} = 18,170$. 주당 18,170÷150=121개

　3. 품종별 환산결실수
　　① A 품종=1,080÷12=90개/주(m)
　　② B 품종=1,600÷20=80개/주(m)

　4. 조사결실수 = $\dfrac{(90 \times 90 + 4 \times 118) + (135 \times 80 + 5 \times 121)}{250} = 80$개/주$(m)$

5. 미보상감수결실수=(120-80)×0.1=4개/주(m)

6. 피해율=(120-80-4)÷120=30%

7. 보험금=10,000,000×(0.3-0.1)=2,000,000원

**✔ 오디 평년결실수의 품종별 비례배분**

- 품종별 평년결실수=(평년결실수 × 전체 실제결과주수) × $\dfrac{(대상 품종 표준결실수 × 대상 품종 실제결과주수)}{\Sigma(품종별 표준결실수 × 품종별 실제결과주수)}$

- 조사결실수 중 미보상주수에 적용되는 품종별 주당 평년결실수를 산출하기 위함이다.

---

**71.** 종합위험 과실손해보장 상품에 가입한 오디 품목의 다음 내용을 참조하여 물음에 답하시오. (결실수는 소수점 첫째 자리에서 반올림하고, 피해율은 소수점 셋째 자리에서 반올림하여 둘째 자리까지 다음 예시와 같이 구하시오. **예** 피해율 12.345% → 12.35%로 기재)

○ 계약사항

| 품목 | 보험가입금액 | 실제결과주수 | 평년결실수 | 자기부담비율 |
| --- | --- | --- | --- | --- |
| 오디(수원뽕) | 10,000,000원 | 100주 | 180개 | 15% |

○ 조사내용
- 실제결과주수 100주, 미보상주수 5주, 결실불능주수 5주
- 표본조사: 표본주수 7주, 표본가지 결실수 합계 5,040개, 표본가지 길이 합계 42m
- 미보상비율 10%

**(1)** 환산결실수를 구하시오

**(2)** 지급보험금을 구하시오

1. 환산결실수=5,040÷42=120개/주(m)

2. 조사결실수
   ① 조사대상주수=100-5-5=90주
   ② 환산결실수=120개/주(m)
   ③ 조사결실수={(90×120)+(5×180)}÷100=117개/주(m)
   ④ 미보상감수결실수=(180-117)×0.1=6개/주(m)
   ⑤ 피해율=(180-117-6)÷180=31.67%
   ⑥ 보험금=10,000,000×(0.3167-0.15)=1,667,000원

---

**72.** 수확 전 종합위험보장 무화과에 관한 내용이다. (        )을 알맞게 채우시오.

- 「특정위험 과실손해조사」는 보상하는 재해 (   ①   )로 인한 피해 여부를 확인하고, 가입한 이듬해 (   ②   ) 이후부터 수확기 종료 시점(가입한 이듬해 10월 31일을 초과할 수 없음)에 사고가 발생하는 경우에 해당한다.
- (   ③   ) 이상의 표본주에 달려있는 결과지수를 구분하여 (   ④   ), 미고사결과지수, 미보상 고사결과지수를 각각 조사한다.
- 기준일자는 (   ⑤   )로 하되, 농지의 상태 및 (   ⑥   ) 등에 따라 조사자가 수정할 수 있다.
- 보상하는 재해 이외의 원인(병해충 등)으로 고사한 결과지수는 (   ⑦   )로 한다.

정답 ① 태풍(강풍), 우박, ② 8월 1일, ③ 3주, ④ 고사결과지수, ⑤ 사고일자, ⑥ 수확 정도, ⑦ 미보상 고사결과지수

**73.** 종합위험 및 수확 전 종합위험 과실손해보장 품목 중 「나무피해조사」 시 감귤(온주밀감류)과 무화과 품목의 ① 조사 시기 및 ② 조사 내용을 쓰시오.

정답
1. 조사 시기 : 수확기 완료 시점 이후~나무손해보장 특약 종료 시점
2. 조사 내용 : 품종·수령별 추가 고사주수 조사. 보상하는 재해 이외의 원인으로 고사한 나무는 미보상고사주수로 조사

**74.** 다음 조건을 보고 무화과 품목의 보험금을 산출하시오. (수확량은 소수점 첫째 자리에서, %는 소수점 셋째 자리에서 반올림)

○ 계약사항

| 보험가입금액 | 실제결과주수 | 평년수확량 | 자기부담비율 | 표준 과중 |
| --- | --- | --- | --- | --- |
| 900만원 | 300주 | 4,000kg | 15% | 70g |

○ 조사내용

| 재해 한해(6/30) | [종합위험 과실손해조사]<br>» 나무조사 | | |
| --- | --- | --- | --- |
| | 실제결과주수 | 미보상주수 | 고사주수 |
| | 300주 | 20주 | 50주 |
| 표본조사 | » 표본조사 | | |
| | 표본주 9주 | 표본주당 착과수 120개 | 착과피해구성율 20% |

• 미보상비율: 20%          • 이후 수확기 종료 시점까지 피해 없음

정답
1. 종합위험 과실손해조사 피해율
   ① 조사대상주수=300-20-50=230주
   ② 주당 평년수확량=13kg
   ③ 수확량={230×120×0.07×(1-0.2)}+(20×13)=1,806kg
   ④ 피해율=(4,000-1,806-439)÷4,000=43.88%
2. 피해율=43.88+0=43.88%
3. 보험금=9,000,000×(0.4388-0.15)=2,599,200원
✔ 무화과는 과중 조사를 실시하지 않고, 표준 과중을 적용한다.

**75.** 다음 물음에 답하시오.

(1) 무화과 : 「특정위험 과실손해조사」 시 기준일자는?

(2) 고추 : 「생산비보장 손해조사」 시 사고일자는?

(3) 시설작물, 시설재배 버섯 : 수확기 이전, 이후 사고 시 사고일자는?

1. 무화과 : 사고 일자

2. 고추 : 재해발생일, 지속되는 재해의 경우 재해가 끝나는 날, 재해가 끝나기 전 조사 시 조사 일자

3. 시설작물, 시설재배 버섯 : 연속되는 자연재해로 사고 일자를 특정할 수 없는 경우, 수확기 이전-기상특보 발령 일자, 수확기 이후-최종 출하 일자

**76.** 다음 조건을 보고 무화과 품목의 보험금을 산출하시오 (수확량은 소수점 첫째 자리에서, %는 소수점 셋째 자리에서 반올림)

○ 계약사항

| 보험가입금액 | 실제결과주수 | 평년수확량 |
|---|---|---|
| 750만원 | 500주 | 6,000kg |
| 자기부담비율 | 표준 과중 | 가입 특약 |
| 10% | 80g | 나무손해보장 (3만원/1주) |

○ 조사내용

| 재해<br>집중호우<br>(7/15) | [종합위험 과실손해조사]<br>» 나무조사 |||
|---|---|---|---|
| | 실제결과주수 | 미보상주수 | 고사주수 |
| | 500주 | 20주 | 30주 |
| | » 표본조사 |||
| | 표본주 11주 | 표본주당 착과수 100개 | 착과피해구성율 20% |
| | » 미보상비율 20% |||

○조사내용

| 재해<br>태풍<br>(9/01) | [특정위험 과실손해조사]<br>» 결과지 조사 (표본조사) |||
|---|---|---|---|
| | 고사 결과지수 || 미고사 결과지수 |
| | 보상 16개 | 미보상 4개 | 30개 |
| | - 착과피해율 없음 |||

1. 종합위험 과실손해조사
   ① 조사대상주수=500-20-30=450주
   ② 주당 평년수확량=6000÷500=12kg
   ③ 수확량={450×100×0.08×(1-0.2)}+(20×12)=3,120kg
   ④ 피해율=(6,000-3,120-576)÷6,000=38.4%
2. 특정위험 과실손해조사
   ① 결과지 피해율={16+30×0}÷50=32%
   ② 잔여수확량비율=(100-33)-(1.13×)=65.87%
   ③ 피해율=(1-0.384)×0.6587×0.32=12.98%
3. 피해율=38.4+12.98=51.38%
4. 보험금=7,500,000×(0.5138-0.1)=3,103,500원

5. 나무손해보장
① 피해율=30÷500=6%
② 보험금=15,000,000×(0.06-0.05)=150,000원

**77.** 다음 조건을 보고 무화과 품목의 보험금을 산출하시오. (수확량은 소수점 첫째 자리에서, %는 소수점 셋째 자리에서 반올림)

○ 계약사항

| 보험가입금액 | 실제결과주수 | 평년수확량 |
|---|---|---|
| 1,000만원 | 700주 | 8,000kg |
| **자기부담비율** | **표준 과중** | **가입 특약** |
| 10% | 100g | 없음 |

○ 조사내용

| 재해 | 사고 | 조사 | 내용 |
|---|---|---|---|
| 한해 | 6/30 | 7/1 | [종합위험 과실손해조사]<br>» 피해율 30% |
| 강풍 | 9/10 | 9/11 | [특정위험 과실손해조사]<br>» 결과지 피해율 20% |
| 태풍 | 10/01 | 10/02 | [특정위험 과실손해조사]<br>» 결과지 조사 |

| 고사 결과지수 | | 미고사 결과지수 |
|---|---|---|
| 보상 8개 | 미보상 12개 | 16개 |

» 착과피해율 40%

1. 9/10 특정위험 과실손해조사 피해율
   ① 잔여수확량비율=(100-33)-(1.13×10)=55.7%
   ② 피해율=(1-0.3)×0.557×0.2=7.80%
2. 10/01 특정위험 과실손해조사 피해율
   ① 잔여수확량비율=(100-67)-(0.84×1)=32.16%
   ② 결과지 피해율=(20+16×0.4-12)÷(20+16)=40%
   ③ 피해율=(1-0.3)×0.3216×(0.4-0.2)=4.50%
3. 피해율=30+7.80+4.50=42.3%
4. 보험금=10,000,000×(0.423-0.1)=3,230,000원

✔ **무화과 결과지 피해율 :**
  • 하나의 보험사고로 인해 산정된 결과지 피해율은 동시 또는 선·후차적으로 발생한 다른 보험사고의 결과지 피해율로 불인정.
  • 8/1 이후 사고가 중복 발생할 경우 금차 피해율에서 전차 피해율을 차감하고 산정함
✔ **결과지 피해율에 적용되는 착과피해율은 명확하게 규정되어 있지 않다.**

Chapter 2.

Part 3. 종합위험 및 수확 전 종합위험과실손해보장 201

**78.** 수확 전 종합위험 과실손해보장에 가입한 무화과 품목의 ① 과실손해보험금을 구하고, ② 과실 분류에 따른 피해 인정계수에 관한 다음 빈칸을 채우시오. (잔여수확량비율 및 피해율은 %로 소수점 셋째 자리에서 반올림)

○ 계약사항

| 품목 | 보험가입금액 | 평년수확량 | 실제결과주수 | 자기부담비율 |
|---|---|---|---|---|
| 무화과 | 500만원 | 1,500kg | 400주 | 20% |

○ 조사내용

[종합위험 과실손해조사 07.01] 수확량조사
• 수확량 1,000kg, 미보상감수량 50kg

[특정위험 과실손해조사 09.10] 표본조사 : 결과지 피해조사
• 고사 결과지수 20개(보상 고사결과지수 14개, 미보상 고사결과지수 6개), 미고사 결과지수 40개, 착과피해율 20%

○ 과실 분류에 따른 피해인정계수

| 과실 분류 | 피해인정계수 | 비고 |
|---|---|---|
| 정상과 | 0 | ( ① ) |
| 50% 형 피해과실 | 0.5 | - |
| 80% 형 피해과실 | 0.8 | ( ② ) |
| 100% 형 피해과실 | 1.0 | - |

**정답**

1. 보험금
   (1) 수확 전 사고 피해율=(1,500-1,000-50)÷1,500=30%
   (2) 수확 후 사고 피해율
      ① 잔여수확량비율=(100-33)-1.13×10=55.7%
      ② 결과지피해율=$\dfrac{(20+40\times0.2-6)}{60}=36.67\%$
      ③ 피해율=(1-0.3)×0.557×0.3667=14.30%
   (3) 피해율=30+14.30=44.30%
   (4) 보험금=5,000,000×(0.4430-0.2)=1,215,000원
2. 과실 분류에 따른 피해인정계수
   ① 정상과 : 피해가 없거나 경미한 과실
   ② 80% 형 피해과실 : 일반시장 출하가 불가능하나 가공용으로 공급될 수 있는 품질의 과실 (단, 가공공장공급 및 판매 여부와 무관)

**79.** 종합위험 과실손해보장 감귤(온주밀감류)의 「과실손해조사」에 대한 내용이다. (      )안을 알맞게 채우시오.

• 수확 전 사고조사 : 표본주는 가입면적을 기준으로 최소 ( ① ) 이상 선정한다.
• 과실손해조사 : 조사 시기는 ( ② )이다.
• 과실손해조사 : 수확한 과실을 등급 내 과실 및 등급 외 과실로 구분한다. 등급 내 과실은 정상 과실, ( ③ )형 피해 과실로 구분한다.
• 과실손해조사 : 등급 외 피해 과실은 인정 비율 ( ④ )를 적용하여 피해 과실수를 산출한다.
• 동상해 과실손해조사 : 선정한 표본주에 리본을 묶고 동서남북 4가지에 대하여 ( ⑤ )한 과실수를 조사한다.
• 동상해 과실손해조사 : ( ⑥ )을 기준으로 표본주수를 최소 ( ⑦ )주 이상 선정한다.

① 3주 이상, ② 주 품종 수확시기, ③ 30% 형, 50% 형, 80% 형, 100% 형 피해과실, ④ 50%, ⑤ 기수확, ⑥ 가입면적, ⑦ 2주

✔ **동상해 과실손해조사 : 기수확 과실수 조사 후 착과 과실을 전부 수확하여 정상 과실과 피해 과실로 분류하여 동상해 피해 과실수를 산출한다.**

**80.** 표본조사 결과가 다음과 같을 경우, '수확 전 과실손해피해율'을 산정하시오.

| 무피해 과실수 100개 | 100% 형 피해 과실수 50개 |
|---|---|
| 80% 형 피해 과실수 30개 | 강풍으로 낙과된 과실수 50개 |
| 병충해로 낙과된 과실수 20개 | 생리적 낙과 과실수 20개 |
| 우박으로 과피 전체 표면적의 5% 피해 과실수 (과육 피해 없음) 30개 | 미보상비율 10% |

 1. 정상 과실수=100+30+20+20+30=200개

2. 100% 형 피해과실수=50+50=100개

3. 수확 전 과실손해피해율=(100÷300)×(1-0.1)=30%

✔ **수확 전 사고조사**

• 100% 피해형 과실=착과수 중 100% 피해과실+보상하는 재해로 낙과한 과실

• 부분 착과피해과실=정상 과실

**81.** 표본조사 결과가 다음과 같을 경우, '과실손해피해율'을 산정하시오. (%는 소수점 셋째 자리에서 반올림)

① 무피해과실 - 100개
② 보상하는 재해로 과육은 피해가 없고 과피 전체 표면 면적의 20%의 피해가 있는 과실 - 50개
③ 과실의 크기만으로 등급 외 크기이면서 보상하는 재해로 과육은 피해가 없고 과피 전체 표면 면적의 30% 피해가 있으며 과실 횡경이 90mm인 과실 - 40개
④ 과실의 크기만으로 등급 외 크기이면서 과육 부패 및 물음 등의 피해가 있어 가공용으로도 공급 될 수 없는 과실 - 30개
⑤ 과실의 크기만으로 등급 외 크기이면서 무피해 과실 또는 보상하는 재해로 과피 및 과육 피해가 없는 과실 - 40개
• (최종) 수확 전 과실손해피해율 40%
• (최종) 수확 전 과실손해조사 미보상비율 20%
• 과실손해조사 미보상비율 20%

 1. 과실손해피해율((최종) 수확 전 과실손해피해율 반영 전)

(1) 등급 내 : ① 정상 100개, ②30% 형 50개

(2) 등급 외 : ③ 50% 형 40개, ④ 100% 형 30개, ⑤ 30% 형 40개

(3) 과실손해피해율 $= \dfrac{(50 \times 0.3) + (40 \times 0.3 + 40 \times 0.5 + 30 \times 1.0) \times 0.5}{260} \times (1 - 0.2) = 14.15\%$

2. 과실손해피해율(최종 수확 전 과실손해피해율 반영) : [{0.4÷(1-0.2)}+{(1-(0.4÷(1-0.2)))×(0.1415÷(1-0.2))}]×(1-0.2)=47.08%

(또는 아래 해설 참조)

✔ **다음과 같은 풀이도 있지만 위의 [별표 9] 기준 계산식도 알아놓는다.**

1. **미보상비율 반영 전 (최종) 수확 전 과실손해피해율=0.4÷(1-0.2)=50%**

• **(100% 형÷기준과실수)=50% → 미보상비율 반영 0.5×(1-0.2)=40%**

2. **미보상비율 반영 전 과실손해피해율=0.1415÷(1-0.2)=17.69%**

3. **주계약 피해율={0.5+(1-0.5)×0.1769}×(1-0.2)=47.08%**

**82.** 다음 조건에서 감귤 품목의 과실손해보험금을 산출하시오. (%는 소수점 셋째 자리에서 반올림, 일 원 단위 미만 절사, 과실수는 소수점 첫째 자리에서 반올림)

○ 계약사항

| 품목 | 보험가입금액 | 실제결과주수 |
|---|---|---|
| 감귤(온주밀감) | 3,000만원 | 500주 |
| 자기부담비율 | 가입 특약 | |
| 20% | 과실손해추가보장, 동상해 과실손해보장 | |

○ 조사내용

| 재해 | 사고 | 조사 | 내용 |
|---|---|---|---|
| 집중호우 | 6/1 | 6/2 | [수확 전 과실손해조사]<br>» 최종 수확 전 과실손해피해율 16%<br>» 미보상비율: 20% |
| 태풍 | 11/1 | 11/2 | [과실손해조사]<br>» 표본조사 - 표본주 2주 (착과수 합계 200개)<br><br>|  | 정상 | 30% 형 | 50% 형 | 80% 형 | 100% 형 |<br>\|---\|---\|---\|---\|---\|---\|<br>\| 등급 내 \| 30개 \| 10개 \| 20개 \| 50개 \| 0개 \|<br>\| 등급 외 \| - \| 20개 \| 40개 \| 30개 \| 0개 \|<br><br>» 미보상비율 : 20% |
| 동상해 | 12/21 | 12/22 | [동상해 과실손해조사]<br>» 표본조사<br>- 표본주 2주, 각 4가지 조사<br>- 기수확과실수 60개<br>- 착과수 피해구성 조사 (표본가지 착과수 전체조사)<br><br>\| 정상 \| 80% 형 \| 100% 형 \|<br>\|---\|---\|---\|<br>\| 16개 \| 6개 \| 8개 \|<br><br>» 수확기 잔존비율 44.1%<br>» 미보상비율 : 20% |

**[과실손해보험금]**

1. 과실손해피해율$=\dfrac{(10 \times 0.3 + 20 \times 0.5 + 50 \times 0.8) + (20 \times 0.3 + 40 \times 0.5 + 30 \times 0.8) \times 0.5}{200} \times (1 - 0.2) = 31.2\%$

✔ **미보상비율 반영 전=0.312÷(1-0.2)=[2]39%.**
- 동상해 특약에 가입한 경우, 기사고 피해율에 미보상비율 반영 전 과실손해피해율(=주계약 피해율)이 있으므로 미보상비율을 반영하기 전 항상 미리 메모해 놓는다.

2. (수확 전 사고 반영된) 과실손해피해율(주계약 피해율)=[{0.16÷(1-0.2)}+{(1-(0.16÷(1-0.2)))×(0.312÷(1-0.2))}]×(1-0.2)=40.96%

✔ **동일한 결과값 (검산)={[1]0.2+(1-[1]0.2)×[2]0.39}×(1-0.2)=40.96%**
- 미보상비율 반영 전 수확 전 조사피해율=0.16÷(1-0.2)=[1]20%
- 미보상비율 반영 전 주계약 피해율=0.4096÷(1-0.2)=51.2% → 동상해 손해액 계산에 쓰임

3. 손해액=30,000,000×0.4096=12,288,000원
4. 자기부담금=30,000,000×0.2=6,000,000원
5. 보험금=12,288,000-6,000,000=6,288,000원

**[동상해 과실손해보험금]**

1. 기수확비율=60÷90=66.67%
   - 기수확 과실수÷총 과실수
   ① 기수확비율 66.67% > 수확기 경과비율 55.9%
      - 수확기 경과비율=100%-수확기 잔존비율 44.1%=55.9%
   ② 66.67-55.9=10.77% 차이만큼 정상 과실수에 추가
      - 총 과실수 90×0.1077=9.693개=10개
   ✔ **기수확비율과 수확기 경과비율이 '현저한' 차이가 있으면 그 차이만큼 정상 과실수에 추가한다. 그러나 '현저한'의 범위는 규정되어 있지 않으므로, 출제 시에는 조건에 제시될 것으로 보인다.**
2. 동상해 과실손해피해율=(6×0.8+8×1)÷(30+10)=32%
3. 손해액={30,000,000×(1-0.512)}×0.441×0.32×(1-0.2)=1,652,797원
   ✔ **기사고 피해율=(미보상비율 반영 전) 주계약 피해율+이전 사고 동상해 과실손해피해율**
4. 자기부담금=|30,000,000×min(0.4096-0.2), 0|=0원
   - 주계약 피해율이 자기부담비율보다 작은 경우만, 자기부담금이 발생한다.
5. 동상해 과실손해보험금=1,652,797원

**[과실손해추가보장 보험금]**

30,000,000×0.4096×0.1=1,228,800원

✔ **과실손해추가보장 보험금에 적용되는 주계약 피해율**
   - [이론서 본문] 주계약 피해율 : 과실손해보장(보통약관) 품목별 담보조항(감귤(온주밀감류))에서 산출한 피해율
   - [이론서 본문] 수확 전 사고를 반영하지 않은 '수확기 피해율이 주계약 피해율'이다.
   - [별표 9] 수확 전 사고가 있는 경우 '수확 전 사고 피해율을 반영한 것이 주계약 피해율'이다.
   - 위 풀이는 [별표 9] 기준의 보통약관 피해율을 적용한 것이다.

**83.** 종합위험 과실손해보장에 가입한 감귤 품목의 다음 내용을 참조하여 보험금을 구하시오. (단, 보통약관과 특별약관의 보험가입금액은 모두 동일한 것으로 함. 피해율은 %로 소수점 셋째 자리에서 반올림. 🔢 12.345=12.35%. 보험금은 일 원 단위 미만 버림) (15점)

○ 계약사항

| 품목 | 보험가입금액 | 가입면적 | 자기부담비율 | 가입 특별약관 |
|---|---|---|---|---|
| 감귤(온주밀감) | 2,000만원 | 3,000㎡ | 20% | 과실손해 추가보장<br>동상해 과실손해보장 |

○ 조사내용

| | |
|---|---|
| 수확 전 사고조사 | 과실손해피해율 30%, 미보상비율 10% |
| 과실손해 조사 | 등급 내 피해과실수 50개, 등급 외 피해과실수 30개, 기준과실수 100개, 미보상비율 10% |
| 동상해 과실손해조사 | 동상해 과실손해피해율 50%, 수확기 잔존비율 62.5%, 미보상비율 10% |

(1) 과실손해보험금을 구하시오. (단, 수확 전 사고 피해율을 반영한다)

(2) 과실손해추가보장 보험금을 구하시오. (단, 수확 전 사고 피해율을 반영한다)

(3) 동상해 과실손해보험금을 구하시오.

1. 과실손해보험금 주계약 피해율

① 미보상비율 반영 전 수확 전 사고 피해율=0.3÷(1-0.9)=33.33%

② 과실손해피해율(수확기 피해율)=$\dfrac{(50+30\times0.5)}{100}\times(1-0.1)=58.5\%$

- 미보상비율 반영 전 : 65%

③ 주계약 피해율={0.3333+(1-0.3333)×0.65}×(1-0.1)=69%

- 미보상비율 반영 전 : [1]76.67%

④ 손해액=20,000,000×0.69=13,800,000원

⑤ 자기부담금=20,000,000×0.2=4,000,000원

⑥ 보험금=13,800,000-4,000,000=9,800,000원

2. 과실손해추가보장 보험금=20,000,000×0.69×0.1=1,380,000원

- 주계약 피해율(보통약관에서 산출한 피해율)

3. 동상해 과실손해보험금

① 손해액={20,000,000-(20,000,000×[1]0.7667)}×0.625×0.5×(1-0.1)=1,312,312원

② 자기부담금=|20,000,000×min(0.69-0.2, 0)|=0원

③ 보험금=1,312,312-0=1,312,312원

**84.** 다음의 계약사항 및 조사 내용을 참조하여 각 조사의 과실손해피해율을 구하시오. (단, 각 조사 간의 연관성은 없다. 피해율은 소수점 셋째 자리에서 반올림하여 둘째 자리까지 다음 예시와 같이 구하시오. **예** 피해율 12.345% → 12.35%로 기재)

○ 조사내용

| 품목 | 감귤 (온주밀감류) |
|---|---|
| A.<br>수확 전 사고조사 | » 표본주 3주 총 착과 과실 200개<br>  - 착과된 과실 중 부분 착과피해과실 40개, 100% 형 피해과실 50개<br>» 보상하는 재해로 낙과된 과실 30개<br>» 미보상비율 10% |
| B.<br>과실손해조사 | » 보상하는 재해로 과피 전체 표면 면적의 5% 피해가 있는 과실 50개<br>» 보상하는 재해로 과육 피해 없고 과피 전체 표면 면적의 20% 피해가 있는 과실 20개<br>» 보상하는 재해로 과육 부패 및 무름 등의 피해가 있는 과실 30개<br>» 과실 크기만으로 등급 외 크기이면서 무피해과실 30개<br>» 미보상비율 15% |
| C.<br>동상해 과실손해조사 | » 정상 과실 40개<br>» 80% 형 피해과실 20개, 100% 형 피해과실 30개<br>» 병충해 피해과실 20개<br>» 미보상비율 20% |

1. 수확 전 과실손해피해율 $= \dfrac{30+50}{150+50+30} \times (1-0.1) = 31.30\%$

✔ **기준과실수 230개=정상 150개+피해 80개**
- 정상과실과 피해과실 분류 : 정상 150개(착과 과실 200개 중 100% 형 50개 제외(부분 착과피해과실 40개 포함)), 피해 80개(낙과 30개+100% 형 50개)

2. 과실손해피해율 $= \dfrac{(20 \times 0.3 + 30 \times 1.0) + (30 \times 0.3) \times 0.5}{130} \times (1-0.15) = 26.48\%$

✔ **분류: 50개=정상, 20개=등급 내 30% 형, 30개=등급 내 100% 형, 30개=등급 외 30% 형**

3. 동상해 과실손해피해율 $= \dfrac{20 \times 0.8 + 30 \times 1.0}{60+20+30} = 41.82\%$

✔ **동상해 과실손해피해율 : ×(1-미보상비율)을 적용하지 않고, 손해액 계산 시에 적용**

**85.** 다음은 수확 전 종합위험보장방식 복분자, 무화과 품목의 시기별 조사 종류이다. (　　　)을 알맞게 채우시오.

| 생육 시기 | 재해 | 조사내용 | 조사 시기 | 조사 방법 | 비고 |
|---|---|---|---|---|---|
| 수확 전 | 보상 하는 재해 전부 | ( ① ) | 사고접수 후 지체없이 | 해당 농지의 피해면적비율 또는 보험목적인 식물체 피해율 조사 | 복분자만 해당 |
| | | 과실손해조사 | ( ② ) | 살아있는 결과모지수 및 수정불량(송이)피해율 조사 | |
| 수확 시작 후 ~수확 종료 | 태풍(강풍), 우박 | 과실손해조사 | 사고접수 후 지체없이 | 전체 열매수(전체 개화수) 및 ( ③ ) 조사 - 6월1일~6월20일 사고 건에 한함 | 복분자만 해당 |
| | | | | 표본주의 ( ④ ) 조사 | 무화과만 해당 |
| 수확 완료 후 ~보험 종기 | 보상 하는 재해 전부 | 고사나무조사 | 수확완료 후 보험 종기 전 | 보상하는 재해로 고사되거나 또는 회생이 불가능한 나무 수를 조사 - 특약 가입 농지만 해당 | ( ⑤ ) 만 해당 |

 ① 경작불능조사, ② 수정 완료 후, ③ 수확 가능 열매수, ④ 고사 및 정상 결과지수, ⑤ 무화과

# PART 4

## 종합위험 수확감소보장 논작물

# 농작물 재해보험의 이론과 실무

**1.** 종합위험보장 벼 상품에 관한 내용이다. 다음이 의미하는 용어를 쓰시오.

> (1) 한 덩어리의 토지의 개념으로 필지(지번)와는 관계없이 농작물을 재배하는 하나의 경작지
> (2) 못자리 등에서 기른 모를 농지로 옮겨 심는 일
> (3) 벼(조곡)의 이삭이 줄기 밖으로 자란 상태
> (4) 농작물의 성장 기간 중 작물의 생육에 지장을 초래할 정도의 찬 기온으로 인하여 발생하는 피해
> (5) 장기간의 지속적인 강우 부족에 의한 토양수분 부족으로 인하여 발생하는 피해

 **정답** 1. 농지,  2. 이앙,  3. 출수,  4. 냉해,  5. 한해

**✔ 벼 보험기간**
- 벼(조곡)의 보장 개시일과 이앙 · 직파불능보장 및 재이앙 · 재직파보장의 보장 종기에 '이앙'의 용어가 있다.
- 경작불능보장 종기는 출수기까지이다.

**2.** 종합위험보장 벼(조곡) 상품의 보통약관 보험기간이다. (      )을 채우시오.

| 이앙 · 직파불능보장 | 계약 24시. ~ (  ①  ) |
|---|---|
| 재이앙 · 재직파보장 | (  ②  )(경과 시 계약 24시) ~ (  ①  ) |
| 경작불능보장 | (  ②  )(경과 시 계약 24시) ~ (  ③  ) |
| 수확불능보장 | (  ②  )(경과 시 계약 24시) ~ 수확기 종료 시점 (  ④   을 초과 불가) |
| 수확감소보장 | (  ②  )(경과 시 계약 24시) ~ 수확기 종료 시점 (  ④   을 초과 불가) |

**정답** ① 7월 31일, ② 이앙 · 직파완료일 24시, ③ 출수기 전, ④ 수확기 종료 시점 (판매연도 11월 30일)

**3.** 종합위험보장 벼(조곡) 상품에서 특별약관으로 보장될 수 있는 병해충 명을 모두 쓰시오.

**정답** 흰잎마름병, 벼멸구, 도열병, 줄무늬잎마름병, 먹노린재, 세균성벼알마름병, 깨씨무늬병

**4.** 종합위험보장 벼(조곡) 상품에서 지급될 수 있는 보험금의 종류 및 각 보험금의 지급 사유와 산정식을 쓰시오.

1. 이앙 · 직파불능 보험금

　① 보험기간 내에 보상하는 재해로 농지 전체를 이앙 · 직파하지 못하게 된 경우

　② 보험금=보험가입금액×15%

2. 재이앙 · 재직파 보험금

　① 보험기간 내에 보상하는 재해로 면적 피해율이 10%를 초과하고, 재이앙(재직파)한 경우

　② 보험금=보험가입금액×25%×면적피해율

　• 면적피해율=피해면적÷보험가입면적

3. 경작불능보험금

　① 보상하는 재해로 식물체 피해율이 일반 벼 65% 이상, 분질미 60% 이상이고, 계약자가 경작불능보험금을 신청한 경우

　② 보험금=보험가입금액×자기부담비율에 따른 일정 비율

　• 45%, 42%, 40%, 35%, 30%

4. 수확불능보험금

　① 보상하는 재해로 제현율이 일반 벼 65% 미만, 분질미 70% 미만으로 떨어져 정상 벼로서 출하가 불가능하게 되고, 계약자가 수확불능보험금을 신청한 경우

　② 보험금=보험가입금액×자기부담비율에 따른 일정 비율

　• 60%, 57%, 55%, 50%, 45%

5. 수확감소보험금

　① 보상하는 재해로 인해 피해율이 자기부담비율을 초과하는 경우

　② 보험금=보험가입금액×(피해율-자기부담비율)

　• 피해율=(평년수확량-수확량-미보상감수량)÷평년수확량

**5.** 종합위험보장 벼(조곡) 상품의 자기부담비율과 그에 따른 보험료 지원율을 설명하시오.

 1. 자기부담비율이란 : 보험사고로 인하여 발생한 손해에 대하여 계약자 또는 피보험자가 부담하는 일정 비율로 자기부담 비율 미만의 손해는 보험금이 지급되지 않는다.

2. 벼(조곡) 수확감소보장 자기부담비율

　① 보험계약 시 계약자가 선택한 비율(10%, 15%, 20%, 30%, 40%)

　② 적용 기준

　• 10% 형 : 최근 3년간 연속 보험 가입 계약자로서 3년간 수령한 보험금이 순보험료의 120% 미만인 경우에 한하여 선택 가능

　• 15% 형 : 최근 2년간 연속 보험 가입 계약자로서 2년간 수령한 보험금이 순보험료의 120% 미만인 경우에 한하여 선택 가능

　• 20% 형, 30% 형, 40% 형 : 제한 없음

　• 단, 간척 농지의 경우, 자기부담비율 10% 형, 15% 형은 가입이 제한됨(20% 형, 30% 형, 40% 형 중 선택 가입)

　✔ 2024 [농업재해보험 · 손해평가의 이론과 실무]에는 간척 농지 벼의 자기부담비율에 관한 내용이 누락되어 있다.

3. 보험료 정부 지원 :

　① 자기부담비율 10% 형 : 순보험료의 35% 지원

　② 자기부담비율 15% 형 : 순보험료의 38% 지원

　③ 자기부담비율 20% 형 : 순보험료의 50% 지원

　④ 자기부담비율 30% 형 : 순보험료의 55% 지원

　⑤ 자기부담비율 40% 형 : 순보험료의 60% 지원

　✔ 벼, 과수 4종의 자기부담비율 10%, 15% 형의 정부지원율은 2025년도까지 매해 변경 예정이다. 위는 2025 개정 예정인 비율로 [농업재해보험 · 손해평가의 이론과 실무]를 확인한다.

**6.** 다음 용어의 정의를 쓰시오.

| (1) 출수기 | (2) 수확기 | (3) 전환지 |
|---|---|---|

1. 농지에서 전체 이삭이 70% 정도 출수한 시점
2. 농지가 위치한 지역의 기상 여건을 감안하여 통상적으로 해당 농작물을 수확하는 기간
3. 개간, 복토 등을 통해 논으로 변경한 농지

**7.** 종합위험보장 벼(조곡) 상품의 보험가입기준에 대해 서술하시오.

1. 가입
   ① 농지 단위로 가입, 농지당 가입금액 최저 50만원 이상
   ② 50만원 미만의 농지라도 인접 농지와 합하여 50만원 이상이 되면 통합하여 하나의 농지로 가입 가능
   ③ 통합하는 농지는 2개까지만 가능하며, 가입 후 분리할 수 없음
2. 농지 구성
   ① 리(동)단위, 동일 리(동) 내 여러 농지를 묶어 하나의 경지번호 부여, 가입농지가 여러 리(동)에 있는 경우 각 리(동)마다 경지를 구성하고 여러 경지를 묶어 하나의 계약으로 가입
   ✔ 참고
   • 간척 농지 : 별도로 목적물 등록
   • 전산에는 리(동)별로 목적물 등록을 별도로 해 리(동)별로 경지가 구성되도록 함
3. 계약체결
   ① 1인 1 증권 : 1인이 다수 농지 경작 시 전체 농지를 하나의 증권으로 계약체결
   ② 예외 : 읍면동을 달리해 가입하는 경우 및 보험사업 관리기관이 필요하다고 인정하는 경우

**8.** 종합위험보장 벼(조곡) 상품의 인수 제한 목적물에 관한 내용이다. ( )에 맞으면 ○, 틀리면 ×를 쓰시오.

(1) 최근 3년 연속 침수 피해 입은 농지. 호우주의보 및 호우경보 등 기상특보에 해당되는 재해로 피해 입은 경우라도 상습 침수구역에 해당되면 인수 제한 ( )
(2) 오염 및 훼손 등의 피해를 입어 복구가 완전히 이루어지지 않은 농지는 해당 면적을 제외하고 인수 가능 ( )
(3) 보험 가입 전 벼의 피해가 확인된 농지는 해당 면적 제외하고 인수 가능 ( )
(4) 채종 농지 인수 가능 ( )
(5) 전환지, 휴경지 등 농지로 변경하여 경작한지 3년이 지난 농지 인수 가능 ( )

1. ×, 2. ×, 3. ×, 4. ×, 5. ○

**9.** 종합위험보장 벼(조곡)의 표준수확량에 관한 다음 물음에 답하시오.

(1) 표준수확량의 정의를 쓰시오.

(2) **<심화>** 벼 품목 표준수확량의 산출식을 쓰시오

> **정답**
> 1. 정의 : 과거의 통계를 바탕으로 지역별·농지별 경작 요소를 고려하여 산출한 예상수확량
> 2. 산출식 : 표준수확량=지역별기준수량×재배양식보정계수×품종보정계수×이앙시기보정계수×재배방식보정계수
> ✔ **표준수확량 산출식 : [농업재해보험·손해평가의 이론과 실무]에서 표준수확량 산출식은 범위에서 제외되었으므로 참고용으로 하되, 평년수확량의 가입년도 보정계수 산출과 연계해 이해한다.**

**10.** 종합위험보장 벼(조곡) 상품이 농작물 재해보험에 가입하기 위해 ① 필요한 수확량(인수 관련 수확량)과, ② 각 수확량의 정의를 쓰시오.

> **정답**
> 1. 인수 관련 수확량 : 표준수확량, 평년수확량, 가입수확량
> 2. 정의
>    ① 표준수확량 : 과거의 통계를 바탕으로 지역별·농지별 경작 요소를 고려하여 산출한 예상수확량
>    ② 평년수확량 : 농지의 기후가 평년 수준이고 비배관리 등 영농활동을 평년 수준으로 실시하였을 때 기대할 수 있는 수확량을 말하며 보험가입금액의 결정 및 보험금 지급 시 감수량 산정을 위한 기준으로 활용
>    ③ 가입수확량 : 보험에 가입한 수확량으로 평년수확량의 일정 범위 내에서 계약자가 결정하는 수확량

**11.** 종합위험보장 벼(조곡) 병해충보장 특별약관에 가입하고 보상하는 병해충 7종에 의한 사고 시 지급될 수 있는 보험금의 종류를 쓰시오.

> **정답**
> 재이앙·재직파보험금, 경작불능보험금, 수확불능보험금, 수확감소보험금
> ✔ **병해충보장 특별약관은 이앙·직파불능보장에 해당하지 않음에 주의한다.**

**12.** 종합위험보장 밀 상품의 보험기간이다. ( ) 안을 알맞게 채우시오.

| 경작불능보장 | 계약 24시. ~ ( ① ) |
|---|---|
| 수확감소보장 | 계약 24시. ~ 수확기 종료 시점 ( ② ) |

> **정답**
> ① 수확 개시 시점 , ② 이듬해 6월 30일을 초과할 수 없음
> ✔ **밀, 보리, 귀리의 보험기간은 동일**

**13.** 종합위험보장 논작물 ① 벼(조곡), ② 조사료용 벼, ③ 밀·보리·귀리 상품의 보험가입금액 산출식을 쓰시오.

정답

1. 벼(조곡)=가입수확량×가입가격(표준가격)
2. 조사료용 벼=가입면적×보장생산비
3. 밀·보리·귀리=가입수확량×가입가격
✔ **가입수확량**
  • 밀·보리·귀리 : 평년수확량의 50~100% 범위 내에서 계약자 선택
  • 벼 : 평년수확량의 50~100% 범위 내에서 계약자 선택, 5% 단위로 리(동)별로 선정 가능

**14.** 종합위험보장 논작물(보통약관)에서 보험료 산출에 적용되는 할인·할증률이다. (      )에 해당 품목을 쓰시오.

(1) 직파재배 시 할증율 (      )
(2) 친환경 재배 시 할증율 (      )
(3) 방재시설 할인율 (      )

정답

1. 벼(조곡), 2. 벼(조곡), 3. 해당 품목 없음
✔ **논작물의 보험료에는 방재시설 할인율이 적용되지 않는다.**

**15.** 종합위험보장 밀·보리·귀리 상품의 인수 제한 목적물에 관한 내용이다. (      )을 알맞게 채우시오.

(1) 밀·보리·귀리 : 보험가입금액이 (  ①  ) 미만인 농지
(2) 밀·보리·귀리 : 파종을 (  ②  ) 이후에 실시한 농지
(3) 밀·보리·귀리 : 춘파재배 방식에 의한 (  ③  )을 실시한 농지
(4) 밀·보리·귀리 : 출현율 (  ④  ) 미만인 농지
(5) (  ⑤  ) : 재식주수가 30,000주/10a(=30,000주/1,000㎡) 미만인 농지
(6) (  ⑥  ) : 시설(비닐하우스, 온실 등)에서 재배하는 농지
(7) (  ⑦  ) : 다른 작물과 혼식되어 있는 농지(단, 해당 품목이 식재면적이 농지의 90% 이상인 경우 인수 가능)
(8) 귀리 : (  ⑧  ) 전 품종

정답

① 50만원, ② 11월 20일, ③ 봄파종, ④ 80%, ⑤ 보리, ⑥ 보리, 귀리, ⑦ 밀, 귀리, ⑧ 겉귀리

**16.** 종합위험보장 벼 상품에 관한 내용이다. 다음 조건을 보고 물음에 답하시오.

○ 계약사항 : 병해충보장 특약 가입

| 품목 | 가입 면적 | 평년수확량 |
|---|---|---|
| 벼 (중생종. 일반 벼) | 6,000㎡ | 10,000kg |
| 가입 가격 | 자기부담비율 | 가입 비율 |
| 1,200원/kg | 최저 가입 | 100% |

○ 조사내용 - 한해 피해로 인한 수확량 조사(표본조사)

| 수확량 8,000kg | | |
|---|---|---|
| 이앙 일자 : 5/20 | 재배방식 : 친환경 재배 | 재배양식 : 직파 |
| 간척 농지 | 지역별 보통약관 : 순보험료율 10% | 지자체 지원율 : 30% |
| 친환경재배 할증율 : 20% | 직파재배 할증율 : 20% | 미보상비율 : 10% |
| 손해율에 따른 할인율 : 30% | 방재시설 할인율 : 5% | - |

○ 참고 자료

| 품종 (숙기) | 재배양식 | 이앙 시기 | 재배방식 |
|---|---|---|---|
| 조생종 1.1<br>중생종 1.0<br>기타 0.9 | 기계이앙 1.0<br>직파 (담수직파) 0.9 | 5/15 ~ 5/20 1.1<br>5/21 ~ 5/26 1.0<br>5/27 ~ 0.9 | 일반재배 1.0<br>친환경재배 0.9 |

(1) 보험가입금액을 산출하시오. (천원 단위 절사)

(2) **<심화>** 계약자부담보험료를 산출하시오.

(3) 가입연도 보정계수를 구하시오.

(4) 수확감소보험금을 산출하시오.

(5) 피해면적이 1,800㎡로 조사된 경우, 경작불능보험금을 산출하시오. (위 조사내용의 수확량은 무시한다)

(6) 수확량 조사 시 벼의 제현율이 60%로 조사되었다. 계약자가 수확불능보험금 신청 시 보험금을 산출하시오. (수확감소보험금이 아닌, 수확불능보험금 신청 농지)

---

**정답**

1. 보험가입금액=10,000×1,200=12,000,000원

2. 계약자부담 보험료=12,000,000×0.1×(1-0.3)×(1+0.2)×(1+0.2)×(1-0.5-0.3)=241,920원
   ✔ **간척 농지의 최저 자기부담비율 : 20% → 정부지원율 [1]50%**

3. 가입연도 보정계수=1.0×1.1×0.9=0.99
   ✔ **가입연도 보정계수=품종×친환경×이앙일자 보정계수**

4. 수확감소보험금
   ① 미보상감수량=(10,000-8,000)×0.1=200kg
   ② 피해율=(10,000-8,000-200)÷10,000=18%

③ 지급보험금 없음. 자기부담비율 미만의 피해

5. 경작불능보험금

① 식물체 피해율=1,800÷6,000=30%

② 지급 대상 아님

6. 수확불능보험금=12,000,000×0.55=6,600,000원

**✔ 자기부담비율에 따른 일정 비율 : (100%-20%)÷2+15%**

**17.** 다음 농지 구성에서 농작물 재해보험 벼(조곡) 상품에 가입이 가능한 농지의 구성을 쓰시오.

- 농지 A : 마전리 1번지. 간척 농지 - 보험가입금액 30만원
- 농지 B : 불광리 1번지. 일반농지 - 보험가입금액 40만원
- 농지 C : 마전리 1번지. 일반농지 - 보험가입금액 40만원
- 농지 D : 마전리 2번지. 일반농지 - 보험가입금액 30만원
- 농지 E : 불광리 2번지. 간척 농지 - 보험가입금액 30만원
- 농지 F : 불광리 2번지. 일반농지 - 보험가입금액 50만원
- 농지 G : 마전리 3번지. 일반농지 - 보험가입금액 20만원

 정답

C+D, C+G, D+G, B+F, F 단독 가입

**✔ 논작물 보험가입기준 (조사료용 벼 제외)**

- 계약 인수는 농지 단위로 가입하고 개별 농지당 최저 보험가입금액은 50만원 이상
- 가입금액 50만원 미만의 농지라도 인접 농지의 면적과 합하여 50만원 이상이 되면 통합하여 하나의 농지로 가입할 수 있음
- 통합하는 농지의 개수는 2개까지만 가능, 통합 후 분리할 수 없음
- 밀, 보리, 귀리 : 동일 리(동)내 "가입액 미만의 두 농지"는 하나의 농지로 취급하여 가입금액 50만원 이상이면 가입 가능
- 리(동) 단위로 가입함
- 간척 농지는 별도로 구성

**18.** 다음 조건을 보고 종합위험보장 벼(조곡) 품목의 ① <u>재이앙 · 재직파 보험금의 지급 사유</u>, ② <u>지급 조건</u>, ③ <u>지급 후 계약 소멸 여부</u>를 쓰고 ④ <u>보험금을 산출</u>하시오.

| 가입면적 | 보험가입금액 | 자기부담비율 |
|---|---|---|
| 1,000㎡ | 1,000만원 | 20% |

| 피해면적 500㎡ | 재이앙 완료면적 400㎡ |
|---|---|

 정답

1. 지급 사유 : 보험기간 내에 보상하는 재해로 면적 피해율이 10%를 초과하는 경우

2. 지급 조건 : 재이앙(재직파)한 경우 회사 확인 후 1회에 한해 지급

3. 계약 소멸 여부 : 소멸하지 않음. 계약 유지

4. 보험금=10,000,000×0.25×0.4=1,000,000원

① 지급 대상 여부(전조사): 면적피해율=500÷1,000=50%. 지급 대상

② 보험금 지급 면적피해율(후조사)=400÷1,000=40%

**✔ 재이앙 · 재직파 완료되지 않은 면적은 피해면적에서 제외한다.**

**19.** 다음 조건에서 조사료용 벼에 지급될 수 있는 ① 보험금의 종류를 쓰고, ② 보험가입금액, ③ 보험금 지급 가능 여부 및 ④ 보험금을 산출하시오.

○ 계약사항

| 가입면적 | 보장생산비 | 가입 이력 |
|---|---|---|
| 1,000㎡ | 1,100원/㎡ | 신규 |

○ 조사내용

| 재해 : 한해 | 피해 확인 : 8/30 | 피해면적 : 700㎡ |
|---|---|---|

○ 경과 비율

| 월별 | 5월 | 6월 | 7월 | 8월 |
|---|---|---|---|---|
| 경과비율 | 80% | 85% | 90% | 100% |

○ 보장비율 : 선택 가능한 최저비율로 함

1. 지급될 수 있는 보험금 : 경작불능보험금
2. 보험가입금액=1,000×1,100=1,100,000원
3. 지급가능 여부 : 가능. 식물체 피해율 700÷1,000=70%로 65% 이상
4. 보험금
   ① [1]보장비율 : 40%
   ② 경작불능보험금=1,100,000×0.4×1.0=440,000원
   ✔ **조사료용 벼는 경작불능보장만 가능하다.**
   • 보험금=보험가입금액×보장비율×경과비율
   • [1]보장비율 : 45%, 42%, 40%, 35%, 30%
   • 45%, 42% 형 가입자격=최근 3년(2년) 연속 가입 및 손해율 120% 미만
   • 경과비율 : 사고 해당 월별 비율

**20.** 다음 조건을 보고 2024년도 보험가입을 위한 평년수확량을 산출하시오. (보정계수 평균은 소수점 셋째 자리에서, 평년수확량은 소수점 첫째 자리에서 반올림)

| | 2019 | 2020 | 2021 | 2022 | 2023 | 2024 |
|---|---|---|---|---|---|---|
| 표준수확량 | 11,000 | 10,000 | | 10,000 | 8,000 | 6,500 |
| 평년수확량 | 12,000 | 11,000 | | 10,000 | 9,000 | |
| 조사수확량 | 10,000 | 5,000 | 미가입 | 무사고 | 8,000 | |
| 보정계수 | 1.0 | 0.9 | | 1.1 | 0.9 | 1.0 |

• 2024년도 지역별 기준수(확)량 10,000kg

1. {A+(B×D-A)×(1-Y/5)}×(C/D)
   ① A=(10,000+5,500+11,000+8,000)÷4=8,625kg
   ② B=10,000kg
   ③ C=1.0

④ D=(1.0+0.9+1.1+0.9)÷4=0.98

2. 평년수확량={8,625+(10,000×0.98-8,625)×(1-4/5)}×(1.0÷0.98)=9,041kg

3. 최종 평년수확량=min(6,500×1.3, 9,041)=8,450kg

✔ **가입연도 표준수확량의 130% 한도**

---

**21.** 다음은 농작물재해보험 종합위험보장 논작물(벼, 맥류) 상품의 인수 제한 목적물에 관한 내용이다. A, B, C 씨 농지의 ① 인수 가능 여부와 ② 인수 제한인 경우 그 이유를 쓰시오.

- A 씨는 벼를 재배하고 있으며 작년에 침수피해로 큰 피해를 보아 올해는 농작물재해보험에 가입하려고 한다. 평년수확량은 4,000kg으로 올해 가입 가격은 1,100원/kg 이다. 개간하여 논으로 변경한지 올해로 3년째가 되어 올해부터 농작물재해보험에 가입할 수 있다.

- B 씨는 3,000m²에 벼를 재배하고 있으며 농작물재해보험에 가입하려 한다. 3월 20일에 일부 논에 오염이 있었지만, 완전한 복구에 한달 정도 소요된다고 하여 재배에는 이상이 없을 것 같다. 작년에 폭염으로 인한 가뭄 피해가 컸으므로 앞으로의 이상 기후에 대처할 필요성이 느껴졌다. 올해는 가뭄에 잘 견디는 내한성이 좋다고 하는 밭벼를 일부에 재배해 보기 위해 300m²를 밭으로 개간하고 었지만, 하천부지에 속해있어 토양습도로 인해 재배 성공 여부가 걱정된다. NH 손해보험에 문의하니 4월 10일부터 벼 상품 판매가 시작된다고 하여 첫날 가입할 예정으로 서류를 준비 중이다.

- C 씨는 밀을 재배하고 있으며 지난 해 가을 파종 시기를 놓쳐 올해는 2월 말에 파종을 하려 한다. C 씨의 밭은 출현율은 85%로 좋은 편이다.

---

 **정답**

1. A 씨

(1) 인수 여부 : 인수 제한

(2) 이유

① 가입금액 50만원 이상 → 인수 가능

- 평년수확량 100% 가입하는 경우 보험가입금액=4,000×1,100=4,400,000원

② 전환지, 휴경지 등 농지로 변경하여 경작한지 3년 이내인 농지 → 인수 제한

2. B 씨

(1) 인수 여부 : 인수 제한

(2) 이유

① 3/20 오염. 복구에 한달 소요. 4/10 가입 → 가입 이전 오염 및 훼손 등의 피해를 입어 복구가 완전히 이뤄지지 않은 농지로 인수 제한

② 밭벼 재배 농지 → 인수 제한

3. C 씨

(1) 인수 여부 : 인수 제한

(2) 이유

① 봄파종 → 인수 제한

② 출현율 85% → 80% 이상 인수 가능

**22.** 다음은 종합위험 수확감소보장방식 논작물 및 밭작물 품목에 대한 내용이다. 알맞은 품목을 쓰시오. [기출문제]

(1) 수확량 전수조사 대상 품목
(2) 경작불능 비해당 품목
(3) 병충해를 보장하는 품목(특약 포함)

**정답** 1. 벼, 밀, 보리, 귀리, 콩, 팥,  2. 차,  3. 벼, 감자(봄재배 · 고랭지재배 · 가을재배)

**23.** 농작물재해보험 '벼'에 관한 내용이다. 다음 물음에 답하시오. (단, 보통약관과 특별약관 보험가입금액은 동일하며, 병해충 특약에 가입되어 있음) [기출문제]

○ 계약사항 등
- 보험가입일 : 2022년 5월 22일
- 가입수확량 : 4,500kg
- 손해율에 따른 할인율 : -13%
- 품목 : 벼
- 보통약관 기본 영업요율 : 12%
- 직파재배 농지 할증율 : 10%
- 재배방식 : 친환경 직파 재배
- 특별약관 기본 영업요율 : 5%
- 친환경 재배 시 할증율 : 8%

○ 조사내용
- 민간 RPC(양곡처리장) 지수: 1.2
- 농협 RPC 계약재배 수매가 (원/kg)

| 연도 | 수매가 | 연도 | 수매가 | 연도 | 수매가 |
|---|---|---|---|---|---|
| 2016 | 1,300 | 2018 | 1,600 | 2020 | 2,000 |
| 2017 | 1,400 | 2019 | 1,800 | 2021 | 2,200 |

※ 계산 시 민간 RPC 지수는 농협 RPC 계약재배 수매가에 곱하여 산출할 것

**(1)** 보험가입금액의 계산과정과 값을 쓰시오.

**(2)** 수확감소보장 보통약관(주계약) 적용보험료의 계산과정과 값을 쓰시오. (천원 단위 미만 절사)

**(3)** 병해충보장 특별약관 적용보험료의 계산과정과 값을 쓰시오. (천원 단위 미만 절사)

**정답**
1. 보험가입금액
   (1) 가입수확량×가입(표준)가격
      ① (1,400+1,600+1,800+2,000+2,200)÷5=1,800원
      ② 가입(표준)가격 : 1,800×1.2=2,160원
   (2) 보험가입금액=4,500×2,160=9,720,000원
2. 주계약 보험료=9,720,000×0.12×(1-0.13)×(1+0.1)×(1+0.08)=1,205,544.384=1,205,000원
3. 특별약관 보험료=9,720,000×0.05×(1-0.13)×(1+0.1)×(1+0.08)=502,310.16=502,000원

**24.** 농작물재해보험 종합위험보장 벼 상품에서 보통약관에서 보상하는 재해를 쓰시오.

자연재해, 조수해, 화재
✔ **병해충 보장은 특별약관에 가입하는 경우 가능하다.**

**25.** 종합위험보장 논작물 벼 상품에 가입한 다음 각 농지의 ① 보험금 지급 가능 여부와 그 이유, 가능한 경우 ② 해당 보험금의 종류를 쓰시오.

- A 농지 : 보통약관 및 병해충보장 특별약관 가입. 키다리 병으로 인해 수확량 감소
- B 농지 : 보통약관 가입. 먹노린재 피해로 수확량 감소
- C 농지 : 보통약관 및 병해충보장 특별약관 가입. 질소비료 과용으로 인한 도복피해로 식물체 피해율이 70%로 산출

1. 지급 가능 여부, 이유
  ① A 농지 : 불가. 보상하는 병해충 7종에 해당하지 않는 병해충
  ② B 농지 : 불가. 보상하는 병해충 7종에 해당하는 병해충이지만 병해충보장 특별약관 미가입
  ③ C 농지 : 불가. 피해 원인이 경작불능보장의 보상하는 재해에 해당하지 않음
2. 해당 보험금 종류: 없음

**26.** 다음과 같이 농작물재해보험 종합위험보장 논작물 벼 상품에 가입하려 할 때 ① 농지 개수, ② 경지 개수, ③ 계약 개수, ④ 증권 개수를 쓰시오.

| 계약자 | | A | | |
|---|---|---|---|---|
| 농지 구성 | B읍 | 1번리 5개 농지 | 2번리 10개 농지 | 3번리 15개 농지 |
| | C읍 | 1번리 6개 농지 | 2번리 12개 농지 | - |

1. 농지 개수 : 48개,   2. 경지 개수 : 5개,   3. 계약 개수 : 1개,   4. 증권 개수 : 1개 또는 2개
✔ **농지 구성 방법**
- 리(동) 단위 가입
- 동일 "리(동)내에 있는 여러 농지"를 묶어 "하나의 경지"번호를 부여
- 가입하는 농지가 여러 "리(동)"에 있는 경우 각 리(동)마다 각각 경지를 구성하고 보험계약은 여러 경지를 묶어 하나의 계약으로 가입
- 1인 1증권 계약체결 : 1인이 경작하는 다수의 농지가 있는 경우, 그 농지의 전체를 하나의 증권으로 보험계약을 체결 → 계약자 A 씨 1인, 다만, 읍·면·동을 달리하는 농지를 가입하는 경우와 기타 보험사업 관리기관이 필요하다고 인정하는 경우는 예외로 한다. (반드시가 아닌 예외로 할 수 있음의 의미)

**27.** 종합위험보장 논작물 벼 품목의 농작물재해보험 가입기준이다. (       ) 들어갈 내용을 쓰시오.

> • 계약 인수는 (  ①  )단위로 가입하고 개별 농지당 최저 보험가입금액은 (  ②  ) 이상이다.
> • 가입금액 (  ②  ) 미만의 농지라도 인접 농지의 면적과 합하여 (  ②  ) 이상이 되면 통합하여 하나의 농지로 가입할 수 있다.
> • 통합하는 농지는 (  ③  )개 까지만 가능하며, 가입 후 농지를 분리할 수 없다.

**28.** 종합위험보장 논작물 조사료용 벼 품목의 농작물재해보험 가입기준이다. (       ) 들어갈 내용을 쓰시오.

> • 계약 인수는 (  ①  )단위로 가입하고 개별 농지당 최저 (  ②  ) 이상이다.
> • (  ②  ) 미만의 농지라도 인접 농지의 면적과 합하여 (  ②  ) 이상이 되면 통합하여 하나의 농지로 가입할 수 있다.
> • 통합하는 농지의 개수는 (  ③  ), 가입 후 농지를 분리할 수 없다.

**29.** 종합위험보장 논작물의 ① 평년수확량 산출식을 쓰고, 다음 조건에 따라 ② 가입년도 보정계수와 ③ 2024년도 보험가입을 위한 평년수확량을 산출하시오. (단, 보정계수는 소수점 둘째 자리에서 반올림해 소수점 첫째 자리까지, 평년수확량은 소수점 첫째 자리에서 반올림하여 정수 단위(kg)로 구하시오)

> • 2024년도 지역별 기준수(확)량 11,000kg
> • 과거평균수확량 12,000kg (과거 5년간 보험가입 횟수 3년)
> • 2024년도 보정계수 : 품종 1.0, 이앙일자(이앙시기) 0.9, 재배양식 1.0, 유기재배 0.9
> • 과거평균보정계수 0.7

• 표준수확량 = 지역별 기준수(확)량×재배양식 보정계수×품종 보정계수×재배방식 보정계수×이앙시기 보정계수

**30.** 다음은 종합위험 수확감소보장 상품에 가입한 어느 농가에 관한 계약사항 및 조사내용이다. 물음에 답하시오.

○ 계약사항

| 품목 | 보험가입금액 | 자기부담비율 |
|---|---|---|
| 벼 | 1,000만원 | 20% |

○ 조사내용
- 지역별 기본 영업요율 : 10% (순보험료: 영업보험료의 80%)
- 재배양식 : 기계이앙 ☑ 담수직파 ☐
- 손해율 : 110%. 평가 기간 4년
- 지자체 지원요율 : 20%
- 재배방식 : 일반재배 ☐ 친환경재배 ☑

<할인 · 할증율>

| 재배양식 | | 재배방식 | |
|---|---|---|---|
| 기계이앙 0% | 담수직파 10% 할증 | 일반재배 0% | 친환경재배 20% 할증 |

<보통약관 미경과비율>

| 4월 | 5월 | 6월 | 7월 | 8월 | 9월 | 10월 |
|---|---|---|---|---|---|---|
| 95% | 95% | 95% | 65% | 20% | 0% | 0% |

(1) 보험료를 구하시오.

(2) 환급보험료를 구하시오. 해지 월 : 7월. 해지 사유 : 임의해지

1. 보험료=10,000,000×0.1×(1-0)×(1+0)×(1+0.2)=1,200,000원
**✔ 손해율 및 가입 연수에 따른 할인 · 할증율 : 손해율 80% 이상~120% 미만=0%**
2. 환급보험료
  ① 계약자부담보험료=1,200,000×0.8×(1-0.5-0.2)=288,000원
  ② 환급보험료=288,000×0.65=187,200원
**✔ 계약자부담보험료=순보험료×(100%-정부 지원율-지자체 지원율)**
- 벼 품목 자기부담비율 20% : 정부지원율 50%
**✔ 계약자 · 피보험자의 책임 있는 사유로 인한 해지 시**
- 환급보험료=계약자부담보험료×해당 월 미경과비율
- 임의해지=책임 있는 사유
- 환급보험료는 계약자부담보험료(영업 또는 순보험료 X)에서 환급

**31.** 다음은 농작물재해보험 종합위험 논작물 상품에 가입한 벼(조곡) 품목에서 보상하는 병해충에 관한 내용이다. 물음에 답하시오.

(1) 보상하는 병해충 7종을 병해와 충해로 나누어 쓰시오.

(2) 다음에서 설명하는 병해충을 쓰시오.

- 진균의 일종인 자낭균에 속함
- 종자 또는 병든 잔재물이 월동 후 1차 전염원이 되고, 2차 전염은 병반 상에 형성된 포자가 바람에 날려 공기로 전염됨
- 잎, 이삭, 가지 등 지상 부위에 병반 형성
- 잎에는 방추형의 병반 형성, 이삭목이나 이삭 가지는 옅은 갈색으로 고사하며 다습한 환경에서는 잿빛 곰팡이가 핌

1. 병해충 ① 병해 : 흰잎마름병, 줄무늬잎마름병, 도열병, 깨씨무늬병, 세균성벼알마름병 , ② 충해 : 벼멸구, 먹노린재
2. 도열병

**32.** 다음은 농작물재해보험에 가입한 벼 품목에 관한 내용이다. 계약사항과 자료를 바탕으로 물음에 답하시오. (보정계수는 소수점 셋째 자리에서 반올림, 과거평균수확량, 평년수확량 및 손해율은 소수점 첫째 자리에서 반올림, 보험료는 소수점 첫째 자리에서 절사)

○ 계약사항

| 품종 | 가입면적 | 가입비율 | 자기부담비율 | 재배방식 | 재배양식 |
|---|---|---|---|---|---|
| 조생종 | 4,000㎡ | 평년수확량 100% | 최저비율 | 친환경재배(유기) | 기계이앙(05.01) |
| 보통약관 보험료율 | | | 친환경 재배 할증율 | | 지자체 지원율 |
| 영업요율 10%, 순보험료율 8% | | | 20% | | 30% |

○ 직전 5년 순보험료 및 지급보험금 (단위. 원)

| 구분 | 2019 | 2020 | 2021 | 2022 | 2023 |
|---|---|---|---|---|---|
| 순보험료 | 미가입 | 210,000 | 200,000 | 190,000 | 210,000 |
| 지급보험금 | 미가입 | 400,000 | 400,000 | - | 300,000 |

○손해율 및 가입연수에 따른 할인 · 할증률

| 손해율 | 평가기간 | | | | |
|---|---|---|---|---|---|
| | 1년 | 2년 | 3년 | 4년 | 5년 |
| 60% 이상 80% 미만 | - 4% | - 5% | - 8% | - 13% | - 18% |
| 80% 이상 120% 미만 | - | - | - | - | - |
| 120% 이상 150% 미만 | 3% | 5% | 7% | 8% | 13% |

○ 시군별 RPC 계약재배 수매가 (단위. 원/kg)

| 연도 | 2019 | 2020 | 2021 | 2022 | 2023 |
|---|---|---|---|---|---|
| 수매가 | 2,000 | 1,800 | 2,200 | 1,900 | 2,100 |

- 민간 RPC 지수 1.1

○ 평년수확량 산출 자료 (단위. kg)

| 구분 | 2019 | 2020 | 2021 | 2022 | 2023 |
|---|---|---|---|---|---|
| 표준수확량 | - | 2,100 | 2,000 | 1,900 | 2,200 |
| 평년수확량 | - | 2,000 | 1,900 | 1,800 | 1,800 |
| 조사수확량 | - | 1,600 | 1,400 | - | 1,300 |
| 보정계수 | - | 0.8 | 0.9 | 0.7 | 0.7 |

- 2024년도 지역별 기준수확량(기준수량) 1,900kg

○ 각종 지수

| 품종 | 재배양식 | 재배방식 | 이앙시기 |
|---|---|---|---|
| 조생종 0.9<br>중생종 1.0<br>만생종 0.8 | 기계이앙 1.0<br>담수직파 0.9 | 친환경(무농약)재배 0.8<br>친환경(유기)재배 0.9<br>일반재배 1.0 | 4/25~5/15 0.9<br>5/16~6/16 1.0<br>6/17~ 0.9 |

(1) 2024년도 가입을 위한 평년수확량을 구하시오.

(2) 보험가입금액을 구하시오.

(3) 계약자부담보험료를 구하시오. (일원 단위 미만 절사)

**정답**

1. 평년수확량={A+(B×D-A)×(1-Y/5)}×C/D
   ① A=(1,600+1,400+2,090+1,300)÷4=1,598kg
   ② B=1,900kg
   ③ C=0.9×0.9×0.9=0.73
   ④ D=(0.8+0.9+0.7+0.7)÷4=0.78
   ⑤ Y=4
   ⑥ 평년수확량={1,598+(1,900×0.78-1,598)×(1-4/5)}×(0.73÷0.78)=1,474kg
   ✔ 표준수확량=1,900×0.9×0.9×1.0×0.9=1,385kg, 평년수확량=min(1,385×1.3, 1,474)
      · 그러나, 문제에 벼의 표준수확량 또는 표준수확량의 산출식이 제시되어 있지 않으므로, 비교를 생략해도 된다.

2. 보험가입금액
   (1) 표준가격(가입가격)
      ① 농협 RPC 계약재배 수매가 최근 5년 평균값=(2,000+1,800+2,200+1,900+2,100)÷5=2,000원
      ② 표준가격=2,000×1.1=2,200원
   (2) 보험가입금액=1,474×2,200=3,240,000원

3. 계약자부담보험료
   ① 평가기간 4년, 손해율에 따른 할인·할증률=+8%
   · 최근 5년간 손해율=(400,000+400,000+300,000)÷(210,000+200,000+190,000+210,000)=136%
   ② 자기부담비율 : 10% 형. 최근 3년 연속 가입, 3년간 손해율 120% 미만
   · 최근 3년간 손해율=(400,000+300,000)÷(200,000+190,000+210,000)=117%
   ③ 계약자부담보험료=3,240,000×0.08×(1+0.08)×(1+0.2)×(1-[1]035-0.3)=117,573원
   ✔ 벼 표준가격(가입가격)=RPC 계약재배수매가 5년 평균값×민간 RPC지수
   ✔ [1]정부지원율(자기부담비율 10 - 15 - 20 - 30 - 40%): 2025 기준. 35 - 38 - 50 - 55 - 60% . 2025 「농업재해보험·손해평가의 이론과 실무」를 확인한다.

✔ **손해율, 자기부담비율, 손해율에 따른 할인·할증률**
① 손해율=Σ지급보험금÷Σ순보험료
② 자기부담비율 : 3년, 2년 기준
• 10% 형 : 최근 3년 연속 가입 – 3년간 손해율 120% 미만
• 15% 형 : 최근 2년 연속 가입 – 2년간 손해율 120% 미만
③ 보험료의 '손해율'에 따른 할인·할증률에서의 손해율 : 최근 5개년 (Σ지급보험금÷Σ순보험료)

**33.** 종합위험보장 논작물 상품에 가입한 귀리 품목에 관한 다음 내용을 바탕으로 물음에 답하시오. (피해율은 %로 소수점 셋째 자리에서 반올림)

○ 계약사항(2024년도. 신규 가입)

| 가입면적 | 표준수확량 | 가입가격 | 자기부담비율 | 가입비율 |
|---|---|---|---|---|
| 10,000㎡ | 0.8kg/㎡ | 900원/kg | 가입 가능한 최저비율 | 100% |

○ 조사내용 및 사고 이력
• 실제경작면적 8,800㎡로 조사됨   • 2024년도 보상하는 재해 발생

(1) 계약 당시의 보험가입금액을 구하시오.

(2) 계약사항을 변경해야 하는 경우에의 ① 해당 여부 및 해당하면 ② 그 이유를 쓰고, ③ 계약사항을 변경하시오.

(3) 수확량조사를 실시해 조사수확량이 4,000kg으로 산정된 경우 ① 수확감소보험금을 구하고, ② 2025년도 평년수확량 산출에 적용되는 2024년도의 과거수확량을 구하시오. (미보상감수량은 없음)

(4) 계약자의 책임 있는 사유로 수확량조사를 하지 않은 경우, 2025년도 평년수확량 산출에 적용되는 2024년도의 과거수확량을 구하시오

**정답**

1. 계약 당시 보험가입금액
   ① 표준수확량=10,000×0.8=8,000kg
   ② 보험가입금액=8,000×900=7,200,000원 (신규 가입: 평년수확량=표준수확량 100%)
2. 계약사항 변경
   (1) 변경에 해당
   (2) 이유 : 실제 경작면적이 보험 가입 면적 대비 10% 이상 차이가 날 경우에는 계약사항을 변경해야 함
   (3) 변경
      ① 평년수확량=8,000×(8,800÷10,000)=7,040kg (또는, 8,800×0.8=7,040kg)
      ② 보험가입금액=7,040×900=6,330,000원 (또는, 7,200,000×(7,040÷8,000)=6,330,000)
   ✔ **보험가입금액은 가입수확량을 기준으로 산정되므로, 면적비율로 변경하지 않는 것이 좋다.**
3. 수확량조사
   (1) 수확감소보험금
      ① 피해율=(7,040-4,000-0)÷7,040=43.18%
      ② 보험금=6,330,000×(0.4318-0.2)=1,467,294원
   (2) 2024년도 과거수확량=max(4,000, 7,040×0.5)=4,000kg
   ✔ **귀리 자기부담비율 : 20%, 30%, 40%**
4. 2024년도 과거수확량=max(7,040, 7,040)×1.1=7,744kg
   ✔ **귀리 : 계약자의 책임 있는 사유로 수확량조사를 하지 않은 경우 과거수확량=max(표준수확량, 평년수확량)×1.1**

# 농작물재해보험 손해평가의 이론과 실무

**34.** 종합위험 수확감소보장 논작물 품목의 조사 종류별 조사 시기이다. 다음 조사에 해당하는 시기를 쓰시오.

| (1) 이앙 · 직파불능 조사 | (2) 수확불능확인조사 | (3) 수확량조사 중 표본조사 |
|---|---|---|

 **정답**
1. 이앙한계일(7월 31일) 이후,   2. 수확 포기가 확인되는 시점(의 조사 가능일),   3. 알곡이 여물어 수확이 가능한 시기
✔ **수확량조사의 조사 방법에 따른 조사 시기를 알아야 한다.**

**35.** 종합위험보장 논작물 품목의 「피해사실확인조사」 시 추가조사에 관한 내용이다. 물음에 답하시오.

(1) 보상하는 재해 여부 및 (         ) 등을 감안한다.
(2) 추가조사의 대상이 되는 조사 종류를 쓰시오.

**정답**
1. 피해 정도,   2. 이앙 · 직파불능 조사, 재이앙 · 재직파 조사, 경작불능조사, 수확량조사
✔ **수확불능조사는 수확량조사 시 여부가 확인된다.**

**36.** 종합위험보장 논작물 품목의 「피해사실확인조사」 시 다음 조사의 필요 여부 판단 기준을 쓰시오.

(1) 이앙 · 직파불능 조사
(2) 재이앙 · 재직파 조사

**정답**
1. 해당 농지 전체가 이앙 · 직파불능 시,   2. 면적피해율 10% 초과 시

**37.** 종합위험보장 논작물 품목 중에서 경작불능보험금의 지급 대상이 되는 품목을 모두 쓰시오.

**정답**
벼(조곡), 조사료용 벼, 밀, 보리, 귀리

**38.** 종합위험보장 논작물 벼(조곡)의 「재이앙 · 재직파조사」 시 피해면적의 판정 기준을 쓰시오.

 1. 묘가 본답의 바닥에 있는 흙과 분리되어 물 위에 뜬 면적
2. 묘가 토양에 의해 묻히거나 잎이 흙에 덮여져 햇빛이 차단된 면적
3. 묘는 살아 있으나 수확이 불가능할 것으로 판단된 면적

**39.** 종합위험보장 논작물 지급 대상인 보험금 중 지급 시 해당 계약이 소멸되는 보험금을 모두 쓰시오.

정답 이앙 · 직파불능보험금, 경작불능보험금, 수확불능보험금

**40.** 종합위험보장 상품에 가입한 벼(조곡) 품목의 이앙 · 직파불능보험금의 지급 조건을 쓰시오.

정답 보상하는 재해로 이앙한계일(7월 31일)까지 해당 농지 전체를 이앙 · 직파하지 못한 경우, 통상적인 영농활동(논둑 정리, 논갈이, 비료시비, 제초제 살포 등) 이행 여부 확인 후 지급

**41.** 종합위험보장 논작물의 「수확량조사」에 관한 내용이다. (          )을 알맞게 채우시오.

• (   ①   ) 발생 시 대표농지를 선정하여 각 수확량조사의 조사 결과값(조사수확비율, 단위면적당 조사수확량 등)을 대표 농지의 (   ②   )(동일 '리' 등 생육환경이 유사한 인근 농지)에 적용할 수 있다.
• 동일 농지에 대하여 복수의 조사 방법을 실시한 경우 피해율 산정의 우선순위는 (   ③   ) 순으로 적용한다.
• 표본포기 선정 : (   ④   ) 등을 감안하여 조사 대상 면적에 동일한 간격으로 골고루 배치될 수 있도록 표본 포기를 선정한다.
• 벼(조곡)의 경우 (   ⑤   ) 여부 확인 : 농지의 피해가 자연재해, 조수해 및 화재와는 상관없이 보상하는 병해충만으로 발생한 (   ⑤   )인지 여부를 확인한다.

정답 ① 거대재해, ② 인접 농지, ③ 전수조사, 표본조사, 수량요소조사, ④ 재배 방법 및 품종, ⑤ 병해충 단독사고

**42.** 종합위험보장 논작물 벼(조곡) 품목의 「수확불능확인조사」 시 수확 포기 여부의 판정기준을 쓰시오.

정답 1. 당해연도 11월 30일까지 수확을 하지 않은 경우
2. 목적물을 수확하지 않고 갈아엎은 경우(로터리 작업 등)
3. 대상 농지의 수확물 모두가 시장으로 유통되지 않은 것이 확인된 경우

**43.** 종합위험보장 논작물 벼(조곡) 품목의 수확감소보험금을 산출하시오. (각 수확량은 소수점 첫째 자리에서 반올림해 정수 단위로, ㎡당 평년수확량, 표본구간 유효중량 및 ㎡당 유효중량은 소수점 둘째 자리에서 반올림)

○ 계약사항
• 가입 특약 : 없음

| 품목 | 가입금액 | 가입 면적 | 평년수확량 | 자기부담비율 |
|---|---|---|---|---|
| 벼 (메벼) | 600만원 | 5,000㎡ | 4,000kg | 10% |

○ 조사내용 – 집중호우 피해

| 조사 방법 : 표본조사 (5구간) | 실제경작면적 5,000㎡ |
|---|---|
| 타작물 면적 300㎡ | 미보상면적 200㎡ |
| 고사면적 200㎡ | 기수확면적 500㎡ |
| 평균 함수율 (3회) 18% | 표본구간 : 5구간, 4포기 길이 80cm, 포기당 간격 30cm |
| 표본구간 작물 중량 합계 800g | 미보상비율 10% |

1. ① 조사대상면적=5,000-200-500-500=3,800㎡
   ② ㎡당 평년수확량=4,000÷5,000=0.8kg
2. 표본구간 ㎡당 유효중량=0.7÷1.2=0.6kg
   ① 표본구간 유효중량=0.8×0.93×(0.82÷0.85)=0.7kg
   ② 표본구간 면적=0.8×0.3×5=1.2㎡
3. 수확량=(0.6×3,800)+{0.8×(300+200+500)}=3,080kg
4. 피해율=(4,000-3,080-92)÷4,000=20.7%
5. 수확감소보험금=6,000,000×(0.207-0.1)=642,000원

**44.** 종합위험 논작물 벼(조곡) 품목의 수확감소보험금을 산출하시오. (㎡당 수확량(kg)은 소수점 둘째 자리까지, 각 수확량(kg)은 소수점 첫째 자리에서 반올림해 정수 단위로)

○ 계약사항

| 품목 | 실제경작면적 | 평년수확량 |
|---|---|---|
| 벼 (찰벼) | 6,000㎡ | 4,500kg |
| 보험가입금액 | 자기부담비율 | 가입 특약 |
| 500만원 | 20% | 병해충 보장 |

○ 조사내용(전수조사)
• 사고 : 도열병 피해
• 면적조사

| 실제경작면적 | 수확불능면적 | 타작물 및 미보상면적 | 기수확면적 |
|---|---|---|---|
| 6,000㎡ | 400㎡ | 0㎡ | 0㎡ |

• 전수조사 내용

| 전수조사 작물 중량 1,100kg | 함수율(3회 평균값) 16% |
|---|---|

• 미보상비율 : 0%

1. ㎡당 평년수확량=4,500÷6,000=0.75kg
2. 조사대상면적 수확량=1,100×{(1-0.16)÷(1-0.13)}=1,062kg
3. 수확량=1,062+(0×0.75)=1,062kg
4. 피해율=(4,500-1,062-0)÷4,500=76.4%
   ✔ **보상하는 병해충 단독사고 : 최대인정피해율 70% 적용에 주의한다.**
5. 보험금=5,000,000×(0.7-0.2)=2,500,000원
6. 한도 확인=5,000,000×(1-0.2)=4,000,000원

**45.** 종합위험 수확감소보장 논작물 벼(일반 벼) 보험에 관한 내용이다. 아래와 같이 보험 가입을 하고 보험 사고가 발생한 것을 가정할 경우 물음에 답하시오. (%는 반올림하여 소수점 둘째 자리까지 구함, 보험금은 원 단위 미만 버림) [기출문제]

○ 보험 가입내용

| 구분 | 농지 면적 | 가입 면적 | 평년수확량 | 가입 가격 | 자기부담비율 | 가입 비율 |
|---|---|---|---|---|---|---|
| A 농지 | 18,000 | 16,000 | 0.85kg/㎡ | 1,300원 | 20% | 100% |
| B 농지 | 12,500 | 12,500 | 0.84kg/㎡ | 1,400원 | 15% | 100% |

• 면적 단위 ㎡

○ 보험 사고내용

| 구분 | 사고내용 | 조사 방법 | 수확량 | 미보상비율 | 미보상사유 |
|---|---|---|---|---|---|
| A 농지 | 도열병 | 전수조사 | 4,080kg | 10% | 방재 미흡 |
| B 농지 | 벼멸구 | 전수조사 | 4,000kg | 10% | 방재 미흡 |

• 함수율 미적용, 병해충 단독사고, A, B 농지 모두 특약 가입

(1) 병해충보장 특약에서 담보하는 병해충을 모두 쓰시오.

(2) 수확감소에 따른 A 농지의 ① 피해율, ② 보험금, B 농지의 ③ 피해율, ④ 보험금을 각각 구하시오.

(3) 각 농지 식물체가 65% 이상 고사하여 경작불능보험금을 받을 경우 ⑤ A 농지 보험금, ⑥ B 농지 보험금을 구하시오.

1. 흰잎마름병, 줄무늬 잎마름병, 벼멸구, 도열병, 먹노린재, 세균성 벼알마름병, 깨씨무늬병
2. 수확감소보험금
   (1) A 농지
   • 평년수확량=16,000×0.85=13,600kg
   • 보험가입금액=13,600×1,300=17,680,000원
     ① 피해율=(13,600-4,080-952)÷13,600=63%
     ② 보험금=17,680,000×(0.63-0.2)=7,602,400원
   (2) B 농지
   • 평년수확량=12,500×0.84=10,500kg
   • 보험가입금액=10,500×1,400=14,700,000원
     ③ 피해율=(10,500-4,000-650)÷10,500=55.71%
     ④ 보험금=14,700,000×(0.5571-0.15)=5,984,370원

3. 경작불능보험금
　⑤ A 농지=17,680,000×0.4=7,072,000원
　⑥ B 농지=14,700,000×0.42=6,174,000원

**✔ 보상하는 병해충 단독사고**

○ 최대 인정피해율 70%에 주의한다.
○ 미보상감수량 적용 여부 : 병해충보장 특약에 가입하면 미보상감수량을 무조건 산정하지 않는다는 견해가 있다. 이는 「농업재해보험ㆍ손해평가의 이론과 실무」와 [약관]을 너무 좁게 해석한 것으로 보인다.
  • 본 기출문제의 경우 미보상사유가 '방재 미흡'이지만, 보상하는 병해충 7종에 의한 것인지 불명확하다.
  • 다른 병해충 또는 제초상태 등에 의한 것일 수도 있으므로 미보상사유가 명확하게 명시되지 않은채 미보상비율이 제시된 경우에는 미보상감수량을 적용하는 것이 합리적이다.
  • 미보상감수량 : '보상하는 손해 이외의 원인'으로 감소한 수확량
○ [2025 약관 - 병해충보장 특별약관] 다음과 같이 '...' 부분이 추가되어 의미를 보충하였다.
  • 제1조(보상하는 손해) 제1항에서 '보상하는 병해충으로' 인하여 발생한 피해는 보통약관 품목별 담보조항 중 품목 : 벼 제5조(수확감소보험금) 제1항 제3호 미보상감수량 산정 시 제외합니다.
  • 즉, 특약을 가입한 농지에도 보상하는 병해충 7종 외의 미보상사유와 비율이 제시되면 미보상감수량을 적용한다.

**46.** 종합위험 논작물의 조사료용 벼 품목에 대한 다음 물음에 답하시오.

○ 계약사항

| 재배면적 | 보장생산비 | 가입 이력 |
|---|---|---|
| 2,000㎡ | 1,500원 | 최근 2년 연속 가입(2년간 손해율 100%) |

○ 조사내용

| 사고 내용 : 한해 피해 | 사고 일자 : 7/20 |
|---|---|

○ 경과비율

| 월별 | 5월 | 6월 | 7월 | 8월 |
|---|---|---|---|---|
| 경과비율 | 80% | 85% | 90% | 100% |

(1) 고사면적 1,350㎡, 산지 폐기 및 시장에 유통되지 않음 확인

　① 경작불능보험금 ② 계약 소멸 여부 ③ 환급보험료

(2) 고사면적 1,000㎡, 산지 폐기 및 시장에 유통되지 않음 확인

　① 경작불능보험금 ② 수확량조사 대상 여부

**정답**

1. 고사면적 1,350㎡
　(1) 경작불능보험금
　　① 보험가입금액=2,000×1,500=3,000,000원
　　② 식물체 피해율=1,350÷2,000=67.5%. 경작불능보험금 지급 대상
　　③ 경작불능보험금=3,000,000×[1]0.42×0.9=1,134,000원
　✔ [1]조사료용 벼 보장비율 : 45%, 42% 가입자격. 최근 3년(2년) 연속 가입+3년(2년)간 손해율 120% 미만

(2) 경작불능보험금 지급 시 계약 소멸

(3) 경작불능보험금 지급 시 환급보험료 발생하지 않음

2. 고사면적 1,000㎡

  (1) 경작불능보험금

    ① 식물체 피해율=1,000÷2,000=50%

    ② 경작불능보험금=지급 대상 아님

  (2) 조사료용 벼 품목은 경작불능만 보장대상

  ✔ 조사료용 벼 품목은 사료용 옥수수와 보험가입금액 및 보험금의 계산 방법이 같다. (보험금의 경과비율만 다름)

**47.** 농작물재해보험에 종합위험보장 벼 상품에 신규 가입한 농지에 관한 내용이다. 수확감소보험금을 구하시오. (수확량 등은 소수점 이하, %는 소수점 셋째 자리 이하 반올림. 조사수확비율 해당 구간 최고 비율 적용. 보험가입금액은 천원 단위 버림)

○ 계약사항

| 품목 | 가입면적 | 가입비율 | 가입 가격 | 자기부담비율 |
|---|---|---|---|---|
| 벼(찰벼) | 7,000㎡ | 100% | 1,500원/kg | 20% |

○ 조사내용

| 실제경작면적 | 수확불능면적 | 미보상면적 | 타작물면적 | 기수확면적 |
|---|---|---|---|---|
| 7,000㎡ | 1,500㎡ | 400㎡ | 400㎡ | 0㎡ |
| 지역별 기준수(확)량 | 재배양식 | 재배방식 | 품종 | 이앙시기 |
| 1,100kg(10a) | 기계이앙 | 친환경재배 | 중생종 | 4/27 |

○ 수량요소조사 조사표

| 표본포기 | 1 | 2 | 3 | 4 |
|---|---|---|---|---|
| 이삭 상태 | 15 | 14 | 13 | 16 |
| 완전 낟알 상태 | 60 | 68 | 50 | 66 |

• 미보상비율 5%

○ 참고 자료

| 품종 (숙기) | 재배양식 | 이앙 시기 | 재배방식 |
|---|---|---|---|
| 조생종 1.05<br>중생종 1.00<br>기타 0.95 | 기계이앙 1.00<br>직파 (담수직파) 0.90 | 4/25 ~ 4/30 1.10<br>5/01 ~ 5/10 1.05<br>5/11 ~ 5/20 1.00<br>5/21~ 0.95 | 일반재배 1.00<br>친환경재배 0.90<br>무농약재배 0.80 |

| 이삭 상태 점수표 | | | |
|---|---|---|---|
| 포기당 이삭수 | 점수 | 포기당 이삭수 | 점수 |
| 16 미만 | 1 | 16 이상 | 2 |

| 낟알 상태 점수표 | | | |
|---|---|---|---|
| 완전 낟알 수 | 점수 | 완전 낟알 수 | 점수 |
| 51개 미만 | 1 | 51개 이상 61개 미만 | 2 |
| 61개 이상 71개 미만 | 3 | 71개 이상 81개 미만 | 4 |
| 81개 이상 | 5 | - | - |

| 조사수확비율 환산표 | | | |
|---|---|---|---|
| 점수 | 비율 | 점수 | 비율 |
| 10점 미만 | 0~20% | 16~18점 | 61~70% |
| 10~11점 | 21~40% | 19~21점 | 71~80% |
| 12~13점 | 41~50% | 22~23점 | 81~90% |
| 14~15점 | 51~60% | 24점 이상 | 91~100% |

• 표준수확량=지역별 기준수(확)량×재품재이(재배방식×품종×재배양식×이앙시기보정계수)

 **정답**

1. 표준수확량=7,700×1.00×1.00×0.90×1.10=7,623kg

2. 보험가입금액=7,623×1,500=11,430,000원

3. 조사수확비율

 ① 이삭상태 점수=1+1+1+2=5점

 ② 완전낟알상태 점수=2+3+1+3=9점

 ③ 합산=14점. 조사수확비율=60%

4. 피해면적보정계수

 ① 피해면적비율=1,500÷7,000=21.43%

 ② 피해면적보정계수=1.1

5. 수확량=7,623×0.6×1.1=5,031kg

6. 피해율=(7,623-5,031-130)÷7,623=32.30%

7. 보험금=11,430,000×(0.3230-0.2)=1,405,890원

✔ **표준수확량**

 • 지역별 기준수(확)량×재품재이(재배방식×품종×재배양식×이앙시기보정계수)

 • 신규가입 농지 : 표준수확량 100%=평년수확량

**48.** 종합위험 수확감소보장에 가입한 벼(조곡) 품목에 관한 내용이다. 물음에 답하시오.

○ 계약사항(가입 특별약관 : 병해충보장)

| 품목 | 보험가입금액 | 가입 면적 | 평년수확량 | 자기부담비율 |
|---|---|---|---|---|
| 벼(찰벼) | 10,000,000원 | 5,000㎡ | 5,000kg | 15% |

A 씨는 위와 같은 내용으로 농작물 재해보험에 가입하였다. 경작 중 6/15에 집중호우에 의한 피해로 1,000㎡에 피해가 발생하였다. 그 중 700㎡에 재이앙을 완료하고 경작을 이어갔다. 그 후 병해충 및 태풍에 의한 피해로 3,100㎡(재이앙·재직파조사 시 피해면적 포함)이 고사되어 발생하여 경작불능조사를 신청하였다.

(1) 재이앙·재직파 보험금 ① 지급대상 여부를 쓰고 및 대상인 경우 ② 보험금을 산출하시오.

(2) 경작불능보험금 ① 지급대상 여부를 쓰고 및 대상인 경우 ② 보험금을 산출하시오. 단, 재이앙·재직파 미이행 면적은 고려하지 않는다.

(3) 경작불능보험금 지급대상이 아닌 것을 가정하고, 아래와 같이 수확량이 조사되었다. 수확감소보험금을 산출하시오.

- 표본조사
- 함수율 18%
- 경작불능조사 이후 추가 피해 없음
- 미보상비율 10%
- 표본구간 ㎡당 유효중량 0.2kg/㎡
- 실제경작면적 5,000㎡ (타작물·미보상면적, 기수확면적 없음)
- 병해충명 : 도열병

**정답**

1. 재이앙·재직파 보험금
   ① 면적피해율=700÷5,000=14%. 면적피해율이 10%를 초과하므로 지급 대상
   ② 보험금=10,000,000×0.25×0.14=350,000원
   ✔ **재이앙·재직파가 완료되지 않은 면적은 피해 면적에서 제외한다.**
2. 경작불능보험금
   ① 식물체 피해율=3,100÷5,000=62%
   ② 식물체 피해율 65% 미만으로 지급 대상 아님
3. 수확감소보험금
   ① 수확량=(0.2×1,900)+(1×0)=380kg
   ② 피해율=(5,000-380-462)÷5,000=83.16%
   ③ 보험금=10,000,000×(0.8316-0.15)=6,816,000원
   ✔ **주의**
   - 병해충 단독사고가 아닌 병발 사고인 경우는 최대 인정피해율 70% 적용하지 않음에 주의한다.
   - 유효중량에는 loss율 및 함수율이 이미 반영되었다.

**49.** 다음의 조건을 보고 종합위험 수확감소보장에 가입한 벼(조곡) 품목에 관해 물음에 답하시오. (수확량은 소수점 이하, %는 소수점 셋째 자리 이하 버림. 보험가입금액은 천원 단위 버림. 단, 면적에 따른 표준수확량의 변경은 없는 것으로 한다.)

○ 계약사항 : 가입 비율 100%

| 품목 | 보험가입금액 | 가입면적 | 평년수확량 | 표준수확량 | 자기부담비율 |
|---|---|---|---|---|---|
| 벼(메벼) | 20,000,000원 | 15,000㎡ | 13,500kg | 12,500kg | 10% |

○ 조사내용

| 면적 확인 | 실제경작면적 13,000㎡ | 미보상면적 1,000㎡ | 수확불능면적 1,000㎡ |
|---|---|---|---|
| 전수조사 | 작물 중량 7,500kg, 함수율 17% | | |
| 표본조사 | 표본구간 ㎡당 유효중량 0.65kg/㎡, 함수율 17% | | |

<table>
<tr><td rowspan="20">수량<br>요소<br>조사</td><td colspan="3">표본포기 조사 : 포기당 이삭수 14개, 이삭당 낟알수 60개 동일</td></tr>
<tr><td colspan="3">이삭 상태 점수표</td></tr>
<tr><td colspan="2">포기당 이삭수</td><td>점수</td></tr>
<tr><td colspan="2">16 미만</td><td>1</td></tr>
<tr><td colspan="2">16 이상</td><td>2</td></tr>
<tr><td colspan="3">낟알 상태 점수표</td></tr>
<tr><td colspan="2">완전 낟알 수</td><td>점수</td></tr>
<tr><td colspan="2">51개 미만</td><td>1</td></tr>
<tr><td colspan="2">51개 이상 61개 미만</td><td>2</td></tr>
<tr><td colspan="2">61개 이상 71개 미만</td><td>3</td></tr>
<tr><td colspan="2">71개 이상 81개 미만</td><td>4</td></tr>
<tr><td colspan="2">81개 이상</td><td>5</td></tr>
<tr><td colspan="3">조사수확비율 환산표</td></tr>
<tr><td>점수</td><td>비율</td><td>점수</td><td>비율</td></tr>
<tr><td>10점 미만</td><td>0~20%</td><td>16~18점</td><td>61~70%</td></tr>
<tr><td>10~11점</td><td>21~40%</td><td>19~21점</td><td>71~80%</td></tr>
<tr><td>12~13점</td><td>41~50%</td><td>22~23점</td><td>81~90%</td></tr>
<tr><td>14~15점</td><td>51~60%</td><td>24점 이상</td><td>91~100%</td></tr>
</table>

• 미보상비율 15%

(1) 각 조사 방법에 따른 피해율을 산출하시오. (조사수확비율은 해당 구간의 최저비율 적용)

(2) 수확감소보험금을 산출하시오.

1. 계약사항 변경
   ① 평년수확량 변경 : 13,500×(13,000÷15,000)=11,700kg
   ② 보험가입금액 변경 : 20,000,000×(11,700÷13,500)=17,330,000원
   ✔ **가입면적과 실제경작면적 차이에 따른 계약사항 변경**
   • ㎡당 평년수확량=13,500÷15,000=0.9kg → 평년수확량=0.9×13,000=11,700kg 즉, ㎡당 평년수확량은 동일하며, 면적에 따라 변경될 뿐이다.

- 가입면적과 실제경작면적 10% 이상 차이 시 계약사항을 변경한다.
2. 피해율
  (1) 전수조사
    ① 수확량={7,500×(0.83÷0.85)}+(0.9×1,000)=8,223kg
    ② 피해율=(11,700-8,223-521)÷11,700=25.26%
  (2) 표본조사
    ① 수확량=(11,000×0.65)+(0.9×1,000)=8,050kg
    ② 피해율=(11,700-8,050-547)÷11,700=26.52%
  (3) 수량요소조사
    ① 이삭상태점수=1×4=4점, 완전낟알상태 점수=2×4=8점, 점수 합산 12점
    • 조사수확비율=41%
    ② 피해면적비율=1,000÷13,000=7.69%, 피해면적보정계수 1.2(매우 경미)
    ③ 수확량=12,500×0.41×1.2=6,150kg
    ④ 피해율=(11,700-6,150-832)÷11,700=40.32%
  ✔ 수량요소조사
  • 표본포기 : 가입면적과 무관하게 4포기
  • 피해면적보정계수 : 비교적 암기하기 쉬운 부분이므로 암기하여 적용
3. 수확감소보험금=17,330,000×(0.2526-0.1)=2,644,558원
  ✔ 동일 농지 복수 조사 방법 실시한 경우 피해율 적용 우선 순위 : 전수 → 표본 → 수량요소조사

**50.** 종합위험 수확감소보장에 가입한 밀 품목에 관한 다음 내용을 바탕으로 보험금을 구하시오. (수확량, 미보상감수량은 kg 단위로 소수점 첫째 자리에서 반올림하여 정수 단위로, ㎡당 수확량 및 피해율(%)은 소수점 셋째 자리에서 반올림)

○ 계약사항

| 품목 | 보험가입금액 | 평년수확량 | 가입면적 | 자기부담비율 |
|---|---|---|---|---|
| 밀 | 500만원 | 3,000kg | 5,000㎡ | 15% |

○ 조사내용 : 보상하는 재해 발생
• 면적확인

| 실제경작면적 | 미보상면적 | 타작물 면적 | 수확불능면적 | 기수확면적 |
|---|---|---|---|---|
| 5,000㎡ | 200㎡ | 300㎡ | 500㎡ | - |

• 전수조사

| 작물 중량 합계 | 함수율 |
|---|---|
| 1,500kg | 18% |

• 미보상비율 확인 : 10%

1. ㎡당 평년수확량=3,000÷5,000=0.6kg

2. 수확량=$\left(1,500 \times \dfrac{1-0.18}{1-0.13}\right) + (500 \times 0.6) = 1,714kg$

3. 미보상감수량=(3,000-1,714)×0.1=129kg

4. 피해율=$\dfrac{3,000-1,714-129}{3,000} = 38.57\%$

5. 보험금=5,000,000×(0.3857-0.15)=1,178,500원

**51.** 종합위험 수확감소보장에 가입한 벼 품목에 관한 다음 내용을 바탕으로 물음에 답하시오.

○ 계약사항

| 품종 | 가입면적 | 평년수확량 | 보험가입금액 | 자기부담비율 |
|---|---|---|---|---|
| 바로미2 (분질미) | 4,000㎡ | 2,000kg | 3,000,000원 | 20% |

○ 조사내용 – 재이앙 · 재직파조사. 보상하는 재해 발생
- 면적확인 : 실제경작면적은 가입면적과 동일
- 전조사
  - 묘가 물 위에 뜬 면적 200㎡
  - 흙에 의해 햇빛이 차단된 면적 100㎡
  - 묘가 도복된 면적 200㎡
  - 수확이 불가능한 면적 100㎡
- 후조사 : 수확이 불가능한 면적 100㎡ 재이앙 미이행

○ 조사내용 – 수확불능확인조사
- 제현율 조사 : 68%. 정상 출하 불가능 확인
- 수확포기 여부 : 로터리 작업 실시 확인. 시장 미유통 확인

(1) 재이앙 · 재직파 보험금을 구하시오.


(2) 수확불능보험금을 구하시오.


> **정답**
>
> 1. 재이앙 · 재직파 보험금
>    ① 전조사 면적피해율=400÷4,000=10%. 10%를 초과하지 못하므로 지급 대상 아님, ②보험금 : 없음
>    ✔ 전조사 면적피해율이 10%를 초과하여 지급 대상으로 가정한 경우, 후조사 면적피해율이 본 문제와 같이 300÷4,000=7.5%
>    로 10%를 초과하지 못하는 경우의 보험금 지급 여부 : [농업재해보험 · 손해평가의 이론과 실무] 및 [약관]에 규정된
>    바 없으며, 지급 가능과 불가능의 견해가 있다. 논란이 없도록 출제되어야 할 것이다.
> 2. 수확불능보험금=3,000,000×0.55=1,650,000원
>    ✔ 수확불능보험금 지급 대상 제현율 : 일반 벼 65% 미만, 분질미 70% 미만
>    • 경작불능보험금 지급 대상 식물체 피해율 : 일반 벼, 밀 · 보리 · 귀리 65% 이상, 분질미 60% 이상


**52.** 다음은 종합위험 수확감소보장방식에 가입한 논작물(벼)에 관한 내용이다. 아래의 내용을 참조하여 다음 물음에 답하시오.

○ 계약사항 및 조사내용

| 품종 | 보험가입금액 | 가입면적 | 조사 종류 | 피해율 | 농지 종류 |
|---|---|---|---|---|---|
| 아로마티 (분질미) | 8,000,000원 | 3,000㎡ | 수확량조사 (표본조사) | 30% | 간척 농지 |

- 가입면적과 실제경작면적은 동일
- 자기부담비율 : 선택 가능한 최저비율

(1) 위의 수확량조사가 이루어진 시기를 쓰시오.


(2) 수확량 조사 시 수확불능 대상 여부를 확인하였더니, 제현율이 70%로 조사되어, 계약자는 수확불능보험금을 신청하려고 한다. 수확불능보험금을 구하시오.

**53.** 다음 각 조건에 따라 종합위험보장 논작물 상품에 가입한 각 품목의 보험금을 구하시오. (단, 각 보험금의 지급 사유는 충족한 것으로 한다)

(1) 조사료용 벼. 경작불능보험금
- 가입면적 2,000㎡
- 사고 일자: 7월 10일
- 보장생산비 1,000원/㎡
- 보장 비율 45% 형

(2) 벼(분질미). 경작불능보험금
- 가입면적 2,000㎡
- 피해면적 1,260㎡
- 보험가입금액 10,000,000원
- 자기부담비율: 15%

(3) 벼 수확감소보험금
- 보험가입금액 10,000,000원
- 자기부담비율 20%
- 사고내용: 도열병 단독사고
- 병해충보장 특별약관 가입
- 조사수확량 600kg
- 평년수확량 1,000kg
- 미보상비율 10% (미보상사유. 도열병)

 1. 조사료용 벼 경작불능보험금
① 보험가입금액=2,000×1,000=2,000,000원
② 보험금=2,000,000×0.45×0.9=810,000원
2. 분질미 경작불능보험금
① 식물체 피해율=1,260÷2,000=63%
② 보험금=10,000,000×0.42=4,200,000원
✔ 경작불능보험금 지급 대상 식물체 피해율 : 일반 벼·밀·보리 65% 이상, 분질미 60% 이상
3. 수확감소보험금
① 피해율= $\frac{1,000-600-0}{1,000}$ = 40%
② 수확감소보험금=10,000,000×(0.4-0.2)=2,000,000원
✔ 병해충 단독사고+병해충 특약 가입+미보상사유 보상하는 병해충: 미보상감수량을 적용하지 않는다.

**54.** 종합위험보장 벼 품목의 손해평가 현지조사 방법에 관한 내용이다. (     )를 알맞게 채우시오.

---

○ 피해사실 확인조사
- 보상하는 재해 여부 및 피해 정도 등을 감안하여 이앙·직파불능조사(   ①   ), 재이앙·재직파조사(면적피해율 10% 초과), 경작불능조사(식물체 피해율 일반 벼 65% 이상, 분질미 60% 이상), 수확량조사(자기부담비율 초과) 중 필요한 조사를 판단한다.

○ 경작불능조사
- 조사 시기 : 사고 후 ~ (   ②   )
- 식물체 피해율 조사 : 목측 조사를 통해 조사 대상 농지에서 보상하는 재해로 인한 식물체 피해율이 65%(분질미 60%) 이상 여부를 조사한다. 고사식물체 판정의 기준은 해당 식물체의 (   ③   )이다.

○ 수확량조사
- 병해충 단독사고 여부 확인 : 농지의 피해가 (   ④   )와는 상관없이 보상하는 병해충만으로 발생한 병해충 단독사고인지 여부를 확인한다. 이때, 병해충 단독사고로 판단될 경우에는 가장 주된 병해충명을 조사한다.

○ 수확불능확인조사
- 수확량조사 시 수확불능 대상 농지(벼의 (   ⑤   )이 65%(분질미 70%) 미만으로 정상적인 출하가 불가능한 농지)로 확인된 농지에 대하여 실시하는 조사로, 조사 시점은 수확 포기가 확인되는 시점으로 한다.

---

 정답  1. 농지 전체 이앙·직파불능 시,  2. 출수기,  3. 수확 가능 여부,  4. 자연재해, 조수해 및 화재,  5. 제현율

---

**55.** 종합위험보장 논작물에 가입한 귀리 품목의 다음 계약사항과 조사내용을 참조하여 수확감소보험금을 구하시오. (모든 중량은 kg 단위로 소수점 첫째 자리에서 반올림, 피해율은 %로 소수점 셋째 자리에서 반올림)

○ 계약사항

| 보험가입금액 | 평년수확량 | 실제경작면적 | 자기부담비율 |
|---|---|---|---|
| 6,720,000원 | 5,600kg | 8,000㎡ | 20% |

○ 조사내용 – 수확량조사(표본조사)
- 산파 재배
- 면적조사 : 미보상면적 500㎡, 수확불능면적 1,400㎡
- 표본조사 : 표본구간 3구간. 작물 유효중량 합계 : 315g
- 미보상비율 15%

---

정답  1. 조사대상면적=8,000-1,400-500=6,100㎡
2. ㎡당 평년수확량=5,600÷8,000=0.7kg/㎡
3. 표본구간 ㎡당 유효중량=0.315÷(0.5×0.5×3)=0.42kg/㎡
4. 조사수확량=(6,100×0.42)+(500×0.7)=2,912kg
5. 미보상감수량=(5,600-2,912)×0.15=403kg
6. 피해율=(5,600-2,912-403)÷5,600=40.80%
7. 보험금=6,720,000×(0.4080-0.2)=1,397,760원
✔ **밀, 보리, 귀리 표본구간 산정**
- 점파 : 표본구간마다 4포기의 길이×포기당 간격
- 산파 또는 이랑 구분이 불명확한 경우 : 규격의 테(50Cm×50Cm)를 사용

# PART 5

## 특정위험보장 인삼

# 농작물 재해보험의 이론과 실무

**1.** 농작물재해보험 특정위험보장 인삼 상품의 보험의 목적을 쓰시오.

1. 보험료 납입일이 속하는 해에 설치하거나 이미 설치되어 있는 인삼재배시설. 단, 인삼의 수확을 종료한 인삼재배시설은 보험의 목적에서 제외
2. 인삼재배시설을 설치하여 재배하는 2년근 이상의 인삼으로 관할 농협에 경작 신고된 인삼. 6년근(미수확분)은 인수 불가. 단, 직전년도 인삼 1형 상품에 5년근으로 가입한 농지에 한해 6년근 가입 가능

**2.** 특정위험보장 인삼 보험기간이다. (     )을 채우시오.

| | | |
|---|---|---|
| 1형 | 인삼 | 판매개시연도 5월 1일 ~ (  ①  ) 24시. 단, 6년근은 판매개시연도 (  ②  ) 초과 불가 |
| | 해가림시설 | 상동 |
| 2형 | 인삼 | 판매개시연도 (  ③  ) ~ 이듬해 10월 31일 |
| | 해가림시설 | 상동 |

① 이듬해 4월 30일, ② 10월 31일, ③ 11월 1일

**3.** 특정위험보장 인삼의 보험가입금액 산정 방법에 관해 설명하시오. (보험의 목적은 인삼에 한함)

인삼 보험가입금액은 연근별 (보상)가액×재배면적으로 산정하고 천원 단위에서 절사한다. 연근별 (보상)가액은 가입 당시 연근 +1년의 (보상)가액을 적용한다.
✔ **인삼의 보험가입금액의 연근별 (보상)가액**
 • 아래와 같이 +1년의 적용이 변경되고 있다.
 • [NH 손해보험 업무방법서] 가입 당시 연근 +1년 → [농업재해보험·손해평가의 이론과 실무] 가입 당시 연근 → [농업재해보험·손해평가의 이론과 실무] 가입 당시 연근 +1년
 • 2021년~ 인삼 상품이 1형과 2형으로 나뉘며 각 유형의 차이를 반영하지 못한 것으로 보인다. 즉, 1형은 가입 당시 연근, 2형은 가입 당시 연근 +1년을 적용함이 합리적이다.
 • 현재의 내용으로는 직전년도 1형에 5년근으로 가입한 인삼 6년근의 경우 연근별 (보상)가액이 없으므로 보험가입금액을 산정할 수 없게 된다.

**4.** 특정위험보장 인삼과 종합위험보장 원예시설 · 버섯에 있어서 종별 보험요율 차등 적용에 관한 내용이다. (    )를 채우시오.

- 요율 상대도 : 1.0
- 인삼 : (  ①  )종 - 허용 적설심 및 허용 풍속이 지역별 내재해형 설계기준 (  ②  )인 인삼 재배시설
- 원예시설 · 버섯 : (  ③  )종 - 허용 적설심 및 허용 풍속이 지역별 내재해형 설계기준 (  ④  )인 하우스

① 3종, ② 100% 이상~120% 미만, ③ 4종, ④ 100% 미만 (허용 적설심 7.9cm 이상이고, 허용 풍속이 10.5m/s 이상)

**5.** 다음 (    )를 채우시오.

인삼 적용 보험료 산출식
- 보험가입금액×지역별 영업요율×(1±손해율에 따른 할인 · 할증율)×(1-  ①  )
- 인삼재배농지에 (  ②  )이 있는 경우 (  ①  )을 (  ③  )% 적용

① 방재시설 할인율, ② 관수시설, ③ 5

**6.** 특정위험보장 인삼손해보장 보험금의 지급 사유와 산정방식을 설명하시오.

1. 지급 사유 : 보상하는 재해로 피해율이 자기부담비율을 초과하는 경우
  2. 산정식
    ① 보험금=보험가입금액×(피해율-자기부담비율)
    ② 피해율={1-(수확량÷연근별 기준수확량)}×(피해면적÷재배면적)
    ③ 연근별 기준수확량: 인삼 피해율 산정의 기준이 되는 단위면적당 수확량으로 연근별로 사전에 설정된 양
    ④ 농지(삼포)별로 피해율을 산정하며, 2회 이상의 보험 사고인 경우 위에서 계산한 보험금에서 기발생 지급보험금을 차감하여 계산

**7.** 특정위험보장 인삼 상품의 인수 제한 목적물에 관한 사항이다. ( )을 알맞은 단어로 채우시오.

- ( ① ) 미만 또는 ( ② ) 이상인 인삼. 단, 직전년도 인삼 1형 상품에 ( ③ )으로 가입한 농지에 한하여 ( ② ) 가입 가능
- 산양삼(장뇌삼), 묘삼, ( ④ ) 인삼
- 식재연도 기준 ( ⑤ )( ⑥ ))에 인삼을 재배했던 농지. 단, 채굴 후 ( ⑦ ) 경과되고 올해 성토( ⑧ )된 농지의 경우 인수 가능
- 두둑 높이가 ( ⑨ ) 미만인 농지

① 2년근, ② 6년근, ③ 5년근, ④ 수경재배 인삼, ⑤ 과거 10년 이내, ⑥ 논은 6년 이내, ⑦ 8년 이상, ⑧ 60cm 이상, ⑨ 15cm

**8.** 다음은 농작물재해보험 특정위험보장 인삼에 관한 내용이다. ( )에 맞으면 ○, 틀리면 ×를 쓰시오.

① 계약 인수는 해가림시설 단지 단위로 가입하고 개별 단지당 최저 보험가입금액은 200만원 이상이다. ( )
② 보험 가입 이전에 피해가 이미 발생한 농지는 가입할 수 없다. ( )
③ 군사시설보호구역 중 통제보호구역 내의 농지는 가입할 수 없다. ( )
④ 농림축산식품부가 고시하는 내재해형 인삼재배시설 규격에 맞지 않는 해가림시설은 가입할 수 없다. ( )
⑤ 해가림시설 자기부담금은 화재 사고에는 미적용한다. ( )

(1) ×, (2) ×, (3) ×, (4) ○, (5) ×

✔ **인삼**
① 농지 단위 가입
② 자기부담비율 미만의 피해 또는 피해 발생 부분을 수확한 경우 : 남은 부분에 한해 인수 가능
③ 단, 통상적인 영농활동 및 손해평가가 가능하다고 판단되는 농지는 영업점장 전결로 인수 가능
⑤ 화재 : 보통약관에서 보상하는 재해. 자기부담금 적용

**9. <심화>** 특정위험보장 인삼 상품에 있어서 기준수확량에 관해 설명하시오.

 1. 정의 : 기준수확량이란 인삼 피해율 산정의 기준이 되는 단위면적당 수확량으로 연근별로 사전에 설정된 양이다
2. 산출 방법
  ① 농협중앙회 인삼특작부 통계자료와 인삼연구소 논문의 자료를 가중평균하여 산출한다. (7:3)
  ② 매년 연근별 수확량 자료가 집계되면 기준수확량 자료를 업데이트한다.
  · 다만, 기준수확량의 변동폭이 없거나 미미한 경우 기준수확량을 전년도에 고정할 수 있다.
  ③ 인삼 피해율은 "표준"을 기준으로 산출하되, 점검 결과 우수 또는 불량으로 판정되는 경우에는 해당 기준수확량 기준으로 피해율을 산출한다.

**10.** 다음 특정위험보장 인삼 상품의 농작물재해보험 인수 가능 여부를 쓰고, 그 이유를 전부 쓰시오.

(1) A 씨는 올해 5,000㎡에 2년근 인삼을 정식해서 재배할 예정이다. A 씨의 농지는 마지막 인삼 채굴이 9년 전인 농지로 농작물재해보험 가입을 위해 50cm로 성토하였다. 판매를 목적으로 재배할 예정이지만, 일부 면적에 인삼주 제조를 목적으로 산양삼을 조금 재배하려고 한다.

(2) B 씨는 재배 중인 6년근 인삼을 올해 농작물재해보험 인삼 상품(1형)에 작년에 이어 가입하려고 한다. 재배와 농작물재해보험 가입을 위해 해가림시설을 전부 보수했고, 지주목 간격 1m, 두둑폭 0.8m, 두둑 높이 18cm이다.

(3) C 씨의 인삼 농지는 이전에 피해 입은 면적이 있으나 이미 해당 면적은 수확을 완료했다. 집중호우 수해로 입은 피해였으나 풍수해 보험을 가입했기 때문에 보상을 받을 수 있었다. 올해는 농작물재해보험에도 가입하여 피해가 발생하는 경우 보상액을 늘릴 계획이다.

1. A 씨 농지
   (1) 인수 가능 여부: 인수 제한
   (2) 사유
      ① 2년근 재배 : 2년근 이상 6년근 미만 인삼이므로 인수 가능
      ② 5,000㎡ : 보험가입금액=11,600×5,000=58,000,000원 (연근별 보상가액: 가입당시 연근 1년). 보험가입금액 200만원 이상이므로 인수 가능
      ③ 마지막 인삼 채굴 9년 전, 성토 50cm: 식재년도 기준 과거 10년 이내(논은 6년 이내)에 인삼을 재배했던 농지는 인수 제한이지만, 채굴 후 8년 이상 경과되면 인수 가능. 그러나 60cm 이상 성토되어야 하므로 인수 제한
      ④ 판매 목적 : 인수 가능
      ⑤ 인삼주 제조 목적 및 산양삼 : 인수 제한
2. B 씨 농지
   (1) 인수 가능 여부: 인수 가능
   (2) 사유
      ① 6년근 : 2년근 이상 6년근 미만 인삼이 인수 가능하지만, 직전년도 1형 상품에 5년근으로 가입한 경우에 6년근도 인수 가능
      ② 해가림시설 : 인삼재배시설을 설치하여 재배하는 2년근 이상의 인삼으로 관할 농협에 경작 신고된 인삼이 보험의 목적이므로 인수 가능
      ③ 두둑 높이 15cm 이상 : 인수 가능
3. C 씨 농지
   (1) 인수 가능 여부 : 인수 제한
   (2) 사유
      ① 가입 이전 피해 발생, 해당 면적 수확 완료: 가입 이전 이미 피해가 발생한 농지는 인수 제한이지만, 피해 발생 부분 수확 완료한 경우 남은 부분에 한해 인수 가능
      ② 정부에서 보험료를 지원하는 다른 보험에 이미 가입 : 인수 제한

**11.** 인삼을 재배하고 있는 A 씨는 농작물재해보험에 가입하려 한다. 농지의 계약사항은 아래와 같다. 가입 후 집중호우로 인해 침수 피해를 입었다. 조건을 보고 물음에 답하시오. (%는 소수점 셋째 자리에서 반올림)

○ 계약사항

| 유형 | 재배면적 | 가입 당시 연근 | 기준수확량 | 자기부담비율 |
|------|---------|--------------|-----------|-------------|
| 1형 | 2,000㎡ | 5년근 | 표준. 0.73kg/㎡ | 최저 비율 |

• 신규 가입 농지

○ 연근별 보상가액

| 구분 | 2년근 | 3년근 | 4년근 | 5년근 | 6년근 |
|------|-------|-------|-------|-------|-------|
| 인삼 | 10,200원 | 11,600원 | 13,400원 | 15,000원 | 17,600원 |

○ 조사내용

| 피해면적 1,000㎡ | 수확량 0.4kg/㎡ |
|----------------|----------------|

(1) 보험가입금액을 산출하시오.

(2) 침수피해로 인한 보험금을 산출하시오.

> **정답**
>
> 1. 보험가입금액=2,000㎡×17,600=35,200,000원
> 2. 보험금
>    ① 기준수확량=0.73kg/㎡
>    ② 수확량=0.4kg/㎡
>    ③ 피해율=$[1 - \dfrac{0.4}{0.73}] \times \dfrac{1,000}{2,000} = 22.60\%$
>    ④ 보험금=35,200,000×(0.2260-0.2)=915,200원

**12.** 특정위험보장 인삼 품목에 가입한 농지의 계약사항 및 사고 발생 조사내용이다. 조건을 보고 물음에 답하시오. (%는 소수점 셋째 자리에서 반올림)

○ 계약사항

| 재배면적 | 가입 당시 연근 | 자기부담비율 |
|---------|--------------|-------------|
| 4,000㎡ | 3년근 (2형) | 10% |
| 지역별 영업요율 | 손해율에 따른 할인율 | 방재시설 |
| 10% | 10% | 관수시설 |

○ 연근별 보상가액

| 구분 | 2년근 | 3년근 | 4년근 | 5년근 | 6년근 |
|------|-------|-------|-------|-------|-------|
| 인삼 | 10,200원 | 11,600원 | 13,400원 | 15,000원 | 17,600원 |

○ 연근별 기준수확량(단위. kg/㎡)

| 구분 | 2년근 | 3년근 | 4년근 | 5년근 |
|------|-------|-------|-------|-------|
| 표준 | 0.5 | 0.64 | 0.71 | 0.73 |

○ 조사내용

| 피해면적 1,500㎡ | 수확량 0.3kg/㎡ | 기지급 보험금 200만원 |
|------------------|------------------|-------------------------|

(1) 보험가입금액을 구하시오. (천원 단위 절사)

(2) 보험료를 산출하시오.

(3) 이번 사고의 보상한도액을 산출하시오.

(4) 보험금을 산출하시오.

**정답**

1. 보험가입금액=4,000×13,400=53,600,000원
2. 보험료=53,600,000×0.1×(1-0.1)×(1-0.05)=4,582,800원
   ✔ **관수시설 : 방재시설 할인 5%**
3. 보상한도=53,600,000-2,000,000-5,360,000=46,240,000원
   ✔ **보상한도=보험가입금액-기지급 보험금-자기부담금**
4. 보험금

   ① 피해율=$\left[1-\dfrac{0.3}{0.64}\right]\times\dfrac{1,500}{4,000}=19.92\%$

   ② 보험금=53,600,000×(0.1992-0.1)=5,317,120원

   ③ 지급보험금=5,317,120-2,000,000원=3,317,120원

**13.** 다음 내용을 참조하여 물음에 답하시오.

○ 계약사항

| 인삼 | 보험가입금액 | 지역별 보통약관 영업요율 | 손해율에 따른 할인·할증율 | 지자체 지원율 |
|------|-------------|---------------------------|---------------------------|----------------|
| 1형 | 1,000만원 | 10% | -10% | 30% |

• 순보험료율 영업보험료율의 90%      • 관수시설 설치 확인

(1) 계약자부담보험료를 구하시오.

(2) 기지급 보험금이 없는 경우의 환급보험료를 구하시오. (환급 사유 : 임의해지 9월)

| 인삼 1형<br>미경과비율 | 7월 | 8월 | 9월 | 10월 |
|------------------------|-----|-----|-----|------|
| | 60% | 30% | 15% | 5% |

(3) 기지급 보험금이 200만원으로 조사된 경우의 환급보험료를 구하시오.

1. 계약자부담보험료=10,000,000×0.1×0.9×(1-0.1)×(1-0.05)×(1-0.5-0.3)=153,900원

2. 기지급 보험금이 없는 경우의 환급보험료=153,900×0.15=23,085원

3. 기지급보험금 있는 경우의 환급보험료

   ① 순보험료=8,000,000×0.1×0.9×(1-0.1)×(1-0.05)=615,600원

   ② 계약자부담보험료=615,600×(1-0.5-0.3)=123,120원

   ③ 환급보험료=123,120×0.15=18,468원

**14.** 작물 특정위험 및 시설 종합위험 인삼손해보장방식의 보상하는 재해에 관해 설명하시오.

1. 특정위험 보장 인삼 보상하는 재해 : 태풍(강풍), 우박, 집중 호우, 폭염, 침수, 화재, 폭설, 냉해의 8종만 보장한다. 특정 위험으로 각 재해별 담보조건을 충족해야 보장된다.

2. 종합위험보장 해가림시설 : 자연재해, 조수해, 화재를 보통약관에서 보장한다. 다른 시설과 다르게 화재도 보통약관의 보장 대상이다.

✔ **특별한 언급이 없으면 작물과 시설 등 보험의 목적 전부를 설명해야 한다.**

**15.** 다음은 특정위험보장 인삼과 적과전 종합위험보장Ⅱ의 보상하는 재해 중 '집중호우'에 관한 내용이다. (    ) 안에 알맞은 단어를 채우시오.

- 인삼 : 기상청에서 호우에 대한 특보(호우주의보, 호우경보)를 발령한 때 해당 지역의 비 또는 해당 지역에서 가장 가까운 3개소의 기상관측장비(기상청 설치 또는 기상청이 인증하고 실시간 관측 자료를 확인할 수 있는 관측소)로 측정한 (  ①  ) 누적강수량이 (  ②  ) 이상인 강우 상태

- 적과전 종합위험보장Ⅱ : 기상청에서 호우에 대한 기상특보(호우주의보 또는 호우경보)를발령한 때 발령지역의 비 또는는 과수원에서 가장 가까운 (  ③  )의 기상관측장비(기상청 설치 또는 기상청이 인증하고 실시간 관측 자료를 확인할 수 있는 관측소)로 측정한 (  ④  ) 누적 강수량이 (  ⑤  ) 이상인 강우 상태

① 24시간, ② 80mm, ③ 3개소, ④ 12시간, ⑤ 80mm

**16.** 특정위험보장 '인삼 상품에서 보상하는 재해 중 냉해'와 '종합위험보장에서의 냉해'를 비교 기술하시오.

1. 인삼 특정위험 냉해 : 출아 및 전엽기(4~5월 한정) 중에 해당 지역에서 가장 가까운 3개소의 기상관측장비(기상청 설치 또는 기상청이 인증하고 실시간 관측 자료를 확인할 수 있는 관측소)에서 측정한 최저기온 0.5℃ 이하의 찬 기온으로 인하여 발생하는 피해를 말하며, 육안으로 판별 가능한 냉해 증상이 있는 경우에 피해를 인정

2. 종합위험 냉해 : 농작물의 성장 기간 중 작물의 생육에 지장을 초래할 정도의 찬 기온으로 인하여 발생하는 피해

✔ **인삼 냉해 : 출아 및 전엽기(4~5월로 '한정')에서 '한정'의 추가 여부를 2025 [농업재해보험·손해'평가'의 이론과 실무]에서 확인한다.**

**17.** 농작물재해보험의 특정위험보장 '인삼 상품의 보상하는 재해 중 폭염'과 '적과전 종합위험보장 II 상품의 일소 피해 폭염'의 담보조건을 비교하시오.

1. 특정위험보상 인삼 폭염 : 해당 지역에 최고기온 30℃ 이상이 7일 이상 지속되는 상태를 말하며, 잎에 육안으로 판별 가능한 타들어간 증상이 50% 이상 있는 경우에 인정
2. 적과전 종합위험보장 II 중 일소 피해 폭염 : 폭염특보(폭염주의보 또는 폭염경보)를 발령한 때 낮 최고기온이 연속 2일 이상 33℃ 이상. 폭염특보가 발령한 때부터 해제 한 날까지 일소가 발생한 보험의 목적에 한하여 보상

**18.** 다음 내용을 바탕으로 각 물음에 답하시오. (피해율 등 %는 소수점 둘째 자리 미만, 보험료는 일 원 단위 미만 절사)

○ 계약사항: 가입년도 2024년

| 상품 유형 | 재배면적 | 영업요율 | 방재시설 |
|---|---|---|---|
| 1형(5년근) | 4,000㎡ | 10%(순보험료율 9% + 부가보험료율 1%) | 관수시설 설치 |

• 자기부담비율 : 선택 가능한 최저 비율
• 지자체 지원율 40%

○ 연근별 보상가액

| 구분 | 2년근 | 3년근 | 4년근 | 5년근 | 6년근 |
|---|---|---|---|---|---|
| 인삼 | 10,200원 | 11,600원 | 13,400원 | 15,000원 | 17,600원 |

○과거 5년간 순보험료 및 지급보험금

| 연도 | 2019 | 2020 | 2021 | 2022 | 2023 |
|---|---|---|---|---|---|
| 지급보험금 | - | - | 500만원 | - | 2,000만원 |
| 순보험료 | - | - | 350만원 | 380만원 | 440만원 |

○ 조사내용: 침수피해 확인. 사고 발생 6월. 침수피해 사고 이전 사고 없음
• 기준수확량 0.73kg/㎡
• 피해면적 2,000㎡
• 수확량 0.22kg/㎡

○ 해지 : 계약 해지(8월)
• 미경과비율(단위. %)

| 5월 | 6월 | 7월 | 8월 | 9월 | 10월 |
|---|---|---|---|---|---|
| 95 | 95 | 60 | 15 | 5 | 5 |

○ 손해율 및 가입연수에 따른 할인 · 할증률

| 손해율 | 평가기간 | | | | |
|---|---|---|---|---|---|
| | 1년 | 2년 | 3년 | 4년 | 5년 |
| 120% 이상~150% 미만 | 3% | 5% | 7% | 8% | 13% |
| 150% 이상~200% 미만 | 5% | 7% | 8% | 13% | 17% |
| 200% 이상~300% 미만 | 7% | 8% | 13% | 17% | 25% |

(1) 인삼 품목의 보험가입금액을 구하시오.

(2) 해당 농가에 대한 총 지원보험료를 구하시오. (종별 요율은 적용하지 않는다.)

(3) 환급보험료를 구하시오.

(4) 계약자 · 피보험자에 의한 임의해지가 아닌, 계약자 · 피보험자의 책임 있는 사유에 의한 계약 해지에 해당하는 경우를 쓰시오.

1. 보험가입금액=4,000×17,600=70,400,000원
2. 총 지원보험료

  ① 손해율=$\dfrac{500만 원 + 2,000만 원}{350만 원 + 380만 원 + 440만 원} = 213.67\%$

  ② 손해율에 따른 할인 · 할증률=+13%

  ③ 영업보험료=70,400,000×0.1×(1+0.13)×(1-0.05)=7,557,440원

  ④ 순보험료 중 지원보험료=7,557,440×0.9×(0.5+0.4)=6,121,526원

  ⑤ 부가보험료(100% 지원)=7,557,440×0.1=755,744원

  ⑥ 총 지원보험료=6,121,526+755,744=6,877,270원 (계약자부담 보험료=7,557,440-6,877,270=680,170원)

  ✔ **보험료 항목**
  - 인삼 방재시설 할인율: 관수시설 5%
  - 손해율=$\dfrac{\Sigma 최근 5개년 지급보험금}{\Sigma 최근 5개년 순보험료}$
  - 손해율 및 가입연수에 따른 할인 · 할증률 : 평가기간 3년, 손해율 200% 이상
  - 영업요율 10%=순보험료율 9%+부가보험료율 1% → 순보험료=영업보험료의 90%, 부가보험료=영업보험료의 10%
  - 영업보험료-총 지원보험료(순보험료 중 지원보험료+부가보험료 100%)=계약자부담보험료

3. 환급보험료

  (1) 6월 침수피해 보험금

  ① 피해율=$\dfrac{0.73 - 0.22}{0.73} \times \dfrac{2,000}{4,000} = 34.93\%$

  ② 자기부담비율=20%

  ③ 보험금=70,400,000×(0.3493-0.2)=10,510,720원

  (2) 환급보험료

  ① 보험가입금액-지급보험금=70,400,000-10,510,720=59,889,280원

  ② 계약자부담 보험료=59,889,280×0.1×0.9×(1+0.13)×(1-0.05)×(1-0.5-0.4)=578,620원

  ③ 환급보험료=578,620×0.15=86,793원

  ✔ **자기부담비율 : 3년 · 2년 연속 가입 및 손해율 120% 미만에 해당하지 않으므로 선택 가능한 최저 비율은 20%이다.**

  ✔ **적과전 종합위험보장, 종합위험 수확감소보장 과수, 종합위험 및 수확 전 종합위험 과실손해보장, 특정위험보장(인삼), 생산비보장 노지 밭작물, 가축재해보험 보험료 환급 : 보험기간 중 보험사고가 발생하고 보험금이 지급되어 보험가입금액이 감액된 경우 → 감액된 보험가입금액을 기준으로 환급금을 계산**
  - 계약자부담보험료는 최종 보험가입금액을 기준으로 산출한 보험료 중 계약자가 부담한 금액
  - 중대 사유로 인한 해지(책임 있는 사유) 시 환급보험료=계약자부담보험료×해당 월 미경과비율

4. 계약 해지에 해당하는 경우

  ① 계약자 또는 피보험자의 고의로 손해가 발생한 경우

  ② 고지의무 · 통지의무 등을 해태한 경우

**19.** 특정위험방식 밭작물 품목의 「피해사실 확인조사」 및 「수확량조사」에 관한 내용이다. (  )를 알맞게 채우시오.

> • 보상하는 재해 여부 및 피해 정도 등을 감안하여 추가조사 (( ① ) 및 ( ② )) 필요 여부를 판단한다.
> • 「수확량조사」 시기는 ( ③ )로 한다.
> • ( ④ ) 등을 감안하여 약관에서 정한 보상하는 재해로 인한 피해가 맞는지 확인한다.

> **정답** ① 수확량조사, ② 해가림시설 손해조사, ③ 수확량 확인이 가능한 시기, ④ 농지 및 작물 상태

**20.** 특정위험방식 인삼 품목의 「수확량조사」 방법이다. (3)에 해당하는 내용을 쓰시오.

> (1) 보상하는 재해 여부 심사
> (2) 수확량조사 적기 판단 및 시기 결정
> (3) (                                                                          )
> (4) 조사 방법에 따른 수확량 확인

> **정답** 전체 칸수 및 칸 넓이 조사

**21.** 특정위험방식 인삼 품목의 「수확량조사」 전수조사와 표본조사에 관한 내용이다. (  )을 알맞게 채우시오.

> ○ 전수조사
> • 칸수조사 : 금차 ( ① ), 미( ① ) 및 기( ① )를 확인한다.
> • 실 수확량 확인 : ( ② )를 확인한다.
>
> ○ 표본조사
> • 칸수조사 : 정상 칸수 및 ( ③ )를 확인한다.
> • 표본칸 선정 : ( ③ )에 따라 적정 표본칸수를 선정하고, 해당 수의 칸이 ( ④ )에 골고루 배치될 수 있도록 표본칸을 선정한다.
> • 인삼 수확 및 무게 측정 : 표본칸 내 인삼을 모두 수확한 후 무게를 측정한다.

> **정답** ① 수확 칸수, ② 수확한 인삼 무게, ③ 피해 칸수, ④ 피해 칸

**22.** 특정위험방식 인삼 품목의 보험금을 산출하시오. (㎡당 수확량 및 %는 소수점 셋째 자리 이하 버림)

○ 계약사항

| 2형 | 기준수확량 | 보험가입금액 | 실제경작면적 | 자기부담비율 |
|---|---|---|---|---|
| 3년근 | 0.64kg/㎡ | 2,000만원 | 1,200㎡ | 10% |

○ 조사내용

| 재해 | 사고 | 조사 | 내용 |
|---|---|---|---|
| 집중호우<br>및<br>침수 | 6/20 | 6/21 | [피해사실 확인조사] 침수피해 확인<br>[인삼 수확량조사]<br>» 칸넓이<br><table><tr><td>지주목 간격 2m</td><td>두둑폭 1.0m</td><td>고랑폭 0.5m</td></tr></table><br>» 전수조사<br>　- 수확칸수 100칸　　　- 수확량 70kg<br>» 미보상비율 : 10% |

1. 칸넓이=(1+0.5)×2=3㎡
2. 수확면적=100×3=300㎡
3. ㎡당 조사수확량=70÷300=0.23kg
4. ㎡당 미보상감수량=(0.64-0.23)×0.1=0.04kg
5. ㎡당 수확량=0.23+0.04=0.27kg
6. 피해율={1-(0.27÷0.64)}×(300÷1200)=14.45%
7. 보험금=20,000,000×(0.1445-0.1)=890,000원

**23.** 특정위험방식 인삼 품목의 보험금을 산출하시오. (㎡당 수확량 및 %는 소수점 셋째 자리에서 반올림)

○ 계약사항

| 1형 | 기준수확량 | 보험가입금액 | 실제경작면적 | 자기부담비율 |
|---|---|---|---|---|
| 4년근 | 0.71kg/㎡ | 3,000만원 | 1,500㎡ | 10% |

○ 조사내용

| 재해 | 사고 | 조사 | 내용 |
|---|---|---|---|
| 폭설 | 12/20 | 12/21 | [피해사실 확인조사] 폭설 피해 확인<br>[인삼 수확량조사]<br>» 칸넓이<br><table><tr><td>지주목 간격 2m</td><td>두둑폭 1.0m</td><td>고랑폭 0.5m</td></tr></table><br>» 표본조사 : 표본칸 3칸<br>　- 피해칸수 140칸　　　- 수확량 2kg<br>» 미보상비율 : 10% |

1. 칸넓이=(1+0.5)×2=3㎡
2. 피해면적=140×3=420㎡
3. ㎡당 조사수확량=2÷(3×3)=0.22kg
4. ㎡당 미보상감수량=(0.71-0.22)×0.1=0.05kg
5. ㎡당 수확량-0.22+0.05=0.27kg
6. 피해율={1-(0.27÷0.71)}×(420÷1500)=17.35%
7. 보험금=30,000,000×(0.1735-0.1)=2,205,000원

**24.** 특정위험방식 인삼 품목의 보험금을 산출하시오. (㎡당 수확량 및 %는 소수점 셋째 자리에서 반올림)

○ 계약사항

| 유형 | 가입 당시 연근 | 실제경작면적 | 자기부담비율 |
|---|---|---|---|
| 2형 | 4년근 | 2,000㎡ | 10% |

○ 기준수확량 (표준. kg/㎡)

| 2년근 | 3년근 | 4년근 | 5년근 |
|---|---|---|---|
| 0.50 | 0.64 | 0.71 | 0.73 |

○ 연근별 (보상)가액

| 구분 | 2년근 | 3년근 | 4년근 | 5년근 | 6년근 |
|---|---|---|---|---|---|
| 인삼 | 10,200원 | 11,600원 | 13,400원 | 15,000원 | 17,600원 |

○ 조사내용

| 재해 | 사고 | 조사 | 내용 |
|---|---|---|---|
| 냉해 | 4/20 | 4/21 | [인삼 수확량조사]<br>» 칸넓이<br><br>| 지주목 간격 2m | 두둑폭 1.3m | 고랑폭 0.7m |<br><br>» 전수조사<br>　- 수확칸수 100칸　　- 수확량 60kg<br>» 미보상비율 10% |
| 침수 | 6/15 | 6/16 | [인삼 수확량조사]<br>» 칸넓이<br><br>| 지주목 간격 2m | 두둑폭 1.3m | 고랑폭 0.7m |<br><br>» 표본조사 - 표본칸 3칸<br>　- 피해칸수 200칸　　- 수확량 2.5kg<br>» 미보상비율 10% |

1. 보험가입금액=2,000×15,000=30,000,000원
2. 2/20 사고
   ① 칸넓이=(1.3+0.7)×2=4㎡
   ② 피해면적=100×4=400㎡

③ ㎡당 조사수확량=60÷400=0.15kg

④ ㎡당 미보상감수량=(0.71-0.15)×0.1=0.06kg

⑤ ㎡당 수확량=0.15+0.06=0.21kg

⑥ 피해율=$(1 - \dfrac{0.21}{0.71}) \times \dfrac{400}{2,000} = 14.08\%$

⑦ 보험금=30,000,000×(0.1408-0.1)=1,224,000원

3. 보상한도 확인 : 30,000,000-1,224,000-3,000,000=25,776,000원

✔ **보상한도=보험가입금액-기지급보험금-자기부담금**

4. 6/15 사고

① 칸넓이=(1.3+0.7)×2=4㎡

② 피해면적=200×4=800㎡

③ ㎡당 조사수확량=2.5÷(3×4)=0.21kg

④ ㎡당 미보상감수량=(0.71-0.21)×0.1=0.05kg

⑤ ㎡당 수확량=0.21+0.05=0.26kg

⑥ 피해율=$(1 - \dfrac{0.26}{0.71}) \times \dfrac{800}{2,000} = 25.35\%$

⑦ 보험금=30,000,000×(0.2535-0.1)=4,605,000원

⑧ 지급보험금=4,605,000-1,224,000=3,381,000원

5. 지급보험금 합계=1,224,000+3,381,000=4,605,000원

✔ **인삼 상품의 2회 이상의 사고 시 피해율에 관한 여러 논란 : 인삼 품목의 특성, 조사방법(전수 · 표본) 및 사고의 형태 등 차이를 반영하지 못하고 있는 계산식은 분명하지만, [농업재해보험 · 손해평가의 이론과 실무]를 따를 수 밖에 없다.**

**25.** 다음 내용을 바탕으로 2차 사고의 보험금을 산정하시오.

○ 계약사항

| 보험가입금액 1,000만원 | 자기부담비율 10% |
|---|---|

○ 조사내용

| 1차 사고 지급보험금 50만원 | 2차 사고 피해율 30% |
|---|---|

 정답

1. 보상한도=10,000,000-500,000-1,000,000=8,500,000원

2. 2차 사고 보험금=10,000,000×(0.3-0.1)=2,000,000

3. 2차 사고 최종 지급보험금=2,000,000-500,000=1,500,000원

**26.** 다음 내용을 바탕으로 피해율을 산정하시오. (%는 소수점 셋째 자리에서 반올림)

○ 계약사항

| 재배칸수 250칸 | 기준수확량 0.7kg/㎡ |
| --- | --- |

○ 수확량조사 - 표본조사
- 피해칸수 100칸
- 두둑폭 1.5m, 고랑폭 0.5m, 지주목간격 2m
- 표본칸 3칸 수확 인삼 무게 6kg
- 미보상비율 5%

 1. 칸넓이=(1.5+0.5)×2=4㎡
2. ㎡당 조사수확량=6÷(3×4)=0.5kg
3. ㎡당 미보상감수량=(0.7-0.5)×0.05=0.01kg
4. ㎡당 수확량=0.5+0.01=0.51kg

5. 피해율=$(1-\dfrac{0.51}{0.7})\times\dfrac{400}{1,000}=10.86\%$
- 피해면적=100×4=400㎡
- 재배면적=250×4=1,000㎡

**27.** 다음 내용을 바탕으로 피해율을 산정하시오. (%는 소수점 셋째 자리에서 반올림)

○ 계약사항

| 재배면적 1,000㎡ | 기준수확량 0.7kg/㎡ |
| --- | --- |

○ 수확량조사 - 전수조사
- 피해면적 400㎡
- 피해면적 수확 인삼무게 200kg
- 미보상비율 5%

 1. ㎡당 조사수확량=200÷400=0.5kg
2. ㎡당 미보상감수량=(0.7-0.5)×0.05=0.01kg
3. ㎡당 수확량=0.5+0.01=0.51kg

4. 피해율=$(1-\dfrac{0.51}{0.7})\times\dfrac{400}{1,000}=10.86\%$

**28.** 농작물재해보험 특정위험방식 인삼 품목에 가입한 농지에 관한 조사내용이다. 다음 내용을 참조하여 물음에 답하시오.

○ 가입 당시 연근 : 3년근. 2형　　　○ 연근별 기준수확량 0.64kg/㎡　　　○ 수확량 0.32kg/㎡
○ 재배면적 2,000㎡ (가입면적과 재배면적은 동일하다.)　　　　　　　　　　　　○ 피해면적 600㎡
○ 연근별 보상가액

| 구분 | 2년근 | 3년근 | 4년근 | 5년근 | 6년근 |
|------|-------|-------|-------|-------|-------|
| 인삼 | 10,200원 | 11,600원 | 13,400원 | 15,000원 | 17,600원 |

○ 자기부담비율 10%

**(1) <심화>** 인삼 품목의 기준수확량의 산출 방법 및 적용에 관해 쓰시오.

**(2)** 위 농지의 피해율을 구하시오.

**(3)** 위 농지의 보험금을 구하시오.

---

1. 기준수확량 산출 방법 및 적용
① 정의 : 인삼 피해율 산정의 기준이 되는 단위면적당 수확량으로 연근별로 사전에 설정된 양
② 산출 방법
 • 농협중앙회 인삼특작부 통계자료와 인삼연구소 논문의 자료를 가중평균하여 산출함(7:3). 매년 연근별 수확량 자료가 집계되면 기준수확량 자료를 업데이트.
 • 다만, 기준수확량의 변동폭이 없거나 미미한 경우 기준수확량을 전년도에 고정할 수 있음.
③ 적용
 • 지급보험금 산출을 위한 피해율 계산에 적용.
 • 피해율은 "표준"을 기준으로 산출하되, 점검 결과 우수 또는 불량으로 판정되는 경우에는 해당 기준수확량 기준으로 피해율을 산출.

2. 피해율 = $(1 - \dfrac{0.32}{0.64}) \times \dfrac{600}{2,000} = 15\%$

3. 보험금
① 보험가입금액 = 2,000×13,400 = 26,800,000원
② 보험금 = 26,800,000×(0.15-0.1) = 1,340,000원

**29.** 특정위험보장 상품에 가입한 인삼 품목의 다음 계약사항과 조사내용을 참조하여 보험금을 구하시오. (단, ㎡당 수확량 및 피해율(%)은 소수점 셋째 자리 이하 반올림)

○ 계약사항
- 보험가입금액 50,000,000원
- 자기부담비율 10%
- 4년근 1형
- 재배면적 2,700㎡

○ 조사내용
- 사고 내용 : 침수
- 피해칸수 300칸,
- 미보상비율 10%
- 두둑폭 1.5m, 고랑폭 0.5m, 지주목 간격 1.5m
- 표본조사 : 표본칸 3칸, 표본칸 인삼 중량 합계 3.5kg
- 기지급 보험금 500,000원

<연근별 기준수확량 (kg/㎡) >

| 구분 | 2년근 | 3년근 | 4년근 | 5년근 |
|------|-------|-------|-------|-------|
| 불량 | 0.45 | 0.57 | 0.64 | 0.66 |
| 표준 | 0.50 | 0.64 | 0.71 | 0.73 |
| 우수 | 0.55 | 0.70 | 0.78 | 0.81 |

1. 칸 넓이=1.5×(1.5+0.5)=3㎡
2. 피해면적=300×3=900㎡
3. ㎡당 조사수확량=3.5÷(3×3)=0.39kg/㎡
4. ㎡당 미보상감수량=(0.71-0.39)×0.1=0.03kg/㎡
5. ㎡당 수확량=0.39+0.03=0.42kg/㎡

6. 피해율=$(1 - \dfrac{0.42}{0.71}) \times \dfrac{900}{2,700} = 13.62\%$

7. 보험금=50,000,000×(0.1362-0.1)=1,810,000원
8. 지급보험금=1,810,000-500,000=1,310,000원
9. 보험금 총합계=1,310,000+500,000=1,810,000원

✔ 인삼 기준수확량 : 인삼 피해율은 "표준"을 기준으로 산출하되, 점검 결과 우수 또는 불량으로 판정되는 경우에는 해당 기준수확량 기준으로 피해율을 산출

# PART 6

## 종합위험 수확감소보장 밭작물

# 농작물 재해보험의 이론과 실무

**1.** 종합위험보장 밭작물에 가입할 수 있는 품목 중 보험료 산출 시 방재시설 할인율이 적용되는 품목, 해당 시설 및 할인율을 쓰시오. (예) □품목 : ○시설 △%)

1. 양파, 마늘, 감자(봄·가을재배) : 관수시설 5%
2. 양배추 : 관수시설 5%, 전기시설물(전기 철책, 전기 울타리) 5%, 방조망 5%, 경음기 5%
3. 옥수수 : 전기시설물(전기 철책, 전기 울타리) 5%
4. 콩 : 관수시설 5%, 전기시설물(전기 철책, 전기 울타리) 5%, 배수시설(암거배수시설, 배수개선사업 5% (암거배수시설 과 배수개선사업이 중복될 경우 5% 적용)

   ✔ 2025에는 노지 수박 품목이 추가될 예정이다. 수박의 방재시설 할인율은 2025 「농업재해보험·손해평가의 이론과 실무」에서 확인한다.

**2.** 종합위험보장 수확감소보험금에 관해 서술하시오.

1. 수확감소보험금이란 : 수확량의 감소에 대한 보상으로서 피보험자에게 지급하는 보험금을 말하며 그 금액을 산출하는 방법은 다음과 같다.
2. 산출 방법
   ① 계약 당시 정한 평년수확량에서 실제수확량을 차감하여 감수량을 산출한다.
   ② 산출된 감수량에서 보상하지 않는 재해로 인해 발생한 '미보상감수량'과 '평년수확량 중 자기부담비율에 해당되는 수량'을 차감하여 최종 감수량을 산출한 뒤, 그 결과로 피보험자에게 지급하는 보험금을 산정한다.

**3.** 종합위험 수확감소보장 가입 감자 품목(봄재배·고랭지재배·가을재배)의 보험기간이다. 각 품목의 보장 종기 한 계일을 쓰시오.

> (1) 감자(봄재배) : 파종완료일 24시(경과 시 계약체결일 24시)~수확기 종료 시점 (　　　) 초과할 수 없음
> (2) 감자(고랭지재배) : 계약체결일 24시.~수확기 종료 시점 (　　　) 초과할 수 없음
> (3) 감자(가을재배) : 파종완료일 24시.(경과 시 계약체결일 24시)~ 수확기 종료 시점 (　　　) 초과할 수 없음

1. 봄재배 : 판매연도 7월 31일
2. 고랭지재배 : 판매연도 10월 31일
3. 가을재배 : 제주 이외 지역 판매연도 11월 30일, 제주지역 판매연도 12월 15일
   ✔ [농업재해보험·손해평가의 이론과 실무]및 [약관]에 따르면 고랭지재배 보장개시일이 계약체결일 24시~로 가을재배, 봄재배와 다르게 기술되어 있다.

**4.** 종합위험보장 밭작물(수확감소보장)의 자기부담비율에 대한 다음 물음에 답하시오.

(1) 가입 품목 중 자기부담비율이 다른 품목과 상이한 품목을 쓰시오.

(2) 위 (1) 해당 품목의 자기부담비율 구성을 쓰시오.

(3) 위 (1) 해당 품목의 자기부담비율에 따른 정부지원율을 쓰시오.

1. 수박,    2. 20%, 30%, 40% 형
✔ 2025에는 수박 품목 외에는 모두 10%, 15% 형이 해당으로 변경될 예정이다. 2025 농업재해보험 · 손해평가의 이론과 실무」를 확인한다.
3. 자기부담비율 가입 유형 관계없이 순보험료의 50% 정부 지원

**5.** 농작물재해보험에서의 자기부담비율에 대해 서술하시오.

1. 자기부담비율이란.
  • 보험사고로 인하여 발생한 손해에 대하여 계약자 또는 피보험자가 부담하는 일정 비율로 자기부담비율 미만의 손해는 보험금이 지급되지 않는다.
2. 농작물 재해보험에서의 자기부담비율의 역할.
  • 보험금은 피해율에서 자기부담비율을 차감하여 계산하기 때문에 선택한 자기부담비율에따라 달라진다.
3. 자기부담비율의 적용 이유
  • 자기부담비율의 목적은 소액사고를 보장대상에서 제외하여 계약자의 보험료 부담을 경감하고, 농업인이 일정 수준의 피해를 부담하게 함으로써 도덕적 해이를 견제하기 위함이다.
✔ 밭작물에서는 서술형 및 단답형 문제에 대한 대비를 철저히 해야 한다.

**6.** 종합위험보장 차 품목의 보험가입기준에 대해 설명하시오.

1. 인수 단위
  ① 계약 인수는 농지 단위로 가입하고 개별 농지당 최저 보험가입면적은 1,000㎡ 이상이어야 한다.
  ② 하나의 리, 동에 있는 '각각 1,000㎡ 미만의 두 개의 농지'는 하나의 농지로 취급하여 계약이 가능하다.
2. 보험가입대상 : 7년생 이상의 차나무에서 익년에 수확하는 햇차이다.
3. 농작물재해보험에서의 농지란. : 한 덩어리의 토지의 개념으로 필지(지번)와는 관계없이 실제 경작하는 단위이므로 한 덩어리 농지가 여러 필지로 나누어져 있더라도 하나의 농지로 취급한다. 계약자 1인이 서로 다른 2개 이상 품목을 가입하고자 할 경우에는 별개의 계약으로 각각 가입 처리한다.

**7.** 종합위험 수확감소보장 차 품목의 인수 제한 목적물에 관한 내용이다. 틀린 항목이 있다면 바르게 고쳐 쓰시오.

(1) 가입하는 해의 나무수령이 6년 미만인 경우
(2) 깊은 전지로 인해 차 나무의 높이가 지면으로부터 30cm 이하인 경우 가입 불가
(3) 말차 재배를 목적으로 하는 농지
(4) 보험계약 시 피해가 확인된 농지는 피해 입은 부분을 제외하고 가입

(1) 가입하는 해의 나무수령이 7년 미만인 경우
(2) 깊은 전지로 인해 차 나무의 높이가 지면으로부터 30cm 이하인 경우 가입면적에서 제외
(3) 틀린 부분 없음
(4) 보험계약 시 피해가 확인된 농지는 인수 제한

**8.** 종합위험보장 밭작물의 가입수확량에 관해 설명하시오.

1. 가입수확량이란 : 보험에 가입한 수확량으로 평년수확량의 일정 범위 내에서 계약자가 결정하는 수확량이다.
2. 결정방법
   ① 평년수확량의 50~100% 사이 범위에서 보험계약자가 결정한다.
   ② 옥수수 : 표준수확량의 80~130% 사이 범위에서 보험계약자가 결정한다.
   ③ 감자(고랭지재배, 가을재배)의 경우 가입수확량을 리(동)별로 선정할 수 있다.
   ✔ **옥수수의 가입수확량은 2025 「농업재해보험 · 손해평가의 이론과 실무」에서 다시 확인한다.**

**9.** 농작물재해보험 종합위험 수확감소보장에 가입 가능한 품목 중 포도 와 마늘 품목의 평년수확량 산출을 위한 과거수확량 산출 방법을 비교 설명하시오. (단, 사고가 없어 수확량조사를 하지 않은 경우로 한정)

1. 포도의 과거수확량 산출 방법 : 사고가 없어 수확량조사를 하지 않은 경우의 과거수확량=조사한 착과수×평균과중
2. 마늘의 과거수확량 산출 방법 : 사고가 없어 수확량 조사를 하지 않은 경우의 과거수확량=max(표준수확량, 평년수확량)×110%
   ✔ **마늘 : 계약자의 책임 있는 사유로 수확량조사를 하지 않은 경우 과거수확량=max(표준수확량, 평년수확량)×110%**

**10.** 종합위험보장 콩 품목 보험의 목적 및 인수 제한 목적물에 관한 내용이다. 틀린 부분을 바르게 고쳐 쓰시오.

(1) 보험료 납입일이 속하는 이듬해 해에 수확하는 해당 콩을 보험의 목적으로 한다.
(2) 장류 및 두부용, 나물용, 밥밑용에 한한다.
(3) 보험가입금액 200만원 미만인 농지는 인수 제한이다.
(4) 출현 개체수가 15개체/m² 미만인 농지는 인수 제한이다. 제주지역 재배방식이 산파인 경우 10개체/m²인 농지는 인수 제한이다.

**11.** 종합위험보장 콩 품목에서 지급할 수 있는 보험금의 종류와 각 보험금의 보험기간 종기일을 바르게 연결하시오. (예 X+Y)

| | | |
|---|---|---|
| A 수확불능보험금 | B 경작불능보험금 | C 수확감소보험금 |
| D 수확 개시 시점 | E 종실 비대기 전 | F 출수기 전 |
| G 수확기 종료 시점 (11/30 초과 불가) | H 수확기 종료 시점 (이듬해 11/30 초과 불가) | |

 B+E, C+G

**12.** 종합위험 수확감소보장 · 생산비보장 밭작물 품목이다. 계약 인수 시 최저 보험가입금액을 쓰시오.

| ① 옥수수 | ② 양배추 | ③ 메밀 | ④ 감자(고랭지재배) | ⑤ 팥 |
|---|---|---|---|---|

 ① 옥수수 100만원, ② 양배추 200만원, ③ 메밀 50만원, ④ 감자(고랭지재배) 200만원, ⑤ 팥 100만원

**13.** 다음 A 씨의 콩 재배 농지는 농작물재해보험 종합위험 수확감소방식으로 인수 가능한지 판단하고 그 이유를 모두 쓰시오.

A 씨는 2,000㎡에 판매를 목적으로 콩을 경작하고 있다. 품종은 크게 장류 및 두부용, 나물용, 밥밑용 콩 중에서도 상품성이 좋은 대표 품종들만 경작하고 있다. 20,000개를 파종했고 가뭄피해가 있었으나 다행히도 19,000개가 출현했다. 피해가 생각보다 크지는 않으나 이를 만회하기 위해 논두렁에 파종한 콩까지 함께 보험에 가입하려 한다. 예상 평년수확량은 1,000kg이며 가입가격은 1,200원/kg으로 보험료 절약을 위해 평년수확량의 50%를 가입하려 한다. 보험가입 당시 출현 후 고사된 싹이 1,500개로 조사되었다.

 1. 인수 가능 여부 : 인수 제한
2. 이유
 ① 판매 목적 : 인수 가능
 ② 장류 및 두부용, 나물용, 밥밑용 : 인수 가능
 ③ 출현율 : 19,000÷20,000=95% : 인수 가능하지만, 보험가입 당시 출현 후 고사된 싹을 반영한 최종 출현율
  (19,000-1,500)÷20,000=87.5%로 인수 제한
 ④ 논두렁에 파종한 콩 : 인수 제한
 ⑤ 보험가입금액=(1,000×1,200)×0.5=600,000원: 인수 제한
 ⑥ 적정 출현 개수 : (19,000-1,500)÷2,000㎡=8.75개/㎡. 10개체/㎡ 미만으로 인수 제한
 ✔ 밭작물 공통 : 보험가입 당시 출현 후 고사된 싹은 출현이 안 된 것으로 판단

**14.** 다음 각 농지의 농작물재해보험 종합위험 수확감소보장에의 ① 인수 가능 여부와 ② 그 이유를 쓰시오.

| 양파 | 재배면적 3,300㎡에서 스프링골드 89,100주 재배 |
|---|---|
| 감자(고랭지재배) | 1,500㎡에서 5,400주 재배, 재식주수 중 4,752주 출현 |
| 옥수수 | 전라남도 소재 1주 재배 농지.<br>3월 5일 파종하여 2,700㎡에서 14,580주 재배 |

**정답**

1. 양파
   ① 인수 제한
   ② 이유
   • 재식밀도 : 89,100÷3,300=27주/㎡=27,000주/10a
   • 23,000주/10a 미만, 40,000주/10a 초과 시 인수 제한이므로 이 농지는 인수 가능
   • 품종 : 스프링골드. 부적절한 품종
   ✔ 양파 부적절 품종(가을뿌림재배가 아닌 품종) : 고랭지 봄파종 재배 적응 품종 → 계투린, 고떼이황, 고랭지 여름, 덴신, 마운틴1호, 스프링골드, 사포로기, 울프, 장생대고, 장일황, 하루히구마 등

2. 감자(고랭지재배)
   ① 인수 제한
   ② 이유
   • 재식밀도 : 5,400÷1,500=3.6/㎡=3,600주/10a. 3,500주/10a 미만 시 인수 제한이므로 재식밀도 기준으로 인수 가능
   • 출현율 : 4,752÷5,400=88%. 출현율 90% 미만 시 인수 제한이므로 출현율 기준으로 인수 제한
   ✔ 감자(고랭지재배) : 3,500주/10a 미만, 출현율 90% 미만 시 인수 제한

3. 옥수수
   ① 인수 제한
   ② 이유
   • 재식밀도 : 14,580÷2,700=5.4주/㎡=5,400주/10a. 1주 재배 시 3,500주/10a 미만 5,000주/10a 초과 (전남북, 광주, 제주 3,000주 미만, 5,000주 초과)이므로 재식밀도 기준으로 인수 제한
   • 파종일자 : 3월 1일 이전 파종 시 인수 제한이므로 파종일자 기준으로 인수 가능
   ✔ 옥수수 재식밀도 : '미만, 초과' → 옥수수 1주 재배를 예로 하는 경우 3,500주(포함)~5,000주(포함)가 인수 가능

**15.** 다음 조건에서 2024년도 농작물재해보험에 가입하기 위한 양파 품목의 평년수확량을 산출하시오. (소수점 첫째 자리 이하 버림)

○ 2024년도 표준수확량 11,000kg
○ 최근 5년간 표준수확량 · 평년수확량 · 조사수확량                                        (단위. kg)

| | 2019 | 2020 | 2021 | 2022 | 2023 |
|---|---|---|---|---|---|
| 표준수확량 | 9,000 | 10,000 | 10,000 | 10,000 | 11,000 |
| 평년수확량 | 10,000 | - | 10,000 | 12,000 | 11,000 |
| 조사수확량 | 7,000 | - | 12,000 | 5,000 | 무사고 |

1. 2024년도(가입연도) 표준수확량=11,000kg
2. 평년수확량={A+(B-A)×(1-Y/5)}×(C/B)
  ① A=(7,000+12,000+6,000+12,100)÷4=9,275kg
  ② B=(9,000+10,000+10,000+11,000)÷4=10,000kg
  ③ C=11,000kg
  ④ Y=4
  ⑤ {9,275+(10,000-9,275)×(1-4/5)}×(11,000/10,000)=10,362kg
  ✔ 평년수확량이 가입년도의 표준수확량을 초과하는 경우 한도 확인해야 한다. → max(산출된 평년수확량, 표준수확량 130%)

---

**16.** 농작물재해보험에 가입한 마늘 품목에 지급될 수 있는 보험금의 종류를 보통약관과 특별약관으로 구분해 쓰시오.

 1. 보통약관
  ① 수확감소보장 가입 : 경작불능보험금, 재파종보험금, 수확감소보험금
  ② 농업수입보장 가입 : 경작불능보험금, 재파종보험금, 농업수입보장보험금
2. 특별약관 : 수확감소보장 가입 시 조기파종보장 특별약관 가입 가능. 조기파종보장 재파종보험금, 조기파종보장 경작
   불능보험금(, 수확감소보험금)
  ✔ 조기파종보장 특별약관의 수확감소보험금은 보통약관과 동일하다.

---

**17.** 다음 조건에서 종합위험보장 마늘 품목을 보통약관과 조기파종보장 특별약관으로 구분해 ① 재파종 보험금을 산출하고, ② 지급 사유를 서술하며, ③ 지급 조건과 ④ 지급 후 계약 소멸 여부를 쓰시오. (단, 조기파종보장 특별약관 가입 가능한 지역 및 품목, 보장 기간 내 보상하는 재해로 가정한다)

○ 조건
• 보험가입금액 2,000만원
• 전조사 : 파종 주수 65,000주/2,000㎡, 식물체 주수 48,000주/2,000㎡
• 후조사 : 재파종 주수 62,000/2,000㎡ (이전 파종 주수와의 합계)

 1. 재파종 보험금
  (1) 재파종 보험금 지급 대상 여부: 보통약관, 조기파종보장 특별약관 모두 지급 대상
    ① 전조사 : 파종 주수 32,500주/10a, 식물체 주수 24,000주/10a
    ② 후조사 : 31,000주/10a 재파종 완료 (아래 해설 참조)
  (2) 보험금
    ① 보통약관 보험금=20,000,000×0.35×{(30,000-24,000)÷30,000)}=1,400,000원
    ② 조기파종보장 특별약관 보험금=20,000,000×0.25×{(30,000-24,000)÷30,000)}=1,000,000원
  ✔ **2025에는 마늘 재파종 보험금이 다음과 같이 변경될 예정이므로, 2025「농업재해보험·손해평가의 이론과 실무」에서 다시 확인한다.**
    • 지급 사유 : 보험기간 내 보상하는 재해로 10a당 '식물체의 주수'가 30,000주보다 적어지고, 10a당 30,000주 이상으로 재파종한 경우
    • 표준피해율(10a)=(30,000-'식물체 주수')÷30,000
    • 출현주수 → 식물체 주수, 표준출현피해율 → 표준피해율

## 2. 지급 사유

① 보통약관 지급 사유 : 보험기간 내 보상하는 재해로 10a당 식물체의 주수가 30,000주보다 적어지고, 10a당 30,000 주 이상으로 재파종한 경우

② 조기파종보장 특별약관 지급 사유 : 한지형 마늘 최초 판매개시일 24시 이전에 보상하는 재해로 10a당 식물체 주수 가 30,000주보다 적어지고, 10월 31일 이전 10a당 30,000주 이상으로 재파종한 경우

✔ **보통약관, 특별약관 모두 재파종보장 보장종기가 10/31이므로, 10/31 이전 재파종해야 한다.**

3. 지급조건 : 재파종 여부 확인 후 1회에 한해 지급

4. 계약 소멸 여부: : 소멸하지 않음

---

**18.** 다음은 농작물재해보험 종합위험보장에 가입한 밭작물 품목이다. 품목별로 인수 제한 날짜를 쓰시오.

(1) 양파 : 9월 30일 (        )에 정식한 농지

(2) 감자(고랭지재배) : (        ) 이전에 파종한 농지

(3) 마늘 한지형 : (        ) 이전에 파종한 농지

(4) 옥수수 : (        ) 이전 파종한 농지

(5) 양배추 재정식 : (        ) 이후 정식한 농지

(6) 양배추 : 9월 30일 (        ) 정식한 농지

1. 양파 : 이전,    2. 감자(고랭지재배) : 4월 10일 이전,    3. 마늘 한지형 : 10월 10일 이전

4. 옥수수 : 3월 1일 이전    5. 양배추 재정식 : 10월 15일,    6. 양배추 : 이후

---

**19.** 종합위험보장 감자(봄재배) 품목의 다음 조건을 보고 물음에 답하시오.

○ 계약사항

| 보험가입금액 | 실제경작면적 | 평년수확량 | 자기부담비율 | 방재시설 |
|---|---|---|---|---|
| 3,000만원 | 2,000㎡ | 10,000kg | 15% | 관수시설 설치 |

○ 집중호우 피해로 인한 수확량조사

| 수확량 | 병충해 감수량 | 미보상 감수량 | 피해면적 |
|---|---|---|---|
| 5,000kg | 2,000kg | 1,000kg | 900㎡ |

**(1) 경작불능보험금을 산출하시오**

**(2) 계약자부담 보험료를 산출하시오**

- 지역별 영업요율 10% (순보험료율 : 영업요율의 80%)
- 지자체 지원율 30%
- 손해율에 따른 할인율 10%

**(3) 수확감소보험금을 산출하시오**

**정답**
1. 경작불능보험금 : 지급 대상 아님
   - 식물체 피해율=900÷2,000=45%
2. 계약자부담 보험료=30,000,000×0.1×0.8×(1-0.1)×(1-0.05)×(1-0.5-0.3)=410,400원
3. 수확감소보험금
   ① 피해율={(10,000-5,000-1,000)+2,000}÷10,000=60%
   ② 지급보험금=30,000,000×(0.6-0.15)=13,500,000원
   ✔ **감자 병충해 감수량 : 보상하는 재해이므로 수확감소량(피해율의 분자)에 더해준다.**

**20.** 종합위험보장 감자(봄재배 · 고랭지재배 · 가을재배)의 인수 제한 목적물이다. 다음 중 세 품목에 공통적으로 적용되지 않는 사항을 쓰시오.

| | |
|---|---|
| ① 출현율 90% 미만 | ② 재식밀도 4,000주/10a 미만 |
| ③ 전작 유채 재배한 농지 | ④ 2년 이상 자가채종 농지 |

**정답**
② 재식밀도 4,000주/10a 미만, ③ 전작 유채 재배한 농지, ④ 2년 이상 자가채종 농지
✔ **고랭지감자 인수 제한**
- 3,500주/10a 미만 인수 제한(봄, 가을재배 4,000주/10a)
- 전작 유채재배 및 2년 이상 자가채종 인수 제한 없음(봄, 가을재배 해당)

**21.** 농작물재해보험에 감자(가을재배)를 가입하려 할 때 부적합한 품종 3개 이상을 쓰시오.

**정답**
조풍, 남작, 수미, 신남작, 세풍 등 가을 재배에 부적합한 품종

**22.** <심화> 농작물재해보험 수확감소보장 가입 시 자연재해로 인해 농작물의 품질이 떨어져서 시장에서 제값을 받기 어려울 경우 보상 가능 여부와 그 이유를 설명하시오.

**정답**
수확감소보장 방식은 수확량의 감소에 대한 보상을 하는 상품으로서 평년수확량과 실제 수확량의 차이가 보상대상이다. 농작물의 품질에 대한 보장은 별도로 하지 않으며 이는 품질 평가에 대한 객관적인 기준이 없어서 손해를 평가하기 쉽지 않다. 품질이 우수하다고 보험금을 감소하거나 품질이 저하되었다고 보험금을 더 지급하지 않는다.

**23.** <심화> 종합위험보장 옥수수 품목의 수확감소보험금을 산출하시오.

○ 계약사항

| 품목 | 가입가격 | 가입주수 | 자기부담비율 |
|---|---|---|---|
| 미흑찰 | 2,000원/kg | 3,000주 | 10% |

○ 조건

| 2024년 지역별·품종별 준수확량 | 재식시기지수 | 재식밀도지수 | 피해주수 |
|---|---|---|---|
| 900kg | 1.10 | 0.80 | 1,500주 |

• 보험가입비율 : 가입수확량의 최대치
• 표준수확량＝지역별·품종별 표준수확량×재식시기지수

1. 2024년도 표준수확량＝900×1.1＝990kg
2. 가입수확량＝990×1.3＝1,287kg
✔ **옥수수 : 가입수확량＝표준수확량 80%~130%**
3. 보험가입금액＝1,287×2,000＝2,570,000원
4. 손해액＝(1,500×0.19×1.1×0.8)×2,000＝501,600원
✔ **적용항목**
   • 옥수수 ③ : ×표준 중량, ×재식시기지수, ×재식밀도지수
   • 차 ④ : ×기수확 새싹수, ×기수확지수, +금차 수확 새싹 무게, ×수확면적율
   • 옥수수 표준 중량(g) : 대학찰(연농2호) 160, 미백2호 180, 미흑찰 190
   • 1과목 피해수확량 : 옥수수의 피해수확량은 피해주수에 표준중량을 곱하여 산출하되 재식시기 및 재식밀도를 감안한 값(상, 중, 하로 구분하지 않고 '피해주수'로 제시된 경우에도 대비한다)
5. 자기부담금＝2,570,000×0.1＝257,000원
6. 지급보험금＝min(2,570,000, 501,600)-257,000＝244,600원
✔ **2025 옥수수**
   • 2025부터 농업수입(안정)보장에 대상 품목으로 추가된다. 농업수입(안정)보장 옥수수 기준수입은 '평년수확량×기준가격)'이다. 즉, 옥수수에도 평년수확량이 산정된다.
   • 따라서 수확감소보장에서의 변경 여부도 확인해야 한다.
   • 옥수수의 가입수확량과 보험금의 산정 방법은 2025 「농업재해보험·손해평가의 이론과 실무」에서 다시 확인한다.

**24.** 다음 용어의 정의를 쓰시오.

| (1) 정식 | (2) 출현 | (3) 종실비대기 |
|---|---|---|

1. 정식 : 온상, 모판, 모밭 등에서 기른 식물체를 농지에 옮겨 심는 일
2. 출현 : 농지에 파종한 씨(종자)로부터 자란 싹이 농지표면 위로 나오는 현상
3. 종실비대기 : 두류(콩, 팥)의 꼬투리 형성기

**25.** 종합위험보장 마늘 재파종 보장 및 양배추 재정식 보장에서 보상하는 재해를 모두 쓰시오.

자연재해, 조수해, 화재
**✔ 보상하는 재해**
- 재파종 · 재정식보장, 경작불능보장: 자연재해, 조수해, 화재
- 수확감소보장 : 자연재해, 조수해, 화재
- 농업수입보장(보상하는 재해 및 가격하락): 자연재해, 조수해, 화재, 가격하락

**26.** 종합위험보장 옥수수 품목에서 지급될 수 있는 보험금의 종류 및 각 보험금의 보험기간을 쓰시오.

1. 옥수수
  ① 경작불능보험금. 보험기간 : 계약체결일 24시~수확 개시 시점
  ② 수확감소보험금. 보험기간 : 계약체결일 24시~수확기 종료 시점(9월 30일 초과 불가)
2. 사료용 옥수수 : 경작불능보험금. 보험기간 : 계약체결일 24시~8월 31일 초과 불가
**✔ 특별한 조건이 없다면 사료용 옥수수까지 포함하는 것이 득점에 유리하다.**

**27.** 다음은 종합위험보장 밭작물 감자 품목의 인수 제한 파종 한계일이다. ( )을 채우시오.

(1) 감자(봄재배) : ( ① ) 파종 시 인수 제한
(2) 감자(고랭지재배) : ( ② ) 파종 시 인수 제한
<심화> (3) 감자(가을재배): 제주 이외 ( ③ ), 제주 ( ④ ) 파종 시 인수 제한

① 3/1 이전, ② 4/10 이전, ③ 7/31 이전, ④ 8/10 이전
**✔ [농업재해보험 · 손해평가의 이론과 실무]에는 감자(가을재배)의 파종 한계일이 누락되어 있다.**
- 제주 이외 지역 : 7/31 이전, 8/31 이후 파종 시 인수 제한
- 제주 : 8/10 이전, 9/14 이후 파종 시 인수 제한
- 농업수입보장에 가입하는 감자(가을재배) : 제주도는 농업수입보장 가입 가능지역이 아니므로 파종한계일에서 제외한다.

**28.** 종합위험 수확감소보장 밭작물 품목 중 품종에 따른 인수 제한이 있는 품목을 모두 쓰시오.

1. 차 : 재래종 외 외국 품종
2. 콩 : 장류 및 두부용, 나물용, 밥밑용 이외의 품종
3. 양파 : (가을뿌림재배에) 부적절한 품종 (고랭지 봄파종 재배 적응 품종, 고랭지 여름 파종 품종 등)
4. 감자(가을재배) : 조풍, 남작, 수미, 신남작, 세풍 등 가을재배에 부적합 품종
5. 고구마 : 수 품종
6. 옥수수 : 미백2호, 미흑찰, 일미찰, 연자흑찰, 얼룩찰, 연농2호, 찰옥4호, 대학찰, 박사찰에 한함
7. 마늘
   ① 난지형의 경우 남도 및 대서 품종, 한지형의 경우는 의성 품종, 홍산 품종이 아닌 마늘
   ② 코끼리 마늘, 주아재배 마늘(주아재배 2년차 이상 가입 가능)
8. 양배추 : 소구형 양배추(방울양배추 등), 적채 양배추
✔ 2024 [농업재해보험 · 손해평가의 이론과 실무]에는 위 1. 차와 6. 옥수수의 경우가 이전과 다르게 누락되어 있다.
• 2025~ 추가 예정인 수박 품목의 인수 제한 목적물을 확인한다.

**29.** 다음은 종합위험 수확감소보장 · 생산비보장 밭작물 품목이다. 품목별 인수 가능한 파종(정식) 기간을 쓰시오.

| ① 옥수수 | ② 고추 |
|---|---|

(1) 옥수수 : 3/1 이후 파종
(2) 고추 : 4/1 ~ 5/31 기간 내 정식
**✔ 인수 제한**
• 옥수수 : 3/1 이전 파종한 농지
• 고추 : 4/1 이전, 5/31 이후에 고추 식재한 농지
• '이전, 이후'는 해당일을 포함하는 의미이지만, 위의 내용은 그 의미가 불명확하다.

**30.** 종합위험보장 양배추 품목에서 숙기에 따른 수확기 종료 시점 (보장종기)를 쓰시오.

1. 극조생, 조생종 : 이듬해 2월 28일을 초과 할 수 없음
2. 중생종 : 이듬해 3월 15일을 초과할 수 없음
3. 만생종 : 이듬해 3월 31일을 초과할 수 없음

**31.** 종합위험 수확감소보장 · 농업수입(안정)보장 · 생산비보장 밭작물 중에서 멀칭이 되어있지 않으면 인수 제한인 품목을 모두 쓰시오.

양파, 마늘, 고구마, 고추
**✔ 마늘 : 액상 멀칭 또는 무멀칭 농지 인수 제한**

**32.** 농작물재해보험의 종합위험보장 논작물, 밭작물 품목 중 가입 시 최저 보험가입금액이 아닌 최소 면적을 기준으로 하는 품목을 모두 쓰고 해당 면적을 쓰시오.

> 정답 ① 차, 조사료용 벼, 사료용 옥수수, ② 1,000㎡

**33.** 농작물재해보험에서 병해충의 보장이 가능한 품목을 보통약관과 특별약관으로 나누어 모두 쓰시오.

> 정답 1. 벼(조곡) : 특별약관,   2. 복숭아 : 보통약관,   3. 감자 : 보통약관,   4. 고추 : 보통약관

**34.** 다음 밭작물의 품목별 보장내용에 관한 표의 빈칸에 담보가능은 ○, 부담보는 ×로 표시할 때 다음 물음에 답하시오. (단, '차' 품목 예시를 포함하여 개수를 산정함)

| 밭작물 | 재파종 보장 | 경작불능보장 | 수확감소보장 | 수입(안정)보장 | 생산비보장 | 해가림시설보장 |
|---|---|---|---|---|---|---|
| 차 | × | × | ○ | × | × | × |
| 인삼 |  |  |  |  |  |  |
| 고구마, 감자(가을재배) |  |  |  |  |  |  |
| 콩, 양파 |  |  |  |  |  |  |
| 마늘 |  |  |  |  |  |  |
| 고추 |  |  |  |  |  |  |
| 메밀 |  |  |  |  |  |  |

(1) '재파종보장' 열에서 ○의 개수

(2) '경작불능보장' 열에서 ○의 개수

(3) '수입(안정)보장' 열에서 ○의 개수

(4) '인삼' 행에서 ○의 개수

(5) '고구마, 감자' 행에서 ○의 개수

> 정답 1. 재파종보장 열: 2개,   2. 경작불능보장 열: 4개,   3. 수입보장 열: 3개,   4. 인삼 행: 2개,   5. 고구마, 감자 행: 3개
> ✔ 2025~ 생산비보장(노지) 밭작물 전 품목에 재파종, 재정식 보장이 추가로 변경될 예정이다. 2025 [농업재해보험 · 손해평가의 이론과 실무]에서 확인한다.

**35.** 다음 내용을 참조하여 해당 농지의 인수 가능 여부를 판단하시오.

○ 품목 : 감자(가을재배)

○ 재배면적 5,000㎡ 식재주수 22,000주

○ 가입 당시 출현주수 21,000주 (보험가입 당시 출현 후 고사된 싹 2,000주 포함)

1. 재식밀도=(22,000÷5,000)×1,000=4,400주/10a. 인수 가능
2. 출현율=19,000÷22,000=86%. 인수 불가
✔ 보험가입 당시 출현 후 고사된 싹은 출현이 안 된 것으로 판단

**36.** 다음 내용을 바탕으로 종합위험 수확감소보장 감자 품목의 보험료를 산출하시오.

○ 계약사항
- 품목 감자(가을재배)
- 가입가격 2,000원/kg
- 자기부담비율 20%
- 순보험료율 8%
- 최근 5개년 보험금 합계 500만원, 순보험료 합계 100만원
- 관수시설 설치 확인
- 평년수확량 2,000kg
- 가입비율 50%
- 지역별 보통약관 영업요율 10%
- 지자체 지원율 20%

1. 보험가입금액=2,000×0.5×2,000=2,000,000원
2. 손해율 및 가입연수에 따른 할인·할증율
  ① 손해율=5,000,000÷1,000,000=500%
  ② 할증율 50%
3. 방재시설 할인율: 관수시설 설치 5%
4. 보험료=2,000,000×0.1×(1+0.5)×(1-0.05)=285,000원
✔ 손해율에 따른 할인·할증율 : -30~+50%. 손해율 500% 이상 최대 할증률 50% 적용

**37.** 다음 내용을 참조하여 위 36번 문제 해당 농지의 환급보험료를 산출하시오.

○ 계약 무효로 인한 보험료 환급
- 무효 사유-인수심사 착오. 무효로 인한 계약 소멸 8월

○ 감자(가을재배) 미경과비율

| 월 | 7월 | 8월 | 9월 | 10월 | 11월 | 12월 |
|---|---|---|---|---|---|---|
| 미경과비율 (%) | 100 | 45 | 15 | 10 | 10 | 0 |

1. 계약자부담보험료=285,000ׯ0.8×(1-0.5-0.2)=68,400원

2. 환급보험료=68,400원

✔ **영업요율 10%, 순보험료율 8% : 영업보험료(285,000)의 80%가 순보험료**
- 계약자 또는 피보험자의 책임없는 사유에 의한 무효: 납입한 계약자부담보험료의 전액을 환급

**38.** 종합위험보장 밭작물 상품에 가입한 감자 품목의 2024년도 평년수확량 산출을 위한 자료이다. 물음에 답하시오. (모든 산출값은 소수점 첫째 자리 이하 버림)

(단위. kg)

| 연도 | 2019 | 2020 | 2021 | 2022 | 2023 |
|---|---|---|---|---|---|
| 평년수확량 | ① | 4,000 | 4,500 | 4,000 | 4,500 |
| 표준수확량 | 5,000 | ③ | 4,400 | 4,400 | 4,400 |
| 조사수확량 | 3,000 | 무사고 | 2,100 | 무사고 | 3,000 |
| 과거수확량 | ② | 5,500 | ④ | 4,840 | 3,000 |

- 2019년 최초 가입
- 2024 표준수확량 4,800kg

(1) ① ~ ④를 알맞게 채우시오.

(2) 2024년도 가입가격은 3,000원/kg이다. 보험가입금액을 구하시오.

 1. 빈 칸 채우기

① 5,000

✔ **신규 가입 농지 : 표준수확량 100%=평년수확량**

② 3,000

③ 5,000

✔ **조사수확량 없음=무사고. 과거수확량=max(표준수확량, 평년수확량)×110%**

④ 2,250

✔ **유사고. 과거수확량=max(조사수확량, 평년수확량×50%)**

2. 보험가입금액

(1) 평년수확량

① A=(3,000+5,500+2,250+4,840+3,000)÷5=3,718kg

② B=(5,000+5,000+4,4004,400+4,400)÷5=4,640kg

③ C=4,800kg

④ Y=5

⑤ 평년수확량={3,718+(4,640-3,718)×(1-5/5)}×(4,800÷4,640)=3,846kg

✔ **가입횟수 Y=5인 경우의 평년수확량=A×(C/B) 이다.**

(2) 보험가입금액=3,846×3,000=11,530,000원

**39.** 농작물재해보험 종합위험보장 밭작물 품목의 보험기간이다. (       )에 들어갈 내용을 쓰시오.

| 보장 | 품목 | | 보험기간 | |
|---|---|---|---|---|
| | | | 보장개시 | 보장종료 |
| 조기파종보장 | 마늘 | | 계약체결일 24시 | ( ① ) |
| 경작불능보장 | 콩 | | 계약체결일 24시 | ( ② ) |
| 생산비보장 | ( ③ ) | | 파종완료일 24시<br>다만, 보험계약 시 파종완료일이 경과한 경우에는 계약체결일 24시. 단, 파종완료일은 7월 31일을 초과할 수 없음 | 파종일부터<br>80일째 되는 날 24시 |
| 수확감소보장 | 감자(봄재배) | | 파종완료일 24시.<br>다만, 보험계약 시 파종완료일이 경과한 경우에는 계약체결일 24시 | 수확기 종료 시점<br>다만, ( ④ )을 초과할 수 없음 |
| 농업수입보장 | 고구마 | 가격하락 | 계약체결일 24시 | ( ⑤ ) |

① 한지형마늘 보험상품 최초 판매개시일 24시, ② 종실비대기 전, ③ 고랭지 무, ④ 7월 31일, ⑤ 수확기가격 공시 시점

**40.** 다음은 농작물재해보험 종합위험 수확감소보장방식에 가입하려는 농가들이다. ① 각 농가의 인수 가능 여부 및 ② 인수 가능 또는 제한 이유를 쓰고, 수확량조사 내용을 바탕으로 ③ 인수 가능한 농가의 보험금을 산출하시오. (피해율은 %로 소수점 셋째 자리에서 반올림, 필요한 경우 1평=3.3㎡로 함, 기타 항목은 소수점 이하 버림)

○ A 농가
- 품목 감자(고랭지재배)
- 가입비율 100%
- 평년수확량 1,500kg
- 자기부담비율 20%
- 가입가격 2,500원/kg
- 파종 4월 20일
- 가입 당시 농지 조사 : 출현주수 31주/10㎡, 파종주수 34주/10㎡
- 소재지 : 도서지역. (품목농협 소재, 손해평가인 구성 가능)

○ B 농가
- 품목 양배추
- 실제경작면적 2,000㎡
- 가입금액 2,000원/kg
- 정식일자 9/1. 총 재식주수 5,500구
- 지목 : 밭(田)
- 가입수확량 2,000kg(가입비율 100%)
- 자기부담비율 : 최저 비율
- 가입 당시 면적조사 : 고사면적, 타작물 및 미보상면적, 기수확면적 없음
- 관수시설 : 설치☑ 미설치☐

○ C 농가
- 품목 마늘(홍산)
- 가입가격 5,000원/kg
- 주아재배 1년차
- 가입수확량 1,000kg(가입비율 100%)
- 자기부담비율 : 10%
- 가입 당시 농지조사 : 재식밀도 31,000주/10a

○ 수확량조사(보상하는 재해로 인한 피해사실 확인)
- 조사수확량 800kg, 미보상감수량 60kg
- 병충해 감수량 없음(고랭지 감자에 한함)

**정답**

1. 인수 가능 여부
   ① A 농가 : 인수 제한, ② B 농가 : 인수 가능, ③ C 농가 : 인수 제한
2. 이유
   (1) A 농가
      ① 제한 이유 : 재식밀도 3,400주/10a로 3,500주/10a 미만인 경우 인수 제한
      ② 가능 이유: 최저 보험가입금액 200만원 이상(1,500×2,500=3,750,000원), 4/10 이후 파종, 출현율 90% 이상 (31÷34=91%), 도서지역이지만 품목농협 소재하고 손해평가인 구성 가능 등 충족(고랭지·가을감자, 콩만 해당)
   (2) B 농가
      ① 가능 이유 : 최저 보험가입금액 200만원 이상(2,000×2,000=4,000,000원), 관수시설 설치, 9/30 이전 정식, 지목이 목(목초지·목야지) 아님, 재식밀도 평당 8구 이상(1평=3.3㎡, 5,500÷(2,000÷3.3)=9.075구/평) 등 모두 충족
   (3) C 농가
      ① 제한 이유 : 주아재배 2년차 이상 인수 가능
      ② 가능 이유: 최저 보험가입금액 200만원 이상(1,000×5,000=5,000,000원), 인수 가능 품종인 홍산 품종, 재식밀도 30,000주/10a 이상 등 충족
3. 보험금 : B 농가 수확감소보험금
   ① 보험가입금액=2,000×2,000=4,000,000원
   ② 피해율=(2,000-800-60)÷2,000=57%
   ③ 보험금=4,000,000×(0.57-0.1)=1,880,000원

✔ **양배추 최저 자기부담비율: 수확감소보장 10%, 농업수입보장 20%**
• 2025~ 수확감소보장 양배추의 자기부담비율은 10%, 15%를 포함하는 것으로 변경될 예정이다. 2025 「농업재해보험·손해평가의 이론과 실무」를 확인한다.

---

**41.** 2024년도 종합위험 수확감소보장에 가입하기 위한 ① <u>마늘 품목의 평년수확량</u>을 구하고, ② <u>과거수확량 산출 방법</u>에 대해 설명하시오. (평년수확량 산출에 필요한 모든 항목은 소수점 첫째 자리에서 반올림)

(단위. kg)

| 구분 | 2019 | 2020 | 2021 | 2022 | 2023 | 2024 |
|---|---|---|---|---|---|---|
| 평년수확량 | 1,000 | 1,000 | 미가입 | 미가입 | 900 | |
| 표준수확량 | 1,000 | 1,100 | 미가입 | 미가입 | 1,000 | 900 |
| 조사수확량 | – | 400 | 미가입 | 미가입 | 600 | |

 **정답**

1. 평년수확량
   ① A=(1,100+500+600)÷3=733kg
   ② B=(1,000+1,100+1,000)÷3=1,033kg
   ③ C=900kg
   ④ Y=3
   ⑤ 평년수확량= $[733 + (1,033 - 733) \times (1 - \frac{3}{5})] \times \frac{900}{1,033} = 743kg$

2. 과거수확량
   (1) 유사고 시
      ① 조사수확량 > 평년수확량 50%인 해에는 조사수확량을 과거수확량으로 한다.
      ② 평년수확량 50% ≥ 조사수확량인 해에는 평년수확량 50%를 과거수확량으로 한다.
   (2) 무사고 시 : 표준수확량의 1.1배와 평년수확량의 1.1배 중 큰 값을 적용한다.
   (3) 계약자의 책임 있는 사유로 수확량조사를 하지 않은 경우: 표준수확량의 1.1배와 평년수확량의 1.1배 중 큰 값을 적용한다.

**42.** 2024년도 종합위험 수확감소보장에 가입하기 위한 차 품목의 ① 평년수확량, ② 보험가입금액, ③ 보험료를 구하시오. (평년수확량 산출에 필요한 모든 항목 및 평년수확량은 소수점 첫째 자리에서 반올림)

○ 계약사항(2024년도. 가입비율 100%)

| 가입가격 | 지역별 영업요율 | 자기부담비율 | 손해율에 따른 할인·할증률 | 기타 |
|---|---|---|---|---|
| 4,000원/kg | 7% | 20% | - | 관수시설 설치 |

(단위. kg)

| 구분 | 2019 | 2020 | 2021 | 2022 | 2023 | 2024 |
|---|---|---|---|---|---|---|
| 기준평년수확량 | 2,000 | 1,900 | 1,940 | 미가입 | 1,734 | |
| 표준수확량 | 2,000 | 2,000 | 2,000 | 미가입 | 2,000 | 2,000 |
| 환산조사수확량 | 1,500 | - | 800 | 미가입 | - | |

• 수확면적률 80%로 매해 동일

1. 평년수확량
   ① A=(1,500+2,200+970+2,200)÷4=1,718kg
   ② B=(2,000+2,000+2,000+2,000)÷4=2,000kg
   ③ C=2,000kg
   ④ Y=4
   ⑤ 기준평년수확량={1,718+(2,000-1,718)×(1-4/5)}×(2,000÷2,000)=1,774kg
   ⑥ 평년수확량=1,774×0.8=1,419kg
2. 보험가입금액=1,419×4,000=5,670,000원
3. 보험료=5,670,000×0.07×(1±0)=396,900원

✔ 차 : 2024~ 기준평년수확량, 환산조사수확량 개념이 신설되었다.
   1. 평년수확량=기준평년수확량×수확면적률
   2. 환산조사수확량=조사수확량÷수확면적률
   3. 평년수확량의 과거수확량(a)
   • 유사고=max(기준평년수확량×50%, 환산조사수확량)
   • 무사고=max(기준평년수확량, 표준수확량)×110%

✔ 2024 「농업재해보험·손해평가의 이론과 실무」에는 무사고 시 과거수확량의 산출방법을 'max(기준평년수확량, 가입년도 표준수확량)×110%'으로 기재하고 있다.
   • '가입년도'는 통상 과거 가입했던 연도가 아닌 현재 보험에 가입하는 연도를 의미하므로, 가입년도 표준수확량에서 가입년도는 삭제되어야 할 것이다. 2025 「농업재해보험·손해평가의 이론과 실무」에서 확인한다.

**43.** 2024년도 종합위험 수확감소보장에 가입하기 위한 차 품목의 ① 평년수확량과 다음 내용을 참조하여 ② 피해율을 구하시오. (평년수확량, 평년수확량 산출에 필요한 모든 항목 및 미보상감수량은 소수점 첫째 자리에서 반올림, 피해율(%)은 소수점 셋째 자리에서 반올림)

(단위. kg)

| 구분 | 2019 | 2020 | 2021 | 2022 | 2023 | 2024 |
|---|---|---|---|---|---|---|
| 평년수확량 | 미가입 | 1,800 | 미가입 | 1,520 | 1,552 | |
| 표준수확량 | 미가입 | 2,000 | 미가입 | 2,000 | 2,000 | 2,000 |
| 조사수확량 | 미가입 | 1,200 | 미가입 | – | 720 | |

• 수확면적률 80%로 매해 동일

○ 조사내용
• 가입가격 5,000원/kg, 자기부담비율 15%, 조사수확량 900kg, 미보상비율 10%

정답

1. 평년수확량
   (1) A=(1,500+2,200+970)÷3=1,557kg
      ① 2020년 : 기준평년수확량=1,800÷0.8=2,250kg, 환산조사수확량=1,200÷0.8=1,500kg → max(2,250×0.5, 1,500)=1,500
      ② 2022년 : 기준평년수확량=1,520÷0.8=1,900kg → max(1,900, 2,000)×110%=2,200
      ③ 2023년: 기준평년수확량=1,552÷0.8=1,940kg, 환산조사수확량=720÷0.8=900kg → max(1,940×0.5, 900)=970
   (2) B=(2,000+2,000+2,000)÷3=2,000kg
   (3) C=2,000kg
   (4) Y=3
   (5) 기준평년수확량={1,557+(2,000-1,557)×(1-3/5)}×(2,000÷2,000)=1,734kg
   (6) 평년수확량=1,734×0.8=1,387kg
2. 피해율
   ① 미보상감수량=(1,387-900)×0.1=49kg
   ② 피해율=$\dfrac{1,387-900-49}{1,387}=31.58\%$

✔ 차 평년수확량 산출
1. 제시되는 자료가 수확면적률 반영 전인 '기준평년수확량과 환산조사수확량'인지 또는 수확면적률 반영 후인 '평년수확량과 조사수확량'인지를 잘 구분해야 한다. 평년수확량 산출에 필요한 자료는 표준수확량, 기준평년수확량, 환산조사수확량이다.
2. 다음에 익숙해진다.
   • 평년수확량=기준평년수확량×수확면적률 ⇔ 기준평년수확량=평년수확량÷수확면적률
   • 조사수확량=환산조사수확량×수확면적률 ⇔ 환산조사수확량=조사수확량÷수확면적률
3. 본 문제와 같은 경우 아래와 같은 표를 작성하고 풀이하는 것이 좋다.

| 구분 | 2019 | 2020 | 2021 | 2022 | 2023 | 2024 |
|---|---|---|---|---|---|---|
| 기준평년수확량 | 미가입 | 2,250 | 미가입 | 1,900 | 1,940 | |
| 표준수확량 | 미가입 | 2,000 | 미가입 | 2,000 | 2,000 | 2,000 |
| 환산조사수확량 | 미가입 | 1,500 | 미가입 | – | 900 | |

4. 보험가입금액과 피해율에는 평년수확량, 조사수확량이 적용된다. (기준평년수확량, 환산조사수확량은 평년수확량 산출에만 적용)

**44.** 종합위험 수확감소보장 밭작물에 해당하는 내용이다. (      )을 채우시오.

(1) 적용 품목은 양파, 마늘, 고구마, (   ①   ), 감자(봄재배 · 가을재배 · 고랭지재배), 차, 콩, 양배추, 팥 품목으로 한다.

(2) 보상하는 재해로 인한 피해 여부를 확인하며, 필요시에는 이에 대한 근거로 다음 자료를 확보할 수 있다.
- 기상청 자료, 농업기술센터 의견서 및 손해평가인 소견서 등 (   ②   ) 및 피해 농지 사진

(3) (   ③   ) 및 피해 정도 등을 감안하여 추가조사(재정식조사, 재파종조사, 경작불능조사 및 (   ④   ))가 필요한지 여부를 판단한다.

**정답** ① 옥수수, ② 재해 입증 자료, ③ 보상하는 재해 여부, ④ 수확량조사

**45.** 종합위험 수확감소보장 밭작물 마늘 품목의 재파종 보험금에 관한 내용이다. (  )을 채우시오.

(1) 표본구간 선정 : 선정한 표본구간 수를 바탕으로 (   ①   ) 등을 감안하여 조사대상면적에 동일한 간격으로 골고루 배치될 수 있도록 표본구간을 선정한다.

(2) 선정한 지점이 표본으로 부적합한 경우(해당 지점 마늘의 (   ②   )이 현저히 높거나 낮아서 표본으로 대표성을 가지기 어려운 경우 등)에는 가까운 위치의 다른 지점을 표본구간으로 선정한다.

(3) 재파종 여부 조사(재파종 후조사) :
- 조사 대상 농지 및 조사 시기 확인
- 표본구간 선정
- 표본구간별로 이랑 길이, 이랑 폭 및 (   ③   ) 조사

**정답** ① 재배 방법 및 품종, ② 출현율, ③ 파종주수

**46.** 종합위험보장 밭작물의 수확량 산출식에 관한 내용이다. 보기를 보고 물음에 답하시오.

○ 보기
- 양배추, 차, 옥수수, 감자(가을재배), 마늘, 콩, 팥

(1) 표본구간 면적조사에서 규격의 테를 사용할 수 있는 품목은?

(2) 표본구간의 수확량조사에서 잔여일수별 비대지수를 적용할 수 있는 품목은?

(3) 표본구간별 수확량조사에서 80% 형, 100% 형으로 피해 작물을 구분하는 품목은?

 **정답** (1) 차, 콩(산파 재배), 팥(산파 재배), (2) 마늘, (3) 양배추, 마늘

**47.** 종합위험 수확감소보장 마늘 품목의 재파종 보험금을 산정하시오. (%는 소수점 셋째 자리에서 반올림, 보험금은 원 단위 미만 버림)

○ 계약사항 : 평년수확량 50% 가입

| 실제경작면적 | 평년수확량 | 가입가격 | 자기부담비율 |
|---|---|---|---|
| 3,000㎡ | 3,000kg | 3,000원 | 15% |

○ 조사내용

| 실제경작면적 | 수확불능면적 | 타작물 면적 | 기수확면적 |
|---|---|---|---|
| 3,000㎡ | 300㎡ | 250㎡ | 150㎡ |
| 표본구간 | 표본구간당 면적 | 표본구간 조사 | |
| 5구간 | 이랑 길이 2m<br>이랑 폭 1m | 전조사<br>파종 주수 300주<br>식물체 주수 260주 | 후조사<br>재파종 주수 310주<br>(1차 식물체 주수 포함) |

**정답**

1. 보험가입금액=(3,000×0.5)×3,000=4,500,000원
2. 전조사
   ① 파종주수=300÷(1×2×5)=30주/㎡. 30,000주/10a
   ② 식물체 주수=260÷(1×2×5)=26주/㎡. 26,000주/10a
3. 후조사 재파종 주수=310÷(1×2×5)=31주/㎡. 31,000주/10a → 지급대상 확인
4. 표준피해율={(30,000-26,000)÷30,000}=13.33%
5. 보험금=4,500,000×0.35×0.1333=209,947원

✔ **표준피해율 : 표준 주수(30,000주)를 기준으로 감소한 주수에 관한 피해율이므로 [표준피해율=감소한 주수÷30,000]이다.**

**48.** 종합위험 수확감소보장 양배추 품목의 재정식 보험금을 산출하시오. (%는 소수점 셋째 자리 이하 버림)

○ 계약사항 : 평년수확량 100% 가입

| 실제경작면적 | 평년수확량 | 가입가격 | 자기부담비율 |
|---|---|---|---|
| 3,000㎡ | 5,000kg | 2,000원 | 20% |

○ 조사내용

| 실제경작면적 | 피해면적 | 재정식 완료 면적 |
|---|---|---|
| 3,000㎡ | 1,000㎡ | 800㎡ |

 **정답**

1. 보험가입금액=5,000×2,000=10,000,000원
2. 면적피해율
   ① 전조사 : 1,000÷3,000=33.33%
   ② 후조사 : 800÷3000=26.66%
3. 재정식 보험금=10,000,000×0.2×0.2666=533,200원
   ✔ **보험금 지급 대상 여부**
   • 양배추 재정식 보험금 : 면적피해율이 자기부담비율 초과 시
   • 양배추 최저 자기부담비율 : 수확감소보장 10%(2025~ 변경 예정), 농업수입보장 20%
   • 벼(조곡) 재이앙(재직파) 보험금 : 면적피해율이 10% 초과 시

**49.** 종합위험 수확감소보장 고구마 품목의 수확감소보험금을 산출하시오. (%및 ㎡당 중량은 소수점 셋째 자리 이하 버림. 수확량, 미보상감수량 등은 소수점 첫째 자리 이하 버림)

○ 계약사항 : 평년수확량 100% 가입

| 보험가입금액 | 실제경작면적 | 평년수확량 | 자기부담비율 |
|---|---|---|---|
| 20,000,000원 | 3,000㎡ | 5,000kg | 15% |

○ 조사내용

| 실제경작면적 | 수확불능면적 | 타작물면적 | 미보상면적 |
|---|---|---|---|
| 2,700㎡ | 200㎡ | 100㎡ | 200㎡ |
| 표본구간 | 표본구간 수확량조사 | | 미보상비율 |
| 5구간, 표본구간당 1.5㎡ | 정상 3kg,<br>50% 형 4kg, 80% 형 2kg, 100% 형 1kg | | 10% |

 **정답**

1. 계약사항 변경
   ① 평년수확량=5,000×(2,700÷3,000)=4,500kg
   ② 보험가입금액=20,000,000×(4,500÷5,000)=180,000,000원
   ✔ **가입면적과 실제경작면적이 10% 이상 차이나는 경우**
   • 계약사항 (평년(가입)수확량, 보험가입금액)을 변경한다.
   • ㎡당 평년수확량은 변경되는 것이 아니며, 면적에 따른 량이 변경되는 것이다.

2. ① ㎡당 평년수확량=1.66kg, ② 조사대상면적=2,700-200-100-200=2,200㎡

3. 표본구간 수확량=(3+4×0.5+2×0.2+1×0)÷(1.5×5)=0.72kg/㎡

4. 수확량=(0.72×2,200)+(1.66×300)=2,082kg

5. 미보상 감수량=(4,500-2,082)×0.1=241kg

6. 피해율=(4,500-2,082-241)÷4,500=48.37%

7. 보험금=18,000,000×(0.4837-0.15)=6,006,600원

---

**50.** 종합위험 수확감소보장 마늘(난지형) 품목의 수확감소보험금을 산출하시오. (%와 ㎡당 중량 및 비대지수는 소수점 셋째 자리 이하 버림. 수확량, 미보상감수량 등은 소수점 첫째 자리 이하 버림)

○ 계약사항

| 보험가입금액 | 실제경작면적 | 평년수확량 | 자기부담비율 |
|---|---|---|---|
| 15,000,000원 | 2,000㎡ | 2,800kg | 10% |

○ 조사내용

| 실제경작면적 | 타작물·미보상면적 | 기수확면적 | 미보상비율 |
|---|---|---|---|
| 2,000㎡ | 300㎡ | 100㎡ | 10% |
| 표본구간 면적 | 표본구간 수확량조사 | | 잔여일수 및 비대지수 |
| 합계 6㎡ | 정상 작물 6kg,<br>피해 작물 80% 형 3kg, 100% 형 1kg | | 15일<br>0.4(%)/1일 |

정답

1. 계약사항 변경 없음

2. ① ㎡당 평년수확량=1.4kg, ② 조사대상면적=2,000-300-100=1,600㎡

3. 비대지수=1+(0.004×15)=1.06

4. 표본구간 수확량={(6+3×0.2+1×0)×0.72×1.06}÷6=0.83kg

5. 수확량=(0.83×1,600)+(1.4×400)=1,888kg

6. 미보상감수량=(2,800-1,888)×0.1=91kg

7. 피해율=(2,800-1,888-91)÷2,800=29.32%

8. 보험금=15,000,000×(0.2932-0.1)=2,898,000원

✔ **마늘 비대추정지수 계산 방법**

• 일반적으로 '0.4(%)/1일'과 같이 제시된다.

• 0.4% → 0.004 → 잔여일수를 곱하기 → 0.004×15=0.06 → +1 → 1.06

• 마늘 비대지수는 일반적으로 0.8(%)/1일이지만, [농업재해보험·손해평가의 이론과 실무]에 실리지 않았으므로 문제에 제시된 조건대로 한다.

**51.** 종합위험 수확감소보장 차 품목의 수확감소보험금을 산출하시오. (%와 ㎡당 중량은 소수점 셋째 자리 이하 버림. 수확량, 미보상감수량 등은 소수점 이하 버림)

○ 계약사항

| 보험가입금액 | 실제경작면적 | 평년수확량 | 자기부담비율 |
|---|---|---|---|
| 30,000,000원 | 8,000㎡ | 1,440kg | 20% |

○ 조사내용

| 면적조사 | • 실제경작면적 8,000㎡ <br> • 타작물 · 미보상면적 200㎡ | • 수확불능면적 400㎡ <br> • 기수확면적 1,000㎡ | |
|---|---|---|---|
| 표본조사 | 표본구간 6구간 | | |
| | 수확한 새싹무게 <br> 60g | 수확한 새싹수 <br> 400개 | 기수확 새싹수 <br> 70개 |

• 미보상비율 10%　　　　　• 수확면적율 75%

○ 기수확지수 표 중 일부

| 기수확비율 | 기수확지수 | 기수확비율 | 기수확지수 |
|---|---|---|---|
| 10% 미만 | 1.000 | 20% 이상 30% 미만 | 0.983 |
| 10% 이상 20% 미만 | 0.992 | 30% 이상 40% 미만 | 0.975 |

**정답**

1. 계약사항 변경 없음
2. ① ㎡당 평년수확량=0.18kg, ② 조사대상면적=8,000-400-200-1,000=6,400㎡
3. 표본구간 수확량=[{(0.06÷400)×70×0.992+0.06}÷(0.08×6)]×0.75=0.11kg/㎡
4. 수확량=(0.11×6,400)+(0.18×1,200)=920kg
5. 미보상 감수량=(1,440-920)×0.1=52kg
6. 피해율=(1,440-920-52)÷1,440=32.5%
7. 보험금=30,000,000×(0.325-0.2)=3,750,000원

✔ **차 품목**
- 수확량 계산 시에는 숫자 4를 기억! ×기수확 새싹수, ×기수확지수, +금차 수확 새싹 무게, ×수확면적율
- 표본구간 1구간=0.04㎡×2

**52.** 종합위험 수확감소보장 콩 품목의 보험금을 산출하시오. (%와 ㎡당 중량은 소수점 셋째 자리 이하 버림. 수확량, 미보상감수량 등은 소수점 첫째 자리 이하 버림)

○ 계약사항

| 보험가입금액 | 실제경작면적 | 평년수확량 | 자기부담비율 |
|---|---|---|---|
| 10,000,000원 | 4,000㎡ | 1,200kg | 10% |

○ 조사내용

| 실제경작면적 | 수확불능면적 | 미보상면적 | 미보상비율 |
|---|---|---|---|
| 4,000㎡ | 400㎡ | 200㎡ | 10% |
| 표본구간 | 표본구간 조사 | | 재배방식 |
| 5구간 | 종실 중량 1.2kg, 함수율 18% | | 산파(테 사용) |

1. 계약사항 변경 없음
2. ① ㎡당 평년수확량=0.3kg, ② 조사대상면적=4,000-400-200=3,400㎡
3. 표본구간 유효중량={1.2×(0.82÷0.86)}÷(1㎡×5)=0.22kg/㎡
4. 수확량=(0.22×3,400)+(0.3×200)=808kg
5. 미보상 감수량=(1,200-808)×0.1=39kg
6. 피해율=(1,200-808-39)÷1,200=29.41%
7. 보험금=10,000,000×(0.2941-0.1)=1,941,000원

✔ **논·밭작물**

○ 기준함수율
- 메벼 15%, 분질미·콩·팥 14%, 찰벼·밀·보리 13%
- 귀리의 기준함수율은 2024 [농업재해보험·손해평가의 이론과 실무]에 누락 되었으므로, 2025「농업재해보험·손해평가의 이론과 실무」를 다시 확인한다.

○ 표본 구간 면적에 규격의 테 사용하는 품목
- 콩·팥(산파재배. 1㎡), 차(20cm×20cm=0.04㎡. 2개), 메밀(1㎡)
- 밀·보리·귀리(산파재배 또는 이랑 구분이 불명확. 50cm×50cm)

---

**53.** 종합위험 수확감소보장 옥수수 품목의 보험금을 산출하시오. (%와 ㎡당 중량은 소수점 셋째 자리 이하 버림. 수확량, 미보상감수량 등은 소수점 이하 버림)

○ 계약사항

| 품종 | 실제경작면적 | 표준가격 | 가입 비율 | 자기부담비율 |
|---|---|---|---|---|
| 미흑찰 | 5,000㎡ | 3,000원 | 100% | 10% |

○ 조사내용

| 실제경작면적 | 타작물·미보상면적 | 기수확면적 | 수확불능면적 |
|---|---|---|---|
| 5,000㎡ | 300㎡ | 200㎡ | 300㎡ |
| 표준수확량 | 재식시기지수 | 재식밀도지수 | 미보상비율 |
| 1,800kg | 0.9 | 0.8 | 10% |
| 표본구간 | 표본구간 | 표본구간 작물조사 | |
| 6구간 | 이랑길이 1.5m 이랑폭 0.5m | 상 10개　　　중 10개 | 하 5개 |

---

1. 보험가입금액=1,800×3,000=5,400,000원
2. ㎡당 표준수확량=1,800÷5,000=0.36kg
3. 조사대상면적=5,000-300-200-300=4,200㎡
4. 표본구간 ㎡당 피해수확량={(10×0.5+5×1.0)×0.19×0.9×0.8}÷(1.5×0.5×6)=0.30kg
5. 피해수확량=(0.30×4,200)+(0.36×300)=1,368kg
6. 미보상감수량=1,368×0.1=136kg
7. 손해액=(1,368-136)×3,000=3,696,000원
8. 자기부담금=5,400,000×0.1=540,000원
9. 보험금=min(5,400,000, 3,696,000)-540,000=3,156,000원

✔ **옥수수**

- '유효 수확량'이 아닌 '유효 피해수확량'의 개념으로 이해한다. → 기타미가 아닌 수확불능(고사)면적 적용
- 미보상감수량은 (평년수확량-수확량)×미보상비율이 아닌, 피해수확량×미보상비율임에 주의한다. → 피해수확량 중 미보상비율 만큼=미보상감수량
- 숫자 3을 기억한다. ×품종별 표준중량, ×재식시기지수, ×재식밀도지수
- **✔ 2025 옥수수**
- 2025부터 농업수입(안정)보장에 대상 품목으로 추가된다. 농업수입(안정)보장 옥수수 기준수입은 '평년수확량×기준가격)'이다. 즉, 옥수수에도 평년수확량이 산정된다. 따라서 수확감소보장에서의 변경 여부도 확인해야 한다.
- 옥수수의 가입수확량과 보험금의 산정 방법은 2025 「농업재해보험·손해평가의 이론과 실무」에서 다시 확인한다.

**54.** 종합위험 수확감소보장 감자(가을재배) 품목의 보험금을 산출하시오. (%는 소수점 셋째 자리 이하, 수확량, 미보상감수량 등은 소수점 첫째 자리 이하 버림)

○ 계약사항

| 보험가입금액 | 실제경작면적 | 평년수확량 | 가입 비율 | 자기부담비율 |
|---|---|---|---|---|
| 24,000,000원 | 6,000㎡ | 2kg/㎡ | 100% | 10% |

○ 조사내용

| 실제경작면적 | 타작물·미보상면적 | 수확불능면적 | 미보상비율 |
|---|---|---|---|
| 5,200㎡ | 400㎡ | 200㎡ | 10% |
| 표본구간 면적 | 표본구간 수확량 12kg | | 손해 정도 (2kg) |
| 합계 8㎡ | 정상 작물 6kg, 50% 피해형 4kg, 병충해 (방아벌레) 2kg | | 1~20% 1kg, 61~80% 1kg |

1. 계약사항 변경
   ① 평년수확량=5,200×2=10,400kg
   ② 보험가입금액=24,000,000×(10,400÷12,000)=20,800,000원
2. ① ㎡당 평년수확량=2kg, ② 조사대상면적=4,600㎡
3. 표본구간 수확량=(6+4×0.5+2)÷8=1.25kg/㎡
4. 수확량=(1.25×4,600)+(2×400)=6,550kg
5. 미보상 감수량=(10,400-6,550)×0.1=385kg
6. 병충해 감수량
   ① 손해정도비율={(1×0.2)+(1×0.8)}÷2=50%
   ② 표본구간 병충해 감수량=(2×0.5×0.7)÷8=0.0875kg
   ③ 병충해 감수량=0.0875×4,600=402kg
7. 피해율=(10,400-6,550-385+402)÷10,400=37.18%
8. 보험금=20,800,000×(0.3718-0.1)=5,653,440원

**✔ 감자 병충해 감수량**

○ 병충해 작물 중량은 표본구간 수확량 계산 시에 정상 작물로 취급한 후, 병충해 감수량을 별도로 산출하여 피해율 계산 시에 수확감소량 부분(분자 부분)에 더해준다.

○ 병충해 감수량
- 수확감소보장 : 보상하는 재해로 인한 손해이므로 수확감소량으로 인정되는 감수량 → 분자에 추가(+)
- 농업수입(안정)보장 감자(가을재배) : 보상하는 재해로 인한 손해 → 실제수입에서 차감(-)

**55.** 종합위험 수확감소보장 양배추 품목에 관한 내용이다. 물음에 답하시오. (%와 ㎡당 중량은 소수점 셋째 자리 이하 버림. 수확량, 미보상감수량 등은 소수점 첫째 자리 이하 버림)

○ 계약사항

| 보험가입금액 | 실제경작면적 | 평년수확량 | 가입 비율 | 자기부담비율 |
|---|---|---|---|---|
| 6,000,000원 | 3,000㎡ | 6,000kg | 100% | 20% |

○ 조사내용

| 실제경작면적 | 기수확면적 | 수확불능면적 | 타작물·미보상면적 |
|---|---|---|---|
| 3,000㎡ | 300㎡ | 200㎡ | 200㎡ |
| 표본구간 면적 | 표본구간 수확량 8kg | | 미보상비율 |
| 합계 6㎡ | 정상 작물 4kg,<br>80% 피해형 3kg, 100% 피해형 1kg | | 제초상태 매우 불량<br>최소비율 적용 |

**(1) 재정식 보험금을 산출하시오.**

- 피해면적 700㎡, 재정식 완료면적 500㎡

**(2) 수확감소보험금을 산출하시오. (재정식 미이행면적은 고려하지 않는다.)**

1. 재정식 보험금
   ① 전조사 면적피해율=700÷3,000=23.33% → 지급 대상
   ② 후조사 면적피해율=500÷3,000=16.66% → 자기부담비율 미만
   ③ 재정식 보험금 지급 없음
   ✔ **수확감소보장·농업수입(안정)보장 밭작물 재정식, 생산비보장 밭작물 재정식·재파종, 논작물 재이앙(재직파) 보험금: 전조사 기준으로 지급 대상이지만, 후조사 기준으로 지급 대상이 아닌 경우**
   - 이러한 경우 보험금의 지급 여부에 관해서는 규정된 바가 없다.
   - 지급 견해 : 위와 같은 보험금이 만들어진 이유 및 실무를 예를 들어 지급해야 한다.
   - 미지급 견해 : 규정된 바 없고 "미이행 면적은 '피해면적'에서 제외" 조건에서의 '피해면적'과 보험금 산정 시 면적피해율의 '피해면적'이 일치해야 하므로 미지급한다.
   - 또한 미이행 면적을 이후 수확량조사 시 면적조사 등에서 어떻게 처리해야 하는지도 규정된 바 없다.
   - 본 교재는 확대해석하지 않고 미지급으로 풀이한다.
2. ① ㎡당 평년수확량=2kg, ② 조사대상면적=3,000-300-200-200=2,300㎡
3. 표본구간 수확량=(4+3×0.2+1×0)÷6=0.76kg/㎡
4. 수확량=(0.76×2,300)+(2×500)=2,748kg
5. 미보상 감수량=(6,000-2,748)×0.2=650kg
6. 피해율=(6,000-2,748-650)÷6,000=43.36%
7. 보험금=6,000,000×(0.4336-0.2)=1,401,600원
   ✔ **미보상비율 적용표의 미흡, 불량, 매우 불량 및 적용 기준에 대해 숙지한다.**

**56.** 종합위험 수확감소보장 감자(봄재배)의 수확감소보험금을 산출하시오. (㎡당 중량과 ㎡당 병충해 감수량은 소수점 넷째 자리 이하 버림. 수확량, 미보상 감수량, 병충해 감수량 등은 소수점 첫째 자리 이하 버림)

○ 계약사항

| 보험가입금액 | 실제경작면적 | 평년수확량 | 가입 비율 | 자기부담비율 |
|---|---|---|---|---|
| 10,000,000원 | 3,000㎡ | 4,500kg | 100% | 10% |

○ 조사내용

| 실제경작면적 | 수확불능면적 | 기수확면적 | 타작물·미보상면적 |
|---|---|---|---|
| 3,000㎡ | 200㎡ | 300㎡ | 200㎡ |
| **표본구간 면적** | **표본구간 수확량 7kg** | | **병충해** |
| 합계 7㎡ | 정상 작물 4kg, 지름 5cm 미만 2kg, 병충해 (탄저병) 1kg | | 손해정도비율 35% |

• 미보상비율 15% (병충해 상태 불량)

1. ① ㎡당 평년수확량=1.5kg, ② 조사대상면적=3,000-200-200-300=2,300㎡
2. 표본구간 수확량=(4+2×0.5+1)÷7=0.857kg/㎡
3. 수확량=(0.857×2,300)+(1.5×500)=2,721kg
4. 미보상 감수량=0kg
5. 병충해 감수량
   ① 표본구간 병충해 감수량=(1×0.35×0.5)÷7=0.025kg
   ② 병충해 감수량=0.025×2,300=57kg
6. 피해율={(4,500-2,721-0)+57}÷4,500=40.8%
7. 보험금=10,000,000×(0.408-0.1)=3,080,000원
✔ 감자, 고추 품목의 미보상감수량: 미보상비율 조사 시 병충해 상태는 보통약관에서 보상하는 재해이므로 해당하지 않는다. 실무에서는 본 문제처럼 조사했다면 조사가 잘못된 것으로 볼 수 있다.
✔ 손해 정도와 손해정도비율을 구분한다.

**57.** 종합위험 수확감소보장 양파 품목의 수확감소보험금을 산출하시오. (%와 ㎡당 중량 및 비대지수는 소수점 셋째 자리 이하 버림. 수확량, 미보상감수량 등은 소수점 첫째 자리 이하 버림)

○ 계약사항

| 보험가입금액 | 실제경작면적 | 평년수확량 | 가입 비율 | 자기부담비율 |
|---|---|---|---|---|
| 20,000,000원 | 4,000㎡ | 5,000kg | 100% | 10% |

○ 조사내용

| 실제경작면적 | 수확불능면적 | 기수확면적 | 타작물·미보상면적 |
|---|---|---|---|
| 4,000㎡ | 300㎡ | 400㎡ | 300㎡ |
| **표본구간 면적** | **표본구간 수확량 9kg** | | **비대지수** |
| 합계 8㎡ | 정상 5kg, 80% 피해형 2kg, 100% 피해형 2kg, | | 잔여일수 14일, 비대지수 2.2(%)/일 |

• 미보상비율 20%

1. ① ㎡당 평년수확량=5,000÷4,000=1.25kg, ② 조사대상면적=4,000-300-300-400=3,000㎡
2. 비대지수=1+(0.022×14)=1.30
3. 표본구간 수확량={(5+2×0.2+2×0)×1.30}÷8=0.87kg/㎡
4. 수확량=(0.87×3,000)+(1.25×700)=3,485kg
5. 미보상감수량=(5,000-3,485)×0.2=303kg
6. 피해율=(5,000-3,485-303)÷5,000=24.24%
7. 보험금=20,000,000×(0.2424-0.1)=2,848,000원

✔ 비대지수를 추정하여 적용하는 품목 : 양파, 마늘 & 매실
- 적용하는 이유 : '지역별 수확 일자보다 일찍 조사하는 경우' 비대지수를 추정하여 적용할 수 있다.

Chapter 2.

**58.** 종합위험 수확감소보장 콩 품목의 보험금을 산출하시오. (%와 ㎡당 중량은 소수점 셋째 자리 이하 버림. 수확량, 미보상감수량 등은 소수점 첫째 자리 이하 버림)

○ 계약사항

| 가입가격 | 실제경작면적 | 평년수확량 | 가입 비율 | 자기부담비율 |
|---|---|---|---|---|
| 3,000원/kg | 2,000㎡ | 1.5kg/㎡ | 100% | 10% |

○ 조사내용

| 실제경작면적 | 수확불능면적 | 기수확면적 | 타작물·미보상면적 |
|---|---|---|---|
| 2,000㎡ | 200㎡ | 400㎡ | 200㎡ |
| 조사 방법 | 작물 중량 | 함수율 | 미보상비율 |
| 전수조사 | 합계 1,800kg | 17% | 20% |

1. 보험가입금액=(1.5×2,000)×3,000=9,000,000원
2. 수확량={1,800×(0.83÷0.86)}+(1.5×600)=2,637kg
3. 미보상감수량=(3,000-2,637)×0.2=72kg
4. 피해율=(3,000-2,637-72)÷3,000=9.7%
5. 자기부담비율 미만의 피해. 지급보험금 없음

**59.** 종합위험보장 밭작물 품목의 「수확량조사」에 관한 내용이다. (나)목에 맞는 순서를 쓰시오.

수확량조사는 다음 각 목에 따라 실시한다.

가. 보상하는 재해 여부 심사          나.(        )
다. 면적 확인                    라. 조사방법 결정

수확량조사 적기 판단 및 시기 결정

**60.** 종합위험보장 밭작물 상품에 가입한 콩 품목의 수확량조사 중 전수조사에 관한 내용이다.

> - 콩( ① )의 중량 조사 : 전체 무게 측정이 어려운 경우에는 ( ② ) 이상의 포대를 임의로 선정하여 포대당 평균 무게를 구함
> - 콩( ① )의 ( ③ ) 조사 : ( ④ ) 이상 측정 후 평균값을 산출. 단, 측정할 때에는 각 횟수마다 각기 ( ⑤ )에서 추출한 콩을 사용한다.

① 종실, ② 10포대, ③ 함수율, ④ 10회, ⑤ 다른 포대

**61.** 종합위험보장 밭작물 중 조기파종 특별약관에 가입이 가능한 품종을 쓰시오.

제주도 지역 농지에서 재배하는 남도종 마늘

**62.** 다음 조건에서 마늘 품목의 재파종 보험금을 산정하시오. (%는 소수점 셋째 자리에서 반올림)

○ 계약사항

| 사업지역 | 보험가입금액 | 가입 면적 | 자기부담비율 | 가입 특별약관 |
|---|---|---|---|---|
| 제주 (남도종) | 10,000,000원 | 3,000㎡ | 20% | 조기파종보장 |

○ 조사내용
- 가입 일자 : 2024.09.10.
- 한지형마늘 최초 판매 개시일 : 2024.10.10.
- 파종 일자 : 2024.09.15.

[재파종 조사 : 전조사 09.25, 후조사 10.03]
- 전조사 : 보상하는 재해 확인, 표본면적 합계 5㎡, 표본구간 식물체 주수 80주
- 후조사 : 표본면적 합계 5㎡, 표본구간 파종 주수 160주

1. 지급 대상 확인
  ① 제주지역 남도종
  ② 계약 일자 24시~한지형마늘 최초 판매 개시일 사이에 발생한 보상하는 재해
  ③ 표준피해율
   - 식물체 주수 80÷5=16주/㎡, 16,000주/10a
   - 표준피해율=(30,000-16,000)÷30,000=46.67%
  ④ 재파종주수 160÷5=32주/㎡, 32,000주/10a
2. 재파종 보험금=10,000,000×0.25×0.4667=1,166,750원

✔ **2025에는 마늘 재파종 보험금이 다음과 같이 변경될 예정이므로, 2025 「농업재해보험 · 손해평가의 이론과 실무」에서 다시 확인한다.**
  - 지급 사유 : 보험기간 내 보상하는 재해로 10a당 '식물체의 주수'가 30,000주보다 적어지고, 10a당 30,000주 이상으로 재파종한 경우

- 표준피해율(10a)=(30,000-'식물체 주수')÷30,000
- 출현주수 → 식물체 주수, 표준출현피해율 → 표준피해율

**63.** 다음 내용을 바탕으로 재파종 보험금을 구하시오. (출현주수 및 파종주수는 10a 기준으로 소수점 첫째 자리에서, %는 소수점 셋째 자리에서 반올림)

○ 계약사항

| 평년수확량 | 실제경작면적 | 가입가격 | 가입비율 | 자기부담비율 |
|---|---|---|---|---|
| 10,000kg | 1,000㎡ | 3,000원/kg | 70% | 20% |

○ 조사내용 - 재파종조사(보통약관)

| 전조사 | » 표본구간수 4<br>» 표본면적 : 식물체 8주 길이 120cm, 이랑 폭 40cm<br>» 식물체 주수 : 표본구간 전체 50주 |
|---|---|
| 후조사 | » 표본구간수 4<br>» 표본면적 : 전조사와 동일<br>» 파종주수 : 표본구간 전체 60주 (이전 파종주수 포함) |

**정답**
1. 보험가입금액=10,000×0.7×3,000=21,000,000원
2. 지급 대상 여부
   ① 표본면적 합계=1.2×0.4×4=1.92㎡
   ② 식물체 주수=(50÷1.92)×1,000=26,042주/10a
   ③ 표준피해율=(30,000-26,042)÷30,000=13.19%
3. 재파종 이행 완료 여부 : 파종 주수=(60÷1.92)×1,000=31,250주/10a
4. 재파종 보험금=21,000,000×0.35×0.1319=969,465원

**64.** 다음은 종합위험 수확감소보장 상품에 가입한 마늘 품목에 관한 계약사항 및 조사내용이다. 물음에 답하시오. (단, 피해율 및 ㎡당 수확량은 소수점 셋째 자리 이하 절사하며, 수확량 및 미보상감수량 등은 소수점 첫째 자리 이하 절사)

○ 계약사항

| 품목 | 보험가입금액 | 보험가입면적 | 평년수확량 | 자기부담비율 | 가입 특별약관 |
|---|---|---|---|---|---|
| 남도종(제주) | 10,000,000원 | 2,000㎡ | 3,000kg | 20% | 조기파종보장 |

○ 조사내용 - 재파종조사 2022.10.30 (후조사 완료)
- 사고 내용 : 호우 동반한 태풍 2022.10.20
- 재파종 후조사 : 재파종주수 32,000주/10a (1차 파종주수 포함)
- 재파종 전조사 : 출현주수 21,000주/10a
- 한지형마늘상품 최초 판매개시일 2022.10.15

○ 조사내용 - 수확량조사 2022.04.30
- 사고 내용 : 가뭄 피해
- 면적 조사

| 실제경작면적 | 미보상면적 | 타작물면적 | 수확불능면적 | 기수확면적 |
|---|---|---|---|---|
| 2,000㎡ | 200㎡ | - | 700㎡ | - |

- 표본조사

| 표본구간 | 표본면적 | 표본구간 작물 중량 | | |
|---|---|---|---|---|
| 4구간 | 이랑길이 1.5m 이랑폭 1m | 마늘통 최대 지름 3.5cm 미만 80% 피해형 | 마늘통 최대 지름 3.5cm 미만 100% 피해형 | 정상 |
| | | 4kg | 2kg | 4kg |

- 수확 적기까지의 잔여일수 7일, 비대추정지수 0.9(%)/일        - 미보상비율 5%

(1) 재파종보험금을 구하시오.


(2) 수확감소보험금을 구하시오.

정답

1. 재파종보험금
   ① 표준출현피해율=(30,000-21,000)÷30,000=30%
   ② 재파종보험금=10,000,000×0.35×0.3=1,050,000원
   ✔ 조기파종보장 특별약관 재파종 보장
     - 한지형 마늘 보험상품 최초 판매개시일 24시 이전에 보장하는 재해로+3만주/10a 미만으로 식물체 주수 감소 +10/31 이전에 3만주/10a 이상 재파종
     - 보험기간 : 계약 24시~한지형 마늘 보험상품 최초 판매개시일 24시 → 보장종료 이후 보통약관 보장개시
     - 특약 보장종료일 10.15. 24시, 재파종 사고일 10.20 → 보통약관 적용
2. 수확감소보험금
   (1) ① 조사대상면적=2,000-200-700=1,100㎡, ②㎡당 평년수확량=3,000÷2,000=1.5kg
   (2) 표본구간 ㎡당 수확량
       ① 잔여일수에 따른 비대추정지수=1+(0.009×7)=1.063
       ② 난지형 환산계수=0.72
       ③ 표본구간 ㎡당 수확량={(4+4×0.2+2×0)×0.72×1.063}÷(1.5×1×4)=0.61kg
   (3) 수확량
       ① 수확량=(1,100×0.61)+(200×1.5)=971kg
       ② 미보상감수량=(3,000-971)×0.05=101kg
   (4) 피해율 및 보험금
       ① 피해율=(3,000-971-101)÷3,000=64.26%
       ② 보험금=10,000,000×(0.6426-0.2)=4,426,000원
   ✔ 마늘 표본구간 ㎡당 수확량={표본구간 정상 작물 중량+(80% 피해 작물 중량×0.2)×환산계수×(1+비대추정지수)}÷표본 면적 합계
     - 환산계수 : 난지형(남도종·대서종) 0.72, 한지형(의성) 0.7

**65.** 다음은 종합위험 수확감소보장 밭작물 상품에 가입한 각 품목의 표본조사에 관한 내용이다. 각 물음에 답하시오.

<표본 면적 조사 : 이랑 길이 조사>

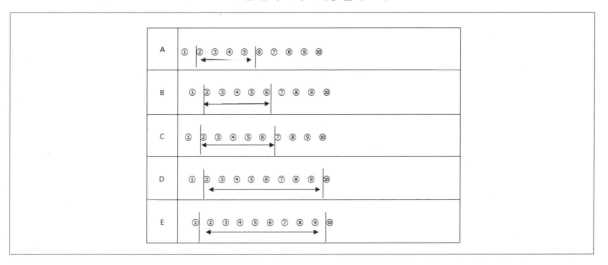

(1) 양파 품목 수확량조사 시 이랑 길이 조사 방법

(2) 마늘 품목 재파종조사 시 이랑 길이 조사 방법

(3) 콩(점파) 품목 수확량조사 시 이랑 길이 조사 방법

(4) 표본 구간 내 작물을 수확한 후 작물 무게를 조사하지 않는 품목

(5) 표본 구간 내 작물 조사 시에 규격의 테를 사용할 수 있는 품목

> **정답**
> 1. 양파 수확량조사 : C,  2. 마늘 재파종조사 : D,  3. 콩(점파) 수확량조사 : A,  4. 옥수수,  5. 콩·팥(산파), 차
> ✔ **표본 면적**
> • 마늘 재파종조사 : 식물체 8주 이상(또는 1m) 해당 이랑 길이, 이랑 폭(고랑 포함)
> • 양파, 마늘, 고구마, 양배추, 감자, 옥수수 수확량조사: 이랑 길이(5주 이상), 이랑폭(고랑 포함)
> • 콩, 팥 수확량조사:
> - 점파 : 이랑 길이(4주 이상), 이랑폭(고랑 포함)
> - 산파 : 규격의 원형(1㎡) 이용 또는 표본구간의 가로·세로 조사

Chapter 2.

✔ 기준가격 산출 시 직전 5년에 가입년도 포함 여부에 관한 「농업재해보험 · 손해평가의 이론과 실무」의 내용 변경 (농업수입(안정)보장 전 품목 해당)

1. ~2023(9회 시험) : 콩, 고구마를 제외한 품목은 직전 5년에 가입년도를 포함. 약관의 내용과 일치

2. 2024년(10회 시험) : 전 품목의 직전 5년에 가입년도를 불포함함

  ① 「농업재해보험 · 손해평가의 이론과 실무」 초본 : 2023년도와 동일

  ② 「농업재해보험 · 손해평가의 이론과 실무」 최종본 : '가입년도 포함'이 기재되었던 품목에서 '가입년도 포함'을 삭제 → 전 품목의 직전 5년에 '가입년도 포함' 여부가 기재되어 있지 않은 [사업시행지침]과 일치시킴

  ③ 2024년 10회 시험에서 기준가격 산출 문제의 제시 조건(문9. 포도) : '기준가격 산출 시 보험가입 직전 5년(2019~2023년) 적용'으로 직전 5년 적용 연도를 제시하여 논란을 피함

3. 2025(11회 시험) : [약관] 및 [사업시행지침]의 기준가격 · 수확기가격 산출 내용은 2024년도의 [약관] 및 [사업시행지침]과 동일하므로, 본 교재는 전 품목의 기준가격 산출 시 2024년과 같이 [사업시행지침]에 따라 가입년도 불포함을 기준으로 풀이함

✔ 위의 10회 시험 출제 문제에서 제시된 포도의 가입년도는 2023년이었으므로, 결국 과거와 같이 직전 5년에 가입년도를 포함도록 하여 풀이한 것이다. 또다시 어떻게 변경될지 알 수 없으므로 2025 「농업재해보험 · 손해평가의 이론과 실무」에서 반드시 다시 확인한다.

---

✔ 기준가격, 수확기가격 산출 시 농가수취비율의 '최근 5년 올림픽 평균값' 적용에 관한 「농업재해보험 · 손해평가의 이론과 실무」의 내용 변경 (농업수입(안정)보장에서 농가수취비율을 적용하는 전 품목에 해당)

1. ~2023(9회 시험) : (올림픽 평균값 아닌 제시된) 농가수취비율을 적용

2. 2024년(10회 시험)

  ① 농가수취비율을 적용하는 품목 중 일부 품목의 '수확기가격'에만 농가수취비율의 최근 5년 올림픽 평균값'을 적용

  ② 기준가격에는 (올림픽 평균값 아닌 제시된) 농가수취비율을 적용

  ③ 따라서, 기준가격과 수확기가격에 적용되는 농가수취비율이 다르게 되는 문제가 발생

  ④ 2024년 10회 시험 문제의 조건(문9. 포도) : '기준가격과 수확기가격 산출 시 동일한 농가수취비율 적용'으로 제시하여 논란을 피함

3. 2025(11회 시험)

  ① [약관] 및 [사업시행지침]의 농가수취비율을 적용하는 전 품목의 '기준가격, 수확기가격 모두에 농가수취비율의 최근 5년 올림픽 평균값'을 적용

  ② 본 교재 역시 농가수취비율을 적용하는 전 품목의 '기준가격, 수확기가격 모두에 농가수취비율의 최근 5년 올림픽 평균값'을 적용을 기준으로 함

✔ 이 내용은 과거에도 약관에는 있었던 내용을 「농업재해보험 · 손해평가의 이론과 실무」에서 반영하지 않고 있다가, 2024년도에 반영하며 오류가 있었던 것으로 짐작된다.

---

✔ 2025 농업수입(안정)보장에는 옥수수와 보리 품목이 추가될 예정이다. 해당 품목의 기준가격 · 수확기가격 산출 방법, 보험금 산정 방법 등은 2차 시험대비 이론서를 참고하며, 해당 품목의 문제는 모든 세부 내용이 확정된 2025년 3~4월 「농업재해보험 · 손해평가의 이론과 실무」 공개 후 본 교재에 싣기로 한다.

**1.** 농업수입보장방식 포도 품목 캠벨얼리(노지)의 기준가격(원/kg)과 수확기가격(원/kg)을 구하고 산출식을 서술하시오. (단, 2017년에 수확하는 포도를 2016년 11월에 보험가입 하였고, 농가수취비율은 80.0%로 정함)　　　　[기출문제]

| 년도 | 서울 가락 도매시장 캠벨얼리(노지) 연도별 평균 가격 (원/kg) | |
|---|---|---|
| | 중품 | 상품 |
| 2011 | 3,500 | 3,700 |
| 2012 | 3,000 | 3,600 |
| 2013 | 3,200 | 5,400 |
| 2014 | 2,500 | 3,200 |
| 2015 | 3,000 | 3,600 |
| 2016 | 2,900 | 3,700 |
| 2017 | 3,000 | 3,900 |

 정답

1. 기준가격과 수확기가격
　① 기준가격={(3,600+3,300+3,300)÷3}×0.8=2,720원
　② 수확기가격={(3,000+3,900)÷2}×0.8=2,760원
✔ **[9회 시험까지의 풀이] 직전 5년에 가입년도를 포함. 포함하여 풀이하면 다음과 같다.**
　　① **기준가격={(3,300+3,300+3,300)÷3}×0.8=2,640원**
　　② **수확기가격={(3,000+3,900)÷2}×0.8=2,760원**
✔ **포도 가격조항**
　• 기준가격 : 직전 5년 (연도별 중상품 평균값의 올림픽 평균값×농가수취비율의 올림픽 평균값)
　• 수확기가격 : 수확년도 중상품 평균값×최근 5년 농가수취비율의 올림픽 평균값
　• 기준가격과 수확기가격 산출 관련 본 파트의 도입부 설명을 참조하며, 2025 「농업재해보험·손해평가의 이론과 실무」를 확인한다.
2. 산출식
　① 기준가격=연도별 중품·상품 평균 가격의 보험가입 직전 5년 올림픽 평균값×농가수취비율
　② 수확기가격=기초통계기간 중품·상품 평균 가격×농가수취비율의 최근 5년간 올림픽 평균값
✔ **기준가격에 적용년간 올림픽 평균값으로 변경될 예정이다. 2025 [농업재해·손해평가의 이론과 실무]를 확인한다.**

**2.** 종합위험 농업수입(안정)보장방식 밭작물 경작불능보험금 산정 시 보험가입금액에 적용하는 자기부담비율별 지급 비율을 쓰시오.

 정답

40%, 35%, 30%
✔ **농업수입(안정)보장의 자기부담비율에 주의한다.**

**3.** 종합위험 농업수입(안정)보장 마늘 품목의 연도별 평균값이 다음과 같을 때 물음에 답하시오.

| ○ 지역 평균 수매가 | | | | | | (단위, 원) |
|---|---|---|---|---|---|---|
| 2018 | 2019 | 2020 | 2021 | 2022 | 2023 | 2024 |
| 2,500 | 2,800 | 3,000 | 3,200 | 2,600 | 3,500 | 3,200 |

• 가입연도 2023

**(1)** 기준가격과 수확기가격을 산출하시오. (소수점 이하 절사)

**(2)** 마늘의 기준가격과 수확기 가격은 보험에 가입한 마늘 품종에 따라 ( ① )과 ( ② )으로 구분하여 산출한다.

1. 기준가격, 수확기가격
   ① 기준가격=(2,800+3,000+2,600)÷3=2,800원
   ② 수확기가격=3,200원
   2. ( ) : ① 난지형(대서종, 남도종), ② 한지형
   ✔ **마늘 가격조항**
   • 기준가격 : 직전 5년 연도별 평균 수매가격의 올림픽 평균값
   • 수확기가격 : (수확년도) 기초통계의 평균 수매가격
   • 연도별 평균 수매가=Σ수매금액÷Σ수매량
   • 기준가격과 수확기가격 산출 관련 본 파트의 도입부 설명을 참조하며, 2025 「농업재해보험·손해평가의 이론과 실무」를 확인한다.

**4.** 농업수입(안정)보장 상품에 가입한 콩 품목에 대한 다음 내용을 바탕으로 기준가격과 수확기가격을 산출하시오.

| 가입 면적 | 식재 품종 | 품종별 재식면적 | 품종별 기준가격 | 품종별 수확기가격 |
|---|---|---|---|---|
| 2,500m² | A | A 1,000m² | A 1,000원 | A 800원 |
| | B | B 1,500m² | B 1,200원 | B 1,000원 |

1. 기준가격 $= [1,000 \times \frac{1,000}{2,500}] \times [1,200 \times \frac{1,500}{2,500}] = 1,120$ 원

2. 수확기가격 $= [800 \times \frac{1,000}{2\,500}] + [1,000 \times \frac{1,500}{2\,500}] = 920$ 원

✔ **콩, 고구마 : 하나의 용지에 2개 이상 용도(또는 품종)의 품목이 식재된 경우의 기준가격과 수확기가격 → 면적비율에 따라 가중 평균하여 산출**

**5.** 종합위험 농업수입보장 양파 상품의 보험기간이다. ( )을 알맞게 채우시오.

| 보장 | 대상 재해 | 보장개시 | 보장종료 |
|---|---|---|---|
| ( ① ) 보장 | ( ② ) | 계약체결일 24시 | 수확 개시 시점 |
| 농업수입(안정)보장 | 자연재해·조수해·화재 | 계약체결일 24시 | 수확기 종료 시점. ( ③ ) 초과 불가 |
| | ( ④ ) | 계약체결일 24시 | ( ⑤ ) |

**6.** 종합위험 농업수입(안정)보장에 가입한 마늘 품목에 관한 내용이다. 농업수입(안정)보장보험금을 산출하시오.

○ 평년수확량 100% 가입

○ 보험기간 내 보상하는 재해에 의한 피해 없음

| 보험가입금액 | 평년수확량 | 기준가격 |
|---|---|---|
| 1,200만원 | 10,000kg | 1,200원/kg |
| 자기부담비율 | 수확기가격 | 지역별 영업요율 |
| 최저 비율 | 900원/kg | 10% |
| 수확량 | 미보상감수량 | 방재시설 |
| 6,000kg | 사유 : 제초 불량, 감수량 : 800kg | 관수시설 설치 |

 1. 기준수입=10,000×1,200=12,000,000원
2. 실제수입=(6,000+[1]4,000)×min(900, 1,200)=9,000,000원
3. 피해율=(12,000,000-9,000,000)÷12,000,000=25%
4. 지급보험금=12,000,000×(0.25-[2]0.2)=600,000원
✔ **농업수입보장 보험금 계산 시 주의**
  1. [1]평년수확량보다 수확량이 감소하였으나 보상하는 재해로 인한 감소가 확인되지 않는 경우에는 감소한 수량을 모두 미보상감수량으로 한다. → (평년수확량-수확량) 전체를 미보상감수량으로 한다.
  • [농업재해보험·손해평가의 이론과 실무] 농업수입(안정)보장 과수(포도)에는 위의 규정이 없고, 밭작물 6품목에만 기재되어 있다.
  2. [2]농업수입(안정)보장 최저 자기부담비율 20%

**7.** 종합위험 농업수입(안정)보장 양배추 품목의 재정식 보험금의 ① 지급 사유를 쓰고 ② 지급 가능 여부 및 지급 가능하다면 ③ 보험금을 산출하시오. (%는 소수점 셋째 자리에서 반올림)

○ 계약사항

| 보험가입금액 | 실제경작면적 | 자기부담비율 |
|---|---|---|
| 2,000만원 | 3,000㎡ | 최저 비율 |

○ 조사내용
• 피해면적 1,000㎡
• 재정식 완료면적 700㎡ (재정식 완료일 10/31)

 1. 지급 사유 : 보상하는 재해로 면적피해율이 자기부담비율을 초과하고 재정식한 경우, 1회에 한해 지급
2. 지급 가능 여부
  ① 지급 대상 아님

② 지급조건
- 재정식 보장 기간(10/15) 초과 → 지급 대상 아님
- 면적피해율=700÷3,000=23.33% (자기부담비율 20% 초과) → 지급 가능
✔ **재정식 보장 보험기간 : 정식완료일 24시(9/30 초과 불가)~재정식 종료 시점(10/15 초과 불가)**
✔ **지급 가능 가정한 경우 : 보험금=20,000,000×0.2×0.2333=933,200원**
✔ **재정식 20% - 재이앙(재직파), 마늘 조기파종 재파종 25% - 마늘 재파종 35%**

**8.** 다음은 A 씨의 양배추 농지에 관한 내용이다. 종합위험 농업수입(안정)보장 인수 가능 여부를 판단하고, 그 이유를 모두 쓰시오.

> A 씨는 제주도에서 3,000㎡에 양배추를 경작하고 있다. 작년에 한해 등으로 인한 피해가 커서 농작물재해보험에 처음 가입하려 한다. 표준수확량은 2,000kg이다. 올해는 9월 첫째 주에 6,500구를 정식할 예정이며, 가입 전에 관수시설을 설치하려한다. 보험 가입 시 가입가격은 1,500원/kg이다.

 1. 인수 가능 여부 : 인수 제한
2. 이유
   ① 제주도 : 인수 가능 지역
   ② 표준수확량 100%가 평년수확량: 100% 가입 시 2,000×1,500원=3,000,000원. 최저 보험가입금액 200만원을 초과하므로 인수 가능
   ③ 9월 첫째 주에 정식 : 9/30 이전 정식이므로 인수 가능
   ④ 6,500구 정식 : (6,500÷3,000)×3.3=7.15구/3.3㎡(7.15구/평). 재식밀도가 3.3㎡당 8구 미만이므로 인수 제한
   ⑤ 관수시설 설치: 인수 가능

**9.** 다음 조건에서 종합위험 농업수입(안정)보장에 가입한 감자(가을재배)의 농업수입(안정)보장보험금을 산출하시오.

○ 계약사항 : 평년수확량 100% 가입

| 보험가입금액 | 평년확량 | 기준가격 | 자기부담비율 |
|---|---|---|---|
| 1,500만원 | 5,000kg | 3,000원 | 20% |

○ 조사내용

| 재해 종류 | 수확량 | 미보상감수량 |
|---|---|---|
| 냉해 | 3,500kg | 200kg |
| **병충해** | **손해정도비율** | **수확기가격** |
| 탄저병. 괴경 무게 700kg | 50% | 3,500원 |

 1. 보험가입금액=5,000×3,000=15,000,000원
2. 기준수입=5,000×3,000=15,000,000원
3. 실제수입
   ① 병충해 감수량=700×0.5×0.5=175kg
   ② 실제수입={(3,500+200)-175}×3,000=10,575,000원

✔ **병충해 등급별 인정비율**
 • 탄저병 : 감자. 3등급. ×0.5 / 고추. 1등급 ×0.7
 • 역병 : 감자. 1등급 ×0.9 / 고추. 1등급 ×0.7
4. 피해율=(15,000,000-10,575,000)÷15,000,000=29.5%
5. 지급보험금=15,000,000×(0.295-0.2)=1,425,000원
✔ **병충해 감수량을 실제수입에서 차감하는 이유를 생각한다.**

**10.** 종합위험 농업수입(안정)보장 콩 품목의 경작불능보험금 ① 지급 사유 및 ② 지급 조건, ③ 산출식을 쓰고, 다음 A 씨 농지의 ④ 지급 가능 여부와 ⑤ 가능한 전제로 경작불능보험금을 산출하시오.

A 씨는 3,000㎡의 농지에서 콩을 경작하고 있다. 지난 3년간은 수확감소보장으로 가입했으나, 올해는 농업수입보장방식으로 가입하였다. 심각한 가뭄에 이은 국지성 집중호우 피해의 연속으로 2,300㎡의 콩이 고사하였다. 경작불능보험금을 신청했고, 보험금 지급 대상으로 판단되었다. 피해를 입지 않은 면적의 콩을 마저 수확하여 수익을 조금이라도 올릴 생각이다.

○ 보험계약 사항
• 실제경작면적 3,000㎡
• 기준가격 1,000원/kg
• 평년수확량 2,000kg (100% 가입)
• 자기부담비율 최저 비율

 1. 지급 사유 : 보상하는 재해로 식물체 피해율이 65% 이상이고, 계약자가 경작불능보험금을 신청한 경우
2. 지급 조건
 ① 목적물 모두의 산지 폐기 및 시장에 유통되지 않음이 확인된 후 지급
 ② 지급한 경우 그 손해보상의 원인이 생긴 때로부터 해당 농지의 계약은 소멸되고 환급보험료는 발생하지 않음
3. 산출식=보험가입금액×자기부담비율에 따른 일정 비율 (40%, 35%, 30%)
✔ **농업수입(안정)보장의 적용 비율에 주의한다.**
4. A 씨 농지의 지급 가능 여부 : 지급 불가
 ① 보험가입금액=2,000×1,000=2,000,000원. 최저한도 이상이므로 가입 가능
 ② 가뭄 및 집중호우: 경작불능보장의 보상하는 재해
 ③ 식물체 피해율=2,300÷3,000=76.67%. 계약자의 경작불능보험금 신청 및 지급 가능
 ④ 산지 폐기 및 시장에 미유통 확인되지 않음
5. 경작불능보험금=(2,000×1,000)×0.4=800,000원

**11.** 종합위험 농업수입(안정)보장에 가입한 밥밑용 콩 품목의 다음 조건을 보고 물음에 답하시오. (농가수취비율(%)은 소수점 첫째 자리에서 반올림해 정수 단위로. 피해율(%)은 소수점 셋째 자리에서 반올림)

○ 가입 2024년 (단위. 원. %)

| 구분 | 2019 | 2020 | 2021 | 2022 | 2023 | 2024 |
|---|---|---|---|---|---|---|
| 중품 | 5,000 | 4,000 | 6,000 | 4,000 | 5,000 | 4,000 |
| 상품 | 6,000 | 5,000 | 8,000 | 6,000 | 7,000 | 6,000 |
| 농가수취비율 | 78 | 80 | 81 | 77 | 82 | 78 |

| 실제경작면적 | 평년수확량 | 자기부담비율 | 수확량 | 미보상감수량 |
|---|---|---|---|---|
| 2,000㎡ | 0.5kg/㎡ | 20% | 0.3kg/㎡ | 없음 |

- 보상하는 재해 발생 미확인, 평년수확량 100% 가입
- 타작물 및 미보상면적, 수확불능면적, 기수확면적 없음

(1) 기준가격을 산출하시오.

(2) 수확기가격을 산출하시오.

(3) 농업수입(안정)보장보험금을 산출하시오.

**정답**

1. 기준가격
   ① 농가수취비율=(78+80+81)÷3=80%
   ② 기준가격={(5,500+5,000+6,000)÷3}×0.8=4,400원
2. 수확기가격={(4,000+6,000)÷2}×0.8=4,000원
   ✔ **장류 및 두부용, 밥밑용 콩**
   - 기준가격 : 직전 5년 (연도별 중상품 평균값의 올림픽 평균값×농가수취비율의 올림픽 평균값)
   - 수확년도 : 중상품 평균값×최근 5년 농가수취비율의 올림픽 평균값
   ✔ **기준가격과 수확기가격 산출 관련 본 파트의 도입부 설명을 참조하며, 2025 「농업재해보험 · 손해평가의 이론과 실무」를 확인한다.**
3. 농업수입(안정)보장보험금
   ① 평년수확량=0.5×2,000=1,000kg
   ② 보험가입금액=1,000×4,400=4,400,000원
   ③ 수확량=0.3×2,000=600kg
   ④ 기준수입=1,000×4,400=4,400,000원
   ⑤ 실제수입=(600+400)×4,000=4,000,000원
   ⑥ 피해율=(4,400,000-4,000,000)÷4,400,000=9.09%
   ⑦ 지급보험금=0원 (자기부담비율 미만의 손해)
   ✔ **미보상감수량(비율)의 제시 여부와 관계없이 보상하는 재해에 의한 수확기 전 사고가 없었음에도 수확량이 감소한 경우 감소된 양 전부를 미보상감수량으로 한다. 즉, 수확감소량을 인정하지 않고 조사수확량=평년수확량으로 함의 의미이다.**
   - [농업재해보험 · 손해평가의 이론과 실무] 농업수입(안정)보장 과수(포도) 품목에는 이 규정이 없다.
   ✔ **수확감소량이 없이 가격하락만 있는 경우 : 피해율은 '(기준가격-수확기가격)÷기준가격'과 동일하다. 검산용으로 활용한다.**

**12.** 다음 중에서 농작물재해보험 종합위험 농업수입(안정)보장 상품의 자기부담비율 유형과 같은 품목을 고르시오.

> 고추, 호두, 브로콜리, 유자, 오디, 밀, 가을 배추, 월동 무

 호두, 유자, 가을 배추, 월동 무

**13.** 종합위험 농업수입(안정)보장의 기준가격 산출에 있어서 농가수취비율을 적용하지 않는 품목을 모두 쓰시오.

 마늘, 나물용 콩
✔ 2025 추가 예정인 보리 품목도 농가수취비율을 적용하지 않는다.

**14.** 종합위험 농업수입(안정)보장의 다음 품목의 기준가격과 수확기가격 산출 시 품종의 구분 또는 기준을 쓰시오.

| (1) 양파 | (2) 고구마 | (3) 감자(가을재배) |
|---|---|---|
| (4) 마늘 | (5) 포도 | |

1. 양파 : 품종의 숙기에 따라 조생종과 중만생종으로 구분하여 산출한다.
2. 고구마 : 품종에 따라 호박고구마와 밤고구마로 구분하여 산출한다.
3. 감자(가을재배) : 품종 중 대지마를 기준으로 산출한다.
4. 마늘 : 품종에 따라 난지형(대서종, 남도종)과 한지형으로 구분하여 산출한다.
5. 포도 : 품종과 시설재배 여부에 따라 캠벨얼리(시설·노지), 거봉(시설·노지), 샤인머스캣(시설·노지), MBA, 델라웨어로 구분해 산출

**15.** 종합위험 농업수입(안정)보장에 가입한 양배추 품목의 다음 조건을 보고 물음에 답하시오.

○ 가입 2023년 (단위. 원)

| 구분 | 2018 | 2019 | 2020 | 2021 | 2022 | 2023 | 2024 |
|---|---|---|---|---|---|---|---|
| 중품 | 4,100 | 4,000 | 3,600 | 4,000 | 4,000 | 4,500 | 4,400 |
| 상품 | 4,500 | 4,400 | 3,900 | 4,200 | 4,300 | 5,000 | 4,800 |

• 농가 수취비율 80%

(1) 기준가격을 산출하시오.

(2) 수확기가격을 산출하시오.

(3) 농가수취비율의 정의를 쓰시오

1. 기준가격={(4,200+4,100+4,150)÷3}×0.8=3,320원
2. 수확기가격={(4,400+4,800)÷2}×0.8=3,680원
3. 농가수취비율 : 도매시장 가격에서 유통비용 등을 차감한 농가수취가격이 차지하는 비율로 사전에 결정된 값
✔ **양배추**
  • 기준가격 : 직전 5년 (연도별 중상품 평균값의 올림픽 평균값×농가수취비율의 올림픽 평균값)
  • 수확년도 : 중상품 평균값×최근 5년 농가수취비율의 올림픽 평균값
✔ **기준가격과 수확기가격 산출 관련 본 파트의 도입부 설명을 참조하며, 2025 「농업재해보험ㆍ손해평가의 이론과 실무」를 확인한다.**

**16.** 농업수입보장방식 '콩'에 관한 내용이다. 계약내용과 조사내용을 참조하여 다음 물음에 답하시오. (피해율은 %로 소수점 둘째 자리 미만 절사. 예 12.678% → 12.67%)  [기출문제]

○ 계약내용
• 보험가입일 : 2021년 6월20일
• 가입수확량 : 1,500kg
• 농가수취비율 : 80%
• 평년수확량 : 1,500kg
• 자기부담비율 : 20%
• 전체 재배면적 : 2,500㎡ (백태 1,500㎡, 서리태 1,000㎡)

○ 조사내용
• 조사일 : 2021년 10월 20일
• 수확량 : 1,000kg
• 전체 재배면적 : 2,500㎡ (백태 1,500㎡, 서리태 1,000㎡)

○ 서울양곡도매시장 연도별 '백태' 평균가격(원/kg)

|  | 2016 | 2017 | 2018 | 2019 | 2020 | 2021 |
|---|---|---|---|---|---|---|
| 상품 | 6,300 | 6,300 | 7,200 | 7,400 | 7,600 | 6,400 |
| 중품 | 6,100 | 6,000 | 6,800 | 7,000 | 7,100 | 6,200 |

○ 서울양곡도매시장 연도별 '서리태' 평균가격(원/kg)

|  | 2016 | 2017 | 2018 | 2019 | 2020 | 2021 |
|---|---|---|---|---|---|---|
| 상품 | 7,800 | 8,400 | 7,800 | 7,500 | 8,600 | 8,400 |
| 중품 | 7,400 | 8,200 | 7,200 | 6,900 | 8,200 | 8,200 |

(1) 기준가격의 계산과정과 값을 쓰시오. (단, 농가수취비율은 제시된 비율을 적용함)

(2) 수확기가격의 계산과정과 값을 쓰시오. (단, 농가수취비율은 제시된 비율을 적용함)

(3) 농업수입보장보험금의 계산과정과 값을 쓰시오.

1. 기준가격
  (1) 백태 : {(6,200+7,000+7,200)÷3}×80%=5,440원
  (2) 서리태 : {(7,600+8,300+7,500)÷3}×80%=6,240원
  (3) 기준가격 : {5,440×(1,500÷2,500)}+{6,240×(1,000÷2,500)}=5,760원

2. 수확기가격
   (1) 백태 : {(6,400+6,200)÷2}×80%=5,040원
   (2) 서리태 : {(8,400+8,200)÷2}×80%=6,640원
   (3) 수확기가격 : {5,040×(1,500÷2,500)}+{6,640×(1,000÷2,500)}=5,680원

✔ **장류 및 두부용, 밥밑용 콩**
   • 기준가격=직전 5년 (연도별 중상품 평균값의 올림픽 평균값×농가수취비율의 올림픽 평균값)
   • 수확년도 중상품 평균값×최근 5년 농가수취비율의 올림픽 평균값

✔ 기준가격과 수확기가격 산출 관련 본 파트의 도입부 설명을 참조하며, 2025 「농업재해보험·손해평가의 이론과 실무」를 확인한다.

✔ 콩, 고구마 : 하나의 농지에 2개 이상 용도·품종이 식재된 경우에는 기준가격과 수확기가격을 해당 용도·품종의 면적의 비율에 따라 가중 평균하여 산출

3. 보험금
   (1) 기준수입 : 1,500×5,760=8,640,000원
   (2) 실제수입 : min(1,000+0)×min(5,760, 5,680)=5,680,000원
   (3) 피해율 : (8,640,000-5,680,000)÷8,640,000=34.25%
   (4) 보험금 : 8,640,000×(0.3425-0.2)=1,231,200원
   • 보험가입금액 : 1,500×5,760=8,640,000원

---

**17.** 농작물재해보험 농업수입(안정)보장에서 보상하는 손해를 쓰시오.

1. 자연재해, 조수해, 화재, 가격하락
   • 가격하락 : 기준가격보다 수확기가격이 하락하여 발생한 손해
   • 감자(가을재배) : 병해충 보장 추가

---

**18.** 농작물재해보험 농업수입보장에 가입한 마늘 품목에 대한 다음 내용을 바탕으로 물음에 답하시오. (피해율은 %로 소수점 셋째 자리에서 반올림)

○ 계약사항 및 조사내용 (가입 2023년)

| 평년수확량 | 가입수확량 | 자기부담비율 | 조사수확량 | 미보상감수량 |
|---|---|---|---|---|
| 1,000kg | 1,000kg | 20% | 750kg | 25kg |

• 보상하는 재해 확인됨

○ 연도별 평균값                                                                              (단위. 원/kg)

| 연도 | 2018 | 2019 | 2020 | 2021 | 2022 | 2023 | 2024 |
|---|---|---|---|---|---|---|---|
| 연도별 평균수매가 | 4,400 | 4,500 | 4,000 | 4,600 | 4,800 | 4,400 | 4,200 |

(1) 기준가격과 수확기가격을 산출하여 농업수입(안정)보장보험금을 구하시오.

**(2)** 다음 A, B 각 품종의 인수 제한 파종 한계일을 쓰시오. (**예** 1월 1일 이전 파종 시 인수 제한)

| 품종 | 기초통계 | 기초통계 기간 |
|---|---|---|
| A 난지형(남도종) | 사업 대상 시·군 지역농협*의 수매가격 | 6월 1일부터 7월 31일까지 |
| B 한지형 | | 7월 1일부터 8월 31일까지 |

**(3)** 농작물재해보험에 가입할 수 있는 마늘 품목의 품종을 모두 쓰시오.

1. 농업수입(안정)보장보험금
   ① 기준가격=(4,400+4,500+4,600)÷3=4,500원
   ② 수확기가격=4,200원
   ③ 기준수입=1,000×4,500=4,500,000원
   ④ 실제수입=(750+25)×4,200=3,255,000원
   ⑤ 피해율=(4,500,000-3,255,000)÷4,500,000=27.67%
   ⑥ 보험가입금액=1,000×4,500=4,500,000원
   ⑦ 보험금=4,500,000×(0.2767-0.2)=345,150원
2. 파종 한계일
   ① 난지형(남도종) 8월 31일, ② 한지형 10월 10일
3. 가입 가능 품종
   ① 난지형 남도 및 대서 품종, ② 한지형 의성 품종, ③ 홍산 품종, ④ 각 마늘의 주아재배 시 2년차 이상 가입 가능
**✔ 마늘**
1. 가격조항
   ① 기준가격 : 직전 5년 연도별 평균 수매가격의 올림픽 평균값
   • '중품·상품 평균값'이 아니고 농가수취비율을 적용하지 않음에 주의
   ② 수확기가격 : (수확년도) 기초통계의 평균 수매가격. 마늘 가입 이듬해 수확
2. 난지형 마늘 : 남도종-전남·제주, 대서종-창녕 / 한지형 마늘 : 의성
   ① 2023년도에 새로 추가된 홍산 품종의 인수 제한 파종 한계일은 이론서에 규정되어 있지 않다.
   ② 주아재배는 품종이 아닌 재배방식이므로 쓰지 않아도 좋지만 2023년도 추가된 내용이다.
   • 기준가격과 수확기가격 산출 관련 본 파트의 도입부 설명을 참조하며, 2025 「농업재해보험·손해평가의 이론과 실무」를 확인한다.

**19.** 농업수입(안정)보장에 가입한 다음 품목에 관한 각 물음에 답하시오. (일 원 단위 미만은 절사)

**(1)** 기준가격과 수확기가격을 구하시오.

• 품목 : 콩(서리태), 가입년도 2023년         (단위. 원/kg)

| 구분 | 2018 | 2019 | 2020 | 2021 | 2022 | 2023 | 2024 |
|---|---|---|---|---|---|---|---|
| 상품 | 5,000 | 4,500 | - | 5,000 | 5,200 | 5,100 | 5,000 |
| 중품 | 4,000 | 3,800 | 4,200 | 4,200 | 4,300 | 4,200 | 4,300 |

• 농가수취비율 80%

**(2) 기준가격과 수확기가격을 구하시오.**

| 농지면적 | 품종 | 면적 | 기준가격 | 수확기가격 |
|---|---|---|---|---|
| 1,200㎡ | 밤 고구마 | 400㎡ | 4,000원 | 3,800원 |
| | 호박 고구마 | 800㎡ | 4,500원 | 4,200원 |

• 품목 : 고구마(밤, 호박). 가입년도 2023년도 (단위. 원/kg)

**(3) 가격 산출을 위한 품목별 품종의 구분 또는 기준 품종을 쓰시오.**

○ 마늘 : 난지형 품종 구분 - ( ① )
○ 감자(가을재배) : 기준 품종 - ( ② )
○ 양파 : 품종 기준 - 숙기에 따라 ( ③ )으로 구분
○ 포도 : 품종과 시설재배 여부에 따라 ( ④ ), 거봉(시설·노지), ( ⑤ ), MBA, 델라웨어로 구분해 산출

1. 콩
① 기준가격={(4,500+4,200+4,600)÷3}×0.8=3,546원
② 수확기가격={(5,100+4,200)÷2}×0.8=3,720원

2. 고구마

① 기준가격$= (4,000 \times \frac{400}{1,200}) + (4,500 \times \frac{800}{1,200}) = 4,333$원

② 수확기가격$= (3,800 \times \frac{400}{1,200}) + (4,200 \times \frac{800}{1,200}) = 4,066$원

✔ **고구마 가격조항**

1. 기준가격 : 직전 5년 (연도별 중상품 평균값의 올림픽 평균값×농가수취비율의 올림픽 평균값)
2. 수확기가격 : 수확년도 중상품 평균값×최근 5년 농가수취비율의 올림픽 평균값
3. 하나의 농지에 2개 이상 용도(또는 품종)의 고구마가 식재된 경우 : 기준가격과 수확기 가격을 해당 용도(또는 품종)의 면적의 비율에 따라 가중평균하여 산출

✔ **기준가격과 수확기가격 산출 관련 본 파트의 도입부 설명을 참조하며, 2025「농업재해보험·손해평가의 이론과 실무」를 확인한다.**

3. 품종 구분
① 대서종, 남도종, ② 대지마, ③ 조생종, 중만생종, ④ 캠벨얼리(시설·노지), ⑤ 샤인머스캣(시설·노지)

**20.** 2024년도 가입한 농업수입(안정)보장 콩 품목의 ① 기준가격과 ② 수확기가격을 산출하시오. (%는 소수점 첫째 자리에서 반올림해 정수 단위로)

| | 2019 | 2020 | 2021 | 2022 | 2023 | 2024 |
|---|---|---|---|---|---|---|
| 중품 | 8,000 | 9,000 | 7,000 | 7,000 | 9,000 | 7,000 |
| 상품 | 10,000 | 10,000 | 9,000 | 10,000 | 11,000 | 9,000 |
| 농가수취비율 % | 80 | 84 | 83 | 86 | 81 | 88 |

- 품종 : 장류 및 두부용(백태)
- 서울 양곡도매시장의 백태(국산) 가격 (기초통계 기간 11/1 ~ 이듬해 1/31)

정답

1. 기준가격
   ① 농가수취비율=(84+83+81)÷3=83%
   ② {(9,000+9,500+8,500)÷3}×0.83=7,470원/kg
2. 수확기가격={(7,000+9,000)÷2}×0.83=6,640원/kg

✔ **장류 및 두부용, 밥밑용 콩**
- 기준가격=직전 5년 (연도별 중상품 평균값의 올림픽 평균값×농가수취비율의 올림픽 평균값)
- 수확년도 중상품 평균값×최근 5년 농가수취비율의 올림픽 평균값

✔ **기준가격과 수확기가격 산출 관련 본 파트의 도입부 설명을 참조하며, 2025 「농업재해보험 · 손해평가의 이론과 실무」를 확인한다.**

✔ **콩, 고구마 : 하나의 농지에 2개 이상 용도 · 품종이 식재된 경우에는 기준가격과 수확기가격을 해당 용도 · 품종의 면적의 비율에 따라 가중 평균하여 산출**

**21.** 종합위험 농업수입(안정)보장방식에 가입한 콩 품목의 기준가격 및 수확기가격 산출에 관한 다음 물음에 답하시오. (모든 금액은 일원 단위 미만 절사)

(1) ( )를 알맞게 채우시오.

- 기준가격과 수확기 가격은 콩의 용도 및 품종에 따라 장류 및 두부용( ① ), 밥밑용( ② ), 밥밑용(흑태 및 기타), 나물용으로 구분하여 산출한다.

(2) '나물용 콩'에 관한 다음 자료를 바탕으로 '보험가입 직전 5년의 연도별 평균 수매가'를 구하시오.

○ 가입년도 2024년

| 연도 | 제주 지역농협 | 지역농협별 수매량(kg) | 지역농협별 수매금액(원/kg) |
|---|---|---|---|
| 2019 | A 농협 | 1,000 | 10,000 |
| | B 농협 | 800 | 8,000 |
| 2020 | A 농협 | 1,100 | 10,000 |
| | B 농협 | 1,000 | 9,400 |
| 2021 | A 농협 | 800 | 9,000 |
| | B 농협 | 800 | 9,000 |
| 2022 | A 농협 | 900 | 10,000 |
| | B 농협 | 1,000 | 11,000 |
| 2023 | A 농협 | 800 | 8,000 |
| | B 농협 | 1,000 | 8,600 |
| 2024 | A 농협 | 1,100 | 9,000 |
| | B 농협 | 900 | 9,000 |

**정답**

1. ① 백태, ② 서리태
2. 연도별 평균 수매가
    ① 2019년도=(1,000×10,000+800×8,000)÷(1,000+800)=9,111원
    ② 2020년도=(1,100×10,000+1,000×9,400)÷(1,100+1,000)=9,714원
    ③ 2021년도=(800×9,000+800×9,000)÷(800+800)=9,000원
    ④ 2022년도=(900×10,000+1,000×11,000)÷(900+1,000)=10,526원
    ⑤ 2023년도=(800×8,000+1,000×8,600)÷(800+1,000)=8,333원
3. 기준가격과 수확기가격
    ① 기준가격=(9,111+9,714+9,000)÷3=9,275원
    ② 수확기가격=(1,100×9,000+900×9,000)÷(1,100+900)=9,000원

✔ **나물용 콩, 마늘**
1. 나물용 콩 가격조항
    ① 기준가격 : 직전 5년 연도별 평균 수매가격의 올림픽 평균값
    ② 수확기가격 : (수확년도) 기초통계 기간 평균 수매가격
    ③ 중상품 평균값이 아닌 평균 수매가격 적용, 농가수취비율 적용하지 않음
2. 연도별 평균 수매가 :
    ① [농업재해보험·손해평가의 이론과 실무] : 지역농협별 수매량과 수매금액을 각각 합산하고, 수매금액의 합계를 수매량 합계로 나누어 산출한다. 연도별 평균 수매가=Σ수매금액÷Σ수매량
    ② 연도별 평균 수매가 산출 시: 다음과 같이 산출하는 견해도 있다.
    • A 농협의 (수매금액÷수매량)=A 농협의 수매가
    • B 농협의 (수매금액÷수매량)=B 농협의 수매가
    • (A 농협 수매가+B 농협 수매가)÷2=연도별 평균 수매가
    ③ 그러나 이 경우에는, [농업재해보험·손해평가의 이론과 실무] 위의 내용에는 '각 농협의 수매가를 평균하여 그 연도의 수매가를 산출한다'는 내용이 추가되어야 할 것이다.
✔ 기준가격과 수확기가격 산출 관련 본 파트의 도입부 설명을 참조하며, 2025 「농업재해보험·손해평가의 이론과 실무」를 확인한다.

# 농작물 재해보험 손해평가의 이론과 실무

**22.** 종합위험 농업수입(안정)보장에 가입한 포도 품목의 보험금을 산정하시오. (중량은 소수점 첫째 자리 이하 버림, %는 소수점 둘째 자리까지)

○ 계약사항

| 보험가입금액 | 평년수확량 | 가입 주수 | 자기부담비율 | 기준가격 |
|---|---|---|---|---|
| 1,500만원 | 5,000kg | 100주 | 20% | 3,000원 |

○ (수확 전) 착과수조사(착과수조사 이전 사고의 피해사실이 인정되지 않음)

| 실제결과주수 100주 | 미보상주수 5주 | 고사주수 5주 |
|---|---|---|
| 표본조사 : 표본주당 착과수 80개 | | |

○ 과중조사 400g/개

○ 낙과피해조사

| 실제결과주수 100주 | 미보상주수 5주 | 고사주수 8주 |
|---|---|---|
| 표본주당 낙과수 30개 | 낙과피해구성율 40% | 미보상비율 10% |

- 주당 착과수 40개
- 고사분과실수는 주당 착과수와 낙과수의 합계와 동일함

○ 수확기가격 2,500원

 **정답**

1. 기준수입=5,000×3,000=15,000,000원
2. 실제수입
   (1) 수확 전 착과량={(100-5-5)×80×0.4}+(5×50)=3,130kg
   - 주당 평년수확량=5,000÷100=50kg
   (2) 감수량
       ① 낙과감수량=(100-5-8)×30×0.4×(0.4-0)=417kg
       ② 고사주수감수량=3×(30+40)×0.4=84kg
   (3) 수확량=max(5,000, 3,130)-(417+84)=4,499kg
   (4) 미보상감수량=(5,000-4,499)×0.1=50kg
   (5) 실제수입=(4,499+50)×min(3,000, 2,500)=11,372,500원
3. 피해율=(15,000,000-11,372,500)÷15,000,000=24.18%
4. 보험금=15,000,000×(0.2418-0.2)=627,000원

**23.** 종합위험 농업수입(안정)보장에 가입한 포도 품목의 보험금을 산정하시오. (중량은 소수점 첫째 자리 이하 버림, %는 소수점 둘째 자리까지)

○ 계약사항

| 보험가입금액 | 평년수확량 | 가입 주수 | 자기부담비율 | 기준가격 |
|---|---|---|---|---|
| 1,800만원 | 6,000kg | 120주 | 20% | 3,000원 |

• 수확량감소 추가보장 특별약관 가입

○ (수확 전) 착과수조사(착과수조사 이전 사고의 피해사실이 인정됨)

| 실제결과주수 120주 | 미보상주수 10주 | 고사주수 10주 |
|---|---|---|
| 표본조사 : 표본주당 착과수 90개 || |

○ 수확 개시 후 수확량조사

| 재해 | 사고 | 조사 | 내용 |
|---|---|---|---|
| 집중<br>호우 | 8/20 | 8/21 | [과중조사] 300g/개<br><br>[착과피해조사]<br>» 나무조사<br><br>| 실제결과주수 | 미보상주수 | 고사주수 | 수확완료주수 |<br>\|---\|---\|---\|---\|<br>\| 120 \| 10 \| 10 \| 20 \|<br><br>» 착과피해조사<br><br>\| 표본주당 착과수 80개 \| 착과피해구성율 30% \|<br><br>» 미보상비율 5% |
| 태풍 | 9/02 | 9/03 | [낙과 · 착과피해조사]<br><br>» 나무조사(고사분 과실수는 주당 착과수와 낙과수의 합계와 동일함)<br><br>| 실제결과주수 | 미보상주수 | 고사주수 | 수확완료주수 |<br>\|---\|---\|---\|---\|<br>\| 120 \| 10 \| 20 \| 60 \|<br><br>» 낙과수 · 착과수 (표본조사)<br><br>\| 표본주당 낙과수 20개 \| 표본주당 착과수 40개 \|<br><br>» 피해구성조사<br><br>\| 낙과피해구성율 40% \| 착과피해구성율 50% \|<br><br>» 미보상비율 5% |

○ 수확기가격 3,300원

**[농업수입(안정)보장 보험금]**

1. 기준수입=6,000×3,000=18,000,000원
2. 실제수입
   (1) 수확 전 착과량={(120-10-10)×90×0.3}+(10×50)=3,200kg
   • 주당 평년수확량=6,000÷120=50kg
   (2) 8/20 감수량
   • 착과감수량=(120-10-10-20)×80×0.3×(0.3-0)=576kg

(3) 9/02 감수량

① 착과감수량=(120-10-20-60)×40×0.3×(0.5-0.3)=72kg

② 낙과감수량=(120-10-20-60)×20×0.3×(0.4-0.3)=18kg

③ 고사주수감수량=10×(20+40)×0.3=180kg

(4) 수확량=3,200-(576+72+18+180)=2,354kg

(5) 미보상감수량=(6,000-2,354)×0.05=182kg

(6) 실제수입=(2,354+182)×min(3,000, 3,300)=7,608,000원

✔ 포도, 복숭아, 자두, 만감류의 고사주수 감수량: 고사분과실수의 정의 또는 산출방법 및 ×(1-maxA)의 적용 여부를 2025「농업재해보험·손해평가의 이론과 실무」에서 다시 확인한다.

3. 피해율=(18,000,000-7,608,000)÷18,000,000=57.73%

4. 보험금=18,000,000×(0.5773-0.2)=6,791,400원

**[수확량감소 추가보장 보험금]**

1. 피해율=(6,000-2,354-182)÷6,000=57.73%

2. 보험금=18,000,000×0.5773×0.1=1,039,140원

✔ 농업수입(안정)보장에서 수확량감소 추가보장 특별약관의 피해율은 수확감소보장의 피해율을 적용함에 주의한다.

✔ 위 문제는 가격하락 없이 수확량감소로 인한 수입의 감소가 있는 예시이다. 따라서 수확량감소 추가보장의 피해율과 동일하게 산출된다.

**24.** 종합위험 농업수입보장에 가입한 포도 품목의 보험금을 산정하시오. (중량은 소수점 첫째 자리에서, %는 소수점 셋째 자리에서 반올림)

○ 계약사항 (가입비율 80%)

| 평년수확량 | 실제결과주수 | 자기부담비율 | 기준가격 | 특별약관 |
|---|---|---|---|---|
| 1,500kg | 100주 | 20% | 2,000원 | 수확량감소 추가보장 |

○ (수확 전) 착과수조사

| 실제결과주수 100주 | 미보상주수 5주 | 고사주수 5주 |
|---|---|---|
| 표본조사 : 표본주당 착과수 25개 | | |

○ 과중조사 : 500g/개

○ 수확량조사(착과수조사 이전 사고의 피해사실이 인정됨)

» 1차 보상하는 재해 발생 확인 : 나무피해 없음
  - 착과피해조사 : 주당 착과수 20개. 착과피해구성율 30%
» 2차 보상하는 재해 확인 : 미보상주수 5주, 고사주수 5주, 기수확주수 5주(나무조사 : 누적값)
  - 착과피해조사 : 주당 착과수 15개. 착과피해구성율 40%
  - 낙과피해조사 : 주당 낙과수 5개. 낙과피해구성율 50%
  - 미보상비율 5%

○ 수확기가격 1,500원

**[농업수입(안정)보장 보험금]**

1. 기준수입=1,500×2,000=3,000,000원

2. 실제수입

(1) 수확량

　① 수확 전 착과량=(90×25×0.5)+(5×15)=1,200kg

　② 감수량 합계=377kg

　　• 1차 사고 착과감수량=(90×20)×0.5×0.3=270kg

　　• 2차 사고 착과감수량=(85×15)×0.5×(0.4-0.3)=64kg

　　• 2차 사고 낙과감수량=(85×5)×0.5×(0.5-0.3)=43kg

　③ 수확량=1200-(270+64+43)=823kg

(2) 미보상감수량=(1,500-823)×0.05=34kg

(3) 실제수입=(823+34)×min(2,000, 1,500)=1,285,500원

4. 피해율=(3,000,000-1,285,500)÷3,000,000=57.15%

5. 보험금

　① 보험가입금액=1500×0.8×2000=2,400,000원

　② 보험금=2,400,000×(0.5715-0.2)=891,600원

**[수확량감소 추가보장 보험금]**

1. 피해율=(1,500-823-34)÷1,500=42.87%

2. 보험금=2,400,000×0.4287×0.1=102,888원

---

**25.** 다음은 종합위험 농업수입(안정)보장에 가입한 포도에 관한 내용이다. 계약사항과 조사내용을 참조하여 ① 농업수입(안정)보장보험금, ② 수확량감소 추가보장 보험금을 구하시오. (품종별 평년수확량, 주당 평년수확량, 수확량, 미보상감수량 등 모든 量은 소수점 첫째 자리에서 반올림하여 정수 단위로, 피해율은 %로 소수점 셋째 자리에서 반올림)

○ 계약사항

| 품목 | 보험가입금액 | 평년수확량 | 자기부담비율 | 가입 특별약관 |
|---|---|---|---|---|
| 포도 | 3,000만원 | 10,000kg | 20% | 수확량감소 추가보장 |

• 수확량감소 추가보장의 보험가입금액은 과실손해보장 보험가입금액과 동일

| 표준수확량 | | 실제결과주수 | | 가격 | |
|---|---|---|---|---|---|
| A품종 8,000kg | B품종 4,000kg | A품종 400주 | B품종 260주 | 기준가격 3,000원 | 수확기가격 2,600원 |

○ 조사내용(보상하는 재해 발생 확인)

| 수확 전 착과수 조사 | » 본 조사 전의 피해사실이 인정되지 않음<br>» 나무 조사 : A품종 미보상주수 5주, B품종 미보상주수 4주<br>» 고사주수 6주<br>» 착과수 조사 : A품종 20,000개, B품종 10,400개 |
|---|---|
| 과중조사 | » 조사 과중 : A품종 330g, B품종 300g<br>» 미보상비율 조사 : A품종 5%, B품종 10% |
| 수확량조사 | » 감수량 합계 2,800kg |

 1. 농업수입(안정)보장 보험금

(1) 기준수입=10,000×3,000=30,000,000원

(2) 품종별 평년수확량

　① A품종=$10,000 \times \dfrac{8,000}{12,000} = 6,667kg$　6,667÷400=17kg/주.　6,667÷400=17kg/주

② B품종=$10,000 \times \dfrac{4,000}{12\,000} = 3,333kg$. $3,333 \div 260 = 13kg/주$. $3,333 \div 260 = 13kg/주$

(3) 실제수입

① 착과량={(20,000×0.33)+(5×17)}+{(10,400×0.3)+(4×13)}=9,857kg

② 감수량=2,800kg

③ 수확량=max(10,000, 9,857)-2,800=7,200kg

④ 미보상감수량=(10,000-7,200)×0.1=280g

⑤ 실제수입=(7,200+280)×2,600=19,448,000원

(4) 피해율=$\dfrac{30,000,000 - 19,448,000}{30,000,000} = 35.17\%$

(5) 보험금=30,000,000×(0.3517-0.2)=4,551,000원

2. 수확량감소 추가보장 보험금

① 피해율=$\dfrac{10,000 - 7,200 - 280}{10,000} = 25.2\%$

② 보험금=30,000,000×0.252×0.1=756,000원

✔ 포도 · 복숭아 · 자두 미보상비율 : 품종별로 미보상비율이 다를 경우 품종별 미보상비율 중 가장 높은 미보상비율을 적용한다. 재조사 또는 검증조사로 미보상비율이 변경된 경우에는 재조사 또는 검증조사의 미보상비율을 적용한다.

✔ 농업수입(안정)보장 포도 수확량감소 추가보장 보험금=수확감소보장의 피해율 적용

**26.** 종합위험보장 밭작물 품목별 「수확량조사」 적기에 관한 내용이다. 보기를 보고 물음에 답하시오.

| 보기 |
| --- |
| 콩, 팥, 양배추, 감자(가을재배), 고구마, 감자(고랭지재배), 양파, 마늘 |

(1) 농업수입(안정)보장에 가입할 수 없는 품목을 쓰시오.

(2) 「수확량조사」 적기를 비대가 종료된 시점을 기준으로 하는 품목을 쓰시오.

(3) 표본조사 시 표본구간의 면적에 적용되는 이랑 길이, 이랑 폭이 다른 품목을 쓰시오.

**정답**

1. 감자(고랭지재배), 팥

2. 감자(가을재배), 감자(고랭지재배), 고구마, 양파, 마늘

3. 콩, 팥. 점파 재배 시 이랑길이(식물체 4주 이상의 길이)×이랑폭

4. 콩, 팥 이외의 품목 : 이랑길이(식물체 5주 이상의 길이)×이랑폭

✔ 마늘 재파종 조사 : 식물체 8주(또는 1m)에 해당하는 이랑 길이×이랑 폭

**27.** 농업수입(안정)보장 양파 품목의 보험금을 산출하시오. (%와 m²당 중량 및 비대지수는 소수점 셋째 자리 이하 버림. 수확량 및 미보상 감수량 등은 소수점 첫째 자리 이하 버림)

○ 계약사항

| 보험가입금액 | 실제경작면적 | 평년수확량 | 기준가격 | 자기부담비율 |
| --- | --- | --- | --- | --- |
| 3,240,000원 | 3,000m² | 2,700kg | 1,200원 | 20% |

○ 조사내용: 수확 전 냉해 피해 확인

| 실제경작면적 | 수확불능면적 | 기수확면적 | 타작물 · 미보상면적 |
|---|---|---|---|
| 3,000㎡ | 100㎡ | 0㎡ | 400㎡ |
| 표본구간 면적 | 표본구간 수확량 8kg | | 수확기가격 |
| 합계 6㎡ | 정상 작물 5kg, 80% 피해형 2kg, 100% 피해형 1kg | | 1,000원 |

• 미보상비율 10%          • 잔여일수 10일          • 비대지수 2.2(%)/일

**정답**

1. 기준수입=2,700×1,200=3,240,000원
2. 실제수입
   ① ㎡당 평년수확량=0.9kg
   ② 조사대상면적 3,000-100-400=2,500㎡
   ③ 비대지수=1+(0.022×10)=1.22
   ④ 표본구간 수확량={(5+2×0.2+1×0)×1.22}÷6=1.09kg/㎡
   ⑤ 수확량=(1.09×2,500)+(0.9×400)=3,085kg
   ⑥ 미보상감수량=0kg
   ⑦ 실제수입=(3,085+0)×min(1,200, 1,000)=3,085,000원
3. 피해율=(3,240,000-3,085,000)÷3,240,000=4.78%
4. 보험금 없음

✔ 가격이 하락했지만, 평년수확량 대비 수확량이 증가해 피해율이 작게 산출되는 사례
• 농업수입(안정)보장의 자기부담비율이 최저 20%이므로 '피해율 > 자기부담비율'을 반드시 확인한다.

**28.** 농업수입보장 감자(가을재배) 품목의 지급보험금을 산출하시오. (%는 소수점 셋째 자리 이하 버림, ㎡당 중량은 소수점 넷째 자리 이하 버림. 수확량 및 미보상 감수량 등은 소수점 첫째 자리 이하 버림)

○ 계약사항

| 보험가입금액 | 실제경작면적 | 평년수확량 | 기준가격 | 자기부담비율 |
|---|---|---|---|---|
| 24,960,000원 | 6,000㎡ | 7,800kg | 3,200원 | 20% |

○ 조사내용: 수확 전 보상하는 재해로 인한 피해 확인

| 실제경작면적 | 수확불능면적 | 기수확면적 | 타작물 · 미보상면적 |
|---|---|---|---|
| 6,000㎡ | 300㎡ | 300㎡ | 400㎡ |
| 표본구간 면적 | 표본구간 수확량 12kg | | 수확기가격 |
| 합계 10㎡ | 정상 작물 3kg, 50% 피해형 6kg,<br>병충해 (모자이크병) 3kg, 손해 정도 50% | | 3,400원 |

• 미보상비율 10%

1. 기준수입=7,800×3,200=24,960,000원
2. 실제수입
   ① ㎡당 평년수확량=1.3kg
   ② 조사대상면적 6,000-300-400-300=5,000㎡
   ③ 표본구간 수확량=(3+6×0.5+3)÷10=0.9kg/㎡
   ④ 수확량=(0.9×5,000)+(1.3×700)=5,410kg
   ⑤ 미보상감수량=(7,800-5,410)×0.1=239kg
   ⑥ 병충해 감수량=0.162×5,000=810kg
   • 표본구간 병충해 감수량=(3×0.6×0.9)÷10=0.162kg
   ⑦ 실제수입=(5,410+239-810)×min(3,200, 3,400)=15,484,800원
3. 피해율=(24,960,000-15,484,800)÷24,960,000=37.96%
4. 보험금=24,960,000×(0.3796-0.2)=4,482,816원
✔ 가격하락은 없으나 수확량 감소를 보상하는 사례. 손해정도와 손해정도비율을 구분한다.

**29.** 농업수입(안정)보장방식 콩 품목의 지급보험금을 산출하시오. (%와 ㎡당 중량은 소수점 셋째 자리 이하 버림. 수확량 및 미보상 감수량 등은 소수점 첫째 자리 이하 버림)

○ 계약사항

| 보험가입금액 | 실제경작면적 | 평년수확량 | 기준가격 | 자기부담비율 |
|---|---|---|---|---|
| 18,000,000원 | 2,500㎡ | 2,000kg | 9,000원 | 20% |

○ 조사내용 : 수확 전 보상하는 재해로 인한 피해 확인되지 않음

| 실제경작면적 | 수확불능면적 | 기수확면적 | 타작물 · 미보상면적 |
|---|---|---|---|
| 2,500㎡ | 200㎡ | 0㎡ | 300㎡ |
| 표본구간 면적 | 표본구간 종실 중량 | 함수율 | 수확기가격 |
| 합계 12㎡ | 3kg | 18% | 7,500원 |

• 미보상비율 10%

1. 기준수입=2,000×9,000=18,000,000원
2. 실제수입
   ① ㎡당 평년수확량=0.8kg
   ② 조사대상면적 2,500-200-300=2,000㎡
   ③ 표본구간 수확량={3×(0.82÷0.86)}÷12=0.23kg/㎡
   ④ 수확량=(0.23×2,000)+(0.8×300)=700kg
   ⑤ 미보상감수량=2,000-700=1,300kg
   ⑥ 실제수입=(700+1,300)×min(9,000, 7,500)=15,000,000원
3. 피해율=(18,000,000-15,000,000)÷18,000,000=16.66%
4. 보험금=18,000,000×(0.1666-0.2)=0원
✔ 보상하는 재해가 없었음에도 수확량이 감소된 경우: 미보상감수량=평년수확량-수확량
   • 이 경우 '피해율=(기준가격-수확기가격)÷기준가격'으로 해도 동일하지만, 올바른 풀이 과정은 아니므로 검산 용도로 사용한다.

**30.** 농업수입(안정)보장 마늘(한지형) 품목의 지급보험금을 산출하시오. (%와 ㎡당 중량은 소수점 셋째 자리 이하 버림. 수확량 및 미보상 감수량 등은 소수점 첫째 자리 이하 버림)

○ 계약사항

| 보험가입금액 | 실제경작면적 | 평년수확량 | 기준가격 | 자기부담비율 |
|---|---|---|---|---|
| 30,000,000원 | 3,000㎡ | 6,000kg | 5,000원 | 20% |

○ 조사내용 : 수확 전 조수해 피해 확인

| 실제경작면적 | 수확불능면적 | 기수확면적 | 타작물·미보상면적 |
|---|---|---|---|
| 3,000㎡ | 300㎡ | 400㎡ | 300㎡ |
| 표본구간 면적(5구간) | 표본구간 수확량 10kg | | 수확기가격 |
| 이랑 길이 1.3m,<br>이랑 폭 1m | 정상 작물 6kg,<br>80% 피해형 4kg | | 4,000원 |

• 미보상비율 10%      • 잔여일수 8일      • 비대지수 0.8(%)/일

1. 기준수입=6,000×5,000=30,000,000원
2. 실제수입
   ① ㎡당 평년수확량=2kg
   ② 조사대상면적 3,000-300-400-300=2,000㎡
   ③ 비대지수=1+(0.008×8)=1.064
   ④ 표본구간 수확량={(6+4×0.2)×0.7×1.064}÷(1.3×1×5)=0.77kg/㎡
   ⑤ 수확량=(0.77×2,000)+(2×700)=2,940kg
   ⑥ 미보상감수량=(6,000-2,940)×0.1=306kg
   ⑦ 실제수입=(2,940+306)×min(5,000, 4,000)=12,984,000원
3. 피해율=(30,000,000-12,984,000)÷30,000,000=56.72%
4. 보험금=30,000,000×(0.5672-0.2)=11,016,000원

**31.** 밭작물의 농업수입(안정)보장보험금 산정에 관한 내용이다. (    )을 채우시오.

• 기준수입은 평년수확량에 농지별 (  ①  )을 곱하여 산출한다.
• 수확량조사를 하지 않아 조사한 수확량이 없는 경우에는 (  ②  )을 수확량으로 한다.
• 계약자 또는 피보험자의 (  ③  )로 수확량조사를 하지 못하여 수확량을 확인할 수 없는 경우에는 농업수입(안정)보장 보험금을 지급하지 않는다.
• 평년수확량 보다 수확량이 감소하였으나 보상하는 재해로 인한 감소가 확인되지 않는 경우에는 (  ④  )을 모두 미보 상감수량으로 한다.

정답 ① 기준가격, ② 평년수확량, ③ 고의 또는 중대한 과실, ④ 감소한 수량

**32.** 농업수입(안정)보장에 상품에 가입한 농지에 관한 다음 내용을 보고 물음에 답하시오. ($m^2$당 수확량은 kg 단위로 소수점 셋째 자리에서 반올림, 각 수확량, 감수량 등은 소수점 첫째 자리에서 반올림해 정수 단위로, 피해율은 %로 소수점 셋째 자리에서 반올림)

○ 계약사항

| 품목 | 평년수확량 | 가입수확량 | 가입면적 | 기준가격 | 자기부담비율 |
|---|---|---|---|---|---|
| 마늘 (대서) | 2,000kg | 1,000kg | 1,000m² | 4,000원 | 20% |

○ 수확량조사
• 면적조사(m²)

| 실제경작면적 | 수확불능면적 | 미보상면적 | 타작물면적 | 기수확면적 |
|---|---|---|---|---|
| 1,000 | - | 100 | 100 | 100 |

• 표본조사

| 표본구간 | 표본구간 수확량조사 | 비대추정지수 | 잔여일수 |
|---|---|---|---|
| 합계 8m² | 정상작물 6kg, 80% 피해작물 4kg, 100% 피해작물 2kg | 0.8%/일 | 12일 |

• 미보상비율 10%

○ 수확기가격 3,400원/kg

(1) 위와 같이 수확량조사를 실시한 경우의 농업수입(안정)보장보험금을 구하시오.

(2) 수확량조사를 실시하지 못한 경우의 농업수입보장보험금을 구하시오. (위의 수확량조사 내용은 고려하지 않는다)

**정답**

1. 수확량조사 실시한 경우
   (1) 기준수입=2,000×4,000=8,000,000원
   (2) 실제수입=(1,069+93)×3,400=3,950,800원
       ① 조사대상면적=1,000-100-100-100=700m²
       ② m²당 평년수확량=2,000÷1,000=2kg
       ③ 비대지수=1+(0.008×12)=1.096
       ④ 표본구간 m²당 수확량=$\dfrac{(6+4\times0.2)\times0.72\times1.096}{8}=0.67kg$
       ⑤ 조사수확량=(700×0.67)+(300×2)=1,069kg
       ⑥ 미보상감수량=(2,000-1,069)×0.1=93kg
   (3) 피해율=(8,000,000-3,950,800)÷8,000,000=50.62%
   (4) 보험가입금액=1,000×4,000=4,000,000원
   (5) 보험금=4,000,000×(0.5062-0.2)=1,224,800원
2. 수확량조사 실시하지 않은 경우
   (1) 기준수입=2,000×4,000=8,000,000원
   (2) 실제수입=2000×3,400=6,800,000원
   (3) 피해율=(8,000,000-6,800,000)÷8,000,000=15%
   (4) 보험가입금액=1,000×4,000=4,000,000원
   (5) 보험금=0원. 자기부담비율 미만의 피해

✔ 농업수입(안정)보장

1. 수확량조사를 하지 않은 경우 : 조사수확량=평년수확량

2. 계약자, 피보험자의 고의 또는 중대한 과실로 수확량조사를 하지 못해 수확량을 확인할 수 없는 경우 : 보험금 지급하지 않음

3. 평년수확량보다 수확량이 감소했지만, 보상하는 재해로 인한 감소가 확인되지 않는 경우 : 감소한 수량 전부=미보상 감수량 (포도 : 해당 없음) → (평년수확량-조사수확량)=미보상감수량. 위 1과 같은 의미

**33.** 종합위험 농업수입(안정)보장방식에 가입한 콩 품목의 계약사항 및 조사내용을 바탕으로 ① 식물체 피해율을 구하고, ② 수확량조사 대상 농지 여부를 쓰시오. (예 대상 농지, 대상 농지 아님)

○ 계약사항

| 품목 | 가입면적 | 평년수확량 | 보험가입금액 | 자기부담비율 |
|---|---|---|---|---|
| 콩 | 2,000㎡ | 1,200kg | 4,800,000원 | 20% |

○ 경작불능조사 : 실제경작면적 2,000㎡

| 감자 재배면적 | • 100㎡ | |
|---|---|---|
| 수확불능면적 | • 병해충으로 인한 수확불능면적 100㎡ | • 급수불량으로 인한 수확불능면적 100㎡ |
| | • 멧돼지로 인한 수확불능면적 200㎡ | • 폭염으로 인한 수확불능면적 1,100㎡ |

정답 1. 식물체 피해율 : 1,300÷2,000=65%, 2. 수확량조사 대상 : 대상 농지 아님

# PART 8

## 생산비보장 (노지) 밭작물

손해평가사 2차 문제집

**TIP**

✔ **2025~에는 생산비보장 (노지) 밭작물에 다음과 같은 변경이 예상된다.**

1. 품목 추가 : 봄배추와 가을무 품목

2. 대파 정식완료일 변경 : 판매연도 5월 20일 초과 불가 → 판매연도 6월 15일 초과 불가

3. 생산비보장 (노지) 밭작물의 전 품목 : 재정식, 재파종 보장

  ① 재정식보장 : 대파, 단호박, 배추, 고추, 브로콜리, 양상추

  ② 재파종보장 : 메밀, 시금치, 쪽파, 무, 당근

4. 메밀, 브로콜리 외 품목의 피해율 항목의 명칭 통일 : 면적피해율×평균 손해정도비율×(100%-미보상비율)

5. 고추, 브로콜리 준비기 생산비 계수 : 고추 49.5%, 브로콜리 55.9%

6. 자기부담비율 10%, 15% 형

  ① 해당 품목 : 고랭지·월동배추, 고랭지·월동무, 시금치, 대파, 단호박, 당근, 메밀

  ② 미해당 품목 : 쪽파, 양상추, 봄·가을배추, 가을 무(추후 재확인 필요)

7. 보상하지 않는 손해 추가 : 생리장해-영양 불균형, 관리 실수 및 생태적 요인, 환경적 요인 등으로 인해 농작물에 발생하는 장해

✔ **예상이므로 2025 「농업재해보험·손해평가의 이론과 실무」에서 다시 확인한다.**

# 농작물 재해보험의 이론과 실무

**1.** 종합위험 생산비보장 고추 품목의 ① 보험금 지급 사유를 쓰고, 다음 조건에서 ② 지급보험금을 산출하시오.

> • 보험가입금액: 1,000만원  • 병충해로 인한 피해 발생: 흰가루병
> • 경과비율: 65%  • 피해율: 40%
> • 최근 2년간 연속 보험 가입 계약자로서 2년간 수령한 보험금이 순보험료의 110%
> • 기지급 보험금: 200만원

**정답**
1. 지급 사유 : 보상하는 재해로 약관에 따라 계산한 생산비보장 보험금이 자기부담금을 초과하는 경우
2. 보험금=(8,000,000×0.65×0.4×0.3)-(8,000,000×0.03)=384,000원
✔ **고추, 브로콜리는 잔존 보험가입금액을 기준으로 한다.**

**2.** 종합위험 생산비보장 품목의 인수 제한 사항이다. 각 사항에 해당하는 품목을 쓰시오.

> (1) 노지재배, 터널재배 이외의 재배 작형으로 재배하는 농지
> (2) 동일 농지 내 재배 방법이 동일하지 않은 농지 (단, 보장생산비가 낮은 재배 방법으로 가입하는 경우 인수 가능)
> (3) 5월 29일을 초과하여 정식한 농지
> (4) 정식 6개월 이내에 인삼을 재배한 농지
> (5) 직파한 농지
> (6) 동일 농지 내 재식일자가 동일하지 않은 농지 (단, 농지 전체의 정식이 완료된 날짜로 가입하는 경우 인수 가능)
> (7) 정식을 9월 30일 이후에 실시한 농지

**정답**
(1) 고추, (2) 고추, (3) 단호박, (4) 고추, (5) 고추, (6) 고추, (7) 브로콜리
✔ **고추의 인수 제한 목적물은 반드시 암기한다.**

**3.** 브로콜리를 재배하는 아래 각 농지의 종합위험 생산비보장(노지 밭작물) 상품에의 보험 가입 가능 여부와 이유를 쓰시오. (주어진 조건 외에는 고려하지 않음)

> (1) A 농지 : ○○리 소재 가입금액 각 100만원 농지, 50만원 농지 및 150만원 농지를 모두 합하여 가입
> (2) B 농지 : 브로콜리와 양배추를 혼식했으나 주력 품목인 브로콜리가 90% 이상
> (3) C 농지 : 9월 01일에 정식을 완료

**정답**
1. A 농지 : 가입 불가. 하나의 리(동)의 200만원 미만의 '두 개의 농지'는 하나로 취급하여 계약 가능. (50만원+150만원, 100만원+150만원 두 개의 농지만 합하면 가능)
2. B 농지 : 가입 불가. 다른 작물과 혼식되어 있는 농지

3. C 농지 : 가입 가능. 9월 30일 이후 정식인 경우 불가

**✔ 생산비보장 (노지) 밭작물 최저 보험가입금액**
- 고추, 브로콜리: 최저 200만원 이상
- 배추, 무, 단호박, 파(대파·쪽파(실파) 1·2형), 당근, 시금치, 양상추 : 최저 100만원 이상
- 메밀 : 최저 50만원 이상

**4.** 다음 품목을 대상으로 물음에 답하시오.

| | | |
|---|---|---|
| • 감자(고랭지재배) | • 고구마 | • 양파 |
| • 옥수수 | • 고추 | • 감자(봄재배) |
| • 양배추 | • 콩 | • 밀 |

(1) 전작으로 특정 작물 재배 시 인수 제한되는 품목

(2) 4,000주/10a의 재식밀도로 경작하는 농지의 경우 인수 가능한 품목

(3) 출현율 90% 이상 시 인수 가능한 품목

(4) 병충해를 보장하는 품목

**정답**
(1) 감자(봄재배), 고추
(2) 감자(봄재배), 감자(고랭지재배), 고구마, 옥수수(단, 1주 재배 : 5,000주 미만 시, 2주 재배 : 6,000주 미만 시 인수 가능)
(3) 콩, 옥수수, 감자(봄재배), 감자(고랭지재배), 밀
(4) 감자(봄재배), 감자(고랭지재배), 고추
**✔ 인수 제한 목적물**
- 출현율 : 밀·보리·귀리 80% 미만 시 인수 제한, 메밀은 출현율 인수 제한 없음
- 고추 : 재식밀도 10a당 1,500주 미만, 4,000주 '초과'인 농지 / 정식 6개월 이내에 인삼을 재배한 농지

**5.** <심화> 다음 표준생산비 및 보장생산비에 관한 내용이다. (       )에 알맞은 단어를 쓰시오.

- 표준생산비를 재배 기간별 (  ①  ,  ②  ,  ③  )로 배분한다.
- 수확기에 투입되는 생산비는 수확과 더불어 회수되므로 표준생산비에서 (  ④  )를 차감하여 보험 가입 대상 생산비 산출
- 보험 가입 대상 생산비는 준비기 생산비에 생장기 생산비를 합산하거나 표준생산비에서 (  ④  )를 차감하여 산출

**정답**
① 준비기, ② 생장기, ③ 수확기, ④ 수확기 생산비

**6.** **<심화>** 종합위험 생산비보장에 가입한 브로콜리 품목의 지급보험금을 산출하시오.

| 가입면적 | 자기부담비율 | 경과비율 | 피해율 | 기발생 보험금 |
|---|---|---|---|---|
| 2,000㎡ | 5% | 60% | 30% | 150만원 |

- 가입면적과 재배면적은 동일.

| 지역별 농산물 소득자료 생산비 분류 (10a 기준) | | | |
|---|---|---|---|
| 경영비 100만원 | 자가노력비(자가노동비) 50만원 | 자본용역비 150만원 | 토지(자본)용역비 100만원 |

| 재배 기간별 생산비 배분 | | |
|---|---|---|
| 준비기 50% | 생장기 40% | 수확기 10% |

(1) 보장생산비를 산출하시오.

(2) 생산비보장 보험금을 산출하시오.

<blockquote>

**[정답]**

1. 보장생산비
   ① 표준생산비=(1,000,000+500,000+1,500,000+1,000,000)÷1,000=4,000원/㎡
   ② 보장생산비=4,000×(0.5+0.4)=3,600원/㎡
   ✔ **보장생산비=준비기 생산비+생장기 생산비**
   [농업재해보험·손해평가의 이론과 실무] 용어의 정의 :
   - 생산비 : 작물의 생산을 위하여 소비된 재화나 용역의 가치로 종묘비, 비료비, 농약비, 영농광열비, 수리비, 기타 재료비, 소농구비, 대농구 상각비, 영농시설 상각비, 수선비, 기타 요금, 임차료, 위탁 영농비, 고용노동비, 자가노동비, 유동자본용역비, 고정자본용역비, 토지자본용역비 등을 포함
2. 생산비보장 보험금
   ① 보험가입금액=2,000×3,600=7,200,000원
   ② 지급보험금=(5,700,000×0.6×0.3)-(5,700,000×0.05)=741,000원
   ✔ **자기부담금은 잔존 보험가입금액을 기준으로 함에 주의한다.**

</blockquote>

**7.** 다음 중 지급 후 계약이 소멸하는 보험금을 쓰시오.

| | | |
|---|---|---|
| • 벼(조곡) 수확감소보험금 | • 마늘 재파종보험금 | • 양파 경작불능보험금 |
| • 벼(조곡) 수확불능보험금 | • 양배추 재정식보험금 | • 벼(조곡) 이앙·직파불능보험금 |
| • 고랭지 배추 경작불능보험금 | • 고랭지 배추 생산비보장 보험금 | |

<blockquote>

**[정답]** 양파 경작불능보험금,   벼(조곡) 수확불능보험금, 벼(조곡) 이앙·직파불능보험금, 고랭지 배추 경작불능보험금

</blockquote>

**8.** 종합위험 생산비보장 메밀 품목의 다음 조건을 보고 물음에 답하시오.

| 가입면적 | 보장생산비 | 자기부담비율 | 파종일 |
|---|---|---|---|
| 5,000㎡ | 1,200원/㎡ | 20% | 7월 30일 |
| 지역별 영업요율 | 순보험료율 | 손해율에 따른 할인율 | 지자체 지원율 |
| 10% | 영업요율의 80% | 20% | 30% |

- 8/20 강풍으로 인한 피해 발생
- 미보상비율 10%
- 피해면적 : 3,300㎡ (도복 면적 및 평균 손해정도비율 반영한 최종 피해면적)
- 가입면적과 재배면적 일치

**(1)** 생산비보장 보험금을 산출하시오.

**(2)** 계약자부담 보험료를 산출하시오.

**(3)** 만일 계약자가 경작불능보험금을 지급 받은 후 계약을 해지할 경우의 환급보험료를 산출하시오. (메밀의 8월 미경과비율 40%)

 정답

1. 생산비보장 보험금
   ① 보험가입금액=5,000×1,200=6,000,000원
   ② 피해율=(3,300÷5,000)×(1-0.1)=59.4%
   ③ 생산비보장 보험금=6,000,000×(0.594-0.2)=2,364,000원
2. 계약자부담 보험료=6,000,000×0.1×0.8×(1-0.2)×(1-0.5-0.3)=76,800원
3. 환급보험료 없음 : 경작불능보험금 지급 시 계약 소멸하고 환급보험료는 발생하지 않음

✔ **메밀의 피해율**= $\dfrac{도복 \times 0.7 + 도복 외 \times 평균\ 손해정도비율}{재배면적} \times (1 - 미보상비율)$

**9.** 종합위험 생산비보장에 가입할 수 있는 품목 중 보험가입금액 기준이 최저 100만원이 아닌 품목을 모두 쓰시오.

정답

고추, 브로콜리 : 200만원, 메밀 : 50만원

**10.** 다음은 종합위험 생산비보장 대파 품목을 경작하는 농지에 관한 내용이다. ① 인수 가능 여부를 판단하고 ② 그 이유를 모두 쓰시오.

A 씨는 진도군의 한 섬에서 500㎡ 농지에 대파를 경작하고 있다. 주 거주지는 농지 주소지와 동일하지만 계약자 주소는 내륙으로 되어있어 농작물재해보험 가입 시 내륙의 주소지로 등록하려 한다. 섬에 있는 농지이나 정기선 등이 수시로 운항하고 있어 왕래에는 지장이 없다. 대파의 올해 보장생산비는 1,800원/㎡ 이다. 5월 10일에 총 7,000주를 정식하였다. 노지재배로 신경 쓸 것이 많으나, 좋은 판매수익을 기대하고 있다. 올해 8월 말에 태풍이 몇 차례 예상되지만 보장 기간 내이므로 다소 안심이 된다.

**정답**
1. 인수 불가
2. 이유
① 진도 : 진도, 신안 가입 가능 지역
② 보험가입금액 : 500×1,800=900,000원. 100만원 미만으로 가입 불가
③ 농지 아닌 농가 주소지로 가입 불가
④ 도서 지역이나 정기선 운항 등으로 신속한 손해평가 가능하므로 가입 가능
⑤ 6월 15일 이전 정식 인수 가능 (본 파트 도입부 설명 참조)
⑥ 시설재배 아닌 노지재배 가입 가능
⑦ 재식밀도 15,000주/10a 미만이므로 인수 제한 (7,000÷500=14주/㎡=14,000주/10a)
⑧ 판매 목적이므로 가입 가능
※ 정식일로부터 200일까지 보장 기간
✔ 생산비보장 품목의 보험기간, 정식(파종) 한계일 등은 반드시 암기해야 한다.

**11.** 다음은 종합위험 생산비보장 쪽파 품목의 인수 제한 목적물에 관한 내용이다. (     )을 채우시오.

- 상품유형별 파종기간을 초과해 파종한 농지 인수 제한. 쪽파 1, 2형 파종완료일 (  ①  ) 초과 불가
- (( ②  ) 씨쪽파)으로 재배하는 농지 인수 제한

**정답** ① 10월 15일, ② 종구용

**12.** 종합위험 생산비보장 고추 품목의 보통약관에서 보상하는 재해를 모두 쓰시오.

**정답** 자연재해, 조수해, 화재, 병충해
✔ 병충해 보장 : 벼-특별약관, 감자 · 고추 · 복숭아-보통약관

**13.** 종합위험 생산비보장 고추 품목의 병해충 등급별 인정비율이다. (     )을 채우시오.

- 병해충 : 잿빛곰팡이병, 시들음병, 담배가루이, 담배나방
- (  ①  )등급, 인정비율 (  ②  )%

**정답** ① 2등급, ② 50%
✔ 병충해 등급별 인정 비율 : 감자와 고추 품목의 인정 비율이 다름에 주의한다.

**14.** 종합위험 생산비보장 품목의 보험기간이다. ( )을 채우시오.

| 브로콜리 | 재정식 | 정식완료일 24시~재정식 완료일(( ① ) 초과 불가) | |
|---|---|---|---|
| | 생산비 | 정식완료일 24시~정식일로부터 160일째 되는 날 24시 | |
| | 정식완료일 | 판매연도 9/30 초과 불가. 경과 시 계약 24시 | |
| 양상추 | ( ② ) | 정식완료일 24시~( ② ) 완료일(판매연도 9/10 초과 불가) | 정식완료일 8/31 초과불가 |
| | 경작불능 | 정식완료일 24시~최초 수확 직전 | |
| | 생산비 | 정식완료일 24시~정식일로부터 70일째 되는 날 24시 | |
| 가을 배추 | 재정식 | 정식완료일 24시~재정식 완료일(판매연도 9/20 초과 불가) | 정식완료일 9/10 초과 불가 |
| | 경작불능 | 정식완료일 24시~최초 수확 직전 | |
| | 생산비 | 정식완료일 24시~정식일로부터 110일째 되는 날 24시(단, ( ③ ) 초과 불가) | |
| 시금치 (노지) | 경작불능 | 파종완료일 24시~최초 수확 직전 | 파종완료일 10/31 초과 불가 |
| | 생산비 | 파종완료일 24시~최초 수확 직전 (( ④ ) 초과 불가) | |
| 메밀 | 재파종 | 파종완료일 24시~재파종 완료일(판매연도 9/25 초과 불가) | 파종완료일 9/15 이후 불가 |
| | 경작불능 | 파종완료일 24시~최초 수확 직전 | |
| | 생산비 | 파종완료일 24시~최초 수확 직전(( ⑤ ) 초과 불가) | |

**정답** ① 판매연도 10월 10일, ② 재정식, ③ 판매연도 12월 15일, ④ 이듬해 1월 15일, ⑤ 판매연도 11월 20일

**15.** 종합위험 생산비보장 노지 밭작물 상품에 가입한 브로콜리의 계약사항 및 조사내용을 참조하여 물음에 답하시오.

○ 계약사항

| 가입 면적 | 보장 생산비 | 지역별 영업요율 | 순보험료율 | 손해율에 따른 할인율 | 자기부담비율 | 지자체 지원율 |
|---|---|---|---|---|---|---|
| 1,000㎡ | 2,500원 | 8% | 7% | 8% | 5% | 30% |

• 전기시설물, 스프링클러 설치 확인

○ 조사내용 : 조수해로 인해 생산비보장 보험금 50만원 지급

(1) 계약자부담보험료를 구하시오.

(2) 계약체결 후 계약자의 통지의무 해태로 인해 계약이 해지된 경우 환급보험료를 구하시오. 해지 시점: 9월

&lt;미경과비율&gt;

| 월 | 7 | 8 | 9 | 10 | 11 | 12 | 1 |
|---|---|---|---|---|---|---|---|
| 미경과비율(%) | 100 | 100 | 50 | 30 | 25 | 20 | 15 |

**정답**

1. 계약자부담보험료
   ① 보험가입금액=1,000×2,500=2,500,000원
   ② 계약자부담보험료=2,500,000×0.07×(1-0.08)×(1-0.1)×(1-0.5-0.3)=28,980원
2. 환급보험료
   ① 최종 보험가입금액 기준 계약자부담보험료=2,000,000×0.07×(1-0.08)×(1-0.1)×(1-0.5-0.3)=23,184원
   ② 환급보험료=23,184×0.5=11,592원
✔ 브로콜리 방재시설 : 관수시설(스프링클러 등), 전기시설물(철책 · 울타리 등), 방조망, 경음기 각 5%
✔ 생산비보장 노지 밭작물 환급보험료 : 보험기간 중 작물에 보험사고가 발생하고 보험금이 지급되어 보험가입금액이 감액된 경우에는 감액된 보험가입금액을 기준으로 환급금을 계산(밭작물 중 생산비보장(노지)과 인삼(작물)에 해당)

**16.** 종합위험 생산비보장 노지 밭작물 상품 가입 대상 품목의 경작불능보험금을 구하시오. (피해율(%)은 소수점 셋째 자리에서 반올림하여 둘째 자리까지)

(1) 양상추
• 보험가입면적: 3,000㎡      • 보험가입금액: 600만원      • 자기부담비율: 최저 비율로 가입
• 피해면적: 2,100㎡(수확 가능 면적 300㎡, 수확 불가능 면적 1,800㎡)

(2) 고랭지 배추
• 보험가입면적: 3,300㎡      • 보험가입금액: 700만원      • 자기부담비율: 최저 비율로 가입
• 피해면적: 2,300㎡(전체 수확 불가능 면적)

(3) 월동 무
• 보험가입면적: 2,800㎡      • 보험가입금액: 750만원      • 자기부담비율: 최저 비율로 가입
• 피해면적: 1,900㎡(전체 수확 불가능 면적)

**정답**

1. 양상추
   ① 식물체 피해율=1,800÷3,000=60%
   ② 경작불능보험금 : 지급 대상 아님
2. 고랭지 배추
   ① 식물체 피해율=2,300÷3,300=69.7%
   ② 경작불능보험금=7,000,000×0.45=3,150,000원
3. 월동 무
   ① 식물체 피해율=1,900÷2,800=67.86%
   ② 경작불능보험금=7,500,000×0.45=3,375,000원
✔ 생산비보장(노지) 경작불능보험금
   • 식물체 피해율 : 피해면적=수확 가능 여부
   • 고추, 브로콜리 외 모든 품목 해당. 경작불능보험금: 자기부담비율에 따른 일정비율에 적용되는 자기부담비율
   • 2025 고랭지 · 월동배추, 고랭지 · 월동무, 시금치, 대파, 단호박, 당근, 메밀 : 10%, 15%, 20%, 30%, 40%로 변경 예정
✔ 쪽파, 양상추, 봄 · 가을배추, 가을 무의 자기부담비율: 2025 「농업재해보험 · 손해평가의 이론과 실무」에서 다시 확인한다.

# 2 chapter 농작물 재해보험 손해평가의 이론과 실무

**17.** 종합위험 생산비보장에 대한 내용이다. 물음에 답하시오.

(1) 「피해사실 확인조사」를 실시하는 품목을 쓰시오.

(2) 「피해사실 확인조사」에서 필요 여부를 판단하는 추가 조사를 쓰시오.

 **정답**
(1) 배추, 무, 단호박, 파(대파·쪽파), 당근, 메밀, 시금치, 양상추
(2) 생산비보장 손해조사, 경작불능조사, 재파종조사, 재정식조사

✔ **고추, 브로콜리 : 재정식보장이 추가되어 피해사실 확인조사를 실시해야 하므로, 2025 「농업재해보험·손해평가의 이론과 실무」를 확인한다.**

✔ **[농업재해보험·손해평가의 이론과 실무]의 피해사실 확인조사에서의 추가조사에는 재파종조사, 재정식조사가 누락되어 있다.**

**18.** 종합위험 생산비보장 고추 및 브로콜리 품목의 「생산비보장 손해조사」에 관한 내용이다. ( )을 채우시오.

- 사고가 접수된 농지에 대하여, ( ① ) 실시한다.
- 재해가 발생한 일자를 확인하고, 가뭄과 같이 지속되는 재해의 사고 일자는 재해가 끝나는 날(가뭄 이후 첫 강우일의 전날)을 사고 일자로 한다. 다만, 재해가 끝나기 전에 조사가 이루어질 경우에는 ( ② )을 사고 일자로 하며, 조사 이후 해당 재해로 추가 발생한 손해는 보상하지 않는다.
- 고추 : 조사된 ( ③ )에 따라 표본이랑수를 선정한다. 피해가 없거나 보상하는 재해 이외의 원인으로 피해가 발생한 작물 및 타작물은 정상으로 분류하며, ( ④ ) 등 보장 대상과 무관한 작물은 ( ⑤ )로 분류하여 조사한다.
- 브로콜리 : 각 표본구간 내에서 연속하는 10구의 작물피해율 조사를 진행한다. 보장하는 재해로 인한 작물이 훼손된 경우 피해 정도에 따라 ( ⑤ )피해 송이로 구분하여 조사한다.

**정답**
① 사고접수 직후, ② 조사가 이루어진 날, ③ 피해면적, ④ 가입 이후 추가로 정식한 식물체
⑤ 정상, ⑥ 정상, 50% 형 피해 송이, 80% 형 피해 송이, 100% 형 피해 송이

✔ **[농업재해보험·손해평가의 이론과 실무]**
- 고추는 "가입 이후 추가 정식한 식물체"를 정상으로 분류한다고 되어있다.
- 메밀의 "새로 파종한 메밀" 경우와 기준이 다르며 과거에도 논란이 되었던 부분이다. 변경 여부를 확인해야 한다.
- 또한, 보험금 산정 부분에는 '평가 제외 고추'라는 분류가 나오는데, 문제조건으로 제시되면 손해정도비율 계산 시 분모, 분자에서 제외하고 풀이해야 할 것이다.

**19.** 종합위험 생산비보장 대상 품목 중 「생산비보장 손해조사」시 표본구간 내 연속하는 10구의 작물피해율을 조사하는 품목을 쓰시오.

> **정답** 브로콜리
> ✔ **브로콜리 피해율=면적피해율×작물피해율×(100%-미보상비율)**

**20.** 종합위험 생산비보장 고추 품목의 ①보상하는 재해를 쓰고, ②종합위험 수확감소보장 감자 품목과의 차이점을 쓰시오.

> **정답** 1. 보상하는 재해 : 자연재해, 조수해, 화재, 병충해
> 2. 감자 품목과의 차이점: 병충해 등급별 인정 비율 및 등급별 인정 병충해
> ① 감자 1등급 90%, 2등급 70%, 3등급 50%
> ② 고추 1등급 70%, 2등급 50%, 3등급 30%

**21.** 고추 또는 브로콜리 보험금 산정 시에 적용되는 다음 용어의 정의를 쓰시오.

| ① 생장일수 | ② 표준생장일수 | ③ 수확일수 | ④ 표준수확일수 |
|---|---|---|---|

> **정답** ① 생장일수 : 정식일로부터 사고발생일까지 경과일수
> ② 표준생장일수 : 정식일로부터 수확개시일까지 표준적인 생장일수로 사전에 설정된 값
> ③ 수확일수 : 수확개시일부터 사고발생일까지 경과일수
> ④ 표준수확일수 : 수확개시일부터 수확종료일까지의 일수
> ✔ **생장일수 기산일: 정식일 당일 사고의 경우 "0"일, 다음날 사고의 경우 "1일"**

**22.** 종합위험 생산비보장 보험금 산정 시 잔존 보험가입금액을 기준으로 하는 품목을 쓰시오.

> **정답** 고추, 브로콜리

**23.** 종합위험 생산비보장의 고추 품목에 관한 내용이다. (       )를 채우시오.

| 정식일 | 사고 (집중호우) | 수확 개시일 | 사고(한해) 조사일 | 사고(한해) 이후 첫 강우일 | 수확 종료일 |
|---|---|---|---|---|---|
| 5/05 | 5/30 | 8/05 | 8/15 | 8/20 | 9/20 |

(1) 준비기 생산비 계수를 쓰시오

(2) 생장일수의 기준이 되는 일자 : (   ①   ~   ②   )

(3) 수확일수의 기준이 되는 일자 : (　③　 ~ 　④　)

(4) 표준수확일수의 기준이 되는 일자 : (　⑤　 ~ 　⑥　)

**24.** 종합위험 생산비보장 고추 품목의 보험금을 산출하시오. (%는 소수점 둘째 자리까지, 보험금은 원 단위까지)

○ 계약사항

| 보험가입금액 | 재배면적 | 자기부담비율 |
|---|---|---|
| 15,000,000원 | 2,000m² | 5% |

○ 조사내용

| 사고 일자 : 정식일로부터 60일째 | | | | |
|---|---|---|---|---|
| 피해면적 1,000m² | 병해충 풋마름병 | | 미보상비율 10% | |
| 손해정도 조사 | 정상<br>0주 | 1~20%<br>20주 | 21~40%<br>20주 | 41~60%<br>10주 |
| | 61~80%<br>0주 | 81~100%<br>20주 | 종자 불량<br>50주 | 추가 정식<br>30주 |
| | » 추가 정식 : 기조사 시 100% 형<br>» 정상, 각 구간별 피해주수 : 표본구간 조사 주수의 합계 | | | |

• 기지급 보험금 3,000,000원

## 25. 종합위험 생산비보장 브로콜리 품목의 보험금을 산출하시오. (%는 소수점 둘째 자리까지, 보험금은 원 단위까지)

○ 계약사항

| 보험가입금액 | 재배면적 | 자기부담비율 |
|---|---|---|
| 30,000,000원 | 4,000㎡ | 3% |

○ 조사내용

| 사고 일자 : 정식일로부터 30일째 | | | | |
|---|---|---|---|---|
| 피해면적 1,500㎡ | 미보상비율 10% | | 기지급보험금 5,000,000원 | |
| 작물피해율 | 정상 8구 | 50% 형 12구 | 80% 형 8구 | 100% 형 12구 |
| | » 정상, 각 피해유형별 피해구수 : 표본구간 조사 구수의 합계 | | | |

정답

1. 경과비율=0.559+(1-0.559)×(30÷130)=66.07%

✔ **준비기 생산비 계수 : 2024 → 2025**

• 고추 52.7% → 49.5%, 브로콜리 49.2% → 55.9%

2. 피해율=0.375×0.61×(1-0.1)=20.58%

① 면적피해율=1,500÷4,000=37.5%

② 작물피해율={(12×0.5)+(8×0.8)+(12×1)}÷40=61%

3. 보험금=(25,000,000×0.6607×0.2058)-(25,000,000×0.03)=2,649,301원

✔ **브로콜리 피해율=면적피해율×작물피해율×(1-미보상비율)**

• 손해정도비율과 작물피해율을 구분한다.

## 26. <심화> 종합위험 생산비보장 고추 품목에 관한 계약사항과 조사내용을 참조하여 다음 물음에 답하시오. (%는 소수점 둘째 자리까지, 보험금은 일원 단위까지. 잔존 보험가입금액은 천원 단위 절사하지 않음)

○ 계약사항

| 표준생산비 | 재배면적 | 자기부담비율 |
|---|---|---|
| 5,000원 (준비기 1,980원, 생장기 2,020원, 수확기 1,000원) | 2,000㎡ | 3% |

○ 조사내용

• 1차 사고 - 한해(가뭄) 피해

| 피해면적 | 손해정도비율 | 미보상비율 |
|---|---|---|
| 1,000㎡ | 75% | (제초상태) 10% |
| 일자 조사 | | |
| » 조사 : 7월 20일 (정식일로부터 80일 경과)<br>» 수확 개시일 : 8월 1일 (정식일로부터 92일 경과)<br>» 수확 종료 예정일 : 9월 20일 (수확 개시일로부터 50일 경과)<br>» 가뭄 이후 첫 강우일 : 8월 4일 (정식일로부터 95일 경과) | | |

• 2차 사고 - 병충해. 사고 일자 : 수확일로부터 40일째. 표준수확일수 90일

| 피해면적 | 병충해 | 손해정도 | 미보상비율 |
|---|---|---|---|
| 800㎡ | 역병 | 30% | (병해충상태) 10% |

(1) ① 1차 한해(가뭄) 피해의 사고 일자 및 ② 이 농지의 총 보험금을 구하시오.

(2) 7월 20에 생산비보장 손해조사를 실시하지 않은 경우의 1차 사고 보험금을 구하시오.

1. 사고일자, 총 보험금
  (1) 사고 일자 : 7월 20일
  (2) 1차 사고 보험금
    ① 경과비율=0.495+(1-0.495)×(80÷100)=89.9%
    ② 피해율=0.5×0.75×(1-0.1)=33.75%
    • 면적피해율=1,000÷2,000=50%
    ③ 보험금=(8,000,000×0.899×0.3375)-(8,000,000×0.03)=2,817,300원
    • 보험가입금액=2,000×(1,980+2,020)=8,000,000원
  ✔ 준비기 생산비 계수: 2024 → 2025
    • 고추 52.7% → 49.5%, 브로콜리 49.2% → 55.9%
  (3) 2차 사고 보험금
    ① 경과비율=1-(40÷90)=55.55%
    ② 피해율=0.4×0.4×(1-0)=16%
    • 면적피해율=800÷2,000=40%
    • 손해정도 30% → 손해정도비율 40%
    • 병충해 : 보상하는 재해이므로 미보상비율 적용하지 않음
    ③ 보험금=(5,182,700×0.5555×0.16×0.7)-(5,182,700×0.03)=166,965원
    • 잔존 보험가입금액=8,000,000-2,817,300=5,182,700원
  (4) 보험금 합계=2,984,265원
2. 7월 20일에 조사하지 않은 경우의 1차 사고 보험금
  (1) 경과비율=1-(2÷90)=97.77%
    • 사고일자 8/3(가뭄 이후 첫 강우일 "전날")
    • 수확일수 2일
      • 수확개시일~사고일자. 8/1-3. 정식일 당일 사고의 경우 "0"일, 다음날 사고의 경우 "1일"
  (2) 피해율=0.5×0.75×(1-0.1)=33.75%
    • 면적피해율=1,000÷2,000=50%
    ① 보험금=(8,000,000×0.9777×0.3375)-(8,000,000×0.03)=2,399,790원
  ✔ 생산비보장 고추, 브로콜리 사고 일자
    1. 재해 발생 일자
    2. 가뭄과 같이 지속되는 재해의 사고 일자=재해가 끝나는 날(가뭄 이후 첫 강우일 전날)
    3. 재해가 끝나기 전에 조사가 이뤄질 경우의 사고 일자=조사가 이뤄진 날
    4. 정식일 당일 사고의 경우 "0"일, 다음날 사고의 경우 "1일"
  ✔ 잔존 보험가입금액 : 보험가입금액처럼 천원 단위 절사하는지에 관한 명확한 규정이 없다. 조건에서 제시되는 대로 풀이하면 된다.
  ✔ 위 문제와 같은 경우 표준생장일수 100일(정식일~수확개시일의 표준적인 생장일수)을 채우지 않고 수확이 개시된 것을 알 수 있다.

**27.** 종합위험 생산비보장 메밀 품목의 보험금을 산출하시오. (%는 소수점 둘째 자리까지, 보험금은 일원 단위까지)

○ 계약사항

| 보험가입금액 | 재배면적 | 자기부담비율 |
|---|---|---|
| 10,000,000원 | 3,000㎡ | 20% |

○ 조사내용 : 보상하는 재해 확인

| 피해면적 | 평균 손해정도비율 | 미보상비율 |
|---|---|---|
| 1,500㎡ (도복 500㎡, 도복 외 1,000㎡) | 50% | 15% |

1. 피해율 $= \dfrac{500 \times 0.7 + 1,000 \times 0.5}{3,000} \times (1 - 0.15) = 24.08\%$

2. 보험금 $= 10,000,000 \times (0.2408 - 0.2) = 408,000$원

✔ 메밀 피해율 = {(도복×0.7+도복 외×평균 손해정도비율)÷재배면적}×(1-미보상비율)

**28.** 종합위험 생산비보장 당근 품목의 보험금을 산출하시오. (%는 소수점 둘째 자리까지, 보험금은 일원 단위까지)

○ 계약사항

| 보험가입금액 | 재배면적 | 자기부담비율 |
|---|---|---|
| 15,000,000원 | 2,000㎡ | 30% |

○ 조사내용 : 미보상비율 10%

| 피해면적 | 손해 정도 |
|---|---|
| 1,400㎡ | 15% - 14개, 50% - 8개, 60% - 6개, 90% - 12개 |

1. 면적피해율 = 1,400÷2,000=70%

2. 손해정도비율 = {(14×0.2)+(14×0.6)+(12×1)}÷40=58%

3. 피해율 = 0.7×0.58×(1-0.1)=36.54%

4. 보험금 = 15,000,000×(0.3654-0.3)=981,000원

✔ 당근 자기부담비율: 10%, 15%, 20%, 30%, 40%로 변경될 예정이다. 2025 「농업재해보험·손해평가의 이론과 실무」를 확인한다.

**29.** 종합위험 생산비보장에서 경작불능보험금을 지급할 수 있는 품목을 모두 쓰시오.

배추(봄·고랭지·가을·월동), 무(고랭지·가을·월동), 단호박, 파(대파, 쪽파(실파)1·2형), 당근, 메밀, 시금치(노지), 양상추

✔ 경작불능보험금=고추, 브로콜리 외 전 품목.

✔ 봄배추와 가을무의 추가는 2025 「농업재해보험·손해평가의 이론과 실무」에서 확인한다.

**30.** 종합위험 생산비보장 대파 품목의 경작불능보험금을 산출하시오.

○ 계약사항

| 보험가입금액 | 재배면적 | 자기부담비율 |
|---|---|---|
| 1,800,000원 | 1,000㎡ | 최저 비율 |

○ 조사내용 : 한해 피해

| 피해면적 | 경작불능 후조사 |
|---|---|
| 750㎡ | 보험 목적물의 산지 폐기 및 시장 미유통 확인 |

1. 식물체 피해율=750÷1,000=75%
2. 경작불능보험금=1,800,000×0.45=810,000원
 ✔ **경작불능보험금**
  1. 식물체피해율 65% 이상 → 지급 대상, 산지 폐기 및 시장 미유통 확인 → 지급 가능
  2. 대파 자기부담비율 : 10%, 15%, 20%, 30%, 40%

**31.** 종합위험 생산비보장 가을배추 품목에 관한 계약사항과 조사내용을 참조하여 물음에 답하시오.

○ 계약사항

| 보험가입금액 | 재배면적 | 자기부담비율 |
|---|---|---|
| 4,750,000원 | 2,500㎡ | 20% |

○ 재정식 조사내용 : 보상하는 재해 확인

| 재정식 전조사 | 재정식 후조사 |
|---|---|
| 피해면적 400㎡ | 재정식 이행 완료 면적 400㎡ |

○ 생산비손해 조사내용 : 보상하는 재해 확인

| 피해면적 | 손해정도비율 | | | | | | | 미보상비율 |
|---|---|---|---|---|---|---|---|---|
| | 표본구간 | 정상 | 20% | 40% | 60% | 80% | 100% | |
| | 1 | - | 2 | - | 2 | - | 6 | |
| 1,200㎡ | 2 | - | - | 3 | 3 | - | 4 | 10% |
| | 3 | - | 2 | - | 5 | - | 3 | |
| | 4 | - | - | 5 | - | 5 | - | |
| | 합계 | 0 | 4 | 8 | 10 | 5 | 13 | |
| 단위 : 구 | | | | | | | | |

(1) 재정식 보험금을 구하시오.

(2) 생산비보장 보험금을 구하시오. (피해면적에 재정식 조사에서의 피해면적 포함 여부는 고려하지 않음)

**정답**

1. 재정식 보험금
   ① 면적피해율=400÷2,500=16% (자기부담비율 20% 이하)
   ② 보험금 : 없음
2. 생산비보장 보험금
   ① 면적피해율=1,200÷2,500=48%
   ② 평균 손해정도비율=(0.76+0.70+0.64+0.60)÷4=67.5%
   • 1구간 : (2×0.2+2×0.6+6×1.0)÷10=76%
   • 2구간 : (3×0.4+3×0.6+4×1.0)÷10=70%
   • 3구간 : (2×0.2+5×0.6+3×1.0)÷10=64%
   • 4구간 : (5×0.4+5×0.8)÷10=60%
   • 또는, $\dfrac{4 \times 0.2 + 8 \times 0.4 + 10 \times 0.6 + 5 \times 0.8 + 13 \times 1.0}{40} = 67.5\%$
   ③ 피해율=0.48×0.675×(1-0.1)=29.16%
   ④ 보험금=4,750,000×(0.2916-0.2)=435,100원
   ✔ **재정식 보장 : 대파, 단호박, 배추, 고추, 브로콜리, 양상추**

**32.** 종합위험 생산비보장 메밀 품목에 관한 계약사항과 조사내용을 참조하여 물음에 답하시오. (피해율(%)는 소수점 셋째 자리에서 반올림해 둘째 자리까지)

○ 계약사항

| 보험가입금액 | 재배면적 | 자기부담비율 |
|---|---|---|
| 7,000,000원 | 7,200m² | 20% |

○ 조사내용 : 보상하는 재해 확인

| 재파종 전조사 | 재파종 후조사 |
|---|---|
| 피해면적 1,650m² | 재파종 이행 완료 면적 1,650m² |

○ 조사내용 : 보상하는 재해 확인

| 피해 면적 | 손해정도비율조사(표본구간 6구간) | | | | | | |
|---|---|---|---|---|---|---|---|
| | | 정상 | 1~20% | 21~40% | 41~60% | 61~80% | 81~100% |
| 도복 2,000m²<br>도복 외 1,200m² | 표본 구간 | 2 | - | - | 2 | 2 | - |
| | 합계 | 2 | 0 | 0 | 2 | 2 | 0 |
| | 단위 : 1구간 = 1m² | | | | | | |

• 미보상비율 10%

(1) 재파종 보험금을 구하시오.

(2) 생산비보장 보험금을 구하시오.

1. 재파종 보험금

   ① 면적피해율=1,650÷7,200=22.92% (자기부담비율 20% 초과)

   ② 보험금=7,000,000×0.2×0.2292=320,880원

2. 생산비보장 보험금

   ① 평균 손해정도비율=$\dfrac{2 \times 0.6 + 2 \times 0.8}{6} = 46.67\%$

   ② 피해율=$\dfrac{2,000 \times 0.7 + 1,200 \times 0.4667}{7,200} \times (1 - 0.1) = 24.50\%$

   ③ 보험금=7,000,000×(0.2450-0.2)=315,000원

   ✔ **재파종 보장 : 메밀, 시금치, 쪽파, 무, 당근**

   ✔ **메밀 피해율=면적피해율×(1-미보상비율),**

   ・ **면적피해율**=$\dfrac{\text{도복 피해면적} \times 0.7 + \text{도복 외 피해면적} \times \text{평균 손해정도비율}}{\text{재배면적}}$

## 생산비보장
## 시설작물, 시설재배 버섯

**1. 농작물재해보험 종합위험보장 원예시설 상품에서 다음이 의미하는 용어를 쓰시오.**

> ① 시설작물 재배용으로 사용하는 구조체 및 피복재로 구성된 시설
> ② 기초, 기둥, 보, 중방, 서까래, 가로대 등 철골, 파이프 및 이와 관련된 부속 자재로 하우스의 구조적 역할을 담당하는 것
> ③ 비닐하우스의 내부온도 관리를 위하여 시공된 투광성이 있는 자재
> ④ 농업용 시설물 내에서 재배하는 식물로 식용작물 또는 화훼작물 등
> ⑤ 작물의 생육기간으로서 정식일(파종일)로부터 수확 종료일까지의 기간

**정답** ① 농업용 시설물, ② 구조체, ③ 피복재, ④ 시설재배 농작물, ⑤ 작기

**2. 농작물재해보험에서 원예시설작물의 보험금 산정 방법을 설명하시오.**

**정답**
1. 보상하는 재해로 1사고 마다 1동 단위로 생산비보장 보험금이 10만원을 초과하는 경우, 그 전액을 보험가입금액 내에서 보상한다. 동일 작기에서 2회 이상 사고가 난 경우, 동일 작기 작물의 이전 사고 피해를 감안하여 산출한다.
2. 비용손해 중 손해방지비용, 대위권 보전비용 및 잔존물 보전비용은 약관의 생산비보장 보험금의 계산을 적용하여 계산한 금액이 해당 작기에서 재배하는 시설재배 농작물의 보험가입금액을 초과하는 경우에도 이를 지급한다. 다만, 손해방지비용은 20만원을 초과할 수 없으며, 비용손해 중 기타 협력비용은 보험가 입금액을 초과한 경우에도 이를 전액 지급한다. 농작물은 잔존물 제거비용을 지급하지 않는다.

✔ **시설작물 보험금 지급 기준**
- 2023. 9회 시험~ : 시설작물의 경우 1사고마다 '1동 단위로'의 조건이 추가되었다.
- 비용손해 지급의 경우 모든 농작물이 동일하다.
- [약관]에는 해당 작기(작물의 생육기간)에서 재배하는 보험증권 기재 시설재배작물의 "보험가액"을 초과하는 경우에 도.. 라고 되어 있다.

**3. 종합위험 원예시설 손해보장의 대상인 보험의 목적을 쓰시오.**

**정답**
1. 농업용 시설물
   ① 시설작물 재배용 단동하우스(광폭형하우스 포함), 연동하우스, 유리(경질판)온실
   ② 목재, 죽재로 시공된 하우스는 제외하며, 보험목적물은 구조체와 피복재로 한정
2. 부대시설
   ① 시설작물의 재배를 위하여 농업용 시설물 내부 구조체에 연결, 부착되어 외부에 노출되지 않는 시설물
   ② 시설작물의 재배를 위하여 농업용 시설물 내부 지면에 고정되어 이동 불가능한 시설물
   ③ 시설작물의 재배를 위하여 지붕 및 기둥 또는 외벽을 갖춘 외부 구조체 내에 고정 · 부착된 시설물

3. 시설작물
 ① 인수 가능한 농업용 시설물에서 재배하는 시설작물로 화훼류와 비화훼류(과채류, 엽경채류, 근채류)
 ② 정식 또는 파종 후 재배 중인 시설작물만 보장 대상이며, 육묘는 가입 불가
 ③ 품목별 표준생장일수와 현저히 차이나는 생장일수의 품종을 보장 대상 목적물에서 제외
 ✔ 2024 [농업재해보험 · 손해평가의 이론과 실무]에서는 부대시설의 규정이 다소 변경되었으며, 시설작물의 보장 대상 품종도 추가되었다.

**4.** 종합위험 버섯 손해보장 중 버섯(작물)의 보험의 목적을 설명하시오.

**정답**
1. 인수 가능한 농업용 시설물에서 아래의 방식으로 재배하는 버섯을 보험의 목적으로 한다.
 ① 표고버섯 : 원목 또는 톱밥배지 재배하는 표고버섯
 ② 느타리버섯 : 균상 또는 병 재배하는 느타리버섯
 ③ 새송이버섯 : 병 재배하는 새송이버섯
 ④ 양송이버섯 : 균상 재배하는 양송이버섯
2. 종균 접종 이후 버섯만 가입 대상이며 배양 중인 버섯은 가입 불가

**5.** 종합위험 원예시설 및 시설작물에서 농업용 시설물 및 부대시설이 가입할 수 있는 ① <u>특별약관의 종류</u>를 쓰고, 그 중 ② <u>가입 시 보험료 할인이 적용되는 특별약관</u>이 있다면 명칭과 할인 적용 방법을 쓰시오.

**정답**
1. 화재위험보장, 화재대물배상책임보장, 수재위험부보장, 재조달가액보장 특별약관
2. 수재위험부보장 특별약관. 가입 시 산출된 보험료의 90%만 적용

**6.** 종합위험 원예시설 및 시설작물(버섯재배사 및 버섯)에서 시설작물의 보험기간에 관한 내용이다. (   ) 안에 알맞은 단어를 쓰시오.

(1) 아래의 작물은 '해당 농업용 시설물 내에 농작물을 (  ①  )한 시점'과 '청약을 승낙하고 제1회 보험료를 납입한 때' 중 늦은 때를 보장개시일로 한다.
 • 딸기, 오이, 토마토, 참외, 풋고추, 호박, 국화, 장미, 수박, 멜론, 파프리카, 상추, 부추, 가지, 배추, 파(대파), 백합, 카네이션, 미나리, 감자
(2) 아래의 농작물은 '해당 농업용시설물 내에 농작물을 (  ②  )한 시점'과 '청약을 승낙하고 제1회 보험료를 납입한 때' 중 늦은 때를 보장개시일로 한다.
 • 시금치, 파(쪽파), 무, 쑥갓

**정답**
① 정식, ② 파종
✔ 감자 : 수확감소보장 · 농업수입보장(가을재배) – 파종, 시설작물 – 정식

**7.** 종합위험 원예시설 및 시설작물 중 시설작물의 보험가입금액 설정에 관한 내용이다. 틀린 부분을 수정하여 바르게 고쳐 쓰시오.

단지별 연간 재배 예정인 시설작물 중 생산비가 가장 높은 작물 가액의 50~100% 범위 내에서 계약자가 가입금액을 결정 (10% 단위)

하우스별 연간 재배 예정인 시설작물 중 생산비가 가장 높은 작물 가액의 50~100% 범위 내에서 계약자가 가입금액을 결정 (10% 단위)
✔ 시설작물 가입 단위 : 여러 하우스인 경우 하우스별(동별)로 보험가입금액을 설정한 후 합산해 단지 단위로 가입한다.

**8.** 다음 농업용 시설물, 부대시설, 시설작물의 농작물재해보험에의 인수 가능 여부와 그 이유를 쓰시오.

| 농업용 시설물 가입면적 | 재배작물 | 재배 중인 면적 |
|---|---|---|
| 단동하우스 500㎡ | 토마토 | 400㎡ |
| **재식밀도** | **위치** | **종류** |
| 1,300주/10a | 하천부지 수재위험부보장 특약 가입 | 고정식 시설 (1년 이내 철거 예정) |

1. 인수 제한
2. 이유
   ① 단동하우스 300㎡ 이상 : 인수 가능
   ② 토마토 : 인수 가능 시설작물
   ③ 재배면적 : 한 동 면적의 80% 이상 시설작물 재배용, 작물 재배면적이 시설면적의 50% 이상이므로 인수 가능
   ④ 재식밀도 : 1,500주/10a 미만이므로 인수 제한
   ⑤ 하천부지 : 수재위험부보장 특약 가입 시 풍재만 보장으로 인수 가능
   ⑥ 1년 이내 철거 예정 고정식 시설 : 인수 제한
   ✔ 2023. 9회 시험~ 백합, 카네이션 인수 제한 규정에 관한 표기가 아래와 같이 일부 수정되었다.
   • 시설백합, 카네이션의 경우 '하우스' 면적의 50% 미만이더라도 '동당' 작기별 200㎡ 이상 재배 시 가입 가능
   • 즉, 위 ③의 시설면적은 동을 기준으로 함을 알 수 있다.

**9.** 종합위험 원예시설 및 시설작물의 ① 보험금 지급 사유와 ② 보험금의 종류를 쓰고, 시설작물 중 ③ 쑥갓·무·시금치·파(쪽파)의 보험금 산정식을 쓰시오.

1. 지급 사유: 보상하는 재해로 1사고 마다 1동 단위로 생산비보장 보험금이 10만원을 초과하는 경우
2. 생산비보장 보험금
3. 보험금=피해작물 재배면적×피해작물 ㎡당 보장생산비×경과비율×피해율
   • 쑥갓·무·시금치·파(쪽파)의 수확기 이전 사고 시 준비기 생산비 계수는 10%로 한다.
   ✔ 시설작물 생산비보장 보험금 2023. 9회 시험~ "1동 단위로"의 기준이 추가되었다. (버섯 미해당)

**10.** 다음에서 농작물재해보험 종합위험 원예시설 및 시설작물 상품에의 ① <u>가입자격의 유무</u>를 쓰고, ② <u>결정지을 수</u> <u>있는 이유</u>를 모두 쓰시오.

> A 씨는 농업경영체로 등록한 농업인으로, 보험 가입 가능 지역에서 시설작물 재배용 원예시설에서 파프리카를 재배하고 있다. 단동하우스 3개 동을 1단지로 하여 가입하려 하고, 각 동은 각 200㎡로 동일한 규모이다.

1. 자격 있음
2. 이유
   ① 농업경영체 등록
   ② 농업인(개인)
   ③ 보험 가입 가능 지역
   ④ 시설작물 재배용 원예시설
   ⑤ 파프리카(보험 대상 목적물)
   ⑥ 단동하우스(보험 대상 목적물), 단동하우스 3개 동 1단지로 가입 가능
   ⑦ 각 동 200㎡의 규모(3개 동 면적 합계 600㎡로 단지 면적 300㎡ 초과)
✔ **농업용 시설물 및 시설작물의 가입자격과 요건**
   • 사업 실시 지역에서 보험 대상 작물을 경작하는 개인 또는 법인
   • 일정 규모 이상의 경작 규모
   • 시설작물 재배용 하우스 내 작물을 일정 규모 이상 재배하는 개인 또는 법인
   • 단지 면적이 300㎡ 이상

**11.** 농작물재해보험 원예시설 및 시설작물(버섯재배사 및 버섯) 상품에서의 소손해 면책금에 관해 서술하시오.

1. 정의 : 보상하는 재해로 1사고 당 생산비보장 보험금이 소손해 면책금 이하인 경우 보험금이 지급되지 않고, 소손해 면 책금을 초과하는 경우 손해액 전액을 보험금으로 지급한다.
2. 종합위험 원예시설 및 시설작물(버섯) 생산비보장 보험금에서의 소손해 면책금은 10만원이다.

**12.** 종합위험 원예시설 및 시설작물(버섯재배사 및 버섯)에서 보험기간이 1년 미만인 경우, 또는 임의해지나 변경 시 환급금 계산에 적용되는 비율이 무엇인지 ① <u>명칭을 쓰고</u>, 그 비율에 관해 ② <u>설명</u>하시오.

1. 단기요율
2. 설명
   ① 보험기간에 따른 단기요율 표의 비율을 적용한다.
   ② 보험기간에 6월, 7월, 8월, 9월, 11월, 12월, 1월, 2월, 3월이 포함될 때에는 단기요율에 각 월마다 10%씩 가산하여 적 용한다. 다만, 화재위험보장 특약은 가산하지 않는다.
   ③ 이 요율은 100%를 초과할 수 없다.
   ✔ **4월, 5월, 10월이 아닌 월이 포함된 경우 각 월마다 10%씩 가산. 다른 보장방식과 환급보험료 계산이 다르다.**

**13.** 종합위험보장 원예시설·버섯 손해보장의 '시설작물과 버섯(작물)의 보험 가입기준'에서의 차이점을 쓰시오.

1. 시설작물과 버섯 모두 농업용 시설물을 가입해야 부대시설 및 시설작물 가입이 가능하다.
2. 단, 유리온실(경량철골조)의 경우 부대시설 및 시설작물만 가입할 수 있지만, 버섯재배사의 경우 부대시설 및 버섯만 가입할 수 없다.

**14.** 종합위험보장 원예시설의 '시설작물과 버섯(작물)'의 인수 제한 목적물에 관한 내용이다. (    )에 알맞은 단어를 쓰시오.

(1) 작물의 재배면적이 시설면적의 ( ① ) 미만인 경우 인수 제한. 다만, ( ② ) 경우 하우스 면적의 50% 미만이라도 동당 작기별 200㎡ 이상 재배 시 가입 가능
(2) ( ③ )의 국화, 장미, 백합, 카네이션을 재배하는 경우
(3) 한 시설에서 ( ④ )를 혼식 재배 중이거나, 또는 재배 예정인 경우
(4) 통상적인 ( ⑤ ), 재배 품목, 재배방식이 아닌 경우
(5) ( ⑥ ) 이상의 표고버섯
(6) ( ⑦ ) 이외의 방법으로 재배하는 느타리버섯

① 50%, ② 시설 백합, 카네이션, ③ 분화류, ④ 화훼류와 비화훼류, ⑤ 재배 시기, ⑥ 원목 5년차, ⑦ 균상 재배, 병 재배
✔ 백합, 카네이션의 경우 하우스 면적의 50% 미만이라도 동당 작기별 200㎡ 이상 재배 시 가입 가능

**15.** 종합위험 원예시설 및 시설작물(버섯재배사 및 버섯) 상품에서의 '계약의 소멸(또는 가입금액 자동 복원)'에 관해 쓰시오.

1. 의미 : 손해액이 한 번의 사고에 대해 보험가입금액 미만인 때에는 보험가입금액은 감액되지 않으며, 보험가입금액 이상인 때에는 그 손해보상의 원인이 생긴 때로부터 보험의 목적에 대한 계약은 소멸한다. 이 경우 환급보험료는 발생하지 않는다. 즉, 보상 이후 별도 인수 처리 기준 없이 보험가입금액이 복원되며, 보험기간 내 2차 이상의 사고가 발생해도 가입 때와 동일하게 손해액을 보상한다.
2. 조건 : 복구가 완료된 하우스에 한해 농협에 복구 완료 신고 후 복원된다.

**16.** 다음 농업용 시설물, 부대시설, 시설작물의 ① 인수 가능 여부와 ② 그 이유를 쓰시오.

| 농업용 시설물 | 창고동 | 재배작물 | 재배면적 |
|---|---|---|---|
| 단동하우스. 총면적 1,000㎡ | 100㎡ | 딸기·장미 | 600㎡ |

• 창고동은 하우스 내에 위치, 창고동 제외한 면적은 작물 재배용

1. 인수 제한
2. 이유
   ① 1동 면적의 80% 이상 작물 재배용으로 사용(창고동 제외 면적 작물 재배용) : 인수 가능
   ② 화훼류와 비화훼류 혼식 재배 : 인수 제한
   ③ 재배면적이 시설면적의 50% 이상(시설면적 1,000㎡, 재배면적 600㎡) : 인수 가능

> ✔ **시설작물 · 버섯 인수 제한 목적물 주의!**
> - 농업용 시설물 한 동 면적의 80% 이상을 작물 재배용으로 사용하는 경우 가입 가능
> - 작물 재배면적이 시설면적의 50% 미만인 경우 인수 제한
> - 시설 백합 · 카네이션의 경우 하우스 면적의 50% 미만이라도 동당 작기별 200㎡ 이상 재배 시 가입 가능

**17.** 다음 조건에서 종합위험 원예시설 및 시설작물 상품에 가입한 부추에 지급되는 보험금의 종류를 쓰고 보험금을 산출하시오.

| 재배면적 | 보장생산비 | 피해율 |
|---|---|---|
| 2,000㎡ | 1,500원/㎡ | 30% |

1. 생산비보장 보험금

2. 보험금=2,000×1,500×0.3×0.7=630,000원

✔ **시설작물, 버섯 생산비보장 보험금**
- 부추는 보험금 계산식에 경과비율을 적용하지 않는다. (경과비율 100% 적용=×1)
- 부추는 연간 수차례 수확하는 작물 특성상 계산된 보험금의 70%만 지급하는 개념이다.
- 시설작물, 버섯 생산비보장보험금: 보험가입금액×...으로 산출하지 않는다.

**18.** 종합위험 원예시설 및 시설작물 상품에 관한 내용이다. 조건을 보고 물음에 답하시오.

○ 가입 기간 1년

| 농업용 시설물 | 가입면적 | 연간 재배 예정인 품목 |
|---|---|---|
| 2종. 단동하우스 | 1,500㎡ | » 국화 재배면적 800㎡ 보장생산비 14,100원/㎡ |
| 지역별 영업요율 10% | 수재위험부보장 특약 가입 | » 백합 재배면적 400㎡ 보장생산비 11,900원/㎡ |

- 두 품목 모두 분화류(분화용) 재배 아니며, 연간 재배예정인 다른 작물은 없다.

(1) 인수 가능 여부를 판단하고 그 사유를 쓰시오.

(2) 인수 가능을 전제로 보험가입금액을 산출하시오. (가입 비율 : 최대)

(3) 위의 보험가입금액을 전제로 보험료를 산출하시오.

1. 인수 가능
   ① 동별 면적 80% 이상 작물 재배용 인수 가능
   ② 재배면적이 시설면적의 50% 이상 인수 가능
   ③ 화훼류와 비화훼류 혼식 재배 아님
   ④ 분화류 아니므로 인수 가능

2. 보험가입금액=1,500×14,100×1.0=21,150,000원

3. 보험료=21,150,000×[1]0.1×[2]0.8×[3]1.0×[4]0.9=1,522,800원

✔ **보험료=보험가입금액×지역별 · 종별 영업요율×단기요율 적용지수**
- 적용 항목 : [1]0.1=지역별 영업요율, [2]0.8=2종, [3]1.0=단기요율(가입 기간 1년 ), [4]0.9=수재위험부보장 가입

**19.** 종합위험 버섯재배사 및 버섯 상품에 가입한 1단지 내의 버섯에 관한 내용이다. 조건을 보고 물음에 답하시오.

| 농업용 시설물 버섯재배사 | 단동하우스 재배면적 1,000㎡ | » 내재해형 설계기준 110%<br>» 지역별 영업요율 10%<br>» 지자체 지원율 30% |
|---|---|---|
| 재배작물 | \multicolumn{2}{l}{» 느타리버섯 (균상재배) 재배면적 600㎡ 보장생산비 11,480원/㎡<br>» 양송이버섯 (균상재배) 재배면적 400㎡ 보장생산비 20,800원/㎡} |

- 보험가입면적은 재배면적과 동일. 보험가입비율 100%
- 가입 기간 04~08월 (5개월)
- 연간 재배예정인 다른 작물 없음
- 수재위험부보장(특) 가입

| 태풍 피해<br>버섯재배사 피해 있음 | 느타리버섯 피해 | 피해율 40% | 경과비율 20% |
|---|---|---|---|

**(1)** 보험가입금액을 산출하시오.

**(2)** 보험료를 산출하시오.

**(3)** 보험금을 산출하시오.

---

1. 보험가입금액=1,000×20,800×1.0=20,800,000원
2. 보험료=20,800,000×[1]0.1×[2]0.9×[3]0.9×[4]0.9=1,516,320원

   **✔ 적용 항목**
   - [1]0.1=지역별 영업요율, [2]0.9=3종(내재해형 설계기준 110%), [3]0.9=단기요율(60%(5개월)+30%(06~08월 각 10%)), [4]0.9=수재위험부보장 가입

3. 생산비보장 보험금
   ① 보험금=600×11,480×0.2×0.4=551,040원
   ② 확인
   - 소손해 면책금 초과 여부 : 초과하므로 전액 지급
   - 비례보상 여부 : 보험가액=(600×11,480)+(400×20,800)=15,208,000원
   - 보험가액 < 보험가입금액이므로 비례보상하지 않음

---

**20.** 종합위험 버섯재배사 및 버섯 상품에 가입한 버섯에 관한 내용이다. 조건을 보고 다음 단지에 관한 물음에 답하시오.

| \multicolumn{2}{l}{○ 보험가입기간 5개월 (02~06월)} |
|---|---|
| 농업용 시설물 | » 버섯재배용 단동하우스 2동 (A동, B동)<br>» 내재해형 설계기준 90%<br>» 허용 적설심 8.0cm, 허용 풍속 10.0m/sec |
| 재배작물 | » A동 : 표고버섯(원목. 2년 차) 1,000본 – 보장생산비 6,800원/본<br>» B동 : 표고버섯 (톱밥배지) 1,000봉 – 보장생산비 2,600원/봉 |
| 기타 | » 지역별 영업요율 10%<br>» 가입 비율 100%<br>» 화재위험보장특별약관 가입 (특약 영업요율 20%) |

(1) 버섯의 보험가입금액을 산출하시오.

(2) 보통약관 보험료를 산출하시오.

(3) 화재위험보장특별약관 보험료를 산출하시오. (보통약관 가입금액과 동일)

 **정답**

1. 보험가입금액
   ① A동 보험가입금액=1,000×6,800×1.0=6,800,000원
   ② B동 보험가입금액=1,000×2,600×1.0=2,600,000원
   ③ 단지 보험가입금액=9,400,000원
2. 보통약관 보험료=9,400,000×[1]0.1×[2]1.1×[3]0.9=930,600원
   ✔ **보험료 적용 항목**
   • [1]0.1=지역별 영업요율, [2]1.1=5종, [3]0.9=단기요율(60%(5개월)+30%(02, 03, 06월 각 10%))
3. 화재위험보장 보험료=9,400,000×0.2×0.6=1,128,000
   ✔ **화재위험보장특별약관 보험료**
   • 단기요율 적용지수에 가산하지 않음에 주의한다.
   • 지역별·종별 요율이 아닌 화재위험보장 특별약관 보험요율을 적용한다.

**21.** 종합위험 버섯재배사 및 버섯 상품에 가입한 버섯에 관한 내용이다. 다음 조건을 보고 물음에 답하시오.

| 보험가입금액 | 가입 기간 | 지역별 영업요율 | 순보험료율 | 지자체 지원요율 |
|---|---|---|---|---|
| 10,000,000원 | 01월~12월 (1년) | 10% | 9% | 30% |

| ○ 내재해형 설계기준 110% |
|---|

(1) 계약자부담 보험료를 산출하시오.

(2) 계약자의 책임있는 사유로 04월에 해지하게 되었다. (보험기간 4개월) 환급보험료를 산출하시오.

 **정답**

1. 계약자부담 보험료=10,000,000×[1]0.09×[2]0.9×[3]1.0×(1-0.5-0.3)=162,000원
   ✔ **보험료 적용 항목**
   • [1]0.09=순보험료율, [2]0.9=3종, [3]1.0=단기요율
2. 환급보험료
   ① 단기요율 적용지수 적용한 계약자부담 보험료=10,000,000×0.09×0.9×[4]0.8×(1-0.5-0.3)=129,600원
   ② 환급보험료=162,000-129,600=32,400원
   ✔ **보험료 적용 항목**
   • [4]0.8=단기요율(50%(4개월)+30%(01~03월 각 10%))
   ✔ **시설작물·버섯의 환급보험료**
   • 미경과비율 적용이 아님에 주의한다.
   • 임의해지 : 계약자·피보험자의 책임있는 사유 → 이미 경과한 기간에 대해 단기요율로 계산한 보험료를 제외한 잔액을 환급

**22.** 다음 내용을 바탕으로 물음에 답하시오.

---
○ 계약사항
- 품목 딸기
- 지역별·종별 보험요율 10%(순보험료 : 영업보험료의 90%)
- 가입 기간 01월~06월(보험기간 6개월)
- 보험가입금액 1,000만원
- 지자체 지원율 20%
- 해지사유 및 시점 : 임의해지. 3월(보험기간 3개월)
---

**(1)** 보험료를 산정하시오.

**(2)** 계약자부담보험료를 산정하시오.

**(3)** 환급보험료를 산정하시오.

---

**정답**

1. 보험료=$10,000,000 \times 0.1 \times {}^{1}1.0 = 1,000,000$원
   ✔ **적용항목**
   - ${}^{1}1.0$=단기요율(70%(6개월)+40%(01~03, 06월 각 10%)=110% → 100% (100% 초과 불가))
2. 계약자부담보험료=$1,000,000 \times {}^{2}0.9 \times (1-0.5-0.2) = 270,000$원
   ✔ **또는, $10,000,000 \times 0.1 \times {}^{2}0.9 \times {}^{1}1.0 \times (1-0.5-0.2) = 270,000$원**
   - ${}^{2}0.9$ : 순보험료=영업보험료의 90%
3. 환급보험료
   ① 해지 시점 기준 단기요율 적용한 계약자부담보험료=$10,000,000 \times 0.1 \times {}^{2}0.9 \times {}^{3}0.7 \times (1-0.5-0.2) = 189,000$원
   ✔ **적용항목**
   - ${}^{3}0.7$=단기요율(40%(3개월)+30%(01~03월 각 10%))
   ② 환급보험료=$270,000 - 189,000 = 81,000$원
   ✔ **임의해지 : 계약자·피보험자의 책임있는 사유 → 이미 경과한 기간에 대해 단기요율로 계산한 보험료를 제외한 잔액을 환급**

---

**23.** 종합위험 원예시설 및 시설작물(버섯재배사 및 버섯) 상품에서 시설작물의 보상하는 재해에 관한 설명이다. 맞으면 ○, 틀리면 ×를 ( ) 안에 쓰시오.

---
① 구조체 피복재 등 농업용 시설물에 직접적인 피해가 발생한 경우 ( )
② 농업용 시설물에 직접적인 피해가 발생하지 않은 자연재해로서 작물피해율이 65% 이상 발생하여 농업용 시설물 내 전체 작물의 재배를 포기하는 경우 ( )
③ 계약체결 시점 (또는 정식(파종) 시점) 현재 기상청에서 기상특보를 발령했거나 기상특보가 지속적으로 발효되고 있는 기간 중 발령 지역의 기상특보 관련 재해로 인한 손해 ( )
④ 위의 내용을 모두 해당하는 경우에만 <농업용 시설물 및 부대시설>과 같이 자연재해와 조수해로 입은 손해를 보장 ( )
---

**정답**

① ○, ② ×, ③ ○, ④ ×
✔ **보상하는 재해**
- 시설작물과 버섯은 보통약관에서 보상하는 재해가 다름에 주의한다.
- 위 ③의 경우 2025~ 적용 예정이다. 2025 「농업재해보험·손해평가의 이론과 실무」를 확인한다.

**24.** 종합위험 원예시설 및 시설작물(버섯재배사 및 버섯) 상품의 화재위험보장 특약에서 보상하지 않는 손해이다. 다음 내용 중 틀린 부분이 있으면 바르게 수정하시오.

① 자연재해, 조수해가 발생했을 때 생긴 도난 또는 분실로 생긴 손해
② 보험의 목적의 발효, 자연발열, 자연발화로 생긴 손해. 그러나, 자연발열 또는 자연발화로 연소된 다른 보험의 목적에 생긴 손해는 보상
③ 화재로 기인한 수도관, 수관 또는 수압기 등의 파열로 생긴 손해
④ 전기기기 또는 장치의 전기적 사고로 생긴 손해. 그러나 그 결과로 생긴 화재 손해는 보상

**정답**
① 화재가 발생했을 때 생긴 도난 또는 분실로 생긴 손해, ② 틀린 부분 없음
③ 화재로 기인되지 않은 수도관, 수관 또는 수압기 등의 파열로 생긴 손해, ④ 틀린 부분 없음

**25.** 종합위험 원예시설 및 시설작물(버섯재배사 및 버섯) 상품에서 버섯의 보상하는 재해에 관해 서술시오.

**정답**
1. 보상하는 재해
   ① 보통약관 : 자연재해 및 조수해
   ② 특별약관 : 화재위험보장
2. 자연재해, 조수해
   ① 구조체, 피복재 등 농업용 시설물(버섯재배사)에 직접적인 피해가 발생한 경우에만 자연재해, 조수해를 보장한다.
   ② 단, '표고버섯 확장위험보장 특별약관'에 가입한 표고버섯에 한해서, 아래 조항 중 하나에 해당하는 경우 보장
   • 농업용 시설물(버섯재배사)에 직접적인 피해가 발생한 경우
   • 농업용 시설물(버섯재배사)에 직접적인 피해가 발생하지 않은 자연재해로서 작물피해율이 70% 이상 발생하여 농업용 시설물 내 전체 시설재배 버섯의 재배를 포기하는 경우
   • 기상청에서 발령하고 있는 기상특보 발령지역의 기상특보 관련 재해로 인해 작물에 피해가 발생한 경우

**26.** 농작물재해보험 종합위험 원예시설 손해보장의 농업용 시설물 및 시설작물에 관한 다음 내용을 바탕으로 물음에 답하시오.

○ 농업용 시설물 : 단동하우스 (이동식)
• 가입면적 1,000㎡
• 가입면적 중 창고동 100㎡과 작업동 150㎡를 제외한 면적 : 시설작물 경작용
• 가입 특별약관 : 재조달가액보장, 수재위험부보장
• 하천부지에 위치, 가입 이후 1년 이내 철거 예정
• 농업용 시설물 ㎡당 시설비 10,000원

○ 재배 작물 : 수박 (판매용)
• 수박 600㎡ 면적에 200주 재배 중
• 수박 보장생산비 5,100원/㎡

(1) 위 내용을 바탕으로 농업용 시설물의 ① 인수 가능 여부를 쓰고, ② 가능한 이유와 ③ 불가능한 이유를 모두 쓰시오.

**(2)** 위 내용을 바탕으로 시설작물의 ① 인수 가능 여부를 쓰고, ② 가능한 이유와 ③ 불가능한 이유를 모두 쓰시오.

 **정답**

1. 농업용 시설물
   (1) 인수 불가
   (2) 가능한 이유
       ① 하천부지에 위치 : 수재위험부보장 특약 가입했으므로 풍재만 보장 가능
       ② 1년 이내 철거 : 이동식 하우스이므로 가입 가능
       ③ 최소 가입면적 300㎡ 이상이므로 가입 가능
   (3) 불가능한 이유
       ① 농업용 시설물 한 동 면적의 80% 이상을 작물 재배용으로 사용하는 경우 가입 가능 : 한 동 면적의 75%를 작물
         재배용으로 사용 중
2. 시설작물
   (1) 인수 불가
   (2) 가능한 이유
       ① 재배면적이 시설면적의 50% 미만인 경우 인수 가능 제한: 60%이므로 인수 가능
       ② 판매용으로 경작 중이므로 인수 가능
   (3) 불가능한 이유
       ① 농업용 시설물 가입 없이 부대시설, 시설작물 가입 불가 (유리온실 예외)
       ② 재식밀도 400주/10a 미만 (200÷600)×1,000=333.333...주
   ✔ 시설작물 재식밀도 10a당 미만 시 인수 제한
     • 400주 : 수박, 멜론
     • 600주 : 참외, 호박
     • 1,500주 : 오이, 가지, 장미, 파프리카, 토마토 → 오가장파토
     • 3,000주 : 배추, 무

---

**27.** 다음은 「농업재해보험 · 손해평가의 이론과 실무」에서 정하는 종합위험 원예시설 및 시설작물(버섯 및 버섯재배사 포함)의 보상하지 않는 손해에 관한 내용이다. 다음 (        )에 들어갈 용어를 각각 쓰시오.

> • (  ①  )가 발생했을 때 생긴 도난 또는 분실로 생긴 손해
> • 피보험자가 파손된 보험의 목적의 (  ②  )를 지연함으로써 가중된 손해
> • (  ③  )에 계약자 또는 피보험자의 (  ④  )로 시설재배 농작물을 수확하지 못하여 발생한 손해
> • 제초작업, 시비관리, (  ⑤  )등 통상적인 영농활동을 하지 않아 발생한 손해

**정답**  ① 자연재해, 조수해, ② 수리 또는 복구, ③ 수확기, ④ 고의 또는 중대한 과실, ⑤ 온도(냉 · 보온) 관리

**28.** 종합위험 원예시설 손해보장에 가입한 시설작물에 관한 다음 내용을 바탕으로 물음에 답하시오.

○ 계약사항

| 가입면적 | 연간 재배작물 | 보장생산비 | 시설 종 구분 |
|---|---|---|---|
| 1,000㎡ | 파프리카 | 28,400원/㎡ | 허용 적설심 및 허용 풍속이 지역별 내재해형 설계기준의 120% |

| 가입비율 | 보험기간 | 지역별 보통약관 영업요율 | 지자체 지원율 |
|---|---|---|---|
| 50% | 2024. 03~06(4개월) | 10%(순보험료율 9%) | 40% |

(1) 파프리카의 보통약관 보험료를 구하시오.

(2) 파프리카의 계약자부담보험료를 구하시오.

(3) 위 계약을 1개월 연장하는 경우 파프리카의 연장기간 계약자부담보험료를 구하시오.

1. 보통약관 보험료
   ① 보험가입금액=1,000×28,400×0.5=14,200,000원
   ② 보험료=14,200,000×0.1×[1]0.8×[2]0.7=795,200원
   ✔ **보험료 적용 항목**
   - [1]2종=0.8
   - [2]단기요율=50%(4개월)+20%(3, 6월 가산 각 10%)=70%
2. 계약자부담보험료=14,200,000×[3]0.09×[1]0.8×[2]0.7×(1-0.5-0.4)=71,568원
   ✔ **795,200×0.9×(1-0.5-0.4)=71,568원**
   - [3]순보험료율=9%
3. 연장기간 계약자부담보험료=14,200,000×[3]0.09×[1]0.8×[4]0.3×(1-0.5-0.4)=30,672원
   ✔ **[4]연장 1개월 단기요율=20%(1개월)+10%(연장 7월 가산 10%)=30%**
   ✔ **보험기간을 연장하는 경우의 단기요율 적용**
   1. 단기요율은 100%를 초과할 수 없다.
   2. 위 규정을 원기간의 단기요율과 연장기간의 단기요율 합산의 경우에도 100%를 초과할 수 없음으로 해석하는 견해가 있다.
   3. 그러나, 만일 합산의 경우에도 100%를 초과할 수 없다면 다음과 같은 경우가 발생한다.
   **예** ① 원기간 가입기간 1월~6월의 6개월 : 단기요율 6개월 70%+(1, 2, 3, 6월 가산) 40%=110% → 100% 적용
   ② 이후, 보험기간을 8월까지 2개월 연장 : 합산의 경우에도 100%를 초과할 수 없다면, 연장 2개월의 보험료 계산 시 적용해야 하는 단기요율이 의문이다. 이미 원기간의 단기요율이 100%이므로 연장기간의 보험료에는 단기요율 0% 또는 100%를 적용할 수 밖에 없다. 연장기간에 단기요율 0%를 적용하면 연장기간의 보험료는 0원이고, 원기간의 단기요율 100%를 연장기간에도 적용하면, 연장기간의 보험료는 실제보다 많아지게 된다.
   4. 본 교재는 원기간과 연장기간의 각각의 단기요율이 100%를 초과할 수 없음으로 하며, 다른 견해가 있을 수 있다.

**29.** 종합위험 원예시설 손해보장에 가입한 시설작물에 관한 다음 내용을 바탕으로 물음에 답하시오.

○ 계약사항(보험기간 1년)

| 보험가입금액 | 연간 재배작물 | 보장생산비 | 재배면적 | 농업용 시설물 | 계약자부담 보험료 |
|---|---|---|---|---|---|
| 14,200,000원 | 파프리카 | 28,400원/㎡ | 1,000㎡ | 4종 | 638,750원 |

• 수재위험부보장 특별약관 가입

○ 조사내용 : 보상하는 재해 발생 확인

| 경과비율 | 피해비율 | 손해정도비율 | 미보상비율 |
|---|---|---|---|
| 60% | 50% | 40% | 10% |

**(1)** 계약자 또는 피보험자의 책임없는 사유로 해지하는 경우의 환급보험료를 구하시오.

• 해지 시점 : 5월 31일. 계약체결 후 152일째. 미경과비율 50%


**(2)** 위 조사내용을 바탕으로 보험금을 구하시오.

1. 환급보험료
  ① 일 단위 계약자부담보험료=638,750÷365=1,750원
  ② 환급보험료=[1](365-152)×1,750=372,750원
  ✔ **책임 없는 사유에 의하는 경우 환급보험료**
    • 무효 : 납입한 계약자부담보험료의 전액
    • 효력상실 또는 해지 : [1]'경과 하지 않는 기간'에 대하여 일 단위로 계산한 계약자부담보험료
2. 보험금
  ① 피해율=0.5×0.4×(1-0.1)=18%
  ② 보험금=1,000×28,400×0.6×0.18=3,067,200원 (소손해 면책금 초과)
  ③ 일부보험 여부 : 14,200,000원 < 1,000×28,400=28,400,000원
  ④ 보험금 재계산=$3,067,200 \times \dfrac{14,200,000}{28,400,000} = 1,533,600$원
  ⑤ 지급보험금=1,533,600원
  ✔ **생산비보장 (노지, 시설작물, 버섯) 피해율 : ×(1-미보상비율) 반영**

**2 chapter** 농작물 재해보험 손해평가의 이론과 실무

---

**30.** 종합위험「시설작물·버섯 손해조사」에 관한 내용이다. (　　)을 알맞게 채우시오.

> [조사기준]
> • 1사고마다 (　①　) 보험금을 (　②　) 한도 내에서 보상한다.
> • 평가 단위는 (　③　) 단위로 한다.
> • 동일 작기에서 2회 이상 사고가 난 경우 동일 작기 작물의 이전 사고의 피해를 감안하여 산정한다.
> • 평가 시점은 (　④　) 시점에서 평가한다.

 정답
> ① 생산비보장, ② 보험가입금액, ③ 목적물, ④ 피해의 확정이 가능한
> ✔ **목적물 단위로 평가 : 보험의 목적 즉, 품목별로 손해조사**

---

**31.** 종합위험「시설작물·버섯 손해조사」의 조사 방법에 관한 내용이다. 맞으면 ○, 틀리면 ×를 쓰시오.

> ① 확인해야 하는 계약사항은 사고 목적물의 소재지, 보험 시기 및 하우스 규격이다. (　　)
> ② 현지조사서를 통해 사고 경위, 사고 일자 등을 확인한다. (　　)
> ③ 보상하는 재해로 인한 피해 여부 확인을 위해 필요 시 계약자에게 농업기술센터 의견서, 출하내역서(과거 출하 내역 포함), 기타 정상적인 영농활동을 입증할 수 있는 자료 등을 요청할 수 있다. (　　)

정답
> ① ×, ② ×, ③ ○
> ✔ **「시설작물·버섯 손해조사」**
> • 소재지, 보험 시기, 하우스 규격, 재배면적 확인
> • 농업용 시설물·부대시설 손해조사-재배면적 제외
> • 면담을 통해 사고 경위, 사고 일자 등을 확인

---

**32.** 종합위험방식「시설작물·버섯 손해조사」시 사고 일자 확인에 관한 내용이다. 물음에 답하시오.

> 연속적인 자연재해(폭염, 냉해 등)로 사고 일자를 특정할 수 없는 경우

(1) 수확기 이전 사고 발생 시 추정 사고 일자는?

(2) 수확기 중 사고 발생 시 추정 사고 일자는?

 정답
> (1) 수확기 이전 사고 발생 시 추정 사고 일자 : 기상특보 발령 일자
> (2) 수확기 중 사고 발생 시 추정 사고 일자 : 최종 출하 일자
> ✔ **사고 일자 : 생산비보장 (노지) 밭작물과 다름에 주의한다.**

- 생산비보장 (노지) 밭작물 : 재해가 끝나는 날을 기준으로 한다.
  - 사고 일자 : 재해가 끝나는 날
  - 재해가 끝나기 전에 조사 : 조사 일자(조사 이후 추가 해당 재해로 인한 추가 손해는 보상하지 않음)

**33.** 종합위험방식 「시설작물 · 버섯 손해조사」 시 손해정도비율의 산출을 위한 보험목적물의 조사 범위는?

**정답** 보험목적물의 뿌리, 줄기, 잎 과실 등

**34.** 종합위험방식 「시설작물 · 버섯 손해조사」에 관한 내용이다. (       )를 알맞게 채우시오.

- 수확기 이전 사고의 경과 비율 산출 시 국화, 카네이션, 백합 재절화 재배의 준비기 생산비 계수는 (   ①   ) 이다
- 수확기 이전 사고의 경과 비율 산출 시 양송이버섯(균상재배)의 준비기 생산비 계수는 (   ②   )이다
- 수확기 중 사고가 발생한 경우 (   ③   )의 경과 비율은 1이다.
- 표고버섯(톱밥배지재배)의 손해정도비율은 손해 정도에 따라 (   ④   )에서 결정한다.
- 쑥갓, 무, 시금치, 파(쪽파)의 수확기 이전 사고 시 준비기 생산비 계수는 (   ⑤   )이다.

**정답** ① 20%, ② 71.2%, ③ 국화, 수박, 멜론, ④ 50%, 100%, ⑤ 10%

✔ **2025 생산비보장 시설작물, 시설재배 버섯의 준비기 생산비 계수(α) 및 경과비율 :**
- 아래와 같이 변경될 수 있다. 다만, 본 교재 출간 시점 2025년 11회 시험 기준 [약관]에서의 준비기 생산비 계수(α)는 2024년과 동일하지만, 재해보험사업자의 [상품요약서]에서는 아래와 같이 변경 되었다. 경과비율은 [약관] 등 모든 자료에서 2024년과 동일하다.
- 2025 「농업재해보험 · 손해평가의 이론과 실무」에서 변경 여부를 다시 확인하고, 변경되지 않은 경우 2024년의 %로 한다.
- 이하 본 교재의 풀이는 재해보험사업자의 [상품요약서]를 기준으로 한다.
1. 준비기 생산비 계수(α): 2025년 11회 시험 기준 약관에서의 준비기 생산비 계수(α)는 2024년과 동일하지만, 재해보험 사업자의 상품요약서에서는 아래와 같이 변경되었으므로 상품요약서를 기준으로 한 풀이이다.
   - 시설작물 재절화재배: 국화, 카네이션 20% → 국화, 카네이션, 백합 20%
   - 표고버섯(톱밥배지) 66.3% → 60.7%
   - 느타리버섯(균상) 67.6% → 69.3%
   - 양송이버섯(균상) 75.3% → 71.2%
2. 경과비율 : 약관 등 모든 자료에서 아래의 경과비율은 2024년과 동일하다.
   - 느타리버섯(병) 88.7%, 새송이버섯(병) 91.7%

**35.** 종합위험방식 시설작물·버섯에서 다음 품목의 보험금 산정식을 쓰시오.

| (1) 부추 | (2) 표고버섯(원목재배) | (3) 장미(나무 고사 시) |
| --- | --- | --- |

1. 부추

① 보험금=부추 재배면적×부추 단위면적당 보장생산비×피해율×70%

② 피해율=피해비율×손해정도비율×(1-미보상비율)

③ 피해비율=피해면적÷재배면적

2. 표고버섯(원목재배)

① 보험금=재배원목(본)수×원목(본)당 보장생산비×피해율

② 피해율=피해비율×손해정도비율×(1-미보상비율)

③ 피해비율=피해원목(본)수÷재배원목(본)수

④ 손해정도비율=(표본)원목의 피해면적÷(표본)원목의 전체 면적

3. 장미(나무 고사 시)

① 보험금=장미 재배면적×장미 단위면적당 나무 고사 보장생산비×피해율

② 피해율=피해비율×손해정도비율×(1-미보상비율)

③ 손해정도비율=100%

**✔ 시설작물, 시설재배 버섯 보험금**

- 보험금 산정식 주의할 품목 : 부추, 장미, 표고버섯(원목), 표고버섯(톱밥배지)

- 피해율 : 10회 시험~. 피해율에 ×(1-미보상비율) 적용

**36.** 종합위험 원예시설 시설작물 국화의 지급보험금을 산출하시오. (보험가입금액은 천원 단위 절사)

○ 계약사항

| 재배방식 | 재배면적 | 보장생산비 |
|---|---|---|
| 일반재배 | 2,500㎡ | 13,600원/㎡ |

- 가입비율 50%, 가입면적은 재배면적과 동일

○ 조사내용

| 재해 : 태풍 | 사고 일자 | 피해면적 | 손해정도비율 | 미보상비율 |
|---|---|---|---|---|
| 농업용 시설물 직접 피해 확인 | 수확 개시일로부터 20일 | 1,000㎡ | 53% | 10% |

1. 경과비율=1

**✔ 멜론, 국화, 수박 수확기 중 사고 경과비율 1**

2. 피해율=0.4×0.53×(1-0.1)=19.08%

① 피해비율=1,000÷2,500=40%

3. 보험금=2,500×13,600×1×0.1908=6,487,200원 (소손해 면책금 초과)

4. 일부보험 여부

① 보험가입금액=2,500×13,600×0.5=17,000,000원

② 피해작물 재배면적×㎡ 당 보장생산비=2,500×13,600=34,000,000원

5. 지급보험금=$6,487,200 \times \dfrac{17,000,000}{34,000,000} = 3,243,600$원

**✔ 일부보험에 따른 비례보상 여부 확인**

- [피해작물 재배면적×피해작물 ㎡ 보장생산비 > 보험가입금액]인 경우에는 계산된 생산비보장 보험금을 다시 계산하여 지급

- 계산된 생산비보장 보험금×{보험가입금액÷(피해작물 ㎡당 보장생산비×피해작물 재배면적)}.

- 가입비율이 100% 미만인 경우에는 확인해 봐야 한다.

**37.** 종합위험 원예시설 시설작물 장미의 지급보험금을 산출하시오.

○ 계약사항. 가입비율 100%

| 품목 | 보험가입금액 | 재배면적 | 보장생산비 | |
|---|---|---|---|---|
| 장미 | 19,400,000원 | 2,000㎡ | 6,500원/㎡ (나무 생존) | 19,400원/㎡ (나무 고사) |

• 가입면적은 재배면적과 동일

○ 조사내용

| 재해 : 태풍 | 사고 일자 | 피해면적 | 나무 고사 여부 | 미보상비율 |
|---|---|---|---|---|
| 농업용 시설물 직접 피해 확인 | 정식일로부터 20일 | 800㎡ | 고사 | 5% |

1. 피해율=0.4×1×(1-0.05)=38%
   ① 피해비율=800÷2,000=40%
   ② 손해정도비율=100% (나무 고사)
2. 보험금=2,000×19,400×0.38=14,744,000원 (소손해 면책금 초과)
✔ 장미 : 경과비율 계산식에 미적용(경과비율=×1), 나무 고사 시 손해정도비율 100%
3. 일부보험 여부 : 보험가입금액=19,400,000원 < 보험가액=2,000×19,400=38,800,000원
✔ 장미 보험가액 : 나무 고사 시의 보장생산비를 적용

4. 보험금 재계산=$14,744,000 \times \dfrac{19,400,000}{38,800,000} = 7,372,000$원

✔ 일부보험에 따른 비례보상 여부 확인
   • 1품목, 가입면적과 재배면적이 동일(가입 시와 조사 시점 재배면적이 동일), 가입비율이 100%인 경우 : ㎡당 보장생산비는 보험기간 동안 동일하므로 확인할 필요가 없다.
   • 이외의 경우 : 일부보험 여부를 확인한다.

**38.** 종합위험 원예시설 시설작물 쑥갓의 지급보험금을 산출하시오. (%는 소수점 셋째 자리 이하 버림, 보험금은 일원 단위 미만 버림)

○ 계약사항. 가입비율 100%

| 품목 | 보장생산비 | 재배면적 |
|---|---|---|
| 쑥갓 | 2,600원/㎡ | 1,500㎡ |

• 가입면적은 재배면적과 동일

○ 조사내용

| 재해 : 태풍 | 사고 일자 | 손해 조사 |
|---|---|---|
| 농업용 시설물 직접 피해 확인 | 파종일로부터 30일 | 피해면적 500㎡ 손해정도비율 40% 미보상비율 15% |

• 표준생장일수 50일

1. 피해율=0.3333×0.4×(1-0.15)=11.33%
   ① 피해비율=500÷1,500=33.33%

2. 경과비율=0.1+(1-0.1)×(30÷50)=64%

3. 보험금=1,500×2,600×0.64×0.1133=282,796원 (소손해 면책금 초과)

4. 일부보험 여부 : 보험가입금액=보험가액=2,600×1,500. 비례보상 하지 않음

**✔ 쑥갓·무·시금치·파(쪽파) α=10%**

**✔ 보험금이 크지 않은 경우에는 소손해 면책금 초과 여부를 확인한다.**

**39.** 종합위험 시설작물 표고버섯(원목재배) 지급보험금을 산출하시오. (%는 소수점 셋째 자리 이하 버림, 보험금은 일원 단위 미만 버림)

○ 계약사항. 가입비율 100%

| 품목 | 재배원목본수 | 보장생산비 |
|---|---|---|
| 표고버섯(원목재배 3년차) | 1,500개 | 3,200원/개 |

• 가입본수와 재배본수는 동일

○ 조사내용

| 재해 : 태풍 | 손해 조사 | | | |
|---|---|---|---|---|
| 농업용 시설물 직접 피해 확인 | 피해원목본수 400개 | 표본원목 전체면적 500㎡ | 표본원목 피해면적 120㎡ | 미보상비율 10% |

1. 피해율=0.2666×0.24×(1-0.1)=5.75%

① 피해비율=피해본수÷재배본수=400÷1500=26.66%

② 손해정도비율=표본원목 피해면적÷표본원목 전체면적=120÷500=24%

2. 보험금=1,500×3,200×0.0575=276,000원 (소손해 면책금 초과)

3. 일부보험 여부: 보험가입금액=보험가액=1,500×3,200. 비례보상 하지 않음

**✔ 표고버섯(원목) : 계산식에 경과비율 미적용(경과비율=×1)과 손해정도비율에 주의한다.**

**40.** 종합위험 시설작물 느타리버섯의 지급보험금을 산출하시오. (%는 소수점 셋째 자리 이하 버림, 보험금은 일원 단위 미만 버림)

○ 계약사항. 가입비율 80%

| 품목 | 재배면적 | 보장생산비 |
|---|---|---|
| 느타리버섯(균상재배) | 2,000㎡ | 16,900원/㎡ |

○ 조사내용

| 재해 : 태풍. 농업용 시설물 직접 피해 확인 | 피해 면적 400㎡ | 손해 정도 (단위 %) | | | | | |
|---|---|---|---|---|---|---|---|
| | | 손해 정도 | 정상 | 1~20% | 21~40% | 41~60% | 61~80% | 81~100% |
| | | 면적 | 100㎡ | 50㎡ | 30㎡ | 100㎡ | 80㎡ | 40㎡ |

| 사고 일자 : 종균접종일로부터 10일째 | 표준생장일수 28일 |
|---|---|

• 미보상비율 10%

Part 9. 생산비보장 시설작물, 시설재배 버섯 353

1. 피해율=0.2×0.465×(1-0.1)=8.37%
   ① 피해비율=400÷2,000=20%
   ② 손해정도비율=(50×0.2+30×0.4+100×0.6+80×0.8+40)÷400=46.5%
2. 경과비율=0.693+(1-0.693)×(10÷28)=80.26%
3. 보험금=2,000×16,900×0.8026×0.0837=2,270,603원 (소손해 면책금 초과)
4. 일부보험 여부
   ① 보험가입금액=2,000×16,900×0.8=27,040,000원
   ② 보험가액=2,000×16,900=33,800,000원
   ③ 지급보험금=$2,270,603 \times \dfrac{27,040,000}{33,800,000} = 1,816,482$원

✔ **2025 생산비보장 시설작물, 시설재배 버섯의 준비기 생산비 계수(α) 및 경과비율 :**
- 아래와 같이 변경될 수 있다. 다만, 본 교재 출간 시점 2025년 11회 시험 기준 [약관]에서의 준비기 생산비 계수(α)는 2024년과 동일하지만, 재해보험사업자의 [상품요약서]에서는 아래와 같이 변경 되었다. 경과비율은 [약관] 등 모든 자료에서 2024년과 동일하다.
- 2025 「농업재해보험·손해평가의 이론과 실무」에서 변경 여부를 다시 확인하고, 변경되지 않은 경우 2024년의 %로 한다.
- 이하 본 교재의 풀이는 재해보험사업자의 [상품요약서]를 기준으로 한다.

1. 준비기 생산비 계수(α) : 2025년 11회 시험 기준 약관에서의 준비기 생산비 계수(α)는 2024년과 동일하지만, 재해보험사업자의 상품요약서에서는 아래와 같이 변경되었으므로 상품요약서를 기준으로 한 풀이이다.
- 시설작물 재절화재배 : 국화, 카네이션 20% → 국화, 카네이션, 백합 20%
- 표고버섯(톱밥배지) 66.3% → 60.7%
- 느타리버섯(균상) 67.6% → 69.3%
- 양송이버섯(균상) 75.3% → 71.2%

2. 경과비율 : 약관 등 모든 자료에서 아래의 경과비율은 2024년과 동일하다.
- 느타리버섯(병) 88.7%, 새송이버섯(병) 91.7%

**41.** 종합위험 시설작물 표고버섯의 지급보험금을 산출하시오. (%는 소수점 셋째 자리 이하 버림, 보험금은 일원 단위 미만 버림)

○ 계약사항. 가입비율 100%

| 품목 | 재배봉수 | 보장생산비 |
|---|---|---|
| 표고버섯(톱밥배지) | 3,000봉 | 2,400원/봉 |

- 가입봉수와 재배봉수는 동일

○ 조사내용

| 재해 : 태풍 | 손해조사 | |
|---|---|---|
| 농업용 시설물 직접 피해 확인 | 피해봉수 | 500봉 |
| | 손해정도비율 | 50% |
| | 사고 일자 | 수확 개시일로부터 10일, 표준수확일수 30일 |
| | 미보상비율 | 10% |

1. 피해율=0.1666×0.5×(1-0.1)=7.49%

   ① 피해비율=500÷3,000=16.66%

   ✔ **표고(톱밥배지) 손해정도비율 : 손해정도에 따라 50% 또는 100%로 결정**

2. 경과비율=1-(10÷30)=66.66%

3. 보험금=3,000×2,400×0.6666×0.0749=359,484원 (소손해 면책금 초과)

4. 일부보험 여부 : 보험가입금액=보험가액=3,000×2,400. 비례보상 하지 않음

**42.** 종합위험 시설작물 새송이버섯의 지급보험금을 산출하시오. (%는 소수점 둘째 자리 미만, 보험가입금액은 천원 단위, 보험금은 일원 단위 미만 버림)

○ 계약사항

| 품목 | 재배병수 | 보장생산비 | 가입 비율 |
|---|---|---|---|
| 새송이버섯(병 재배) | 5,000병 | 460원/병 | 50% |

• 가입병수와 재배병수는 동일

○ 조사내용

| 재해 : 태풍 | 손해조사 | |
|---|---|---|
| 농업용 시설물 직접 피해 확인 | 피해병수 | 800병 |
| | 손해정도비율 | 60% |
| | 사고 일자 | 수확 개시일로부터 10일 |
| | 미보상비율 | 10% |

1. 피해율=0.16×0.6×(1-0.1)=8.64%

   ① 피해비율=800÷5,000=16%

2. 보험금=5,000×460×0.917×0.0864=182,226원 (소손해 면책금 초과)

3. 일부보험 여부 확인

   ① 보험가입금액=5,000×460×0.5=1,150,000원

   ② 보험가액=5,000×460=2,300,000원 → 보험가입금액 < 보험가액

   ③ 지급보험금=$182,226 \times \dfrac{1,150,000}{2,300,000} = 91,113$원

✔ **병 재배 버섯 경과비율 고정**

• 새송이(병)-91.7%, 느타리(병)-88.7% → (표준)생장일수, 수확일수 등 필요 없음

• 2025 「농업재해보험·손해평가의 이론과 실무」에서 다시 확인한다.

✔ **비례보상 후 소손해 면책금 초과 여부**

• [농업재해보험·손해평가의 이론과 실무] 및 [약관] : 재배면적에 ㎡당 보장생산비를 곱한 값이 보험가입금액보다 큰 경우에는 "위에서 계산된 생산비보장 보험금을 다시 계산하여 지급"

• 다른 견해가 있을 수 있지만, 위와 같이 재계산 이후 소손해 면책금 초과 여부를 확인는 규정이 없으므로, 재계산 이후 10만원 이하의 보험금이 산출되는 경우 미지급으로 할 이유는 없어 보인다.

Chapter 2.

**43.** 농작물재해보험 버섯 손해보장 상품에 가입한 농가의 다음 내용을 바탕으로 생산비보장 보험금을 구하시오. (모든 비율은 %로 소수점 셋째 자리 이하 버림. ⑩ 12.345%=12.34%)

○ 계약사항(가입비율 50%)

| 품목 | 재배방식 | 보험가입금액 | 보장생산비 |
|---|---|---|---|
| 표고버섯 | 톱밥배지 | 1,200만원 | 2,400원/봉 |

○ 조사내용: 버섯 손해조사

- 재배 : 10,000배지(봉). 종균 접종일로부터 45일째 사고
- 피해배지수 2,000배지, 손해정도비율 50%
- 미보상비율 5%
- 태풍피해 : 버섯재배사 및 버섯 손해 발생
- 손해방지비용 : 50만원

1. 경과비율=$0.607 + (1 - 0.607) \times \dfrac{45}{90} = 80.35\%$

✔ **2025 생산비보장 시설작물, 시설재배 버섯의 준비기 생산비 계수(α) 및 경과비율:**

- 아래와 같이 변경될 수 있다. 다만, 본 교재 출간 시점 2025년 11회 시험 기준 [약관]에서의 준비기 생산비 계수(α)는 2024년과 동일하지만, 재해보험사업자의 [상품요약서]에서는 아래와 같이 변경 되었다. 경과비율은 [약관] 등 모든 자료에서 2024년과 동일하다.
- 2025 「농업재해보험·손해평가의 이론과 실무」에서 변경 여부를 다시 확인하고, 변경되지 않은 경우 2024년의 %로 한다.
- 이하 본 교재의 풀이는 재해보험사업자의 [상품요약서]를 기준으로 한다.

1. 준비기 생산비 계수(α): 2025년 11회 시험 기준 약관에서의 준비기 생산비 계수(α)는 2024년과 동일하지만, 재해보험사업자의 상품요약서에서는 아래와 같이 변경되었으므로 상품요약서를 기준으로 한 풀이이다.
   - 시설작물 재절화재배 : 국화, 카네이션 20% → 국화, 카네이션, 백합 20%
   - 표고버섯(톱밥배지) 66.3% → 60.7%
   - 느타리버섯(균상) 67.6% → 69.3%
   - 양송이버섯(균상) 75.3% → 71.2%

2. 경과비율 : 약관 등 모든 자료에서 아래의 경과비율은 2024년과 동일하다.
   - 느타리버섯(병) 88.7%, 새송이버섯(병) 91.7%

✔ **버섯 표준생장일수**
   - 느타리버섯(균상) 28일 - 양송이버섯(균상) 30일 - 표고버섯(톱밥배지) 90일

2. 피해율=0.2×0.5×(1-0.05)=9.5%
   ① 피해비율=2,000÷10,000=20%

3. 보험금=10,000×2,400×0.8035×0.095=1,831,980원

4. 일부보험 여부
   ① 보험가입금액=12,000,000원, 보험가액=10,000×2,400=24,000,000원
   ② 보험금 재계산=$1,831,980 \times \dfrac{1,200}{2,400} = 915,990$원

5. 손해방지비용(아래 해설 참조)
   ① min(500,000, 200,000)=200,000원
   ② $200,000 \times \dfrac{1,200}{2,400} = 100,000$원

6. 총 지급보험금=915,990+100,000=1,015,990원

✔ **농작물에 비용손해가 있는 경우**
- 잔존물 제거비용 : 지급하지 않음
- 손해방지비용 : 농지당 20만원을 한도로 함
- 잔존물 보전비용 : 보험자가 잔존물을 취득할 의사표시를 하고 취득한 경우에 한해 지급
- 기타 협력비용 : 보험가입금액을 초과한 경우에도 지급
- 일부보험이므로 손해방지비용도 비례보상을 적용

**44.** 원예시설 손해보장에 가입한 다음 품목의 계약사항과 조사내용을 바탕으로 생산비보장보험금을 구하시오. 다른 조건은 고려하지 않는다. (경과비율, 피해율은 %로 소수점 셋째 자리 이하 절사, 보험금은 일원 단위 미만 절사)

○ 계약사항

| 품목 | 보험가입금액 | 보장생산비 | 가입 면적 |
|---|---|---|---|
| 쪽파 | 2,480,000원 | 3,100원/㎡ | 1,000㎡ |

○ 조사내용

| 재배면적 | 1,000㎡ | | |
|---|---|---|---|
| 사고 종류 | 장기간의 집중호우로 인한 농업용 시설물 파손으로 인한 작물 손해 | | |
| 재배 일정 | 파종일 | 수확개시일 | 수확종료일(예정) |
| | 05.01 | 06.25 | 07.14 |
| | » 표준생장일수 60일, 표준수확일수 19일 | | |
| 사고 일자 | » 호우 특보 발령일자 07.11(파종일로부터 71일, 수확 개시일로부터 16일) » 최종 출하일자 07.13(파종일로부터 73일, 수확 개시일로부터 18일) » 집중호우 종료일자 07.14(파종일로부터 74일) | | |
| 사고 내용 | 피해면적 600㎡, 손해정도 50%, 미보상비율 10% | | |

- 표준생장일수와 표준수확일수를 준수함

(1) 손해평가사 시설의 직접적인 피해 발생일 및 피해 정도 등으로 고려해 사고 일자를 1일 앞당겨 조정한 경우의 보험금을 구하시오.

(2) 손해평가사가 사고 일자를 조정하지 않은 경우의 보험금을 구하시오.

**정답**
1. 사고 일자 조정한 경우
(1) 경과비율=1-(17÷19)=10.52% (¹아래 해설 참조)
(2) 피해율=0.6×0.6×(1-0.1)=32.4%
① 피해비율=600÷1,000=60%
② 손해정도비율=60%
(3) 보험금=1,000×3,100×0.1052×0.324=105,662원 (소손해 면책금 초과)
(4) 일부보험 여부
① 보험가입금액 2,480,000원 < 보험가액 1,000×3,100=3,100,000원

② 보험금 재계산=$105,662 \times \dfrac{2,480,000}{3,100,000} = 84,529$원

2. 사고 일자 조정하지 않은 경우

  (1) 경과비율=1-(18÷19)=5.26% (²아래 해설 참조)

  (2) 피해율=0.6×0.6×(1-0.1)=32.4%

  (3) 보험금=1,000×3,100×0.1×0.324=100,440원 (소손해 면책금 초과)

  (4) 보험금 재계산=$100,440 \times \dfrac{2,480,000}{3,100,000} = 80,352$원

**✔ 시설작물, 버섯 사고일자 적용**

  ○ 연속적인 자연재해(폭염, 냉해 등)로 사고 일자를 특정할 수 없는 경우

    • 수확기 이전=기상특보 발령일자, 수확기 중=최종 출하일자

  ○ 본 문제 : 특보 발령일자, 최종 출하일자 모두 수확개시일(06.25) 이후=수확기 중 사고

    • ¹문(1) : 사고일자=최종 출하일자 → 수확일수=18일 → 수확일수 17일로 변경(조사자가 1일 앞당김)

    • 문(2) : 사고일자=최종 출하일자 → 수확일수=18일(변경 없음)

  ○ ²상추, 호박, 풋고추, 오이, 토마토 외 품목 : 수확기 중 사고 시 경과비율 10% 미만인 경우 10% 적용. 표준수확일수

    보다 실제 일수가 적은 경우 제외

**✔ 사고일자 확인**

1. 시설작물, 버섯

  ① 수확기 이전 사고

    • 제시된 사고일자 → 특정할 수 없는 경우 기상특보 발령일자

    • 조사자가 달리 정한 경우 해당 일자

  ② 수확기 중 사고

    • 제시된 사고일자 → 특정할 수 없는 경우 최종 출하일자

    • 조사자가 달리 정한 경우 해당 일자

2. 생산비보장 노지 : 고추, 브로콜리

  ① 재해가 발생한 일자 → 지속되는 재해의 사고일자=재해가 끝나는 날(**예** 가뭄 이후 첫 강우일의 전날)

  ② 재해가 끝나기 전 조사 실시=조사 일자, 조사 이후 추가 발생한 손해는 보상하지 않음

---

**45.** 원예시설 손해보장상품에 가입한 장미 품목의 보상하는 재해에 관한 빈칸을 채우고, 계약사항 및 조사내용을 바탕으로 보험금을 구하시오.

○ 시설작물 보상하는 재해

  아래의 각목 중 하나에 해당하는 것이 있는 경우에만 ( ① )로 입은 손해를 보상

• 구조체, 피복재 등 ( ② )에 직접적인 피해가 발생한 경우

• 농업용 시설물에 직접적인 피해가 발생하지 않은 자연재해로서 작물피해율이 ( ③ ) 이상 발생하여 농업용 시설물 내 전체 작물의 재배를 포기하는 경우

• 기상청에서 발령하고 있는 기상특보 발령지역의 기상특보 관련 재해로 인해 작물에 피해가 발생한 경우

• 시설재배 농작물 - 시설재배 농작물에 ( ④ ) 피해가 발생한 경우

○ 계약사항 및 조사내용(보상하는 재해 확인)

| 품목 | 보험가입금액 | 재배면적 | 보장생산비 |
|---|---|---|---|
| 장미 | 10,000,000원 | 1,000㎡ | 나무 생존 시 6,500원/㎡, 나무 고사 시 19,400원/㎡ |
| 조사내용 | 피해율 40%, 보상하는 재해로 줄기 등에 손해 발생했지만 나무는 죽지 않음 | | |

1. ① 자연재해나 조수해, ② 농업용 시설물, ③ 70%, ④ 조수해

✔ 시설작물의 보상하는 손해에 시설재배 농작물에 조수해 피해가 발생한 경우가 추가되었다. 2025 「농업재해보험·손해평가의 이론과 실무」를 확인한다.

2. 보험금

① 보험금=1,000×6,500×0.4=2,600,000원 (소손해 면책금 초과)

② 보험가입금액 10,000,000원 < 보험가액 1,000×19,400=19,400,000원

③ 보험금 재계산=$2,600,000 \times \dfrac{10,000,000}{1,000 \times 19,400} = 1,340,206$원

✔ 장미 생산비보장 보험금

1. 장미 보험금=장미 재배면적×장미 단위면적당 나무 생존 시(고사 시) 보장생산비×경과비율

2. 나무 생존 시와 고사 시의 보장생산비가 다름에 주의

• 보상하는 재해로 인하여 '줄기, 잎, 꽃 등'에 손해가 발생하였으나 나무는 죽지 않은 경우 → 나무 생존 시 보장생산비

• 보상하는 재해로 인하여 나무가 죽은 경우 → 나무 고사 보장생산비

3. 일부보험인 경우 :

• 일부보험 여부 : 보험가입금액 < 재배면적×'나무 고사' 보장생산비

• 계산된 생산비보장 보험금 × $\dfrac{\text{보험가입금액}}{\text{장미 단위면적당 나무 고사 보장생산비} \times \text{장미 재배면적}}$

Chapter 2.

# PART 10

# 시설 종합

비가림시설, 농업용 시설물 및 부대시설,
해가림시설, 축사

# 통합 문제

**1.** 다음 용어의 정의를 쓰시오.

| ① 보험가입금액      ② 보험가액 |
| --- |

① 보험가입금액 : 회사와 계약자 간에 약정한 금액으로 보험사고가 발생할 때 회사가 지급할 최대 보험금 산출에 기준이 되는 금액

② 보험가액 : 재산보험에 있어 피보험이익을 금전으로 평가한 금액으로 보험의 목적에 발생할 수 있는 최대 손해액 (회사가 실제 지급하는 보험금은 보험가액을 초과할 수 없음)

**2.** 다음 (   )에 알맞은 단어를 채우시오.

- 잔존물 제거비용이란 사고 현장에서의 잔존물의 (　①　,　②　) 및 차에 싣는 비용이다.
- (　②　) : 사고 현장 및 인근 지역의 토양, 대기 및 수질 오염물질 제거 비용과 차에 실은 후 폐기물 처리비용은 포함되지 않음
- 손해방지비용이란 손해의 (　③　 또는 　④　)을 위하여 지출한 필요 또는 유익한 비용이다.

① 해체비용, ② 청소비용, ③ 방지, ④ 경감

✔ 잔존물 제거비용과 가축재해보험의 잔존물 처리비용을 구분한다. 잔존물 제거비용 · 처리비용의 해당 범위를 알아야 한다.

**3.** 종합위험 '비가림시설'에 대해 다음 물음에 답하시오.

① 종합위험 비가림과수에 해당하는 품목을 쓰시오.

② 비가림시설의 보상하는 재해의 종류를 쓰시오.

① 포도, 참다래, 대추, ② 보통약관에서 자연재해, 조수해를 보장하고 특별약관에서 화재를 보장한다.

**4.** 비가림시설 또는 원예시설(농업용 시설물) '화재위험보장 특별약관'의 보상하지 않는 손해에 관한 내용이다. 틀린 부분이 있는 항목을 바르게 고쳐 쓰시오.

| |
| --- |
| ① 자연재해, 조수해로 인해 발생한 도난 또는 분실로 생긴 손해 |
| ② 보험의 목적의 발효, 자연 발열, 자연 발화로 생긴 손해. 자연 발열 또는 자연 발화로 연소된 다른 보험의 목적에 생긴 손해는 보상하지 않음 |
| ③ 화재로 기인한 수도관, 수관 또는 수압기 등의 파열로 생긴 손해 |
| ④ 발전기, 여자기(정류기 포함), 변류기, 변압기, 전압조정기, 축전기, 개폐기, 차단기, 피뢰기, 배전반 및 그 밖의 전기기기 또는 장치의 전기적 사고로 생긴 손해. 그 결과로 생긴 화재 손해는 보상하지 않음 |

① 자연재해, 조수해로 인해 발생한 → 화재로 인해 발생한
② 다른 보험의 목적에 생긴 손해는 보상하지 않음 → 보상함
③ 화재로 기인한 → 기인하지 않은
④ 그 결과로 생긴 화재 손해는 보상하지 않음 → 보상함
✔ 보상하는 재해·보상하지 않는 손해 : 비가림시설과 원예시설(농업용 시설물)을 함께 공부하는 것이 좋다.

**5.** 다음은 종합위험 비가림시설의 보험기간이다. (    )을 채우시오.

| 비가림시설 손해보장 | 포도 | 계약체결일 24시 ~ ( ① )을 초과할 수 없음 |
|---|---|---|
| | 참다래 | 계약체결일 24시 ~ ( ② )을 초과할 수 없음 |
| | 대추 | 계약체결일 24시 ~ ( ③ )을 초과할 수 없음 |

① 이듬해 10월 10일, ② 이듬해 6월 30일, ③ 판매연도 10월 31일

**6.** 종합위험 비가림과수 대추와 참다래의 비가림시설 보험가입금액 설정 방법을 설명하시오.

1. 대추 비가림시설 보험가입금액
   ① ㎡당 시설비×가입면적
   ② 산정된 금액의 80~130% 범위 내에서 계약자가 결정
2. 참다래 비가림시설 보험가입금액 : 계약자의 고지사항을 기초로 결정
✔ 비가림시설 보험가입금액 : 포도·대추가 동일하고, 참다래가 다르다.

**7.** 종합위험 수확감소보장 과수 품목 중 과수 보통약관 보험료 산출 시 비가림시설 관련 할인율이 적용되는 품목 및 할인율을 모두 쓰시오.

포도 10%(비가림시설), 자두 10%(비가림시설), 대추 10%(비가림시설), 참다래(비가림 바람막이) 30%

**8.** 종합위험 비가림시설의 보험금 지급 사유 및 산정 방법을 쓰시오.

1. 지급 사유 : 보상하는 재해로 인해 자기부담비율 초과한 손해액이 발생한 경우
2. 산정 방법
   ① 보험금=min(손해액 - 자기부담금, 보험가입금액)
   ③ 자기부담금
   • 30만원 ≤ 손해액의 10% ≤ 100만원의 범위
   • 피복재 단독사고 : 10만원 ≤ 손해액의 10% ≤ 30만원의 범위
   • 화재로 인한 보험금 산정 시 자기부담금 미적용

**9.** 종합위험 비가림시설과 원예 · 버섯시설(농업용 시설물, 버섯재배사)의 농작물재해보험 가입기준에 관한 내용이다. ( )을 채우시오.

- 시설 ( ① ) 단위로 가입한다.
- 최소 가입면적은 비가림시설 ( ② ) 이상이며 원예 · 버섯시설 단동 · 연동하우스는 ( ③ ) 이상, 유리(경질판)온실 · 경량철골조(버섯재배사)는 ( ④ )이다.

 ① 1단지, ② 200㎡, ③ 300㎡, ④ 제한 없음

**10.** 종합위험 비가림과수 대추 품목의 비가림시설에 관한 내용이다. 물음에 답하시오.

○ 과수원 계약사항

| 가입면적 | 지역별 비가림시설<br>보통약관 영업요율 | 손해율에 따른 할인율 |
|---|---|---|
| 2,000㎡ | 10% | 20% |
| 기타 | 비가림시설 과수원 전체 설치, 시설비 19,000원/㎡ | |

**(1)** 보통약관 보험가입금액 최소값과 최대값을 산출하시오.

**(2)** 보험료 최소값을 산출하시오.

 1. 보험가입금액
   (1) 최소값=2,000×19,000×0.8=30,400,000원
   (2) 최대값=2,000×19,000×1.3=49,400,000원
2. 보험료=30,400,000×0.1=3,040,000원
✔ **비가림시설 과수원 전체 설치**
- 비가림시설 보험료에는 방재시설 할인율, 손해율에 따른 할인 · 할증률, 포도 신규과수원 할인율 등은 적용되지 않으며, 영업요율만 적용한다.

**11.** 다음은 종합위험 비가림시설의 인수 제한 목적물에 관한 내용이다. 인수 가능 여부를 판단하고 그 이유를 모두 쓰시오.

포도를 경작하는 A 씨는 농작물재해보험에 가입 전에 과수원 전체에 비가림시설을 설치하려 한다. 설계를 하니 가입면적은 250㎡, 폭이 2.7m 동고가 2.9m이다. 피해 방지를 위해 비가림시설 전체를 피복재로 씌울 계획이다.

1. 인수 불가
2. 이유
   ① 최소 가입면적 200㎡ 이상이므로 인수 가능
   ② 폭 2.4m±15%, 동고 3m±5% 범위 내이므로 인수 가능
   ③ 비가림시설 전체를 피복재로 씌워 일반 비닐하우스와 차이 없는 시설은 원예시설 보험에 해당

**12.** 포도 비가림시설의 길이는 100m, 폭은 인수 가능 범위의 최소 폭(m)으로 조사되었다. ㎡당 시설비는 18,000원이다. 가입 가능한 최대 보험가입금액을 구하시오. (보험가입금액은 천원 단위 절사)

 1. 비가림시설 면적=100×2.04=204㎡
2. 최대 보험가입금액=(204×18,000)×1.3=4,773,600=4,770,000원
   ✔ 포도 비가림시설 폭 2.4m±15%: 최소 폭=2.04m

**13.** 다음 조건을 보고 비가림시설 손해보장(비가림과수 포도) 보험금을 산출하시오.

| | | |
|---|---|---|
| • 가입면적 2,000㎡ | • 시설비 18,000원/㎡ | • 가입비율 : 최대 비율 |
| • 재해 : 태풍. 발생 일자 9/01 | • 사고 내용 : 피복재 단독사고. 부분 피해 | • 손해액 : 800만원 |

 1. 보험가입금액=2,000×18,000×1.3=46,800,000원
2. 손해액=8,000,000원
3. 자기부담금=300,000원. 10만원 ≤ 손해액 10% ≤ 30만원 (피복재 단독사고)
4. 지급보험금=min(8,000,000-300,000, 46,800,000)=7,700,000원
   ✔ 비가림시설 보험금=min{(손해액-자기부담금), 보험가입금액} → 비손자가

**14.** 「비가림시설 피해조사」에 관한 내용이다. (    )을 알맞게 채우시오.

- 조사기준 : 해당 목적물인 비가림시설의 구조체와 피복재의 (  ①  )을 기준금액으로 수리비를 산출한다.
- 평가 단위 : 물리적으로 분리 가능한 (  ②  )을 기준으로 보험목적물별로 평가한다.
- 피복재 : 피복재의 (  ③  )을 조사한다.
- 구조체
  - 손상된 골조를 재사용할 수 없는 경우 : (  ④  ) 확인 후 교체 비용 산정
  - 손상된 골조를 재사용할 수 있는 경우 : 보수면적 확인 후 (  ⑤  ) 산정

정답 ① 재조달가액, ② 시설 1동, ③ 피해면적, ④ 교체수량, ⑤ 보수비용

**15.** 다음 조건을 보고 종합위험방식에 가입한 포도 비가림시설의 보험금을 산정하시오.

○ 계약사항

| 가입면적 | 재조달가액/m² | 가입 비율 | 내용연수 |
|---|---|---|---|
| 1,000m² | 구조체 12,000원, 피복재 6,000원 | 최소비율 | 10년 |

○ 조사내용 - 태풍 피해

| 피해면적 | 재조달가액 | 감가상각율 | 경과년수 |
|---|---|---|---|
| 구조체 400m²<br>피복재 1,000m² | 가입 시와 동일 | 구조체 경년감가율 8%<br>피복재 40% 고정 감가 | 구조체 2년<br>피복재 1년 |

• 수리 · 복구되지 않음

1. 보험가입금액=1,000×18,000×0.8=14,400,000원
2. 손해액
   ① 구조체 손해액=400×12,000×(1-0.16)=4,032,000원
   ② 피복재 손해액=1,000×6,000×(1-0.4)=3,600,000원
   ③ 손해액 합계 7,632,000원
3. 자기부담금= 763,200원. 30만원 ≤ 7,632,000×10% ≤ 100만원
4. 보험금=min(7,632,000-763,200, 14,400,000)=6,868,800원
✔ 수리 · 복구 여부 : 보험의 목적이 손해를 입은 장소에서 실제로 수리 또는 복구되지 않은 때에는 재조달가액에 의한 보상을 하지 않고 시가(감가상각된 금액)로 보상

**16.** 다음 조건을 보고 종합위험방식에 가입한 참다래 비가림시설의 보험금을 산정하시오.

○ 계약사항

| 가입면적 | 보험가입금액 |
|---|---|
| 2,000m² | 3,000만원 |

○ 조사내용 - 태풍 피해

| 피해면적 | 재조달가액/m² | 추가 비용손해 |
|---|---|---|
| 구조체 30%,<br>피복재 50% | 구조체 11,000원,<br>피복재 6,000원 | 잔존물 제거비용 80만원,<br>손해방지비용 50만원 |

| 구조체 | 피복재 |
|---|---|
| 내용연수 10년,<br>경과년수 2년 | 감가상각률 40% 고정 |

• 수리 · 복구되지 않음. 잔가율 20% 적용

1. 보험가입금액=30,000,000원
2. 손해액
   ① 구조체 손해액=2,000×0.3×11,000×(1-0.16)=5,544,000원
   • 감가상각률 : (1-0.2)÷10=8%. 8%×2년=16%
   ② 피복재 손해액=2,000×0.5×6,000×(1-0.4)=3,600,000원

③ 손해액 합계 9,144,000원

3. 자기부담금=9,144,000×10%=914,400원. 30만원 ≤ 손해액 10% ≤ 100만원
- 잔여 자기부담금 85,600원

4. (목적물) 보험금=min(9,144,000-914,400, 30,000,000)=8,229,600원

5. 추기 비용손해
- (1) 잔존물 제거비용
  - ① min(800,000, 9,144,000×10%)=800,000원
  - ② 자기부담금=800,000×10%=80,000원
    - 잔여 자기부담금 85,600원 범위 내
  - ③ 잔존물 제거비용=800,000-80,000=720,000원
  - ④ 총 한도: min(8,229,600+720,000, 30,000,000)=8,949,600원
- (2) 손해방지비용: 500,000원

6. 지급보험금=8,949,600+500,000=9,449,600원

✔ 보험금=min(목적물 손해액 9,144,000+min(잔존물 제거비용, 손해액 10%) 800,000-총 자기부담금 994,400, 보험 가입금액 30,000,000)+손해방지비용 500,000=9,449,600원

✔ 시설의 비용손해에서 자기부담금 차감 여부
- 본 교재에서는 최대 자기부담금(100만원) 한도 내에서 잔존물 제거비용에서만 자기부담금을 차감한다.
- 비가림시설과 해가림시설에서는 기타 협력비용을 제외한 모든 비용손해에서 자기부담금을 차감하는 견해도 있다.

**17.** 다음 조건을 보고 종합위험방식에 가입한 대추 비가림시설의 보험금을 산정하시오.

○ 계약사항

| 가입면적 | 재조달가액/㎡ | 가입 비율 |
|---|---|---|
| 2,000㎡ | 구조체 14,000원, 피복재 5,000원 | 최소비율 |

○ 조사내용 – 화재. 화재위험보장 특별약관 가입

| 피해면적 | 재조달가액 | 추가 비용손해 |
|---|---|---|
| 구조체 80%, 피복재 100% | 가입 시와 동일 | 잔존물 제거비용 150만원, 손해방지비용 30만원, 기타 협력비용 100만원 |

- 수리 · 복구 완료함

1. 보험가입금액=2,000×19,000×0.8=30,400,000원
2. 손해액
   ① 구조체 손해액 : 2,000×0.8×14,000=22,400,000원
   ② 피복재 손해액 : 2,000×1×5,000=10,000,000원
   ③ 손해액 합계 32,400,000원
3. 자기부담금=0원 (화재 사고)
4. (목적물) 보험금=min(32,400,000-0, 30,400,000)=30,400,000원
5. 추가 비용손해
   (1) 잔존물 제거비용
      ① min(1,500,000, 32,400,000×10%)=1,500,000원

② 총 한도 : min(**30,400,000+1,500,000**, 30,400,000)=30,400,000원
  (2) 손해방지비용 300,000원, 기타 협력비용 1,000,000원
6. 지급보험금=30,400,000+300,000+1,000,000=31,700,000원
 ✔ 보험금=min(목적물 손해액 32,400,000+min(잔존물 제거비용, 손해액 10%) 1,500,000-총 자기부담금 0, 보험가입
   금액 30,400,000)+비용손해 1,300,000=31,700,000원
 ✔ 잔존물 제거비용 한도 확인 : 계산된 목적물 보험금+계산된 잔존물 제거비용 ≤ 보험가입금액
    =min(계산된 목적물 보험금+계산된 잔존물 제거비용, 보험가입금액)

**18.** 다음 (    )의 알맞은 단어를 쓰시오.

1. 이동식 하우스 : (  ①  )이 1년 미만으로 시설작물 경작 후 하우스를 철거(피복재만의 철거 포함)하여 노지 작물을 재
   배하는 농지의 하우스
2. 한시적 휴경 : (  ②  )의 경우 혹서기에 기존에 시설된 구 피복재를 신규 피복재로 교체하고 토양을 소독하는 등 새로
   운 작물 재배를 위한 준비 기간을 말함
3. 피복재 : 하우스의 내부 (  ③  )를 위하여 시공된 투광성 자재로 PE 필름, EVA 필름, 기능성 필름, PO 필름 등이 사용됨
4. 구조체 : 기초, 기둥, 보, 중방, 서까래, 가로대 등 철골, 파이프 및 이와 관련된 부속 자재로 하우스의 ( ④ )을 담당하는 것

[정답] ① 존치 기간, ② 고정식 하우스, ③ 온도 관리, ④ 구조적 역할

**19.** 종합위험 버섯 손해보장 상품에 가입한 농업용 시설물의 보험의 목적을 쓰시오.

[정답]
1. 버섯재배용 단동하우스
  ① 광폭형 하우스 포함
  ② 고정식 및 이동식 하우스 모두를 보장 대상으로 함
2. 버섯재배용 연동하우스
3. 버섯재배용 경량철골조, 버섯재배사, 내재해형 하우스, 비규격하우스
4. 조건
  ① 목재, 죽재로 시공된 하우스는 제외함
  ② 보험목적물은 버섯재배사의 구조체, 피복재 또는 벽으로 한정
  ③ 다음은 보험의 목적에서 제외
   • 작물을 제외한 온실 내의 동산, 작물 재배 이외의 다른 목적이나 용도로 병용하고 있는 경우, 다른 목적이나 용도로 사용되는 부분
   • 선별장 · 창고 · 농막 등

**20.** 종합위험 원예시설 손해보장 상품에 가입한 농업용 시설물 및 부대시설의 보상하는 재해(손해)를 쓰시오.

[정답]
1. 보통약관에서 보상하는 재해 : 자연재해, 조수해
2. 특별약관에서 보상하는 재해(손해)
  ① 화재위험보장 특약 : 화재

② 화재대물배상책임 특약 : 보험에 가입한 목적물에 발생한 화재로 인해 타인의 재물에 손해를 끼침으로서 법률상의 배상책임을 졌을 때 입은 피해

✔ **화재대물배상책임 특약의 보상하는 손해 : 다음과 같이 작성해도 된다. 피보험자가 보험증권에 기재된 농업용 시설물 및 부대시설 내에서 발생한 화재 사고로 인하여 타인의 재물을 망가뜨려 법률상의 배상책임을 부담함으로써 입은 손해**

**21.** 종합위험 원예시설 및 시설작물(버섯재배사 및 버섯) 상품의 보통약관에서 보상하지 않는 손해이다. 맞으면 ○, 틀리면 ×를 쓰시오.

① 계약자, 피보험자 또는 이들의 법정대리인의 고의 또는 중대한 과실 ( )
② 자연재해, 조수해, 화재가 발생했을 때 생긴 도난 또는 분실로 생긴 손해 ( )
③ 피보험자가 파손된 보험의 목적을 수리 또는 복구를 지연함으로써 가중된 손해 ( )
④ 농업용 시설물이 피복재로 피복되어 있지 않은 상태 또는 그 내부가 외부와 차단되어 있지 않은 상태에서 보험의 목적에 발생한 손해 ( )

Chapter 1.2.

정답 ① ○, ② ×, ③ ○, ④ ○

**22.** 종합위험 원예시설 및 시설작물(버섯재배사 및 버섯)상품에서 보상하지 않는 손해가 별도로 규정되어 있는 특별약관의 종류를 쓰시오.

정답 화재위험보장, 화재대물배상책임보장, 수재위험부보장, 표고버섯확장위험보장 특별약관
✔ **재조달가액보장 특별약관의 보상하지 않는 손해는 보통약관과 동일하다.**

**23.** 농작물재해보험에 가입한 시설작물 재배용 농업용 시설물 및 부대시설에 관한 내용이다. 물음에 답하시오.

| 농업용 시설물 | 부대시설 |
|---|---|
| » 유리온실(경량철골조)<br>» 가입면적 500㎡<br>» 내용연수 40년. 경과년수 10년 | » 터널 설치<br>» 가입면적 800㎡<br>» 계약자 고지 ㎡당 시설비 : 10,000원<br>» 내용연수 8년. 경과년수 2년 |

• 가입 기간 1년          • 재조달가액보장 특별약관, 수재위험부보장 특별약관 가입
• 지역별 보통약관 영업요율 10%(농업용 시설물, 부대시설 동일)

(1) 유리온실(경량철골조)의 최소 보험가입금액을 산출하시오.

(2) 유리온실(경량철골조)의 최대 보험가입금액을 산출하시오.

(3) 부대시설의 보험가입금액을 산출하시오.

**(4)** 단지의 최소 보험료를 산출하시오.

> **정답**
>
> (아래 해설 2 참조)
>
> 1. 농업용 시설물 최소 보험가입금액=500×50,000=25,000,000원
>
> 2. 농업용 시설물 최대 보험가입금액=500×500,000=250,000,000원
>
> 3. 부대시설 보험가입금액=800×10,000=8,000,000원
>
> ✔ **해설 1 : 농업용 시설물 및 부대시설 보험가입금액 산정 방법**
>
> 1. 기준 보험가입금액의 90~130% 범위 내에서 결정
>
>  ① 보통약관 : 시가로 기준 보험가입금액 계산 → 90~130%
>
>  ② 재조달가액 특약 가입 : 재조달가액으로 기준 보험가입금액 계산 → 90~130%
>
> 2. 기준금액 산정이 불가능한 유리온실(경량철골조), 버섯재배사(콘크리트조 · 경량철골조), 내재해형하우스, 비규격하우스
>
>  ① "계약자 고지사항을 기초로 보험가입금액을 결정"
>
>  ②[1]유리온실(경량철골조), 버섯재배사(콘크리트조 · 경량철골조): 50,000원~500,000원/㎡ 범위에서 "가입금액 선택 가능"
>
> 3. 부대시설: 계약자 고지사항을 기초로 보험가액을 추정하여 보험가입금액 결정
>
> 4. 기준금액 산정이 불가능한 시설 및 부대시설은 90~130%를 적용하지 않는다.
>
> ✔ **해설 2 : 보통약관, 재조달가액 특별약관의 농업용 시설물의 보험가입금액**
>
> 1. [농업재해보험 · 손해평가의 이론과 실무] 농업용 시설물 및 부대시설 보험가입금액 산정 방법의 단서 내용
>
>  ① 보통약관 : 고지된 구조체 내용에 따라 감가율을 고려하여 시가 기준으로 결정(보험사고 시 지급기준과 동일)
>
>  ② 재조달가액 특약 가입 시: 재조달가액 기준으로 산출
>
> 2. 농업용 시설물 중 최소 · 최대 시설비가 제시되어 있는 "[1]유리온실(경량철골조), 버섯재배사(콘크리트조 · [1]경량철골조)"
>   및 부대시설의 보통약관 보험가입금액 산정 시 감가 적용 여부에 관한 다른 의견
>
>  (1) 위 1. ①의 규정에 따르면, 보통약관의 경우 '[1]고지된 구조체' 내용에 따라 '[2]보험사고 시 지급기준과 동일하게' 가입
>   금액을 산정한다.
>
>  (2) [1]경량철골조, 부대시설 : 농업용 시설물 감가율 표에 감가율이 기재되어 있다.
>
>  (3) '[2]보험사고 시 지급기준 : 보통약관의 경우 시가로, 재조달가액 특약 가입(수리 · 복구 완료)한 경우 재조달가액으로 보상한다.
>
>  (4) 이를 기준으로 하면 보통약관의 경우 [1]경량철골조, 부대시설 등의 보험가입금액에도 [2]보통약관의 보험사고 시 지급
>   기준과 동일하게 감가율을 적용함이 합리적으로 판단된다.
>
>  (5) 다만, 이에 관한 명확한 내용이 없고, 시중 대부분의 문제집에서는 "유리온실(경량철골조), 버섯재배사(콘크리트조 · 경
>   량철골조)"의 경우 보통약관 보험가입금액에도 감가를 적용하지 않고 풀이한다. 본 교재도 이에 따른다.
>
>  (6) 이는 다음과 같은 내용에 중점을 둔 것이다.
>
>   ① 계약자 고지사항을 기초로 "보험가입금액을 결정"
>
>   ② 유리온실(경량철골조)은 ㎡당 5~50만원 범위에서 "가입금액 선택 가능"
>
>  (7) 본 교재 역시 대부분의 견해에 따라 풀이한다.
>
> 3. 보통약관 보험가입금액에 감가를 적용한 보험가입금액 풀이는 다음과 같다.
>
>  (1) 농업용 시설물 최소 보험가입금액
>
>   ① 경년감가율=(1-0.2)÷40=2%
>
>   ② 감가상각율=10×0.02=20%
>
>   ③ 보험가입금액=25,000,000×(1-0.2)=20,000,000원
>
>  (2) 부대시설
>
>   ① 경년감가율=(1-0.2)÷8=0.1=10%
>
>   ② 감가상각율=2×0.1=20%
>
>   ③ 보험가입금액=800×10,000×(1-0.2)=6,400,000원
>
> ✔ 이러한 논란이 없으려면, 재조달가액보장 특별약관 가입으로 출제되어야 할 것이다.

4. 보험료={(25,000,000×0.1×[3]0.7)+(8,000,000×0.1)}×[4]1.0×[5]0.9=2,295,000원

✔ **농업용 시설물×지역별 · [3]종별 요율, 부대시설 가입금액×지역별 요율**
- [3]종별요율(종별만) : 주계약에만, 농업용 시설물과 작물에만 적용(부대시설 ✕)
- [4]단기요율(단기모두) : 주계약&특약 모두, 농업용 시설물&부대시설&작물 모두 적용
- [5]수재위험부보장 특약 가입 : 보험료의 90% 적용(10% 할인)

**24.** 다음 조건에서 종합위험 원예시설(농업용 시설물)의 화재위험보장 특별약관 보험료를 산출하시오.

| | |
|---|---|
| • 화재위험보장 특약 가입금액 1,000만원 | • 화재위험보장 특별약관 영업요율 10% |
| • 농업용 시설물 : 3종 | • 가입 기간 : 01월~04월(4개월) |

보험료=10,000,000×0.1×0.5=500,000원

✔ **화재위험보장 특약 보험료**
- 보험가입금액×화재위험보장특약보험요율×단기요율적용지수
- 단기요율 적용지수에 월별 가산하지 않음에 주의한다.

**25.** 종합위험 원예시설의 농업용 시설물 종별 구분 4종에 관해 설명하시오.

허용 적설심 및 허용 풍속이 지역별 내재해형 설계기준의 100% 미만이면서, 허용 적설심 7.9cm 이상이고, 허용 풍속이 10.5m/s 이상인 하우스로 요율 상대도는 1.0이다.

✔ **종별 요율**
- 4종 : 100% 미만이면서, 7.9cm 이상이고, 10.5m/s 이상인 → and 조건이다.
- 5종 : 7.9cm 미만이거나, 10.5m/s 미만인 → or 조건이다.
- 종별 요율 1.0 : 농업용 시설물 4종, 해가림시설 1종

**26.** 다음은 종합위험 원예시설의 농업용 시설물 및 부대시설에 관한 내용이다. 조건을 보고 물음에 답하시오. (일원 단위 미만 반올림)

| ○ 태풍으로 A동 전손, B동 분손 | | | | |
|---|---|---|---|---|
| **농업용 시설물 A동 [가입 2021. 01]** | | | | |
| 가입 특약<br>수재위험부보장 | 단동하우스<br>1,000㎡ | 피해면적<br>1,000㎡ | 3종 | 설치<br>2015.06 |
| 구조체 시설비<br>100,000원/㎡ | 피복재 시설비<br>30,000원/㎡ | 관수시설 설치비<br>2,000,000원 | 보온시설 설치비<br>3,000,000원 | 사고<br>2021.12 |
| **농업용 시설물 B동 [가입 2021.01]** | | | | |
| 가입 특약<br>수재위험부보장 | 단동하우스<br>500㎡ | 피해면적<br>300㎡ | 2종 | 설치<br>2018.02 |
| 구조체 시설비<br>80,000원/㎡ | 피복재 시설비<br>30,000원/㎡ | 관수시설 설치비<br>1,800,000원 | 선별장<br>1,000,000원 | 사고<br>2021.12 |

- 가입 비율 : 최소비율
- ㎡당 시설비 : 가입 시점과 사고 시점 동일
- 잔가율 20%, 피복재 40% 고정 감가 적용
- 설치 및 가입 시점 : 농업용 시설물 및 부대시설 공통 적용
- 피해면적 : 농업용 시설물 (부대시설 피해 없음)
- 내용연수 : 농업용 시설물 구조체 10년, 피복재 1년, 부대시설 8년 (A, B동 공통 적용)
- 지역별 농업용 시설물, 부대시설 영업요율 10% (A, B동 공통 적용)
- 지자체 지원율 40%
- 가입 기간 1년 (01~12월)
- 가입 특별약관 : 수재위험부보장, 재조달가액보장(수리 · 복구 완료)

(1) 보험가입금액을 산출하시오.

(2) 계약자부담 보험료를 산출하시오. (순보험료는 영업보험료의 90%. A, B동 공통))

(3) 가입 후 04월 30일(가입 기간 4개월)에 임의해지 하는 경우 환급보험료를 산출하시오.

(4) 농업용 시설물의 보험금을 산출하되 농업용 시설물과 부대시설 단위가 아닌, '각 동 단위'로 산출하시오.

**정답**

1. 보험가입금액
   (1) A동 : 122,000,000
     ① 농업용 시설물={1,000×(100,000+30,000)}×0.9=117,000,000원
     ② 부대시설=2,000,000+3,000,000=5,000,000원
   (2) B동 : 51,300,000원
     ① 농업용 시설물={500×(80,000+30,000)}×0.9=49,500,000원
     ② 부대시설=1,800,000원 (선별장은 보험의 목적이 될 수 없음)
   (3) (단지) 합계=173,300,000원

2. 계약자부담 보험료
   ① A동 : $\{(117,000,000×0.1×^10.9)+(5,000,000×0.1)\}×^21.0×^30.9×^40.9×^5(1-0.5-0.4)$=893,430원
   ② B동 : $\{(49,500,000×0.1×^60.8)+(1,800,000×0.1)\}×^21.0×^30.9×^40.9×^5(1-0.5-0.4)$=335,340원
   ③ (단지) 합계=1,228,770원

   ✔ 요율
   - $^10.9$=종별요율, $^21.0$=단기요율, $^30.9$=수재위험부보장, $^40.9$=순보험료, $^5(1-0.5-0.4)$=지원율 차감,
   - $^60.8$=종별요율
   - A동, B동 모두 단동하우스이므로 1단지이다. 모든 조건이 같다면 총 보험가입금액으로 보험료 산출이 가능하지만, 이 경우는 종별요율이 다르므로 따로 산출한다. 보험가입금액 산정 원칙 역시 동별로 산출하여 합산한다.
   - 지역별 영업요율에 바로 순보험료율을 적용해도 좋다. 0.1×0.9=0.09

3. 환급보험료
   ① 단기요율로 계산한 보험료=1,228,770×(**0.5+0.3**)=983,016원

   ✔ 원예시설 및 시설작물(버섯). 책임있는 사유에 의한 보험료 환급
   - 환급보험료=계약자부담 보험료-단기요율 적용 계약자부담 보험료
   ✔ 원기간의 단기요율이 1.0인 경우는 위와 같이 계산이 편리하다. 또는, 위의 각 보험료의 단기요율을 $^21.0$이 아닌 0.8 을 대입하여 아래와 같이 계산한다.
   ✔ 단기요율로 계산한 계약자부담 보험료

- A동 : {(117,000,000×0.1×0.9)+(5,000,000×0.1)}×**0.8**×0.9×0.9×(1-0.5-0.4)=714,744원
- B동 : {(49,500,000×0.1×0.8)+(1,800,000×0.1)}×**0.8**×0.9×0.9×(1-0.5-0.4)=268,272원
- 합계 714,744+268,272=983,016원
- 단기요율 : (가입기간 4개월) 50%+(1, 2, 3월 각 10%씩 추가) 30%=80%

② 환급보험료=1,228,770-983,016=245,754원

4. 농업용 시설물 보험금

(1) 손해액

① A동 손해액=1,000×(100,000+30,000)=130,000,000원

② B동 손해액=300×(80,000+30,000)=33,000,000원

③ 손해액 합계=163,000,000원

(2) 자기부담금

① 자기부담금=1,000,000원. 30만원 ≤ X ≤ 100만원

② A동 자기부담금=1,000,000×(130,000,000÷163,000,000)=797,546원

③ B동 자기부담금=1,000,000×(33,000,000÷163,000,000)=202,454원

(3) 보험금

① A동 보험금=min(130,000,000-797,546, 117,000,000)=117,000,000원

② B동 보험금=min(33,000,000-202,454, 49,500,000)=32,797,546원

③ 보험금 합계=149,797,546원

✔ **A동, B동 모두 단동하우스로 1단지이다.**

- 보험가입금액, 보험료, 보험금 모두 동별로 산출하여 단지 단위로 합산한다.
- 농업용 시설물 및 부대시설 가입기준: 단지 단위

✔ **자기부담금 : 1사고 당 1단지 단위로 적용한다.**

- 1단지 내 여러 동이 있는 경우: 각 동별 손해액의 비율대로 배분한다.
- 평가 단위 : 물리적으로 분리 가능한 시설 1동을 기준으로 계약원장에 기재된 목적물 별로 평가

✔ **자기부담금 : 농업용 시설물과 부대시설을 모두 가입한 경우**

- 각 손해액의 비율대로 배분한다.
- 만일, 각 동의 농업용 시설물과 부대시설 단위로 보험금을 구하라는 문제로 출제된다면, 각 동에 배분된 자기부담 금을 다시 농업용 시설물과 부대시설 손해액 비례로 배분하면 된다.

**27.** 종합위험 원예시설의 농업용 시설물 및 부대시설의 ① 보험금 지급 사유 및 ② 산정 방법을 쓰시오.

1. 지급 사유 : 1사고 마다 보상하는 재해로 손해액이 자기부담금을 초과하는 경우

2. 산정 방법

(1) 보험금=min(손해액-자기부담금, 보험가입금액)

(2) 손해액 : 구조체+피복재, 부대시설 손해액은 별도 산정

(3) 자기부담금

① 1단지 단위, 1사고 당 적용

② 30만원 ≤ 손해액의 10% ≤ 100만원

③ 피복재 단독사고: 10만원 ≤ 손해액의 10% ≤ 30만원

④ 화재손해는 자기부담금 미적용

⑤ 농업용 시설물과 부대시설 손해액 합계를 기준하여 산정하고 각 비율대로 나누어 적용

**28.** 다음 조건을 보고 종합위험 원예시설 농업용 시설물의 ① 화재위험보장 특약 보험료 및 ② 화재대물배상 책임보장 특약의 보험료를 산출하시오. (소수점 첫째 자리 이하 버림)

| 보험가입금액 | 화재위험보장 특약 영업요율 | 가입 기간 | 배상한도액 |
|---|---|---|---|
| 100,000,000원 | 5% | 05월~08월 (4개월) | 3억원 (대물인상계수 4.70) |

1. 화재위험보장 보험료=100,000,000×0.05×0.5=2,500,000원
✔ **화재 특약의 보험료 : 단기요율 적용지수에 월별 가산하지 않는다.**
2. 화재대물배상책임보장 보험료=12,025,000×0.05×4.70×0.5=1,412,937원
✔ **화재대물배상 책임보장**
   • 보험료 : 산출기초금액(12,025,000원)×화재 특약 영업요율×대물인상계수×단기요율 적용지수
   • 단기요율 적용지수의 월별 가산 여부 : 「농업재해보험·손해평가의 이론과 실무」에는 '화재위험보장 특약은 가산하지 않음'만 정해져 있고, 화재대물배상 책임보장에 관해서는 정해진 바가 없다. 화재 특약의 특약이므로 가산하지 않음이 합리적이지만, 「농업재해보험·손해평가의 이론과 실무」을 근거로 가산해야 한다는 견해도 있다. 본 교재는 가산하지 않음을 기준으로 한다.

**29.** 다음은 종합위험 원예시설·버섯의 농업용 시설물의 인수 제한 사항이다. 틀린 부분이 있으면 바르게 고쳐 쓰시오.

> ① 작업동, 창고동 등 시설작물 경작용으로 사용되지 않는 시설, 다만, 농업용 시설물 한 동 면적의 50% 이상을 작물 재배용으로 사용하는 경우 가입 가능
> ② 1년 이내에 철거 예정인 이동식 시설
> ③ 하천부지 및 상습침수지역에 소재한 시설, 다만, 수재위험부보장 특약에 가입하여 풍재만은 보장 가능
> ④ 원예시설(버섯재배사 제외)의 경우, 연중 6개월 이상 육묘를 키우는 육묘장의 경우 하우스만 가입 가능

① 50% 이상 → 80% 이상, ② 이동식 → 고정식, ③ 틀린 사항 없음, ④ 6개월 이상 → 8개월 이상

**30.** 종합위험 원예시설 '농업용 시설물 및 부대시설'의 보험가입기준에 관해 쓰시오.

1. 시설 1단지 단위로 가입(단지 내 인수 제한 목적물은 제외함)하고 보험가입금액은 단지 내 시설 1동 단위로 설정한다.
2. 연동하우스 및 유리온실 1동이란 기둥, 중방, 방풍벽, 서까래 등 구조적으로 연속된 일체의 시설을 말한다.
3. 최소 가입면적은 단동·연동하우스 300㎡이며 유리온실은 제한 없다.
4. 한 단지 내에 단동·연동·유리온실 등이 혼재되어 있는 경우 각각 개별단지로 판단한다.
5. 농업용 시설물을 가입해야 부대시설 및 시설작물 가입 가능하며, 단, 유리온실(경량철골조)의 경우 부대시설 및 시설작물만 가입할 수 있다.
✔ **버섯재배사의 경우 5.의 단서 조건은 해당하지 않는다.**

**31.** 종합위험 원예시설에 있어서 '계약의 소멸'에 관한 내용이다. ( )을 채우시오.

(1) 회사가 손해를 보상하는 경우에는 그 ( ① )이 한 번의 사고에 대하여 보험가입금액 미만인 때에는 이 계약의 보험가입금액
은 감액되지 않으며, 보험가입금액 이상인 때에는 그 ( ② )의 원인이 생긴 때로부터 ( ③ )에 대한 계약은 소멸한다.
(2) 이 경우 ( ④ )는 발생하지 않으며, 손해액에는 ( ⑤ )은 제외된다.

> **정답**
>
> ① 손해액, ② 손해보상, ③ 보험의 목적, ④ 환급보험료, ⑤ 기타 협력비용
>
> ✔ **계약의 소멸 : 비가림시설, 농업용 시설물 및 부대시설, 해가림시설**
> - 잔존 보험가입금액 : 축사

**32.** 종합위험 원예시설 · 버섯 손해보장 상품에 있어서 '부대시설과 시설작물 · 버섯의 보험 가입조건'을 비교하시오.

> **정답**
>
> 1. 원예시설
>    ① 농업용 시설물을 가입해야 부대시설 및 시설작물 가입 가능, ② 단, 유리온실(경량철골조)의 경우 부대시설 및 시설작물만 가입 가능
> 2. 버섯
>    ① 농업용 시설물을 가입해야 부대시설 및 시설작물 가입 가능, ② 버섯재배사 (경량철골조, 콘크리트조) 예외 없음

**33.** 다음 농업용 시설물의 현재 시점 농작물재해보험에의 ① 인수 가능 여부를 판단하고 ② 그 이유를 모두 쓰시오.

A 씨는 3개 동에 시설작물 3종류를 재배하고 있다. 1동은 단동하우스 철골 구조이며 500㎡ 면적 중 창고동 제외한 350㎡ 면
적에 딸기를 재배 중이다. 2동 역시 단동하우스 철골 구조이고 600㎡의 면적 중 작업동 150㎡를 제외한 면적에 토마토를 재
배 중이다. 3동은 유리온실이며 400㎡의 면적 전체에 오이를 재배 중이다. 1동과 2동은 7~8월인 지금 내부 온도 조절 및 환
기를 위해 잠시 피복재를 벗겨놓은 상태이다.

> **정답**
>
> 1. 3동만 유리온실 1단지로 인수 가능
> 2. 이유
>    ① 단지 단위로 가입, 단동, 연동, 유리온실 등이 혼재 시 각각 별개의 단지로 판단
>    - 1+2동 1단지, 3동 1단지로 가입 가능
>    ② 단지 최소 가입면적 충족
>    - 단동하우스 300㎡
>    - 유리(경질판) 온실 제한 없음
>    ③ 한 동 면적의 80% 이상 작물 재배용으로 사용 시 가입 가능
>    - 1동 70%, 2동 75%. 단동하우스 단지 인수 제한
>    - 3동 100%. 유리온실 단지 인수 가능
>    ④ 지역적 기후 특성에 의한 한시적 휴경은 제외이나 휴경하지 않은 상태로 피복재가 없는 상태이므로 단동하우스 단지 인수 제한

**34.** 농작물재해보험 원예시설 손해보장에 가입한 다음 농업용 시설물의 계약사항을 참조하여 물음에 답하시오. (모든 비율은 %로 소수점 셋째 자리에서 반올림)

○ 계약사항(가입일자. 2023. 03)

| 가입특별약관 | | 지자체 지원율 | 보험기간 |
|---|---|---|---|
| 화재위험보장 | 화재대물배상책임보장 배상한도액 3억 | 20% | 3월~5월. 3개월 |

| 농업용 시설물 | 가입면적 | 시설비 | 설치일자 |
|---|---|---|---|
| 고정식 단동하우스<br>허용적설심 및 허용풍속 :<br>내재해형 설계기준 100% | 1,000㎡ | 60,000원/㎡ | 2020. 05 |
| | 보험료율 | | |
| | 보통약관 영업요율 10%,<br>(순보험료 : 영업 보험료의 80%) | | 화재위험보장 특별약관<br>5% |

○ 대물인상계수(LOL계수) (단위. 백만원)

| 배상한도액 | 10 | 20 | 50 | 100 | 300 | 500 |
|---|---|---|---|---|---|---|
| 인상계수 | 1.00 | 1.56 | 2.58 | 3.45 | 4.70 | 5.23 |

**(1)** 농업용 시설물의 보험료를 구하시오. (보험가입비율 100%, 보험가입금액 천원 단위 절사)

**(2)** 화재대물배상책임보장 특별약관의 보험료를 구하시오. (보험기간에 따른 단기요율 월별 가산은 없는 것으로 함)

**(3)** 계약기간을 3개월 연장하는 경우 연장 기간에 대한 농업용 시설물의 계약자부담보험료를 구하시오. (일원 단위 미만 절사)

1. 농업용 시설물 보험료
  (1) 보험가입금액
    ① 경년감가율 8%, 경과년수=2023. 03-2020. 05=34개월 (월 단위 감가)
    ② 감가상각률=0.08×(34÷12)=22.67%
    ③ 보험가입금액=1,000×60,000×(1-0.2267)=46,390,000원
  (2) 보험료
    ① 종별요율=3종. 0.9
    ② 단기요율=보험기간 3개월 40%+3월 가산 10%=50%
    ③ 보험료=46,390,000×0.1×0.9×0.5=2,087,550원
2. 화재대물배상책임보장 특약 보험료=12,025,000×0.05×4.70×0.4=1,130,350원
3. 연장 기간 계약자부담보험료
  ① 연장 기간 : 6~8월. 3개월. 단기요율=3개월 40%+6, 7, 8월 각 10%씩 30% 가산=70%
  ② 보험료=46,390,000×[1]0.1×[2]0.8×[3]0.9×[4]0.7×(1-0.5-0.2)=701,416원
✔ 보험료 각 요율 : [1]0.1=보통약관 영업요율, [2]0.8=순보험료, [3]0.9=종별요율, [4]0.7=단기요율
• 보험기간을 연장하는 경우의 단기요율 적용
1. 단기요율은 100%를 초과할 수 없다.
2. 위 규정을 원기간의 단기요율과 연장기간의 단기요율 합산의 경우에도 100%를 초과할 수 없음으로 해석하는 견해가 있다.
3. 그러나, 만일 합산의 경우에도 100%를 초과할 수 없다면 다음과 같은 경우가 발생한다.
  📝 ① 원기간 가입기간 1월~6월의 6개월 : 단기요율 6개월 70%+(1, 2, 3, 6월 가산) 40%=110% → 100% 적용
    ② 이후, 보험기간을 8월까지 2개월 연장: 합산의 경우에도 100%를 초과할 수 없다면, 연장 2개월의 보험료 계산 시 적용해야 하는 단기요율이 의문이다. 이미 원기간의 단기요율이 100%이므로 연장기간의 보험료에는 단기요율 0% 또는 100%를 적용할 수 밖에 없다. 연장기간에 단기요율 0%를 적용하면 연장기간의 보험료는 0원이고, 원기간의 단기요율 100%를 연장기간에도 적용하면, 연장기간의 보험료는 실제보다 많아지게 된다.
4. 본 예시문제는 원기간과 연장기간의 각각의 단기요율이 100%를 초과할 수 없음으로 해석한 문제이며, 다른 견해가 있을 수 있다.

**35.** 다음 조건과 같을 때 종합위험 원예시설 농업용 시설물의 보험금을 산정하시오.

| 보험가입금액 | 손해액 | 추가 비용손해 | 대상 재해 |
|---|---|---|---|
| 농업용 시설물 1,000만원<br>부대시설 200만원 | 구조체 600만원<br>피복재 200만원<br>부대시설 100만원 | 잔존물 제거비용<br>100만원 | 태풍 |

• 가입 특별약관 : 없음

1. 손해액=9,000,000원

   ① 농업용 시설물=6,000,000+2,000,000=8,000,000원

   ② 부대시설=1,000,000원

   ✔ **손해액 : 농업용 시설물 감가율을 적용해 산출해야 하지만, 본 문제에서는 '손해액'으로 제시되어 있다.**

2. 자기부담금

   ① 9,000,000×0.1=900,000원 (300,000 ≤ X ≤ 1,000,000, 잔여 자기부담금 100,000원)

   ② 농업용 시설물 자기부담금=900,000×(800÷900)=800,000원

   ③ 부대시설 자기부담금=900,000×(100÷900)=100,000원

   ✔ **자기부담금**

   • 농업용 시설물과 부대시설 모두 가입 → 두 개의 목적물 손해액 합계를 기준으로 산출 → 두 개의 목적물 손해액 비율로 적용 → 농업용 시설물, 부대시설 각각의 보험금 산출 → 단지 단위로 합산

   • 농업용 시설물 여러 동일 경우 동별로 배분 → 동별 보험금 산출 → 농업용 시설물 합산

3. (목적물) 보험금

   ① 농업용 시설물=min{(8,000,000-800,000), 10,000,000}=7,200,000원

   ② 부대시설=min{(1,000,000-100,000), 2,000,000}=900,000원

   ✔ **보험금=min(손해액-자기부담금, 보험가입금액) → 시손자가, 부손자가**

4. 추가 비용손해

   (1) 잔존물 제거비용

   ① 잔존물 제거비용=min(9,000,000×10%, 1,000,000)=900,000원

   ② 자기부담금=900,000×10%=90,000원 (잔여 자기부담금 범위 내)

   (2) 농업용 시설물 잔존물 제거비용

   ① 900,000×(800÷900)=800,000원

   ② 자기부담금=80,000원

   ③ 농업용 시설물 잔존물 제거비용=800,000-80,000=720,000원

   (3) 부대시설 잔존물 제거비용

   ① 900,000×(100÷900)=100,000원

   ② 자기부담금=10,000원

   ③ 부대시설 잔존물 제거비용=100,000-10,000=90,000원

   (4) 총 한도

   ① 농업용 시설물=min(7,200,000+720,000=7,920,000, 10,000,000)=7,920,000원

   ② 부대시설=min(900,000+90,000=990,000, 2,000,000원)=990,000원

   ✔ **min(계산된 목적물 보험금+계산된 잔존물 제거비용, 보험가입금액)**

5. 지급보험금

   ① 농업용 시설물=7,200,000+720,000=7,920,000원

   ② 부대시설=900,000+90,000=990,000원

③ 합계=8,910,000원
✔ min(계산된 목적물 보험금+계산된 잔존물 제거비용, 보험가입금액). 한줄 풀이
　① 농업용 시설물 보험금=min(목적물 손해액 8,000,000+잔존물 제거비용 800,000-총 자기부담금 880,000, 보험가입금액 10,000,000)=7,920,000원
　② 부대시설 보험금=min(목적물 손해액 1,000,000+잔존물 제거비용 100,000-총 자기부담금110,000, 보험가입금액 2,000,000)=990,000원
　③ 합계=8,910,000원

**36.** 다음 조건과 같을 때 종합위험 원예시설 농업용 시설물의 보험금을 산정하시오. (%는 소수점 둘째 자리까지)

| 가입금액 | 사고 시점 시설비 | 면적 | 가입 특별약관 |
|---|---|---|---|
| 1,500만원 | 구조체 60,000원/㎡<br>피복재 15,000원/㎡ | 가입 330㎡<br>피해 150㎡ | 재조달가액 특별약관 |
| 내용연수 | 설치 | 가입 | 사고 |
| 구조체 15년<br>피복재 5년 | 구조체 2014.01<br>피복재 2018.05 | 2021.02 | 2021.12 |

| • 수리 · 복구하지 않음 | • 대상 재해 : 설해, 구조체 및 피복재 분손 사고 | • 잔가율 20% 적용 |
|---|---|---|

1. 사고 시점 감가상각율 (월 단위 감가)
　① 구조체=0.0533×{7+(11/12)}=42.19%
　　• 경년감가율=(1-0.2)÷15=5.33%, 경과년수=2021.12-2014.01=7년 11개월
　② 피복재=0.16×{3+(7/12)}=57.33%
　　• 경년감가율=(1-0.2)÷5=16%, 경과년수=2021.12-2018.05=3년 7개월
✔ 재조달가액 특별약관 손해액
　• 재조달가액 특약 가입 → 수리 · 복구하지 않음 → 시가로 손해액 산출
　• 재조달가액 특약 가입 → 수리 · 복구 완료 → 재조달가액으로 손해액 산출
✔ 「농업재해보험 · 손해평가의 이론과 실무」 농업용 시설물 감가율 표
　• 내용연수 15년 연동하우스의 경년감가율 5.3%, 내용연수 60년 유리온실 경년감가율 1.33%로 소수점 기준이 충돌한다. 단순 오기로 보이지만 수험생 입장에서는 최종 금액이 달라지므로, 문제에 제시되는 소수점 조건이 별도로 없다면 주의해야 할 부분이다.
2. 손해액
　① 구조체=150×60,000×(1-0.4219)=5,202,900원
　② 피복재=150×15,000×(1-0.5733)=960,075원
　③ 합계=6,162,975원
3. 자기부담금=6,162,975×0.1=616,297원 ( 300,000 ≤ X ≤ 1,000,000)
4. 목적물 보험금=min(6,162,975-616,297, 15,000,000)=5,546,678원
5. 지급보험금=5,546,678원
✔ 지급보험금=min{(목적물 손해액 6,162,975+잔존물 제거비용 0-총 자기부담금 616,297), 보험가입금액 15,000,000}=5,546,678원

**37.** 다음은 「농업용 시설물 · 부대시설 손해조사(버섯 포함)」의 조사기준 및 평가 방법에 관한 내용이다. ( )을 알맞게 채우시오.

> 1. 평가 단위 : 물리적으로 분리 가능한 ( ① )을 기준으로 계약원장에 기재된 ( ② )별로 평가한다.
> 2. 조사 방법
> • 계약 원장 및 현지 조사표를 확인하여 사고 목적물의 ( ③ ) 및 ( ④ ) 등을 확인한다.
> • 계약 원장 상의 ( ⑤ )을 확인한다.

정답
① 시설 1동, ② 목적물, ③ 소재지, ④ 보험시기, ⑤ 하우스 규격(단동, 연동, 피복재 종류)
✔ **시설작물, 시설재배 버섯 손해조사와 비교하여 암기한다.**

**38.** 다음은 「농업용 시설물 · 부대시설 손해조사(버섯 포함)」의 조사 방법에 관한 내용이다. 다음 항목을 순서대로 쓰시오.

| ① 사고 현장 방문 | ② 손해평가 | ③ 계약사항 확인 |
|---|---|---|

정답
③ 계약사항 확인 → ① 사고 현장 방문 → ② 손해평가

**39.** 종합위험 원예시설 「농업용 시설물 · 부대시설 손해조사(버섯 포함)」에서 사고 현장을 방문해서 확인해야 하는 사항을 쓰시오.

정답
1. 계약 원장 상의 목적물과 실제 목적물 소재지 일치 여부를 확인
2. 면담을 통해 사고 경위, 사고일시 등을 확인
3. 면담 결과, 사고 경위, 기상청 자료 등을 감안하여 보상하는 재해로 인한 손해가 맞는지를 판단

**40.** 종합위험 원예시설 「농업용 시설물 · 부대시설 손해조사(버섯 포함)」의 손해평가에 관한 내용이다. ( )을 알맞게 채우시오.

> • 피복재 : 하우스 폭에 피해길이를 감안하여 ( ① )를 산정한다.
> • 구조체 및 부대시설 : 교체 수량(비용), 보수 및 수리 면적(비용)을 산정하되, 재사용 할 수 없는 경우(보수 불가) 또는 수리 비용이 교체 비용보다 클 경우에는 ( ② )을 산정한다.
> • 인건비 : 실제 투입된 인력, 시방서, 견적서, 영수증 및 시장조사를 통해 ( ③ ) 시공에 소모된 인건비 등을 감안하여 산정한다.

정답
① 피해 범위, ② 재조달비용, ③ 피복재 및 구조체
✔ **비가림시설 손해조사와 비교하여 암기한다.**

**41.** 종합위험 원예시설 「농업용 시설물 · 부대시설 손해조사(버섯 포함)」 시 손해평가를 해야 하는 항목은?

① 피복재, ② 구조체 및 부대시설, ③ 인건비

**42.** 다음 조건을 보고 농업용 시설물과 부대시설의 보험금을 산정하시오. (%는 소수점 셋째 자리 이하 버림)

○ 계약사항

| 가입면적 | 보험가입금액 | 가입 특약 |
|---|---|---|
| 고정식 하우스 (단동하우스) 1,000㎡<br>(농업용 시설물 · 부대시설 동일) | 농업용 시설물 1,100만원<br>부대시설 150만원 | - |

○ 조사내용 - 태풍 피해
• 잔가율 20%, 피복재 40% 고정 감가 적용

| 피해면적 | ㎡당 재조달비용 | 감가상각 |
|---|---|---|
| 구조체 40%<br>피복재 60%<br>부대시설 50% | 구조체 10,000원<br>피복재 5,000원<br>부대시설 2,000원 | 구조체 : 경과년수 4년<br>피복재 : 기능성 필름<br>부대시설 : 경과년수 4년 |

1. 손해액
   (1) 농업용 시설물 손해액 (월 단위 감가)
      ① 구조체 손해액=(1,000×0.4)×10,000×(1-0.32)=2,720,000원
      • 경년감가율=(1-0.2)÷10=8% (단동하우스)
      ② 피복재 손해액=(1,000×0.6)×5,000×(1-0.4)=1,800,000원
      • 40% 고정 감가 (기능성 필름)
      ③ 농업용 시설물(구조체+피복재) 손해액 합계=4,520,000원
   (2) 부대시설 손해액=(1,000×0.5)×2,000×(1-0.4)=600,000원
   • 경년감가율=(1-0.2)÷8=10% (부대시설)
   (3) 총 손해액=5,120,000원
2. 자기부담금=512,000원. 30만원 ≤ X ≤ 100만원
   ① 농업용 시설물 자기부담금=512,000×(4,520,000÷5,120,000)=452,000원
   ② 부대시설 자기부담금=512,000×(600,000÷5,120,000)=60,000원

✔ **자기부담금**
   • 1사고 당 1단지 단위로 설정한다.
   • 농업용 시설물과 부대시설을 모두 가입한 경우 손해액 합계를 기준으로 설정한 후, 손해액 비율대로 배분한다.
   • 잔존물 제거비용도 동일하게 적용(배분)한다.

✔ **농업용 시설물 감가율**
   ○ 경과년수×경년감가율
   • 고정식 하우스 : 구조체(단동-내용연수 10년 · 연동-내용연수 15년), 피복재(내용연수 5년)
   • 유리온실 : 내용연수 40년 · 60년
   • 부대시설 : 내용연수 8년

○ 고정감가
- 고정식 하우스 : 피복재(내용연수 1년)
- 이동식 하우스 : 구조체(경과년수에 따름), 피복재(40% 고정 감가)
3. 보험금
① 농업용 시설물 보험금=min{(4,520,000+0-452,000), 11,000,000}=4,068,000원
② 부대시설=min{(600,000+0-60,000), 1,500,000}=540,000원
③ 보험금 합계=4,608,000원

**43.** 다음 조건을 보고 농업용 시설물과 부대시설의 보험금을 산정하시오.

○ 계약사항

| 가입면적 | ㎡당 시설비 | 가입 비율 | 가입 특약 |
|---|---|---|---|
| 농업용 시설물, 부대시설 동일 1,000㎡ | 구조체 8,000원 피복재 4,000원 부대시설 2,000원 | 농업용 시설물, 부대시설 동일 100% | 재조달가액 보장 |

○조사내용 - 태풍 피해. 수리 · 복구 완료

| 구분 | 피해면적 | ㎡당 재조달비용 | 내용연수 | 경과년수 |
|---|---|---|---|---|
| 농업용 시설물 | 구조체 50% 피복재 100% | 구조체 8,000원 피복재 4,000원 | 구조체 10년 피복재 5년 | 구조체 2년 피복재 2년 |
| 부대시설 | 70% | 2,000원 | 8년 | 2년 |

- 경년감가율 : 잔가율 20% 기준

**정답**

1. 보험가입금액
① 농업용 시설물=1,000×(8,000+4,000)×1.0=12,000,000원
② 부대시설=1,000×2,000×1.0=2,000,000원
2. 손해액
① 구조체 손해액=1,000×0.5×8,000=4,000,000원
② 피복재 손해액=1,000×1.0×4,000=4,000,000원
- 농업용 시설물(구조체+피복재) 손해액 합계=8,000,000원
③ 부대시설 손해액=1,000×0.7×2,000=1,400,000원
④ 총 손해액=8,000,000+1,400,000=9,400,000원
✔ **재조달가액 특약 손해액**
- 재조달가액으로 산출
- 수리 · 복구되지 않은 경우 감가상각율 적용한 시가로 산출
3. 자기부담금=940,000원. 30만원 ≤ X ≤ 100만원
① 농업용 시설물 자기부담금=940,000×(8,000,000÷9,400,000)=800,000원
② 부대시설 자기부담금=940,000×(1,400,000÷9,400,000)=140,000원
4. 보험금
① 농업용 시설물=min{(8,000,000-800,000), 12,000,000}=7,200,000원
② 부대시설=min{(1,400,000-140,000), 2,000,000}=1,260,000원
③ 합계=8,460,000원

**44.** 다음 조건을 보고 농업용 시설물과 부대시설의 보험금을 산정하시오.

○ 계약사항

| 가입면적 | 보험가입금액 | 가입 특약 |
|---|---|---|
| 1,000㎡ (농업용 시설물, 부대시설 동일) | 농업용 시설물 1,500만원 부대시설 200만원 | 재조달가액 보장 화재위험보장 |

○ 조사내용 -화재 피해. 수리 · 복구 완료

| 농업용 시설물 손해액 | 부대시설 손해액 | 추가 비용손해 |
|---|---|---|
| (구조체+피복재) 1,000만원 | 100만원 | 잔존물 해체비용 50만원, 청소비용 30만원<br>폐기물 처리비용 30만원, 차에 싣는 비용 50만원 |

**정답**

1. 손해액 합계=10,000,000+1,000,000=11,000,000원
2. 잔존물 제거비용=min(11,000,000×0.1, 1,300,000)=1,100,000원

✔ **잔존물 제거비용:**
- 사고 현장에서의 잔존물 해체비용, 청소비용, 차에 싣는 비용 ○
- 오염물질 제거비용, 폐기물 처리비용 ✕
① 농업용 시설물 잔존물 제거비용=1,100,000×(1,000÷1,100)=1,000,000원
② 부대시설 잔존물 제거비용=1,100,000×(100÷1,100)=100,000원

✔ **잔존물 제거비용**
- 비용 손해는 단지 단위로 제시되는 경우가 많다. 이 경우는 목적물에 따라 배분해야, 각 목적물의 보험금이 계산 될 수 있다. (농업용 시설물과 부대시설 모두 가입한 경우 손해액 비율대로 배분)
- 만일, 목적물별로 비용손해가 제시된다면 위와 같이 배분하는 과정을 거치지 않고 각 목적물의 보험금을 계산한다.

3. 자기부담금=0 (화재 사고)
4. 보험금
① 농업용 시설물=min{(10,000,000+1,000,000-0), 15,000,000}=11,000,000원
② 부대시설=min{(1,000,000+100,000-0), 2,000,000}=1,100,000원
③ 합계=12,100,000원

**45.** 종합위험보장 원예시설 보험의 계약 인수와 관련하여 맞는 내용은 O로 틀린 내용은 X로 표기하여 순서대로 나열하시오. [기출문제]

① 단동하우스와 연동하우스는 최소 가입면적이 200㎡로 같고, 유리온실은 가입면적의 제한이 없다. (   )
② 6개월 후에 철거 예정인 고정식 시설은 인수 제한 목적물에 해당하지 않는다. (   )
③ 작물의 재배면적이 시설면적의 50% 미만인 경우 인수 제한된다. (   )
④ 고정식하우스는 존치 기간이 1년 미만인 하우스로 시설작물 경작 후 하우스를 철거하여 노지 작물을 재배하는 농지의 하우스를 말한다. (   )

**정답** ① ✕, ② ✕, ③ ○, ④ ✕

**46.** 농작물재해보험 원예시설에서 정하는 자기부담금과 소손해 면책금에 대해 서술하시오.　　[기출문제]

> **정답**
> 1. 자기부담금
>    ① 농업용 시설물 및 부대시설에 적용된다.
>    ② 최소 자기부담금(30만원)과 최대 자기부담금(100만원)을 한도로 보험사고로 인해 발생한 손해액의 10%에 해당하는 금액을 자기부담금으로 한다.
>    ③ 피복재 단독사고는 최소 자기부담금(10만원)과 최대 자기부담금(30만원)을 한도로 한다.
>    ④ 농업용 시설물과 부대시설 모두를 보험의 목적으로 하는 계약은 두 보험의 목적의 손해액 합계액을 기준으로 자기부담금을 산출한다.
>    ⑤ 자기부담금은 단지 단위, 1사고 단위로 적용한다.
> 2. 소손해 면책금
>    ① 시설작물에 적용된다.
>    ② 보상하는 재해로 1사고 당 생산비보장 보험금이 10만원 이하인 경우 보험금이 지급되지 않고, 10만원을 초과하는 경우 손해액 전액을 보험금으로 지급한다.
>    ③ 소손해 면책금은 10만원이다.

**47.** 다음은 농업용 시설물 및 부대시설의 손해액 산출에 관한 내용이다. (　　)를 채우시오.

> • 손해액 산출 시에는 농업용 시설물 감가율을 적용한다.
> • 농업용 시설물 감가율은 (　①　), (　②　), (　③　) 및 (　④　)로 구분하여 산출한다.
> • 재조달가액 보장 특별약관에 가입한 경우에는 (　⑤　) 기준으로 계산한 손해액을 산출한다. 단, 보험의 목적이 손해를 입은 장소에서 실제로 수리 또는 복구되지 않은 때에는 (　⑤　)에 의한 보상을 하지 않고 (　⑥　)로 보상한다.

> **정답**
> ① 고정식 하우스, ② 이동식 하우스, ③ 유리온실, ④ 부대시설, ⑤ 재조달가액, ⑥ 시가(감가상각된 금액)

**48.** 종합위험보장 인삼 '해가림시설'의 보험의 목적에 관해 쓰시오.

> **정답**
> 보험료 납입일이 속하는 해에 설치하거나 이미 설치되어 있는 인삼재배시설 단, 인삼의 수확을 종료한 인삼재배시설은 보험의 목적에서 제외

**49.** 종합위험보장 인삼 해가림시설의 보통약관에서 보장하는 재해를 쓰시오.

> **정답**
> 자연재해, 조수해, 화재
> ✔ 비가림시설 또는 원예시설과 다르게 화재가 보통약관에서 보상하는 재해이다. 따라서, 화재로 인한 손해 발생 시 자기부담금을 적용한다.

**50.** 다음은 내용을 보고 맞으면 ○, 틀리면 ×를 쓰시오.

> ① 화재로 기인되지 않은 수도관, 수관 또는 수압기 등의 파열로 생긴 손해 : 인삼 해가림시설 보통약관에서 정한 보상하지 않는 손해이다.
>
> (      )
>
> ② 화재로 기인되지 않은 수도관, 수관 또는 수압기 등의 파열로 생긴 손해 : 원예시설 보통약관에서 정한 보상하지 않는 손해이다.
>
> (      )
>
> ③ 피보험자가 파손된 보험의 수리 또는 복구를 지연함으로써 가중된 손해 : 원예시설 보통약관에서 정한 보상하지 않는 손해이다.
>
> (      )
>
> ④ 국가 및 지방자치단체의 명령에 의한 재산의 소각 및 이와 유사한 손해 : 비가림시설 보통약관에서 정한 보상하지 않는 손해이다.
>
> (      )

**정답**

① ○, ② ×, ③ ○, ④ ×
✔ 각 시설의 보상하지 않는 손해를 보통약관과 특별약관으로 구분해야 한다.

**51.** 다음은 인삼 해가림시설의 보험기간이다. (       )을 채우시오.

| 1형 | 해가림시설 | 판매연도 (  ①  ) ~ (  ②  ) 24시. 단, (  ③  )은 판매개시연도 10월 31일 초과 불가 |
|---|---|---|
| 2형 | 해가림시설 | 판매연도 11월 1일 ~ 이듬해 10월 31일 |

**정답**

① 5월 1일, ② 이듬해 4월 30일, ③ 6년근

**52.** 종합위험보장 해가림시설의 감가상각율 적용 방법에 관해 서술하시오.

**정답**

1. 설치시기에 따른 감가상각방법
   ① 계약자에게 설치시기를 고지받아 해당 일자를 기초로 감가상각하며, 최초 설치시기를 특정하기 어려울 시 인삼의 정식시기와 동일한 시기로 할 수 있다.
   ② 해가림시설 구조체를 재사용하여 설치하는 경우에는 해당 구조체의 최초 설치시기를 기초로 감가상각하고, 최초 설치시기를 알 수 없는 경우에는 해당 구조체의 최초 구입시기를 기준으로 감가상각한다.
2. 설치재료에 따른 감가상각방법
   ① 동일한 재료(목재 또는 철재)로 설치하였으나 설치시기, 경과년수가 각기 다른 구조체가 상존하는 경우에는 가장 넓게 분포하는 구조체의 설치시기를 동일하게 적용한다.
   ② 1개의 농지 내 감가상각률이 상이한 재료(목재+철재)로 해가림시설을 설치한 경우에는 재료별로 설치구획이 나뉘어 있는 경우에만 인수 가능하고, 각각의 면적만큼 구분하여 가입한다.
3. 감가상각은 보험 가입 시점을 기준으로 적용한다. (보험가입금액은 보험기간 동안 동일)
4. 연 단위 감가상각을 적용하며 경과 기간이 1년 미만은 적용하지 않는다.
5. 경년감가율 : 잔가율 20%와 자체 유형별 내용연수를 기준으로 산출한다.
   • 목재 : 내용연수 6년, 경년감가율 13.33%
   • 철재 : 내용연수 18년, 경년감가율 4.44%

**53.** 종합위험보장 해가림시설에 관한 다음 조건을 보고 물음에 답하시오. (%는 소수점 둘째 자리까지. 보험가입금액은 천원 단위 절사)

| 공통<br>허용적설심 7.0cm<br>허용풍속 11.0m/s | 목재 1,000㎡ | ㎡당 시설비 20,000원. 설치 2018.01. 가입 2021.05<br>5년근 인삼 재배시설 |
|---|---|---|
| | 철재 1,500㎡ | ㎡당 시설비 50,000원. 설치 2019.08. 가입 2022.04<br>6년근 인삼 재배시설 |

• 별개의 해가림시설

(1) 목재와 철재 해가림시설 각각의 보험가입금액을 산출하시오.

(2) 목재와 철재 해가림시설 각각의 보험료를 산출하시오 (지역별 보통약관 영업요율 5%와 종별요율을 적용하는 것으로 한다)

(3) 위의 해가림시설이 하나의 시설이며 1,500㎡의 재료도 목재로 가정하고 보험가입금액을 산출하시오. (㎡당 시설비는 20,000원, 다른 조건은 모두 동일한 것으로 한다)

1. 보험가입금액
   (1) 목재
      ① 경년감가율=(1-0.2)÷6=13.33%
      ② 경과년수=2021.05-2018.01=3년 (년 미만 개월수는 미적용)
      ③ 감가상각율=13.33×3=39.99%
      ④ 보험가입금액=(1,000×20,000)×(1-0.3999)=12,000,000원
   (2) 철재
      ① 경년감가율=(1-0.2)÷18=4.44%
      ② 경과년수=2022.04-2019.08=2년 (년 미만 개월수는 미적용)
      ③ 감가상각율=4.44×2=8.88%
      ④ 보험가입금액=(1,500×50,000)×(1-0.0888)=68,340,000원
   ✔ **경년감가율과 내용연수 : 경년감가율을 계산하지 말고, 목재와 철재로 구분해 암기하는 것이 좋다.**

2. 보험료
   ① 목재=12,000,000×0.05×[1]1.2=720,000원
   ② 철재=68,340,000×0.05×[1]1.2×[2](1-0.1)=3,690,360원
   ✔ **해가림시설 보험료**
      • 보험가입금액×지역별 보통약관 영업요율
      • [1]5종(요율 1.2) : 허용적설심 7.9cm 미만이거나 허용풍속 10.5m/s 미만 → OR 조건
      • 2024~ 해가림시설 보험료에 [2]'인삼 6년근 재배 해가림시설 할인율 10%' 적용이 추가되었다. 인삼(작물) 보험료에는 적용하지 않음에 주의한다.

3. 목재 보험가입금액
   ① 경년감가율=(1-0.2)÷6=13.33%
   ② 경과년수 2년
   ③ 감가상각율=13.33×2=26.66%
   ④ 보험가입금액=(2,500×20,000)×(1-0.2666)=36,670,000원
   ✔ **해가림시설 감가상각률 : 동일한 재료(목재 또는 철재)로 설치하였으나 설치시기, 경과년수가 각기 다른 구조체가 상존하는 경우 가장 넓게 분포하는 구조체의 설치시기를 동일하게 적용**

**54.** 다음 조건에서 종합위험 인삼 해가림시설의 보험금을 산출하시오. (보험가입금액은 천원 단위 절사)

| 재배면적 | m²당 시설비 | 재료 및 경과년수 |
|---|---|---|
| 500m² | 30,000원 | 목재. 경과년수 2년 |
| 보험가액 | 손해액 | 대상 재해 |
| 1,500만원 | 300만원 | 화재 |

1. 보험가입금액=(500×30,000)×(1-0.2666)=11,000,000원
   ✔ **목재 경년감가율 : 13.33%**
2. 자기부담금=3,000,000×0.1=300,000원
3. 보험금=min{(3,000,000-300,000)×(11,000,000÷15,000,000), 11,000,000}=1,980,000원 → 해손자비가
   ✔ **해가림시설은 화재 사고에도 자기부담금을 적용한다.**
   - 해가림시설은 보험가입금액과 보험가액이 동일한 기평가보험이므로 일부보험이 발생할 가능성은 크지 않지만, [농업재해보험·손해평가의 이론과 실무] 및 [약관]에는 일부보험 시 비례보상이 규정되어 있다. (농금원 Q&A 및 교재 해가림시설 편 참조)

**55.** 종합위험 인삼 해가림시설의 자기부담금 산정 방법을 설명하시오.

1사고 당 최소 자기부담금(10만원)과 최대 자기부담금(100만원) 범위 안에서 자연재해, 조수해, 화재로 인하여 발생한 손해액의 10%에 해당하는 금액을 자기부담금으로 한다.

**56.** 다음 종합위험보장 해가림시설의 조건을 보고 물음에 답하시오. (보험가입금액은 천원 단위 절사)

| 가입면적 | 재료 | m²당 시설비 | 설치재료 경과년수 |
|---|---|---|---|
| 1,000m² | 철재 | 40,000원 | 4년 60%, 5년 40% |

| 손해액 | 사고 시 보험가액 |
|---|---|
| 20,000,000원 | 30,000,000원 |

(1) 보험가입금액을 산출하시오.

(2) 보험금을 산출하시오.

1. 보험가입금액=(1,000×40,000)×(1-0.1776)=32,890,000원
   ① 경년감가율=(1-0.2)÷18=4.44%
   ② 감가상각률=4.44×4=17.76%
   ✔ **가장 많이 분포한 재료의 경과년수 기준**
2. 보험금
   (1) 자기부담금=1,000,000원
     ① 20,000,000×0.1=2,000,000원

② 100,000원 ≤ X ≤ 1,000,000원 한도 적용

(2) 보험금=min{(20,000,000-1,000,000), 30,000,000}=19,000,000원

✔ **해가림시설 지급보험금의 계산 방법**

• 보험가입금액을 한도로 손해액에서 자기부담금을 차감: min(손해액-자기부담금, 보험가입금액)

• 보험가입금액이 보험가액보다 클 경우 보험가액을 한도로 손해액에서 자기부담금을 차감: min(손해액-자기부담금, 보험가액)

• 보험가입금액이 보험가액보다 작은 경우 보험가입금액을 한도로 비례보상: min{(손해액-자기부담금)×비례보상, 보험가입금액} → 해손자비가

✔ **2025~ 해가림시설에 재조달가액보장 특별약관이 적용될 예정이다. 2025「농업재해보험 · 손해평가의 이론과 실무」에서 확인한다.**

○ 재조달가액보장 특별약관: 이 특별약관에 따라 재조달가액 기준으로 계산한 손해액을 보상한다.

• 손해액이란 그 손해가 생긴 때와 곳에서의 보험가액에 따라 산출한 재조달가액으로 계산

• 전부보험, 초과보험=min(재조달가액으로 계산한 손해액-자기부담금, 보험가입금액)

• 일부보험=min{(재조달가액으로 계산한 손해액-자기부담금)x(보험가입금액÷재조달가액)}

• 수리 · 복구되지 않은 경우 : 손해액을 재조달가액이 아닌 시가로 계산

○ 회사의 보상 책임(한도) : min(보험가입금액, 재산의 전부 또는 일부의 재조달가액, 실제 수리 · 복구비용)

○ 해가림시설 손해조사

• 실제 피해에 대한 복구비용을 '기평가한 재조달가액(해가림시설 시설가액 표)'으로 산출'한다. 따라서, ㎡당 시설비가 변경되지 않으므로, 초과보험 또는 일부보험이 발생할 가능성은 낮다.

• 재조달가액 특약의 경우 '보험가입금액 · 보험가액 · 재조달가액' 모두 '동일한 면적×기평가한 ㎡당 시설비'로, 사실상 '보험가입금액=보험가액=재조달가액'이다.

**57.** 다음 조건을 보고 각 사가 지급해야 하는 보험금을 산출하시오.

> » 동일한 시설을 대상으로 A사, B사, C사의 농작물재해보험에 가입하였다.
> » 가입금액 : A사 1,000만원 B사 1,500만원 C사 2,000만원
> » 화재로 인한 피해가 발생하였고, 총 손해액은 1,800만원이다.
> » 사고 시 해당 시설의 보험가액은 4,000만원으로 조사되었다.

• 단, 각 사의 지급보험금의 계산 방법은 동일하다.

• 손해액 분배 후 「농업재해보험 · 손해평가의 이론과 실무」 해가림시설 편에서 정한 대로 각 사의 보험금을 산정하는 것으로 한다. 각 사의 보험금 산정 시 일부보험인 경우 비례보상 한다. (다른 조건은 고려하지 않는다)

 정답

1. A사

① 손해액=18,000,000×(1,000÷4,500)=4,000,000원

② 자기부담금=4,000,000×0.1=400,000원

③ 보험금=min{(4,000,000-400,000)×(1,000÷4,000), 10,000,000}=900,000원

2. B사

① 손해액=18,000,000×(1,500÷4,500)=6,000,000원

② 자기부담금=6,000,000×0.1=600,000원

③ 보험금=min{(6,000,000-600,000)×(1,500÷4,000), 15,000,000}=2,025,000원

### 3. C사

① 손해액=18,000,000×(2,000÷4,500)=8,000,000원

② 자기부담금=8,000,000×0.1=800,000원

③ 보험금=min{(8,000,000-800,000)×(2,000÷4,000), 20,000,000}=3,600,000원

**✔ 중복보험 계산**

- 보험가입금액의 합계액이 보험가액을 초과하는 중복보험에 의한 초과보험임을 확인한다.
- 계산 방법이 동일하므로 보험가입금액 비례분담 방식으로 계산한다.

**✔ [농업재해보험·손해평가의 이론과 실무-별표 8] 및 [약관]의 중복보험 계산**

- 동일한 계약의 목적과 사고에 관한 '보험금' 계산 방법 : 다른 계약이 이 계약과 지급보험금의 계산 방법이 같은 경우.

$$손해액 \times \frac{이\ 계약의\ 보험가입금액}{다른\ 계약이\ 없는\ 것으로\ 하여\ 각각\ 계산한\ 보험가입금액\ 합계액}$$

- 손해액의 비례분담에 관한 내용만 있으며, 타이틀 역시 '보험금' 계산 방법이다.
- 그러나 실무에서는 보험의 종류에 따라 자기부담금 차감 및 비용손해를 추가하기도 한다.
- 출제 가능성은 낮지만, 본 문제와 같이 자기부담금 차감 및 비례보상 등 보험금 계산에 관한 조건이 제시된다면 조건대로 계산해야 한다.
- 제시된 조건에 따르며, 별도의 조건이 없다면 손해액 분담까지만 계산해도 된다.

**✔ 위의 보험금 합계는 6,525,000원으로 손해액에 미치지 못한다. 이는 A, B, C사 모두 보험가입금액이 보험가액에 비해 매우 적은 일부보험에 가입했기 때문이다. 일부보험이 아니라면 손해액을 모두 보상받는다.**

---

**58.** 다음 조건을 보고 각 사가 지급해야 하는 보험금을 산출하시오. (일원 단위 미만 소수점 첫째 자리에서 반올림)

- 동일한 해가림시설을 대상으로 다음과 같이 농작물재해보험에 가입하였다. (각 회사별 지급보험금의 계산 방법이 다름)

| A사 | B사 | C사 |
|---|---|---|
| 보험가입금액 2,000만원 | 보험가입금액 2,500만원 | 보험가입금액 3,000만원 |

- 보험기간 내 피해가 발생하였고 피해 사실은 다음과 같다.

| 피해 | 손해액 | 사고 당시 보험가액 |
|---|---|---|
| 태풍 | 1,500만원 | 3,000만원 |

- 다른 조건은 고려하지 않는다.

1. 각 회사별 보험가입금액 합계 > 보험가액 여부 확인

① 7,500만원 > 3,000만원

② 보험가입금액의 합계가 보험가액을 초과하므로 중복보험 계산 적용

2. 지급보험금의 계산 방법 동일 여부 확인 → 각 회사별 독립책임액 배분 방식 (보험금 기준)

① 손해액 15,000,000원 → 자기부담금 1,000,000원

② A사 보험금 : min{(15,000,000-1,000,000)×(2,000÷3,000), 20,000,000}=9,333,333원

③ B사 보험금 : min{(15,000,000-1,000,000)×(2,500÷3,000), 25,000,000}=11,666,667원

④ C사 보험금 : min{(15,000,000-1,000,000), 30,000,000}=14,000,000원

⑤ 보험금 합계=9,333,333+11,666,667+14,000,000=35,000,000원

**✔ 중복보험 계산 : 계산 방법이 다른 경우. 각 회사별 계산 방법에 따라 보험금(독립책임액)을 계산 → 합계 → 비례 배분**

3. 각 회사 지급보험금의 계산

① A사=15,000,000×(9,333,333÷35,000,000)=4,000,000원

② B사=15,000,000×(11,666,667÷35,000,000)=5,000,000원

③ C사=15,000,000×(14,000,000÷35,000,000)=6,000,000원

✔ 위의 분담은 [농업재해보험 · 손해평가의 이론과 실무] 및 [약관]의 규정대로 '손해액'을 분담한 것이다. 별도의 조건이 없으므로 손해액 분담까지만 계산해도 된다.

✔ '각 회사별 지급보험금의 계산 방법이 다르다'의 의미 : 보험금의 산출 방법이 다른 계약이다. (이위 계약)

- 비례보상 or 실손보상
- 시가보험 or 신가보험
- 공제액의 차이
- 보상하는 손해의 범위의 차이
- 추가 비용손해 적용에 따른 차이 등이 있을 수 있다.

**59.** 다음은 인삼 「해가림시설 손해조사」에 관한 내용이다. ③번 순서에 맞는 조사 항목을 쓰시오.

| ① 보상하는 재해 여부 심사 | ② 전체 칸수 및 칸 넓이 조사 |
|---|---|
| ③ (          ) | ④ 손해액 산정 |

 피해 칸수 조사

**60.** 다음은 인삼 「해가림시설 손해조사」 시 손해액 산정에 관한 내용이다. (      )을 알맞게 채우시오.

- ( ① ) 등을 참고하여 실제 피해에 대한 복구 비용을 기평가한 재조달가액으로 산출한 피해액을 산정 한다.
- 산출된 피해액에 대하여 감가상각을 적용하여 ( ② )을 산정한다. 다만, 피해액이 ( ③ ) 이하인 경우에는 감가를 적용하지 않고, 피해액이 ( ③ )를 초과하면서 감가 후 피해액이 ( ③ ) 미만인 경우에는 ( ③ )를 손해액으로 산출한다.

 ① 단위면적당 시설가액표, 파손 칸수 및 파손 정도, ② 손해액, ③ 보험가액의 20%

**61.** 다음 조건을 보고 인삼 해가림시설의 보험금을 산정하시오. (%는 소수점 셋째 자리에서 반올림)

| 보험가입금액 | 보험가액 | 피해액 |
|---|---|---|
| 800만원 | 1,000만원 | 600만원 |
| 설치재료 | 경과년수 | 재해 |
| 목재. 내용연수 6년 | 4년 | 화재 |

1. 비례보상 적용 여부 확인 : 보험가입금액 < 보험가액

2. 손해액 결정

① 피해액=600만원

② 보험가액×20%=200만원

③ 감가 후 피해액=6,000,000×(1-0.5332)=2,800,800원

- 감가상각률={(1-0.2)÷6}=13.33%×4년=53.32%
④ 손해액=중앙값(6,000,000, 2,800,800, 2,000,000)=2,800,800원
3. 자기부담금=280,080원
4. 보험금=min{(2,800,800-280,080)×(800÷1,000), 8,000,000}=2,016,576원
✔ 해가림시설은 화재손해에도 자기부담금을 적용한다.
✔ 2025~ 해가림시설에 재조달가액보장 특별약관이 적용될 예정이며, 재조달가액보장 특별약관에서의 손해액 결정 방법은 보통약관과 다를 것으로 예상된다. 2025 「농업재해보험·손해평가의 이론과 실무」에서 확인한다.

**62.** 다음 조건을 보고 인삼 해가림시설의 보험금을 산정하시오. (보험가액은 만원 단위 미만 버림. 보험금 및 비용손해는 일원 단위 미만 버림. %는 소수점 셋째 자리에서 반올림)

○ 계약사항

| 실제경작칸수 | 보험가입금액 | 설치재료 | 시기 |
|---|---|---|---|
| 1,000칸 | 2,000만원 | 목재, 내용연수 6년 | 설치 2019.03, 가입 2019.05 |

○ 조사내용 - 집중호우 및 태풍 피해. 사고 2020.04

| 칸 넓이 | 피해칸수 | ㎡당 시설비 | 추가 비용손해 |
|---|---|---|---|
| 지주목 간격 2m, 두둑폭 1.2m, 고랑폭 0.8m | 400칸 | 10,000원 | 잔존물 제거비용 150만원, 손해방지비용 30만원 |

1. 면적
① 칸 넓이=(1.2+0.8)×2=4㎡
② 가입면적=1,000×4=4,000㎡
③ 피해면적=400×4=1,600㎡
2. 보험가액=(4,000×10,000)×[1](1-0.1333)=34,668,000원 → 34,660,000원 (아래 해설 참조)
✔ [1]해가림시설의 감가상각율 경과년수 : '설치~가입' 또는 '설치~사고'
- [농업재해보험·손해평가의 이론과 실무] 1과목 해가림시설 감가상각방법 및 농금원 QnA 기준 '설치~가입'
- [농업재해보험·손해평가의 이론과 실무] 2과목 해가림시설 보험금 산정 기준 '설치~사고'
- 본 교재에서의 보험가액 산정은 2과목의 '설치~사고'를 기준으로 감가한다.
3. 손해액 결정
① 피해액=1,600×10,000=16,000,000원
② 보험가액×20%=6,932,000원 → 피해액에 감가 적용
③ 감가 후 피해액=16,000,000×(1-0.1333)=13,867,200원
④ 손해액=med(6,932,000, 13,867,200, 16,000,000)=13,867,200원
4. 자기부담금=1,000,000원. (10만원 ≤ 손해액 10% ≤100만원. 잔여 자기부담금 없음)
5. 보험금=min{(13,867,200-1,000,000)×(2,000÷3,466), 20,000,000}=7,424,812원
6. 추가 비용손해
(1) 잔존물 제거비용
① min(1,500,000, 13,867,200×10%)=1,386,720원
② (1,386,720-0)×(2,000÷3,466)=800,184원 (잔여 자기부담금 없으므로 잔존물 제거비용 자기부담금 차감 없음)
③ 총 한도 : min(7,424,812+800,184, 20,000,000)=8,224,996원
(2) 손해방지비용=min(300,000, 200,000)×(2,000÷3,466)=115,406원

7. 지급보험금=7,424,812+800,184+115,406=8,340,402원

✔ 보험금=min{(목적물 손해액 13,867,200+min(잔존물 제거비용, 손해액 10%) 1,386,720-총 자기부담금 1,000,000)× 비례 (2,000÷3,466), 보험가입금액 20,000,000}+{손해방지비용 200,000×비례 (2,000÷3,466)}=8,340,403원 (일원 단위 미만 절사에 의한 차이)

✔ 해가림시설 손해방지비용 : min(손해방지비용, 200,000)

✔ 본 교재에서의 추가 비용손해 자기부담금 차감 : 잔존물 제거비용에서만 차감한다. '손해잔'에서의 자기부담금 차감 규정이 없는 비가림시설, 해가림시설에서는 '손대잔'에서도 차감하는 견해도 있다.

**63.** 가축재해보험 축사 부문에서 보상하는 재해 및 각 재해의 자기부담금 산정 방법을 쓰시오.

정답

1. 보상하는 재해
   ① 설해, 수재, 풍재, 지진, 화재로 입은 직접 손해
   ② 피난 과정에서 발생하는 피난 손해
   ③ 화재 진압과정에서 발생하는 소방 손해
   ④ 약관에서 규정하는 비용손해
2. 자기부담금 산정 방법
   ① 설해, 수재, 풍재, 지진 손해 : 지급보험금의 계산에 따라 계산한 금액에 자기부담비율을 곱한 금액 또는 50만원 중 큰 금액
   ② 화재 손해 : 지급보험금의 계산에 따라 계산한 금액에 자기부담비율을 곱한 금액

**64.** 가축재해보험 축사 부문의 정부 지원 요건을 쓰시오.

정답

1. 농업인 · 법인 : 농업경영체(농어업경영체법)에 등록하고 축산업 허가(등록)(축산법)를 받은 자(축산법에 의한 축산업 등록 제외 대상도 지원)
2. 농축협 : 농축협으로 축산업 허가(등록)(농업식품기본법 시행령) 받은 자(축산법에 의한 축산업 등록 제외 대상도 지원)
3. 축사 지원요건
   ① 가축사육 관련 적법한 건물(시설물 포함)에 한함
   ② 건축물관리대장 또는 가설건축물관리대장이 있는 경우에 한함
   ③ 건축물관리대장상 주택 용도 등 가축사육과 무관한 건물은 지원 제외
   ④ 「가축전염병 예방법」 제19조에 따라 사육 가축이 없이도 축사 지원 가능

**65.** 가축재해보험 축사 부문의 정부 지원 범위에 관해 설명하시오.

정답

1. 개인 또는 법인당 5,000만원 한도 내 납입보험료(총 보험료)의 50%를 지원
2. 정부지원을 받은 계약자 사망으로 축산업 승계, 목적물 매도 등이 발생한 경우
   ① 변경 계약자의 정부지원 요건 충족 여부를 철저히 확인
   ② 정부지원 요건 미충족 시 보험계약 해지 또는 잔여기간에 대한 정부지원금(지방비 포함) 반납 처리
3. 지자체 지원 : 총 보험료의 0~50%

**66.** 가축재해보험 축사 부문의 보험료를 할인받을 수 있는 특별약관의 ① <u>종류</u>와 ② <u>정의</u>, ③ <u>적용 가능한 축사 종류</u> 및 ④ <u>할인율</u>을 쓰시오.

1. 설해손해부보장 특별약관
2. 정의 : 축사 특약(돈사, 가금사) 가입 시 설해에 대한 담보 여부 선택 가능
3. 적용 가능한 축사 종류 : 돈사, 가금사
4. 돈사 4.9%, 가금사 9.4%
   ✔ 2024 [농업재해보험·손해평가의 이론과 실무]에는 위 할인율이 누락되어 있으므로, 문제에 제시될 것으로 보인다.

**67.** 다음 조건을 보고 가축재해보험 축사 부문의 보험가액을 산출하시오.

| 가입면적 | ㎡당 시설비 | 경과년수 | 경년감가율 |
|---|---|---|---|
| 500㎡ | 100,000원 | 10년 | 2% |
| • 시설비 = 사고 시점 기준 | | | |

1. 신축가액(재건축가액, 신품가액, 재조달가액)=500×100,000=50,000,000원
2. 감가공제액=50,000,000×0.2=10,000,000원
   • 경년감가율 2%×경과년수 10년=20%
3. 현재가액(보험가액)=50,000,000-10,000,000=40,000,000원 또는, 50,000,000×(1-0.2)=40,000,000원
   ✔ 재건축가액(신축가액)-감가공제액=재조달가액×(1-감가상각율)
   • 축사의 경우 농작물재해보험의 시설과 다소 다른 용어를 차용하기도 한다.

**68.** 가축재해보험 축사 부문의 보험가액 평가 및 수정잔가율에 관한 내용이다. (      )을 채우시오.      [기출문제]

• 보험목적물의 경년감가율은 손해보험협회의 "보험가액 및 손해액의 평가기준"을 준용하며, 축사 사용 도중 지속적인 개·보수가 이루어져 보험목적물의 가치 증대가 인정된 경우, 잔가율은 (  ①  ) 축사구조물의 경우에는 (  ②  )까지, 그 외 기타 구조물의 경우에는 (  ③  )까지로 수정하여 보험가액을 평가할 수 있다.
• 다만, 보험의 목적인 축사가 손해를 입은 장소에서 6개월 이내 실제로 수리 또는 복구되지 아니한 때에는 잔가율이 30% 이하인 경우에는 (  ④  )로 수정하여 평가한다.

① 보온덮개·쇠파이프조, ② 최대 50%, ③ 최대 70%, ④ 최대 30%

**69.** <심화> 가축재해보험 축사 부문의 인수심사 대상 계약을 쓰시오.

1. 사육장소 내 일부 축사만 가입하는 경우(인수 제한)

 ① 가축재해보험은 사육장소 내 모든 축사를 가입하여야 함

 ② 단, 축사의 경우 가축이 없는 관리사 및 퇴비사는 가입제외 할 수 있음

 ③ (가설) 건축물대장상 주택 용도인 경우 가입 불가

2. 가축 가입 없이 축사만을 가입하는 경우(인수 제한)

**70.** 다음 가입조건 및 조사내용을 보고 물음에 답하시오. (일원 단위 미만 버림)

○ 가입조건 및 조사내용

| 종류 | 구조물 | 내용연수 | 보험요율 |
|---|---|---|---|
| 돈사 | 4급. 파이프/보온덮개 | 20년 | 0.776% |
| 가입면적 | 사고 시점 재건축가액 | 국고지원율 | 지자체 지원율 |
| 600㎡ | 40,000원/㎡ | 50% | 없음 |

- 지속적 개보수 이루어졌으며, 현재 정상 사용 중
- 가입 당시 시설가액 30,000원/㎡ (감가상각 반영된 가액)
- 잔가율 20% 기준, 수정잔가율은 최대 비율로 적용
- 설해손해부보장 특별약관 가입 (할인율 4.9% 적용)

**(1) 경과년수 15년일 경우의 현재가액**

**(2) 경과년수 25년일 경우의 현재가액**

**(3) 농가부담보험료 (소수점 첫째 자리 이하 버림)**

 1. 경과년수 15년일 경우

 ① 경년감가율=(1-0.2)÷20=4%

 ② 감가상각율=4×15=60%

 ② 현재가액=(600×40,000)×(1-0.6)=9,600,000원

2. 경과년수 25년일 경우 : (600×40,000)×0.5=12,000,000원

**✔ 내용연수 경과 시**

- 지속적 개보수가 이뤄지고 정상 사용 중인 경우 수정잔가율을 '최대 70%(보온덮개 50%)'를 적용한다.
- 경과년수가 더 오래 되었는데도 현재가액이 내용연수 경과 전보다 더 큰 금액이 되는 현상이 발생한다.
- 현장에서는 내용연수가 경과된 채로 가입하는 경우(지속적인 개보수로 정상 사용 중이며, 경제적 가치가 인정되는 조건) 인수심사 시 건물에 대해 재평가(내용연수, 잔가율 등)가 이루어진다. 이러한 잔존 가치의 상승은 여러 가지 전문적이고 복잡한 요인에 의해 판단되고 이루어지며, '최대 정해진 수정잔가율까지로 인정'되는 것이다.

3. 농가부담보험료=(600×30,000)×0.00776×(1-0.049)×(1-0.5)=66,417원

**✔ 축사는 시가로 가입한다.**

- 시가=재조달(재건축)가액x(1-감가율), 감가율=경년감가율x경과년수
- 본 문제의 조건 : 가입 시점의 경과년수를 위한 조건이 없다. 가입 당시의 '시설가액'은 이미 감가율이 반영된 가액이다.

**71.** 다음 조건을 보고 가축재해보험에 가입한 축사의 보험금을 산정하시오. (일원 단위 미만 버림)

○ 계약조건

| 가입면적 | ㎡당 시설비 | 가입방법 | 자기부담금 | 가입일 |
|---|---|---|---|---|
| 1,500㎡ | 7,000원 | 일괄가입 (구조물 동일) | 10% | 2019.09 |

○ 조사내용-수재에 의한 피해 2020.08

| 피해면적 | ㎡당 시설비(사고 시점) | 설치시기 | 내용연수 (철골/판넬지붕) |
|---|---|---|---|
| 800㎡ | 11,000원 | 2011.05 | 40년 |

• 잔가율 20% 적용

1. 보험가입금액=1,500×7,000×(1-0.16)=8,820,000원
   ① 경년감가율=(1-0.2)÷40=2%, 경과년수=2019.09-2011.05=8년
   ② 감가상각율=8×0.02=16%
2. 보험가액=1,500×11,000×(1-0.18)=13,530,000원
   ① 경과년수=2020.08-2011.05=9년
   ② 감가상각율=9×0.02=18%.
3. 일부보험 여부
   ① 보험가액 80%=13,530,000×0.8=10,824,000원
   ② 8,820,000 < 10,824,000 (일부보험. 부보비율 조건부 비례보상 적용)
4. 손해액=800×11,000×(1-0.18)=7,216,000원
5. 자기부담금
   ① {7,216,000×(8,820,000÷10,824,000), 8,820,000}×10%=588,000원
   ② max(588,000, 500,000)=588,000원

✔ **축사 지급보험금의 계산**
   • 보험가입금액이 보험가액의 80%와 같거나 클 때: 보험가입금액을 한도로 손해액 전액→min(손해액,보험가입금액)-자기부담금
   • 보험가입금액이 보험가액보다 클 때 : 보험가액을 한도로 손해액 전액 → min(손해액, 보험가액)-자기부담금
   • 보험가입금액이 보험가액의 80% 해당액보다 작을 때 : 보험가입금액을 한도로 손해액×(보험가입금액÷보험가액의 80%) → min{손해액×(보험가입금액÷보험가액의 80%), 보험가입금액}-자기부담금

✔ **축사 자기부담금의 계산**
   • 풍재 · 수재 · 설해 · 지진 : '지급보험금의 계산에 따라 계산한 금액에서 자기부담비율을 곱한 금액' 또는 50만원 중 큰 금액. 자기부담금을 비교해서 차감해야 한다. max(계산된 금액×자기부담비율, 500,000원). 따라서 '-자기부담금'으로 계산하는 것이 좋다.
   • 화재 : 지급보험금의 계산에 따라 계산한 금액에서 자기부담비율을 곱한 금액

5. 지급보험금 : min{7,216,000×(8,820,000÷10,824,000), 8,820,000}-588,000=5,292,000원

**72.** 다음 내용을 바탕으로 축사의 보험금을 산정하시오.

○ 계약사항
• 보험가입금액 50,000,000원          • 자기부담비율 10%

○ 조사내용
• 보험가액 60,000,000원              • 화재로 인한 손해액 10,000,000원
• 비용손해 : 잔존물 제거비용 1,200,000원, 손해방지비용 300,000원

1. 일부보험 여부

　① 50,000,000 > 60,000,000×80%

　② 보험가입금액이 보험가액의 80%와 같거나 클 때 : 보험가입금액을 한도로 손해액 전액

2. 보험금=min(10,000,000, 50,000,000)×(1-0.1)=9,000,000원

✔ **화재 사고 : 자기부담금을 아래와 같이 비교할 필요가 없다.**

　• max(계산된 금액×자기부담비율, 500,000원) 따라서 바로 ×(1-자기부담비율)을 적용해도 좋다.

3. 비용손해

　(1) 잔존물 제거비용

　　① min(1,200,000, 10,000,000×10%)=1,000,000원

　　② 1,000,000×(1-0.1)=900,000원

　　③ 총 한도 : min(9,000,000+900,000=9,900,000, 50,000,000)=9,900,000원

　(2) 손해방지비용 300,000원

4. 지급보험금=9,000,000+900,000+300,000=10,200,000원

✔ **또는,**

　1. **총 자기부담금=(10,000,000+1,000,000)×0.1=1,100,000원**

　2. **지급보험금={(10,000,000+1,000,000)-1,100,000, 50,000,000}+300,000=10,200,000원**

✔ **축사의 경우 자기부담금 최대 한도가 없으므로 잔여 자기부담금 한도 내 잔존물 제거비용의 자기부담금 차감에 해당하지 않는다.**

---

**73.** 다음 내용을 바탕으로 2차 태풍 손해로 인한 축사 보험금을 산정하시오.

---

○계약사항

• 축사 : 가금사　　　　　　　• 보험가입금액 80,000,000원　　　　　　　• 자기부담비율 10%

○조사내용

• 보험가액 100,000,000원

• 1차 : 설해 손해. 보험금 15,000,000원

• 2차 : 태풍 손해. 손해액 8,000,000원

• 2차 태풍 사고 시 비용손해 : 잔존물 제거비용 1,000,000원, 손해방지비용 200,000원

---

 1. 잔존 보험가입금액=80,000,000-15,000,000=65,000,000원

✔ **잔존 보험가입금액=보험가입금액-기발생 보상액. 시설 중 축사만 잔존 보험가입금액을 적용한다.**

2. 일부보험 여부 : 65,000,000 < 100,000,000×80%=80,000,000(일부보험, 부보비율 조건부 비례보상)

3. 2차 태풍 손해 보험금

　(1) 자기부담금

　　① min{8,000,000×(6,500÷8,000), 65,000,000}×10%=650,000원

　　② max(650,000, 500,000)=650,000원

　(2) 보험금=min{8,000,000×(6,500÷8,000), 65,000,000}-650,000=5,850,000원

4. 비용손해

　(1) 잔존물 제거비용

　　① min(1,000,000, 8,000,000×10%)×(6,500÷8,000)=650,000원

　　② 자기부담금=650,000×10%=65,000원

　　③ 잔존물 제거비용=650,000-65,000=585,000원

　　④ 총 한도 : min(5,850,000+585,000=6,435,000, 65,000,000)=6,435,000원

(2) 손해방지비용=200,000×(6,500÷8,000)=162,500원

5. 지급보험금=5,850,000+585,000+162,500=6,597,500원

✔ 또는,

1. 자기부담금 차감 전 목적물 보험금=min{8,000,000×(6,500÷8,000), 65,000,000}=6,500,000원

2. 자기부담금 차감 전 잔존물 제거비용=800,000×(6,500÷8,000)=650,000원

3. 총 자기부담금=max{(6,500,000+650,000)×0.1, 500,000}=715,000원

4. 지급보험금=min{(6,500,000+650,000)-715,000, 65,000,000}+{200,000×(6,500÷8,000)}=6,597,500원

5. 또는, 지급보험금=min{(8,000,000+800,000)×(6,500÷8,000)×(1-0.1), 65,000,000}++{200,000×(6,500÷8,000)}=6,597,500원

• 화재 외의 사고에서 자기부담금이 50만원 이상이 계산됨이 예상된다면, 5와 같이 계산해도 좋다.

**74.** 다음 조건을 보고 축사의 보험금을 산정하시오. (%는 소수점 셋째 자리에서 반올림. 일원 단위 미만 버림)

○ 계약조건

| 축사 | 구조물 | 보험가입금액 | 자기부담비율 |
|---|---|---|---|
| 돈사 | 파이프조, 보온덮개지붕 | 60,000,000원 | 10% |

○ 조사내용 - 화재 사고. 2022.03

| 재건축가액 | 손해액 | 내용연수 | 비용 손해 |
|---|---|---|---|
| 150,000,000원 | 2,000만원 | 7년 | 잔존물 제거비용 210만원<br>손해방지비용 50만원 |

• 설치 : 2018.02    • 잔가율 20%

**정답**

1. 보험가액

① 경과년수=2022.03-2018.02=4년

② 경년감가율=(100%-20%)÷7=11.43%

③ 감가상각율=4×11.43%=45.72%

④ 보험가액=150,000,000×(1-0.4572)=81,420,000원

2. 일부보험 여부 : 60,000,000 < 81,420,000×80%=65,136,000원 (일부보험. 부보비율 조건부 비례보상)

3. 보험금=min{20,000,000×(60,000,000÷65,136,000), 60,000,000}×(1-0.1)=16,580,692원

✔ **화재 사고 : 자기부담금을 아래와 같이 비교할 필요가 없다.**

• max(계산된 금액×자기부담비율, 500,000). 따라서 바로 ×(1-자기부담비율)을 적용해도 좋다.

4. 비용손해

(1) 잔존물 제거비용

① min(2,100,000, 20,000,000×10%)=2,000,000원

② 2,000,000×(60,000,000÷65,136,000)×(1-0.1)=1,658,069원

③ 총 한도 : min(16,580,692+1,658,069=18,238,761, 60,000,000)=18,238,761원

(2) 손해방지비용=500,000×(60,000,000÷65,136,000)=460,574원

5. 지급보험금=16,580,692+1,658,069+460,574=18,699,335원

✔ 또는,

1. 자기부담금 차감 전 목적물 보험금=min{20,000,000×(60,000,000÷65,136,000), 60,000,000}=18,422,992원(소수점 이하 반올림)

2. 자기부담금 차감 전 잔존물 제거비용=2,000,000×(60,000,000÷65,136,000)=1,842,299원

3. 총 자기부담금=(18,422,992+1,842,299)×0.1=2,026,529원

4. 지급보험금=min{(18,422,992+1,842,299)-2,026,529, 60,000,000}+{500,000×(60,000,000÷65,136,000)}
   =18,699,336원 (소수점 처리에 의한 차이)

**75.** 다음 내용을 바탕으로 물음에 답하시오. (일원 단위 미만 첫째 자리에서 반올림하며, 다른 조건은 고려하지 않는다)

- 보험가입금액 : A사 1,200만원, B사 800만원
- 손해액 1,000만원
- 보험가액 : 1,000만원

(1) 각 사의 보험금 계산 방법이 같은 경우 A, B사의 보험금을 구하시오.

(2) 각 사의 보험금 계산 방법이 다른 경우 A, B사의 보험금을 구하시오.

**정답**

1. 가입금액 비례 분담 방식
   ① A사 보험금=10,000,000×(12,000,000÷20,000,000)=6,000,000원
   ② B사 보험금=10,000,000×(8,000,000÷20,000,000)=4,000,000원
2. 독립책임액 비례 분담 방식
   (1) 각 사 독립책임액
      ① A사 독립책임액=min(10,000,000-1,000,000, 12,000,000)=9,000,000원
      ② B사 독립책임액=min(10,000,000-1,000,000, 8,000,000)=8,000,000원
   (2) 보험금
      ① A사 보험금=10,000,000×(9,000,000÷17,000,000)=5,294,118원
      ② B사 보험금=10,000,000×(8,000,000÷17,000,000)=4,705,882원

✔ 중복보험 문제 : 문제 조건에서 손해액의 비례분담 또는 보험금의 계산을 파악하고, 제시된 조건에 따른다.

**76.** 다음 내용을 바탕으로 물음에 답하시오.

| A 계약 | B 계약 |
|---|---|
| 계약자 K 피보험자 L 보험 대상 목적물: 농업용 시설물 보험가입금액 4,000만원 | 계약자 L 피보험자 L 보험 대상 목적물: 농업용 시설물 (A 계약과 동일한 시설) 보험가입금액 5,000만원 |

- 보험가액 5,000만원
- K에 의해 화재로 인한 전손 발생(A, B 계약 모두 화재위험보장 특별약관 가입)
- K는 B 계약의 대위권 행사의 대상이 됨
- 자기부담금은 없는 것으로 한다.

(1) A 계약에서 발생하는 보험금은?

(2) A 계약의 보험금 청구권을 가진 자는?

(3) B 계약에서 발생하는 보험금은?

(4) B 계약에서 K에게 행사할 수 있는 대위 금액은?

1. A 계약의 보험금 : min(50,000,000-0, 40,000,000)=40,000,000원
2. A 계약의 보험금 청구권자 : 피보험자 L
3. B 계약의 보험금 : 50,000,000-40,000,000=10,000,000원
4. B 계약에서 K에게 행사할 수 있는 대위 금액 : 10,000,000원

**77.** 동일한 보험의 목적에 대해 지급보험금의 계산 방법이 다른 보험계약을 중복하여 가입하였다. 다음과 같은 조건에서 각 사가 지급할 보험금을 구하시오. 단, 일부보험의 경우 비례보상을 적용하며, 주어진 조건 외 다른 것은 고려하지 않는다. (금액은 천원 단위에서 반올림하여 만원 단위로)

| 보험가입금액 | A사 1천만원, B사 3천만원 |
|---|---|
| 보험가액 | 2천만원 |
| 손해액 | 800만원 |

1. 각 사의 독립책임액

  ① A사=최소값 $\left(800만원 \times \dfrac{1천만원}{2천만원}, 1천만원\right) = 400만원$

  ② B사=최소값(800만원, 2천만원)=800만원

2. 각 사의 보험금

  ① A사=$800만원 \times \dfrac{400만원}{1,200만원} = 267만원$

  ② B사=$800만원 \times \dfrac{800만원}{1,200만원} = 533만원$

✔ **본 문제는 손해사정사 기출문제이다.**
- 특정 시설로 출제되지 않았으므로, 각 사의 독립책임액을 계산할 때 자기부담금 차감 여부를 고민할 필요가 없다.
- 계산 방법의 동일 여부에 따른 독립책임액 또는 보험가입금액 비율대로 손해액을 비례 분담한 이후, 계산된 손해액에서 자기부담금의 차감 여부는 제시된 조건대로 따른다. ([농업재해보험·손해평가의 이론과 실무]에는 이러한 내용은 없으므로 출제 가능성은 높지 않다)

# 통합문제

**1.** 가축재해보험의 다음 종목별 가입 대상을 쓰시오.

| ① 소 | ② 기타 가축 |
| --- | --- |

1. 소
   ① 한우, 육우, 젖소(송아지 생후 15일~12개월 미만, 큰 소 생후 12개월 이상~13세 미만)
   ② 종모우 : 한우, 육우, 젖소
   ✔ **2024 [농업재해보험·손해평가의 이론과 실무-축종별 가입 대상]에는 한우, 육우, 젖소가 생략되어 있다.**
2. 기타 가축
   ① 사슴·양(사슴 : 만 2개월 이상, 양: 만 3개월 이상)
   ② 오소리·토끼·꿀벌

**2.** 가축재해보험의 보험료 지원에 관해 설명하시오.

1. 대상 : 가축재해보험 목적물을 사육하는 개인 또는 법인
   (1) 농업인·법인 요건
      ① 농어업경영체법에 따라 해당 축종으로 농업경영정보를 등록한 자
      ② 축산법에 따른 축산업 허가(등록)자를 받은 자
      ③ 축산법에 의한 축산업등록 제외 대상은 해당 축종으로 농업경영정보를 등록한 자
   (2) 농·축협
      ① 농업식품기본법 시행령 농축협으로 축산업 허가(등록)을 받은 자
      ② 축산법에 의한 축산업등록 제외 대상도 지원
2. 지원 범위
   ① 재해보험가입자의 납입보험료의 50%
   ② 농업인 또는 법인별 5천만원 한도 지원
   ③ 말 : 마리당 가입금액 4,000만원 한도 내에서 보험료의 50%를 지원, 4,000만원 초과 시 4,000만원을 초과하는 경우는 초과 금액의 70%까지 가입금액을 산정하여 보험료의 50% 지원 (외국산 경주마는 정부 지원 제외)
   ④ 닭(육계·토종닭·삼계), 돼지, 오리: 가축재해보험 가입 두수가 축산업 허가(등록)증의 가축사육 면적을 기준을 초과하는 경우 정부 지원 제외
   ✔ **말 : 4,000만원을 초과하는 경우는 초과 금액의 70%까지 가입금액을 산정하여 보험료의 50% 지원 → 4,000만원 초과 금액의 35% 지원**

**3.** 다음 (       )을 알맞게 채우시오.

○ 가입 단위 : 가축재해보험은 사육하는 가축 및 축사를 전부보험 가입하는 (   ①   )를 원칙으로 하고 있으나 (   ②   )인 소와 말은 개별 가입이 가능

○ 가축재해보험의 보험대상 목적물 : 가축 16종과 (   ③   )

○ 보험 판매 기간 : 보험 판매 기간은 연중으로 보험 가입은 연중 가능하나, 재해보험사업자는 (   ④   )등 기상 상황에 따라 신규 가입에 한해 보험 가입 기간을 제한 할 수 있고, 이 경우 농업정책보험금융원에 보험 가입 제한 기간을 통보해야 한다.
  • 폭염 : (   ⑤   )
  • 태풍 : 태풍이 한반도에 영향을 주는 것이 확인된 날부터 태풍 특보 해제 시

**정답** ① 포괄 가입제, ② 종모우, ③ 축산시설물, ④ 폭염 · 태풍, ⑤ 6~8월

**4.** 가축재해보험의 허가 및 등록기준이다. (       )을 채우시오.

○ 허가 대상 : 4개 축종. (   ①   ). 사육시설 면적 50㎡ 초과

○ 등록 대상 : 11개 축종
  • 허가 대상 4개 축종의 사육시설 면적이 허가 대상 면적 이하인 경우
  • 사슴 · 양, 꿩 · 메추리 · 거위 · 칠면조 · 타조

○ 등록 제외 대상
  • 등록 대상 가금 중 사육시설 면적이 (   ②   ) 미만은 등록 제외 (닭, 오리, 거위, 칠면조, 메추리, 타조, 꿩 또는 기러기 사육업)
  • 말, 토끼, 꿀벌, 오소리, 관상조, 노새, 당나귀, 개

**정답** ① 소, 돼지, 닭, 오리, ② 10㎡

**5.** 다음 A 농가에 관한 내용을 참조하여 물음에 답하시오.

• 사육 축종: 돼지        • 사육 면적 : 500㎡        • 농업경영체 등록 완료
• 자돈사 제외 전부 가입   • 보험가입금액 1억원. 주계약 보험료율 5%

① 가축재해보험에의 가입 가능 여부를 판단하시오. (허가 또는 등록 받음)

② 축산업 허가 · 등록 · 등록 제외 대상 중 해당 사항을 쓰시오.

③ 가입 가능을 전제로 정부 지원금액을 구하시오.

**정답** 1. 가입 불가 : 돼지. 사육 가축 전체를 가입하는 포괄가입제 원칙
2. 허가 대상. 사육면적 50㎡ 초과
3. 보험료

**6.** 가축재해보험에서 소, 돼지, 가금, 말, 기타 가축 종목이 공통으로 가입할 수 있는 특별약관의 종류를 2개 이상 쓰시오.

정답
1. 구내폭발위험보장,  2. 화재대물배상책임,  3. 공동인수 특별약관, 지정대리청구서비스 특별약관, 보험료 분납 특별약관
✔ 2024 [농업재해보험 · 손해평가의 이론과 실무] 3은 생략되어 있다.

**7.** 협정보험가액 특별약관을 설명하시오.

정답
1. 계약자 또는 피보험자와 보험의 목적의 가액을 협의하여 평가하고 그 금액을 보험기간 중의 보험가액으로 하는 특약이다. 보험가액을 보험가입금액으로 하여 가입한다.
2. 적용 대상 축종은 종빈우, 유량검정젖소, 종돈(종빈돈 · 종모돈), 자돈(포유돈 · 이유돈), 종가금이다.

**8.** 다음 조건을 참조하여 물음에 답하시오.

○ 말(국산 말 1필)
• 보험가입금액 7,000만원          보험료율 5%                          지자체 지원 없음

① 보험료를 구하시오.

② 정부 지원보험료를 구하시오.

③ 농가납입보험료를 구하시오.

정답
1. 보험료=70,000,000×0.05=3,500,000원
2. 정부 지원보험료=(40,000,000×0.05×0.5)+(30,000,000×0.7×0.05×0.5)=1,525,000원
3. 농가납입보험료=3,500,000-1,525,000=1,975,000원
✔ 또는 {40,000,000×0.05×(1-0.5)}+{30,000,000×0.05×(1-0.35)}=1,975,000원

**9.** 가축재해보험에 가입한 소와 말 종목의 보통약관에서 공통으로 보상하는 손해와 각 보상하는 손해의 인정 범위를 쓰시오.

1. 폐사
  ① 법정전염병을 제외한 질병
  ② 각종 사고(풍재 · 수재 · 설해 · 지진 등 자연재해, 화재)
2. 긴급도축
  ① 소 : 부상(사지골절, 경추골절, 탈골), 산욕마비, 난산, 급성고창증 및 젖소의 유량감소
  ② 말 : 부상(사지골절, 경추골절, 탈구), 산욕마비, 경주마의 실명, 산통, 난산
  ✔ 긴급도축 암기 팁
    • 소 : 부산난고유
    • 말 : 부산경산난
    • 사슴 · 양 (폐사 · 긴급도축 확장보장(특)) : 부산난
3. 가축 사체 잔존물 처리비용

**10.** 가축재해보험에서 질병을 보장하는 종목과 해당 질병을 쓰시오. (보통약관과 특별약관 구분)

 1. 소 보통약관 : 법정전염병을 제외한 질병
2. 돼지 특별약관 : TGE, PED, Rota virus
3. 말 보통약관 : 법정전염병을 제외한 질병
4. 사슴, 양 특별약관 : 법정전염병을 제외한 질병
5. 꿀벌 특별약관 : 낭충봉아부패병, 부저병

**11.** 「가축재해보험 소 보험」에 가입한 한우와 종모우의 긴급도축의 인정 범위를 각각 쓰시오.

 1. 한우 : 부상, 산욕마비, 난산, 급성고창증, 젖소의 유량 감소,    2. 종모우 : 부상, 급성고창증

**12.** 가축재해보험의 보험가입금액 산정에 관한 내용이다. (    )를 알맞게 채우시오.

보험가입금액은 향후 보험사고 발생 시 보험목적인 가축의 ( ① )에 일치하도록 ( ② )으로 가입하는 것이 최선의 선택으로 볼 수 있으나 가축보험의 보험 목적인 가축은 시간의 경과에 따라서 ( ① )이 수시로 변화하기 때문에 정확한 예측은 불가능하고, ( ① )이 보험기간 중에 일정하게 고정되어 있지 않은 관계로 가축보험 가입 시 가입 시점에서 가입 축산농가의 보험 가입 대상 가축 현황에 따라서 ( ③ )가 ( ④ )을 산정하고 ( ③ )가 제시하는 ( ④ )을 바탕으로 ( ⑤ )가 임의로 보험가입금액을 결정한다.

① 보험가액, ② 전부보험, ③ 재해보험사업자, ④ 기준가액, ⑤ 보험계약자

**13.** 「가축재해보험 소 보험」에서 한우의 보험가액 산정 방법이다. (   )을 알맞게 채우시오.

○ 연령(월령)이 (  ①  )인 경우
- 보험가액＝전전월 전국산지평균 송아지가격
- 연령(월령) (  ②  ) 미만(질병사고는 (  ③  ) 미만)일 때에는 50% 적용

○ 전전월 전국산지평균 송아지가격이 없는 경우
- 연령(월령) 1개월 이상 3개월 이하인 경우
  - 보험가액＝전전월 전국산지평균가격 (  ④  ) 송아지가격
  - (  ④  ) 송아지가격이 없는 경우 보험가액＝전전월 전국산지평균가격 (  ⑤  ) 송아지가격의 암송아지 (  ⑥  )%, 수송아지 (  ⑦  )% 적용
- 연령(월령) 4개월 이상 5개월 이하인 경우 : 보험가액＝전전월 전국산지평균가격 (  ⑤  ) 송아지가격의 암송아지 (  ⑥  )%, 수송아지 (  ⑦  )% 적용

**정답** ① 1개월 이상 6개월 이하, ② 2개월, ③ 3개월, ④ 4~5월령, ⑤ 6~7월령, ⑥ 85, ⑦ 80
✔ [농업재해보험·손해평가의 이론과 실무]와 [약관]에 각각 이하, 미만으로 기재되어 있으므로 주의한다. 월령별 송아지의 보험가액 산정이 세분화 되었음에 주의한다.

**14.** 「가축재해보험 소 보험」에서 한우와 육우의 체중 결정에 관한 내용이다. 바르게 연결하시오. (圆 1+2+3)

| ① 한우 수컷 | ② 한우 암컷 | ③ 육우 | ④ 월령 25개월 초과 | ⑤ 월령 20개월 초과 |
|---|---|---|---|---|
| ⑥ 월령 40개월 초과 | ⑦ 655kg 적용 | ⑧ 650kg 적용 | ⑨ 470kg 적용 | ⑩ 600kg 적용 |

**정답** ①+④+⑦, ②+⑥+⑨, ③+④+⑩

**15.** 「가축재해보험 소 보험」 젖소(유량검정젖소 제외)의 월령별 보험가액 산정 방법이다. 알맞은 답을 쓰시오.

1. 월령 1개월~7개월 : (  1  )
2. 월령 8개월~12개월 : 분유떼기 암컷 가격 ＋ [$\frac{수정단계 가격 - 분유떼기 암컷 가격}{6} ×$ (사고월령 − (2))]
3. 월령 (  3  ) : 수정단계 가격
4. 월령 56개월~66개월 : 다산우 가격 ＋ [$\frac{노산우 가격 - 다산우 가격}{(4)} ×$ (사고월령 − 55개월)]
5. 월령 67개월 이상 : (  5  )

**정답** (1) 분유떼기 암컷가격, (2) 7개월, (3) 월령 13개월~18개월, (4) 12, (5) 노산우가격

**16.** 다음의 경우에 「가축재해보험 소 보험」에서 정하는 육우의 kg당 금액을 구하시오.

| • 사고 : 10월 | | | |
|---|---|---|---|
| **전국 도매시장 지육 평균가격(원/kg)** | | | |
| 7월 | 8월 | 9월 | 10월 |
| 10,000원 | 11,000원 | 9,000원 | 9,500원 |
| • 전국 산지 평균가격 없음 | | | |

 kg당 금액=11,000×58%=6,380원

✔ **육우 kg당 금액**

• $\dfrac{\text{전전월 } 500kg \text{ 가격}}{500}$

• 전국 산지 평균가격이 없는 경우 : 전전월 전국도매시장 지육 평균 가격에 지육율 58%를 곱한 가액을 kg당 금액으로 함

**17.** 「가축재해보험 소 보험」의 유량검정젖소를 설명하시오.

1. 가입 방법 : 검정 농가의 젖소 중 유량이 우수하여 상품성이 높은 젖소 대상으로 시가에 관계없이 협정보험가액 특약으로 가입한다.
2. 대상 농가 및 대상 젖소:
   ① 농가 기준 직전 월 305일 평균유량이 10,000kg 이상이고 평균 체세포수가 30만 마리 이하를 충족하는 농가
   ② 대상 농가 기준을 충족하는 농가의 젖소 중 최근 산차 305일 유량이 11,000kg 이상이고, 체세포수가 20만 마리 이하인 젖소
3. 가입 월령 및 가입금액 한도
   ① 만 24개월 미만 및 만 96개월 이상 ~ : 가입 불가
   ② 만 24개월 이상 ~ 만 72개월 미만 : 최저 300만원~최고 500만원 한도로 가입 (계약자 선택)
   ③ 만 72개월 이상 ~ 만 96개월 미만: 최저 200만원~최고 300만원 한도 (계약자 선택)
   ✔ **3.의 내용은 재해보험 사업자 자료의 내용이며, 참고용으로 해도 좋다.**

**18.** 다음 조건에서 「가축재해보험 소 보험」 한우의 보험가액을 산출하시오. (kg당 금액은 일원 단위 미만, 보험가액은 만원 단위 미만 버림)

| • 전국 산지 평균 송아지 가격 | | | | | |
|---|---|---|---|---|---|
| 2024. 07 | 2024.08 | 2024.09 | 2024.10 | 2024.11 | 2024.12 |
| 200만원 | 220만원 | 210만원 | 200만원 | 230만원 | 260만원 |

| • 전국 산지 평균 가격(암컷 · 수컷 동일하게 적용) | | | | | |
|---|---|---|---|---|---|
| | 2024. 07 | 2024.08 | 2024.09 | 2024.10 | 2024.11 | 2024.12 |
| 350kg | 480만원 | 500만원 | 550만원 | 510만원 | 490만원 | 600만원 |
| 600kg | 500만원 | 800만원 | 880만원 | 810만원 | 780만원 | 900만원 |

• 발육표준표

| 월령 | 7월 | 8월 | 9월 | 10월 | 11월 |
|------|-----|-----|-----|------|------|
| 체중 | 250kg | 270kg | 300kg | 320kg | 350kg |

① 한우 수컷 : 출생 2024.01.15. 사고 2024.10.01. 일반 폐사
② 한우 암컷 : 출생 2020.10.10. 사고 2024.09.20. 일반 폐사
② 한우 암컷 : 출생 2024.07.20. 사고 2024.12.01. 질병 폐사

1. 270×14,285=3,856,950원=3,850,000원
   ① 월령 8개월 : 해당 체중 270kg
   ② 사고 전전월 08월 kg당 금액 : max(500만원÷350=14,285원, 800만원÷600=13,333원)
   ③ max(3,850,000, 2,200,000)=3,850,000원 (사고 전전월 송아지가격과의 비교)
2. 470×13,714=6,445,580원=6,440,000원
   ① 한우 암컷 월령 40개월 초과 : 470kg 적용
   ② 사고 전전월 07월 kg당 금액 : max(480만원÷350=13,714원, 500만원÷600=8,333원)
   ③ max(6,440,000, 2,000,000)=6,440,000원 (사고 전전월 송아지가격과의 비교)
3. 2,000,000원
   ① 월령 6개월 이하 : 사고 전전월 전국 산지 평균 송아지 가격 적용
4. 2,000,000÷2=1,000,000원
   ① 월령 6개월 이하 : 사고 전전월 전국 산지 평균 송아지 가격 적용
   ② 월령 1개월 이하 (질병 사고는 2월령 이하): 50% 적용
✔ 소 보험가액
   ○ 월령 확인(큰소 또는 송아지 구분 → 1개월 이하 ×50% 주의) → 폐사 원인 확인(2월령 이하 질병×50% 주의) → 사고 월령 체중 → kg당 금액 → 보험가액 → 송아지가격과 비교
   ○ 송아지보험가액
   • 사고 전전월 해당 월령 송아지가격
   • 해당 월령 송아지가격이 없음(1~3월령) → 4~5월령 가격(없을 경우) → 6~7월령 가격의 암×85%, 수×80%
   • 해당 월령 송아지가격이 없음(4~5월령) → 6~7월령 가격의 암×85%, 수×80%

**19.** 다음 조건에서 「가축재해보험 소 보험」 육우의 보험가액을 산출하시오. (kg당 금액은 일원 단위 미만, 보험가액은 만원 단위 미만 버림)

• 전국 산지 평균 분유떼기 젖소 수컷가격

| 2020. 07 | 2020.08 | 2020.09 | 2020.10 | 2020.11 | 2020.12 |
|----------|---------|---------|---------|---------|---------|
| 100만원 | 120만원 | 110만원 | 100만원 | 130만원 | 160만원 |

• 전국 산지 평균가격

|  | 2020. 07 | 2020.08 | 2020.09 | 2020.10 | 2020.11 | 2020.12 |
|------|----------|---------|---------|---------|---------|---------|
| 650kg | 380만원 | 500만원 | 550만원 | 550만원 | 590만원 | 620만원 |
| 500kg | 400만원 | 600만원 | 680만원 | 610만원 | 680만원 | 600만원 |

- 전국 도매시장 지육 평균 가격

| 월 | 4월 | 5월 | 6월 | 7월 | 8월 |
|---|---|---|---|---|---|
| kg당 가격 | 12,000원 | 15,000원 | 13,000원 | 14,000원 | 12,000원 |

- 발육표준표

| 월령 | 4월 | 5월 | 6월 | 7월 | 8월 |
|---|---|---|---|---|---|
| 체중 | 250kg | 270kg | 300kg | 320kg | 350kg |

① 출생 2020.11.01. 사고 2020.12.05. 일반 폐사

② 출생 2020.07.20. 사고 2020.11.30 긴급도축

③ 출생 2018.04.03. 사고 2020.10.15 일반 폐사

④ 출생 2020.09.15. 사고 2020.11.20. 질병 폐사

⑤ 출생 2020.01.31. 사고 2020.06.20. 긴급도축

**정답**

1. 1,000,000÷0.5=500,000원
   ① 월령 2개월 이하 : 사고 전전월 분유떼기 수컷 가격 적용
   ② 월령 1개월 이하(질병사고는 2월령 이하) : 50% 적용

2. 250×13,600=3,400,000원
   ① 월령 4개월 해당 체중 : 250kg
   ② 사고 전전월 500kg 해당 금액 : 680만원÷500=13,600원
   ③ max(3,400,000, 1,100,000)=3,400,000원 (전전월 분유떼기 젖소 수컷가격과 비교)

3. 600×12,000=7,200,000원
   ① 육우 월령 25개월 초과 : 600kg 적용
   ② 사고 전전월 500kg 해당 금액 : 600만원÷500=12,000원
   ③ max(7,200,000, 1,200,000)=7,200,000원 (전전월 분유떼기 젖소 수컷가격과 비교)

4. 1,100,000÷2=550,000원
   ① 월령 2개월 이하 : 사고 전전월 분유떼기 젖소 수컷 가격 적용
   ② 월령 1개월 이하(질병사고는 2개월 이하) 50% 적용

5. 250×(12,000×0.58)=1,740,000원
   ① 월령 4개월 해당 체중 : 250kg
   ② 사고 전전월 전국 산지 평균 가격이 없는 경우 : 사고 전전월 전국도매시장 지육 평균 가격×지육율 58%

**20.** 다음 조건에서 「가축재해보험 소 보험」 젖소(암컷)의 보험가액을 산출하시오. (보험가액 만원 단위 미만 버림) (기출)

- 월령별 사고 전전월 전국 산지 평균 가격

| 분유떼기 암컷 | 수정단계 | 초산우 | 다산우 | 노산우 |
|---|---|---|---|---|
| 100만원 | 300만원 | 350만원 | 480만원 | 300만원 |

① 월령 2개월 질병 폐사

② 월령 11개월 대사성 질병 폐사

③ 월령 20개월 유량 감소 긴급도축

④ 월령 35개월 급성고창증 폐사

⑤ 월령 60개월 사지골절 폐사

1. 500,000원

   ① 월령 7개월 이하. 사고 전전월 분유떼기 암컷 가격 적용

   ② 월령 1개월 이하(질병사고는 2개월 이하) 50% 적용

2. $100 + (\frac{300-100}{6}) \times (11-7) = 2,330,000$원

3. $300 + (\frac{350-300}{6}) \times (20-18) = 3,160,000$원

4. $350 + (\frac{480-350}{9}) \times (35-31) = 4,070,000$원

5. $480 + (\frac{300-480}{12}) \times (60-55) = 4,050,000$원

**21.** 「가축재해보험 소 보험」의 인수심사 대상 계약에 관한 내용이다. (      )을 알맞게 채우시오.

- 보험의 목적인 소는 보험기간 중에 계약에서 정한 소의 수용장소에서 사육하는 소는 모두 보험에 가입하여야 하며 위반 시 보험자는 그 사실을 안 날부터 (   ①   )개월 이내에 이 계약을 해지할 수 있다.
- 소가 1년 이내 출하 예정인 경우 축종 · 성별 구분하지 않고 가입 시 이력제 현황의 (   ②   ) 이상, 축종 · 성별 구분하여 가입 시 이력제 현황의 (   ③   ) 이상 가입 시 포괄가입으로 간주하고 있으며 소는 생후(   ④   )부터 13세 미만까지 보험 가입이 가능하다.
- 보험에 가입하는 소는 모두 (   ⑤   )가 부착되어 있어야 한다.
- 다른 계약이 있거나 과거 병력, (   ⑥   ) 등의 사유로 인수가 부적절하다고 판단되는 경우에는 보험목적에서 제외할 수 있으며 보험기간 중 (   ⑦   ) 등에 따라 추가보험료를 납입하지 않은 가축에 대하여는 보험목적에서 제외한다.

① 1개월, ② 70%, ③ 80%, ④ 15일령, ⑤ 귀표, ⑥ 발육부진 또는 발병, ⑦ 가축 증가(출산, 매입 등)

**22.** 「가축재해보험 소 보험」에 가입한 한우의 보험금을 산정하시오.

○ 계약사항

| 축종 | 보험가입금액 | 자기부담비율 |
|---|---|---|
| 한우 암컷 | 350만원 | 20% |

○ 조사내용

| 사고 | 보험가액 | 이용물 처분액 |
|---|---|---|
| 긴급도축 | 500만원 | 100만원 |

1. 손해액=5,000,000-1,000,000=4,000,000원

✔ **손해액=보험가액(-이용물 처분액)**

2. 목적물 보험금 : min{4,000,000×(350÷500), 3,500,000}×(1-0.2)=2,240,000원

✔ **비례보상 (보험가입금액 < 보험가액)**

3. 지급보험금=2,240,000원

✔ **추가 비용손해 없으므로 목적물 보험금=지급보험금**

**23.** 「가축재해보험 소 보험」에 가입한 한우의 보험금을 산정하시오. (보험가액 천원 단위 이하, 나머지 모두 소수점 첫째 자리 이하 버림)

○ 계약사항

| 축종 | 보험가입금액 | 자기부담비율 |
|---|---|---|
| 한우 수컷 | 500만원 | 20% |

○ 조사내용

| 사고 | 월령 | 잔존물 처리비용 |
|---|---|---|
| 폐사 | 28개월 | 30만원 |
| 사고 전전월 산지 평균 가격 | | 기타 협력비용 |
| 350kg : 450만원 | 600kg : 550만원 | 20만원 |

**정답**

1. 보험가액=체중×kg 당 금액
   ① 체중 : 655kg (25개월 초과=655kg)
   ② kg당 금액 : max(4,500,000÷350, 5,500,000÷600)=max(12,857원, 9,166원)=12,857원
   ③ 보험가액=655×12,857=8,421,335원=8,420,000원
2. 목적물 보험금
   ① 손해액=8,420,000원 (보험가액)
   ② 보험금=min{8,420,000×(500÷842), 5,000,000}×(1-0.2)=4,000,000원
3. 추가 비용손해
   (1) 잔존물 처리비용
       ① min(300,000, 8,420,000×10%)=300,000원
       ② 300,000×(500÷842)×(1-0.2)=142,517원
       ③ 총 한도 : min(4,000,000+142,517=4,142,517, 5,000,000)
   (2) 기타 협력비용 : 200,000원 전액
4. 지급보험금=4,000,000+142,517+200,000=4,342,517원

✔ **가축 추가 비용손해**

- 잔존물 처리비용 : min(잔존물 처리비용, 손해액 10%) → 계산(×비례보상, -자기부담금) → 총 한도(min(계산된 목적물 보험금+계산된 잔존물 처리비용, 보험가입금액))
- 손해방지비용, 대위권 보전비용, 잔존물 보전비용: 보험가입금액 초과해도 지급, ×비례보상, 자기부담금 미차감
- 기타 협력비용 : 전액 지급

✔ 보험금=min{(8,420,000+300,000)×(500÷842)×(1-0.2), 5,000,000}+200,000=4,342,517원

**24.** 다음 내용을 참고하여 손해액을 산출하시오. (kg당 금액은 일원 단위 미만, 보험가액은 만원 단위 미만 절사)

○ 한우 월별 산지 가격 적용범위표(단위. 만원. 2022년)

| 구분 | | 6월 | 7월 | 8월 | 9월 |
|---|---|---|---|---|---|
| 350kg | 암컷 | 300 | 320 | 350 | 400 |
| | 수컷 | 350 | 380 | 400 | 420 |
| 600kg | 암컷 | 500 | 540 | 550 | 550 |
| | 수컷 | 440 | 580 | 600 | 600 |
| 송아지<br>(4~5월령) | 암컷 | - | 260 | 280 | 300 |
| | 수컷 | - | 290 | 300 | 320 |
| 송아지<br>(6~7월령) | 암컷 | 260 | 300 | 320 | 300 |
| | 수컷 | 300 | 320 | 340 | 350 |

○ 발육표준표(한우 수컷)

| 월령 | 10 | 11 | 12 | 13 |
|---|---|---|---|---|
| 체중(kg) | 240 | 260 | 320 | 350 |

① 한우 수컷

| 출생 | 사고 | 긴급도축 | 이용물 처분액 |
|---|---|---|---|
| 2021.08 | 2022.08 | 탈구 | 도축장발행 정산자료 지육 금액 100만원 |

② 한우 암컷

| 출생 | 사고 | 폐사 |
|---|---|---|
| 2022.07 | 2022.09 | 질병 |

③ 한우 수컷

| 출생 | 사고 | 긴급도축 | 이용물 처분액 |
|---|---|---|---|
| 2022.04 | 2022.08 | 급성고창증 | 지육 중량 100kg, 지육가격 10,000원/kg |

1. 한우 수컷 : 출생 2021.08 ~ 사고 2022.08.
   ① 월령=2022.08-2021.08=12월령 : 해당 체중=320kg
   ② kg당 금액=max(3,500,000÷350, 4,400,000÷600)=max(10,000, 7,333)=10,000원
   ③ 보험가액=320×10,000=320만원
   ④ 보험가액=max(320만원, 300만원)=320만원
   • [1]사고 전전월 전국산지평균 송아지가격=300만원 (아래 해설 참조)
   ⑤ 이용물 처분액=100만원×75%=75만원
   ⑥ 손해액=320-75=245만원
   **✔ [농업재해보험·손해평가의 이론과 실무]의 송아지가격 적용**
   • 보험가액이 송아지가격보다 낮은 경우에는 (특정 월령의 송아지가격이 아닌) '송아지가격을 적용한다'라고만 되어 있다.
   • 송아지가격은 4~5월령과 6~7월령으로 발표되고 있으므로, 큰 소의 보험가액은 6~7월령 송아지가격을 적용하는 것이 합리적이다.
2. 한우 암컷 : 출생 2022.07~사고 2022.09
   ① 월령=2022.09-2022.07=2월령
   ② 사고 전전월 4~5월령 한우 암컷 전국산지평균 송아지가격=260만원

③ 2개월 이하 질병 사고. 260만원×0.5=130만원

④ 손해액=보험가액=130만원

3. 한우 수컷 : 출생 2022.04~사고 2022.08

  ① 월령=2022.08-2022.04=4월령

  ② 사고 진전월 6~7월령 한우 수컷 전국산지평균 송아지가격=300만원

  ③ 보험가액=300×0.8=240만원

  ④ 이용물 처분액=100×10,000×75%=75만원

  ⑤ 손해액=240-75=165만원

**✔ 송아지 보험가액**

- 사고 전전월 해당 월령 송아지가격

- 해당 월령 송아지가격이 없음(1~3월령) → 4~5월령 가격(없을 경우) → 6~7월령 가격의 암×85%, 수×80%

- 해당 월령 송아지가격이 없음(4~5월령) → 6~7월령 가격의 암×85%, 수×80%

---

**25.** 젖소의 월령에 따른 보험가액을 산출하시오. (단, 유량검정젖소 가입 시는 제외, 만원 미만 절사)     **[기출문제]**

| 사고 전전월 전국산지평균가격 | | | | |
|---|---|---|---|---|
| 분유떼기 암컷 | 수정단계 | 초산우 | 다산우 | 노산우 |
| 100만원 | 300만원 | 350만원 | 480만원 | 300만원 |

① 월령 2개월 질병사고 폐사

② 월령 11개월 대사성 질병 폐사

③ 월령 35개월 급성고창 폐사

1. 월령 2개월 질병사고 폐사

  ① 보험가액=100만원×0.5=50만원

  ② 질병사고 2월령 이하(질병 이외 사고 1월령 이하) 전전월 전국산지평균 분유떼기 암컷 가격×50%

2. 월령 11개월 대사성 질병 폐사 : 보험가액=$100 + \dfrac{(300-100)}{6} \times (11-7) = 233$만 원

3. 월령 35개월 급성고창 폐사 : 보험가액=$350 + \dfrac{(480-350)}{9} \times (35-31) = 407$만 원

---

**26.** 다음은 「가축재해보험 소 보험-도체결함보장 특별약관」에 관한 내용이다. (    )를 알맞게 채우시오.

- 손해액 = 보험가액 - (  ①   )
- 보험가액 = 사고 소 해당 등급 (  ②   ) 전국지육경매평균가격 × 사고 소의 (  ③   )
- 도체 결함 : 근염, (  ④   ), (  ⑤   ), 수종, 외상, 기타
- 지육율(도체율) : (  ⑥   )의 생체중에 대한 비율. 생체중은 살아있는 생물의 무게, (  ⑥   )은 생체에서 두부, 내장, 족 및 가죽 등을 제외한 무게

① 사고 소 1두 경락가격, ② 사고 전월, ③ 도체중, ④ 근출혈, ⑤ 근육제거, ⑥ 도체중

**27.** 다음 내용을 바탕으로 보험금을 산정하시오. (일원 단위 미만 절사)

| 소 도체결함보장 특별약관 | | | | |
|---|---|---|---|---|
| 보험가입금액 | 도체 결함 | 사고 소 도체중 | 사고 전월 전국지육경매평균가격 | 사고 소 경락가격 |
| 500만원 | 근염 (결함인) | 300kg | 18,000원/kg (사고 소 등급) | 300만원 |

1. 보험가액=18,000×300=5,400,000원
2. 손해액=5,400,000-3,000,000원=2,400,000원
3. 보험금=min{2,400,000×(500÷540), 5,000,000}×(1-0.2)=1,777,777원

✔ **소 도체결함보장(특)**
- 손해액=보험가액-사고 소 1두 경락가격
- 자기부담비율 20%

**28.** 「가축재해보험 돼지 보험」에서 축종별 사육 상황이 다음과 같다. 물음에 답하시오.

| 보험 목적물 사육 현황 | | 보험기간 | 보험요율 |
|---|---|---|---|
| 모돈 20두, 웅돈 10두, 포유자돈 40두, 이유자돈 20두 | | 6개월 | 0.559% |
| 가입방식 | 가입 특별약관 | 기준가액 | |
| 개별 가입 | 질병위험보장<br>전기적장치위험보장<br>폭염재해보장 | 모돈 700,000원, 웅돈 840,000원<br>포유자돈 100,000원, 이유자돈 150,000원 | |

① **<심화>** 주계약 보험가입금액을 산정하시오. (개별 가입 방식. 기준가액 100% 가입)

② 질병위험보장 특별약관 보험가액을 산정하시오. (자돈 가액은 이유자돈 가격 적용)

1. **<심화>** 주계약 보험가입금액
   ① 기준가액=(20×700,000)+(10×840,000)+(60×150,000)=31,400,000원

✔ **돼지 보험가입금액 : 개별가입 방식과 일괄가입 방식이 있다. 「농업재해보험 · 손해평가의 이론과 실무」에서 제외된 내용이므로 참고용으로만 해도 좋다.**
- 개별가입방식 : (모돈수×700,000)+(웅돈수×840,000)+(자돈수×150,000)+(육성 · 비육돈수×331,000)
- 일괄가입방식 : 총 사육두수×303,000원

✔ **협정보험가액 : 포유자돈 100,000원/두, 이유자돈 150,000원/두**
- 가입금액 설정 시에는 자돈은 모두 150,000원/두로 설정하고, 보험사고 발생 시 보험가액과 손해액 산정에서는 각각의 협정보험가액을 적용한다.
- 그러나, 위의 금액은 [농업재해보험 · 손해평가의 이론과 실무]에는 실려있지 않으므로 제시되는 가격을 적용한다.

2. 질병위험보장 보험가액=20×2.5×150,000=7,500,000원

✔ **질병위험보장(특): 보험가액=모돈수×2.5×자돈 가격**

**29.** 「가축재해보험 돼지 보험」에서 다음 물음에 답하시오. [기출 응용]

○ 계약사항

| 보험가입금액 | 사육 두수 | 자기부담비율 |
|---|---|---|
| 1,500만원 | 50두 | 10% |

○ 조사내용

| 폐사 | 두당 가액 | 잔존물 처리비용 | 자기부담비율 |
|---|---|---|---|
| 20두 | 40만원 | 90만원 | 10% |

① 손해액을 산정하시오.

② 보험금을 산정하시오.

정답

1. 손해액=20×400,000=8,000,000원
2. 보험금
   (1) 보험가액=50×400,000=20,000,000원
   (2) 목적물 보험금=min{8,000,000×(1,500÷2,000), 15,000,000}×(1-0.1)=5,400,000원
   (3) 잔존물 처리비용
       ① min(900,000, 8,000,000×10%)=800,000원
       ② 800,000×(1,500÷2,000)×(1-0.1)=540,000원
       ③ 총 한도 : min(5,400,000+540,000=5,940,000, 15,000,000)=5,940,000
   ✔ 잔존물 처리비용 : min(잔존물 처리비용, 손해액 10%) → 계산(×비례보상, -자기부담금) → 총 한도(min(계산된 목적물 보험금+계산된 잔존물 처리비용, 보험가입금액))
   (4) 보험금=5,400,000+540,000=5,940,000원
   ✔ 한 줄 풀이 : min(계산된 목적물 보험금+계산된 잔존물 처리비용, 보험가입금액)
   • min{(목적물 손해액 8,000,000+min(잔존물 처리비용, 손해액 10%) 800,000)×비례보상 (1,500÷2,000)×자기부담금 차감 (1-0.1), 보험가입금액 150,000,000}=5,940,000원

**30.** 「가축재해보험 돼지 보험」에 가입한 어느 축산농가에 대한 조사내용이다. 물음에 답하시오.

[사육 현황]

| 포유자돈 | 이유자돈 | 육성·비육돈 | 종빈돈 | 종모돈 |
|---|---|---|---|---|
| 40두 | 50두 | 80두 | 20두 | 30두 |

[계약사항 및 조사내용]
• 자기부담비율 10%
• 육성·비육돈 실측 중량 115kg/두 (전부 동일한 것으로 가정)
• 비육돈 평균 지육 단가 3,800원/kg
• 110kg 비육돈 수취가격 360,000원

- 전국 도매시장 비육돈 평균 지육 단가(탕박)

| 비육돈 지육 단가 | 종빈돈 가격 | 비육돈 지육 단가 | 종빈돈 가격 |
|---|---|---|---|
| 3,550~3,649 | 520,000원 | 3,750~3,849 | 540,000원 |
| 3,650~3,749 | 530,000원 | 3,850~3,949 | 550,000원 |

- 협정보험가액 : 포유자돈 100,000원, 이유자돈 150,000원

① 자돈의 보험가액을 산정하시오.

② 종빈돈의 보험가액을 산정하시오.

③ 종모돈의 보험가액을 산정하시오.

④ 육성 · 비육돈 보험가액 산정을 위한 적용 체중을 쓰시오.

⑤ 육성 · 비육돈의 보험가액을 산정하시오. (30kg 자돈 가격 : 이유자돈의 가액 기준)

1. 자돈 보험가액=(40×100,000)+(50×150,000)=11,500,000원
   ✔ **자돈 보험가액**
   - 협정보험가액. 포유자돈 100,000원, 이유자돈 150,000원
   - [농업재해보험 · 손해평가의 이론과 실무]에 자돈의 협정가액이 실려있지 않으므로, 실제 시험에서는 제시되어야 한다.
2. 종빈돈 보험가액=20×540,000=10,800,000원
   ✔ **종빈돈 보험가액**
   - 비육돈 평균 지육 단가 범위에 해당하는 종빈돈 가격
   - 임신, 분만 및 포유 등 종빈돈으로서 기능을 하지 않는 경우: 비육돈의 산출방식과 같음
3. 종모돈의 보험가액=30×(540,000×1.2)=19,440,000원
   ✔ **종모돈 : 종빈돈 보험가액×1.2**
4. 110kg
   ✔ **110kg 이상은 110kg으로 한다.**
5. 육성 · 비육돈 보험가액
   ① 150,000+(110-30)×(360,000-150,000)÷80=360,000원/두
   ② 80×360,000=28,800,000원
   ✔ **비육돈 · 육성돈 · 후보돈 보험가액=30kg 자돈가격+(적용 체중-30kg)×(110kg 비육돈 수취가격-30kg 자돈가격)÷80**

**31.** 다음 내용을 바탕으로 돼지 축산휴지위험보장 특별약관의 보험금을 산정하시오.

| 축산휴지위험보장 특별약관 보험가입금액 | 모돈수 | 1두당 비육돈 100kg 기준 평균 가격 | 이익률 |
|---|---|---|---|
| 1,400만원 | 20두 | 400,000원 | 15% |

- 모돈은 모두 종빈돈으로 한다.  - 임신, 분만 및 포유 등 종빈돈으로 기능하지 않는 수 4두

1. 종빈돈 손해액(보험가액)=16×10×400,000×0.165=10,560,000원 (보험가입금액 > 보험가액)

2. 자기부담금=없음

3. 보험금=min(10,560,000, 10,560,000)=10,560,000원

**[가축재해보험 약관]**

✔ **돼지 축산휴지위험보장 손해액의 계산 :**
- 손해액은 보험가액으로 하며 '종빈돈에 대해서만' 아래에 따라 계산한 금액을 보험가액으로 한다. (후보돈, 임신, 분만 및 포유 등 종빈돈으로서 기능하지 않는 종빈돈 제외)
- 지급할 보험금은 보통약관 지급보험금의 계산에서 정한 방법에 따른다.

✔ **축산휴지위험보장 보험금**
- 종빈돈 손해액(보험가액)=종빈돈×10×100kg 1두당 비육돈 평균가격×이익률
- 이익율이 16.5% 미만인 경우 16.5%로 함
- 자기부담금 없음
- 본 특약에는 '이 특별약관의 보험금은 보험가입금액을 초과할 수 없다'는 규정이 있다. 이에 따르면 '보험금=min(10,560,000, 14,000,000)=10,560,000원'이다. 보험가입금액을 한도로 지급한다는 규정으로, 전부·초과·일부보험 시의 지급보험금의 계산 기본방법에 따라 위 3.의 풀이와 같이 해도 된다.

**32.** 다음 내용을 바탕으로 돼지 질병위험보장 특별약관의 보험금을 산정하시오.

○ 질병위험보장 특별약관 보험가입금액 2,000만원. 자기부담비율 20%

○ 조사현황
- 모돈수 100두
- 폐사 현황 : TGE. 포유자돈 100두, 이유자돈 50두 폐사

○ 보험가액 산정 시 자돈가액은 100,000원으로 하며, 손해액 산정 시 포유자돈의 가액은 100,000원, 이유자돈의 가액은 150,000원으로 한다.

 1. 보험가액=100×2.5×100,000=25,000,000원 (보험가입금액 < 보험가액)

2. 손해액=(100×100,000)+(50×150,000)=17,500,000원

3. 자기부담금
 ① min{17,500,000×(2,000÷2,500), 20,000,000}×20%=2,800,000원
 ② max(2,800,000, 2,000,000)=2,800,000원

4. 보험금 : min{17,500,000×(2,000÷2,500), 20,000,000}-2,800,000=11,200,000원

✔ **[가축재해보험 약관] 돼지 질병위험보장 특별약관**
- 손해액은 보통약관의 손해액의 조사 결정에 따라 산정하며, 이 특별약관의 보험가액은 아래와 같이 계산한다.
- 보험가액=모돈수×2.5×자돈가격
- 손해액 : 주로 자돈에 피해를 일으키는 질병을 보장하는 특약이므로 사실상의 손해액은 '자돈수×자돈가액'이다. 그러나, 문제 조건에 모돈, 웅돈, 비육돈 등의 폐사가 제시된 경우 보통약관의 계산 방법대로 손해액을 산출한다.

✔ **[가축재해보험 실무 매뉴얼] : 이 특약의 손해액은 '모돈수×2.5×자돈가격'을 초과할 수 없다.**

✔ **특약의 보험가입금액과 보험가액으로 일부보험 여부를 결정하고, 가축 지급보험금의 계산 방법으로 보험금을 산출한다.**

**33.** **<심화>** 다음과 같이 「가축재해보험 돼지 보험」에 가입하였다. (보험가입금액은 만원 단위 미만 버림, 보험료는 소수점 일원 단위 미만 버림)

| 가입 방법 | 사육 현황 | | |
|---|---|---|---|
| 일괄가입 | 웅돈 10, 모돈 30, 자돈 50, 육성 · 비육돈 50 | | |
| 보통약관 보험요율 | 특별약관 보험요율 | 보험기간 | 지자체 지원 |
| 5% | 2% | 06월~08월 (3개월) | 30% |

**(1)** 주계약의 ① **보험가입금액** 및 ② **계약자부담 보험료**를 산출하시오.

• 기준가액의 100% 가입, 303,000원/두 일괄 적용

**(2)** 폭염재해보장 특별약관의 ① **보험가입금액** 및 ② **계약자부담 보험료**를 산출하시오.

• 주계약 가입금액의 80% 가입    • 지자체 지원율 적용
• 폭염재해보장 단기요율 적용지수

| 월 | 1~4월 | 5월 | 6월 | 7월 | 8월 | 9월 | 10~12월 |
|---|---|---|---|---|---|---|---|
| 요율 | 0% | 1% | 2% | 46% | 50% | 1% | 0% |

**정답**

1. **<심화>** 주계약

① 보험가입금액=(10+30+50+50)×303,000=42,420,000원

② 계약자부담보험료=42,420,000×0.05×0.4×(1-0.5-0.3)=169,680원

✔ **일괄가입방식 보험가입금액=총 사육두수×303,000원**

✔ **보험료=보험가입금액×보험요율×단기요율 적용지수×(1-정부지원율-지자체 지원율)**

• 단기요율 적용지수 : 3개월=40% (시설작물, 시설재배 버섯과 다르게 월별로 가산하지 않는다)

• 정부지원율 : 50% 공통

2. **<심화>** 폭염재해보장

① 보험가입금액=42,420,000×0.8=33,936,000=33,930,000원

② 계약자부담보험료=33,930,000×0.02×0.98×(1-0.5-0.3)=133,005원

✔ **폭염재해보장 특약 보험료**

• 특약 보험가입금액×특약 보험요율×폭염 특약 단기요율 적용지수×(1-정부지원율-지자체 지원율)

• 폭염특약 단기요율 적용지수 : 6~8월 단기요율의 합산값 적용=2+46+50=98%

**34.** 모돈이 있어야 가입이 가능한 「가축재해보험 돼지 보험」의 특별약관을 쓰시오.

**정답** 질병위험보장, 축산휴지위험보장

**35.** <심화> 「가축재해보험 돼지 보험」의 인수심사 대상 계약에 관한 내용이다. 맞으면 ○, 틀리면 ×를 쓰시오.

| | |
|---|---|
| ① 사육장소 내 일부 돼지 또는 축사만 가입하는 경우(인수 제한) | ( ) |
| ② 돼지 질병 사고가 연 2회 이상 발생한 농가(인수 제한) | ( ) |
| ③ 주계약 및 축사의 가입금액이 기준가액 대비 50~100% 이외의 경우 | ( ) |
| ④ 동물복지인증계약 특별약관 첨부 계약 | ( ) |

정답 ① ○, ② ×, ③ ×, ④ ○

✔ **돼지 인수심사 대상**
- 질병 사고 연 2회 이상 발생한 농가는 주계약이 아닌, '질병위험보장 특별약관 가입'이 제한된다.
- 기준가액의 50~150% 이외의 경우
- 동물복지인증계약 특별약관 계약은 '인수 제한'이 아닌, '인수심사' 대상이다. (심사 후 인수 여부 확정)

**36.** 「가축재해보험 돼지 보험」에 가입한 농가에 다음과 같이 수재 사고가 발생하였다. 보험금을 산정하시오. (소수점 첫째 자리에서 반올림)

| 보험가입금액 | 사육 현황 | | |
|---|---|---|---|
| 36,900,000원 | 모돈 30, 웅돈 10, 포유자돈 20, 이유자돈 30 | | |
| 사고 시점 보험가액 | 피해(폐사) | 가축사체 잔존물 처리비용 | 자기부담비율 |
| 모돈 80만원, 웅돈 90만원,<br>포유자돈 100,000원,<br>이유자돈 150,000원 | 포유자돈 10두,<br>이유자돈 20두 | 50만원 | 손해액의 10% |

정답 ✔ **가축 보험금 계산 흐름 : 보험가입금액, 보험가액 → 비례보상 여부 확인 → 손해액 → 목적물 보험금 → 비용손해 → 합산=지급보험금**

1. 사고 시점 보험가액=(30×800,000)+(10×900,000)+(20×100,000)+(30×150,000)=39,500,000원 (일부보험)
2. 손해액=(10×100,000)+(20×150,000)=4,000,000원
3. 보험금=min{4,000,000×(3,690÷3,950), 36,900,000}×(1-0.1)=3,363,038원
4. 추가 비용손해
  (1) 잔존물 처리비용
    ① min(500,000, 4,000,000×10%)=400,000원
    ② 400,000×(3,690÷3,950)×(1-0.1)=336,304원
    ③ 총 한도 : min(3,363,038+336,304=3,699,342, 36,900,000)
5. 지급보험금=3,363,038+336,304=3,699,342원

✔ **가축 보험금 한 줄 풀이**
○ 보험금=min{(목적물 손해액 4,000,000+min(잔존물 처리비용, 손해액 10%) 400,000)×비례보상 (3,690÷3,950)×자기부담금 차감 (1-0.1), 보험가입금액 3,690}=3,699,342원
○ 이는 '가손비가자' → '가손비자가'로 순서가 바뀐 것이 아니다.
- 가손비가자는 '목적물 보험금의 산정 방법'이며, 위의 한 줄 풀이는 min(계산된 목적물 보험금+계산된 잔존물 처리비용, 보험가입금액)을 의미한다.

✔ **목적물 보험금의 경우 사실상 보험가입금액 또는 보험가액을 초과하지 못한다.**
- **예** 보험가액 1,000만원, 전손.
- 전부보험 : 보험가입금액=보험가액=손해액=1,000만원 → 보험금=min(1,000, 1,000)-자기부담금

- 초과보험 : 보험가입금액 1,200만원. 보험가액=손해액=1,000만원 → 보험금=min(1,000, 1,000)-자기부담금
- 일부보험 : 보험가입금액 800만원. 보험가액=손해액=1,000만원 → 보험금=min{1,000×(800/1,000), 800}-자기부담금
- 분손이거나, (손해액-자기부담금)인 경우도 마찬가지이다.

✔ 다른 추가 비용손해(손대잔+기)가 있는 경우 더해준다. 단, 손대잔은 비례보상 적용하며, 기타 협력비용은 전액 지급한다. 자기부담비율은 적용하지 않는다.

**37.** 가축재해보험에서 가입할 수 있는 특별약관 중 ① 축사에 관한 추가 특별약관과 ② 돼지 · 가금 부문에서 폭염재해보장 특별약관에 가입하기 위해 전제되는 특별약관의 종류를 각각 쓰시오.

 1. 축사 : 화재대물배상책임 특별약관, 설해손해부보장 특별약관
2. 돼지 · 가금 부문 폭염재해보장 특별약관: 전기적장치위험보장 특별약관 가입 시 가입 가능

**38.** 「가축재해보험 돼지 보험」에 가입한 농가에 다음과 같이 화재 사고가 발생하였다. 보험금을 산정하시오. (보험가입금액 및 보험가액은 만원 단위 미만 버림)

[계약사항] 기준가액 100% 가입. 일괄가입. 303,000원/두 적용

| 사육 현황 | 자기부담비율 |
|---|---|
| 종빈돈 10두, 종모돈 15두, 포유자돈 30두, 이유자돈 30두, 육성돈 · 비육돈 50두 | 10% |

[조사내용]

| 피해 | 추가 비용손해 |
|---|---|
| 전체 폐사 | 잔존물 처리비용 1,000,000원, 손해방지비용 300,000원 |

• 비육돈 지육 단가표

| 비육돈 지육 단가 (원/kg) | 종빈돈 가격 (원/두) | 비육돈 지육 단가 (원/kg) | 종빈돈 가격 (원/두) |
|---|---|---|---|
| 3,550~3,649 | 520,000 | 3,750~3,849 | 540,000 |
| 3,650~3,749 | 530,000 | 3,850~3,949 | 550,000 |

• 육성돈 · 비육돈 적용 체중

| 단위구간 (kg) | 31~40 | 41~50 | 51~60 | 61~70 | 71~80 | 81~90 | 91~100 | 101~110 미만 |
|---|---|---|---|---|---|---|---|---|
| 적용체중 (kg) | 35 | 45 | 55 | 65 | 75 | 85 | 95 | 105 |

- 비육돈 지육 단가 : 3,600원/kg
- 육성돈 · 비육돈 실측 중량: 112kg
- 평균 돈육 대표가격 : 4,000원
- 30kg 자돈 가격 : 이유자돈 협정보험가액 적용
- 자돈 협정보험가액 : 포유자돈 100,000원/두, 이유자돈 150,000원/두

 1. 보험가입금액=(10+15+30+30+50)×303,000=40,905,000원=40,900,000원

✔ **일괄가입 기준가액=총사육두수×303,000**

2. 보험가액
   (1) 종빈돈=520,000×10=5,200,000원
   (2) 종모돈=(520,000×1.2)×15=9,360,000원
   (3) 포유자돈=100,000×30=3,000,000원

(4) 이유자돈=150,000×30=4,500,000원

(5) 육성돈 · 비육돈

① 적용 체중=110kg

② 110kg 비육돈 수취가격=4,000×110×0.768=337,920원

③ 보험가액={150,000+(110-30)×(337,920-150,000)÷80}×50=16,896,000원=16,890,000원

(6) 보험가액 합계=38,950,000원 → 비례보상 적용하지 않음

3. 손해액=38,950,000원

✔ 전체 폐사 : 손해액=보험가액

4. 보험금=min(38,950,000, 38,950,000)×(1-0.1)=35,055,000원

5. 추가 비용손해

(1) 잔존물 처리비용

① min(1,000,000, 38,950,000×10%)=1,000,000원

② 1,000,000×(1-0.1)=900,000원

③ 총 한도 : min(35,055,000+900,000=35,955,000, 40,900,000)

(2) 손해방지비용=300,000원

6. 지급보험금=35,055,000+900,000+300,000=36,255,000원

✔ 한 줄 풀이 : min{(38,950,000+1,000,000)×(1-0.1), 40,900,000}+300,000=36,255,000원

• 위. 문36 해설 참조

---

**39.** 다음은 돼지 부문의 특별약관인 폭염재해보장 추가 특별약관에 관한 내용이다. (        )를 알맞게 채우시오.

( ① )의 직접적인 원인으로 인해 보험의 목적에 발생한 손해를 보상하는 특별약관이다. 보험 목적 수용장소 지역에 발효된 ( ② )의 발령 전 ( ③ ) 전부터 해제 후 ( ③ ) 이내에 폐사되는 보험 목적에 한하여 보상하며 보험기간 종료일까지 폭염특보가 해제되지 않은 경우에는 ( ④ )을 폭염특보 해제일로 본다.

정답 ① 폭염, ② 폭염특보, ③ 24시간, ④ 보험기간 종료일

---

**40.** 다음에서 설명하는 ① 특별약관의 종류와 해당하는 ② 보험의 목적 부문 및 ③ (        )를 알맞게 채우시오.

전기장치 또는 설비 중 그 전기장치 또는 설비가 ( ① )되어 ( ② )로 보험의 목적에 손해가 발생하였을 경우에 그 손해를 보상한다. 단, 보험자가 인정하는 특별한 경우를 제외하고 사고 발생한 때로부터 ( ③ ) 이내에 폐사된 보험 목적에 한하여 보상한다.

정답 1. 전기적장치 위험보장 특별약관,   2. 돼지, 가금 부문,   3. ① 파괴 또는 변조, ② 온도의 변화, ③ 24시간

---

**41.** 가축재해보험에서의 ① 지육율이 무엇인지 설명하고 ② 돼지 부문에서 110kg 비육돈 수취가격 산정 시 지육율 및 ③ 소 부문 육우의 보험가액 산정 시 적용하는 지육율은 몇 %인지 쓰시오.

1. 지육율 : 도체율이라고도 하며 도체중의 생체중에 대한 비율이며, 생체중은 살아있는 생물의 무게이고 도체중 생체에서 두부, 내장, 족 및 가죽 등의 부분을 제외한 무게를 의미한다.
2. 110kg 비육돈 수취가격 지육율 : 76.8%
3. 육우 보험가액 지육율 : 58%

**42.** 「가축재해보험 돼지 보험」에 가입한 다음 농가의 보험금을 산정하시오. (일원 단위 미만 버림)

○ 계약사항 : 보통약관 · 특별약관 기준가액 100% 가입

| 사육 현황 | 보험가입금액 | 자기부담비율 | 가입 특별약관 |
|---|---|---|---|
| 종빈돈 20두, 종모돈 20두, 자돈 50두 | 38,300,000원 | 20% | 질병위험보장, 축산휴지위험보장 |

○ 조사내용

| 화재 피해(폐사) | 잔존물 처리비용 |
|---|---|
| 종빈돈 7두, 종모돈 5두, 포유자돈 10두 | 100만원 |
| 조사내용 | |

» 자돈수 : 포유자돈 30두, 이유자돈 20두
» 보험가액 : 종빈돈 50만원 (비육돈 지육단가 3,400원 해당 종빈돈 가격), 포유자돈 100,000원, 이유자돈 150,000원
» 비육돈 두당 평균 가격 (100kg 기준) 40만원
» 경영비 32만원

**(1) 주계약 보험금을 산정하시오.**

**(2) 질병위험보장 특별약관의 다음 물음에 답하시오.**

① 질병위험보장 특별약관에서 보상하는 손해는?
② 위 사육 현황을 기준으로 보험가액을 산정하시오 (자돈 가격은 포유자돈의 협정가액 적용. 종빈돈은 전부 모돈으로 간주한다)

**(3) 축산휴지위험보장 특별약관의 다음 물음에 답하시오.**

① 축산휴지위험보장의 보상하는 손해는?
② 축산업이 휴지된 것으로 가정하고 종빈돈의 손해액을 산정하시오.

1. 보통약관
(1) 보험가액=(20×500,000)+(20×600,000)+(30×100,000)+(20×150,000)=28,000,000원
✔ **보험가입금액 > 보험가액. 비례보상 하지 않는다.**
- 종모돈 보험가액=종빈돈×1.2
- 보험가액 산정 시 자돈가격 : 이유자돈의 가격을 기준으로 한다.
(2) 보험금
① 손해액=(7×500,000)+(5×600,000))+(10×100,000)=7,500,000원
② 보험금=min(7,500,000, 28,000,000)×(1-0.2)=6,000,000원
(3) 잔존물 처리비용
① min(1,000,000, 7,500,000×10%)=750,000원
② 750,000×(1-0.2)=600,000
③ 총 한도 : min(6,000,000+600,000=6,600,000, 38,300,000)
(4) 지급보험금=6,000,000+600,000=6,600,000원

**✔ 협정보험가액 특별약관**
- 보험가액=보험가입금액이다. 대상 축종 : 종돈(종빈·종모), 자돈, 종빈우, 유량검정젖소, 종가금
- 보통약관으로 종빈돈(모돈), 종모돈(웅돈)을 가입할 경우에는 가입을 위한 기준가액이 따로 정해져 있으며, 그 50~150% 범위 내에서 보험가입금액을 결정한다.
- **예** 1) 종빈돈(모돈) : 기준가액 700,000원, 보험가액 최소 350,000원(기준가액 50%)~최대 700,000원(기준가액 100%). 종빈돈 보험가액(비육돈 지육단가의 범위에 해당하는 종빈돈 가격) 표 참조
- **예** 2) 종모돈(웅돈) : 기준가액 840,000원=종빈돈 최대가액x1.2, 보험가액=종빈돈 보험가액x1.2
- 기준가액과 보험가입금액, 협정보험가액이 모두 연장선에 있음을 이해한다.

2. 질병위험보장 특별약관
  (1) 보상하는 손해 : TGE, PED, ROTA virus에 의한 손해
  (2) 보험가액=20×2.5×100,000=5,000,000원

**✔ 돼지 질병위험보장 특별약관**
- 보험가입금액과 보험가액 : '모돈수×2.5×자돈가격'
- 손해액 : 보통약관에서 정한 방법대로 산출

3. 축산휴지위험보장 특별약관
  (1) 축산휴지손해. 보통약관 또는 특별약관에서 보상하는 사고의 원인으로 축산업이 휴지되었을 때 생긴 손해액
  (2) 손해액
    ① 이익율=(40-32)÷40=20%
    ② 손해액=20×10×400,000×0.2=16,000,000원

**✔ 돼지 축산휴지위험보장 특별약관**
- 손해액=종빈돈×10×100kg 비육돈 1두당 평균 가격×이익율
- 이익율=(100kg 비육돈 1두당 평균 가격-경영비)÷100kg 비육돈 1두당 평균 가격
- 이익율이 16.5% 미만인 경우 16.5%로 함

**43.** 다음 내용을 바탕으로 돼지 질병위험보장 특별약관의 보험금을 산정하시오.

○ 계약사항

| 질병위험보장 특별약관 보험가입금액 | 자기부담비율 | 모돈수 | 자돈 가격 |
|---|---|---|---|
| 2,000만원 | 20% | 50두 | 150,000원 |

○ 조사내용
- 모돈수 50두       • 질병 : PED       • 폐사 : 육성돈 10두. 포유자돈 30두. 이유자돈 20두
- 육성돈

| 중량 | 평균 돈육 대표가격 | 30kg 자돈 |
|---|---|---|
| 실측 88kg | 사고 당일 포함 직전 5영업일 5,000원 | 150,000원 |

- 보험가액 산정 시 자돈은 협정가액 적용(포유자돈 100,000원/두, 이유자돈 150,000원/두)

1. 보험가액=50×2.5×150,000=18,750,000원 (보험가입금액 > 보험가액)
2. 손해액
  (1) 육성돈
    ① 적용 체중=85kg
    ② 110kg 비육돈 수취가격=5,000×110×0.768=422,400원

③ 육성돈 보험가액(손해액)$=150,000+(85-30)\times\dfrac{(422,400-150,000)}{80}=337,275$원

④ 손해액=337,275×10=3,372,750원

(2) 자돈=(30×100,000)+(20×150,000)=6,000,000원

(3) 합계=9,372,750원

3. 자기부담금

① min(9,372,750, 18,750,000)×20%=1,874,550원

② 자기부담금=max(1,874,550, 2,000,000)=2,000,000원

4. 보험금=min(9,372,750, 18,750,000)-2,000,000=7,372,750원

---

**44.** 다음 내용을 바탕으로 돼지 축산휴지위험보장 특별약관의 보험금을 산정하시오. (%는 소수점 셋째 자리에서 반올림. 일원 단위 미만 버림)

○ 계약사항 : 축산휴지위험보장 특약 가입. 특별약관 보험가입금액 3,000만원

○ 조사내용
- 변압기 파손에 의한 화재 사고로 인한 가축 폐사 및 축산업의 휴지 발생
- 폐사 : 종빈돈 20두(후보돈 2두. 종빈돈 기능을 하지 못하는 종빈돈 2두 포함)
- 30kg 자돈가격 : 15만원
- 110kg 비육돈 수취가격 : 50만원
- 비육돈 평균 경영비 : 30만원

1. 100kg 비육돈 평균가격
① 적용 체중=95kg
② 150,000+{(95-30)×(500,000-150,000)÷80}=434,375원
2. 이익률=(434,375-300,000)÷434,375=30.94%
3. 손해액=16×10×434,375×0.3094=21,503,300원
4. 보험금=min(21,503,300, 21,503,300)=21,503,300원
✔ 본 특약에는 '이 특별약관의 보험금은 보험가입금액을 초과할 수 없다'라는 규정이 있다. 이에 따르면 '보험금=min(21,503,300, 30,000,000)=21,503,300'이다. 보험가입금액을 한도로 지급한다는 규정으로, 전부 · 초과 · 일부보험 시의 지급보험금의 계산 기본방법에 따라 위 3.의 풀이와 같이 해도 된다.
✔ 돼지 부문 보상하지 않는 손해 : 장치의 전기적 사고로 인한 사고. 그러나 그 결과로 생긴 화재손해는 보상

---

**45.** 「가축재해보험 가금 보험」에 관한 내용이다. (        )를 알맞게 채우시오.

- 가금 부문에서는 (  ①  )에서 사육하는 가금을 닭, 오리, 꿩, 메추리, 칠면조, 거위, 타조, 관상조, 기타 재해보험사업자가 정하는 가금으로 분류하여 보험의 목적으로 한다.
- 닭은 종계, 육계, (  ②  ), 토종닭 및 그 연관 닭을 모두 포함한다.
- 가입 형태는 (  ③  )을 원칙으로 한다.
- 화재, 풍재, 수재, 설해, 지진 또는 (  ④  )의 발생에 따라서 보험의 목적의 피해를 (  ⑤  )에 필요한 조치로 보험 목적에 생긴 손해도 보상한다.

① 계약에서 정한 수용장소, ② 산란계, ③ 포괄 가입, ④ 폭염, ⑤ 방재 또는 긴급피난

**46.** 「가축재해보험 가금 보험」 '발육표준표'에 의한 다음 축종의 일령에 따른 체중을 쓰시오.

| ① 육계 40일령 초과 시. | ② 토종닭 84일령 초과 시. | ③ 오리 45일령 초과 시. |
|---|---|---|

 1. 2.3kg,    2. 2.8kg,    3. 3.5kg

**47.** 「가축재해보험 가금 보험」에 가입한 다음 축종별 보험가액을 산정하시오. (kg당 가격은 사고 당일 포함 직전 5 영업일의 평균 가격이다)

(1) 육계 : 200두. 45일령. 육용실용계 평균가격 2,000원/kg
(2) 삼계 : 100두. 45일령. 육용실용계 평균가격 1,500원/kg
(3) 오리 : 150두. 50일령. 생체오리 평균가격 3,000원/kg

 1. 육계=200×2.3×2,000=920,000원
2. 삼계=100×(2.3×0.7)×1,500=241,500원
✔ 육계 40일령 초과 시 2.3kg, 토종닭 84일령 초과 시 2.8kg, 오리 45일령 초과 시 3.5kg
   • 삼계 : 육계 중량의 70%
3. 오리=150×3.5×3,000=1,575,000원

**48.** 「가축재해보험 가금 보험」에서 보험가액 산정 시의 분류를 쓰시오. (협정보험가액 제외)

 종계, 산란계, 육계, 토종닭, 오리, 부화장 6가지로 분류하여 산정

**49.** 「가축재해보험 가금 보험」에서 종계의 보험가액 산정 시 주령에 따른 종계의 구분을 쓰시오.

1. 병아리 : 생후 2주 이하
2. 성계 : 생후 3주 이상~64주 이하
   • 3주 이상~6주 이하, 7주 이상~30주 이하, 31주, 32주 이상~61주 이하, 62주 이상~64주 이하
3. 노계 : 생후 65주 이상
✔ 가금 부분, 종계 성계의 주령 구분이 세분화 되었음에 주의한다.

**50.** 「가축재해보험 가금 보험」에 가입한 다음 농가의 보험금을 구하시오. (총 보험가액은 만원 단위 미만 절사)

○ 종계. 사육 현황. 보험가입금액 1,500만원. 자기부담비율 10%

| 생후 1주령 | 생후 2주령 | 생후 5주령 | 생후 28주령 | 생후 40주령 | 생후 63주령 |
|---|---|---|---|---|---|
| 1,500마리 | 2,000마리 | 1,000마리 | 1,000마리 | 800마리 | 500마리 |

[조사내용 – 화재 사고로 인한 폐사]

| 폐사 두수 | 가격 |
|---|---|
| 1주령 500마리 | |
| 2주령 500마리 | |
| 5주령 300마리 | » 육용 종계 병아리 평균 가격 : 700원 |
| 28주령 400마리 | » 종계 31주령 가격 : 6,000원(협정가액) |
| 40주령 200마리 | |
| 63주령 100마리 | |

1. 보험가액=2,450,000+1,800,000+5,496,000+3,676,800+600,000=14,022,800원 → 14,020,000원 (보험가입금액 > 보험가액. 초과보험)
   ① 병아리 보험가액=700원. (1,500+2,000)×700=2,450,000원
   ② 5주령 보험가액=6,000×0.3=1,800원. 1,000×1,800=1,800,000원
   ③ 28주령 보험가액=6,000×{1-(31-28)×0.028}=5,496원. 1,000×5,496=5,496,000원
   ④ 40주령 보험가액=6,000×{1-(40-31)×0.026}=4,596원. 800×4,596=3,676,800원
   ⑤ 63주령 보험가액=6,000×0.2=1,200원. 500×1,200=600,000원
2. 손해액=(1,000×700)+(300×1,800)+(400×5,496)+(200×4,596)+(100×1,200)=4,477,600원
3. 보험금=min(4,477,600, 14,020,000)×(1-0.1)=4,029,840원
✔ 종계 : 주령 구분이 세분화 되었고, 주령별 보험가액 산정 방법이 10회 시험~ 변경되었다. 2주령 이하까지가 병아리로 분류된다.

**51.** 「가축재해보험 가금 보험」에서 계란 1개의 평균 가격을 적용해서 보험가액을 산정하는 ① 축종 및 ② 해당 주령을 쓰시오.

① 산란계, ② 20주~70주

**52.** 산란계의 분류에서 중추에 해당하는 ① 주령을 쓰고, ② 세분화 하시오.

① 10주~19주, ② 10주~15주와 16~19주로 구분한다.

**53.** 계란 1개의 평균 가격을 산출하시오.

○ 사고 당일 포함 직전 5영업일 평균가격
• 왕란 120원          • 특란 110원          • 대란 이하 90원

(120×0.02)+(110×0.535)+(90×0.445)=101.3원

**54.** 다음은 산란계를 사육하는 농가에 관한 내용이다. 참고하여 물음에 답하시오. (소수점 첫째 자리 이하 버림)

[조사 시점 사육 현황]

| 병아리 | 산란 중추 | 산란계 |
|---|---|---|
| 2,000마리 | 2,000마리 | 1,500마리 |

[조사내용 – 화재 사고로 인한 전부 폐사]

| 구분 | 사고 시점 주령 | 가격 |
|---|---|---|
| 병아리 | 1주령 이하 800마리 | » 산란 실용계 병아리 평균 가격 : 600원<br>» 산란 중추 평균 가격 : 2,500원<br>» 20주 산란계 가격 : 4,500원<br>» 산란 성계육 평균 가격 : 2,000원<br>» 계란 1개 평균 가격 : 100원 |
| | 5주령 1,200마리 | |
| 산란 중추 | 12주령 1,000마리 | |
| | 18주령 1,000마리 | |
| 산란계 | 30주령 500마리 | |
| | 64주령 500마리 | |
| | 72주령 500마리 | |

① 병아리의 보험가액을 산정하시오.

② 중추의 보험가액을 산정하시오.

③ 산란계의 보험가액을 산정하시오. 단, 산란 노계가 있을 경우 구분하여 산정하고, 1주령은 7일로 적용한다.

1. 병아리 보험가액=2,212,800원
   (1) 1주령 이하 보험가액 : 800×600=480,000원
   (2) 5주령 보험가액
       ① 600+{(2,500-600)÷9}×(5-1)=1,444원
       ② 1,200×1,444=1,732,800원
2. 중추 보험가액=6,200,000원
   (1) 12주령 보험가액=1,000×2,500=2,500,000원
   (2) 18주령 보험가액
       ① 2,500+{(4,500-2,500)÷5}×(18-15)=3,700원
       ② 1,000×3,700=3,700,000원
3. 산란계 보험가액=4,558,000원
   (1) 30주령 보험가액
       ① (550-210)×0.7×(100-77)=5,474원
       ② 500×5,474=2,737,000원
   (2) 64주령 보험가액
       ① (550-448)×0.7×(100-77)=1,642원
       ② 500×1,642=821,000원
   (3) 산란 노계 보험가액 : 500×2,000=1,000,000원

**55.** 다음을 참조하여 계란 1개 평균 가격을 구하고, 산란계의 보험가액을 산정하시오.

○ 50주령 산란계 (1주령 = 7일 )

○ 사고 당일 포함 직전 5영업일 평균가격

| 구분 | 왕란 | 특란 | 대란 |
|---|---|---|---|
| 평균 가격 | 110원 | 90원 | 70원 |

1. 계란 1개 평균가격 : (110×0.02)+(90×0.535)+(70×0.445)=81.5원
2. 산란계 보험가액 : (550-350)×0.7×10=1,400원
   ✔ **계란 1개 평균 가격**
   • '계란 1개 평균 가격-계란 1개 생산비'가 10원 이하인 경우에는 10원으로 한다.
   • 계란 1개 생산비 77원

---

**56.** 다음은 토종닭 사육 농가에 관한 내용이다. 보험금을 산출하시오. (소수점 첫째 자리 이하 버림)

○ 계약사항: 보험가입금액 1,200만원, 자기부담비율 20%

○ 조사내용
• 보상하는 손해(수재)로 인한 폐사   • 생후 1주 미만 : 3,000마리 중 1,000마리 폐사
• 생후 85일령 이상 : 3,000마리 중 500마리 폐사

| 토종닭 병아리 평균 가격 | 토종닭 평균 가격 | 잔존물 처리비용 |
|---|---|---|
| 500원 | 1,500원/kg | 300,000원 |

1. 보험가액=(3,000×500)+(3,000×2.8×1,500)=14,100,000원 (보험가입금액 < 보험가액)
2. 손해액=2,600,000원
   ① 생후 1주 미만 : 1,000×500=500,000원
   ② 생후 85일령 이상 : 500×2.8×1,500=2,100,000원
   ✔ **가축재해보험 : 손해액=보험가액 (피해를 입은 보험목적물 수량×적용 가격)**
   ✔ **토종닭 보험가액=평균 가격(원/kg) × 해당 일령 중량. 84일령 초과=2.8kg**
3. 보험금=min{2,600,000×(12,000,000÷14,100,000), 12,000,000}×(1-0.2)=1,770,212원
4. 잔존물 처리비용
   ① min(300,000, 2,600,000×10%)=260,000원
   ② 260,000×(12,000,000÷14,100,000)×(1-0.2)=177,021원
   ③ 총 한도 : min(1,770,212+177,021=1,947,233, 12,000,000)
5. 지급보험금=1,770,212+177,021=1,947,233원
   ✔ **육계, 토종닭, 오리의 지급보험금 계산 과정은 모두 동일하다.**
   ✔ **2025~ 오리 중 종오리의 보험가액 산정 방법이 세분화될 예정이다. 2025 「농업재해보험 · 손해평가의 이론과 실무」에서 확인한다.**

**57.** 다음은 육계와 삼계를 사육하는 농가에 관한 내용이다. 보험금을 산출하시오. (소수점 첫째 자리 이하 버림)

○ 계약사항 : 폭염재해보장 특별약관 가입, 보험가입금액 1,000만원, 자기부담비율 20%,

○ 조사내용 - 폭염으로 인한 전체 폐사

| 육계 | 삼계 | 추가 비용손해 |
|---|---|---|
| 2,000마리 폐사<br>(전체 생후 42일령 이상) | 1,000마리 폐사<br>(전체 생후 30일령 ) | 잔존물 처리비용 200,000원<br>손해방지비용 200,000원 |

| 육용실용계 병아리 평균 가격 | | 육용실용계 평균 가격 | |
|---|---|---|---|
| 500원 | | 1,300원/kg | |

• 삼계의 평균 가격은 육용실용계와 동일하게 적용한다.

○ 육계 일령 해당 중량. 단위. g

| 28일령 | 29일령 | 30일령 | 31일령 |
|---|---|---|---|
| 1,357 | 1,439 | 1,522 | 1,606 |

 정답

1. 손해액(보험가액)=7,365,020원 (보험가입금액 > 보험가액)
   ① 육계=2,000×2.3×1,300=5,980,000원
   ② 삼계=1,000×1.522×0.7×1,300=1,385,020원
✔ **보험가입금액 > 보험가액. 비례보상 하지 않음 → min(손해액, 보험가액)-자기부담금**
2. (자기부담금 차감 전) 목적물 보험금=min(7,365,020, 7,365,020)=7,365,020
✔ **가축 지급보험금의 계산 : 가손비가자 ( ← 목적물 보험금 계산 순서)**
   • 아래에 따라 계산한 금액에서 자기부담금을 차감한 금액
   • 보험가입금액 ≥ 보험가액 : min(손해액, 보험가입금액, 보험가액)
   • 보험가입금액 < 보험가액 : min{(손해액×비례보상), 보험가입금액}
   • 일부보험 아니므로 비례보상 적용하지 않는다.
3. 추가 비용손해
   (1) 잔존물 처리비용
      ① (자기부담금 차감 전) 잔존물 처리비용=min(200,000, 7,365,020×10%)=200,000원
      ② (자기부담금 차감 전) 목적물 보험금+잔존물 처리비용=7,365,020+200,000=7,565,020원
      ③ (목적물 보험금+잔존물 처리비용) 총 자기부담금=max(7,565,020×0.2, 2,000,000)=2,000,000원
      ④ 총 한도 : min(7,365,020+200,000-2,000,000, 10,000,000)=5,565,020원
   (2) 손해방지비용=200,000원
4. 지급보험금=5,565,020+200,000=5,765,020원
✔ **폭염 손해 자기부담금 : max(×자기부담비율, 200만원)**
   ○ 폭염 손해, 전기적장치 위험보장, 돼지 질병위험보장 등 : 자기부담금은 손해액에 자기부담비율을 적용한 금액과 200만원을 비교한다. max(계산한 자기부담금, 200만원)
      • A : min(손해액×비례보상, 보험가입금액)×(1-자기부담비율)
      • B : min(손해액×비례보상, 보험가입금액)-자기부담금
   ○ A와 B는 동일한 계산식이지만, 자기부담금을 비교해서 적용하는 경우 B와 같이 따로 계산해서 차감하는 것이 좋다.
✔ **가손비가자 (문36. 해설 참조)**
   • 이 경우 위의 풀이와 같이 [자기부담금 차감 전의 '목적물 보험금+잔존물 처리비용'] → 총 자기부담금 → 200만원과 비교해 최종 자기부담금 결정 → [1]min[(자기부담금 차감 전의 '목적물 보험금+잔존물 처리비용')-총 자기부담금, 보험가입금액]으로 하는 것이 편리하다.

Chapter 1.2.

- 이는 min(계산된 목적물 보험금+계산된 잔존물 처리비용, 보험가입금액)과 같은 것이다.
- 이 과정이 이해되면 풀이과정 단축 연습을 한다.

**58.** 다음 내용을 바탕으로 각 손해액을 산정하시오. (일원 단위 미만 절사)

| 구분 | 가격 |
|---|---|
| 사고 당일 포함 직전 5영업일 산란실용계 병아리 평균가격 | 800원 |
| 사고 당일 포함 직전 5영업일의 산란중추 평균가격 | 4,000원 |
| 20주 산란계가격 | 6,000원 |
| 사고 당일 포함 직전 5영업일의 산란성계육 평균가격 | 1,000원 |
| 사고 당일 포함 직전 5영업일 왕란 120원, 특란 100원, 대란 80원 | |

- 1주령=7일
① 생후 6일령 병아리 50두
② 생후 8주령 병아리 100두
③ 생후 45주령 산란계 60두

1. 생후 6일령 병아리 50두
   ① 생후 1주 이하 : 산란실용계 병아리 평균가격=800원
   ② 손해액=50×800=40,000원
2. 생후 8주령 병아리 100두
   ① 생후 2~9주 : $800 + \dfrac{4,000-800}{9} \times (8-1) = 3,288$원
   ② 손해액=100×3,288=328,800원
3. 생후 45주령 산란계 60두
   ① 계란 1개 평균가격=(120×0.02)+(100×0.535)+(80×0.445)=91원
   ② (550-315)×70%×(91-77)=2,303원
   ③ 60×2,303=138,180원

**59.** 다음은 「가축재해보험」에서 계약 후 알릴 의무에 관한 내용이다. 각 의무에 해당하는 부문을 쓰시오. (예 소 부문)

(1) 거세, 제각, 단미 등 외과적 수술을 할 경우
(2) 품평회, 경진회, 박람회 등에 출전할 경우
(3) 5일 이내 폐사가 예상되는 큰 부상을 입을 경우

1. 소, 종모우 부문,   2. 소, 종모우, 말 부문,   3. 말 부문
**✔ 소, 종모우, 말 부문 계약 후 알릴 의무**
- 거세, 제각, 단미 등 외과적 수술을 할 경우 : 소, 종모우
- 거세, 단미 등 외과적 수술을 할 경우 : 말
- 외과적 수술을 할 경우 : 말
- 품평회, 경진회, 박람회 등에 출전할 경우 : 말
- 품평회, 경진회, 박람회, 소싸움대회, 소 등타기 대회 등에 출전할 경우 : 소, 종모우
- 5일 이내 폐사가 예상되는 큰 부상을 입을 경우 : 말

- 개체표시가 떨어지거나 오손, 훼손, 멸실되어 새로운 개체표시를 부착하는 경우 : 소
- 개체표시가 떨어지거나 오손, 훼손, 멸실된 경우 : 종모우

**60.** 「가축재해보험 말 보험」에 가입한 농가의 농가 납입보험료를 산출하시오.

| 공통 | 정부지원율 50% | 지자체 지원율 40% |
|---|---|---|

- 지자체 지원율은 금액에 따른 제한 없으며, 정부 지원을 받지 못하는 경우는 지자체 지원도 받지 못하는 것으로 한다.

○ 단기요율표

| 6개월 | 7개월 | 8개월 | 9개월 | 10개월 | 11개월 |
|---|---|---|---|---|---|
| 70% | 75% | 80% | 85% | 90% | 95% |

① 일반마. 가입금액 6,000만원. 가입 기간 1년. 보험요율 6%
② 외국산 경주마. 가입금액 4,000만원. 가입 기간 6개월. 보험요율 11%
③ 종모마. 가입금액 1억원. 가입 기간 9개월. 7.5%

 1. 일반마={40,000,000×0.06×(1-0.5-0.4)}+{20,000,000×0.06×(1-**0.35**-0.4)}=540,000원
✔ **말 보험료 : 다음 각 보험료의 의미를 이해한다.**
- 총 보험료=60,000,000×0.06=3,600,000원
- 각 지원보험료
  - 정부 : (40,000,000×0.06×0.5)+(20,000,000×**0.7**×0.06×**0.5**)=1,620,000원
  - 지자체 : (40,000,000×0.06×0.4)+(20,000,000×0.06×0.4)=1,440,000원
- 농가 납입보험료=3,600,000-(1,620,000+1,440,000)=540,000원

2. 외국산 경주마=40,000,000×0.11×0.7=3,080,000원
✔ **외국산 경주마 : 정부 지원 없음. 가입기간 6개월=단기요율 적용 지수 70%**

3. 종모마=[{40,000,000×0.075×(1-0.5-0.4)}+{60,000,000×0.075×(1-**0.35**-0.4)}]×0.85=1,211,250원
✔ **말 보험료 : 다음 각 보험료의 의미를 이해한다.**
- 총 보험료=100,000,000×0.075=7,500,000원
- 각 지원보험료
  - 정부 : (40,000,000×0.075×0.5)+(60,000,000×**0.7**×0.075×**0.5**)=3,075,000원
  - 지자체 : (40,000,000×0.075×0.4)+(60,000,000×0.075×0.4)=3,000,000원
- 농가 납입보험료={7,500,000-(3,075,000+3,000,000)}×0.85=1,211,250원

**61.** 다음의 경우 가축재해보험에서 정하는 ① 의무를 쓰고, ② 그 의무를 이행하지 않을 경우 뒤따르는 조치가 다른 것을 고르시오.

(1) 가축재해보험에 가입한 종모우를 양도할 때
(2) 보험에 가입한 소의 귀표가 훼손되어 새로 부착할 때
(3) 경주마를 품평회에 출전시킬 때
(4) 보험에 가입한 종모마에 대해 예방접종을 실시할 때

1. 의무

(1) 계약 후 알릴 의무, (2) 소 부문 해당 계약 후 알릴 의무

(3) 말 부문 해당 계약 후 알릴 의무, (4) 보험목적 관리 의무

2. 조치가 다른 것

(4) 보험목적 관리 의무 : 고의 또는 중대한 과실로 게을리한 때에는 방지 또는 경감할 수 있었을 것으로 밝혀진 손해를 손해액에서 공제한다.

✔ 계약 후 알릴 의무 해태 시 :

○ 보험자가 통지를 받은 때 :

• 위험이 감소된 경우에는 차액보험료 환급한다.

• 위험이 증가된 경우에는 통지를 받은 날부터 1개월 이내 보험료의 증액을 청구하거나 계약을 해지할 수 있다.

○ 계약자, 피보험자가 계약 후 알릴 의무를 위반한 경우 :

• 보험자는 그 사실을 안 날로부터 1개월 내에 계약을 해지할 수 있다.

---

**62.** 「가축재해보험 말 보험」에서 정하는 보상하지 않는 손해이다. 틀린 부분을 바르게 고치시오.

① 계약자, 피보험자 또는 이들의 법정대리인이 보험 가입 가축의 번식 장애, 경제 능력 저하 또는 전신 쇠약, 성장 지체 · 저하에 의해 도태시키는 경우

② 보험의 목적이 도난 또는 행방불명된 경우

③ 외과적 치료행위로 인한 긴급도축 손해

1. 계약자 또는 피보험자가 보험 가입 가축의 번식 장애, 경제 능력 저하 또는 전신 쇠약, 성장 지체 · 저하에 의해 도태시키는 경우

2. 틀린 부분 없음

3. 외과적 치료행위로 인한 폐사 손해

---

**63.** 「가축재해보험 말 보험」 보상하는 손해이다. 틀린 부분을 바르게 고치시오.

① 긴급도축의 범위는 사육하는 장소에서 부상, 불임, 산욕마비, 산통, 경주마 중 실명이 발생한 말을 즉시 도축장에서 도살하여야 할 불가피한 사유가 있는 경우로 한다.

② 불임은 종모마의 생식기관의 이상과 질환으로 인하여 발생하는 영구적인 번식 장애를 말한다.

③ 부상 범위는 경추골절, 사지골절 및 탈구(탈골)에 한하여 인정한다.

1. 긴급도축의 범위는 사육하는 장소에서 부상, 난산, 산욕마비, 산통, 경주마 중, 실명이 발생한 말을 즉시 도축장에서 도살하여야 할 불가피한 사유가 있는 경우로 한다.

2. 불임은 임신 가능한 암컷 말(종빈마)의 생식기관의 이상과 질환으로 인하여 발생하는 영구적인 번식 장애를 말한다.

3. 틀린 부분 없음

**64.** 다음은 말 부문의 경주마 부적격 특별약관에 관한 내용이다. ( )를 알맞게 채우시오.

> 보험의 목적인 경주마가 ( ① ), ( ② ), ( ③ ) 혹은 ( ④ )으로 인한 경주마 부적격 판정을 한국마사회 마필보건소에서 받은 경우 보상하는 특약이다. 단, 보험의 목적인 경주마가 경주마 부적격 판정 이후 ( ⑤ )로 용도가 변동된 경우에는 보상하지 않는다.

**정답** ① 건염, ② 인대염, ③ 골절, ④ 경주 중 실명, ⑤ 종모마 혹은 종빈마

**65.** 「가축재해보험 기타 가축 보험」에서 정하는 보상하지 않는 손해이다. ( )를 알맞게 채우시오.

> • 10kg 미만(1마리 기준)의 ( ① )이 폐사하여 발생한 손해
> • 벌의 경우 CCD(Colony Collapse Disorder : 벌떼폐사장애), 농약, 밀원수의 황화현상, 공사장의 소음, 전자파로 인하여 발생한 손해 및 꿀벌의 손해가 없는 ( ② )만의 손해

**정답** ① 양, ② 벌통

**66.** 「가축재해보험 기타 가축 보험」에서 폐사 · 긴급도축 확장보장 특약 가입 가능한 ① 축종을 쓰고 해당 축종의 ② 주계약의 보상하는 손해와 ③ 해당 특약 가입 시 보상하는 손해를 쓰시오.

**정답**
1. 사슴 · 양
2. 주계약 보상하는 손해
   ① 풍재 · 수재 · 설해 · 지진 및 화재(로 인한 폐사)에 의한 손해
   ② 가축 사체 잔존물 처리비용
3. 특별약관 보상하는 손해
   ① 폐사: 법정전염병을 제외한 질병 또는 각종 사고 (풍재 · 수재 · 설해 등 자연재해, 화재)로 인한 폐사
   ② 긴급도축 : 부상(사지골절, 경추골절, 탈골), 난산, 산욕마비로 인한 긴급도축. 신규 가입의 경우 가입일로부터 1개월 이내 질병 관련 사고(긴급도축 제외)는 보상하지 않음

**67.** 「가축재해보험 기타 가축 보험」에서 질병보장 특별약관에 가입할 수 있는 ① 축종과 해당 특별약관에서 ② 보장되는 질병을 쓰시오.

**정답** ① 꿀벌, ② 낭충봉아부패병, 부저병

**68.** 「가축재해보험」에 가입할 수 있는 보험목적물을 모두 쓰시오.

1. 가축 : 16종-소, 돼지, 말, 닭, 오리, 꿩, 메추리, 칠면조, 타조, 거위, 관상조, 사슴, 양, 꿀벌, 토끼, 오소리
2. 축산시설물 : 가축을 수용하는 건물 및 사육과 관련된 건물. 부속물, 부착물, 부속 설비, 기계장치 포함

**69.** 「가축재해보험」의 보험 가입 단위를 설명하시오.

가축재해보험은 사육하는 가축 및 축사를 전부 보험 가입하는 것이 원칙이다. 단, 종모우와 말은 개별 가입 가능하고 소는 1년 이내 출하 예정인 경우, 다음과 같다면 포괄가입으로 간주한다.
  ① 축종·성별 구분하지 않고 가입 : 소 이력제 현황의 70% 이상 가입
  ② 축종·성별 구분하여 가입 : 소 이력제 현황의 80% 이상 가입

**70.** 「가축재해보험」에 보상하는 재해가 발생했을 때의 손해평가에 관한 내용이다. (      )을 알맞게 채우시오.

- 재해보험사업자는 「농어업재해보험법」 제11조 및 농림축산식품부장관이 정하여 고시하는 (   ①   )에 따라 손해평가를 실시하고, 손해평가 시 고의로 진실을 숨기거나 허위로 하여서는 안됨
- 재해보험사업자는 손해평가의 공정성 확보를 위해 보험목적물에 대한 수의사 진단 및 검안 시 시·군 공수의사, 수의사로 하여금 (   ②   ) 등 실시하게 한다.
- 소 사고 사진은 (   ③   )가 정확하게 나오도록 하고 매장 시 매장장소가 확인되도록 전체 배경 화면이 나오는 사진 추가하고 검안 시 해부 사진 첨부한다.
- 진단서, 폐사진단서 등은 상단에 연도별 일련번호 표기 및 법정 서식 사용한다.

① 농업재해보험 손해평가요령, ② 진단 및 검안, ③ 귀표

**71.** 「가축재해보험 소 보험」에서 보험금 청구 시 제출해야 하는 서류 중 손해평가자의 자필 서명이 필요한 서류는?

현지사고 조사표

**72.** 「가축재해보험」에서 정하고 있는 약관의 정의에 관한 내용이다. (    )을 알맞게 채우시오.

- 정의 : 약관은 계약 일방 당사자가 다수의 상대방과 계약을 체결하기 위해 일정한 형식에 의하여 미리 정한 계약의 내용이다.
- 보통약관 : 보험자가 (  ①  )에 처해 있는 다수의 보험계약자와 보험계약을 체결하기 위해 보험자가 미리 작성한 보험계약의 내용을 이루는 (  ②  )인 계약조항이다.
- 특별약관 : 보험계약자와 보험자가 (  ③  )으로 계약의 내용을 협약하여 정한 약관(개별약관)이다.
- 특별약관은 개별 약정으로 (  ④  )에 우선 적용된다.
- 계약의 전 내용에 대하여 개별적으로 약정하는 것이 아니라, 보통약관의 내용 중 (  ⑤  )에 대해서만 당사자 간에 다른 약정을 하기 때문에, 달리 정하지 아니한 부분에 대해서는 (  ④  )이 구속력을 가진다.

**정답** ① 같은 위험, ② 일반적, 보편적, 표준적, ③ 개별적, ④ 보통약관, ⑤ 일부

**73.** 「가축재해보험」에서 정하고 있는 약관 해석의 원칙을 쓰시오.

**정답**
① 신의성실의 원칙
② 개별 약정이 보통약관에 우선 원칙
③ 작성자 불이익의 원칙: 보험약관의 뜻이 불분명한 단어나 문장이 있을 때 보험계약자에게 유리하게 해석
④ 제한적 엄격 해석의 원칙: 보험자의 면책조항을 제한적으로 해석하여 보험계약자에게 불이익하지 않도록 해석
⑤ 동종 제한 해석의 원칙

**74.** 「가축재해보험」에서 보험금 지급 시 면·부책 여부를 판단할 때 기준이 되는 것은?

**정답** 보험약관의 내용 : 보험금 청구서류 서면 심사 및 손해조사 결과를 검토하여 보험약관의 보상하는 손해에 해당하는지 또는 보상하지 아니하는 손해에 해당하는지 판단한다.

**75.** 「가축재해보험」에서의 면·부책 판단 요건에 관한 내용이다. (    )을 알맞게 채우시오.

- 보험기간 내에 (  ①  )에서 담보하는 사고인지 여부
- 원인이 되는 사고와 결과적인 손해 사이의 상당 (  ②  ) 여부
- 보험사고가 상법과 (  ①  )에서 정하고 있는 (  ③  )에 해당되는지 여부
- 약관에서 보상하는 손해 및 보상하지 아니하는 손해 조항 이외에도 (  ④  ) 효과에 의거 손해보상책임이 달라질 수 있으므로 주의

**정답** ① 보험약관, ② 인과관계, ③ 면책조항, ④ 알릴 의무 위반

**76.** 「가축재해보험」에서의 보험금 지급심사 시 유의 사항 5항목을 쓰시오.

정답
1. 계약체결의 정당성 확인
2. 고의, 역선택 여부 확인 : 고의 · 허위사고 여부, 역선택에 의한 계약
3. 고지의무 위반 여부 확인 : 계약 후 일릴 의무 등
4. 면책사유 확인 : 고지의무 위반 여부, 보험계약의 무효 사유, 보험사고 발생의 고의성, 청구서류에 고의로 사실과 다른 표기, 청구시효 소멸 여부
5. 기타 확인 : 개별약관을 확인하여 위에 언급한 사항 이외에 보험금 지급에 영향을 미치는 사항 여부

**77.** 「가축재해보험」에서 정하고 있는 '보험 사기'에 관한 내용 중 보험사기임이 증명된 경우 취할 수 있는 조치는?

정답
1. 청구한 사고보험금 지급을 거절 가능 , 2. 약관에 의거하여 해당 계약을 취소 할 수 있음

**78.** 「가축재해보험」에서 정하는 보험사기의 정의를 쓰시오.

정답
보험계약자 등이 보험제도의 원리상으로는 취할 수 없는 보험 혜택을 부당하게 얻거나 보험제도를 역이용하여 고액의 보험금을 수취할 목적으로 고의적이며 악의적으로 행동하는 일체의 불법행위로써 형법상 사기죄의 한 유형이다.

**79.** 「가축재해보험」에서 정하는 보험사기의 성립요건 다섯 가지를 쓰시오.

정답
① 계약자 또는 보험대상자에게 고의가 있을 것, ② 기망 행위가 있을 것, ③ 상대방인 회사가 착오에 빠지는 것, ④ 상대방인 회사가 착오에 빠져 그 결과 승낙의 의사표시를 한 것, ⑤ 사기가 위법일 것

## 보험의 이해

손해평가사 2차 문제집

# 보험의 이해

**1.** 보험에서의 위험(risk)의 정의를 쓰시오.

- 위험(risk)이란 위험에 직면할 [손해를 볼, 상처(따위)를 입을] 가능성이나 기회.
- 기타 다른 정의로는 손실의 기회, 손실의 가능성. 불확실성, 실제 결과와 기대했던 결과와의 차이, 기대와는 다른 결과가 나올 확률 등이 있다.

**2.** 다음 정의에 해당하는 용어를 쓰시오.

① 특정한 사고로 인하여 발생할 수 있는 손해의 가능성을 새로이 창조하거나 증가시킬 수 있는 상태
② 화재, 폭발, 지진, 폭풍우, 홍수, 자동차 사고, 도난, 사망 등. 일반적으로 '사고'라고 부르는 것
③ 위험한 상황에서 사고가 발생하여 초래되는 것이 물리적·경제적·정신적 손해

① 위태(hazard), ② 손인(peril), ③ 손해(Loss)

**3.** 다음은 보험에서의 분류하는 위험과 관련있는 개념에 관한 설명이다. (    )에 알맞은 단어를 채우시오.

( ① )는 사고 발생 가능성은 있으나 사고가 발생하지는 않은 단계이고 ( ② )은 이러한 위험 상황에서 실제로 위험이 발생한 단계를 말하며, ( ③ )는 위험사고가 발생한 결과초래되는 가치의 감소 즉 손실을 의미한다.

① 위태, ② 손인, ③ 손해

**4.** 사고 발생을 기준으로 위태와 손인과 손해의 관계를 설명하시오.

1. 위태는 사고 발생 가능성은 있으나 사고가 발생하지는 않은 단계
2. 손인은 이러한 위험 상황에서 실제로 위험이 발생한 단계
3. 손해는 위험사고가 발생한 결과 초래되는 가치의 감소 즉, 손실이다.

**5.** 다음 중 손인(peril)에 해당하는 것을 모두 고르시오.

악천후, 지진, 어두운 계단, 흡연

지진
✔ 다른 것은 모두 위태(hazard)에 해당한다.

**6.** 위험의 분류 기준을 쓰고 각 기준에 따라 분류된 위험을 쓰시오. (답안  ***에 따른 분류 : ** 위험과 ** 위험)

1. 위험 속성의 측정 여부에 따른 분류 : 객관적 위험과 주관적 위험
2. 손실의 기회만 있는가, 이득의 기회도 함께 존재하는가에 따른 분류: 순수위험과 투기적 위험
3. 위험의 발생 빈도나 발생 규모가 시간에 따라 변하는지 그 여부에 따른 분류: 정태적 위험과 동태적 위험
4. 위험이 미치는 범위가 얼마나 넓은가 혹은 좁은가에 따른 분류: 특정적 위험과 기본적위험

**7.** 보험에 있어서의 위험 중 객관적 위험과 주관적 위험에 관해 서술하시오.

1. 분류 기준 : 위험 속성의 측정 가능 여부에 따른 분류이다.
2. 객관적 위험 : 확률 또는 표준편차와 같은 수단을 통해 측정 가능한 위험을 의미하며 보험의 대상이 되는 위험이다. 다수의 동질적 리스크를 결합해 발생 가능성을 확률 계산으로 측정 가능하며, 대수의 법칙에 의해 관찰 리스크의 수가 많을수록 실제 손실과 기대 손실의 차이가 줄어 손실에 대한 예측이 보다 정확해진다.
3. 주관적 위험 : 개인의 특성에 따라 평가가 달라져 측정이 곤란한 위험이다. 개인의 정신 상태, 마음가짐에서 생기는 불확실성 등으로 통계와 측정이 거의 불가능하다.

**8.** 보험에 있어서 순수위험과 투기적 위험의 분류 기준을 쓰시오.

손실의 기회만 있는가, 이득의 기회도 함께 존재하는가에 따른 분류

**9.** 위험의 분류 중 순수위험에 관해 설명하시오.

1. 순수위험 : 손실의 기회만 있고 이득의 기회는 없는 위험이며 따라서 이득의 범위는 0에서 -∞가 된다. 대수의 법칙으로 손실 정도를 미리 예측하여 보험화 가능성이 높다. 보험으로 리스크 대응이 가능하다.
2. 예시 : 홍수, 낙뢰, 화재, 폭발, 가뭄, 붕괴, 사망이나 부상 및 질병 등이 순수위험이다.
3. 순수위험의 종류 :
① 일반적으로 자연재해나 사고의 직접적인 결과에 의한 각종 재산상의 손실을 초래하는 재산손실위험
② 재산손실위험에서 파생되는 2차적인 손실위험인 간접손실위험
③ 자신의 과실이나 부주의로 제3자에게 물질적, 정신적 피해를 입힌 경우 법적으로 발생한 손해배상책임으로 인한 손실위험인 배상책임위험
④ 개인의 사망, 부상, 질병, 퇴직, 실업 등 조직이나 개인에게 직접적으로 영향을 미치는 인적손실위험

**10.** 다음에서 설명하는 위험은 무엇인지 쓰시오.

> 화재에 의한 공장 가동 중단되어 생산 불가능함에도 고정비용 지출과 추가 비용은 발생하며, 순소득은 감소하였다.

순수위험 중 간접손실위험

**11.** 다음에서 설명하는 ① 위험과 그 ② 분류 기준은 무엇인지 쓰시오.

> 이익 발생 가능성 없고(잠재적 이익이 혼재되어 있지 않은) 손실 가능성만 있는 위험이다. 이 위험의 발생 결과는 손실이다. 대수의 법칙으로 손실 정도를 미리 예측하여 보험화 가능성 높으며 보험으로 리스크 대응이 가능하다.

① 순수위험, ② 손실의 기회만 있는가, 이득의 기회도 함께 존재하는가에 따른 분류

**12.** 다음은 정태적 위험과 동태적 위험에 관한 설명이다. (   )를 알맞게 채우시오.

> 위험의 (   ①   )나 (   ②   )가 시간에 따라 변하는지 그 여부에 따른 분류이다. (   ③   )이란 화산 폭발, 지진 발생, 사고와 같이 시간의 경과에 따라 성격이나 발생 정도가 크게 변하지 않을 것으로 예상되는 위험이다. (   ④   )이란 시간 경과에 따라 성격이나 발생 정도가 변하여 예상하기가 어려운 위험이다. 소비자 기호의 변화, 시장에서의 가격 변동, 기술의 변화, 환율 변동 등이 해당한다.

① 발생 빈도, ② 발생 규모, ③ 정태적 위험, ④ 동태적 위험

**13.** 다음에서 설명하는 위험의 ① 분류와 그 ② 분류 기준을 쓰시오.

> 사회 현상의 변화(소득 수준의 변화, 기술의 혁신, 산업 구조의 변동, 생산 양식의 변화, 경영 방식의 개선 등)에 따라 발생한다. 사회적 이익 또는 손실로 나타난다. 원인이 다양하고 불규칙하므로 예측과 통계가 불가능하다. 보험으로 리스크 대응 불가능하다. 근본 리스크와 유사하며 대부분 투기적 위험에 속한다.

① 동태적 위험, ② 위험의 발생 빈도나 발생 규모가 시간에 따라 변하는지 그 여부에 따른 분류

**14.** 다음에서 설명하는 위험의 ① 분류와 그 ② 분류 기준을 쓰시오.

> 근원적 위험으로 불리기도 한다. 불특정 다수나 사회 전체에 손실을 초래하는 위험이다. 대규모 파업, 실업, 폭동, 태풍 같은 위험이며, 전 세계적으로 영향을 미치고 있는데 코로나(covid-19)도 대표적인 이 위험이다.

① 기본적 위험, ② 위험이 미치는 범위가 얼마나 넓은가 혹은 좁은가에 따른 분류

**15.** 보험으로 리스크 대응이 가능한가를 기준으로 특정적 위험과 기본적 위험을 서술하시오.

 1. 특정적 위험 : 예측과 통제가 어느 정도 가능하므로 민영 또는 사보험으로 대응이 가능하다.
2. 기본적 위험 : 보험회사가 부담할 수 없을 정도의 손실 규모이므로 사회적, 국가적 차원에서 관리하는 것이 적절하여 사회보험으로 대비하는 경우가 많다.

**16.** 보험계약이 성립되었을 때 보험자가 책임을 부담하는지 그 여부에 따라 위험을 ① 분류하고 분류한 각 위험을 ② 간단하게 설명하시오.

 ① 담보위험, 비담보위험(부담보위험), 면책위험
② ・담보위험 : 보험자가 책임을 부담하는 위험
  ・비담보위험(부담보위험) : 보험자가 담보하는 위험에서 제외한 위험
  ・면책위험: 보험자가 책임을 면하기로 한 위험

**17.** 보험자의 책임 부담 여부에 따른 위험의 분류에서 다음에서 설명하는 위험을 각각 쓰시오.

① 자동차보험에서 운행으로 인한 사고 등
② 계약자 등의 고의에 의한 사고 또는 전쟁위험 등
③ 자동차보험에서 산업재해에 해당하는 위험을 제외한 경우 등

 ① 담보위험, ② 면책위험 , ③ 비담보위험(부담보위험)

**18.** 보험의 측면에서 위험의 분류가 중요한 이유를 쓰시오.

 위험이 지니는 속성에 따라 보험이라는 사회적 장치를 통해 전가할 수 있는지를 판가하기 때문이다.

**19.** 위험관리란 무엇인지 간단히 서술하시오.

 위험관리란 위험을 발견하고 그 발생 빈도나 심도를 분석하여 가능한 최소의 비용으로 손실 발생을 최소화하기 위한 제반 활동을 의미한다. 우연적인 손실이 개인이나 조직에 미칠 수 있는 바람직하지 않은 영향을 최소화하기 위한 합리적, 조직적인 관리 또는 경영활동의 한 형태이다.

**20.** 위험관리의 일반적 목표는 무엇인지 쓰시오.

1. 최소의 비용으로 손실(위험비용)을 최소화하는 것,   2. 개인이나 조직의 생존을 확보하는 것

**21.** 홍수 다발지역이며 피해 규모도 큰 경우에 일반적으로 가장 적합한 위험관리 방법을 다음에서 고르시오.

| | | | |
|---|---|---|---|
| 위험회피, | 손실 예방, | 손실감소, | 위험전가 |

위험회피
  ✔ 손실의 빈도와 심도가 모두 높은 위험: 위험회피

**22.** 위험관리의 목적을 사전적 목적과 사후적 목적으로 구분하여 쓰시오.

1. 사전적 목적
  ① 경제적 효율성 확보 : 최소의 비용으로 최대의 효과 달성(경제적 효율성)
  ② 불안의 해소 : 사고 발생의 빈도 · 심도를 통제하여 불확실성 제거를 통한 심리적 안정
  ③ 타인에 전가할 수 없는 법적 의무의 이행 : 법적 의무의 이행 및 손실방지를 위한 각종 규정의 준수
  ④ 기업의 최고 경영자에게 예상되는 위험에 대하여 안심을 제공
  ⑤ 보다 유리한 조건으로 보험계약 체결
2. 사후적 목적
  ① 생존과 활동의 계속 : 손실 발생 이후에도 생존 및 업무 계속성의 유지 목적
  ② 수익의 안정화, 지속적 성장, 사회적 책임의 이행 등

**23.** 위험관리의 중요성을 보험사업의 측면에서 서술하시오.

보험사업의 특성에 기인한다. 보험사업은 위험을 대상으로 하며, 위험을 이용해 사업 운용된다. 또한 신용사업의 성격상 안정적이고 건실한 운영이 필요하다. 따라서, 보험사업의 운영에서 잠재하고 있는 각종 위험을 인식, 분석, 평가하여 그러한 위험의 발생 원인과 발생 결과에 대하여 사전적으로나 사후적으로 대처하는 위험관리가 매우 중요하다.

**24.** 다음은 위험관리 방법에 관한 내용이다. 각각이 정의하는 위험관리 방법을 쓰시오.

① 발생하는 위험을 줄이거나 해소하기 위하여 동원하는 물리적 방법
② 위험 발생으로 인한 경제적 손실을 해결하는 재무적 방법

① 물리적 위험관리 기법 즉, 위험통제(risk control), ② 재무적 위험관리 기법 즉, 위험 자금 조달(risk financing)

**25.** 물리적 위험관리 방법 중 다음에서 설명하는 ① 방법은 무엇인지 쓰고, ② 해당 방법의 한계점을 쓰시오.

• 자동차 사고가 위험하다고 생각해 자동차를 타지 않는다.
• 고소공포증이 있어 비행기를 타지 않는다.
• 물에 빠지는 것을 무서워해 배를 타지 않는다.

① 위험회피
② 위험회피가 항상 가능한 것은 아니다. 다른 위험의 초래하거나 상당한 이득의 포기 등의 경우가 발생할 수 있어 비효율적이다.

**26.** 위험관리 방법 중 위험의 통제는 어떻게 구분되는지 쓰시오.

**정답**
위험회피, 손실통제, 위험 요소의 분리, 위험 전가, 위험 인수

**27.** 다음은 위험관리 방법 중 손실통제에 관한 설명이다. 맞으면 ○, 틀리면 ×를 쓰시오.

① 손실통제란 손실의 발생 횟수나 규모를 줄이려는 기법, 도구, 또는 전략을 의미한다. ( )
② 손실 예방과 손실 회피로 구분할 수 있다. ( )
③ 스프링클러, 자동차 에어백 설치 등은 손실 예방에 속한다. ( )
④ 손실의 확대를 방지하고 사고의 영향이 확산되는 것을 억제하기 위하여 비상 대책이나 구조대책, 재활 서비스, 보험금
또는 보상금의 청구 등에 초점은 사후적 손실통제의 한 방법이다. ( )

**정답**
① ○, ② ×, ③ ×, ④ ○

**28.** 위험관리 기법 중 '위험 요소의 분리' 기법의 특징을 설명하시오.

**정답**
① 잠재적 손실의 규모가 감당하기 어려울 만큼 커지지 않도록 하기 위한 방법이다.
② 위험의 심도와 빈도를 줄일 수 있다.
③ 복제와 격리로 구분된다.

**29.** 다음에서 설명하는 위험관리 기법은 무엇인지 쓰시오.

① 주요한 설계 도면이나 자료, 컴퓨터 디스크 등을 복사하여 원본이 파손된 경우에도 쉽게 복원해 재난적 손실을 방지한다.
② 제품의 다양화를 통해 단일 제품 생산으로 인한 위험 집중을 완화할 수 있다.

**30.** 물리적 위험관리 기법인 위험통제 중 '위험 전가'와 '위험 인수'를 설명하시오.

**정답**
1. 위험 전가 : 발생 손실로부터 야기될 수 있는 법적, 재무적 책임을 계약을 통해 제3자에게 전가하는 방법으로 임대차 계약이나 하도급 또는 하청 작업 등을 예로 할 수 있다.
2. 위험 인수 : 위험에 대해 어떠한 조치도 취하지 않고 방치하는 경우로 스스로 위험을 감당하는 것이다. 위험으로 인한 손식이 크지 않거나, 위험으로 인식하지 못하거나, 위험으로 인식하지만 별다른 대응 방법이 없는 경우에 해당한다.

**31.** 위험관리 기법 중 '위험 인수'와 '위험 보유'를 비교 설명하시오.

**정답**
1. 위험 인수 : 물리적 위험관리인 위험통제 기법 중 하나이다. 위험에 대해 어떠한 조치도 취하지 않고 방치하는 경우를 의미한다. 위험으로 인한 손식이 크지 않거나, 위험으로 인식하지 못하거나, 위험으로 인식하지만 별다른 대응 방법이 없는 경우에 해당한다.
2. 위험 보유 : 재무적 위험관리인 위험자금 조달 기법 중 하나이다. 우발적 손실을 자신이 부담하는 것으로 각자의 경상계정에서 손실을 흡수하는 것이다. 준비금이나 기금의 적립, 보험 가입 시 자기책임분 설정, 자가보험 등이 이에 해당한다.

**32.** 위험관리 기법에서 '위험의 전가' 및 '위험 결합'을 통해 위험의 발생에 대비하는 방법을 모두 충족하는 대표적인 제도를 쓰시오.

**정답** 보험

**33.** 위험관리 방법을 선택할 때 고려해야 하는 사항을 모두 쓰시오.

**정답**
1. 각자가 처한 상황에서 최선의 방법을 선택한다.
2. 가능한 다양한 방법을 동원하는 것이 위험관리에 있어 신축성이 있고 효과도 크다.
3. 고려할 사항
   ① 예상 손실의 발생 빈도와 손실 규모를 예측
   ② 각각의 위험통제 기법과 위험재무 기법이 위험의 속성(발생 빈도 및 손실 규모)과 예상 손실 예측에 미칠 영향을 고려
   ③ 각각의 위험관리 기법에 소요될 비용을 예측

**34.** 다음은 위험 특성에 따른 위험관리 방법을 손실 빈도와 규모에 따라 분류한 것이다. ①~④ 에 해당하는 위험관리 기법을 쓰시오.

| <위험 특성에 따른 위험관리 방법> | | |
|---|---|---|
| 손실 횟수(빈도)<br>손실 규모(심도) | 적음(少) | 많음(多) |
| 작음(小) | ① | ③ |
| 큼(大) | ② | ④ |

**정답** ① 위험보유, ② 위험전가 - 보험, ③ 손실통제, ④ 위험회피

**35.** 보험화 가능성과 관련하여 순수위험의 특징을 서술하시오.

**정답** 순수위험은 손실의 기회만 있고 이득의 기회는 없는 위험으로 보험의 대상이 되는 위험이다. 이득의 범위가 0에서 $-\infty$인 홍수, 낙뢰, 화재, 폭발, 가뭄, 붕괴, 사망이나 부상 및 질병 등을 예로 할 수 있다. 대수의 법칙으로 손실 정도를 미리 예측할 수 있어, 보험화 가능성 높아 보험으로 리스크 대응이 가능하다.

**36.** 위험의 분류 중 보험화가 가능한 위험의 분류를 모두 쓰시오.

**정답** ① 객관적 위험 : 보험의 대상이 되는 위험
② 순수위험 : 대수의 법칙으로 손실 정도를 미리 예측할 수 있어 보험으로 대응 가능
③ 정태적 위험 : 일정한 변화의 패턴으로 예측과 통제가 가능하므로 보험으로 리스크 대응 가능
④ 특정적 위험 : 민영 또는 사보험으로 대응이 가능
⑤ 기본적 위험 : 사회보험으로 대비하는 경우가 많음
✔ 만일 보험화가 가능한 위험을 2개로 범위를 적용한다면 객관적 위험과 순수위험이다.

**37.** 다음 위험의 분류 중 보험회사가 부담할 수 없을 정도의 손실 규모이므로 사회적, 국가적 차원에서 관리하는 것이 적절하여 사회보험으로 대비하는 경우가 많은 위험은 무엇인지 쓰시오.

| | |
|---|---|
| • 특정적 위험 | • 동태적 위험 |
| • 투기적 위험 | • 기본적 위험 |

**정답** 기본적 위험

**38.** 다음의 예시에 해당하는 리스크를 쓰시오.

| | |
|---|---|
| • 지구 온난화에 의한 기후 변화리스크 | • 자동차 사고로 인한 상해 리스크 |
| • 화재로 인한 재산 손실 리스크 | • 실업으로 인한 소득 감소 리스크 |

순수리스크

**39.** 위험관리의 목적 중 다음에서 설명하는 것을 쓰시오.

| | |
|---|---|
| • 회사 부도 이후에도 직원에게 급여 지급 | • 공장 화재 이후 생산 설비의 재건 |
| • 영업활동의 지속 | |

사후적 목적

**40.** 위험관리 기법 중 재무적 위험관리(risk financing)의 기법을 모두 쓰시오.

위험 보유, 위험 전가, 위험 결합

**41.** 다음에서 설명하는 위험관리 기법은 무엇인지 쓰시오.

| • 자가보험 | • 보험 가입 시의 공제조항 | • 상호기금적립 |
|---|---|---|

재무적 위험관리 중 위험 보유 기법

**42.** 다음에서 설명하는 위험관리 기법은 무엇인지 쓰시오.

| ① 하도급 계약 | ② 위험물질 분산 수용 | ③ 고속도로 속도 제한 |
|---|---|---|

물리적 위험관리 즉, 위험통제 기법이다.
　① 하도급 계약 : 위험통제 기법 중 계약을 통한 위험 전가
　② 위험물질 분산 수용 : 위험통제 기법 중 위험 요소 분리
　③ 고속도로의 속도제한 : 위험통제 기법 중 손실통제(손실 예방)

**43.** 위험관리 기법 중 손실 예방 기법에 관해 간단히 설명하고, 예시를 3개 이상 제시하시오.

정답 위험관리 기법 중 위험통제를 통한 대비법 중 하나인 손실통제 기법이다. 특정 손실의 발생 가능성 또는 손실 발생의 빈도를 줄이려는 조치를 의미한다. 홍수 예방을 위한 댐 건설, 음주 운전 예방을 위한 음주 단속, 휘발성 물질 주위에서의 금연 등을 들 수 있다.

**44.** '위험의 결합'이라는 측면에서 보험제도를 서술하시오.

정답 보험은 다수의 동질적인 위험을 한 곳에 모으는 위험 결합 행위를 통해 가계나 기업이 우연적인 사고 발생으로 입게 되는 실제 손실을 다수의 동질적 위험의 결합으로 얻게되는 평균 손실 대체하는 것이다.

**45.** 다음은 보험제도에 관한 설명이다. (      )를 알맞게 채우시오.

보험은 다수가 모여 (    ①    )를 각출하여 공동재산을 조성하고, (    ②    )으로 사고가 발생한 경우 (    ③    )을 입은 자에게 일정한 방법으로 (    ④    )을 지급하는 제도이다.

정답 ① 보험료, ② 우연적, ③ 손실, ④ 보험금

**46.** 경제적 관점에서의 보험의 정의(목적)을 쓰시오.

정답 재무적 손실에 대한 불확실성 즉, 위험의 감소를 위해 위험 전가 및 위험 결합을 이용하는 것이다.

**47.** 다음 문구가 나타내고 있는 보험의 특성은 어떤 관점에서의 특성인지 쓰시오.

"만인은 일인을 위하여, 일인은 만인을 위하여"

정답 사회적 관점

**48.** 법적 관점에서의 보험의 정의를 간략히 기술하시오.

정답 보험자와 피보험자 또는 계약자 사이에 맺어진 재무적 손실의 보전을 목적으로 하는 법적 계약이다.

**49.** 다음은 수리적 관점에서의 보험의 정의이다. (    )를 알맞게 채우시오.

> 확률이론과 통계적 기법을 바탕으로 (    )을 예측하여 배분하는 수리적 제도이다.

**정답** 미래의 손실

**50.** 확률 등의 통계적 방법에 의한 측정 가능 여부에 따른 위험의 분류를 쓰시오.

**정답** 객관적 위험과 주관적 위험

**51.** 보험의 특성 다섯 가지를 간략하게 쓰시오.

**정답** 1. 예기치 못한 손실의 집단화, 2. 위험 분담, 3. 위험 전가, 4. 실제 손실에 대한 보상 , 5. 대수의 법칙

**52.** 다음은 보험의 특성 중 '예기치 못한 손실의 집단화'에 관한 내용이다. (    )를 알맞게 채우시오.

> 예기치 못한 손실이란 계약자나 피보험자의 (  ①  )은 보상하지 않는다는 의미이다. 손실의 집단화란 개별위험을
> (  ②  )함에 의해 개인이 부담해야 하는 실제 손실이 위험집단의 (  ③  ) 되는 것을 의미한다.

**정답** ① 고의적인 손실, ② 손실집단으로 전환, ③ 평균 손실로 대체

**53.** 손실의 집단화에서 중요한 것은 무엇인지 쓰고 그 이유를 설명하시오.

**정답** 보험에서 손실을 집단화할 때 그 손실은 발생 빈도와 평균 손실의 규모 면에서 동종의 손실이거나 그와 비슷한 것이어야
한다. 보험료 책정이나 보상 측면에서 동일한 기준을 적용하기 위함이다.

**54.** 다음에서 설명하는 보험의 특성은 무엇인지 쓰시오.

> • 손실 보상은 실제로 발생한 손실을 원상회복하거나 교체할 수 있는 금액으로 한정
> • 보험사기 행위와 같은 도덕적 해이의 감소 효과

> 정답 실제 손실에 대한 보상

**55.** ① 대수의 법칙이 무엇인지 간략하게 쓰고, ② 보험에서 어떻게 적용되는지 쓰시오.

> 정답 ① 표본이 클수록 결과가 점점 예측된 확률에 가까워진다는 통계학적 정리
> ② 계약자가 많아질수록 보험자는 보다 정확하게 손실을 예측할 수 있고, 보험료 산출의 기초 자료가 된다.

**56.** 보험화 가능한 리스크의 요건(보험의 성립요건)을 모두 쓰시오.

> 정답 1. 동질적 위험의 다수 존재,　2. 손실의 우연적 발생,　3. 한정적 손실,　4. 비재난적 손실
> 5. 확률적으로 계산 가능한 손실,　6. 경제적으로 부담 가능한 보험료

**57.** 다음과 관련있는 ① 보험의 성립요건은 무엇인지 쓰고 ② 각 항목에 해당하는 요건을 세분화해 설명하시오.

> (1) 화재보험에서 일반주택, 고층 아파트, 고층 건물을 동일하게 취급할 수 없다.
> (2) 대수의 법칙이 적용되기 위해서는 계약자가 많을수록 좋다.
> (3) 1m 간격으로 건설된 공장건물은 화재 사고에서 하나의 위험으로 간주한다.

> 정답 1. 동질적 위험의 다수 존재,　2. (1) 동질적 위험, (2) 다수 존재, (3) 독립적인 동질적 위험

**58.** 전염병이나 대규모로 발생하는 질병은 보험 대상으로 하기 어려운 이유와 대응 방법을 쓰시오.

> **정답**
> 보험으로 대응 가능한 위험은 피해 원인과 발생 시간, 장소 및 피해 정도 등을 명확하게 판별하고 측정할 수 있는 한정적 위험이어야 한다. 정확하게 판단하기 어려우면 정확한 손실의 예측 불가능하므로 보험료 계산이 불가능하고 보험으로 인수하기 어렵다. 전염병이나 대규모로 발생하는 질병은 국민의 건강과 직결되기 때문에 일반적으로 국가차원에서 대응하는 것이 보통이며, 상황에 따라서는 국가의 적극적 개입 하에 보험화 하는 경우가 있다.

**59.** 다음은 보험의 다양한 정의 중 '위험 결합'의 측면에서의 정의이다. (　　)를 알맞게 채우시오.

> 보험이란 다수의 동질적인 위험을 한 곳에 모으는 위험 결합 행위를 통해 가계나 기업이 우연적인 사고 발생으로 입게 되는 (　①　)을 다수의 동질적 위험의 결합으로 얻게되는 (　②　)로 대체하는 것이다. 보험은 위험 결합으로 (　③　)을 (　④　)으로 전환시키는 사회적 시설이다.

> **정답**
> ① 실제 손실, ② 평균 손실, ③ 불확실성, ④ 확실성

**60.** 위험관리 수단으로 활용되는 보험은 보험 가입 당사자는 물론 국가·사회적으로 다양한 순기능이 있다. 보험의 국가·사회적 순기능은 어떤 것이 있는지 쓰시오.

> **정답**
> 1. 손실 회복,　2. 불안 감소,　3. 신용력 증대,　4. 투자 재원 마련,
> 5. 자원의 효율적 이용 기여,　6. 안전(위험 대비) 의식 고양

**61.** 보험의 역기능은 무엇이 있는지 쓰시오.

> **정답**
> 1. 사업비용의 발생,　2. 보험사기의 증가,　3. 손실 과장으로 인한 사회적 비용 초래,　4. 역선택 및 도덕적 해이

**62.** 다음에서 설명하는 것과 같은 보험의 역기능 중 하나는 무엇인지 쓰시오.

> 보험자가 계약자의 위험 특성을 제대로 파악하지 못하면, 즉 계약자 또는 피보험자가 보험자보다 더 많은 정보를 가지고 있는 상태가 되면, 오히려 계약자 측에서 손실 발생 가능성이 커 자신에게 이득이 되는 보험을 선택하는 것

> **정답**
> 역선택

**63.** 일단 보험에 가입한 사람들이 최선을 다해 나쁜 결과를 미연에 방지하려는 노력을 하지 않는 경향을 무엇이라 하는지 쓰시오.

**정답** 도덕적 해이

**64.** 다음은 역선택과 도덕적 해이에 관한 내용이다. (    )를 알맞게 채우시오.

- 실제로 보험금을 탈 가능성이 많은 사람들(위험발생 확률이 보통 이상인 사람들)이 보험에 가입하는 경향이 높은 현상을 (  ①  )라고 한다.
- 정보를 가진 계약자 측에서 바람직하지 않은 행동을 취하는 경향을 (  ②  )라고 한다.
- (  ③  )에 비해 (  ④  )의 비율이 클수록 발생 가능성이 높음
- (  ⑤  ) : 역선택이나 도덕적 해이를 야기한 당사자에게 귀착
- (  ⑥  ) : 보험자와 다수의 선의의 계약자에게 귀착

**정답** ① 역선택, ② 도덕적 해이, ③ 보험가액, ④ 보험금액, ⑤ 이익, ⑥ 피해

**65.** 가축재해보험 가입 시에 목적물을 선택적으로 가입하면 발생할 수 있는 도덕적 문제로 인해 보험목적물 전부 가입을 원칙으로 한다. 어떤 ① 문제점이 발생할 수 있는 것인지 쓰고 ② 설명하시오.

**정답** 1. 역선택
2. 보험자가 계약자의 위험 특성을 제대로 파악하지 못하면, 즉 계약자 또는 피보험자가 보험자보다 더 많은 정보를 가지고 있는 상태가 되면, 오히려 계약자 측에서 손실 발생 가능성이 커 자신에게 이득이 되는 보험을 선택

**66.** 보험업법에서 정의하는 손해보험의 의의를 쓰시오.

**정답** 위험보장을 목적으로 우연한 사건(질병·상해 및 간병은 제외)으로 발생하는 손해(계약상 채무불이행 또는 법령상 의무 불이행으로 발생하는 손해를 포함)에 관하여 금전 및 그 밖의 급여를 지급할 것을 약속하고 대가를 수수하는 계약으로서 대통령령으로 정하는 계약

**67.** 다음에서 설명하는 손해보험의 원리는 무엇인지 쓰시오.

1만 명이 1억 원짜리(땅값을 뺀 건물값만) 집을 한 채씩 가지고 있다. 그런데 평균적으로 1년에 한 채씩 화재가 나서 소실되고 만다. 불이 난 그 집은 평생 모은 재산을 하루아침에 잃게 된다. 그런데 1만 명 중 누가 그 불행을 겪게 될지는 아무도 모른다. 그래서 모두가 불안하다. 이럴 때 한 집 당 1만 원씩 부담해서 1억 원을 모아 두었다가 불이 난 집에 건네주기로 하면 모두가 안심하고 생활을 할 수 있게 된다.

위험의 분담

**68.** 다음은 손해보험의 원리 중 '위험 대량의 원칙'에 관한 설명이다. (    )를 알맞게 채우시오.

위험 대량의 원칙은 보험에 있어서 사고 발생 확률이 잘 적용되어 합리적 경영이 이루어지려면 위험이 대량으로 모여서 하나의 (  ①  )를 구성해야 한다는 것이다. 이로 인해 보험계약은 (  ②  )의 특성을 갖게 된다.

① 위험단체, ② 단체성

**69.** 손해보험의 원리 중 '급부 · 반대급부 균등의 원칙'에서 ① 급부와 ② 반대급부는 무엇이지 쓰시오.

1. 급부 : 계약자가 내는 보험료,   2. 반대급부 : 보험자로부터 받게되는 보험금에 대한 기대치

**70.** 손해보험의 원리 중 '급부 · 반대급부 균등의 원칙'이 계약자 개개인의 관점에서 본 원칙이라 한다면, 그에 대응하는 계약자 전체 관점에서 본 원칙은 무엇인지 쓰시오.

수지상등의 원칙

**71.** 손해보험의 대원칙으로서 다음에 해당하는 원칙은 무엇인지 쓰시오.

피보험자는 보험사고 발생 시 실제로 입은 손해만을 보상받아야 하며, 그 이상의 보상을 받아서는 안된다.

이득금지의 원칙

**72.** 손해보험의 원칙 중 '이득금지의 원칙'을 실현하기 위한 대표적인 법적 규제를 쓰시오.

**정답** 초과보험, 중복보험, 보험자대위 등

**73.** 손해보험의 원칙(원리) 중 대표적인 다섯 가지는 무엇인지 쓰시오.

**정답** 1. 위험의 분담, 2. 위험 대량의 원칙, 3. 급부·반대급부 균등의 원칙, 4. 수지상등의 원칙, 5. 이득금지의 원칙

**74.** 다음은 상법에서 정하는 '보험계약의 의의'이다. (　　)를 알맞게 채우시오.

> 보험계약은 당사자 일방이 약정한 (　①　)를 지급하고 재산 또는 생명이나 신체에 불확정한 사고가 발생할 경우에 상대방이 일정한 (　②　)를 지급할 것을 약정함으로써 효력이 생긴다.

**정답** ① 보험료, ② 보험금이나 그 밖의 급여

**75.** 다음은 손해보험 계약의 법적 특성 중 '불요식 낙성계약성'에 관한 설명이다. (　　)를 알맞게 채우시오.

> 계약자의 (　①　)과 보험자의 (　②　)이라는 당사자 쌍방 간의 (　③　)만으로 성립한다.

**정답** ① 청약, ② 승낙, ③ 의사 합치

**76.** 손해보험 계약의 법적 특성 중 ① 부합계약성을 설명하고 ② 그로 인해 보험계약에서 존재하는 것은 무엇인지 쓰시오.

**정답** 1. 당사자 일방이 만들어 놓은 계약조건에 상대방 당사자는 그대로 따르는 계약을 의미한다. 손해보험 계약은 동질의 많은 계약을 간편하고 신속하게 처리하기 위해 계약조건을 미리 정형화한 부합계약이다.
2. 보험약관

**77.** 손해보험 계약에서 보험자는 사고 발생 위험을 직접 관리할 수 없어 도덕적 해이의 야기 가능성이 크다. 이에 따라 무엇보다 중요시되는 손해보험 계약의 원칙은 무엇인가.

**정답** 신의 성실의 원칙 (최고 선의성)

**78.** 손해보험 계약의 법적 특성을 5개 이상 쓰시오.

> **정답** 1. 불요식 낙성계약성,  2. 유상계약성,  3. 쌍무계약성,  4. 상행위성,  5. 부합계약성,  6. 최고 선의성,  7. 계속계약성

**79.** 보험계약의 법적 원칙 중 '실손보상의 원칙'에 관해 서술하시오.

> **정답** 1. 정의 : 실제 손실을 보상하는 것으로 보험의 기본인 이득금지의 원칙과 통한다. 즉, 보험으로 손해를 복구하는 것으로
> 충분하며, 이득을 보장하는 것은 지나치다는 원칙이다.
> 2. 목적 : 피보험자의 재산을 손해 발생 이전의 상태로 복원시키는 것과 도덕적 위태의 감소이다.
> 3. 예외 : 기평가보험, 대체비용보험, 생명보험 등이 있다.

**80.** '기평가계약(기평가보험)'에 관한 내용이다. (      )를 알맞게 채우시오.

> (  ①  )이 발생한 경우 미리 약정한 금액을 지급하기로 한 계약이다. 골동품, 미술품 및 가보 등과 같이 (  ②  )에서
> (  ③  )를 산정할 수 없는 경우에 계약자와 보험자가 (  ④  )으로 계약하는 것이다.

> **정답** ① 전손, ② 손실 발생 시점, ③ 손실의 현재가치, ④ 합의한 금액

**81.** 다음에서 설명하고 있는 형태의 보험은 무엇인지 쓰시오.

> • 손실지급액을 결정할 때 감가상각을 고려하지 않는 보험
> • 새것으로 교체할 수밖에 없는 물건이나 감가상각을 따지는 것이 아무 의미도 없는 경우에 적용
> • **예** 화재가 발생해 다 타버린 주택의 지붕

> **정답** 대체비용보험

**82.** '보험자대위의 원칙'에 관해 서술하시오.

> **정답** 1. 정의 : 보험자가 피보험자에게 보험금을 지급한 때 일정한 요건 아래 계약자 또는 피보험자가 가지는 권리가 보험자
> 에게 이전하는 것이다.
> 2. 적용 이유 : 보험사고 발생 시 피보험자가 보험의 목적에 관하여 아직 잔존물을 가지고 있거나 또는 제3자에 대하여
> 손해배상청구권을 취득하는 경우 피보험자에게 이중의 이득을 주는 것을 방지하기 위함이다.
> 3. 종류 : 목적물 대위 (잔존물 대위)와 제3자에 대한 보험대위(청구권 대위)가 있다.

**83.** 다음은 '보험의 목적에 관한 보험자대위'에 관한 설명이다. ( )를 알맞게 채우시오.

> 보험의 목적이 ( ① )한 경우 보험금액의 ( ② )한 보험자는 그 목적에 대한 피보험자의 권리를 취득한다. 보험목적물이 보험사고로 인하여 손해가 발생한 경우 전손해액에서 잔존물 가액을 공제한 것을 보상하면 되지만, 그렇게 하려면 계산을 위하여 시간과 비용이 들어 비경제적일 뿐만 아니라 한시라도 빨리 피보험물에 투하한 자본을 회수할 것을 희망하는 피보험자의 이익을 보호할 수 없다. 그렇다고 해서 보험자가 보험금액 전액을 지급하고 잔존물에 대한 가치까지 피보험자에게 남겨 준다면 피보험자에게 부당한 이득을 안겨주는 셈이 될 것이다. 그래서 잔존물을 도외시하고 전손으로 보아 보험자는 보험금액의 전부를 지급하고 그대신 ( ③ )를 취득하게 한 것이다

> **정답** ① 전부 멸실, ② 전부를 지급, ③ 잔존물에 대한 권리

**84.** 다음 중 도덕적 해이(또는 도덕적 위태)를 완화할 수 있는 원칙을 모두 고르시오.

| 수지상등의 원칙, | 피보험이익의 원칙, | 실손보상의 원칙, | 보험자대위의 원칙 |
|---|---|---|---|

> **정답** 피보험이익의 원칙, 실손보상의 원칙, 보험자대위의 원칙
> ✔ [농업재해보험·손해평가의 이론과 실무]에서는 과거 '도덕적 위태'를 '도덕적 해이' 용어로 변경했지만, 일부 변경되지 않은 표기가 있는 채 혼용되고 있다.

**85.** '제3자에 대한 보험대위'를 인정하는 이유에 대해 서술하시오.

> **정답**
> 1. 청구권대위의 정의 : 손해가 제3자의 행위로 인하여 발생한 경우 보험금을 지급한 보험자는 그 지급한 금액의 한도 내에서 그 제3자에 대한 계약자 또는 피보험자의 권리를 취득하는 것이다.
> 2. 적용 이유 : 피보험자의 제3자를 상대로 하는 권리의 실현 시 소기의 결과를 얻을 수 없는 위험이 있으며, 보험자가 보험금을 지급하고도 피보험자의 제3자에 대한 손해배상청구권을 행사하도록 한다면 피보험자는 이중의 이득을 보게 되기 때문이다. 따라서 피보험자에게 보험금 청구권을 인정하는 한편, 이중이득을 막기 위해 제3자에 대한 권리를 보험자가 취득하게 한 것이다

**86.** '제3자에 대한 보험대위의 원칙'이 갖는 목적으로는 무엇이 있을 수 있는지 쓰시오.

> **정답**
> 1. 피보험자가 동일한 손실에 대해 책임이 있는 제3자와 보험자로부터 이중 보상을 받아 이익을 얻는 것을 방지
> 2. 보험자가 보험자대위권을 행사하게 함으로써 과실이 있는 제3자에게 손실 발생의 책임을 묻는 효과
> 3. 계약자나 피보험자의 책임 없는 손실로 인해 보험료가 인상되는 것을 방지

**87.** 다음 중 순수 리스크에 해당하지 않는 것을 고르시오.

- 코로나 19로 인한 사망 리스크
- 황사로 인한 대기오염 리스크
- 지구 온난화에 따른 기후변화 리스크
- 환율 급변동에 따른 투자 리스크

 **정답**  환율 급변동에 따른 투자 리스크

**88.** 다음의 제도 중 도덕적 위태(moral hazard)를 통제하기 위한 제도를 모두 쓰시오.

소손해 면책제도,          대기 기간,          위험변경증가 통지의무,
고의 사고 면책제도,       고지의무,          위험 유지 의무

 **정답**  소손해 면책제도, 대기 기간, 고의 사고 면책제도
✔ 위험변경증가 통지의무, 고지의무, 위험 유지 의무 등은 물리적 위태(physical hazard)를 통제하기 위한 제도이다.

**89.** 다음은 보험시장에서의 역선택에 관한 설명이다. 틀린 부분이 있다면 바르게 고치시오.

① 사후적 정보의 비대칭으로 발생한다.
② 중고 자동차 시장의 문제로 비유된다.
③ 불량 위험체가 이익을 본다.
④ 역선택을 줄이기 위한 방법으로 고지의무 조항이 있다.

 **정답**  ① 사후적 정보 → 사전적 정보, ② ~ ④ 틀린 부분 없음
✔ 역선택 : 보험계약 체결 시 계약자 또는 피보험자가 보험자보다 더 많은 정보를 가진 상태로, 손실 발생 가능성이 커 자신에게 이득이 되는 보험을 선택함에 의해 발생하는 문제이다.

**90.** 보험계약의 법적 원칙을 3가지 이상 쓰시오.

 **정답**  1. 실손보상의 원칙,   2. 보험자대위의 원칙,   3. 피보험이익의 원칙,   4. 최대선의의 원칙

**91.** 다음의 내용은 '피보험이익의 목적'을 나열한 것이다. 추가할 수 있는 또다른 목적은 무엇이 있는지 쓰시오.

보험의 도박화 방지,          도덕적 위태의 감소

 **정답**  손실의 크기 측정 : 보상금액의 크기는 피보험이익의 가격(가액)을 기준으로 산정

**92.** 피보험이익의 정의를 쓰시오.

 계약자가 보험담보물에 대해 가지는 경제적 이해관계를 의미한다. 즉, 계약자가 보험목적물에 보험사고가 발생하면 경제적 손실을 입게 될 때 피보험이익이 있다고 한다.

**93.** 다음은 보험계약의 법적 원칙 중 어떤 원칙이 유지되게 하는 원리인지 쓰시오.

| 고지, | 은폐, | 담보 |
| --- | --- | --- |

 최대선의의 원칙

**94.** 보험계약에 있어서 다음이 의미하는 것이 무엇인지 각각 쓰시오.

| ① 고지(또는 진술) | ② 은폐(의식적 불고지) | ③ 담보(보증) |
| --- | --- | --- |

1. 고지(또는 진술) : 계약자가 보험계약이 체결되기 전에 보험자가 요구하는 사항에 대해 사실 및 의견을 제시하는 것이다. 보험자는 이를 토대로 계약의 가부 및 보험료를 결정한다.
2. 은폐(의식적 불고지) : 계약자가 보험계약 시에 보험자에게 중대한 사실을 고지하지 않고 의도적이거나 무의식적으로 숨기는 것을 말하며, 중대한 사실은 보험계약 체결에 영향을 줄 수 있는 사항을 의미한다. 법적인 효과는 기본적으로 고지의무 위반과 동일하다.
3. 담보(보증) : 보험계약의 일부로서 피보험자가 진술한 사실이나 약속을 의미한다. 보험계약의 성립과 효력을 유지하기 위하여 계약자가 준수해야 하는 조건으로, 고지(진술)와 달리 계약자가 보험자에게 약속한 보험 계약상의 조건이기 때문에 위반하게 되면 중요성의 정도에 관계없이 보험자는 보험계약을 해제 또는 해지할 수 있다.

**95.** 보험계약에 있어서 보험자의 의무를 간략하게 쓰시오.

1. 보험계약 시 계약자에게 보험상품에 대해 설명해서 계약자가 충분히 이해한 상황에서 보험상품을 선택할 수 있도록 도움 (보험약관 교부 · 설명 의무)
2. 보험사고가 발생하면 신속하게 손해사정 절차를 거쳐 피보험자에게 보험금을 지급
3. 건실한 보험경영의 운영

Chapter 1.

**96.** 다음 내용은 보험계약에 있어서 보험계약자 · 피보험자의 의무 중 어떤 의무를 설명하는 내용인지 쓰시오.

> 계약자 또는 피보험자가 보험계약 체결에 있어 보험자가 보험사고 발생 가능성을 측정하는 데 필요한 중요한 사항에 대하여 진실을 알려야 할 보험계약상의 의무

**정답** 고지의무

**97.** 다음은 보험계약에 있어 보험계약자 · 피보험자의 의무 중 고지의무에 관한 내용이다. 틀린 부분을 바르게 고쳐 쓰시오.

> ① 구두 또는 서면의 방법 등 어느 것도 가능하다.
> ② 고지 시기는 보험사고 발생 전이다.
> ③ 명시적이어야 한다.

**정답** 1. 틀린 부분 없음,  2. 고지 시기 : 보험계약 체결 당시,  3. 명시적 또는 묵시적 상관 없음

**98.** 보험계약에 있어 보험계약자 · 피보험자의 의무 중 통지의무의 종류 세 가지를 쓰시오.

**정답** 1. 위험변경 · 증가의 통지의무,  2. 위험 유지 의무,  3. 보험사고 발생의 통지의무
✔ **위험 유지의무 : 법률적으로 통지의무가 아니지만, [농업재해보험 · 손해평가의 이론과 실무]에서는 통지의무로 분류하고 있다.**

**99.** 보험계약에 있어 보험계약자 · 피보험자의 의무 중 위험변경 · 증가의 통지의무의 발생 요건은 무엇인가.

**정답** 1. 보험기간 중에 발생한 위험,  2. 계약자 또는 피보험자가 개입할 수 없는 제3자의 행위에 의한 위험

**100.** 다음은 보험계약자 · 피보험자의 의무 중 위험 유지 의무에 관한 설명이다. (          )를 알맞게 채우시오.

> 보험기간 중에 (  ①  )는 스스로 보험자가 인수한 위험을 보험자의 동의 없이 증가시키거나 제3자에 의해 증가시키도록 하여서는 안되는 의무이다. 계약자 또는 피보험자의 (  ②  )로 인하여 사고 발생의 위험이 현저하게 변경 또는 증대한 때에는 보험자는 그 사실을 안 날로부터 1월 내에 (  ③  )을 청구하거나 계약을 언제든지 (  ④  )할 수 있다.

**정답** ① 계약자 또는 피보험자나 보험수익자, ② 고의 또는 중대한 과실, ③ 보험료의 증액, ④ 해지

**101.** 상법에서 규정하는 ① <u>손해방지경감 의무</u>와 ② <u>인정 이유</u>에 관해 서술하시오.

1. 손해방지경감 의무 : 손해보험계약에서 계약자와 피보험자는 보험사고가 발생한 경우, 손해의 방지와 경감을 위하여 노력하여야 한다는 상법상의 규정을 말한다.
2. 인정 이유
   ① 신의성실의 원칙에 기반한 것으로 보험자나 보험단체 및 공익 보호라는 측면에서 인정된다.
   ② 보험사고의 우연성 측면에서 손해 방지 경감 의무 불이행으로 늘어난 손해는 우연성을 결여한 것으로 볼 수 있다.

**102.** 다음은 손해방지경감 의무에 관한 내용이다. 틀린 부분을 바르게 고쳐 쓰시오.

① 손해보험에서만 발생하는 의무이다.
② 의무자는 계약자, 피보험자, 대리인 및 보험수익자이다.
③ 의무의 존속기간은 상법상 보험사고가 발생하여 손해가 발생할 것이라는 것을 계약자나 피보험자가 안 때부터로 규정한다.
④ 사고 자체의 방지는 의무에 포함하지 않는다.
⑤ 소멸시점은 손해방지의 가능성이 소멸한 때이다.

1. 틀린 부분 없음,
2. 의무자는 계약자, 피보험자, 대리인이다. (보험수익자는 해당하지 않음)
3. 상법상 규정은 없으나 손해보험 약관에 의거한다.
4. 틀린 부분 없음
5. 소멸 시점은 보험사고 발생을 통지한 때이다.

**103.** 다음은 손해방지경감 의무에 관한 내용이다. 맞으면 O, 틀리면 X를 쓰시오.

① 계약자나 피보험자가 그 상황에서 손해방지를 위하여 일반적으로 기대되는 방법이면 된다. (      )
② 계약자나 피보험자가 그들의 이익을 위하여 할 수 있는 정도의 노력이면 된다. (      )
③ 따라서, 손해 방지 경감 의무의 방법과 노력의 정도는 임의로 정할 수 있다. (      )

1. ○, 2. ○, 3. ✕
   ✔ 손해 방지 경감 의무의 방법과 노력의 정도는 임의로 정할 수 있는 것은 아니며, 보험계약의 최대선의의 원칙에 의거하여 사안별로 판단되어야 한다.

**104.** 다음은 손해방지경감 의무 위반에 관한 내용이다. (      )를 알맞게 채우시오.

• 계약자 등이 (   ①   )로 이를 게을리한 때에는 방지 또는 경감할 수 있었을 것으로 밝혀진 값을 손해액에서 공제함으로 규정
• 경과실로 인한 손해 방지 경감 의무 위반 : 보험자의 보험금 지급 책임을 (   ②   )
• 중과실 또는 고의로 인한 의무 위반 : 보험자의 보험금 지급 책임(늘어난 손해) (   ③   )

**105.** 손해방지경감 비용의 보상 방법에 대해 설명하시오.

 1. 보험금액을 초과한 경우도 보상한다. (상법 제680조)
2. 실질적으로 손해의 경감이 있었던 것 뿐 아닌 그 상황에서 손해경감 목적을 가지고 한 타당한 행위에 대한 비용을 포함한다.
3. 일부보험의 경우 : 보험금액의 보험가액에 대한 비율에 따라서 보험자가 부담하고 그 잔액은 피보험자가 부담한다.

**106.** 다음 용어의 정의를 쓰시오.

| ① 보험가액 | ② (농작물재해보험에 있어서의) 보험금액 |
|---|---|
| ③ 보험증권 | ④ 보험약관 |

 1. 보험가액 : 피보험이익을 금전으로 평가한 금액으로 보험의 목적에 발생할 수 있는 최대 손해액 (회사가 실제 지급할 수 있는 보험금은 보험가액을 초과할 수 없음)
2. 보험금액 : 회사와 계약자 간에 약정한 금액으로 보험사고가 발생할 때 회사가 지급하는 최대 보험금 산출[보험가입금액×(-자기부담비율)]의 기준이 되는 금액
3. 보험증권 : 보험계약 체결에서 그 계약이 성립되었음과 그 내용을 증명하기 위하여 보험자가 작성하여 기명, 날인 후 계약자에게 교부하는 증서
4. 보험약관 : 보험자와 계약자 또는 피보험자 간에 권리 의무를 규정하여 약속하여 놓은 것( 보험계약의 권리와 의무에 관한 사항들이 기재되어 있음)

**107.** 보험증권에 관한 다음 설명 중 틀린 것이 있다면 바르게 고치시오.

① 보험계약 성립의 증거이다.
② 계약이 성립하였으면 보험계약자가 보험료의 전부 또는 최초의 보험료를 지급하지 아니한 때에도 지체없이 작성하여 보험계약자에게 교부해야 한다.
③ 보험계약의 효력에는 어떤 영향도 미치지 않으며 단지, 보험계약 체결의 사실을 인정하는 것이다.
④ 보험증권은 유가증권이며 증거증권이다.

1. 틀린 부분 없음
2. 보험자는 보험계약이 성립한 때 지체 없이 보험증권을 작성하여 보험계약자에게 교부하여야 한다. 그러나 보험계약자가 보험료의 전부 또는 최초의 보험료를 지급하지 아니한 때에는 그러하지 아니하다.
3. 틀린 부분 없음
4. 보험증권은 유가증권이 아니라 단지 증거증권이다.

**108.** 다음은 보험증권에 기재되는 내용이다. 빠진 것이 있다면 추가하시오.

> • 계약자 성명과 주소, 피보험자의 성명과 주소
> • 보험에 붙여진 목적물
> • 보험계약기간, 보험금액, 보험료 및 보험계약 체결 일자 등

 • 보험자가 보상하는 손해와 보상하지 아니하는 손해 등의 계약 내용이 인쇄된 보통보험약관
    • 어떠한 특별한 조건을 더 부가하거나 삭제할 때 쓰이는 특별보험약관

**109.** 보험증권의 법적 성격 다섯 가지를 쓰시오.

 요식증권성, 증거증권성, 면책증권성, 상환증권성, 유가증권성

**110.** 다음이 설명하는 보험증권이 갖는 성격은 무엇인지 쓰시오.

> • 보험자가 보험금 등의 급여 지급에 있어 보험증권 제시자의 자격과 유무를 조사할 권리는 있으나 의무는 없다.
> • 보험자는 보험증권을 제시한 사람에 대해 악의 또는 중대한 과실이 없이 보험금 등을 지급한 때에는 그가 비록 권리자가 아니더라도 면책된다.

 면책증권성

**111.** 다음 내용에서 알 수 있는 보험계약의 특성은 무엇인지 쓰시오.

> 보험이라는 금융서비스의 성격상 다수의 계약자를 상대로 수많은 보험계약을 체결해야 하므로 그 내용을 정형화하지 않을 경우, 보험자 및 계약자 또는 피보험자의 관점에서 많은 불편이 생길 수 있다. 통일성이 결여된 경우 약관 조항의 의미에 대한 다양한 법적 시비가 발생하고, 일반 소비자가 일일이 약관의 내용을 확인하는 것이 어렵다.

 부합계약성

**112.** 보통보험약관과 특별보험약관을 비교 설명하시오.

 1. 보통보험약관 : 보험자가 일반적인 보험계약의 내용을 미리 정형적으로 정하여 놓은 약관이다.
    2. 특별보험약관 : 보통보험약관을 보충, 변경 또는 배제하기 위한 보험약관이다. 특별보험약관이 보통보험약관에 우선하여 적용되나 특약조항을 이용하여 법에서 금지하는 내용을 가능케 할 수 없다.

**113.** 다음은 보험약관의 구속력에 관한 설명이다. 맞으면 ○, 틀리면 ×를 쓰시오.

① 보통보험약관의 내용을 보험계약의 내용으로 하겠다는 구체적인 의사가 명백하지 아니한 경우에는 보험약관의 구속
　력을 인정할 수 없다. 　　　　　　　　　　　　　　　　　　　　　　　　　　　　　　　　　　　　( 　 )
② 허가를 받지 아니한 보통보험약관에 의하여 보험계약이 체결된 경우 사법상 그 효력을 인정하는 것이 타당하다. ( 　 )
③ 허가를 받지 않은 약관을 사용한 보험자는 상법상의 제재를 받는다. 　　　　　　　　　　　　　　　　( 　 )
④ 허가를 받지 아니하고 자신의 일방적인 이익을 도모하거나 공익에 어긋나는 약관을 사용한 때에는 효력은 인정되지 않는다.
　　　　　　　　　　　　　　　　　　　　　　　　　　　　　　　　　　　　　　　　　　　　　　　　( 　 )

**정답** 1. ×, 2. ○, 3. ×, 4. ○
✔ ③ 보험업법상의 제재

**114.** 보통보험약관의 해석의 원칙을 다섯 가지 이상 쓰시오.

**정답** 합리적 해석원칙, 신의 성실의 원칙, 객관적 해석의 원칙, 수기 문언 우선 해석원칙, P.O.P 원칙 (평이하고 통상적인 일반
적인 뜻(plain, ordinary, popular : POP)을 받아들이고 이행되는 용례에 따라 풀이), 작성자 불이익의 원칙, 개별약정 우
선의 원칙, 축소 해석의 원칙 등

**115.** 재보험의 의의를 설명하시오.

**정답** 보험자가 계약자 또는 피보험자와 계약을 체결하여 인수한 보험의 일부 또는 전부를 다른 보험자에게 넘기는 것으로 보
험기업 경영에 중요한 역할을 한다.

**116.** 다음은 재보험 계약의 성질에 관한 설명이다. ( 　 )를 알맞게 채우시오.

• ( ① )의 일종으로서 ( ② ) 계약에 속함
• 원보험이 손해보험인 계약의 재보험은 당연히 ( ② )이지만, 보험이 인보험인 계약의 재보험은 당연히 인보험이 되
　지 않고 ( ② )이 됨
• 보험업법상 예외 규정에 따라 생명보험회사도 인보험의 재보험 겸영 가능

**정답** ① 책임보험, ② 손해보험

**117.** 재보험의 기능에 관해 설명하시오.

1. 위험 분산
  ① 양적 분산 : 인수한 위험의 전부 또는 일부를 분산
  ② 질적 분산 : 원보험자의 재정적 곤란을 구제
  ③ 장소 분산 : 원보험자가 장소적으로 편재한 다수의 위험을 인수한 경우, 이를 공간적으로 분산
2. 원보험자의 인수 능력의 확대로 마케팅 능력 강화
3. 경영의 안정화
4. 신규 보험상품의 개발 촉진

**118.** 손해방지의무에 관한 설명이다. 맞으면 ○, 틀리면 ×를 쓰시오.

① 보험사고가 생긴 때로부터 지는 의무이다. (      )
② 손해방지를 위해 필요했던 비용이라도 손해의 방지 또는 경감의 효과가 생긴 경우에만 보험자에게 청구할 수 있다. (      )
③ 보험계약자 또는 피보험자는 이 의무를 이행하기 위해 보험에 들지 않았을 경우 자신의 이익을 위해 요구되는 정도의 주의를 기울여야 한다. (      )
④ 보험계약자 또는 피보험자가 고의 또는 중대한 과실로 이 의무를 이행하지 않는 경우에는 보험자는 방지 또는 경감할 수 있었던 금액을 보험금에서 공제할 수 있다. (      )

**정답** 1. ○, 2. ×, 3. ○, 4. ○
  ✔ ② 손해의 방지 또는 경감을 위해 필요, 유익한 비용인 경우, 그 효과가 없었다고 해도 청구할 수 있다.

**119.** 재보험에 관한 내용이다. 맞으면 O, 틀리면 X를 쓰시오.

① 재보험계약은 손해보험계약이지만 그 재보험계약의 원보험계약은 생명보험계약일 수 있다. (      )
② 원보험계약과 재보험계약은 법률상 독립된 별개의 계약이므로 재보험계약은 원보험계약의 효력에 영향을 미치지 아니한다. (      )
③ 책임보험에 관한 규정은 그 성질에 반하지 아니하는 범위 내에서 재보험계약 규정을 준용한다. (      )
④ 재보험자는 원보험료 미지급을 이유로 재보험금의 지급을 거절할 수 있다. (      )

**정답** 1. ○, 2. ○, 3. ○, 4. ×
  ✔ ④ 재보험 계약과 원보험 계약은 서로 독립적이다.

# 농업재해보험 특성과 필요성

**1.** 농업에 있어서 재해란 무엇인지 쓰시오.

> **정답** 수분, 온도, 빛, 토양 등 자연요소들 중 어느 하나라도 과다하거나 과소하면 수확량의 감소를 초래하게 되는데 이것이 농업에 있어서의 재해라고 할 수 있다.

**2.** 농업재해의 특성을 다섯 가지 이상 기술하시오.

> **정답** 불예측성, 광역성, 동시성·복합성, 불가항력성, 피해의 대규모성, 계절성

**3.** 농업의 산업적 특성은 어떤 것이 있는지 기술하시오.

> **정답** 농업의 산업적 특성은 농업과 자연의 불가분성에서 가장 크게 나타난다. 수분, 온도, 빛 및 토양 등 자연조건의 상태에 따라 성공과 실패, 풍흉이 달라진다. 이러한 자연 요소 중 어느 하나라도 과다하거나 과소하면 수확량의 감소를 초래하게 되는데 이것이 재해라고 할 수 있으며, 농업은 자연조건을 얼마나 잘 활용하느냐에 성패가 나뉜다. 따라서 농업인은 자연조건에 가장 적합한 방법들을 택해 영농활동을 하지만, 다양한 농업재해들이 발생하며, 농업재해는 불예측성, 광역성, 동시성·복합성, 불가항력성, 피해의 대규모성, 계절성의 특성을 보인다.

**4.** 농업재해보험의 필요성을 서술하시오.

> **정답** 1. 국가적 재해대책과 한계 : 재해에 취약한 산업적 특성을 고려하여 별도의 법령인 '농어업재해대책법'에 근거해 농업재해대책을 시행하고 있지만, 재해복구지원대책이지 재해로 인한 손실을 보전하는 제도는 아니므로 재해 입은 농가의 손실을 보전하는 데에는 한계가 있다.
> 2. 농업(재해)의 특수성 : 대규모성 및 불가항력성, 예측 불가능성, 동시 광역성, 피해의 불균일성, 피해 발생의 이질성, 불가항력성 등의 특성을 지니는 농업재해는 개개인의 대응에 한계가 있다.
> 3. WTO 협정의 허용 대상 정책 : 각국의 열악한 농업을 보완하기 위해 WTO 체제하에서 허용되는 정책으로 직접지불제와 농업재해보험 등이 있으며 이를 적극적으로 활용해야 한다.
> 4. 시장 실패와 정책보험 : 농업인은 농업재해보험이 필요하다는 것은 알지만 높은 가격(보험료)을 지불하고 보험을 구입(가입)하기에는 경제력이 부족하여 망설일 수 있고, 보험자는 농업재해보험을 운영하기 위해서는 일정한 가격의 유지가 필요하다. 따라서 보험시장에만 의존하면 농업재해보험은 거래가 이루어지기 어렵다. 이러한 이유로 농업재해보험이 정책보험으로 운영될 필요성이 있다.

**5.** 농작물재해보험에 있어서 손해평가의 어려움에는 어떤 것이 있는지 쓰시오.

정답 생물인 농작물의 특성상 손해액을 정확하게 평가하기 어렵다. 재해 발생 이후 평가 시점, 이후의 기상 조건에 따라 다르며, 농작물의 특성상 단기간에 평가를 집중해야 하므로 손해평가에 큰 비용 및 인력이 소요된다.

**6.** 농작물재해보험의 특징에는 어떤 것이 있는지 쓰시오.

정답 1. 보험 대상 재해가 자연재해이다. , 2. 농작물의 특성상 손해평가에 어려움이 따른다. , 3. 위험도에 대한 차별화 곤란하다. , 4. 경제력이 낮은 농업인을 대상으로 한다. , 5. 물(物)보험이며, 손해보험이다. , 6. 대체로 1년 미만의 단기 소멸성 보험이다. 7. 농작물재해보험사업자는 대규모 농업재해가 발생할 경우 그 위험을 다 감당하기 어려우므로 국가 재보험 운영한다.

**7.** 농업재해보험의 기능 중 다음은 어떤 기능에 관한 설명인지 쓰시오.

대규모 농업재해가 발생해도 농업재해보험을 통한 경제적 손실의 상당 부분을 복구할 수 있어 농촌 지역경제에 미치는 영향이 줄어든다. 일정 수준의 수입이 보장되기 때문에 지역경제 불안 요소를 제거할 수 있다.

정답 농촌 지역경제의 안정화

**8.** 농업재해보험의 기능을 다섯 가지 이상 쓰시오.

정답 재해 농가의 손실 회복, 농가의 신용력 증대, 농촌 지역경제 및 사회 안정화, 농업정책의 안정적 추진, 재해 대비 의식 고취, 농업 투자의 증가, 지속 가능한 농업발전과 안정적 식량 공급에 기여

**9.** 농작물재해보험 제도의 도입 목적은 무엇인지 쓰시오.

정답 농작물 피해에 대한 농가소득 안전망을 구축하여 농업소득의 안정과 농업 생산성의 향상에 기여하려는 목적이다.

Chapter 2.

**10.** 농작물재해보험법의 제정연도를 쓰시오.

2001년

**11.** 다음은 2009년도에 전면 개정된 농어업재해보험법에 관한 내용이다. (　　)를 알맞게 채우시오.

2009년에는 농작물뿐만 아니라 농어업 전반에 관련된 재해에 대비하여 농어가의 경영안정을 종합적으로 관리·지원하기 위하여 재해보험 적용 대상을 농작물에서로 (　①　)확대하고, 재해보험의 대상 재해를 자연재해에서 (　②　)까지 포괄하여 농어업 관련 재해보험을 이 법으로 통합·일원화하고 법제명도 "농어업재해보험법"으로 변경하는 등 2009. 3. 5일 전면 개정하여 2010.1.1.부터 시행하였다

① 양식수산물, 가축 및 농어업용 시설물, ② 병충해, 조수해(鳥獸害), 질병 및 화재

**12.** 농업재해보험 주요 법령 및 행정규칙(2개 이상)을 쓰시오.

① 농업재해 관련 주요 법령 : 농어업재해보험법, 농어업재해보험법 시행령
② 행정규칙
- 농업재해보험 손해평가요령
- 농업재해보험에서 보상하는 목적물의 범위
- 농업재해보험의 목적물별 보상하는 병충해 및 질병 규정
- 농업재해보험통계 생산관리 수탁관리자 지정
- 재보험사업 및 농업재해보험사업의 운영 등에 관한 규정
- 농어업재해재보험기금 운용 규정

**13.** 농어업재해보험법의 ① 모태가 된 법은 무엇인지 쓰고, ② 농어업재해보험법의 구성을 쓰시오.

① 농작물재해보험법, ② 구성 : 총 32개의 본문과 부칙

**14.** 다음의 내용이 담겨있는 행정규칙을 쓰시오.

목적과 관련 용어 정의, 손해평가인의 위촉 및 업무와 교육, 손해평가의 업무위탁, 손해평가반 구성, 교차손해평가, 피해 사실 확인, 손해평가 준비및 평가 결과 제출, 손해평가 결과 검증, 손해평가 단위, 농작물 · 가축 · 농업시설물의보험계약 및 보험금 산정, 농업시설물의 보험가액 및 손해액 산정, 손해평가 업무방법서 등에 관한 사항

 농업재해보험 손해평가요령

**15.** 농작물재해보험 계약자의 '가입자격과 요건'을 쓰시오.

 1. 가입자격 : 사업 실시지역에서 보험 대상 작물을 경작하는 개인 또는 법인 중 농어업재해보험법에 따른 농작물을 재배하는 자
  ① 과수, 논 · 밭작물 및 버섯류 : 사업 실시지역에서 보험 대상 농작물을 일정 규모 이상 경작하는 개인 또는 법인
  ② 농업용 시설물 및 시설작물 : 시설작물 재배용 하우스 내 작물을 일정 규모 이상 재배하는 개인 또는 법인
2. 가입 요건
  ① 해당 농작물에 대한 농작물재해보험 사업이 실시되는 지역
  ② 경작 규모가 일정 규모 이상
  ③ 보험료의 50% 이상의 정책자금 지원 대상에 포함되기 위해서는 농업경영체 등록

**16.** 다음은 보험가입자와 보험가입자의 기준에 관한 법 및 시행령이다. (     )를 알맞게 채우시오.

「농어업재해보험법」제7조(보험가입자)
• 재해보험에 가입할 수 있는 자는 (  ①  )에 종사하는 (  ②  )으로 하고, 구체적인 보험가입자의 기준은 (  ③  )으로 정한다.

「농어업재해보험법 시행령」제9조(보험가입자의 기준)
• 농작물재해보험 : 법 제5조에 따라 농림축산식품부장관이 고시하는 농작물을 재배하는자
• 임산물재해보험 : 법 제5조에 따라 농림축산식품부장관이 고시하는 임산물을 재배하는 자
• 가축재해보험 : 법 제5조에 따라 농림축산식품부장관이 고시하는 가축을 사육하는 자

 ① 농림업, 축산업, 양식수산업, ② 개인 또는 법인, ③ 대통령령

**17.** 다음은 농작물재해보험의 보험 대상 재해의 범위에 관한 내용이다. (   )를 알맞게 채우시오.

보험 대상 범위를 어떻게 정하느냐에 따라 (  ①  )과 (  ②  )으로 구분한다. (  ①  )은 해당 품목에 재해를 일으키는 몇 개의 주요 재해만을 보험 대상으로 하는 방식이며, (  ②  )은 피해를 초래하는 모든 자연재해와 화재 및 조수해 등을 보험 대상으로 하는 방식이다.

 ① 특정위험방식, ② 종합위험방식

**18.** 다음은 농작물재해보험의 보험 대상 재해의 범위에 관한 내용이다. 맞으면 O, 틀리면 X를 쓰시오.

① 특정위험방식에 해당하는 품목은 인삼이다. ( )
② 종합위험방식은 사과, 배, 단감, 떫은감 품목의 적과전 종합위험방식, 오디, 감귤(온주밀감류) 품목의 수확 전 종합위험방식,
   특정위험방식과 적과전 종합위험방식, 수확전 종합위험방식을 제외한 품목의 종합위험방식으로 구분된다. ( )

1. O, 2. X
  ✔ **수확 전 종합위험 : 복분자, 무화과**

**19.** 농작물재해보험에서 자기부담금을 적용하는 이유를 쓰시오.

**정답**
소소한 피해까지 보상하기 위해서는 비용이 과다하여 보험으로서의 실익이 없으며, 한편으로는 계약자의 도덕적 해이를 방지하기 위함

**20.** 다음은 농작물재해보험의 보장유형(자기부담금)에 관한 내용이다. ( )를 알맞게 채우시오.

• 농작물재해보험의 보장 유형은 ( ① ) 사이에서 품목에 따라 다양하다.
• 생산비를 보장하는 품목 중 ( ② )의 경우 보험금 산정 시 잔존보험가입금액의 ( ③ )를 자기부담금으로 차감한다.
• 시설작물의 경우 손해액 ( ③ )까지는 계약자 본인이 부담하고 손해액이 ( ③ )을 초과하는 경우 손해액 전액을
  보상한다. 다만, ( ④ )인 경우 금액과 관계없이 자기부담금을 적용하지 아니한다.
• 농업시설의 경우 시설의 종류에 따라 최소 10만원에서 100만원까지 한도 내에서 손해액의 ( ⑤ )를 자기부담금으로
  적용한다. 다만, ( ⑥ )을 제외한 농업용 시설물과 비가림시설 보험의 화재특약의 경우 화재로 인한 손해 발생 시 자
  기부담금을 적용하지 아니한다.

**정답**
① 60%~90%, ② 브로콜리, 고추, ③ 3% 또는 5%, ④ 10만원, ⑤ 화재손해, ⑥ 10%, ⑦ 해가림시설

**21.** 다음은 농작물재해보험의 상품 유형에 관한 내용이다. ( )를 알맞게 채우시오.

• 사과 · 배 등 과수작물, 벼 · 밀 등 식량작물, 마늘 · 감자 등 밭작물 : ( ① ) 를 보장하는 상품
• 고추 · 브로콜리 · 시설작물 등 : ( ② )를 보장하는 상품
• 농업시설 : 시설의 ( ③ )을 보장하는 상품

**정답**
① 수확량의 감소, ② 생산비, ③ 원상 복구액

**22.** 농작물재해보험에서 농작물의 일반적인 가입 단위를 쓰시오.

정답
1. 필지에 관계없이 논두렁 등으로 경계 구분이 가능한 농지별로 가입한다.
2. 농지란 필지에 관계없이 실제 경작하는 단위이므로 동일인의 한 덩어리 농지가 여러 필지로 나누어져 있더라도 하나의 농지로 취급한다.
3. 다만, 읍 · 면 · 동을 달리하는 농지를 가입하는 경우 등 예외 사항은 사업관리기관(농업정책보험금융원)과 사업시행기관(재해보험사업자)이 별도 협의한 기준을 적용할 수 있다.

**23.** 농작물재해보험에서 농업용시설물 · 시설작물, 버섯재배사 · 버섯작물의 일반적인 가입 단위를 쓰시오.

정답
1. 하우스 1단지 단위로 가입한다.
2. 단지 내 인수 제한 목적물 및 타인 소유 목적물은 제외한다.
3. 단지란 도로, 둑방, 제방 등으로 경계가 명확히 구분되는 경지 내에 위치한 시설물이다.
4. 가입자격 규모 미만의 단지의 경우 인접한 단지의 면적을 합하여 가입자격 규모 이상이 되는 경우 하나의 단지로 취급할 수 있다.

**24.** 농작물재해보험에서 '단지'의 정의를 쓰시오.

정답
도로, 둑방, 제방 등으로 경계가 명확히 구분되는 경지 내에 위치한 시설물

**25.** 다음은 농작물재해보험의 보험료 할인 · 할증 적용에 관한 내용이다. (　　　)를 알맞게 채우시오.

보험료의 할인 · 할증의 종류는 (　①　)로 다르며, (　①　) 재해보험 요율서에 따라 적용되며 과거의 (　②　) 및 가입연수에 따른 할인 · 할증, (　③　)시설별 할인율 등을 적용한다.

정답
① 품목별, ② 손해율, ③ 방재

**26.** 다음은 농작물재해보험 손해평가에 관한 내용이다. ( )를 알맞게 채우시오.

( ① )는 농어업재해보험법 제11조 및 ( ② )이 정하여 고시하는 ( ③ )에 따라 손해평가를 실시하여야 하며, 손해평가 시 고의로 진실을 숨기거나 허위로 손해평가를 해서는 안 된다.

**정답** ① 재해보험사업자, ② 농림축산식품부장관, ③ 농어업재해보험 손해평가요령

**27.** 손해평가의 의의와 기능을 간략하게 쓰시오.

**정답** 1. 의의 : 보험 대상목적물에 피해가 발생한 경우 그 피해 사실을 확인하고 평가하는 일련의 과정이다.
2. 기능 : 손해평가 결과는 지급 보험금액을 확정하는데 결정적인 근거가 되기 때문에 손해평가(특히 현지조사)는 농업재해보험에서 가장 중요한 부분 중의 하나이다.

**28.** 손해평가가 농업재해보험에서 갖는 의미에 관해 서술하시오.

**정답** 1. 손해평가 결과는 피해 입은 계약자 또는 피보험자(이하 보험가입자)가 받을 보험금을 결정하는 가장 중요한 기초 자료가 된다.
2. 손해평가 및 농업재해보험 제도에 대한 신뢰도를 상실하지 않도록 손해평가 결과에 대하여 보험가입자는 물론 제3자도 납득할 수 있어야 한다.
3. 보험료율은 해당 지역 및 개개인의 '보험금 수급 실적'(손해율)에 따라 조정되며, 손해평가 결과는 보험금 지급의 기초 자료가 되므로 보험료율에 큰 영향을 끼친다.
4. 손해평가의 객관성과 정확성을 유지하는 것은 농업재해보험제도 자체의 존립에도 영향을 미칠 수 있으므로 매우 중요하다.
5. 손해평가 결과의 축적은 보험료율 조정 및 농업재해 통계, 재해대책 수립의 기초자료로 이용될 수 있다.

**29.** 손해평가 업무의 중요성을 세 가지로 쓰시오.

**정답** 1. 보험가입자에 대한 정당한 보상,    2. 선의의 계약자 보호,    3. 보험사업의 건전화

**30.** 공정한 손해평가의 중요성을 보험가입자에 대한 정당한 보상과 관련지어 서술하시오.

> 공정한 손해평가는 첫째, 보험가입자의 피해 상황에 따른 정확한 보상을 가능하게 하고, 둘째, 지역별 피해 자료의 축적을 통해 보험료율의 현실화에 기여할 수 있다. 셋째, 과거 피해의 정도에 따라 적정한 보험료율을 책정함으로써 보험가입자에게 공평한 보험료 분담을 가능케 한다.

**31.** 다음은 손해평가의 주체에 관한 설명이다. (       )를 알맞게 채우시오.

> 손해평가의 주체는 농림축산식품부장관과 사업 약정을 체결한 (  ①  )이다. (  ①  )는 (  ②  )에 관한 지식과 경험을 갖춘 자 또는 그 밖의 관계 전문가를 (  ③  )으로 위촉하여 손해평가를 담당하게 하거나 (  ④  ) 또는 (  ⑤  )에게 손해평가를 담당하게 할 수 있다

> ① 재해보험사업자, ② 보험목적물, ③ 손해평가인, ④ 손해평가사, ⑤ 손해사정사

**32.** 다음은 손해평가가 이뤄지는 과정이다. 3과 6에 해당하는 과정을 쓰시오.

> ① 사고 발생 통지          ② 사고 발생 보고 전산입력          ③ (       )
> ④ 현지 조사실시          ⑤ 현지 조사 결과 전산 입력          ⑥ (       )

> 3. 손해평가반 구성,      6. 현지 조사 및 검증조사

**33.** 다음은 손해평가반의 구성에 관한 내용이다. 맞으면 ○, 틀리면 ×를 쓰시오.

> ① 보험사고가 접수되면 품목에 따라 조사 내용을 결정하고 지체 없이 손해평가반을 구성한다.     (     )
> ② 손해평가반은 조사자 1인(손해평가사 · 손해평가인 · 손해사정사)을 포함하여 2인 이내로 구성한다.     (     )
> ③ 손해평가인, 손해평가사 및 손해사정사 중 1인 이상을 반드시 포함한다.     (     )
> ④ 조사자가 부족할 경우에는 손해평가사를 1인 더 포함하여 손해평가반을 구성할 수 있다.     (     )

> 1. ×, 2. ×, 3. ○, 4. ×
> ✔ ① 생육시기 · 품목 · 재해종류 등에 따라

**34.** 손해평가를 위한 현지조사 종류에서 ① 조사의 단계에 따른 구분과 ② 조사 범위에 따른 구분을 쓰시오.

**정답** 1. 본조사와 재조사 및 검증조사,    2. 전수조사와 표본조사

**35.** 손해평가를 위한 현지조사에서 본조사, 재조사, 검증조사의 정의를 각각 쓰시오.

**정답**
1. 본조사 : 보험사고가 발생했다고 신고된 보험목적물에 대해 손해 정도를 평가하기 위해 곧바로 실시하는 조사
2. 재조사 : 기실시된 조사에 대하여 이의가 있는 경우에 다시 한번 실시하는 조사
3. 검증조사 : 재해보험사업자 및 재보험사업자가 손해평가반이 실시한 손해평가 결과를 확인하기 위하여 손해평가를 실시한 보험 목적물 중에서 일정 수를 임의 추출하여 확인하는 조사

**36.** 다음은 손해평가를 위한 현지조사 중 재조사에 관한 내용이다. (      )를 알맞게 채우시오.

> 계약자가 손해평가반의 손해평가 결과에 대해 설명 또는 통지를 받은 날로부터 (   ①   )이내에 손해평가가 잘못되었음을 증빙하는 (   ②   ) 등을 제출하는 경우 (   ③   )가 (   ④   )으로 하여 다시 손해평가를 하게 할 수 있다.

**정답** ① 7일, ② 서류 또는 사진, ③ 재해보험사업자, ④ 다른 손해평가반

2024/25 똑똑한은경쌤
# 손해평가사 2차 문제집 전체무료강의 제공

**발행일**  2025년 1월 2일

**발행처**  직업상점

**발행인**  박유진

**편저자**  한은경

**디자인**  김지원

※ 낙장이나 파본은 교환해 드립니다.

**정 가**  35,000원        **ISBN**  979-11-93686-99-7